일본의 재구성

패트릭 스미스 지음 | 노시내 옮김

M

친애하는 카로,
너에게.

그리고 존경하는 친구
숀 제르바지를 애도하며.

일본의 재구성 : 현대 일본이 부끄러워하는 진짜 일본
패트릭 스미스 지음 | 노시내 옮김

Japan : A Reinterpretation
Copyright©1998 by Patrick Smith

All rights reserved

Korean translation copyright©2008 by Mati
Published by arrangement with Patrick Smith

초판 1쇄 2008년 8월 8일 | 초판 2쇄 발행 2009년 3월 1일

발행처 · 도서출판 마티 | 출판등록 · 2005년 4월 13일 | 등록번호 · 제2005-22호
주소 · 서울시 마포구 서교동 380-14번지 고성빌딩 5층 (121-839)
전화 · 02. 333. 3110 | 팩스 · 02. 333. 3169
이메일 · matibook@naver.com | 블로그 · http://blog.naver.com/matibook

값 26,000원   ISBN 978-89-92053-18-1 (03910)

국립중앙도서관 출판시도서목록(CIP)

일본의 재구성: 현대 일본이 부끄러워하는 진짜 일본/
패트릭 스미스 지음 ; 노시내 옮김. -- 서울: 마티, 2009
    p.550; 152×220cm. --

원표제: Japan: Reinterpretation
원저자명: Smith, Patrick
참고문헌(p. 518-538), "일본사 연표"와 색인 수록
영어 원작을 한국어로 번역
수상: 기리야마 환태평양 도서상
ISBN 978-89-92053-18-1 03910 : ₩26000

일본(국명)[日本]

913-KDC4
952-DDC21   CIP2008003779

그러나 이 세계에 가로놓인 낯섦―심리적 낯섦―은
눈에 보이고 피상적인 것보다 훨씬 두드러진다.

_라프카디오 헌, 『일본: 하나의 시론』, 1904

| 한국의 독자들에게 _일본은 먼저 도달했는가 | 009 |
| 들어가며 _정지해버린 파도 | 017 |

제1부 자기들끼리

1장	보이지 않는 일본인	025
2장	숨겨진 역사	077
3장	일본인되기	129
4장	마음의 벽	171
5장	구석에서 찾는 행복	215
6장	콘크리트와 민주주의	253

제2부 타자와 함께

7장	역사를 일관하는 정신	289
8장	비어 있는 중심	317
9장	아직 끝나지 않은 꿈	363
10장	그들 안의 타자	405
11장	빛바랜 미덕	441

나오며 _역사 찾기	477
감사의 말	482
옮긴이의 글	483
일본사 연표	491
주	498
참고문헌	518
찾아보기	539

§ 일러두기
· 인명 등의 고유명사는 '국립국어연구원'에서 2002년에 펴낸 '외래어 표기법'과 '문화관광부 고시 제2005-32호'에 따라 표기하였다.
· 모든 각주는 옮긴이 주이며, 미주는 지은이 주이다.

한국의 독자들에게
일본은 먼저 도달했는가

자신의 저서가 출간되어 책에서 설명한 현실 속으로 들어가 마치 독립된 생명을 지닌 것처럼 제 갈 길을 가는 모습을 지켜보는 일은, 글 쓰는 사람이라면 흥미롭게 느껴지는 것이 솔직한 심정일 것이다. 『일본의 재구성』이 뉴욕과 도쿄에서 출간된 지 10년이 넘었다. 물론 지금이라면 조금 다르게 쓰고 싶은 부분도 있고 아예 쓰지 않았을 부분도 있다. 솔직한 글쟁이라면 선선히 인정해야 마땅한 일이다. 그러나 책 출간 이후 일본을 방문하면 할수록, 『일본의 재구성』의 자료조사를 하고 글을 쓰던 때 예상했던 바가 차차 현실로 나타나고 있음을 느낀다. 크게 변했는가 하면, 예전 그대로인 측면도 있다. 불변 속에 변화가 있고 변화 속에 불변이 있다. 어쩌면 그게 일본의 특징인지도 모르겠다. 산업화된 서구의 도래에 자극받아 아시아에서 가장 먼저 근대화를 시도하던 순간에도 근대화의 목적이 다름 아닌

전통적인 '일본정신'을 보존하기 위함이었다.

　이 책의 핵심 주제이기도 하지만, 근대적 의미에서의 '개인'이라는 관념을 둘러싼 일본의 갈등은 지금 이 순간에도 계속 진행 중이다. 어떤 의미에서는 내가 일본에 머물던 시기보다도 더 뚜렷해졌다. 나는 요즘 이 문제를 살짝 다른 관점에서 바라본다. 인도의 문인 타고르의 글을 읽으며 깨달은 바이지만 '근대화'modernization와 '근대성'being modern은 구별되어야 한다. 전자가 기술 발전, 공업화 등 물질적인 발전을 의미한다면, 후자는 심리 및 의식의 측면으로서 개인이 자유롭게 자주성을 견지할 능력이 있는가에 관한 문제이다.

　그런 시각에서 보면 일본은 근대화된 나라지만 과연 근대적이냐 하는 문제에 있어서는 대답을 주저하게 된다. 물론 근대적인 것이 무엇이냐에 대해 일본인들 나름의 생각을 가질 수 있다. '근대성'에 대한 내 정의가 너무 서구적이 아니냐 내지는 옛 것과 새 것, 토속적인 것과 수입한 것, 개인과 공동체, "동양"과 "서양"(여기서 나는 따옴표를 강조한다. 이는 오래 전에 인위적으로 만들어진 구분일 뿐 아니라 최근에는 그 효용성이 줄어들고 있고 사람들의 판단을 흐리는 경우가 많기 때문이다)을 결합하는 것이 어째서 반근대적이거나 전근대적이냐는 이의도 물론 있을 수 있다.

　이 머리말을 쓰기 얼마 전, 난징을 방문해 1937~38년 난징학살을 기리기 위해 신축한 박물관을 꼼꼼히 구경할 기회가 있었다. 대단한 곳이었다. 역사적 사실을 구체적이고 상세하게 보여주어 관람객에게 극적인 충격과 심오한 감정을 일으켰다. 나는 큐레이터, 박물관을 디자인한 건축가 그리고 박물관 전면에 설치된 청동조각품을 제작한 조각가와 여러 시간 대화를 나눴다.

　박물관 전시품의 세세한 부분에까지 난징학살에 대한 중국의 국가적 감정이 묻어났는데, 동시에 눈길을 끄는 것이 하나 있었다. 조각가 우 웨이샨

Wu Weishan의 청동상들 발치에 붙은 명판에 새겨진 적나라한 표제들이었다. "튀어! 마귀들이 온다!" "마귀가 강간한 불쌍한 내 마누라!"

우 웨이샨의 말처럼 아무리 사람들이 실제로 사용한 표현이라 하더라도 정부의 광범위한 협조를 받는 기관이 그렇게 노골적으로 반일감정을 유발하는 문구를 쓰도록 방치했다는 사실에 적잖이 놀랐다. 이는 박물관을 돌아보면서——제대로 보려면 여러 시간이 소요된다——받은 전체적인 인상에 영향을 끼쳤다. 그러나 반대 측면 또한 생각해보지 않을 수 없었다. "난징학살 사건이 일어난 지 70년이나 지난 지금에도 도대체 어째서 일본은 이웃나라에게 이토록 쓰라린 원한의 감정을 품게 만드는 것일까?"

국가적 정체성이나 역사의 기억과 망각이라는 문제에 관한 한 아직도 현재진행형인 일본을 우리는 어떻게 이해해야 좋을까? 나는 미국인으로서 이 문제를 특별히 흥미롭게 생각한다. 미국인은 사실 큰 혜택을 받는다. 미국 바깥의 사람들이 미국 국민 개개인과 미국 정부를 기꺼이 구분해줄 의사와 능력 그리고 아량을 갖고 있기 때문이다.

우리 모두는 일본인들에게도 그런 구분을 해줘야 한다. 일본 정부의 관점은 일본 대중이 과거사에 대해 갖는 진심어린 감정 변화를 전혀 대변하지 않으며, 그런 변화를 맞아 일본이 취해야 할 행동에 대해서도 대중과 확연하게 차별된 시각을 보여준다. 우리는 일본인이 과거사 문제를 놓고 겪는 사회적·개인적 고민을 알아보는 한편, 그들의 고민이 앞서 말한 '근대적'인 존재가 되기 위한 힘겨운 노력과 밀접한 관계를 맺고 있다는 사실을 깨달아야 한다. 하나가 해소가 되고나면 다른 하나도 자연히 해소될 것이다.

무엇보다도 우리는 이른바 '국민성' 논의를 단호히 거부해야 한다. "일본인은 원래 국민성이 그래서 그런 짓을 했다. 일본인이기 때문에 그렇게 행동한 것이다." 이런 종류의 논리 말이다. 난징에 있던 청동상들의 표제도 은근히 그런 관점을 암시한다. 이는 절대로 유효하지 않은 논리이며 온당치 못한 주장이다. 우리가 남의 과거사를 이해하려면 언제나 역사적·정치적 배경을 고려해야 하며, 각종 사건이 일어나기까지 인위적으로 조성되는 복잡한 조건과 배경을 염두에 두어야만 한다.

이 책의 초판이 출간된 지 몇 년 후, 노무라 증권 소속 선임 경제연구원이 동아시아 3국——일본, 한국, 중국——이 북미와 서유럽에 이어 세 번째로 강력한 경제권을 형성한다는 주장을 내세웠다. 흥미로운 논제여서 당시 내가 그 함의에 관해 신문에 칼럼을 썼던 기억도 난다. 그러나 순수하게 기술적인 관점에서만 그런 주장이 성립한다. 시장, 생산기반, 투자의 흐름, 밀접한 경제적 의존관계만 고려한다면 그 말이 옳겠지만, 경제권 운운으로 세 나라가 서로 얼마나 다른가 하는 점은 간과되고 만다. 특히 한국의 경우는 일본이나 중국과 확실하게 다른 면이 있다.

1980년대와 1990년대 초반에 특파원으로서 한국을 취재하던 기억이 지금도 생생하다. 전두환과 노태우 군사독재의 종언을 목격했고, 가택연금 시절 알게 된 김영삼과 김대중이 각각 대통령이 되는 것을 지켜봤으며, 사람 좋은 반체제 운동권 인사 여러 명과 친교를 맺기도 했었다. 전두환 대통령 시절 끝무렵에 나는 한국과 타이완 정도가 동아시아 최초로 제대로 기능하는 민주주의 국가가 되리라고 예상했다.

그리고 예상은 현실이 되었다. 이제는 논란의 여지가 없는 엄연한 역사적 사실이 된 것이다. 한국은 이제 일본보다도 (중국은 말할 것도 없고) 정치적으로 성숙한 국가가 되었다. 한국 근대성의 한 부분을 이루는 주목할 만한 특성이다.

흥미로운 것은 어떻게 이루었는가 하는 점이다. 다시 말하지만, 국민성은 이 문제에 대한 해답이 될 수 없다. 한국인이 민주주의를 달성한 것은 한국인의 국민성 때문이라는 주장은 성립할 수 없다. 역사를 돌아보라. 한국은 20세기 전반기를 식민지로 지냈고 1945년에 해방되자 냉전으로 인해 또 다른 종류의 식민 상태를 경험했다. 미래의 도래는 늦춰졌다. 그러나 한국인들은 바로 냉전 때문에 독재냐 민주주의냐 하는 현저하게 대조적인 대안에 직면했고, 원하는 것을 얻기 위해 악전고투해야 했다. 냉전은 독재자들을 낳았고 한국인은 수십 년을 처절히 독재 정권에 저항해야 했던 것이다. 결과적으로 그런 와중에 국민이 내린 선택이란 정치적 성숙성과 책임감이 없이는 불가능했다.

일본인들에게 그런 선택을 내릴 여지가 있었던가? 패전 직후인 1940년대 후반에 잠시 그런 기회가 있긴 했다. 이 시기는 책에서 중요하게 다루는 부분이기도 하다. 당시 일본인들이 미래를 위한 결정을 내리고 성숙해질 준비가 되어 있었는가 하는 문제는 지금 돌아보면 미묘하다. 실제로 앞서 언급한 '근대성'에 관한 활발한 토론도 있었다. 일본인들은 이를 '주체성'이라는 용어로 표현했다. 이에 대해서는 간단하게나마 본문에서 설명한다. 당시의 짧은 시기가 지나면서 일본인이 취할 수 있는 선택의 여지도 함께 사라져버리게 된다는 점에서, 이 부분의 집필이 나로서는 무척 씁쓸한 경험이었다.

그와 같은 역사적 사실은 한국인은 물론 일본을 바라볼 때 누구나 염두에 두어야 할 사항이다. 일본은 비서구 국가로서는 최초로 근대화했고 바로 그 때문에 부러움의 대상이었다. 중국이 쓰촨성 지진 피해복구에 힘쓰고 있는 지금도 일본은 중국에 지진에 견디는 건축 방법 및 지진 패해 대책에 관해 자문 역할을 자청한다. 마치 '우리가 그 분야의 기술은 완전히 터득하고 있으니 한 수 가르쳐주겠다'는 듯한 태도다. 예부터 일본과 중국 간에 자주 있는 현상이다. 그러나 아무리 기술이 첨단을 달린다 하더라도 일본은 한국과는 달리 성취해야 할 것을 성취하는 데 실패했다는 사실 또는 아예 성취하려는 의지가 없었다는 사실이 간과되어서는 안 된다. '일본이 먼저였다'는 옛 관념은 이제 조금 달리 이해되어야 한다. 근대화는 일본이 먼저였을지 모르나, '근대성을 갖추었느냐' 하는 문제는 별개다. 이제 전통이 사라져버린 일본에서 그 빈자리는 도대체 무엇으로 메워질 것인가.

1998년 가을 김대중 대통령이 일본을 방문했다. 당시 나는 도쿄에 있었고 김 대통령 방일 행사에 주목했다. 흥미로운 순간이었다. 일본 총리는 식민 지배를 사과했고 김 대통령은 이를 받아들이면서 "양국이 지난날의 불행했던 역사를 극복하고 화해와 선린우호에 입각한 미래 지향적인 관계를 발전시키기 위해 서로 노력하는 것이 시대적 요청"이라고 천명했다.

나는 그날, 한국과 일본이 드디어 일종의 정체성 공유를 새로이 인식하고 선언하면서 양국 간에 새로운 관계 기반을 마련하려나보다라고 생각했다. 미래에 대한 큰 비전을 제시하고 해야 할 말을 먼저 할 만큼 배짱 있던 쪽은 일본이 아니라 한국이었다는 사실 또한 놓치지 않았다.

한국어판이 출간되는 이 시점에서 언급하고 싶은 사항이 하나 더 있다. 『일본의 재구성』이 처음 출간된 후 일본인에 대해 지나치게 비판적이 아니냐, 동정심이나 이해심이 부족한 게 아니냐는 지적을 이따금씩 받았다. "일본인을 싫어하세요?" 하고 한 독자가 내게 묻기도 했다. 그런 질문을 많이 받은 건 아니지만, 10년 후 내가 여기에 언급할 필요를 느낄 만큼은 받았다.

내가 일본인을 싫어해야 할 이유는 전혀 없다. 앞서도 말했듯이 무엇보다 일본 국민과 일본 정부는 별개의 문제다. 또한 나는 관찰의 객체인 일본인을 줄곧 나와 동등한 존재로 대했으며, 서구인이야말로 일본인들이 도달해야 할 어떤 기준인 것처럼 암시하는 일은 의식적으로 피했다.

일본과 일본인에 대해 생각하고 글을 쓸 때 나는 그런 자세를 견지했다. 그리고 일부러 특별히 "너그럽게" 써야 할 이유도 없었다. 너그러움이란 상대방에 대한 솔직함에서 가장 잘 우러나온다고 믿기 때문이다. 실제로 일본 독자들도 그런 내 생각을 이해해주고 있다고 느낄 때가 많았다.

  독자서평 중에서 지금까지 가장 기억에 남고 소중하게 여겨지는 일본 독자가 남긴 말이 있다. "처음에 이 책을 집어들 때는 서양인이 일본에 관해 그저 그런 책을 또 한 권 썼겠거니 했는데 막상 읽다보니, 이전부터 나도 모르게 생각은 하고 있었으되 미처 또렷하게 의식하지 못했던 부분을 짚어주는 게 아닌가."

패트릭 스미스
2008년 6월, 홍콩에서

비뚤어져 뚜껑도 안 맞는 궤짝 하나[1]
_ 본초凡兆: 『사루미노』猿蓑 가운데 「여름의 달」夏の月 편

들어가며
정지해버린 파도

1990년대 초, 시코쿠 섬 도쿠시마 현德島県에 위치한 소규모 기계제조업체 열 곳은 로봇으로 일본 전통예술인 꼭두각시 인형극을 상연한다는 특이한 계획을 발표했다.[2] 곧 프로토타입으로 주요 등장인물들이 제작되었다. 500개 이상의 부품으로 만들어지는 자그마한 로봇들 안에 인형극 한 편을 온전히 공연하는 데 필요한 모든 움직임이 프로그램되었다.

도쿠시마의 꼭두각시 로봇을 보고 있자니 흥미로운 생각이 들었다. 기모노를 입은 게이샤 로봇, 상투를 틀고 칼을 잡은 사무라이 로봇이 일본의 과거와 현재에 관해 무언가를 분명히 시사해주고 있었다. 문득 아시아에 관한 금세기 최고의 책 조지프 레벤슨Joseph Levenson의 『유교 중국과 그 근대의 운명』Confucian China and Its Modern Fate의 머리말이 떠올랐다. 1950년대에 레벤슨은 이렇게 서술했다. "중국 역사를 통틀어 새로운 사상이 수용되려

면 기존의 전통과 양립할 수 있음을 증명해야만 했다. 그러나 이제 전통이 살아남으려면 독자적인 설득력을 지녀 신사상에 부합하는 것처럼 보여야 한다."³

이것이 바로 오늘날 일본이 안고 있는 난제이다. 난제라 하는 까닭은 전통과 근대가 일본에서 한 번도 편안하게 조화를 이룬 적이 없기 때문이다.⁴ 대신 일본인들은 한 세기가 지나도록 전통적 요소와 근대적 요소를, 낡아빠진 집——내가 도쿄에 거주하던 마지막 해에 살던 집 같은——에 그냥 한꺼번에 쏟아붓다시피 했다. 전깃줄이 오래된 나무기둥이나 들보에 붙어 있고, 가스관이 다다미 바닥을 뚫고 올라오는 그런 가옥 말이다. 옛것과 새것이 나란히 공존하지만 그다지 조화롭게 어우러지지는 않는다.

지금까지 근대 일본은 국가의 향방을 바꾼 두 가지 역사적 변화로 자국을 규정해왔다. 하나는 1868년 메이지유신으로, 산업국가 건설의 개시로 본다. 다른 하나는 1945년의 패전으로, 이를 계기로 일본이 미국식 민주주의를 받아들였다고 여긴다. 적어도 겉모습은 그랬다. 두 경우 모두 명백하게 눈에 보이는 결과물을 배출해냈다. 메이지 정권은 일본에 제철공장, 조선소, 면방직공장, 철로를 선사했다. 미국은 보통선거권, 여성 해방, 언론의 자유 등을 안겨주었고 소작농은 자영농이 되었다.

20세기 말에 우리는 일본이 맞이한 중요한 변화의 고비를 또 한 번 목격한다. 이전에 비해 변화가 전형적이 아니어서 알아보기는 힘들다. 지금 일본은 스스로 변화해 새로 태어나고자 한다. 과거에도 무수히 그런 시도를 했으니, 대단히 참신한 관찰은 아닐지도 모른다. 그러나 지금 변화가 일어나고 있는 부분은, 흔히 일본인만의 특징이라고 간주되는, '개인과 사회와의 관계'에 관한 부분이다. 한편으로는 소속감과 사회적 책임이, 다른 한편에는 지각하는 자아와 개인마다 숨어 있는 개성이 존재한다. 개인의 자율성과 '일본'이라는 광범위하게 확장된 가족의식 사이에서 일어나는 갈등은, 메이지유신 이후에도 1945년 패전 이후에도 풀리지 않은 채 오늘날에 이른다. 이 점이 바로 메이지유신과 패전 후 재건사업이 나름의 성과에도 불구하고 결국에는 실패로 평가받아야 마땅한 이유이다. 전자는 비극적인 방종으로 끝장이 났고, 후자의 실패는 공공연한 비밀로 공개적 인정은 아직 허용되지 않고 있다.

메이지 시대의 꿈은 한 세기하고도 사반세기가 더 지난 1980년대에 이루어졌다. 일본은 서구를 따라잡았고, 이제는 또 다른 전진을 위해 새로운 야망을 찾아 나설 차례였다. 냉전이 막을 내리자 지난 40년간 당연하게 받아들였던 모든 전제들이 무너져내렸다. 일본은 더욱 복잡한 세계에서 결정을 내려야만 했다. 그런데 경제 성장과 냉전 종료라는 중대 상황이 전개되는 와중에 '덴노'*의 사망이라는 세 번째 사건이 발생했다. 히로히토는 62년 동안 일본의 군국주의, 정복, 전쟁, 패전과 재건을 차례로 겪었으며, 끝으로 일본이 부유해지는 모습까지 보았다. 오랜 세월 지속된 히로히토의 영향 때문에 일본인들은 과거에서 벗어나지도, 현재의 상황을 직시하지도 못했다. 결국 역사와 전통은 제대로 자리매김되지 못했다.

손에 잡힐 듯한 불안이 일본 전체를 휘감았다. '덴노'와 '경제'는 거의 한 세기 동안이나 일본을 사로잡은 과제였다. 특히 1945년 이후에는 경제 성장과 함께 전후戰後 국제질서 속에 확고히 입지를 다지는 문제가 중요했다. 그런데 이제 긴급한 것도 확고해진 것도 하나 없이 갑자기 과거와 미래가 모조리 의문투성이가 되었다. 예전엔 신문사 특파원들 사이에서 도쿄 지국장이라는 자리는 거의 악몽이나 다름없다고 알려져 있었다. 새로운 일

---

* 일본 군주인 덴노의 명칭을 둘러싸고 '천황'이라고 표기할 것이냐 '일왕'이라고 표기할 것이냐에 관해 논쟁이 있다. 본서에서는, 일제 강점기부터 사용한 '천황'이나 사전에 없는 조합어인 '일왕' 대신, "emperor"로 표기한 원서의 번역에 충실하기 위해 '천황'의 일본식 발음인 '덴노'라고 표기한다.

이라고는 거의 일어나지 않는 나라에서 기삿거리를 찾아야 했기 때문이다. 그런데 갑자기 모든 것이 바뀌는 것처럼 보였다. 아무도 가까운 미래조차 예견하지 못했다. 전날 일어난 사건마저 제대로 설명할 수 있는 이가 없었다. 아무도 이해하지 못하는 어떤 현상이 일어나기 시작했다. 정치·경제 환경이 바뀌고 덴노의 시대가 막을 내린 자체도 중대한 일이었지만, 사실 외부의 변화는 보이지 않는 깊은 곳이 이미 변화했다는 징표이거나 외부의 변화를 이끌어낼 촉매제라는 점이 시간이 갈수록 확연해졌다. 이런 변화를 거침으로써 일본의 역사와 전통이 마침내 제자리를 찾고, 전통과 근대가 화해를 이루지 않을까.

내가 이 책을 쓰고 있는 순간에도(미국에서 1998년에 초판이 출간되었다), 일본은 전후 최악의 경제 침체에서 벗어나려 애쓰는 중이다. 일본의 정치·사회 체제는 지금 혼란 속에 있다. 특히 '세계화'라고 부르는 현상 때문에 제기되는 갖가지 질문과 씨름하고 있다. 상황이 이러니, 일본의 전성기는 불과 10년도 못 되어 끝났고 1980년대 후반에 행사하던 세계적인 영향력은 이미 옛날 얘기라고 평가하기 쉽다. 그러나 이런 평가는 오해일 뿐이다. 내가 이 책에서 묘사하는 일본, 즉 변화 중인 일본은 문제를 말끔하게 해결한 뒤 궁지에서 빠져나올 운명이 아니다. 천만의 말씀이다. 앞으로 일본이 직면하게 될 문제의 원인만 달라질 뿐이다. 그럼에도 변화된 일본은 좀더 안정적인 체제를 지닌 안정적인 국가가 될 가능성이 높다. 더 강력하고 더 자기주장이 활발한 자주적인 나라가 될 것이다. 이유는 간단하다. 국민 개개인이 그런 성향을 가지게 될 것이기 때문이다.

일본사람들에게 개성을 숨김 없이 드러내고자 하는 몸부림은 오래 전부터 존재했다. 오랫동안 역사의 수면 아래에 있었지만 때때로 (요즘처럼) 몸부림이 선명하게 드러나기도 했다. 일본인에게 둘러싸여 사는 일이 흥미진진하기도 하고 실망스럽기도 한 까닭이기도 하다. 언제나 굉장한 돌파구를 찾기 직전인 듯한 커다란 기대감을 불러일으키다가도, 한순간 변화를 완전히 멈춰버리거나 당혹스러우리만치 천천히 움직인다. 이런 성향은 고르디오스Gordius의 매듭*처럼 여러 세대에 걸쳐 학자, 외교관, 무역협상 담당자, 특파원 등의 외부인들을 혼란에 빠뜨렸고, 비즈니스에서는 예측을 불가능하게 만들었다.

20세기 초반에 어느 일본 작가가 요염하고 매혹적인 것을 뜻하는 '비타이'媚態5라는 일본인 특유의 미적 감각을 지적했다. 그에 따르면, 일본인은 기대하며 기다리는 상태를 선호하며, 욕망의 대상과 가능한 거리를 좁히되 목적을 달성하지 않은 채 가까이에서 최대한 목적 실현의 가능성을 음미하는 것이 '비타이'에서 얻는 쾌감의 진수라는 것이다. 완성은 존재하지 않는다. 타자는 영원히 타자이다. 꿈꾸는 상태가 실현되는 것보다 나은 모양이다.

이런 식의 관념은 영 마음이 걸린다. 일본인들이 어딘가에 도달하는 '상태'에 영원히 머무르는 것으로 만족한다는 뜻 아닌가. 마치 19세기 목판화에서 공중으로 치솟아오르며 부서지는 파도가 영원히 그 상태로 정지해 있는 것처럼 말이다. 그러나 이런 비유는 일본을 실제 그대로 바라보지 않고, 기교나 연출에 연결시키는 경우에만 유효하다. 현실의 삶에서는——매 순간과 역사 속에서는——목판화에 그려진 부서지는 파도가 지금 막 해안에 다다르려는 참이다.6

---

* 알렉산더 대왕에 얽힌 전설. 기원전 소아시아 고대국가 프리지아의 왕 고르디오스는 누구도 풀지 못한다는 매듭을 묶은 다음, 매듭을 푸는 자가 아시아를 지배하리라고 예언한다. 알렉산더 대왕은 풀 수만 있다면 어떻게 푸느냐 하는 방법은 중요하지 않다면서 칼로 이 매듭을 끊어버렸다고 전해진다.

{ **제1부 자기들끼리**

2차대전 후에 창작된 일본의 이미지는 지금까지도 널리 받아들여지고 있다. 이 이미지는 워싱턴이 도쿄를 어떻게 다루어왔는가를 반영하며, 제국주의 권력이 종속적 식민지를 다루는 방법과 매우 유사하다. 모든 것이 공산주의 견제라는 이름 아래 희생당했다. 1948년 이 채 끝나기도 전에 전전戰前 일본의 재벌 세력은 모두 제자리로 복귀했고 구시대의 정치엘리트 세력들이 다시금 일본을 다스리기 시작했다. 일본적 이데올로기는 각종 재료가 풍부히 뒤섞인 혼합물이었다. 전통의 조작은 비단 일본 엘리트들만의 작업은 아니었다. }

그녀는, 표면은 고요해 보이나
밑으로는 폭포를 향해 힘차게 치닫는 호수와도 같아요.
속에 비밀을 잔뜩 간직하고 있는, 마치 노能*가면 같아요.¹
_엔치 후미코円地文子『온나멘』女面**, 1958

보이지 않는 일본인

"사실 일본이라는 것 자체가 순전히 누가 만들어낸 허위에 불과하다. 그런 나라는 애초에 존재하지도 않으며 그런 국민도 없다." 1889년 오스카 와일드의 말이다.²

일본이 서방세계에 문호를 연 지 30년 후의 일이었다. 유럽은 당시 프랑스어로 자포니즘japonisme³이라 불리던 유행의 파도에 휩쓸려 있었다. 드가, 마네, 휘슬러, 피사로 등의 화가들이 일본의 이미지에 매혹당했다. 1887년 반 고흐는 「탕기 영감의 초상」Le Père Tanguy을 후지산과 화려한 기모노를 입은 게이샤로 장식했다. 고갱은 일본부채 모양의 화지에 구아슈화를 제작하기도 했다. 일본에 대한 열광은 유럽 사회 구석구석에 파고들어 찻주전

---

* 대사, 노래, 기악, 무용 등으로 이루어진 일본의 전통적인 가면극.
** 노能에서 사용되는 여자 모습의 가면을 지칭하는 용어.

자, 꽃병, 드레스를 비롯해 꽃꽂이에까지 영향을 미쳤다.

자포니즘과 실제 일본은 무슨 관계가 있었을까? 1880년대 일본은 공장을 세우고 선박을 건조하고 군인을 징집하고 국회를 만드느라 여념이 없었다. 대학, 사무실, 백화점, 은행 등도 속속 생겨났다. 와일드는 부연한다. "실제로 일본에 사는 사람들은 평범한 영국 사람과 다를 바가 하나 없다. 일본인은 지극히 평범할 뿐 특별히 신기하거나 대단할 것이 없다는 얘기다."4

시대를 앞선 진단이었다. 와일드가 『거짓말의 쇠퇴』 The Decay of Lying 에서 언급한 현상에 딱 들어맞는, 논란 많은 용어가 하나 있다. 바로 '오리엔탈리즘'5이다. 오리엔탈리즘은 원래 '불변하는 동쪽' the eternal East을 의미하는데, 와일드는 간결하고 잔잔하고 향내 나는 일본의 오리엔탈리즘적인 이미지에 의문을 제기하며 이 '불변하는 동쪽'이란 표현을 사용했다.

오리엔탈리즘은 지중해 동쪽에서 태평양에 이르는 지역의 주민, 문화, 사회 등에 관한 고정관념과 이미지를 포함한다. 동양 사회에는 역동성이나 변화가 없다는 것이 골자이다. 마치 중동의 모자이크처럼 오랜 시간에 걸쳐 끝없이 반복되는 고정된 양식에 고착되어 한 마디로 진보가 없다는 것이다. 닫혀 있는 사회이니 이성적 사고, 논리나 과학은 찾아볼 수 없다. 동양은 그저 운명과 불변의 전통에 얽매인, 끝없이 우수에 젖어 있는 어떤 장소에 불과하다. 오리엔트는 평범하기보다는 '이국적'이고 이해가능하다기보다는 '불가사의'하고, 훤하기보다는 어스레한 그 무엇이다. 오리엔트는 서양과 다른 '어떤 별개의 것'이므로 이 둘은 서로 갈라져 만날 수가 없다는 것이다.

세상에서 가장 동쪽에 자리하여 탐험가들 사이에 잘 알려져 있지 않던 일본은, 1542년 유럽인이 발을 디디면서 극단적인 오리엔탈리즘적 환상의 대상이 되었다. 일본에 대한 인상을 최초로 기록한 사람들은 선교사들이었는데, 한 이탈리아 예수회의 선교사는[6] 일본과 일본인들을 "상상할 수 없을 정도로 유럽과 정반대의 세상"이라 표현했다. 선교사들의 눈에 유럽인은 크고 일본인은 작았고, 교회는 높고 절은 낮았으며, 유럽여인들은 치아를 하얗게 하려고 애쓰는 데 반해 일본여인들은 까맣게 물들였다. 일본은 지구 중심의 반대쪽에 자리한 별세상으로 끝없이 온순하고 끝없이 굴종하는 곳이었다. "사람들이 믿을 수 없을 정도로 고난과 역경에 순응하며 살고 있다"[7]고 기록한 그 선교사는 "이들은 그러한 불행과 빈곤을 겪으면서도 조용히 만족하며 살아간다"고 덧붙였다.

1549년에 일본에 온 프란체스코 자비에르Francesco Xavier는 왜 일본인들은 "우리식"[8] 즉 왼편에서 오른편 방향으로 가로쓰기하지 않는가 하고 의문을 제기했다. 그러자 일본인 안내원이 "그럼 왜 유럽인들은 일본처럼 오른쪽에서 왼쪽으로 세로쓰기하지 않습니까?" 하고 반문했다. 프란체스코 자비에르가 그 대답의 의미를 좀더 깊게 생각했더라면 무척 유익했을 터였다.

물론 16세기 유럽인들의 일본에 관한 묘사가 순전히 지어낸 허구만은 아니다. 전통적으로 일본여인들은 치아를 까맣게 물들였다. 현대 일본사회에서 체념과 순응의 분위기를 감지할 수 있듯 당시의 일본사회도 그랬을 것이다. 일본의 열쇠는 서양에서처럼 오른쪽으로가 아니라 왼쪽으로 돌려 열게 되어 있는데, 당시 일본에 도착한 외국인들은 이에 대해 이상하리만치 집착하며 자주 언급했다.

이런 유럽인들의 묘사나 호기심이 조금 우스꽝스럽지 않은가? 왜 그들은 일본이 신기한 난쟁이요정들이 득시글대는 별세계라는 인식을 계속해서 퍼뜨렸을까? 오늘날의 눈으로 보자면, 단순한 이해 부족이라 할 것이다. 초기 방문자들은 자기 생각을 연결 지을 판단기준이 없었다. 일본 역사에 관심을 가졌더라면 일본과 서구와의 크고 작은 차이점이 상세히 설명되었을 텐데 서구는 일본에 고유한 역사가 없는 것처럼 굴었다.

오리엔탈리즘은 제국주의와 함께 퍼져나갔다. 오리엔탈리즘의 특징 가운데 하나는 관찰자가 관찰 대상에 대해 가지는 태도이다. 관찰자는 언제나 관찰 대상에 대해 우위를 점한다. 에드워드 사이드Edward W. Said가 『오리엔탈리즘』에서 강조한 대로, 지성적 관행은 권력과 물질적 이득을 바탕으로 형성된 관계를 반영한다. 이에 따라 오리엔탈리즘은 19세기 제국건설의 선두주자였던 영국과 프랑스에서 절정을 이룬다. 일본은 이 두 나라의 공식적인 식민지였던 적은 없었으나, 제국주의와 결부된 서구의 오리엔탈리즘에서 벗어나기는 어려웠다. 당시 일본이 유럽과 맺은 관계의 기초에는, 결국 유럽과 식민지 간에 전제되었던 물질적 이익과 유럽의 우월함이 깔려 있었다.

오늘날에는 인도인, 인도네시아인, 타이완인, 일본인 등을 '아시아인'이라고 부르지 '동양인'이라 부르지는 않는다. 개개인의 다양성과 평등함을 인정하려는 노력의 결과이다. 누군가를 그저 '동양인'이라 칭하는 건 어느 정도 상대를 모욕하는 행위이다. 적어도 지도상에는 더 이상 존재하지 않는 과거 식민주의 관계성을 되살리기 때문이다. 그렇다고 해서 서구가 오리엔탈리즘에 기초한 습관들을 다 떨쳐낸 것은 아니다. 아시아인이라면 그런 관행을 누구나 지적해낼 수 있다. 오리엔탈리즘은 몇 세기 이전의 관념에 충실할 때에만 말이 된다. 일본 사회는 수직적인[9] 반면 서구 사회는 수평적이라거나, 서구는 경쟁을 좋아하나 일본은 타협을 중시한다거나 하는 식으로 말이다. 1995년 고베 지진이 일어났을 때 한 미국 기자가 고베를 "뉴욕보다 스시가 흔한 뉴욕의 대척지"[10]라 묘사했다. 그는 아시아인은 자연재해를 자연법칙의 일부분으로 태연하게 받아들이기 때문에 "고베는 재난피해자에게 이상적인 장소"[11]라고까지 표현했다.

오스카 와일드가 지적했던 오리엔탈리즘에는 한 가지 특이한 점이 있다. 지난 19세기 내내 외국에 퍼진 일본의 이미지 가운데 일부는 일본인들 스스로 만들어냈다는 지적이다. 와일드는 일본의 이미지가 당시 판화로 유럽 자포니즘을 주도하던 호쿠사이北斎와 같은 미술가들이 "의도적이고 의식적으로 꾸며낸 창조물"[12]이라고 일갈했다. 대단히 날카로운 관찰이라고 생각한다. 역사상 일본의 주요 지도자와 사상가들 또한 일본의 이미지를 만들어내는 데 일조한 것이 분명하다. '일본'이 일본인 자신들의 상상의 산물인 경우도 많았기에 일본인 가운데 오리엔탈리스트가 있다고 해도 과장은 아닐 것이다.

미국은 일찍이 아시아에 식민지가 없었기 때문에 사상 체계로서의 오리엔탈리즘 형성에는 참여하지 않았다. 원조 제국주의 국가들에게 미국은 뒤꽁무니를 쫓아다니는 존재에 불과했다. 19세기 제국들끼리 땅따먹기 경쟁이 한창일 때 미국은 필리핀을 잠시 얻었을 뿐이다. 그러나 1945년 이후에는 어땠는가? 전후 "미국의 세기"the American Century[13]가 바로 태평양 지역에서, 그것도 일본에서 절정에 이른다. 1945년부터 1952년에 걸친 미국의 일본 점령은 명목상으로만 연합국의 임무였다. 더글러스 맥아더는 연합국 최고사령관이라 불렸지만 연합군 총사령부는 역시 미국의 전초기지라고 보는 것이 옳다. 미군 점령 시기를 겪은 나이 많은 일본인이라면 누구나 알파벳스프*에 익숙하다. 이들은 당시 일본의 운명을 결정하는 나라가 미국이라는 사실을, 알파벳스프가 익숙한 만큼 몸으로 익숙하게 이해하고 있었다.

미국은 제2차 세계대전 이후 자기들만의 오리엔탈리즘 버전을 개발하기 시작했다. 미국은 일본과 일본인이 어떤 종류의 나라에 사는 어떤 종류의 사람들이라는 고정관념을 만들어냈을 뿐 아니라, 아예 자신들이 상

---

* 미국 캠벨 회사가 만드는 깡통에 담긴 스프로 국수 모양이 알파벳 모양으로 생겼다.

상하는 대로 한 국가와 국민을 창조해버렸다. 물론 미국이 독자적으로 한 일은 아니다. 역설적이게도 미국은 애초에 미국과의 전쟁을 주도했던 일본 지배층의 도움을 받았다. 영국은 아프리카 식민지 경영을 할 때 주로 이런 간접 통치 방법을 활용했는데, 이 전략은 미국이 일본을 다루는 데에도 유효했다. 전쟁 전 도쿄의 보수 지배층들은 자신들 자체가 이미 오리엔탈리스트였기 때문에 자국을 새롭게 태어나게 하려는 미국에 적극 협조했던 것이다.

전후에 창작된 일본의 이미지는 지금까지도 널리 받아들여지고 있다. 이 이미지는 워싱턴이 도쿄를 어떻게 다루어왔는가를 반영하며, 제국주의 권력이 종속적 식민지를 다루는 방법과 매우 유사하다. 이 점은 평범한 미국인이 일본과 일본인을 어떻게 생각하는지를 살펴보면 더욱 확연해진다. 미국인이 바라보는 '일본'은, 기모노나 원뿔 모양의 밀짚모자 수준은 벗어났지만, 의식은 여전히 따옴표 안에 갇혀 있다. 예컨대 1970년대에 미국은 일본을 '주식회사 일본'Japan Inc.이라고 부르며 국가 전체를 기업으로, 그 국민을 시민이 아닌 회사 직원으로 간주하였다. 일본에 대한 이런 관념은 지금까지 서구 전체에 일반화되어 있다. 소설가 오에 겐자부로大江健三郎는 서구가 언급하기 좋아하는 일본의 두 가지 이미지에 대해 자주 불평했다. 하나는 사무라이와 선불교식 정원으로 대표되는 옛날 일본이고, 다른 하나는 첨단기술제품과 효율성으로 대표되는 새로운 일본이다. "서구인들에게 이 두 이미지의 사이는 그저 공백일 뿐인데, 사실 바로 이 공백 부분에 일본인들이 살고 있다"[14]라고 지적했다. 1994년 노벨문학상을 받았을 때 오에는 스톡홀름에서 인터뷰하던 미국 기자에게 이렇게 말했다.

저는 랄프 엘리슨의 대작 『투명인간』을 좋아하는데, 이 이야기가 우리 일본인에게도 적용됩니다. … 아시다시피 유럽에서도 일본의 첨단기술을 접할 수 있는데다가, 일본의 경제력이야 말할 필요도 없고, 예스러운 다도문화에 대해서도 여러분 모두 잘 알고 계실 것입니다. 하지만 이것들은 다 이미지일 뿐입니다. 일본의 겸허함, 일본의 기술력이라는 일종의 가면이지요. … 우리가 근대화를 시작한 지 125년이 지난 오늘날까지도 … 우리는 유럽인과 미국인의 눈에 그저 헤아릴 수 없는 불가사의한 존재일 따름입니다. … 혼다 자동차를 만드는 사람들, 그들을 그 이상 더 이해하려는 노력이라고는 별로 없더군요. 왜 그런지 저도 모르겠지만요. 아마도 우리가 그저 유럽인들 앞에서라면 아무 말 없이 조용해지기 때문인지도 모르겠습니다.

민주주의를 구하기 위해 민주주의를 무너뜨리다

미국과 일본은 지난 50년간 복잡한 관계를 형성해왔다. 더 이상 친할 수 없을 만큼 친밀한 관계를 유지해왔다. 두 나라가 지난 반세기 동안 서로에게 끼친 부정적인 영향을 고려한다면, 어쩌면 친밀함이 지나치다고까지 말할 수 있으리라. 그 오랜 시간 동안 유지해온 친밀함에도 불구하고 미국에게 일본은 여전히 불가사의한 존재다. '불가사의'라는 이 지겨운 단어를 지적한 것은 오에 겐자부로뿐이 아니다. 일본인이 자기들끼리도 속내를 잘 드러내지 않는 내성적인 국민이라는 건 틀림없다. 한 세기 전과 마찬가지로, 지금도 일본의 이미지 가운데 일부는 일본인 스스로가 만들어내고 있다고 해도 틀린 말은 아니다. 하지만 그것만으로 흐릿한 그림 전부를 설명할 수는 없다. 일본인이 '불가사의'한 이유는 미국의 일본점령 이후로—아니 그보다 제2차 세계대전(이하 2차대전) 훨씬 이전부터—우리가 한 번도 제대로 일본인이 누구인가를 이해하고자 노력하며 그들을 직시한 적이 없었기 때문이다.

미국은 일본을 미국의 이미지로 재창조하려는 야심찬 계획을 가진 채 일본 점령을 개시했다. 그러나 미국은 일본에서 뿌리째 뽑아버리려던 관습을 오히려 복원하거나, 제거하려던 몇몇 인사들을 복귀시키고 마는 엉뚱한 결과를 초래하고 말았다. 뉴딜정책에 따른 애초의 선의의 시도는, 냉전이라는 시대적 상황에서 '전략'으로 변질되어버렸다. 그러나 이 양극단을 연결시키는 한 가지 공통점이 있다면, 점령자 미국은 일본을 자신들의 이미지가 투영된 어떤 것, 그 이상으로 바라보지 않았다는 점이다.

워싱턴에서 점령에 관한 초기 지시가 도착한 때는 1945년 가을이었다. 이 지시들은 범위나 내용이 무척 이상적이라는 점에서 주목할 만하다. 맥아더가 이끄는 연합군 총사령부는, 일본을 고통 속으로 몰아넣은 절대전제주의자들을 비롯한 과거 봉건주의의 잔재로부터 일본인을 해방시키는 것을 사명으로 삼았다. 점령의 목적은 정치적으로는 '민주화', 경제적으로는 '소득의 재분배와 생산과 거래 수단에 관한 소유권의 광범위한 재분배'였다. 워싱턴이 이런 식의 표현을 사용했다는 것은 의외였지만, 2차대전 중에도 꾸준히 이어진 루스벨트 시대의 사회개혁 운동에서 유래한 이런 용어가 연합군 총사령부를 가득 메운 민주주의 복음전도자들에게는 꽤나 적절했다. 그들은 감성, 이성, 영혼까지 일본의 모든 것을 변화시키고 싶어했다. 그래서 일본인이 행복해지리라는 기대로 비공식적으로 포켓볼, 스퀘어댄스, 볼링, 빅밴드재즈까지[15] 일본에 소개했다. "당시 미국인들의 신념을 생각하면 기가 막혀 소름이 돋는다"[16]라고 어느 점령기 회고록은 회상했다.

1945년 8월 15일 항복 후 일본에 처음 도착한 미군들이 자기들을 환영하는 일본을 보고 충격을 받았다는 것은 잘 알려진 사실이다. 며칠 전까지만 해도 덴노를 위해 죽을 각오를 했던 사람들이 순식간에 변해 기꺼이 정복자들을 환영한 것이다. 도대체 어떻게 이런 일이 벌어질 수 있을까. 일본인들에게 도덕관념도 솔직함도 줏대도 없기 때문일까? 아니면 한 일본인 친구가 "우리의 유일한 신조는 신조가 없다는 것이다"라고 언급한 것처럼 오랜 습성 때문이었을까?

일본인이 점령군의 초창기 계획에 열광적인 반응을 보였다는 것은 과장이 아니다. 항복 직후를 기억하는 노인들은 그 절망적이던 시절에 향수까지 갖고 있다. 항복 직후에는 자신들이 무엇에 직면하게 될지 전혀 알지 못했다. 민주주의는 아직 구경조차 할 수 없었고, 어차피 그렇게 덩치 큰 선물은 골칫거리였다. 결국 민주주의를 선물처럼 주거니 받거니 할 수 없다는 것을 일본인들은 곧 깨닫게 된다. 그렇다면 당시 일본인들이 점령국 미국에게 감사하게 생각했던 것은 정확히 무엇이었을까? 일단 전쟁이 끝났다는 것, 덴노를 위해 죽을 필요가 없다는 것 그리고 전승국이 자신들을 학살하려는 의도가 전혀 없다는 사실만큼은 확실히 알아차렸다. 세 가지 다 놀랄 만한 일이었다.

일본인들이 지금까지도 희비가 엇갈리는 심정으로 기억하듯이, 미국이 일본에 준 가장 큰 선물은 실은 조그만 것이었다. 그것은 새로운 길을 찾아 다시 시작할 수 있다는 기대감, 그것이었다. 제한된 범위이긴 했지만 정당과 노동조합을 설립하고 스스로 제정한 절차에 따라 지도자를 선택하는 등 일본 스스로 자신의 운명을 결정할 시간과 여지가 주어졌다는 것, 그 자체가 선물이었다. 이로 인해 일본인은 기존의 규범과 관습에 의문을 제기할 수 있었을 뿐만 아니라, 무엇보다도 오랜 역사상 처음으로 개인이 스스로 생각하고 결정하도록 독려받았다. 이 모든 변화를 거치는 과정에서 미국인은 일본인의 눈에 신과 같은 존재로 보이게 되었다. 당시를 서술할 때 일본인들은 미국 병사의 신체적 특징에 감탄을 금치 못하며 자세히 묘사하곤 했다. 단순히 병사들의 큰 체격, 미소, 너그러움뿐만 아니라 그들이 어떻게 자유와 자주성을 표현하는지, 얼마나 편안하고 자연스러운지, 이런 점에서 일본인과 얼마나 다른지에 관해 자주 언급한다.

불행히도 미국의 관대한 선물, 굳이 표현하자면 일본을 위해 옆으로 한 발짝 비켜주는 아량은 급속히 철회되었다. 1946년 가을, 미국의 유권자들은 앞으로 50년 뒤 빌 클린턴이 1994년과 1996년에 직면할 상황과 똑같은 상황을 해리 트루먼에게 안겼다. 대통령은 민주당인데 국회 상하원은 공화당이 다수당인 상황이 발생한 것이다. 미국은 일본이 어떤 식으로 재건되어야 할 것인가에 대하여 통일된 시각은 없었으나, 일본이 과거 유럽의 파시스트 국가와 손잡았던 것과 마찬가지로 혹시 쉽게 공산화될지도 모른다는 이른바 '황색공포'yellow peril에 사로잡혔다. 1946년 미국 총선은 급기야 저울추를 반대 방향으로 기울였다. 일본은 이후 일어나는 일련의 사건들을 가리켜 '역코스'reverse course라 부른다. 용어가 시사하듯이 미국의 정책 변화는 근본적인 것이었다.

1947년 역코스 정책은 우선 연합군 총사령부에 포진해 있던 뉴딜정책론자들을 숙청하고 그 자리를 반공주의자와 재정적 보수주의자로 채워 넣는 작업으로 시작되었다. 1년 후 공산주의 봉쇄정책의 구상자로 유명한 조지 케넌George Kennan이 작성한 미국 국가안전보장회의National Security Council(이하 NSC)의 지시문서 형태로 역코스 정책은 정식으로 일본에 도착했다. 제목은 수수하지만 내용은 방대하기 그지없는 이른바 NSC문서 제13-2호(미 국가안전보장회의 대일정책에 관한 권고) 점령정책 전환문서와 함께 일본은 냉전시대를 맞이한다. 다음 해에 마오쩌둥은 베이징을 점령했고, 다시 1년 후에는 한국전쟁이 발발한다. 이런 사건들과 함께 전후 개혁의 초기 방향이 굳어져 향후 40년간 일본의 운명이 결정되었다.

NSC문서 제13-2호는 진정한 개혁을 지향하는 대신 냉전시대의 성배인 안정과 경제 발전에 우선 가치를 두었다. 표면적으로는 '열심히 일하여 높은 수출을 달성하자'라는 실용적인 목표를 추구했으나 이 문서에 담긴 구호는 전후 일본이라는 미완성 국가를 근본적으로 바꾸어놓았다. 모든 것이 공산주의 견제라는 이름 아래 희생당했다. 우익 국가주의자의 제거가 중단되었고 미국의 국익에 위협이 된다고 판단되는 자들은 밀려나기 시작했다. 아시아 대륙 침략을 후원하고 전쟁 물자를 공급했던 족벌 경영 체제의 재벌을 해체하려던 계획도 무산되었다. 1948년이 채 끝나기도 전에 전전戰前 일본의 재벌 세력은 모두 제자리로 복귀했고 구시대의 정치엘리트 세력들이 다시금 일본을 다스리기 시작했다.

몇몇 개혁은 지속되었다. 미국이 전후 새롭게 일본헌법에 명기한 국민주권의 중요성은 (남용된 경우가 여러 번 있긴 해도) 누구도 부인할 수 없다. 자기 땅이 없던 소작인들에게 토지를 분배한 농지개혁은 오랫동안 존재하던 불평등한 토지 소유에 종말을 고함으로써 점령 초기의 연합군의 업적으로 자리매김했다. (단 이때의 농지개혁이 훗날 새로운 정치적 불평들을 낳았다는 점은 언급해두자.) 그러나 원래의 개혁방침 가운데 대부분은 상당히 완화되었으며, 그중 몇 가지는 아주 치명적으로 변질되고 말았다.

예를 들어 일본의 전쟁 전 지배 세력을 추방하려던 방침을 살펴보자. 이 정책은 군부 내에 존재하는 극단적인 군국주의자들을 일소하는 것에 초점을 두어 광범위하게 실행되었다. 그들이야말로 미국이 전쟁에서 패배시키려던 직접적인 대상이었던 까닭이다. 연합군 총사령부에게 일본군대는 필요없었다. 적어도 1950년대 초반까지는 말이다. 제거된 세력의 8할 이상이 결국은 군인들이었다. 그렇다면 정치·경제·행정 등 타 분야의 지도 세력은 어떻게 되었을까? 이 분야에서 공직 추방은 미미했다. 개편된 재벌의 후계자들은 아직도 건재하다. 추방된 행정 관료는 전체 검증대상자의 2퍼센트에 불과한 830명 정도였다. 맥아더는 전전 행정 관료들을 다시 등용해 일본의 행정을 맡겼다. 심지어는 이 돌아온 관료들이 공직추방 작업을 담당하는 형편에 이르렀다. 공직에서 추방된 무리들 가운데 정치인이 6분의 1을 차지했다. 종전 후 10년이 조금 넘은 시점에 이르면 전범이라고 간주되던 인물이 일본의 총리가 된다.

미국에 대한 일본의 태도는 이 역코스를 극복하지 못한 채 그대로 오늘날까지 이어진다. 개혁 초창기는 짧았기에 더욱 감상적으로 느껴지는 추억처럼, 일종의 '도쿄의 봄'으로 기억되고 있다. 민주주의는 왔다가 너무 금방 가버려서, 일본인들은 자기들이 민주주의를 누렸는지 아니었는지에 대해 토론을 벌일 정도다. 일찍감치 1950년에 마루야마 마사오丸山眞男는 일본의 민주주의란 방어할 가치조차 없는 허구에 불과하다고 선언했다.[17] '역코스'로 정책이 선회한 이후 그때까지 미국을 우러러봤던 사람들이 갑자기 배신감과 거리감을 느끼게 된 반면, 전승자를 증오하던 무리들은 권력을 되찾는 데에 미국이 느닷없이 자기편이 되어 있음을 깨닫게 된다. 오늘날까지도 대다수의 일본인은 역코스 시대에 초래된 '경탄과 혐오, 존경과 불신'이라는 상반되는 감정에서 자유롭지 못하다.

미국은 전후 일본에서 자신들이 이룬 성과에 대해 여러 가지 신화를 만들어 퍼뜨렸다. 1987년에 미국인이 발표한 어느 글에서는 "벌어질 수도 있었던 최악의 상황을 고려한다면, 미국의 점령은 전승자에게나 피정복자에게나 여러 모로 놀라울 정도로 긍정적인 경험이었다"[18]고 분석하고 있다. 일본 점령기에 관한 미국인들의 전형적인 표현이다. 그러나 "벌어질 수도 있었던 최악의 상황"을 상상하라는 권유는 위험한 제안이다. 왜냐하면 거꾸로 "성취할 수 있었던 최선의 상황"을 생각해볼 수도 있기 때문이다. 그리고 바로 그런 최선의 상황을 상상해보는 순간, 미국의 일본 점령은 평가절하된다. 실제로 상황이 훨씬 더 좋아질 수도 있었다. 현실은 어땠을까? 이 질문에는 대답하기 쉽다. 현재 우리가 바라보는 일본은 전후 미국이 만들어놓은 일본, 즉 터무니없이 부패하고 시장우월주의에 집착하고 환경보호에 무관심하고 개인을 숨막히게 하고 정치적 기능이 원활하지 않는데다

지도자가 부재하고 결단력 없는…. 그런 나라이다.

　일본은 50년이 넘는 기간 동안 왜 그렇게 갑갑한 상태로 고정되고 말았을까? 대답의 핵심은 두 개의 문서에서 찾아볼 수 있다. 그 하나는 맥아더의 감독 아래 작성되어 1947년 제정된 헌법이다. 유명한 제9조*는 이 헌법을 평화 헌법이라고 부르는 이유이기도 한데, 일본의 전력보유 금지와 자위권 행사로서 필요한 최소한의 무력 행사를 규정하고 있다. 또 하나는 1951년 체결되어 이듬해 실행된 미일 상호안보조약US-Japan Mutual Security Treaty이다. 이 조약은 일본을 미국의 군사 보호 아래 두고자 하는 것이다. 이 두 문서 모두 미국이 주도해 만든 것으로, 둘을 합치면 정치적·외교적 정신분열증의 걸작이자 일본이 지금까지도 겪고 있는 질병의 원인이라 할 수 있다.

　일본 국민에게 이런 재앙을 안겨주는 데에 공헌한 인물이 바로 요시다 시게루吉田茂이다. 요시다는 미국의 협조에 힘입어 전전 우익정치인들을 1948년 정치무대로 복귀시킨 장본인이다. 메이지 시대 개혁가의 아들로 태어난 요시다는 전전에는 영어에 능통한 외교관이자 행정 관료로서 귀족 엘리트 집단에서 정상의 자리로 올랐다. 그는 국가주의자였으나 군국주의자는 아니었다. 몇 년간의 능숙한 정치 활동을 통해 요시다와 맥아더는 "요시다 협정"19이라고 부르는 합의를 해치웠다.

　퉁명스럽지만 유머가 있던 요시다는, 일본이 무력을 행사하다 잃어버린 것을 평화로운 수단으로 되찾을 수 있다고 주장한 것으로 유명하다. 일본을 미국의 안보우산 아래 집어넣었을 뿐만 아니라, 일본제국군이 실패했

---

* 일본국 헌법 제9조: 1. 일본 국민은 정의와 질서를 기조로 하여 국제평화를 성실하게 희구하며 국권의 발동인 전쟁과 무력에 의한 위협 또는 무력의 행사는, 국제 분쟁을 해결하는 수단으로서는 영구히 이를 포기한다. 2. 전항의 목적을 달성하기 위해 육해공군과 그 외의 전력은 보유하지 않는다. 국가의 교전권은 이를 인정하지 아니한다.

던 임무를 무역통계 수치를 두고 싸우는 극심한 소모전으로 부활시킨 사람도 바로 요시다이다. 요시다 협정은 일본에 상당한 이익을 가져왔으나 협정에 대한 날카로운 비판의 목소리도 만만치 않았다. 평화주의자도 국가주의자도 협정의 세세한 내용을 제대로 소화하지 못했다. 미국 냉전의 대표 정객 존 포스터 덜레스John Foster Dulles의 강요로, 요시다는 일본의 비공식적 재무장을 감독했다. 현재 일본은 전 세계에서 규모로 따졌을 때 여섯 번째로 잘 무장된 국가이다. 요시다는 또한 미군 점령이 종료된 이후에도 미군 기지가 남아 있을 수 있도록 협력해 이후 40년간 미군을 영구적 주둔군이나 다름없게 만들어버렸다. 이런 체제를 구축한 대가는 주권상실에 버금가는 것이었으나, 일본은 요시다가 지적한 대로 군사적 종속이 곧 경제적 승리라는 구호를 입증하는 데에 급급했다.

요시다 협정에서 주목할 사항은, 이 협정이 성사된 시기가 평화 헌법을 공포한 지 무려 4년이나 지난 시점이었다는 사실이다. 평화 헌법에 대해서는 다른 편에 반대파가 존재했다. 재무장을 원하던 우파는 평화 헌법을 극도로 혐오했다. 냉전을 맞은 미국 정부는 평화 헌법이 제정되자마자 그것이 실수임을 깨달았다. 한편 평화주의자들은 미국의 패권을 문제 삼아 처음에는 평화 헌법에 이의를 제기했으나 결국은 이를 지지하게 된다. 맥아더는 자신이 일본에 부여한 헌법을 항상 옹호했으나, 그것은 그저 맥아더다운 행동이었을 뿐이다. 맥아더는 일본 평화 헌법을 총사령부의 기념물로 삼고 싶었다. 일본 평화 헌법은 맥아더가 필리핀 방어 임무를 수행하던 1935년에 미국 헌법을 본따 제정된 필리핀 헌법을 모델로 한 것이다.

냉전기에 일본이 직면한 과제와 평화 헌법 사이에는 커다란 간극이 존재했다. 맥아더와 요시다는 그 간극을 그냥 무시해버리는 방법으로 문제를 간단히 해결했다. 이렇게 해서 일본의 전후 정신분열이 시작된다. 일본은 법적으로 평화주의를 따랐으나 조약상으로나 실질적으로 반공주의의 기수였다. 냉전에 말려들자 나라의 정치적 중심은 공동화空洞化되었다. 반미를 외치는 유권자들이 미국이 준 평화 헌법을 지지하는가 하면, 미국에 아첨하느라 바쁜 이들은 터무니없이 조문을 확대 해석하는 등 모순적인 상황이 벌어졌다. 이런 양극화 현상의 해결을 위해 정치적 평형 상태가 형성되는데 이를 "55년 체제"[20]라고 부른다. 그해 가을, 수년에 걸쳐 내부 분열을 겪던 일본사회주의자들이 화해하고 재결합했다. 이에 반응해 두 개의 주요 보수당이 합쳐 자유민주당을 결성하고 이후 38년간 구 엘리트 지배체제를 굳건히 유지하게 된다.

미군 점령 종료 후 오늘날에 이르기까지, 미국은 이 55년 체제를 통해 일본에 엄청난 영향을 끼쳤다. 일본 정부는 미국 정부의 허가 없이 대외정책을 결정하는 경우가 아주 드물다. 1970년대 이전에는 독자적 대외정책 결정이 사실상 전무했다.[21] 일본은 주로 미국의 이익을 지지하는 쪽으로 대외정책을 수립했고 정책 방향이 자국의 이익에 반하는 경우라도 마찬가지였다. 일본이 독립국가인 척해봐야 본질적으로 미국의 군사보호국이라는 사실은, 미국인을 제외한 모든 이들이 알고 있다. 미국의 영향력은 일본 내부에서도 점점 커져갔다. 점령기 이후 약 20년 동안 미국은 냉전 시기에 여러 제3세계 국가에서 자행했던 짓을 일본에서도 저질렀다. 1948년에 정계에 복귀시킨 정치지도자 세력을 은밀히 그러나 적극적으로 지지해왔던 것이다. 그러면서도 일본이 민주주의 국가라고 믿도록 온 세상을 기만했다.

외국인을 속으로는 혐오하면서도 미국에 알랑거리고 유권자의 지지도 별로 받지 못하던 볼품없는 일본의 보수 정치집단은 어떻게 1993년까지 아무런 심각한 도전조차 받지 않은 채 세력을 유지할 수 있었을까? 이 질문은 1950년대부터 많은 사람이 던졌던 질문이다. 겉으로는 민주주의의 형태를 얼추 갖추고 있었기에 해답을 찾는 일이 더더욱 간단치 않다. 자민당에 대응할 만한 대안이 없었다는 분석도 일리가 있다. 그렇다면 왜 대안이 없었을까? 부정부패 때문일까? 맞는 얘기다. 그러면 누가 부정부패를 저질렀단 말인가? 세계무대에 어색하게 내던져진 어설픈 마을 촌장 같은 인물들이, 정치적 후원이라는 시스템에 기대 계속해서 일본을 통치해왔는데, 도대체 어째서인가?

해답은 정계에 복귀한 지도층의 본질에 놓여 있다. 이름만 새로울 뿐인 자민당이 전통적인 정치적 관습을 지속시켰기 때문이다. 권위에 대한 복종, 집단 정체성, 정치 파벌, 투표 매수 등 이미 오래 전에 자연사했어야만 하는 구습이 필요 이상으로 오래 유지되었다. 보수 엘리트층은 민주적 관행을 억압함으로써 권력을 지속시켜온 것이다. 그렇다면 미국은 어느 정도로 이 보수층의 노력을 거들었던 걸까? 확실한 자료는 없다. 그러나 미국중앙정보국이 1970년대까지 여당에 정치 자금을 은밀히 전달했다는 사실을 1994년 『뉴욕타임스』가 기사화하면서[22] 미국의 역할이 한층 명확해졌다. 미국은 이 자금으로 일본의 선거 결과에 부당한 영향을 끼치고, 자신들이 선호하는 총리를 지지하고 야당을 견제했다. 자금은 미화로 수천만 달러, 혹은 수억 달러에 달했다. 정확한 금액은 미국중앙정보국이 밝히지 않으니 알 도리가 없다.

미국의 우려는 냉전 지휘관으로서의 우려였다. 따라서 군대의 충성심을 유지하는 것이 가장 중요한 문제였다. 특히 워싱턴은 일본이 '아시아의 스위스'라는 항로를 택하여 서구와 동구 사이에서 중립을 택하고 냉전에서 빠져나가지 않을까 노심초사했다. 실제로 그럴 가능성이 있었고 미국은 이를 '위험'이라 불렀다. 그런 점에서 미국이 일본에서 행한 일련의 비밀 작전들은 역코스 정책과 더불어 미국이 일본의 실질적인 민주주의를 얼마나 중요하게 여겼는지 그리고 일본 국민을 얼마나 존중했는지를 가늠할 수 있는 잣대로 보아도 무리가 없다. 이런 논리는 베트남 전쟁에도 그대로 적용된다. 미국은 촌락을 구하기 위해 촌락을 태웠다. 민주주의를 구하기 위해 민주주의를 무너뜨렸던 것이다.

조작된 얼굴

미국은 스스로를 다른 국가의 민주주의적 절차를 파괴하는 나라라고 생각지 않는다. 다른 나라 국민의 선택을 박탈하는 행위는 소련이 동유럽에서나 자행하던 짓이다. 자국에 대한 이런 이미지는, 미국인 스스로 진실을 뿌옇게 흐려버리기로 선택한 결과다. 미국의 동맹국을 포함한 대부분의 나라가 이 부분에 대해 속아왔다기보다는, 잘 알면서도 점잖게 입을 다물어왔다고 하는 편이 정확할 것이다. 미국 현대사의 이런 측면은 미국으로서는 회피하고 싶겠지만 냉전의 종료로 직면할 수밖에 없는 측면이다.

미국의 습관적인 위선은, 이상과 현실 또는 허위와 실제 사이에 놓인 간극이라는 냉전의 본질적인 한계를 반영한다. 이 간극에 익숙한 사람들이 일본인이다. 냉전은 따옴표 달린 '일본'과 실제 일본 사이의 차이라는 또 하나의 간극을 초래했는데, 이 차이를 오랜 세월 떠안고 살아야 하는 현실은 결국 일본인들의 몫이었다. 일본은 냉전을 (초기에 어려운 고비를 제외하고는) 맛은 써도 목으로는 부드럽게 넘어가는 술처럼 여겼다. 미국이 수천만 달러에 달하는 비자금으로 일본 보수 세력을 지원한다는 조건부 협조 때문이었다. 일본인들은 옛날부터 실망스러울 때 '쇼가나이'しょうがない라고 한다. 어쩔 수 없다, 별 뾰족한 수 없다는 뜻이다. 이 말은 또 '실현될 가망이 없는 희망'[23]이라는 아주 기본적인 감정을 표현하는 말이다. 그러나 일본인들은 욕망의 실현 가능성을 실제보다 훨씬 과소평가해 실제로 어떻게 해볼 수 있는 상황에서도 이 말을 흔히 사용한다. 일본인은 미국이 전후 국가재건이라는 사회적 실험을 망쳐버리는 모습을 바라보며, 희망이 실현

될 가능성이 없어졌음에도 별 수 없다고 느꼈다.

그러나 미국은 조지 케넌이 NSC문서 제13-2호에서 언급했듯이, 일본을 미국의 태평양 전초기지로 삼는 것만으로는 부족했다. 일본의 한 고위급 인사의 말을 빌리면 일본은 "절대 침몰시킬 수 없는 항공모함"[24]이어야 했다. 일본도 일본 나름대로 일정한 모양새를 갖추어야만 했다. 한 마디로, 확실하게 서구의 편에 서야 했다. 이외의 어떤 선택도 용납될 수 없었다. 따라서 일본의 냉전 참여는 어느 정도 강요된 수순이었다. 동시에 일본이 미국을 지지하는 결정은 겉으로 순수하게 민주적인 결정으로 보여야만 했다. 게다가 결코 쉽지 않은 일이었으나 일본 국민이 이 결정을 침착하고 즐겁게 받아들이는 것처럼 보이도록 만들 필요도 있었다. 이런 모든 모양새를 갖추는 것이 미국 정부 쪽에서는 극도로 중요했는데, 위태롭게 줄줄이 무너지려는 도미노 같은 지역에서 일본을 모범국가로 만들고 싶었기 때문이다. 드와이트 아이젠하워 대통령 밑에서 국무장관을 하던 존 포스터 덜레스는 일본에 관한 적절한 이미지를 조작해 퍼뜨리는 데에 적극적인 관심을 보였다. 워싱턴에서는 전후 10년간 이 문제에 관해 점차 관심을 집중해, 미국이 큰 희생을 치러가며 패배시킨 일본이라는 나라에 대해 참신한 이미지를 구상하도록 학자들을 유도했다. 새롭게 조작된 이미지는 조금씩 미국의 주류 사고 안으로 파고들었다. 먼저 학계의 논문과 교과서로 시작해 교양도서를 거쳐, 드디어는 영화, 신문, 광고 등에도 반영되었다. 미국이 창조한 일본의 이미지가 새로운 패러다임의 일부로 자리매김한 것이다. 여기서 새로운 패러다임이라 함은 우리가 오늘날 "승리 문화"[25]라 부르는 것으로, 전후 미국이 자국과 타국에 대해 갖게 된 일련의 고정관념이다. 옛 오리엔탈리즘이 미국식 버전으로 갱신된 것이라 볼 수 있다.

이런 임무를 완수하려면 역사 왜곡은 필수다. 새 패러다임은 전후 일본의 이미지나 전쟁 그 자체의 이미지에 성패가 달려 있는 것이 아니라, 전쟁

이전에 무슨 일이 있었느냐 하는 문제에 크게 좌우되기 때문이다. 미국은 일본의 과거를 개작함으로써 아시아의 새로운 동맹국 탄생 시나리오를 완성해나갔다. 그렇다고 해서 스탈린 식으로 엄연한 사실을 왜곡할 수는 없었지만, 신생 이데올로기에 기여하도록 조작하는 것은 충분히 가능한 일이었다. 역사라는 것은 보기 흉한 부분을 가리고 축소하는 등 이곳저곳을 가위질함으로써 적당히 원하는 대로 재구성이 가능하다. 과거를 재구성하면 현재도 실제와는 다르게 보이게 된다.

일본은 1868년 메이지유신 이후 굉장한 속도로, 적어도 경제 분야만큼은 근대화하기 시작했다. 그러나 지도자들이 선택한 행로가 일반인에게 커다란 희생을 가져왔다. 정치적 자유는 없었고 노동력 착취가 만연했다. 봉건적 관습은 민주주의 발전과 근대사회 체제 마련에 커다란 걸림돌이었다. 지도층은 자신들의 제국주의적 야망을 위해 외국인혐오증과 군국주의를 조장했다. 무엇보다도, 이 근대화 시기에 야기된 수많은 갈등과 충돌을 억누르려는 국가의 조치가 지극히 폭력적이었다. 일본이 겉으로 어떻게 보여야 하는지에 미국이 관심을 가지기 이전까지는 근대화 시기의 갈등과 충돌은 역사적 사실로서 누구나 다 아는 상식에 속한다. 일본의 갈등과 충돌의 역사는, 일본의 근대화라는 복잡하고 불안한 행보를 이해하는 데 전념했던 학자들에 의해 오랜 시간에 걸쳐 충실하게 확립되어 있었다.

그런데 이런 역사적 사실이 주변으로 밀려나고 말았다. 그래야만 미국이 '일본'이란 나라를 정당화할 수 있었기 때문이다. 일본의 과거는 새로운 목적에 적합하도록 재구성되었다. 국민의 부담과 희생을 강요하던 봉건적 관습은 새삼스럽게 '전통'으로 변모했다. 이 전통은 전쟁에 반대하던 '선량한 덴노'로 구현된다. 부러울 정도로 철저한 일본인의 노동 윤리, 열악한 생활 환경에 대한 참을성, 권위에 대한 묵종은 모두 전통으로 설명되었다. 화합과 합의가 중시되고 반목은 이질적인 것으로 간주되었으며, 모든 일을 양보로 해결하는 겸손한 민족으로 꾸며졌다. 도쿄의 정치 중심지 나가타초永田町는, 전쟁을 일으킨 무리의 후계자이자 부정부패한 극우파들로 북적거리는 장소가 아니라, 동아시아에서 최초로 활발한 의회민주주의를 실현하는 본부로 여겨지게 되었다.

미국의 새로운 패러다임은 두 가지 중요한 결론을 도출하는데, 이 결론이 우리가 오늘날 일본을 바라볼 때 갖는 선입견의 기초를 이룬다. 첫째는 일본이 15년간 보여준 공격성이 일시적이고 예외적인 현상에 불과하다는 견해이다. 일본에 근본적인 문제가 있는 것이 아니고 그저 잠시 정도에서 벗어났을 뿐이며 연합군이 이 문제를 시정해주었다는 것이다. 따라서 태평양전쟁을 가지고 문제 삼을 필요가 없다. 일본의 자유민주주의로의 지속적 행로로부터 예외적으로 동떨어져 있는 문제이기 때문이다. 두 번째 결론은 첫 번째로부터 쉽게 도출된다. 일본의 공격성은 일시적이고 예외적인 현상이었기 때문에 전후 개혁도 매우 쉽게 진전시킬 수 있다는 것이다. 에드윈 라이샤워Edwin O. Reischauer는 자신의 유명한 저서에서, "규범을 약간 재조정"[26]함으로써 일본은 1930년대의 역사를 역전시켜 서구로의 행진을 재개할 수 있었다고 주장한다.

이것이 바로 새로운 패러다임의 핵심이다. 20세기에 일어난 몇 가지 끔찍한 비극 중 하나가 일본의 책임이며, 일본 국민은 이로 인해 여러 모욕적인 경험을 해야 했다. 그런데 하룻밤 만에 이 엄연한 현실이 모두 사라져버렸다. 일본은 미국의 동맹국이자 열심히 일하고 단순하고 말 잘 듣는 친구가 되었다. 최근의 무역 마찰과 안보 문제에 관한 다툼은 일본에 대한 기본적인 호의를 약간 마모시키는 결과를 가져왔으나, 그럼에도 불구하고 일본의 이미지는 지금까지도 변함없는 진실인 양 여겨진다. 이런 식으로 일본의 이미지를 구축한 것은 대단한 성과였다. 여기서, 일본의 이미지를 창조한 자들이 대부분 미국 정부와 사설재단의 협조를 받았다는 점을 기억해둘 만하다. 왜냐하면 미국 학계가 그토록 철저한 방식으로 공식 이데올로기를 뒷받침하는 데 전력을 다한 전례가 드물기 때문이다.

일본에 대한 새로운 이미지를 조작한 학자 여러 명이 하버드 대학에서 교편을 잡고 있었는데, 그 가운데 가장 저명한 학자가 바로 라이샤워였다. 선교사의 아들로 일본에서 태어난 그는 학자, 워싱턴의 고문, 외교관으로서, 인생과 직업 전반에 걸쳐 일본과 긴밀한 관계에 놓여 있었다. 라이샤워는 직업상 단도직입적인 언급을 피하는 편이었으나 늘 그랬던 것은 아니다. 일본이 항복하고 몇 년 지나지 않은 시기에 그는 미국 정부에 힘주어 진언했다. 그가 사용한 용어를 빌리자면 "선전 작업"propaganda work에 학문이 유용하게 사용될 수 있으며, 재구성된 역사가 "대단히 실리적인 결과"[27]를 가져올 수 있다는 점을 깨달아야 한다는 논지였다. 교수의 역할에 대한 이 색다른 개념에 동의하는 사람이 적지 않았으며 라이샤워야말로 응용학문에 두드러지게 열중한 인물이었다.

점령이 끝나자 라이샤워는 재빨리 점령의 대성공을 선언했으며 전쟁을 주도한 정치인과 재벌의 추방은 완료되었다고 단언했다. 그의 설명에 따르면 역코스라는 것은 존재하지도 않는다. 당초 계획에서 "축소"[28]가 있었을 뿐이다. 이 또한 개혁 작업이 완전한 대성공이었에 가능했다고 주장했다. 1953년에 라이샤워는 "이제 필요한 것은 일본인 스스로 일본의 현실에 맞는 새로운 규범에 적응하고, 민주주의 절차에 따라 생활과 자기관리 경험을 축적하는 것이다"[29]라고 언급했다. 이 문장에 함축된 의미를 생각해보자.

누가 일본인들에게 이런 것들을 가르치겠는가? 민주주의가 어떻게 움직이는지 누가 그들에게 보여준다는 말인가? 복직된 1930년대 일본 군부독재 시대의 관료들, 사상경찰제도를 만들어낸 바로 그 자들이? 복직된 자들이 다시 지도자 자리에 돌아와 있는 당시의 상황으로 보아 문맥상 라이샤워가 바로 그들을 지도자로 지칭하고 있다고 볼 수밖에 없다. 다음의 몇 구절은 라이샤워의 저서 『일본의 오늘』The Japanese Today의 일부이다.[30]

> 일본은 행복한 사회의 전형을 보여주고 있으며 아마 다른 어떤 나라에 비해서도 이런 평가를 받을 만한 사회라 할 수 있다. … 일본을 잘 모르는 낯선 서구인의 눈에는 명료하게 드러나는 일본의 문화적 정신분열cultural schizophrenia을 일본인은 전혀 느끼지 못한다. 자의식 강한 몇몇 지식인을 제외하고는. … 일본은 개인적으로나 국가적 차원에서 분명히 자기만족을 누리고 있다. 불과 몇 십년 전만 하더라도 서양인이 자신들을 멸시할 거라며 자신들의 존재에 대해 괴로울 만큼 확신이 없던 사람들이 최근 들어 풍족함과 국제적 인정을 따사롭게 받는 과정에서 자기불신이 눈 녹듯 사라져버렸다.

1977년에 최초로 출판되어 1988년에 최신판이 나온 『일본의 오늘』은 라이샤워의 책 중에서도 가장 영향력 있는 책으로, 일본의 현실과는 동떨어진 사실무근의 이야기들이나 역사의 탈을 뒤집어쓴 선전문구 등으로 가득한 책이다. 저자의 주장 가운데 가장 특기할 만한 것은 1977년 판에 등장하는데(후에 약간 개정되었다) 바로 "일본에 정치적 부정부패가 만연하지 않다"[31]라고 무심코 언급하는 부분이다. 일본에는 항상 "부정부패를 경고하는 외침"[32]이 있는데, 도리어 외국인들은 그런 경고의 외침을 이해하지 못한다고 설명한다.

라이샤워는 마술을 걸어 독자들을 매혹한다. 비슷한 시각을 가진 많은 학자들도 이와 같은 식으로 일본을 왜곡했다. 그중 가장 잘 알려진 책이 1979년에 출판된 에즈라 보겔Ezra Vogel의 『세계 1등으로서의 일본』Japan as Number One이다. 이 책은 미국인이 일본으로부터 배워야 할 점을 줄줄이 열거한 것으로, 합의, "대의"를 중시하는 정치, 일본 학교의 우수성, 일본 공장의 협조적인 분위기 등에 대한 칭찬이 담겨 있다. 서구 국가의 월급쟁이들이 회사 사가社歌를 부른다거나 품질동아리에 참가한다거나 기업내 조합의 회원이 된다면, 십중팔구 라이샤워나 보겔 패거리의 영향을 받은 것이다. 일본이 잘 조정되고 갈등이 없는 순종자들의 집단이라고 믿는 사람들 역시 마찬가지다. 뿐만 아니라 국제무역이나 안보 문제를 둘러싼 일본의 행태를 비난하면서 그런 행태의 형성에 미국이 어떻게 기여했는지는 이해하려 하지 않는 사람들 또한 라이샤워, 보겔 류의 논리에 영향을 받은 사람들이다.

『일본의 오늘』과 수많은 그 자매편들이 현실과 다른 '일본'을 묘사하고 있다. 그 '일본'은 전후 미국의 창작물이며 우리가 지금도 신문으로 읽는 오리엔탈리즘의 '일본'이다. 그것은 진짜 일본이 아니다.

서류가방을 든 사무라이

라이샤워 계통의 학자들은 사람들 사이에 국화회Chrysanthemum Club라는 명칭으로 알려졌다. 국화는 일본 황실의 상징이다. 듣기 좋으라고 붙인 이름이 아니었다. 통칭 '게이샤'라 불리던 국화회 회원들은 일본에 무비판적인 옹호자로 간주되었으며, 많은 경우에 실제로 그러한 역할을 도맡았다. 이들은 결과를 강조했다. 일본의 아름답지 못한 측면은 아예 덮어버리거나 얼버무리고, 일본의 '성공'을 바람직한 제도가 낳은 산뜻한 결과처럼 보이도록 애썼다. 『일본의 오늘』에서는 지식인만 빼고 모든 이가 승자로 그려져 있다. 독자들은 지식인에 관해서는 신경 쓸 필요가 없었다. 일본의 '문화적 정신분열' 증상이나 부정부패에 관해서는, "뭘 모르는 서구인들의 눈에나 그렇게 보인다"는 말로 입을 막았다.

이토록 단순하게 가정된 세계이니, 미국이 일본 경제가 이룩한 '기적'의 비밀을 캐내겠다고 1970년대서부터 법석을 떨기 시작한 것도 무리가 아니었다. 예상대로 미국은 그 '기적'의 비밀을, 일본의 총체적 '전통'에서, 즉 권위와 명령에 대한 순종, 공통된 목적에의 인식, 회사에 충성하는 습관 등에서 찾아냈다. 이리하여 '아메리칸 카우보이'에 대응할 만한 신화가 창조되는데, 그게 바로 '기업전사'corporate warrior의 신화이다. 기업전사란 대기업에서 종신고용으로 일하는 평범한 샐러리맨을 가리킨다.

우리는 '서류가방을 든 사무라이'라는 관념에 익숙하다. 일본 노동자는, 하얀 작업복을 깨끗하게 입고 작업장에서 일하든 서류로 뒤덮인 책상에서 일하든 관계없이, 모두 전후 일본 경제 부흥의 핵심적 존재이다. 이들은 생활 속에서 "일이 돌아가는 방식에 만족"(라이샤워, 『일본의 오늘』)[33] 하며 노동조합에는 관심이 없다. 파업은 아무도 바라지 않는 불편한 것이며, 가능한 노동자와 사용자 간의 합의를 선호한다. 만약 노동조합의 일원이 되는 경우에는 사용자가 만든 '기업내 조합'에 참여한다. 그렇다면 일본의 노동 역사에 관해 잠깐 생각해보자. 우리는 여기에서 본질적인 교훈 하나를 얻을 수 있다.

20세기가 되기 직전, 근대화로 돌진하는 과정에서 새로 들어선 공장에 광범위한 노동 분규가 일었다. 노동 조건은 열악했고 노동자들의 결근은 고질적 현상이었으며 노동이동률이 1년에 100퍼센트 이상이었다. 노동 주선인들은 거짓 약속을 남발하며 농촌 소녀들을 직물공장으로 유혹했다. 공장에서 도망친 노동자들이 경비원들한테 쫓기곤 했고 조합조차 없이 자발적 파업이 끊임없이 이어졌다. 일본 역사상 산업노동자 제1세대는 아직 노동조합을 결성하지 못한 상태였다. 신생 기업가가 그 일을 할 것도 아니요, 초기 노동 조합주의자들도 아직 그 일을 이루지 못하고 있었다.

1912년 기독교 신자이자 노동 활동가 스즈키 분지鈴木文治가 우애회友愛

會라는 노동조합을 설립했다. 우애회의 강령은 흥미로웠다. 사회개혁과 온건적 노동조합주의(예를 들어 파업은 권유하지 않았다)를 역설하는 한편, 각 회원으로 하여금 개인적 의견을 마음껏 피력하도록 독려했다. 이것을 스즈키는 "자기혁명"[34]이라고 불렀다. 훗날 노동 조합주의자들은 우애회의 설립문서를 "주일학교의 맹세"[35]라고 비꼬았다. 이런 비난에 일리가 있기는 하지만, 우애회가 일본 최초의 전국노동조합이라는 사실은 틀림없다. 1919년, 우애회는 명칭을 대일본 노동총동맹 우애회大日本勞動總同盟友愛會로 변경하고 정치적 입장도 재조정한다. 그와 함께 당시 새롭게 불붙던 적극적인 노동운동에서 매우 중요한 역할을 하게 된다.

1920년대에는 헌신적인 기업전사의 땅에 불협화음이 일어난다. 10년간 적어도 250차례의 주요 파업이 발생했다. 폭력 사태도 자주 일어났다. 이 시기에 사용자가 최초로 기업내 조합을 설치하게 되는데, 말 그대로 산업이나 직종이 아닌 각 기업별로 설치하는 노동조합이었다. 이런 식의 제도는 오늘날까지 계속된다. 사용자가 공통의 이익이라는 명분 아래 노동자 삶의 모든 부분에 개입했고, 공적인 것과 사적인 것이 철저하게 뒤섞였다. 점차 강력한 집단적 정체성이 강요되기 시작했다. 기업내 조합은 빠른 속도로 그 수가 늘어났으나, 성격상 조화로운 분위기와는 거리가 멀었다. 노동자의 협조는 강요된 경우가 거의 대부분이었다.

1938년 일본제국의 군사독재정부는 모든 노동조합을 해체해서 대일본산업보국회大日本産業報國會 또는 줄여서 산보産報로 흡수했다. 산보가 의미하는 바는 그 이름만으로도 짐작할 수 있다. 산보의 목적은 평온한 직장 분위기를 유지하고, 전쟁에 돌입하는 시점에 높은 생산율을 달성하도록 강요하는 것이었다. 사장부터 다방아가씨까지 모두 산보에 가입해야 했다. 1945년에 일어난 현상을 통해, 산보의 인기가 얼마나 형편없었는지 가늠해볼 수 있다. 항복일로부터 4개월이 채 안 되어 1,200개의 독립노동조합이 생기고 90만 명이 가입했다. 1940년 후반에 이르면 노동조합 가입자는 670만 명에 달하게 되는데, 이는 당시 노동인구의 56퍼센트에 해당했다.

점령군은 노동자의 권리에 관해 너그러웠다. 노동조합 가입, 파업, 단체교섭의 권리가 모두 법으로 보장되고 대규모의 노동조합연맹도 설립되었다. 그러나 노동자의 단결권은 곧 역코스의 희생물이 되고 만다. 노동조합과 정당의 관계를 탐탁지 않게 여기던 냉전 모드의 연합군 총사령부는, 복귀된 정치·경제 세력의 도움을 받아 노동조합을 재빨리 공격하기 시작했다. 1920년대가 그대로 재현된 것이다. 1949년부터 1950년 사이에 70만 명의 노동자가 해고되고[36] 공산주의자 내지는 공산주의 동조자라는 꼬리표가 붙은 노동자가 1만 2,000명에 달하게 된다. 결국 산보의 잔재인 기업내 조합이 다시 결성되었다.

패전 직후에 생긴 독립 노동조합들은 거세당하긴 했지만 절뚝거리는 채로 명맥을 유지했다. 1955년 이후 매년 춘계투쟁을 벌여 전국적으로 급료 수준을 조정하는 것이 노동조합의 주요행사였다. 춘투가 효과적인 경우도 있었으나 대개는 경제적 상황이 어떤지, 그리고 기업이 얼마나 급료를 올릴 의사가 있는지에 좌우되는 경우가 많았다. 따라서 협상이라기보다는 일종의 연례행사였다. 1년에 한번씩 종업원들이 모여서 '우리는 자주적이며 독립된 경제 참여자다'라고 선언하도록 허락해주는 셈이었다. 물론 종업원들은 자주적이지도 못했을 뿐 아니라 국가 경제에 대한 독립적 참여자도 아니었다.

국화회 학자들이 주장하듯, 오늘날 일본의 일반적인 노동자가 노동조합에 별 관심이 없는 것은 사실이다. 현재 일본의 5,000만 노동자 가운데 기업내 조합을 포함한 노동조합의 가입자는 25퍼센트도 채 되지 않는다. 그러나 삶이 완벽하게 만족스러워서 노조 가입자가 즐어든 것이 아니다. 진짜 이유는 오늘날 일본에서 노동조합이라는 것이 대체로 무용지물이기 때문이다. 일본에서 노동조합은 거대한 환상이며, 아직도 신문지상에 기사거리로 다루어지긴 하지만 실제로는 존재 목적이 완전히 상실된 장치이다. 굳이 말하자면 '가상의' 노동조합이라고 할 수 있겠다.

여기서 이슈는 무엇인가? 위의 서술은 여러 논쟁거리를 제공한다. 학자, 저술가, 기자들 사이에서는 전전 노동역사, 연합군 점령, 역코스, 1940년대 후반 공산주의자 축출의 본질 등에 관하여 지금까지도 격렬한 토론을 벌인다. 그러나 여기에 정신을 빼앗겨서는 곤란하다. 노동조합을 선호하는가 마는가, 노동조합이 '빨갱이'들의 온상이라고 믿는가 아닌가, 냉전에서는 목적이 수단을 정당화한다고 믿을지 말지의 문제는, 일단 여기서는 중요하지 않다. 중요한 것은 역사에서 누락된 부분이다.

일본 노동자와 사용자 관계를 일반적으로 묘사하면 그저 평온한 기운만 감돌 뿐이다. 그러나 그런 묘사에는, 어떤 과정을 통해 그 평온함에 이르렀는가에 관한 설명이 빠져 있다. 우리가 오늘날 목격하는 표면적인 조화로움이 성취되기까지, 얼마나 수많은 분규와 폭력이 존재했는가 하는 부분이 누락된 것이다. 즉 역사와 인간의 복잡한 본성에 대한 진술을 생략함으로써 우리가 일본인에 대해 뭔가 더 배울 수 있는 기회도 함께 사라져버리고 만다.

무엇보다도 일본에 대한 고정관념은, 개인적 자주성에 대한 평범한 일본인의 욕망, 즉 일본사회에 광범위하고 지속적으로 존재해온 굴욕적인 가부장적 간섭에서 벗어나고자 하는 욕망을 무시한다. 자주성을 향한 개인의 욕망과 이에 대한 사회적 억압이 근대 이후로 끊임없이 일본인의 삶의 중점에 놓여 있었다는 사실을 고려하면, 이 부분의 누락은 명명백백하다.

국화회는 '미국의 세기'에 활력을 불어넣은 승리 문화의 주요 연출자로서, 냉전 세력을 뒷받침하는 지식인 집단 중에서도 특별히 중요한 위치를 차지한다. 이들의 관점은 정치적 마녀사냥의 시대에 힘입어 별 심각한 도전도 받지 않고 널리 보급되었고, 그 세대의 다른 훌륭한 연구물은 어둠 속에 묻혔다. 시간이 지나면서 국화회가 확립한 새로운 통설에 의문을 제기하는 것조차 위험스러울 지경이 되었고, 학자들은 국화회의 패러다임과 상충되는 연구 활동을 자제했다. 일본의 복잡성·다면성을 연구하거나 국화회 패러다임의 모순을 분석하거나 하는 것은, 냉전시대에 정치적으로 불온한 것으로 비난을 받을 우려가 있었기 때문이다. 국화회의 지적 궤변은 당시 미국 전체를 오도하여 일본에 대한 오해를 낳았으며, 그 점을 용감하게 지적하던 많은 이들이 직장과 지역사회에서 쫓겨났다.

그중 가장 비극적인 사건 하나가 그 세대의 탁월한 일본학 전문가이자 저술가이면서 캐나다 출신 외교관이기도 했던 허버트 노먼E. Herbert Norman에게 일어난다. 노먼은 국화회가 역사에서 지워버리고자 했던 바로 그 부분의 대가였다. 일본인의 성격을 진부하게 분석하거나 손쉽게 '전통'으로 모든 것을 설명하지 않고, 일본의 복잡하고 인간적인 면을 그대로 부각했다. 노먼은 일본의 여러 사회적 문제들을 해결하기 위해서 철저한 개혁이 필요하고, 항복한 일본인들도 이것을 바라고 있다는 걸 강조했다. 노먼의 분석은 역사적 사실에 기초한다. 실제로 노먼의 전전 연구 성과야말로 일본 근대사를 제대로 복원시키는 데에 지대한 공헌을 했다. 노먼은 태평양 양편에서 동시에 존경받았다. 그러나 이후 그의 연구에 부당하게도 '마르크스주의적'이라는 딱지가 붙고, 1951년에는 미국 상원 청문회에서 공산주의자로 몰린다. 라이샤워를 비롯해 다른 학자들이 침묵하는 가운데 그는 6년 뒤 자살하고 만다.[37]

세상에는 항상 주류 패러다임에 도전하는 힘없는 소수의 학자들이 있게 마련이다. 그런데 국화회의 패러다임에 가장 위협적인 요소는, 적어도 냉전이 끝나기 전까지는 서구의 다른 교수들이 아니라 평범한 일본인들이었다. 1960년 여름, 일본은 미국 안보체제의 구속을 규정하는 안보조약을 갱신하려던 참이었다. 이 조약을 일본에서는 단순히 '안보'安保라는 약칭으로 부른다. 이 안보의 갱신을 둘러싸고 일어난 여러 가지 사건은 되짚어볼 만하다. 왜냐하면 당시 엄청난 규모로 안보에 반대하는 항의운동이 일었고 이로 인해 서구가 멋대로 상상하던 일본과 일본의 실상은 별반 관계가 없다는 점이 확연하게 드러났다. 묵시적으로 통념에 도전하는 결과를 가져왔던 것이다.

안보 사태의 핵심에 있던 사람이 기시 노부스케岸信介*이다.38 1957년에 총리직에 취임한 그는 미국중앙정보국의 자금을 받은 인물 중 하나로 알려져 있다. 기시란 자는 누구인가? 이 질문은 무척 흥미롭다. 왜냐하면 미국과 기시의 관계는 일본인에게뿐만 아니라 태평양전쟁에서 싸운 미국인들에게도 순전한 모욕이기 때문이다. 만약 워싱턴이 일본제국의 모든 혐오스러운 표상 하나를 일부러 찾아내려고 노력한 거라면, 아주 제대로 잘 찾아냈다고 봐야 한다.

간단히 설명하자면 이렇다. 기시는 전범에다 깡패다. 일본이 만주를 점령하고 있던 1930년대 당시, 기시는 만주국 식민정부에서 두 번째로 높은 직위의 민간인이었다. 도조 히데키東條英機의 전시 내각에서는 상공대신이면서 군수 차관이었다. 그럼에도 불구하고 전전 일본주재 미국대사를 지내고 전후 도쿄 로비에 있어서 주요 인물이었던 조지프 그루Joseph Grew**는 기시를 "내가 가장 소중하게 생각하는 일본인 친구 중 한 명"이라 불렀다. 미·일 정부가 아직 각자의 외교관을 석방하기 이전이던 1942년에는, 기시가 그루를 감옥에서 나오게 해서 함께 골프를 친 것으로 전해진다.

A급 전범으로 분류된 기시는 패전 후 스가모 형무소에 투옥되었으나 점

---

* 아베 신타로의 장인이며 아베 신조 전 총리의 외조부이다.
** 1932년부터 10년간 주일대사를 역임했다.

령군이 1948년 말에 다른 몇몇과 함께 석방했다. 일반 대중에게는 이에 대한 아무런 설명도 없지만, 역코스에 따라 취해진 조치의 일환임에는 반론의 여지가 없다. 기시는 그후 차근차근 총리가 될 준비를 했고, 이를 위하여 낡은 사상을 그대로 고수하는 파시스트들, 스가모 형무소 동문들, 야쿠자 두목들의 도움을 받았다. 기시는 그렇게 자기 패거리들을 정치무대로 데리고 나왔다. 실제로 그가 총리로 있던 기간은 전전 군국주의자들이 일본 정치판에서 입지를 재확립하는 시기가 된다. 기시 자신도 1987년 사망할 때까지 일본 정계에서 영향력을 행사했다.

  1957년 6월, 막 총리로 선출된 기시가 미국을 방문했다. 그는 아이젠하워 대통령과 골프를 치고 상하 양원의회에서 연설을 했다. 뉴욕에 들른 그는 월스트리트의 고위급 재무 관계자와 만나기도 하고 뉴욕양키스팀 야구 시합에서 시구를 하기도 했다. 마이클 샬러(Michael Schaller)의 최근 저서에 따르면 미 중앙정보국이 기시에게 비밀자금을 보내기 시작한 것이 바로 기시의 방미 직후였다고 한다. 그로부터 3년 후, 안보조약을 체결하는 데 누구보다도 앞장서서 노력한 사람도 기시였다.

  안보 문제가 일종의 갈림길에 서 있다는 것을, 일본 전체가 알고 있었다. 일본은 전후 내내 그랬던 것처럼 계속 미국의 절대적인 보호감독 아래 남겠다는 선택을 할 수도 있었고, 아니면 전후시대의 종식과 함께 독자적인 길을 가겠다고 선언할 수도 있었다. 국회와 유권자들 간에는 반 안보 감정이 널리 퍼져 있었다. 전후 헌법에 반영된 평화주의는 이미 깊이 뿌리를 내렸다. 국민들은 일본이 미국의 냉전 파트너라는 길을 가는 것을 원치 않았다. 게다가 전전 지배층을 추방하는 척하면서 전부다 복권시킨 미국에 더 이상 주권을 희생하고 싶은 마음도 없었다. 그럼에도 기시는 1960년 1월 아이젠하워가 기쁜 얼굴로 지켜보는 가운데 백악관에서 조약 갱신에 서명했다. 같은 해 5월, 국회가 조약의 비준을 동의할 때가 되자 일본 전국이 안보 문제로 들끓었다. 특히 조약 갱신을 반대하는 움직임이 이어졌다.

기시는 자기 맘대로 국회의 비준동의 마감일을 정하는 등 국회를 마비 직전에 이르게 했다. 아이젠하워의 6월 방일 이전에 조약의 비준을 완결짓고 싶었던 것이다. 토론이 장기화되자 참을성을 잃어버린 기시는 경찰로 하여금 반대하는 의원들을 국회의사당에서 몰아내도록 명령했다. 그러고는 반대파를 빼놓은 채 표결에 부쳐 일사천리로 국회를 통과시켰다. 지저분하기 짝이 없고 꼴사나운 장면의 연속이었다. 표결이 불법은 아니었으나, 기시가 항복 후 전시 정부의 관료로서 투옥된 전력이 있던 자라는 사실을 알고 있는 대중들에게는 불쾌하고 찜찜한 일이 아닐 수 없었다. 게다가 이 사건으로 인해 자민당 의원들은 국민을 대표하고자 선출된 의원이 아니라 워싱턴을 기쁘게 하는 데 급급한 의원이라는 인상을 풍기게 되었다.

이 사건으로 인해 전국에서 안보투쟁이 발생했다. 수십만 명이 도쿄의 국회의사당 건물을 에워쌌다. 아이젠하워가 오기 11일 전, 아이젠하워의 공보담당관이 타고 있던 자동차를 데모대가 에워싸는 바람에 군용 헬리콥터가 그를 구해내야 했다. 이어 반 안보 데모대와 보수파가 고용한 우익 추종자들 사이에 폭력 충돌이 곳곳에서 일어나자, 일본 정부는 아이젠하워의 방일을 취소해야 했다. 설사 대통령이 왔다고 해도 미국의 입장으로는 난처한 일이었을 것이다. 취소 직전까지 기시는 아이젠하워의 방일을 위해 거의 군사작전을 방불케 하는 보안 계획을 짜놓고 있었다. 전투지휘소, 응급조치반, 항공부대, 1만 8,000명에 이르는 경찰관 그리고 경찰보다 두 배는 더 많은 극우파와 야쿠자 깡패들을 동원시킬 태세였다.

오늘날 미국인 중 몇 명이나 이 중대한 사건에 대해 알고 있을까? 우리는 이 사건을 어떻게 이해해야 할까? 냉전 체제에서 일본의 역할을 정립하는 문제로 시작된 갈등이, 이 표결로 인해 변질되어버렸다. 기시가 조약을 통과시킨 후 안보투쟁은 일본 민주주의의 실패를 둘러싼 갈등을 상징하게 되었다. 미국이 일본에게 안겨주었다고 지금까지도 자랑스럽게 말하는 바로 그 민주주의 말이다. 찰머스 존슨Chalmers Johnson은 이 안보투쟁을 1956년 헝가리 혁명에 연결시킨다.[39] 물론 헝가리 혁명에서 탱크와 군대를 뺀 상황에 해당할 것이다. 이는 상당히 도발적인 비교이다. 미국 대통령이 아시아에서 가장 친밀하다는 동맹국의 수도를 방문할 수 없었다는 사실은 무척 낯설다. 소련의 수장이 위성국을 방문할 때나 볼 수 있었던 장면이 아니던가? 자민당 의원들의 행동거지는, 국민의 희망을 무시한 채 평범한 헝가리인들의 시민봉기를 짓밟은 부다페스트의 친 소련 공산 세력과 유사하지 않은가? 존슨이 의도하지 않았다 하더라도, 그의 일본과 헝가리 비교는 더 긴박한 문제를 제기했다. 도대체 왜 미국은 2차대전 이후 해외에서 행한 자신들의 행위를 이해하기 위해 소련이 동유럽에서 자행한 범죄의 역사를 들여다봐야만 하는가? 우리가 이 문제에 대해 조금만 숙고해본다면, 답은 생각보다 어렵지 않다. 미국이 얼마나 스스로 승리 문화의 신화에 도취되어 있는지 금방 드러나지 않는가?

  1960년은 일본에게도 중요한 해였지만, 일본을 바라보는 외국의 시각에도 분기점이 되는 해였다. 미국의 '일본'에 대한 이미지가 정식으로 유포되기 시작한 것이다. 안보조약이 비준되고 난 뒤 며칠 후 이케다 하야토池田勇人가 기시의 뒤를 이어 총리가 되었다. 이 인물 또한 전시 내각의 찌꺼기로서, 민주주의니 주권이니 세계정치니 하는 복잡한 문제로부터 국민의 관심을 꺼버리는 일이 그의 사명이었다. 이케다는 지체 없이 훗날 모든 일본인이 전후의 전환점으로 인정하게 될 프로그램 하나를 만든다. 바로 소득증대계획所得倍增計画이다. 이 정책은 참여자가 최대로 물질적 이익을 누릴 수 있도록 고안되었다. 마치 뇌물공세처럼 보이기도 하는데, 부분적으로는 실제 그런 성격도 있었다. 핵심은 국민이 거부할 수 없도록 한다는 데 있었다.

역코스, 요시다 협정 그리고 55년 체제는 바로 이 순간을 위한 토대가 되어주었다. 이케다의 소득증대계획은 일종의 광기를 불러왔다. 물질적 경제 성장을 위해서라면 인간이나 환경은 희생할 수 있다는 광기, 여당의 유일한 임무는 미국과의 원만한 관계를 유지하는 것이라는 광기, 선거가 유권자의 권리를 앗아가는 방향으로 기능하게 되는 변종 민주주의의 광기를 낳았다. 그 후로는 생산과 소비뿐이었다. 이케다는 '합의 정치'라는 관념도 만들어냈다. '관용과 인내'가 이케다의 슬로건이었다. 1960년 이후에는 모든 것이 합의에 의해 이루어졌다. 그렇다고 '관용과 인내'가 뭘 크게 바꿔놓지도 못했다. '야당은 절대로 집권하지 못한다는 것을 확실하게 이해하는 한에서만 정치 논의에 참여시켜준다'는 것이 정계에서 통용되는 '관용과 인내'의 의미였다. 안보조약을 갱신할 때처럼, 자민당 의원들은 원하는 법은 무엇이든지 국회를 통과시킬 수 있었다. '합의'가 마치 전통적인 일본의 가치관인 양 강조되었지만, 실제로는 정치 중심지 나가타초를 좌지우지하는 정치브로커들의 막후세력을 지칭하는 하나의 용어에 불과했다.

이케다의 계획은 적어도 한 가지 측면에서는 감탄할 만한 성공을 거두었다. 7년 만에 평균 월급을 두 배로 올림으로써 예상 기한보다 3년 일찍 목표를 달성했다. '주식회사 일본'의 시대는 이렇게 탄생했다. '주식회사 일본'이란 명칭은, 자기가 만들어낸 환상의 나라에 미국이 붙여준 이름이었다. 미국이 이케다를 총리로 점찍은 이유는 미국이 원하던 대로 일본을 만들어주기로 이케다가 약속했기 때문이 아닌가 싶을 정도였다. 조지 케넌이 NSC문서 제13-2호에 적은 "열심히 일하여 높은 수출을 달성하자"라는 예언적 문구는, 이제 아예 범국가적 윤리로 굳어졌다. 갑자기 일본은 대중사회, 기업사회, 경영사회(즉 경영인 같은 엘리트 테크노크라트가 계획하고 지배하는 사회)가 되었다. 그러나 이케다 하야토가 시민사회로서의 성숙을 막음으로써 일본사회는 더 이상 민주적 절차를 관리하거나 분별 있는 결정을 내릴 능력이 없는 사회가 되어버렸다. 그리하여 국회는 생기라고는 찾아볼 수 없는 행보를 계속하는 가운데, 심각한 부정부패의 온상으로 지금까지 이름을 떨친다.

에드윈 라이샤워는 안보투쟁이 있은 직후 일본에 다녀갔다. 도쿄 남쪽에 위치한 휴양지 하코네에서 열린 학술회의에서, 라이샤워와 몇몇 학자들은 자기들의 학술적 패러다임을 거의 교리 수준으로 끌어올렸다. 이후 이들의 패러다임은 '근대화론'이라는 이름으로 알려지게 되었고, 라이샤워 계통의 학자들이 수 년간 밀어붙여온 견해가 근대화론을 통해 마치 진실인 것처럼 간주되었다. 근대화론에 따르면, 일본은 국민들이 기꺼이 순응하는 곳이며 못된 국가주의자 몇몇이 잠시 방향 전환을 시도했지만 실패·소멸했을 뿐이므로 이제 일본은 수월하게 민주주의의 궤도로 복귀했다는 것이다. 따라서 점진주의야말로 명백한 처방이었고, 서구의 발전 양식은 세계 어디서든 바람직하고 유일한 모델이었다. 하코네에 참여했던 일본학 학자들은 이 새로운 교리의 순진함과 전체적인 부정확함에 깜짝 놀라고 말았다. 그런데 라이샤워가 일본을 떠나 보스턴으로 돌아온 지 불과 몇 달 뒤, 새로 취임한 존 케네디 대통령이 그를 일본주재 미국대사로 임명한다. 이 하버드 대학 교수를 대사로 선택한 케네디는 분명 안보투쟁을 염두에 두었을 것이다. 라이샤워를 선택함으로써 미국 학계와 냉전 이론의 정식 혼인을 주관했던 것이다.

라이샤워의 회고록 『일본과 미국 사이에서의 나의 인생』*My Life Between Japan and America*에 이 문제가 간단히 언급되어 있다. 라이샤워는 왜 일본인들이 자신의 근대화론을 공격하는지 이해하지 못했다. 일본인 학자들이 근대화론을 공격한 이유는, 우선 근대화론이 순전히 허구이기 때문이다. 애초에 존재하지 않는 것을 만들어냈기 때문이다. 라이샤워는 자신에게 비판적인 일본 지식인들을 전부 마르크스주의자라고 부르며—라이샤워는 마르크스주의자라는 말을 즐겨 사용했다—이들 머릿속에 "마르크스주의가 깊숙이 자리 잡고 있어"[40] 자기 나라를 오해하고 있으며 실제로는 미국이 일본을 더 잘 안다고 주장했다. 안보투쟁에 대해서도 뭔가 오해가 있다고 보았다. 기시 같은 복권된 전범은 라이샤워에게는 주목할 만한 존재가 아니었다. 그의 관심은 보이지 않는 곳에서 열심히 일하며 생계를 유지해온 일본 국민이었다.

> 많은 일본인들이 … 미국에 의존해야 된다는 사실을 원망스럽게 여기며 스스로를 무기력하게 느끼고 있다.… 그들은 미국이 핵무기와 결부된 모험적인 대외정책으로 일본을 또 다른 비참한 국면으로 몰아넣을까봐 두려워한다. 그들은 미국의 정치적 우둔함이 자기들의 운명을 좌우한다고 여긴다. 일본인은 경제적으로 미국과의 무역에 의존하는 수밖에는 다른 선택의 여지가 없음에도 불구하고, 정치적으로 미국 대외정책으로부터 가능하면 거리를 두고자 한다. … 미국이 본질적으로 공격적이고 군사주의적인 나라는 아니지만 어떻게든 태평양 서쪽에 군사력을 유지해야만 하는 입장에 있다는 것을 일본인들은 깨달아야 한다.[41]

회고록에서 언급한 것처럼 라이샤워는 "이런 모든 왜곡된 관념"[42]을 고쳐주는 일이 대사인 자신의 임무라고 생각했을 것이다. 실수하고 잘못 알고 시행착오하는 것도 일본인들의 권리라고는 미처 생각하지 못했던 모양이다. 일본인이 자기가 처한 현 상황은 물론 어쩌다 그런 상황에 처하게 되었는가까지 잘 파악하고 있다는 점을 라이샤워는 고려하려 하지 않았다. 미군 주둔을 달가워하지 않으며, 패전 직후 행복했던 몇 년처럼 그렇게 지내고자 하는 일본인의 바람을 이해하지 못했다.

라이샤워는 도쿄에서 6년간 근무했다. 당시 라이샤워가 오키나와에서 열린 선거를 적어도 한 건 이상 조작하는 데에 협조했다는 사실이 널리 알려져 있다.[43] 그가 행한 위법적 행위는 거기서 그치지 않는다. 라이샤워는 일본에 미국의 의도를 속이지 않고 있는 그대로 다 보여줄 생각이었다. 사실 그 시절부터 오늘에 이르기까지 미국을 속속들이 파악하는 일본은, 과거 요시다 협정에서처럼 미국과의 협상에서 지극히 현실적인 입장을 견지해왔다. 이는 오늘날에도 왜 무역협상 등에서 일본이 그토록 집요하고 완강한 태도를 보이는지 그 이유를 부분적으로 설명해준다. 그러나 이 하버드 교수 출신 대사는, 적어도 일본과 일본인에 관해 미국인들을 속이는 작업에서는 완벽한 성과를 거둔다. 미국 정부가 미국을 상대하는 일본 정부 관료들의 행태를 제대로 파악하지 못해 허둥대는 모양을 봐도 그렇고, 미국인들이 일본인들은 순종하기 좋아하는 로봇이나 생산과 수출 이외에는 아무것에도 관심도 자신감도 없는 '경제적 동물'쯤으로 쉽게 치부해버리는 것을 보면, 미국이 일본이란 나라를 어느 정도 이해하고 있는지 금방 알 수 있다.

국제주의자가 된 군국주의자

일본인은 전쟁이 끝난 후 오랫동안 자신들이 못생겼다는 열등감에 시달렸다. 패전을 겪었던 사람들은 지금도 무심코 이 이야기를 꺼낸다. 일상에서 사용하는 평범한 일본어 표현 중에서도 자기혐오가 깊었던 시대의 흔적을 발견할 수 있다. "일본인 같지 않다"日本人離れしている는 1980년대에 흔히 젊은 여자들을 칭찬하는 표현으로 사용되었다. 자신들에게 뭔가 부족하다는 절박한 느낌은, 19세기 일본이 최초로 서구와 근대적인 접촉을 하던 시기

로 거슬러 올라간다. 1945년의 항복은 이런 감정을 한층 더 격화시켰다. 일본은 패전 후 어떻게든 어디론가 도망치고 싶었다. 그리고 미국은 일본에게 세상에서 스스로를 지워 없앨 기회를 주었다. 즉 국수주의자가 아닌 국제주의자internationalist라는 개념으로 재출발하도록 북돋운 것이다.

"따라서 얼마 전까지만 해도 세상에서 가장 굳건하게 군국주의를 따르던 일본인들이 이제 국제주의의 열렬 지지자가 되었다"⁴⁴고 전후에 에드윈 라이샤워는 기록했다. 이어서 그는 "어떤 사람들은 이 갑작스런 변화의 진정성을 의심하겠지만, 외국의 군사력에 완전하게 좌우지되며 외국과의 무역에 철저히 의존하는 그들의 상황으로 볼 때, 일본인들의 변화를 이해하기란 그다지 어렵지 않다"고 서술했다.

라이샤워의 논리는 국화회의 목적에 부합했다. 그의 논리는 '현재 도쿄에서 워싱턴에 조력하는 일본 지도층이 태평양전쟁기에 자행했던 압정'이라는 골치 아픈 이슈를 건드리지 않고 빠져나갈 구실을 주었다. 그러나 이치에 맞지 않았다. 일본 국민이 다른 나라보다 특별히 더 군국주의적인 국민성을 지녔던 것도 아니고 앞으로도 마찬가지일 것이다. 일본에 사는 보통사람들은 자기들의 힘으로 견제할 수 없었던 군국주의 독재정권 아래서 어려운 시절을 보냈다. 그리고 라이샤워의 논리를 조금만 자세히 따져보면 도무지 말이 안 된다는 걸 쉽게 알 수 있다. 바로 타자의 자비심에 전적으로 의존하는 사람들이야말로, 의도의 진정성을 의심해봐야 하기 때문이다. 일단 독재를 기꺼이 지지했던 사람들이라면 그런 변화를 시도할 가능성이 있을 것이다. 그러나 그런 변화는 능동적인 변화가 아니라, 역코스 시기에 단순히 본래의 정서를 묻어버리거나 재해석하도록 미국으로부터 허락받은 것에 가깝다.

국제주의를 포용함으로써 일본인들은 자신들이 국가주의자라는 주장을 부인할 수 있게 되었다고 믿었다. 전후 인기를 끌었던 평화주의와 중립성이 지금까지도 관심을 끌고 있다. 그러나 아무리 자기혐오로 세상에서 사라져버렸으면 하고 느꼈던 국민이라 할지라도, 평화주의나 중립에 관심을 갖는 것과 자신의 국가적 자긍심과 정체성까지 포기할 정도로 국제주의를 표방하는 것에는 엄연한 차이가 있다. 국가주의자 대신 국제주의자가 된다는 것은 일본에서 흔히 거론되곤 하나 여기에는 오류가 있다. 이 때문에 많은 일본인들이 혼란스러워 하며, 세상에서 스스로를 어떻게 자리매김해야 할지 그리고 자주 쓰이지만 뭔가 어색한 '일본적'이라는 단어의 의미를 어떻게 설명해야 할지 갈피를 잡지 못하고 있다. 또한 1960년 여름에 이르는 시기까지 드러난 상황처럼, 표면적으로는 고요하지만 속으로는 불안감으로 들썩거리던 일본의 내부를 우리는 간과하기 쉽다.

오늘날의 일본을 제대로 이해하고자 한다면, 또 일본이 앞으로 어떻게 될지 예상하고자 한다면, 우리는 일본에서 사회적 불안감이 다시금 고개를 들고 있음을 알아차려야 한다. 세상에서 도망치는 것은 불가능하며 세계화와 국가주의는 서로 맞바꿀 성질의 것이 아니라는 점을 일본인들이 서서히 깨닫고 있다는 것이다. 바꿔 말하면, 일본인이 이제 못생기고 열등하다는 느낌을 극복하고 있다는 얘기다. 그리고 이러한 깨달음을 통해 일본인은 자신을 새롭게 정의할 수 있게 될 것이다.

일본 근대기에서 흥미로운 현상 가운데 하나가 수많은 표어들이다. 이 표어들은 많은 뜻을 함축하는 캡슐 철학으로, 부국강병·화혼양재和魂洋才*, 문명개화 등 근대화 초기 일본이 만들어낸 대표적인 문구들이다. 전쟁 중에 군부는 "승리할 때까지는 욕심내지 않는다"라는 표어로 국민들을 통솔했다. 나라를 위해 자기를 희생하라는 너무나 분명한 경고였다. 1980년대 후반에 이르면 '국제화'라는 슬로건도 탄생한다. 아무도 제대로 설명하지

---

* 일본 고유의 정신과 서양의 문물을 잘 조화시켜야 한다는 메이지 시대의 표어.

못하던 이해하기 어려운 단어였지만 나름대로 그 시대를 통찰하는 데 도움을 주는 시사 용어이다.

실제로 정부 관료나 학자나 텔레비전에 나오는 시사평론가들이 국제화라는 단어를 사용할 때 사람들은 그게 무엇을 의미하는지 잘 몰랐다. 궁극적으로 국제화는 범국가적인 사회 사조에 불과했다. 국제화가 되면 왠지 '주식회사 일본'도 해체될 것 같았다. 일도 덜하고 수출도 덜하면서 다른 나라 제품은 더 많이 소비할 것 같았다. 국제 문제에도 더욱 활발히 참여할 것 같았다. 그러나 모두 지나치게 야심찬 계획이었다. 주식회사 일본이란, 몇몇 프로젝트가 끝났다고 해서 쉽게 없애버릴 수 있는 그런 성질이 아니었다. 이 또한 미국의 허가가 필요했다. 어찌 되었든 국제화란 단어는 너무 여러 가지로 정의될 수 있었고, 일본은 어떻게 국제화될지 그렇게 되면 국민에게 어떤 영향을 미칠지 하는 국제화의 진정한 의미가 무어냐 하는 문제에 관해서는 아무런 합의도 존재하지 않았다.

일본이 대답을 더듬는 이유는 아주 간단하다. '국제화'는 본질적으로 잘못된 단어이기 때문이다. 일본이 진짜 희망하는 것은 국가주의의 부활이었으나 세상이 (특히 이웃 나라나 미국이) 이를 인정하지 않을까봐 염려했다. '국제화' 논의를 할 무렵 '유연한 국가주의, 부활하는 문화국가주의, 진정한 복고주의적 국가주의'*등 몇몇 다른 개념들도 함께 생겨났는데, 국제화보다 논의되는 빈도수는 훨씬 적었으나 그 당시 일본사회의 경향을 한층 예리하게 시사한다. 그리고 이 새로운 개념들과 함께 일본은 세계적 규모의 경제 성장을 이뤄냈다. 1980년대 중반에 엔화의 가치가 상승하면서 세계에서 가장 힘이 센 통화 중 하나가 된다. 일본 국내에서는 이자율이 기

---

* 일본에서는 국가주의, 국수주의, 민족주의 등의 용어보다는 영문 그대로 '내셔널리즘'이라고 통용하지만 이 책에서는 한국의 맥락을 고려하여 '국가주의'로 옮긴다.

록적으로 하락하여, 성장률은 높으나 건실하지 않은 투기 거품경제가 약 5년간 이어졌다. 도쿄증시에서 거래되는 주식의 가치는 세 배로 뛰었다. 부동산 가격은 1년 만에 두 배로 올랐고 그 이듬해에는 거기서 다시 두 배 상승한다. 거품경제로 인해 일본인은 전 세계의 부동산시장과 유원지와 경매장에 모습을 드러냈다. 투자자들은 할리우드 스튜디오는 물론 록펠러센터 같은 부동산을 마치 전리품처럼 사들였다. 동시에 일본은 세계 최대의 원조금 지원국이자 채권국으로 탈바꿈했다. 세계 경제 정상회담을 할 때면 각국이 일본에게 쩔쩔매는 상황이 되고 만 것이다. 이러한 일련의 변화가 일본이 국가적으로 일종의 자기 주장을 시작한 징조라는 걸, 즉 스스로를 확실하게 드러내기 시작하는 움직임이란 걸 부인할 이가 있을까?

일본에게 1980년대 후반기는 끊임없이 이어지는 파티와도 같았다고 당시 도쿄에 살던 많은 외국인들이 진술한다. 파티라는 게 늘 그렇듯 기억할 만한 것도 있고 잊어버리는 것도 있다. 그 시기에 대한 일본인들의 기억은 바로 자신감이었다. 국내외에서 일본인은 국가로서든 개인으로서든 자신감을 얻게 되었다. 1960년 안보투쟁 이후 처음으로 정치적으로 자기 주장을 할 수 있게 된 것이다. 그러나 일본은 즐거움에 취해서 더 큰 숲을 보지 못했다. 미국이 아직도 일본에 얼마나 큰 영향을 끼치고 있는지도 망각했다. 자기들이 현재 민주주의보다는 효율성이나 기술 발전에 지나치게 의존하고 있으며, 상황을 뒤집을 수 있는 결정이야말로 일본이 당면한 숙제라는 사실도 잊고 말았다. 그렇게 전 세계적으로 땅을 사들인다고 해서 일본이 "목적이 결여된 강국"[45]이라는 현실이 갑자기 변하지도 않았다. 이 표현은 1980년대가 끝나갈 무렵 유명해졌다.

1990년대 들어서 거품은 꺼지고 일본은 불경기로 접어들었다. 그러나 경제적 불황보다도 하루 빨리 취기에서 깨어나는 일이 훨씬 더 다급했다. 1990년 8월 2일, 이라크 군대가 쿠웨이트를 침공했다. 미국이 사담 후세인에 대항하기 위해 국제적인 협조를 구했을 때, 걸프전은 일본에게 아주 중대한 고비였다. 이라크에 대항하는 집단적 안보조치에 참여를 금하는 헌법의 테두리 안에서 일본이 할 수 있는 일은 무엇이었을까? 아니, 그보다 더 근본적으로, 일본이 진정으로 취하고 싶었던 행동은 무엇이었을까? 일본이 망설이는 동안 미국은 신경질적으로 반응했다. 적어도 미국의 관점에서 보면 일본의 지도자들이 바보처럼 보였다. 결국 일본은 걸프전에 파병하지 않았고 군대도 보급물자도 함대도 제공하지 않았다. 나중에 130억 달러를 내놓지만 고맙다는 말보다는 욕을 더 얻어먹었다. 일본까지 합쳐 총 29개국이 걸프전에 협조했는데 그중에서 정기적으로 미국의 보고를 받고 나중에 승전 축하 행사에 초대받은 나라는 28개국이었다.

일본에 대한 미국의 이와 같은 노골적인 냉대에는 야릇한 역설이 있었다. 미국이 자기가 스스로 창조해낸 역사에 대해 얼마나 무지한가 하는 점 말이다. 과거 요시다 협정이나 현재 일본이 서방 안보 협조체제 내에서 처한 위치가, 자발적인 것이 아니라 강제로 그렇게 된 것이라는 사실을 기억하는 사람이 아무도 없는 듯했다. 걸프전에 대해 도쿄가 보여준 어설픈 행동은, 부분적으로는 미국이 일본에 만들어준 법 때문이라는 사실을 미국 정부에서 까마득히 잊고 있는 것 같았다. 게다가 일본 정부 관료들은 또 그들대로, 예의상 그와 같은 사실을 드러내놓고 지적하지 않는 것을 원칙으로 삼은 지 오래였다.

일본인들이 걸프전을 둘러싼 그 몇 달을 잊으려면 아마도 오랜 시간이 걸릴 것이다. 이 사태는 1980년대 후반의 축제 무드를 순식간에 깨버렸다. 요시다 협정을 무효화한다든가 국제주의의 개념을 재고한다든가 아니면 "국가 정상화"[46]——이 표현은 곧 일본인들에게 익숙한 단어가 된다——를 이루는 등의 과제와는 맞닥뜨릴 필요가 없을 것이라는 야무진 꿈도 산산조각이 났다.

1장 보이지 않는 일본인 65

일본인이 실재하는 공백

국화회는 지금도 우리 곁에 존재한다. 일본은 국화회가 일반화시킨 일본의 이미지를 제도적으로 뒷받침하는 데에 열성이다. 우선 하버드 대학 법대에는 일본 미쓰비시 사의 이름이 붙은 교수직이 있고 미시간 대학에는 도요타 사 후원의 인류학 교수 자리가 마련되어 있다. 이외에도 이와 같은 방식의 기부나 후원이 수도 없이 많다. 일본은 그런 직위를 마련하기 위해 수 백만 달러씩 퍼붓는데, 그런 자리들을 차지하고 앉은 것은 십중팔구 국화회의 '게이샤' 학자들이다. 아직도 이 '게이샤'들은 하버드뿐만 아니라 저명한 대학에 개설된 일본학과의 대다수를 좌지우지하고 있다. 앞서 언급했던 학자 찰머스 존슨은 이에 대해 "게이샤는 훈련이 잘되어 있어서 따로 뭘 일일이 지시할 필요가 없다"고 비꼬았다.

걸프전은 베를린 장벽이 무너진 지 1년이 되는 시점에 발발했다. 다른 나라도 마찬가지였지만, 사담 후세인의 쿠웨이트 침공은 냉전이 끝나고 일본이 처음 경험해보는 복잡하고 새로운 세상의 시발점이었다. 냉전의 부산물인 국화회와 그들이 조작해낸 '재팬'은 더 이상 지속될 수 없었다. 서구 오리엔탈리즘의 창조물 '재팬'의 수문장 역할을 하던 전후 일본 정치 세력도 마찬가지였다. 1980년대 후반을 지나면서 도쿄의 정치 판도는 완전히 바뀌었다. 그럼에도 전후 일본에 대한 이미지는 관성에 의해 지속되고 있다. 우리가 현실로부터 위험할 정도로 너무 동떨어져 헤매지 않으려면, 지금까지 지녀온 여러 구태의연한 고정관념을 결국 전부 재검토하지 않으면 안 된다. 그러나 변화를 두려워한다면 관성이 계속 무서운 힘을 발휘할 가능성도 있다.

냉전이 끝날 무렵 국화회는 처음으로 공공연히 도전받기 시작했다. 특히 "수정주의"[47]를 옹호하는 언론인과 학자들이 그러한 도전을 주도했다. 그러나 이들은 집단으로서는 조직이 느슨할 뿐 아니라 이론상 서로 보편적인 합의를 이뤄낸 것도 아니었다. 국화회 회원이 그랬던 것처럼 이들도 수정주의라는 일괄적인 딱지를 싫어했다. 그렇지만 이들의 관점에는 한 가지 귀담아 들을 만한 공통적 전제가 존재한다. 국화회의 패러다임에는 오류가 있으며 서구는 일본에 대한 시각을 재검토해야 한다는 사실이다.

일본은 미국이나 다른 산업국과는 다르다는 점을 깨달아야 한다고 수정주의자들은 주장한다. 일본은 속이 텅 빈 모델이며 겉모양은 민주주의의 모습을 하고 있으나 실제로 민주주의가 제대로 기능하지 않는 나라라는 것이다. 각종 제도의 목적은 우리가 상상하는 목적과는 다르며, 정부는 서구 사회의 정부처럼 중재하는 조정자면서 거기에 더해 적극적인 창도자 역할을 한다. 제3세계 국가가 그렇듯이 일본 정부는 잘 정의된 사회·경제적 목표를 염두에 두면서 능동적인 역할을 담당한다. 잘 알려진 수정주의자이자 평생 중국학과 일본학을 연구해온 찰머스 존슨은 일본식 체제를 놓고 '자본주의적 발전국가'라는 새로운 명칭을 만들어냈다. 전후 일본의 출현 이전에는 세상에 존재하지 않던 국가체제다.

또한 수정주의 학자들은 일본이 다르다면 다른 식으로 취급해야 한다는 지극히 간단한 아이디어로 논의의 불을 지폈다. 수정주의가 언론계로 퍼져나가면서 이 주장은 즉각 무역에 적용되었다. 갑자기 미국은 대일 무역에서 왜 고질적으로 적자가 일어나는지 이해할 수 있게 되었다. 일본은 몇 가지 측면만 제외하면 미국처럼 자유방임 시장주의를 추구하는 자본주의 국가가 아니었다는 사실을 깨달은 것이다. 문제는 더 구조적인 데 있었다. 일본이란 나라는 갖가지 가시적·불가시적 장치를 통해 실질적으로 문호를 닫아놓고 사는 나라이다. 일본의 정치·경제 지도자들이 그런 방식을 선호하기 때문이다. 그리고 서구가 강제로 열어젖힐 때까지는——주로 미국이 이 역할을 담당하고 있지만——일본 스스로 국가 경제를 개방하지는 않을 것이다.

수정주의는 창문 없는 방에 스며드는 한 줄기 시원한 바람과도 같았다. 전후 패러다임을 해체한다는 의미에서 수정주의는 창조적 파괴 행위에 견줄 수 있었다. 냉전시대처럼 명령에 따라 절박하게 이행해야 할 과제가 존재한다든지 하는 이념적 부담이 수정주의에는 없었기 때문에, 현실을 조금 더 분명하게 직시할 수 있었다. 경제체제에서 기존의 복잡한 통제 장치가 부분적으로라도 제거되면 큰 혜택을 받을 일본의 보통사람들에게 수정주의는 큰 매력이 있었다. 당연한 일이지만 일본 지도층은 수정주의 학자나 언론인들을 "일본을 욕하는 무리"[48]로 재빨리 매도했다. 물론 그런 매도의 목적은 자신들이 자유자재로 조정해오던 여러 제도에 대해 열린 토론을 하지 못하도록 하는 데에 있었다.

수정주의는 미국에 상당히 큰 영향을 미쳤다. 국화회가 조장했던 일본의 이미지는 한물 가버려 이를 그대로 신봉하는 사람은 이제 거의 없다. 따라서 국화회의 시각을 대학에서 계속 가르친다는 것도 좀 우스꽝스러운 구시대의 잔재가 된 것이다. 미·일 양 정부는 전후에 무역과 안보 사이에 세워둔 담벼락을 아직도 고수하고 있지만, 그렇게 두 문제를 인위적으로 구별하는 것도 이제는 타당성이 없다고 지적받고 있으며, 또 마땅히 그래야 한다. 이 또한 구시대의 잔재이기 때문이다.

일본에 대한 수정주의의 시각이 점차 평범한 미국인을 납득시키기 시작했으나, 바람직한 방향으로만 변화가 이루어진 것은 아니었다. 1990년대 초반에 미국은 갑자기 또 다른 버전의 '사악한 제국'을 직면하는 것처럼 여겨졌다. 소련이 무너지면서 일본이 공공의 적 일순위가 된 게 아니냐는 심각한 논의가 대두되었다. 이제 남은 문제는 어떻게 미국이 저 태평양 건너편에서 음모를 꾸미는 일본으로부터 자국을 보호하느냐 하는 것이었다.

이런 시각에는 역사적 배경이 있다. 100년 가까이 일본에 대한 미국의 견해는 시계추처럼 왔다갔다 했다. 100년 전에는, 원시적이고 순진한 일본인이 기독교로 개종하고 민주주의를 받아들이려면 얼마나 걸릴지 궁금해했다. 그 다음에는 일본인은 영혼 깊이 검을 사랑하며 약탈 행위를 일삼는 군국주의자로 비춰지는데, 이 과정에서 황색공포yellow peril[49]라는 용어가 나온다. 해리 트루먼의 말을 빌리면 전쟁 중에 일본인은 단순히 "짐승"[50]이었다. 그 다음에는 소심한 일벌레가 된다. 자, 이제는 음모론이다. 갑자기 일본이란 나라에서 우연히 일어나는 일이란 없다는 시각이 등장한 것이다. 도쿄 나리타 국제공항의 규모가 크지 않은 이유는 외국인의 입출국을 제한하려는 음모가 있다더라는 낭설 등이 그 예다. 1990년 초반은 일본이 아직 불황을 맞이하기 이전인데, 미국은 당시 일본이 미국의 허를 찌르는 기습공격으로 경제적 지배를 달성하려는 음모를 꾸민다고 보았다. 물론 이 견해는 일본이 경기 침체에 빠지면서 자연스럽게 물러났지만, 미국이 대일본 무역적자 문제가 커지면 언제든 다시 거론될 여지가 있다.

수정주의를 제창한 사람들 그리고 이를 퍼뜨린 사람들도 부분적으로는 이러한 근거 없는 망상에 대한 책임을 져야 한다. 뭐가 잘못되었을까? 왜 수정주의가 일본인에 대한 진정한 이해를 촉발하거나 일본을 둘러싼 갖가지 허위사실 유포에 종말을 고하지 못한 것일까?

수정주의가 저지른 실수는 타이밍과 상관이 있다. 수정주의가 등장한 시기는, 일본이 회색빛으로 변화 없이 단조롭기만 하던 약 25년간의 안정기에서 막 빠져나오려던 시점과 일치한다. 정지된 사회라는 것은 물론 존재하지 않는다. 인간 사회라면 당연히 불가능하다. 이 부분에 대해 수정주의 학자들은 영원히 변하지 않을 나라로 여겨지던 소련이라는 예를 보면서 깨달았어야 했다. 그러나 모든 것이 막 변하기 시작하는 바로 그 순간에, 수정주의자들은 일본을 '변하지 않는 나라'라고 단정한 것이다.

무엇보다도 수정주의 옹호자들 가운데 역사에 대한 이해가 부족한 이들이 많았다. 일본이 갑자기 위협적으로 그 모습을 드러내기 전까지 미국이 얼마나 큰 몫을 담당했었는지 잘 모르는 것 같았다. 전후 경제체제의 요소 하나하나가 전부 1952년 점령 종료 이전에 제자리를 잡았다. 예를 들어 악명 높은 일본 통상산업성*은 어땠나? 연합군이 도쿄에 도착하기 딱 하루 전부터 업무를 개시했다. 통상산업성 관료들은 이후 한 번도 뒤돌아보지 않고 앞으로만 전진했다.[51] 그러면 일본의 전략 산업인 조선, 제철, 전자, 자동차 산업은 어땠을까? 이들 산업에 자원을 집중하라는 정책은 1947년 미국인의 지휘 아래에서 시작되었다. 이 산업 정책을 당시 경사생산傾斜生産, priority production이라 불렀는데, 이에 관해 미국이 마음에 들어하지 않은 부분은 오직 명칭뿐이었다.

1980년대 후반에 자주 등장하던 용어 중에 하나가 '외압'이다. '외압'이 새로운 용어가 아니었음에도 불구하고 최신 시사용어로 들렸던 이유는, 당시 일본에 외압을 넣지 않고는 아무것도 되는 일이 없다는 의식이 널리 퍼져 있었기 때문이다. 이때 외압이란 거의 예외 없이 '미국이 넣는 압력'을 의미했다. 예를 들면 미국 정부가 일본에게 쇠고기나 야구방망이 판매시장을 개방하라고 요구한다든지 하는 것을 일컬었다. 일본 정부는 버틸 만큼 버티다가 국민들에게 '불가피하다'고 설득하는 과정을 거쳐 책임을 면제받는 방법을 써왔다.

외압은 실제로 일본에서 많은 것을 이루어냈다. 그러나 외압에 함축되어 있는 당사자 간의 관계는 어땠을까? 이 관계에 따라 양측 모두 영예를 얻을 것인가 아니면 모두 쪼그라들 것인가? 이 관계로 인해 일본과 미국, 일본과 세계 사이에 놓여 있는 각종 이슈가 장기적으로 잘 해결될 것인가? 아니면 여기에는 그저 오리엔탈리즘이 자리 잡고 있을 뿐일까? 외압은 오늘날까지도 수정주의자들이 선호하는 방식인데, 여기에서 우리는

---

* 2001년 이후부터는 명칭이 경제산업성으로 바뀐다.

그들이 저지르는 기본적인 실수를 목격한다. 수정주의자들도 국화회나 마찬가지로 일본이 복잡한 인간 사회라는 점을 깨닫지 못한 것이다. 일본을 있는 그대로 인정하는 대신에 일본에 존재하는 일부 제도만 보면서 권력이 중앙 집중된 일본, 자민당의 일본, 기업의 일본, 합의의 일본이라 단정해버린 것이다. 그러나 열거된 특성들은 대체로 미국이 일본에게 부여해준 특성이다. 이것이 바로 오에 겐자부로가 언급한, 사무라이 전통과 효율성으로 대표되는 '공식적' 일본이다. 따라서 이를 액면 그대로 받아들이는 것은 잘못이다.

오에가 "대부분의 일본인들이 사는 공백 부분"이라고 표현한 '또 하나의 일본'은, '공식적 일본'과는 근본적으로 구별된다.52 오에가 지적하고자 하는 것은, 서구인에게는 익숙하지 않을지 모르나, 일본에는 서구인이 알고 있는 것과는 다른 '진정한 일본'이라는 게 존재한다는 점이다. 일본은 평범한 욕망을 가진 평범한 사람들이 사는 나라이며, 다른 나라 사람들보다 특별히 더 능률적인 것도 덜 능률적인 것도 아니고, 더 개인주의적인 것도 덜 개인주의적인 것도 아니고, 봉건적인 예술이나 전통에 대한 열광도 다른 나라보다 훨씬 더하지도 덜하지도 않는다는 것이다. 불교 용어를 빌리자면, 우리는 공식적 일본을 '대전통'大傳統의 일본이라고 부를 수 있으나 그 이면에 있는 '소전통'小傳統53의 일본을 알아보는 일은 쉽지 않다.*

대전통·소전통을 구별하는 역사는 오래되었다. 어떤 형태를 띠고 있든 간에, 대전통·소전통의 차이는 전 세계에 보편적일 것이다. 그러나 일본만큼 오랜 세월동안 대전통·소전통의 차이가 사회에 강력한 영향력을 발휘한 나라는 없다. 역사 이래로 대전통·소전통의 갈등, 즉 세련된 상부 엘리트층과 평범한 민중 간의 갈등은 지속되어왔다. 봉건시대 후기에 유명

---

* 전통사회의 문화가 소수 식자층 엘리트로 이어지는 대전통과 그렇지 못한 다수의 소전통으로 이루어져 있음을 의미한다.

했던 구호 중 하나는 관존민비官尊民卑였다. 관과 민을 분명하게 가르는 노골적인 이 개념은 메이지 시대에도 유지되었으며 오늘날에도 사라지지 않고 있다. 지적할 만한 것이 또 하나 있다. 대전통은 항상 외국에서 들여온 문물을 반영한다. 소전통이 대체로 본래 고유의 것인 데에 반해서 대전통은 수입품이다.

대전통과 소전통 사이의 갈등은 일본에 대한 주류 분석에 있어서 거의 언급되지 않는다. 그러나 이것은 일본 역사에서 용수철처럼 자주 튀어 나오는 이슈이고, 현재에도 분명히 적용되는 얘기이며, 또한 이 책의 내용을 조명해줄 것이다. 대전통·소전통의 갈등에 관해 대충이라도 파악할 수 있다면 일본과 일본인에 대한 이해가 한결 깊어질 것이다.

보호무역주의에 대해 다시 생각해보자. 우리는 항상 일본 정부의 보호무역 정책에는 일본의 핵심적 사조, 즉 외국인을 혐오하는 심리나 낯선 것에 대한 거부감이 반영되어 있다고 여긴다. 보호주의가 보편적인 지지를 누린다고 가정하면서 우리는 그게 일본인의 문제점이라고 간주한다. 그러나 그렇게 간단치만은 않다. 일본 정부의 정책이 보호하고자 하는 것은 누구이며 무엇인가? 평범한 일본사람들을 보호하고자 하는 것인가 아니면 정부 각 부처 관료들을 중심으로 하는 '체제'를 지키기 위한 것인가? 미국이 바로 이런 점을 조금만 잘 파악했더라면 외압 사용을 재고했을지 모른다. 일본한테나 우리한테나 문제는 '체제'인데, 외압은 체제 개혁에 아무런 도움이 못 되기 때문이다.

수정주의자들은 대전통·소전통을 구별하지 못한 나머지, 미·일 간에 놓인 이슈가 사실은 보다 근본적인 문제점의 징후에 불과하며 그 근본적인 문제점을 야기한 당사자가 미국이라는 점을 깨닫지 못했다. 수정주의자들은 일본 스스로가 자국의 향방을 결정하고 변화를 가져올 능력이 있다고 믿지도 않았다. 그렇다면 이것은 1542년 서구인이 일본에 최초로 도착한 이래로 계속 범해온 잘못과 동일한 잘못이 아닌가? 즉 일본인에게 스스로 과거를 돌아보고 스스로 역사를 만들어갈 기회를 허락하지 않는 것, 모든 오리엔탈리스트들이 공통적으로 범하는 치명적 실수를 또 한번 저지른 것이 아닌가?

승리 문화의 종말

1995년 말, 오키나와에 주둔하던 세 명의 미국 병사가 열두 살짜리 소녀를 성폭행했다. 그중 두 병사는 유괴를 인정했고 또 한 병사는 강간을 자백했다. (결국 일본 법정은 세 사람에게 7년형 정도를 선고했다.) 어떻게 보더라도 잔인한 범죄였던 까닭에 일본과 미국 사이에 찬바람이 몰아치기 시작했다. 다른 나라에 머무르고 있는 손님으로서 저질러서는 안 되는 행동이었다. 세 병사가 한 짓 때문에 전후 안보체제가 통째로 다시 두 정부의 회담 탁자에 놓일 처지였다.

이 사건을 통해 우리는 35년 전 안보투쟁의 잔재를 엿볼 수 있다. 안보체제 문제는 미군이 일본에 주둔할 필요가 있느냐 하는 문제로까지 확대되었다. 미군 주둔은 요시다 협정의 핵심이었다. 저토록 많은 미군이 일본에서 무엇을 하고 있는 것인가? 외국인에 익숙하고 일본 전통의 영향을 상대적으로 덜 받은 오키나와 사람들은 본토 일본인들보다 훨씬 직설적이다. 이 점은 미국인들로서는 운이 없는 역사적 우연이었다. 오키나와 사람들의 데모는 일본과 미국 간의 관계가 언젠가 변화할 수밖에 없다는 것을 분명히 보여주었다.

거의 반세기 동안 일본에 주둔시켰던 5만 명의 미군을 대중의 눈에 띄지 않게 갑자기 숨기기란 불가능에 가깝다. 특히 오키나와의 경우처럼 3만 명의 미군이 가용 토지의 20퍼센트에 해당하는 면적에다 70여 개의 미군 시설을 지어놓고 주둔하고 있다는 사실을 고려하면 더더욱 그러하다. 오랜 세월 미·일 두 정부는 미국 대중이 가능하면 주일미군의 존재를 잊어버리도록 굉장한 노력을 기울였을 뿐 아니라 미군이 일본의 시선을 너무 끌지 않도록 하는 데에도 상당한 성공을 거두었다. 주일 미군 중 75퍼센트가 오지에 배치되어 있는 것도 그런 이유 때문이다. 그러나 강간 사건은 미국이 일본에 대해 가지고 있는 단순한 이미지가 잘못된 것이라는 경종을 울림과 동시에 미군이 오키나와에서 지금까지 어떤 식으로 처신했는지 뒤돌아보게끔 했다. 어떤 의미에서 오키나와는, 톰 엥겔하트Tom Engelhardt의 책 제목처럼 『승리 문화의 종말』The End of Victory Culture을 알리는 하나의 경보였다.

  50여 년 전 미국은 일본인들의 삶에 간섭하기 시작했다. 미국은 일본을 전쟁에서 패배시켰고, 미국이 일본을 잠시 먹여 살려주는 동안 일본은 일본대로 근대화 과정에서 일어난 비극을 어떻게든 극복하려는 결심으로 첫걸음을 내디뎠다. 그런데 갑자기 미국이 그런 극복을 지연시키기로 결정해버렸고, 어느덧 50년이 지체되었다. 미국이 일본과 건강한 관계를 맺고 싶다면 반세기 전에는 하지 못했던 것, 즉 '일본인을 위해 옆으로 비켜주는 것'을 이제 할 수 있어야 한다. 500여 년 전 일본에 온 최초의 서구인들이 미처 하지 못했던 것, 즉 '일본을 그냥 있는 그대로 바라보는 것'도 할 수 있어야 한다.

  외국인이 제일 빨리 깨닫는 일본인의 특징은 남에게나 자신에게 진심을 숨기는 습관이 있다는 점이다. 일본인은 전부 가면을 쓰고 있고 각자 가면 쓰는 법을 배운다. 이 가면을 통해 일본인은 남들과 가까이 살면서도 떨어져 사는 방법을 배운다. 일본이 이상하게 속이 텅 비고 모호하여 표면은 잔잔하고 변화가 없는 것처럼 보이지만, 그 밑으로는 갈등과 긴장, 역류와 불안감이 잔뜩 존재하고 있다. 새로운 현상이 아니라 늘 그래왔다. 단지 최근에 와서 마치 뚜껑이 열린 듯 가면의 일부가 벗겨진 듯, 그 현상이 좀더 뚜렷해졌을 뿐이다.

소설 『온나멘』에서 작가 엔치 후미코는 주인공과 대립하는 상대를 "절대 파괴할 수 없는 얼굴"을 지닌 인물로 설정한다. 최근 들어 일본인이 스스로에게 던지는 주요한 질문 가운데 하나가 바로 자신들이 쓰고 있는 가면이 과연 절대 파괴할 수 없는 것인지, 이제는 가면 없이 살 때가 온 것이 아닌지 하는 점이다. 바로 이 질문이 이 책에서 논의하는 핵심이기도 하다.

> 가까이 들여다보라. 거대한 한 무리의 군중 속에
> 얼마나 갖가지 인간 유형이 존재하는지 보이리라.[1]
>
> _후타바테 시메二葉亭四迷 『뜬 구름』浮雲, 1889

숨겨진 역사

오래된 무사武士 마을로 유명한 가나자와金沢에는 조상에 대한 400년의 상세한 기록을 갖고 있는 메보소目細라는 가문이 있다. 이 가문은 지금까지 열아홉 세대에 걸쳐 바느질과 낚시용 바늘을 만들어왔다.

  메보소 가문은 자기들이 만드는 물건만큼이나 희귀한 자신들의 성에 대단한 자부심을 갖고 있다. 사실 가문의 이름과 이들이 제작하는 물건 사이에는 서로 떼려야 뗄 수 없는 관계가 있다. 원래 메보소바리目細針라는 단어에서 유래한 메보소라는 이름은 촘촘한 바늘땀이란 뜻이다. 이 장인 가문은 뛰어난 기술을 인정받아 16세기에 그 지역 다이묘大名* 로부터 검을 차고 성姓을 가져도 좋다는 허락을 받았다. "우리 같은 신분

---

* 10세기경부터 19세기 말까지 넓은 영지를 소유하고 강력한 권력을 행사하던 봉건 영주.

의 사람들은 성이나 검을 소유할 수 없었지요." 메보소 다다요시는 당시로서는 아주 '드문 영광'이었음을 강조했다. 오늘날 메보소 가문의 장인들은 재봉사가 쓰는 바늘세트와 제물낚시용 도구 일체를 판다. 상점은 1575년 이래로 지금까지 자리를 옮기지 않았고, 상점이 자리한 거리는 '메보소 거리'라 불린다.

다이묘의 봉건통치 아래 있던 평민들은 성이 없었기 때문에 거주하는 마을이나 그밖의 몇 가지 특징만 가지고 서로를 분간하는 것이 보통이었다. 그럼에도 일본에서는 지금까지도 일상적인 대화 중에 가문의 이름에 관한 이야기를 하며 이를 중요하게 여긴다. 이런 상황을 혹시 다른 선진국에서 경험한 적이 있는가?

봉건시대는 일본에서 그리 먼 과거가 아니다. 19세기 말까지만 해도 오직 다이묘나 사무라이 또는 메보소 같은 예외적인 소수에게만 성이 있었다. 나머지 사람들은 그냥 이름 없이 살았다. 근대화를 지향하던 1868년 메이지유신 때 모든 국민에게 성을 갖도록 허락하는 정책이 시행되기 시작했다. 그리하여 많은 사람이 마을이나 시골 풍경을 따서 성을 지었다. 구로가와黑川는 검은 강, 이시바시石橋는 돌다리, 이런 식으로 말이다.

지금 생존하는 일본인들의 증조부, 증조모가 성이 없었다는 이 단순한 역사적 사실은 무엇을 말해주는가? 일본을 집단사회로 읽는 시각으로는 몇 세대 전까지만 해도 일본에 개인이라는 관념이 전혀 없었다고 단정지을 수도 있을 것이다. 대다수 일본인에게 개인성도 역사도 없었다고 보는 일도 가능하다. 유럽 봉건시대의 농노가 마치 동물처럼 삶에 대한 아무런 기록도 없이 살다갔듯이 말이다.

이런 논리는 얼핏 보기에 그럴듯하다. 일본인이 집단에 의존하는 경향은 유명하다. 일본을 바라보는 시각은 다양하지만, 어떤 시각이라도 일본인이 (마을이나 야구팀이나 회사에서) 개인의 가치관보다 집단의 이익을 우선한다는 고정관념에서 벗어나지 못한다. 그런 평가를 뒷받침이라도 하듯 일본 역사 또한 여러 증거를 제시하는 것처럼 보인다. 100여 년 전까지만 해도 일본인에게 성이 없었다는 사실도 흔히 예로 제시되곤 한다.

하지만 오해이다. '집단'은 일본에서 일종의 허상이다. 집단 속에서 일본인은 가면을 쓴다. 가면을 쓴다는 것은 어떤 역할을 맡았음을 의미한다. 단체(집단)에서 공식적으로 부여받은 역할 말이다. 일본인의 가면은 남하고 똑같은 척하는 가면이다. 이 가면을 씀으로써 집단 구성원 간에 차이가 없어지고, 차이가 없다는 것은 곧 '일본인되기'의 한 부분이다.

일찍이 일본에 살았던 예수회 선교사 주앙 로드리게스João Rodrigues는 일본인이 쓰고 사는 가면을 제대로 이해했던 것 같다. 로드리게스는 메보소가 성을 얻은 시기와 거의 일치하는 1576년에 일본에 와서 30년 이상 일본에 거주했다. 일본어가 유창해진 로드리게스는 후에 가끔씩 쇼군을 위해 통역을 하곤 했는데, 그는 일본인이 세 개의 마음을 가지고 있다는 이론을 폈다. "세상에 보여주기 위해 입에 물고 있는 거짓 마음 하나, 가슴팍 바로 밑에 자리 잡은 친구들하고만 나누는 마음 하나, 그리고 자기만 알고 절대 남에게 보여주지 않는 가슴 속 깊숙이 묻어둔 마음 하나"[2]라는 것이다.

남 앞에서 가면을 쓰는 것처럼 개인의 철저한 '삭제'를 잘 보여주는 척도가 또 있을까? 진심 어린 자기의 표정을 감추느라 일부러 무표정한 얼굴을 하면서도, 보호막 사이로 조심스레 바깥을 엿보는 행동 양식이 일본인들 몸에 얼마나 배어 있는지 말해준다. 정신적으로나 생리적으로나 이런 습관이 너무나 철저히 내면화되어서 일본인들은 오늘날에도 자신의 생각이나 감정을 표현하는 데 거북함을 느낀다. 그러나 '개성이 눈에 띄지 않는 국가'와 '구성원 개개인의 고유한 성격이 거짓말처럼 전혀 존재하지 않는 국가'는 별개다.

사실 과거나 지금이나 평범한 일본인들의 삶에서 개성이 상실되거나 역사 의식이 결여된 적은 없었다, 다만 개성이나 역사 의식과 같은 인간적 삶의 기본적 측면이 상당 기간 물밑으로 잠수했을 뿐이다. 따라서 백 년 전까지 일본 땅에서 이름 없이 살다 죽은 대다수를 보며 조금 더 정확한 결론을 도출해보자면, 예나 지금이나 일본인에게 결여된 것은 남한테 보여주는 측면의 개성이지 자기 자신만의 고유한 개성이 아니라는 점이다. 남들과 있을 때 가면을 벗고 자기 본연의 모습을 확실하게 보여주지 못했을 뿐, 일반적으로 그것이 개성의 상실로 이어지지는 않았다는 얘기다. 일본인도 봉건사회에 살던 누구 못지않게 각자 자신만의 고유한 역사를 지니고 살았다. 이들 개개인의 역사는 그냥 그렇게 이름 없이 사라지기를 바라는 사회에 의해 숨겨졌을 뿐이다.

외국인의 단편적인 관찰과 겉으로 드러나는 속성 이면에 은밀히 깔려 있는 복잡함 사이에는 엄청난 간격이 존재한다. 바로 이 벌어진 틈새 사이에서 일본인은 지금도 자신만의 숨겨진 역사를 만들어가고 있다. 또한 이 역사는 가면 없이 남에게 있는 그대로 보여줄 개성을 되찾으려는 노력의 역사이기도 하다.

감춰진 것이 꽃이다

한패나 동류집단을 의미하는 나카마仲間라는 단어가 있다. '나카'는 안쪽을 의미하고 '마'는 방, 들판, 간격, 기간 등 장소나 시간에 구획을 정하는 것을 뜻한다. 어느 집단에 속한다는 사실뿐만 아니라 그 안에 숨을 수도 있어야 한다는 중요성은 일본 최초의 시에도 잘 나타나 있다.

여덟 개의 구름이 솟아오른다.
이즈모의 여덟 겹 담장

아내를 숨기려

여덟 겹 담장을 만드네.

그 여덟 겹 담장을.³

    일본을 노래한 시다. 여덟 개의 구름과 여덟 겹의 담장이 언급되는 이유는 일본이 애초에 여덟 섬으로 이루어진 나라라는 오랜 기록에 근거한다. 고대의 신이 하늘에서 내려왔다는 전설이 있는 남서부의 해안도시 이즈모出雲*에 가면 지금도 전설적인 담장의 흔적을 느낄 수 있다. 이즈모에는 신사神社 중에서도 가장 오래된 이즈모 대신사가 있는데 지금도 사람들이 접근할 수 없도록 담장을 둘러 막은 부분이 있다. 그 담장 바깥쪽으로 도리이鳥居가 몇 개 늘어서 있다. 도리이는 전통적으로 신사 입구에 세우는 대문으로, '어디에 소속되는 의식'을 추상화하는 주요한 상징기제이다. 대문이라고는 하지만 문 양쪽으로 연결된 울타리나 담장은 없다. 그냥 문틀만 하나 서 있을 뿐인데도 도리이가 있는 곳을 경계로 안팎의 분위기가 달라진다. 이즈모 대신사의 가장 바깥쪽에 서 있는 도리이는 신사 본채로부터 길어봐야 1.5킬로미터 정도 떨어져 있다. 이 거리는 신사 본채와 북적거리는 바깥 상점가 사이의 거리이기도 하다. 도리이 밖에는 바로 과자가게, 장신구 상점, 창고 등이 길거리 양쪽으로 잔뜩 늘어서 있다. 도리이는 바깥 세상과 안 세상, 즉 세속적인 것과 성스런 것을 가르는 역할을 한다.

    안과 밖, 담장으로 막아놓은 곳과 노출되어 있는 곳이라는 이원성은 일본에 찾아오는 방문객이 제일 먼저 맞닥뜨리는 현상 가운데 하나다. 외국인 방문객을 가리키는 표준적인 단어는 가이진外人으로, 바깥 사람이라는

---

* 일본의 고대국가 명칭 중 하나로 현재 시마네 현島根県 동부에 해당하는 지역이기도 하다. 오늘날 이즈모는 시마네 현 북동부에 위치한 도시 이름이다.

뜻이다. 일본에서 산다는 것은 어딘가에 받아들여지거나 거부되는 경험의 연속임을 일본에 온 외국인은 금방 깨닫는다. 예외란 없다. 기원전 23년으로 거슬러 올라가는 인기 만점의 전통 스포츠 스모를 보자. 스모야말로 안에 남느냐 배제당하느냐를 나타내는 의식의 전형이 아닌가. 두 선수는 소금을 뿌리며 스모판을 정화한 다음 엉거주춤 쭈그리고 앉아 자세를 취한 채 서로 노려본다. 시합은 대개 1~2분 내로 종료되고 어떤 경우에는 수 초 만에 끝나는 경우도 있어서 허무할 지경이다. 중요한 것은 결과다. 스모는 승자와 패자를 가른다기보다는 두 선수가 점한 위치의 차이를 보여준다. 원 바깥으로 밀려난 사람이 패자가 되는 것이다.

일본 봉건시대에 소속의 문제는 어떤 가문에 속하느냐 하는 것과 밀접한 관련이 있었다. 여기서 가문이라 함은 단순한 가족 이상의 의미를 함축하고 있어서, 혈연으로 맺어진 사람은 물론 혈연관계 없이도 그 가문에 받아들여진 사람을 포함하는 개념이다. 마을은 가문이 모인 공동체였고 기업도 가문처럼 조직되었다. 가문은 1945년까지도 일본제국을 구성하는 한 요소로서 중요한 구실을 했다. 가문을 통해 개인은 자신을 억누르는 법을 배웠다. 어떻게 보면 일본 전체가 한 가문이었고 덴노는 일본이라는 가문의 가장에 해당했다. '가족국가이기 때문에 특별하다'는 것이 전쟁 중에 일본정부가 널리 퍼뜨린 이데올로기였다. 요새 학계 용어로 표현하자면 일본은 조합주의corporatism 사회, 즉 개체로서의 개인은 부정되는 한편 개인이 어떤 특수 이익 집단에 '편입해 조합화되는' 사회였던 것이다. 이와 같은 사회에서 공적 담론은 특수한 몇몇 집단이 주도하고 그 열매 또한 이들이 배분한다.

오늘날 일본인은 다양한 집단 속에서 산다. 집단은 유동적이고 가끔은 서로 겹치기도 한다. 가족이나 학교, 아니면 고등학교 졸업 동기, 대학 동기, 스포츠클럽, 당파, 사교 모임, 단골 나이트클럽, 회사일 수도 있다. 이들 모두 현대판 '가문'에 해당한다. 집단의 목록을 만들자면 끝도 없고 한 개인이 어떤 집단에 속하느냐 마느냐 하는 문제 또한 끝없이 이어진다. 한 조직 안에서라도 다른 부서에서 일하는 두 개인은 서로 이방인이다. 그러나 다른 외부 조직에서 일하는 제3자가 나타나는 순간 앞서 말한 두 사람은 갑자기 한패가 되고 제3자가 이방인이 된다. 이런 상황은 하루에도 몇 번씩 벌어지는데, 담장이나 대문처럼 안팎을 나누는 물건이 아니라 길거리의 벽이나 강 위의 교량, 책상을 배치하는 방법, 칸막이를 세운 모양새 등 몇 가지 아주 평범한 일상에서 얼핏 보아도 이런 특성을 쉽게 찾아낼 수 있다.

일본어에는 구별을 묘사하는 표현이 유달리 많다. 한패인가 아닌가, 공적인가 사적인가, 풍문인가 믿을 만한 이야기인가 등을 나타내는 단어들이 많이 존재하지만, 그중에서도 오모테表:겉와 우라裏:속를 알아두면 편리하다. 오모테와 우라는 명백한 것과 함축된 것, 밖과 안, 겉과 속, 더 포괄적으로 얘기하자면 밖으로 보이는 것과 안에 숨어 있는 것을 일컫는 말이다. 좀더 오래된 일본 고어에서 오모테는 '얼굴'을, 우라는 '마음'을 의미했다. 오늘날 사람들은 큰길을 가리켜 '오모테도오리'라고 하고 뒷골목을 가리켜 '우라도오리'라고 한다. '오모테지'는 기모노의 겉감, '우라지'는 안감을 뜻한다.

예를 들어, 봉투의 오모테는 봉투 앞면을 의미하고 '우라니와'는 집 뒤편에 있는 정원을 가리킨다. 이런 말들은 단어가 함축하는 다양한 측면을 보여준다. 예컨대 '우라메시이'는 원망스럽다는 뜻이고, '우라야무'는 부러워한다는 뜻이며 '우라미'는 유감이라는 뜻이다. 사람들 간의 조화와 동질성이 무엇보다도 중요한 일본사회에서는 내비쳐서는 안 될 감정들이다. 시기나 원망 같은 감정은 '우라' 즉 숨겨진 감정이어야 한다.*

안과 밖을 가리키는 여러 가지 표현을 들여다보면 모두 소속과 배제, 폭로 또는 은폐의 의미가 함축되어 있다. 전통적으로 일본에서는 공적인 것이 사적인 것보다 항상 사회적 우선 순위에 놓였다. 공적인 것은 사회질서 또는 단체 생활과 밀접한 관련을 갖는 반면, 사적인 것은 개인적어서 비밀스럽고 이기적이고 부정한 것이다. 한 사람이 어떤 집단에 속하고 그 집단은 더 큰 집단에 속하는 식인데, 소속 의식을 통과하는 과정에서 일본인이 치러야 하는 대가가 만만치 않다. 개인은 집단에, 사적인 것은 공적인 것에 그리고 구성원은 대표자에 예속되는 것이다.

앞서 일본인에게 세 가지 마음이 있다고 했던 예수회 선교사 주앙 로드리게스는 한 가지 측면에서만은 지금 우리들의 시각보다 예리했다. 우리는 일본인을 보면서 그들에게 개인의 개성이란 존재하지 않는 것처럼 생각한다. 마치 펭귄이나 쥐떼들처럼 무리 속에서 개체끼리 전혀 구분이 안 되는데도 별 불만 없이 사는, 인간 같지 않은 사람들이라는 느낌을 받는 것이다. 적어도 로드리게스는 일본인에게 개성이 엄연히 존재한다는 점을 간파했다. 반대로 로드리게스가 오해한 부분도 있다. 일본인이 세상에 내비치는 마음이 특별히 '거짓'이라고 볼 수는 없기 때문이다. 또한 일본인이 각자의 마음속에 보여주지 않고 숨기는 부분이 있다고 해서 그 부분이 각별히 참답고 진실한 것도 아니요 훨씬 귀중한 것도 아니다. 로드리게스의 오해는 집단에 우위를 두는 일본의 통념을 공유하지 않는 서구인이라면 흔히 저지르는 실수다.

일본인이 감추고 싶은 것을 넣어두는 특별한 장소를 마음 한구석에 마련한다는 건 사실이다. 일본의 대표적인 심미적 전통으로 교토의 한 절의

---

* 저자의 논리가 재미있기는 하나, 사실 우라메시이恨めしい, 우라야무羨む 등의 단어에서 '우라'의 한자는, 속이나 후면을 의미하는 우라裏와는 다르다. 그러나 한자 차용 이전의 시대로 거슬러올라가 그 어원을 연구하면 서로 관계가 있을 가능성도 배제할 수 없다. 판단은 전문가들에게 미루기로 하자.

정원에 전시되어 있는 미에가쿠레見ㅊ隱れ를 들 수 있다. '미에가쿠레'란 숨었다 나타났다 하는 것을 말한다. 이 정원은 마치 정갈하게 빗질한 것 같은 패턴으로 자갈이 바닥에 빽빽이 덮여 있는데 자갈 바닥에 열다섯 개의 바위가 돌출해 있다. 그런데 어떤 각도에서 바위들을 바라보아도 한 번에 열다섯 개 전부를 볼 수 없게 되어 있다. 어디에 서서 보아도 항상 하나가 보이지 않는다. 미에가쿠레를 사람한테 비유하면 보였다 안 보였다 하는 습성을 의미한다. 일본사람들만큼 자기 속마음을 숨기기에 익숙한 민족은 없을 것이다. 고코로心라 불리는 진심과 인정은 좀처럼 바깥으로 드러나지 않지만, 바로 그런 점 때문에 더욱 소중하게 느껴진다. 일본인의 감정은 때 묻지 않고 천진해서 일단 일본인이 감정을 드러내기 시작하면 굉장히 유치하고 감상적으로 보인다. 술에 취하거나 가라오케에서 노래 부를 때 흔히 볼 수 있다. 감정은 "우라의 우라"⁴ 즉 '안쪽의 안쪽'이라고들 흔히 이야기한다. 일본인은 감정을 숨겨가며 자신과 바깥 세상과의 관계에서 일종의 긴장을 느끼면서 살아가는 것이다.

"감춰진 것이 꽃이다."⁵ 14세기 노能의 대가 제아미世阿弥가 쓴 구절이다. "감춰지지 않은 것은 꽃이 아니다." 이런 생각은 흔히 생활에서 드러나며 지금 논의하는 주제와도 관계가 있다. 도이 다케오라는 정신과 의사는 일본인의 성격을 탐구하면서 바로 앞의 문장을 인용했다. 도이는 아주 보수적인 사람이다. 그는 정교한 은폐의 연속 속에 살아가는 것이 하나도 이상할 것이 없을 뿐 아니라 건강한 일이라고 믿는 사람이다. 그리고 집단에 소속되는 데에서 오는 안정감(일본인이라면 이를 부인하지 못한다)과 집단에서 벗어나 자유롭게 살고자 하는 개인적 욕망(전통적으로 사회에서 인정되지 못했다) 사이에 존재하는 긴장감도 부정할 수 없는 것이라고 보았다. 도이가 1985년에 집필한 책에는 이렇게 쓰여 있다. "비밀을 지닌다는 사실에 편안함을 느끼는 상태야말로 이상적인 정신 상태, 즉 그 사람의 정신

2장 숨겨진 역사 85

건강이 유지되는 상태라고 할 수 있다."⁶

　일본인이 살아가는 제한된 공간은 꽁꽁 밀폐되어 있고 너무 완벽해서 그런 공간이 없다면 오히려 삶이 어둡게 느껴질 정도다. 길을 묻는 일처럼 단순한 상황에서도 기이한 고립감과 단절이 고스란히 드러난다. 숨기는 버릇이 삶의 중심을 차지하면서 생긴 현상이다. 길을 물으려 할 때 기꺼이 대답해줄 일본인을 찾기는 쉽다. 반대로, 길을 물어본 사람이 마치 그 자리에 존재하지 않거나 유령이라도 되는 듯 아예 완전히 무시당하는 경우도 있다. 단순히 일본인이 무례해서라기보다는 질문한 사람과 질문을 당한 사람 사이에 마음(로드리게스가 지적한 그 '마음'이다)에 연결이 없어서 소통을 부인하는 행위이다. 형식적 관계도 친구 관계도 아닌 타자는 그저 생소할 따름이다. 존재하지 않는 것과 마찬가지다. 게다가 지나다 도와주려고 멈춘 경우라도 100미터도 채 떨어지지 않은 곳에 있는 거리나 빌딩에 대해 전혀 모르는 경우가 허다하다. 자신이 사는 협소한 세상의 범위 바깥의 존재이기 때문이다.

　일본에 사는 외국인은 배제 시스템의 일부가 된다. 의무와 책임이 복잡한 거미줄처럼 얽혀 있고 개개인이 집단에 예속된 일본사회에서 '바깥에서 온' 가이진이 한패로 받아들여지는 경우는 거의 없다. 일본에 거주하는 가이진은 관습에 따라 일본인과 마찬가지로 후지 필름의 윌슨, 『헤럴드트리뷴』의 스미스라 불린다. 모든 일본인이 그렇듯 외국인도 집단의 일원이어야 하는 것이다. 그러나 일본이 '끼리끼리'의 나라인 것만큼 실은 '타자'의 나라이기도 하다는 사실을, 살다보면 외국인들은 금방 깨닫는다.

　일본은 매일같이 갖가지 집단을 만들어 새로운 '타자'를 끊임없이 양산해내면서도 만족하지 못하는 것 같다. 개인성을 무조건 지워버리려는 계략이 존재하는 건 아닌가 하는 생각이 들 정도다. 이와 관련해 사이비 과학도 인기를 끈다. 어느 기업의 유럽인 간부가 일본인 부장과 함께 취업 면접을 담당하게 되었다. 그런데 일본인 부장이 전형적인 면접용 질문들 끝에 꼭 특이한 질문을 던지는 것이었다. "혈액형이 뭐지요?" 더욱 특이한 것은 모두들 마치 그런 질문이 당연하다는 듯 전혀 놀란 기색 없이 대답하는 것이다. 나중에 유럽인 가이진이 기이한 이 혈액형 질문에 대해 부장에게 물어보았다. 부장은, 한 부서에 다른 종류의 혈액형을 섞는 것은 바람직하지 못하다고 답했다. 놀랍게도 이런 사고방식을 따르는 사람이 의외로 많다. 어떤 때는 신문조차도 새로 구성된 정부 내각을 놓고 구성원이 A형이냐 B형이냐 O형이냐 아니면 다른 혈액형이냐를 놓고 분석한다.

나는 도쿄 지국에서 일할 직원들을 뽑으면서 많은 일본 젊은이들이 가이진 회사에서 일한다는 것에 큰 기대를 갖는다는 걸 알게 되었다. 그들로서는 외국계 회사에서 일한다는 것이 어느 정도 개인적인 위험을 감수하는 일이면서 동시에 다수의 관행에 따르지 않는 일종의 반항이기도 했다. 일본인들 스스로 사회를 마치 모태와 동일시해버린 까닭에 뛰쳐나가고자 하는 욕망이 크면 클수록 공포도 커졌다. 자궁 속에서 살아가기가 답답하기는 하나 안전하기는 이루 말할 수 없으므로 대다수의 일본인은 태아로 남아 있기로 결정하는 것이다. 꽁꽁 휘감긴 거미줄 같은 그물을 벗어나려는 개인의 투쟁은 침착성도 참을성도 없는 성격 또는 선뜻 위험을 감수하겠다는 각오에서 시작한다. 이는 새로운 사실이 아니다. 일본 역사에는 기다란 한 가닥의 실이 존재하는데, 현대 일본을 제대로 묘사하려면 이 한 가닥이 어떤 식으로 일본사라는 옷감의 한 부분을 독특하게 꿰고 있는지 재조명해야만 한다. 이 한 가닥의 줄은 자유와 소속감 간의 갈등, 공동체로 살아가는 것과 자주성을 지키는 것 사이에 존재하는 영원한 갈등을 상징한다. 잘 보이지 않지만 엄연히 존재하는 이것을 나는 '숨겨진 역사'라고 부르려 한다.

전후 주체성 논쟁

태평양전쟁 이후 일본인들 사이에 주체성에 관한 흥미로운 토론이 벌어졌다. 여기서 주체성이란 주관성, 자아, 고유성, 자주성 등의 의미를 함축한다.[7] 스스로 깨닫고 판단하고 결정하는 개인의 주체성 말이다. 주체성을 갖추기 위해서는 구시대의 관습을 전부 버려야 했다. 그러려면 공동체에 주어지는 의무, 당연하게 여겼던 소속감과 배격, 겉보기에 그럴듯한 합의를 위해 개인의 의견을 억압하는 습성 등을 모두 버려야 했다. 주체성이란 독자적 정체성을 확립하는 행위이다. 또한 혈기왕성한 자기주장, 앞서 언급한 '공적 개성'이라는 강렬한 의미를 내포한다. 자주적 인간이란 도덕적 책임감을 가질 뿐 아니라 책임감을 바탕으로 목적하는 행위를 '드러내놓고' 실천할 수 있어야 한다.

1940년대 후반을 살던 일본인들은 놀랍게도 이런 관념에 관해 아는 바가 거의 없었다. 일본이 엄청난 숫자의 군인, 군함, 전투기 그리고 갖은 무기를 태평양 지역에 광범위하게 배치한 게 바로 얼마 전의 일이었다. 20세기 중반에 이르러서도 일본은 다른 나라가 당연시 여기는 개인성 같은 개념을 아직 사회적으로 인정하지 않고 있었다. 예수회 선교사가 언급했던 가슴 속 깊은 곳에 있는 사적인 마음을 넘어서는 그 이상의 자아 의식을 기르지 못했던 탓이다. 개인의 사고방식이나 가치관은 곧 자신이 소속한 공동체가 강요하는 사고방식이나 가치관이었다. 흔히 외국인을 따돌리기 위해 일본인이 집단정체성을 고집한다고 생각하지만, 반대의 경우도 생각해볼 필요가 있다. 혹시 일본인을 가두기 위해 집단이란 관념이 형성된 것은 아닌지, 그래서 일본인이 진정한 '개인'이 되지 못하도록 막으려는 것은 아닌지 말이다.

주체성의 의미를 토론하던 사람들은 자주적인 개인의 육성이 전후 일본에게 무엇보다 중요한 근본 과제라고 믿었다. 전쟁 중 독재자들이 오류투성이 이데올로기로 국민을 호도하며 나라를 비극으로 몰아넣을 때 국민들은 그저 묵묵히 동조했는데, 이런 주관적 판단이야말로 일본인의 실수라고 지적했다. 따라서 전후 국가재건 프로젝트의 핵심은 심리적인 것이어야 했다. 자주성을 옹호하는 대표 격인 마루야마 마사오는 말했다. "일본 사회의 심리구조가 내적으로 개혁되어야만 한다."

1996년 82세의 나이로 사망한 마루야마는 의심의 여지없이 20세기 일본이 배출한 가장 영향력 있는 사상가 가운데 한 명이었다. 주체성에 관한 유명한 논쟁에서 '근대주의자'라는 관점으로 토론을 이끌었던 마루야마는 자율성이 두 종류라는 가설을 제시했다. 하나는 개인적 자율성으로, 사적이고 독자적인 자아를 의미했다. 다른 하나는 사회적 자율성으로, 전체적 구조 속에서 자신의 위치를 파악할 줄 아는 자유로운 개인을 의미했다. 이 두 종류의 자율성 모두 개인에게는 정체성도 선택의 자유도 없는 기존의 공동체적 관념과는 대조적이었다. 이 모든 이론화 작업의 목표는 바로 조합주의에 대조되는 개념으로서의 민주주의였다. 근대주의자는 일본인들에게 "새로운 민주주의적 인간형"이 되라고 촉구했다. 이들의 관점은 다음과 같이 정리할 수 있다. "민주주의는 개인의 자유를 빼놓고는 작동할 수 없으며 개인적 자유는 민주주의적 맥락 안에서만 지속적으로 보장된다."

그러나 주체성에 관한 논쟁은 1940년 말에 붕괴되었고 역코스 덕택에 민주주의적 신 인간형은 출현하지 않았다. 구시대 지배층의 복직으로 인해 일본은 과거의 갑갑한 공동체 관념에서 벗어나지 못했다. 이것이 바로 일본이 민주주의란 장치를 설치하고도 진정한 민주주의를 이루지 못한 이유이다. 냉전시대에 마루야마처럼 자율성이라는 관념을 국민들에게 역설하던 인사는 대부분 위험한 좌파로 간주되었다. 우리가 일본의 오늘을 바라볼 때 느끼는 근본적인 역설이 바로 여기에 존재한다. 실제로 전후에 각양각색의 좌파 활동이 존재했다. 그렇다고 해서 이들을 소비에트식 전체주의적 공산주의자로 보는 시각은 터무니없다. 불온한 좌파로 간주되던 사람들 중 대부분이 집단주의의 옹호자가 아니라 집단주의를 어떻게 해서든 극복해보려던 사람들이었고, 개인의 의지를 꺾으려는 것이 아니라 이를 옹호하던 사람들이었다. 서구가 그토록 굳건하게 그 가치를 확신한다고 만천하에 공언하는 '개인의 우월성'이야말로 이들이 주장하던 바였다.

주체성을 둘러싼 에피소드는 과거에 큰 반향을 일으켰다. 따라서 우리는 묻지 않을 수 없다. 왜 집단이라는 개념은 일본에서 이다지도 끈덕지게 힘을 발휘하고 있을까? 일본 역사의 어느 구석에 공동체 관념이 이토록 깊이 자리 잡았던 걸까?

유교를 수입하다

일본에서 집단이란 민족만큼이나 오래된 관념이다. 농경이 시작되자 공동체는 상호의존을 필요로 했다. 지리적 조건은 일본인들을 고립시켰다. 열도의 수많은 산 때문에 마을은 서로 멀찍이 떨어져 형성되는 경우가 많았고 일본과 아시아 대륙 사이에도 거친 바다가 놓여 있었다. 이런 조건 아래 강한 공동체 기질이 싹튼 것은 당연하게 보이기도 한다. 고대 일본은 다른 어떤 사회와 비교해도 별 차이가 없는 원시사회였으나 7세기가 되면서 학식 깊은 쇼토쿠聖德 태자의 치하에서 처음으로 역사적인 분기점에 다다른다. 이 시기부터 일본은 오늘날까지 끈질기게 이어지는 집단적 사회를 건설하기 시작한다.

쇼토쿠 태자 치하에서 일본은 중국 문물을 잔뜩 들여오는데 당시 수입된 문물을 보며 일본 고유의 것이라고 오해하는 외국인이 많다. 쇼토쿠 태자는 중국으로부터 불교를 비롯해 도시 계획, 중앙집권적 관료체제 그리고 무엇보다도 유교 고전들을 들여왔다. 이렇게 일본에 널리 전파된 인·

의·예·지·신 등의 유교 덕목은 부자, 형제, 부부, 친구 사이의 인간적 관계를 정의하기에 이른다. 우리는 쇼토쿠 태자야말로 일본 최초로 지대한 영향력을 발휘한 오리엔탈리스트가 아니었나 의심해볼 수 있다. 실제와 동떨어진 '관념적 일본'을 창조해낸 최초의 인물이기 때문이다. 그는 제도에 특별히 형식적인 절차가 없던 일본에 규율과 위계적 신분질서를 들여와 정착시켰다. 궁정에서도 그다지 엄격하게 따지지 않던 형식과 규율을 따르기 시작했다. 인·의·예·지·신도 대소를 따져가며 쇼토쿠 태자 이후로 대단히 정밀해졌다. 다분히 중국의 유교 전통에서 온 관습이었다.

12세기 말, 지방의 무사들이(초창기 사무라이들), 덴노를 권력의 핵심에서 내쫓고 독재적 무사정부를 세웠다. 쇼군을 중심으로 하는 무사정권은 그로부터 700년이나 이어졌다. 봉건시대의 시작이었다. 우리는 무사의 특징을 잘 알고 있다. 규율은 잘 잡혀 있고 금욕적 생활을 하며 엄격한 단순미를 추구하고, 중세 유럽의 기사들처럼 명예에 관한 예법을 준수하는 사무라이. 무사도는 쌍방 의무를 복잡하게 체계화한 정밀한 유교적 예법이다. 상호협력, 의존의 체계는 직업적 살인자이자 무도의 신봉자인 무사들이 서로 죽고 죽이며 자멸하는 것을 방지하기 위한 처방이었다. 시간이 흐르면서 쇼군은 휘하에 있는 무사들에게 갈등은 어떻게 해소하고, 음식은 어떻게 준비하고 어떤 종류의 도자기를 어떤 종류를 집에 갖추고 무엇을 입고, 선물에는 어느 정도의 금액을 쓰느냐 하는 문제까지 일일이 지시를 내렸다. 규범이 무엇보다도 우선했다. 옷의 색, 옷감, 무늬로 자신의 지위와 출신가문 등이 금방 드러나도록 했다.

이름 없는 다수에게 무사는 고귀한 임무를 완수하는 영웅과도 같았다. 그러나 무사 한사람 한사람이 개인으로 인식된 것은 아니었다. 무사는 예법을 소화해 내면화하는 동시에 거대하고 복잡한 사회구조도 함께 자기 내면에 건설했다. 예를 들어 아무리 위험하고 성공할 가망이 없는 일이라도 행동으로 옮긴다는 것 자체만으로 명예롭게 여겨졌고 동시에 무사도에 충실히 따르고 있다는 사실을 남에게 확인시켜주는 구실도 했다. 자기 의지를 전시하는 행위는 무사도에서 권장되는 자세였다. 충성심을 예로 들어보자. 현명한 유학자들은 이 덕목을 매우 분명하게 규정하고 있다. 충忠이 가장 우선시되는 덕목은 아니다. 어진 마음을 뜻하는 인仁이 충에 앞선다. 사실 충성이란 그 사람의 양심에 기대어 상대방에게 헌신하는 것을 의미하지만, 무사는 내면의 목소리를 들을 여지는 남겨두지 않은 채 충성을 최우선 덕목으로 삼는다. 일본적 관념으로 보면 충과 효는 이성이나 양심을 희생해서라도 지켜야 하는 무조건적인 덕목이다.[8] 무사들이 따르는 불교가 일본 고유의 불교로 발달한 선종이라는 것도 당연해 보인다. 선종은 마음을 비우는 법을 가르친다. 스스로의 의지로 자아를 완벽하게 억제해 아무런 의식 없이도 어떤 행동을 취할 수 있는 지경에 도달하는 법을 가르치는 것이다.

  개인성이 공공성을 잃고 사적인 것으로 그치는 현상을 경험한 최초의 일본인들이 바로 무사였다고 볼 수 있다. 그렇지 않다면 자신이 취하는 명백한 행위로부터 극도로 초연하다 못해, 심지어 거기서 어떤 지극한 순수성까지 찾아내는 이 사람들을 달리 설명할 방법이 없다. 사토리悟り라 불리는 선종의 깨달음은 스스로를 구원하는 매우 사적인 행위다. 전통적인 할복자살 의식은 불명예에서 벗어나는 고결한 행위이며, 그렇게 인정받는 까닭은 할복이 지극히 사적인 개인성의 발현이기 때문이다. 그런 점에서 일본인이 할복을 시도할 때 (지극한 고민 끝에 정해진 방법인) 먼저 가로로 베고 그 다음 배꼽을 향해서 세로로 한 번 더 그어 반드시 죽음에 이르되 쓸데없이 내장을 손상하지 않게 해야 한다는 등의 규칙을 지키려고 세심하게 주의를 기울이는 것을 보면 정말 궁금해진다. 도대체 그런 의식이

정말 자기 내부에 들어 있는 완전한 자아의 발현일까, 아니면 사후의 명예 회복을 위해서 자아를 완전히 없애야 한다는 것을 보여주기 위한 '최후의 공적 의사표시'일까?

개인성을 억누르고 집단에게 극도의 충성을 바치는 무사 전통은 우리가 오늘날 이해하려 애쓰는 일본의 특질과 상통한다. 그렇다 하더라도 어떻게 그런 심리가 길고 긴 세월을 거쳐 현재까지 이어질 수 있었을까?

1542년 세 명의 포르투갈 뱃사람이 규슈에서 얼마 떨어지지 않은 섬에 상륙했다. 이 길 잃은 뱃사람들은 일본에 도착한 최초의 유럽인이었다. 인도 고아에 있다가 일본에 온 예수회 선교사 프란체스코 자비에르는 그로부터 7년 후에 도착했다. 특기할 만한 것은, 일본인은 당시 이 서양인들이 어떻게 살고 생각하는지에는 별다른 관심을 가지지 않은 채 오로지 이들이 가져온 시계, 악기, 약, 기계, 지도 등에만 흥미를 보였다는 점이다. 이중에서 머스킷이라 불리는 구식 화승총은 일본 최초로 베끼기 산업에 도화선이 되어 곧 대규모로 생산되었다.

기독교가 전파되자 쇼군은 봉건영주인 다이묘들이 각자 거느리는 군대가 자신에게 대항할까봐 두려워졌다. 그리하여 1587년에 처음으로 선교사의 입국을 금지하고 외국인들이 일본 땅을 밟은 지 거의 100년 만인 1639년 쇄국정책을 실시하기 시작했다. 소수의 네덜란드인들을 제외하고는 외국인의 일본 입국이 금지되었다. 오직 네덜란드를 연구하는 난학蘭学만이 외국의 사정에 대해 배울 수 있는 유일한 정보의 원천이었다. 국외로 나가려는 일본인은 사형에 처해졌고 배를 만들 때는 곡식을 1,000섬 이내로만 싣도록 규모를 제한했다. 이는 간접적으로 원양 항해를 금지하는 효력을 발휘했다. 쇄국정책은 대대로 쇼군 자리에 오르던 도쿠가와 집안의 작품이다. 도쿠가와 집안의 첫 쇼군 도쿠가와 이에야스는 1603년 권력을 휘어잡고 수도를 퇴폐적인 황실의 수도 교토에서 늪지대의 소규모 촌락인 에도, 즉 지금의 도쿄로 옮겼다. 도쿠가와 집안은 그로부터 1868년까지 250여 년간 일본을 지배했다.

도쿠가와 바쿠후 치하에서 일본은 가장 극단적인 형태의 봉건주의를 경험한다. 일본인은 지주와 소작인이라는 오래된 세습 지위에 갇혀 마치 그릇을 장식하는 세공품처럼 살았다. 진보는 금지되었다. 불변해야 하는 사회에서 진보는 적이었다. 도쿠가와 쇼군들은 일본이 탄생시킨 가장 위대한 오리엔탈리스트였던 것이다. 일본에 대한 그들의 관념은 기이하고도 정적인 것으로 어떤 역동성도 찾아볼 수 없다. 일본적인 것에 대한 에도 시대의 관념은 시간이 가면 갈수록 점점 더 상상력의 산물이 되어 그 실체를 잃어갔으며, 이를 민중의 머릿속에 강제로 집어넣기 위해서 점점 더 거대한 행정력을 필요로 했다.

에도 시대는 신분 구별을 강조하는 계급사회였기에 사회구성원의 완벽한 복종을 요구했다. 갖가지 형태의 조합주의 중에서 가장 순수한 형태가 아닌가 하는 생각이 들 정도다. 무사, 농민, 장인, 상인 등 모든 이가 계급으로 구별되었고 각 계급은 각자 소임을 맡고 있었으며 다른 계급에 속하는 사람들과 절대로 섞이지 않았다. 입는 것, 타는 것을 비롯해 셀 수 없이 많은 것들이 철저하게 분리되었다. 무사만이 칼을 찰 수 있었는데, 시골에서는 긴 칼, 도시에서는 짧은 칼을 지녔다. 무사와 농민은 서로 섞이지 않았고 농민은 도시민과 소통이 없었다. 도시민의 옷 길이는 따로 정해져 있었다. 농민은 정해진 시간에 일어나 정해진 음식을 먹어야 했고 차를 마셔서도 안 되었으며, 집 주위에 대나무를 심을 때조차 집과 대나무 사이의 거리가 정해져 있었고 뒷간 또한 마찬가지였다.

일본이 계급사회라는 사실이 물론 새삼스럽지도 않지만, 15명의 도쿠가와 쇼군 중에서 가장 마지막 쇼군은 유교적 근본주의자로서 봉건적 경직성의 한계를 시험하기에 이르렀다. 도쿠가와 집안은 율령, 칙령, 금령, 끔찍한 고문 등에 집착해 공포 분위기 조성을 위해서라면 무엇이든 할 준비가 되어 있었다. 에도 사회에는 비밀경찰, 경비병, 밀정 등 규범을 강제하기 위한 방대한 조직이 존재했다. 마을은 5명씩 한 조로 조직되어 조원은 서로를 감시하고 다른 조를 감시했다. 그럼에도 불구하고 (그랬기 때문에?) 도쿠가와 시대에 대략 3,000건 이상 농민봉기가 일어났다.[9] 에도 시대 후기로 갈수록 횟수가 늘었는데, 대략 도쿠가와 시대를 통틀어 평균 한 달에 한 번 꼴로 발생한 셈이다. 게다가 학자들의 분류대로 가옥 습격 등 소규모의 각종 '소란'까지 봉기로 간주하면 그 수는 두 배로 늘어난다.

이렇게 흐릿한 과거를 환하게 들춰내면, 봉건주의가 일본 역사의 주요한 조각임을 알 수 있다. 봉건주의가 장기간 지속되었다든지 현대 일본을 이루는 요소를 봉건주의에서 찾을 수 있기 때문이라든지 하는 단순한 이유 때문만은 아니다. 그보다는 에도의 역사가 근대 일본의 전쟁터 그 자체였기 때문이다. 에도의 역사가 우리에게 주는 교훈은 바로 '삭제와 누락'의 힘이 얼마나 강력한가 하는 점이다. 겉으로 보이는 역사 이면에 명백하게 존재하던 갈등과 긴장의 역사가 삭제·누락되었던 것이다.

오늘날 우리는 에도 시대에 대해 '기묘한 시대'라는 독특한 선입견을 갖고 있다. 하지만 실제로는 그중 절반 정도만 진실일 뿐 나머지는 왜곡된 편견에 불과하다. 에도 시대가 지루하면서도 규율이 꽉 잡힌 질서 정연한 시대였다는 이미지는 "도쿠가와 태평성대"라는 흔한 표어에도 잘 나타나 있다. 에드윈 라이샤워의 『일본의 과거와 현재』*Japan: Past and Present*는 에도 시대에 관한 통설을 명료하게 요약한다. 이 설명에 따르면 에도 시대는 단순하다 못해 목판화처럼 그대로 정지해 있다. "오랫동안 지속된 도쿠가와 시대의 완전한 평화로 인해 일본은 이전에는 경험해보지 못한 번영을 누렸으며, 물품의 생산과 교역도 빠른 속도로 성장했다."[10] 이런 종류의 묘사에 귀기울이면 에도 시대가 경멸조의 "봉건시대 후기"가 아니라 마치 "근대 일본의 초기"인 것처럼 느껴진다. 굉장한 역설이 아닐 수 없다. 왜냐하면 근대 일본의 지배층은 계속 에도 시대를 모범으로 삼아 나라를 통치하면서 진정한 근대 사회의 도래를 지연시키는 결과를 초래했기 때문이다.

에도 시대에 사회가 번창했다는 사실은 부인할 수 없다. 기본적인 생산 체계가 등장하고 상인들은 들떠서 근대 교역의 발판을 마련했다. 가부키나 통속소설 같은 생기발랄한 대중문화가 에도, 오사카, 교토의 환락가에 뿌리내리기도 했다. 그러나 에도 시대에 '평화'란 없었다. 쇼군과 다이묘 사이에 안정적인 봉건적 관계가 자리 잡혀 있었을 뿐, 그외에는 무자비한 착취, 의도적으로 방치한 빈곤, 집착에 가까운 감시와 통제, 끊임없는 강압, 관료의 폭력이 만연하던 세상이었다. 이 모든 상황에 대항하던 민중의 저항도 늘 있었다. 에도 시대의 공포스럽고 전체주의적인 분위기, 무시무시한 관료체제, 지식의 통제와 왜곡은 차라리 소비에트 연방 말기와 비교하는 것이 더 적합할 것이다. 에도 시대의 폭력적인 농지 분배 정책은 캄보디아의 크메르루주*를 연상시킨다.

도쿠가와 바쿠후가 남긴 유산은, 일본을 산업시대의 문전까지 데려다주었다는 점이다. 봉건체제가 비록 문전에서 산산조각이 났어도 일본인의 정신 속에 건재하다는 사실 또한 도쿠가와 바쿠후의 지속적 영향력을 보여준다. 오늘날에는 '기업전사 사무라이'가 존재한다. 이들은 옛날 무사들만큼이나 가문과 지위에 집착한다. 일본인들은 지금도 남에게 신세졌을 때 정확히 얼마만큼 사례해야 할지, 어떤 자리에 어떤 차림을 해야 할지 지나치게 고민한다. 어떤 사람을 어디에 앉히느냐 하는 것도 중요하다. 그 사람의 직위는 물론이고 그 사람이 같은 집단에 속하는 사람이냐 속하지

---

* 캄보디아의 급진적인 무장 단체로 1975년 정권 장악 이후 잔인한 살상과 야만적인 방식으로 국가를 통치했다. 영화 「킬링필드」를 통해 그 실상이 전 세계에 폭로되기도 했다.

않는 사람이냐 아니냐에 따라 앉는 자리가 달라진다.

일본인들은 에도 시대에 대해 일종의 '가짜 향수'를 품고 있다. 일본인들이 에도 시대에 대해 갖고 있는 이미지가 마치 만화 같고 순진하기 때문이다. 시골에 가면 "맞은편 세 집과 양옆 두 집"向こう三軒両隣이라는 표현을 곧잘 듣는다. 어떤 행동을 하기 전에 이웃을 일단 살펴보고 행동하라는 간단명료한 격언으로, 의무와 책임을 어떤 식으로 이행하는가에 대한 복잡한 체계를 잘 묘사해준다. 오래된 동네에 사는 사람들은 지금도 공동체 정신이나 동네에서 지속적으로 공유하는 가치관을 묘사할 때 이 표현을 쓴다. 부분적으로는 맞는 말이지만, 격언의 전체적인 맥락을 따져보자. 여기엔 예로부터 일본인들이 몸에 익혀온 타인에 대한 경계심도 내포되어 있다.

에도 시대에 관한 놀라운 설명이 하나 있는데 희안하게 오늘날에 들어맞는다. 후쿠자와 유키치福澤諭吉가 유명한 『문명론의 개략』에서 논하는 에도 시대다. 후쿠자와의 얼굴은 현재 1만 엔짜리 지폐에 새겨져 있는데, 칙칙한 색깔의 기모노를 입고 생각에 곰곰이 잠겨 있는 것 같은 엄격한 표정이다. 그런데 특이하게도 머리모양은 서양식이다. 그의 얼굴을 보노라면 무언가 멀리 앞을 내다보는 것 같은 느낌이 든다. 후쿠자와는 1873년에 출간된 『문명론의 개략』에서 외톨이에다 희망을 잃은, 지극히 사적이면서도 극심하게 자유가 제한된 사람들에게 주의를 기울인다. 다음 구절은 개인성이 개개의 구성원의 속내에서만 존재하는 사회에 대한 간략한 묘사이다.

> 그들은 죄다 정부에 의존할 뿐 나라가 돌아가는 일에 대해서 전혀 신경 쓰지 않는다. 백만 명의 사람들은 각기 백만 개의 다른 마음을 지니고 있다. 사람들은 각각 자기 집에 숨어서 집 바깥이 마치 외국인 양 무관심하다. 그들은 길을 고치는 일은 고사하고 어떻게 하면 우물을 깨끗이 할 수 있을까에 대해서도 서로 의논할 줄 모른다. 개똥이 있는 것을 보면 피해간

다. 어떻게 하면 참여하지 않고 살 수 있을까를 바쁘게 궁리하다보니 서로 뭔가를 의논할 여유란 없는 것이다. 이런 식으로 오래 뿌리내린 버릇은 습관이 되어 오늘과 같은 슬픈 상황을 낳게 되었다.[11]

지도층을 존경하고 그들에게 의존하는 것, 흔들림 없이 충성을 다하는 것, 검소하고 열심히 일하는 노동관, 이 모든 것이 봉건주의가 일본인에게 남긴 유산이다. 일본은 전통적·문화적으로 수직사회이고 일본의 윤리관은 원칙에 근거하기보다는 끊임없이 변화하는 일본인들의 관계망에 따른 윤리관이라고 결론내리기 쉽다. 이 문제에 관해 설명한 가장 유명한 책 중 하나가 1946년에 출간된 인류학자 루스 베네딕트의 『국화와 칼』이다. 베네딕트는 서양이 "죄의 문화"인데 반해 일본을 "수치의 문화"라고 규정지으면서 설명한다. "수치의 문화에서는 외부에서 남이 나에게 바람직한 행동 양식이라고 인정해주는 것이 중요하다. 이는 죄의 문화에서 인간이 내면적으로 자신의 행동이 죄악이라고 자각하는 것이 중요한 것과 대조된다."[12]

이런 관찰을 무시할 수는 없지만 베네딕트의 설명은 선명한 부분이 있는가 하면 또 그만큼 불투명한 부분도 존재한다. 일본인은 규범을 위반하는 경우 수치감을 느낀다. 자기 집안의 명예를 더럽혔기 때문이다. 그렇다면 정말 일본사람이 아무 양심도 없어서 수치심 말고는 한 치의 죄책감도 못 느낀다는 말인가? 일본인의 덕목이라 일컬어지는 충성, 근면, 권위에의 복종도 제대로 이해할 필요가 있다. 충성에 대해 어떤 의문도 제기하면 안 된다는 식의 일본적 개념은 결국 일본을 세계대전으로 몰고 갔다. 근면하게 일한다는 것도 역사적으로 보면 필요에 따른 필사적인 행위였다. 윗사람에 대한 복종은 공포심으로 인한 고분고분함 정도로 이해하는 것이 더 적절할 것이다.

과거를 꼼꼼하게 짚어 볼 때에만 일본인에 관한 많은 것을 다시 볼 수 있으며 근본적인 이해를 할 수 있다. 당장 눈에 보이는 표면 아래에 실은 갖가지 갈등이 존재했음을 깨닫는 순간, 일본의 집단적 정체성이란 전통이나 문화보다는 권력이나 억압과 더 깊은 관련이 있다는 것을 이해할 수 있다. 그러고나면 흔히 본받아야 한다는 일본의 특질에 대해 다른 결론을 내릴 수밖에 없다. 그런 특질들이 정말 본받아야 될 만큼 부럽고 대단한 것인가? 그보다 진짜 감탄해야 할 부분은 사실 일본인이 봉건적 학정과 독재에 대항하여 오랫동안 저항해온 부분, 바로 일본 역사에서 뒤로 숨겨진 부분이다. 서구 역사에서 서구인이 감탄하고 동경하는 저항의 역사와 동일한 지점이다.

라프카디오 헌Lafcadio Hearn*이 한 세기도 더 전에 지적했던 것처럼, 일반적으로 일본인의 심리는 사람을 깜짝 놀라게 할 정도로 특이하다. 하지만 우리가 일본인의 성격이나 특징이라고 부르는 것 중에서 유별나게 '일본적'인 것은 없다고 봐야 한다. 우리는 특정한 상황 조건에 놓인 사람들이 그런 상황 속에서 어떻게 반응하겠느냐 하는 점에 관해서만 이야기할 수 있을 뿐이다.

일본인들은 1940년대 후반에 이르러 자주성 문제에 직면하면서, 에도 시대에 고정되어버린 고립과 배제의 원시적 습관을 내면적으로 극복하려 애썼다. 사람들은 지역공동체에 깊이 관여하는 일이 절대 잘못이 아니라는 점을 깨닫기 시작했다. 마루야마 마사오 같은 근대주의자가 제시했던 사상의 핵심은, 개인성의 충분한 발현이 공동체 안에서만 가능하다는 것이었다. 단 공동체에 자유로운 출입이 가능해야 한다는 조건이 붙는다. 만약 공동체에의 소속을 전근대적으로 강요받는다면, 일본인이 근대화된 세

---

* 19세기에 일본 시민권을 얻어 일본 문화를 서방 세계에 알리는 데 큰 역할을 했던 미국인 작가.

상에서 느끼는 편안함이란 지금처럼 불완전하기만 할 것이다. 원시적 사회에 비하면 일본은 물론 '발전'했다. 그러나 선진 사회와 비교하면 여전히 '원시적'이다.

일본의 타임머신

우리는 일본을 근대화의 후발 주자로 알고 있다. 1860~70년대에 일본은 250여 년 만에 처음으로 해외사절단을 보냈는데, 이때 처음 본 탈곡기, 철도, 공기 압축기, 철교 등은 일본에 충격을 주었다. 산업용 설비나 기계뿐만이 아니었다. 일본인이 서구 개인주의의 산물로 인식하는 정치 토론, 노동 분규, 개인이 각자의 삶을 개척하는 모습 등도 일본을 놀라게 했다. 이들에게 서구, 특히 미국은 간신히 지탱되는 무정부 상태로 보였다. 어떤 외교관이 일기에 썼듯이 자본주의는 "평화로운 시기에 벌어지는 전쟁"[13] 쯤으로 일본인들에게 비춰졌다. 태평양을 처음 건넌 일본 여행자들에게는 타임머신을 타고 가는 시간 여행과도 같았다. 근대에 태어났으나 아직 한 번도 근대를 보지 못한 사람들이었던 것이다.

  우리는 일본이 베끼는 데에 도사라는 걸 잘 안다. 옛날에는 중국으로부터 그리고 19세기 말부터는 서양에서 본격적으로 이것저것 베껴가기 시작했다. 베끼기에 관한 한 일본은 선택적이었다. 각 나라에서 베끼고 싶은 부분만 선택해서 베꼈다. 프랑스로부터는 유화를, 영국으로부터는 군함을, 미국으로부터는 생산체제를 배워갔다. 그러나 일본인은 그 많은 것들을 베끼는 와중에 정말 중요한 하나를 잊고 있었다. 교육이나 법제도는 차치하더라도 아무리 작은 기계 부품이라 할지라도 거기에는 긴 역사와 사연이 존재한다는 점, 즉 문물은 그것을 창조해낸 사회의 발현이라는 점을 망각했던 것이다. 최초로 유럽인을 맞이한 봉건시대 일본인들과 마찬가지로,

일본 근대화의 선구자들이 관심을 가졌던 것은 오로지 물건 그 자체였다.

그러나 일본이 후발 주자였던 만큼 남보다 빠른, 아니 세상에서 제일 빠른 부분도 있었다. 이른바 선진국가 가운데 일본이 꼴찌였다면, 당시 제3세계 중에서는 일등이었다. 일본 국민은 비서구 국가 중에서 가장 먼저 서구 세계의 문물을 받아들였다. 그럼에도 일본 근대화의 선구자들은 다른 제3세계 지도자들이 오늘날까지 써먹은 것과 비슷한 근대화 접근 방법을 고수했다. 즉 서구의 발전된 기술을 수입하면서도 한편으로는 일본의 옛날식 사회적·정신적·심리적 정체성을 보존한 것이다. 일본은 한 세기 전에 이를 화혼양재和魂洋才라 불렀으나 오늘날에는 '아시아적 가치관'이라고 부르며 보편적 가치와 구별해 널리 신봉하고 있다.

일본은 인간이 자연으로부터 괴리되는 서구적 가치관을 재빨리 받아들여 자연을 정복하려고 벼르기 시작했다. 산업화를 이루려면 이는 필수였다. 하지만 서구에서 유래한 '주체적인 개인'이라는 관념은 받아들이길 거부하며 공동체 사회로 남으려 애썼다. 이는 훗날 개인이 집단의 권위에 의존하는 '가족국가론'의 씨앗이 된다. 다시 말해 인간이 자신만의 고유한 역사를 창조하며 이성적 판단을 내릴 수 있는 독자적 개체라는 생각을 받아들이지 않았던 것이다. 개인주의라는 위험한 사고는 마치 오염된 식물이나 위험한 유언비어처럼 이미 국경에서 유입이 차단되었다. 말하자면 일본의 근대화는 소비의 근대화 그 이상도 이하도 아니었던 것이다.

그렇다면 서구가 계몽시대를 겪었던 것처럼 일본이나 나머지 인류 전체도 계몽시대를 겪어야 한단 말인가? 이 점이 바로 국화회가 표방하는 근대화론의 맹점이다. 국화회는 근대화란 서구화를 의미하기 때문에 일본은 조만간 서구가 걸었던 길을 가야만 한다고 믿었다. 그러나 국화회와 정반대의 논리로도 똑같은 오류를 저지를 수 있다. 다시 말해, 자유를 갈망하는 개인의 욕구가 역사상 특정 시기에 특별히 서구사회에만 국한된 현상이라

보는 오류 말이다. 일본인이 계몽을 경험하지 못한 것은 사실이나 문제는 그게 아니다. 봉건시대는 물론 근대화 시기에도 엄연히 억압이 존재했다는 점 그리고 일본인이 이에 끊임없이 저항했다는 점을 아는 사람이라면, 자주성의 확대나 개인의 존중을 원하지도 않고 누릴 준비도 되지 않은 탓에 일본이 개인의 자유를 얻지 못했다고 쉽게 단정할 수 없을 것이다.

1853년 7월 매튜 페리 제독은 에도 남쪽 해안가에 네 척의 증기선의 닻을 내렸다. 쇼군과 에도의 거대한 관료집단은 미리 언질을 받고 페리를 기다리고 있었다. 하지만 그날의 분위기를 훨씬 더 생생하게 전해주는 모습은 근처 바닷가에서 일하던 어부들이었다. 어부들은 페리의 흑선을 보고 바다에 둥둥 떠다니는 화산인 줄로 착각하고 놀란 새들처럼 혼비백산해 순식간에 흩어져버렸다.

일본이 소위 말하는 '외압'을 처음으로 맛보는 순간이었다.[14] 페리가 온 지 4년 후 쇠잔한 쇼군은 혼란스럽고 절박한 심정으로 미국, 영국, 네덜란드, 러시아, 프랑스 등과 불평등조약을 맺었고, 이로써 치외법권을 인정하고 관세자주권을 제한받게 되었다. 1867년 마지막 쇼군이 자리에서 물러나고 일본은 근대화를 맞이한다. 일본에게 불평등조약은 잊을 수 없는 치욕이었다. 이는 결국 일본으로 하여금 산업적·군사적으로 서구 제국과 동등한 위치에 올라야겠다는 강한 동기를 부여했으며, 절박함을 느끼지 않는 일본인이 없었다.

이 일련의 상황에서 서구의 역할을 쉽게 오해할 수 있다. 그러나 페리의 선박은 단순히 촉매에 불과했다. 물론 건설적인 촉매였는지에 관해서는 논란의 여지가 있다. 페리가 일본에 찾아왔던 즈음 일본사회에는 이미 엄청난 변화의 조짐이 꿈틀거리고 있었다. 어쩌면 페리가 찾아오지 않았더라면 더 좋았을런지도 모른다. 그랬더라면 일본은 성급히 서두르거나 모든 것을 편의대로 처리하지 않았을 테고 따라서 이후에 직면할 비극적 결과를 피할 수 있었을는지도 모르니까 말이다.

덴노의 부활

메이지 시대는 '덴노주권'의 복귀와 함께 개시된다. 700년간 일본을 통치한 쇼군이나 쇼군 등장 이전에 통치권을 휘두르던 섭정은 모두 덴노의 이름으로 권력을 휘둘렀다. 1867년 이전까지 덴노는 대중의 눈에서 멀찌감치 떨어져 있었고 초인적인 권위는 신화 자체였다. 그러던 덴노가 갑자기 메이지유신과 함께 신경쇠약을 일으킬 만한 어두컴컴한 그늘을 벗어나 무대 한가운데로 재등장한다. 일견 진보하는 것 같은 상황이었으나 사태의 핵심에는 과거로의 회귀가 엄연히 존재하고 있었다. 덴노는 근대적 군주였음에도 불구하고 고대 이후로는 거의 볼 수 없었던 신격화가 벌어지고 있었다.

메이지유신이 달성되기까지의 과정은 지극히 기묘하다. 1866년의 정치판은 쇼군을 지지하느냐 덴노를 지지하느냐에 따라 크게 두 파로 갈라져 권력 다툼을 하는 양상이었다. 외세에 반대하는 맹목적 애국주의가 불타올랐고 관료들은 이를 부추겼다. 흉작과 무역, 특히 대량생산된 외제상품 수입과 금은의 수출이 경제를 파탄으로 몰아갔다. 사회적 불안도 절정에 달했다. 이미 시골에서는 100여 차례가 넘는 봉기가 있었고 도시에서도 한 달에 수차례씩 봉기가 일어났다. 게다가 점성술에 근거한 예언이 퍼져나갔다. 그해의 혜성이 뭔가 예측 불가능한 변화가 임박했음을 알리고 있다는 것이다.

1867년 초, 모든 것이 이상할 정도로 고요했다. 민중봉기도 어느 정도 사그라진 듯했다. 그러다 가을이 되자 돌연 일본 전체가 무아지경으로 혼란스런 상태에 빠지기 시작했다. 폭동을 일으키거나 광란적으로 종교에 몰두하는가 하면 술을 퍼마시며 잔치를 벌이기도 하고, 누가 먼저랄 것도 없이 길거리에서 야단법석을 떨며 춤을 주기도 했다. 모두들 밝고 다채로운 색깔의 떡과 밀짚과 꽃다발로 집을 장식했다. 남녀노소 불문하고 길거리에서 춤추던 사람들은 종이며 북이며 갖가지 타악기를 두드려 대면서 길거리를 메웠다. 취한 평민들이 신발도 벗지 않고 남의 집에 들어가 쿵쾅거리며 걸어다니는 방종을 만끽했다. 유행가는 음식, 술, 섹스를 찬미했다. 수천 개의 신토神道와 불교의 부적들이 하늘에서 펄럭거리며 떨어져내린 후로 이 열풍은 에도에서 히로시마까지 미친 듯 휩쓸었다. 비처럼 쏟아져 내렸다는 부적에 대해 역사가들은 유구무언이다. 이상스런 이 촌극에서는 남녀가 옷을 뒤바꿔 입는 괴팍스런 풍경도 있었다.

에도 말기에 끓어오르는 울화를 꾹 누르고 살았음에도 별다른 폭력 사태가 일어나지는 않았다. 오사카를 여행하던 한 영국인 외교관은 사람들 사이에 두려움이나 적개심이 없었다고 회고했다. 어디를 가도 이 광란의 축제에 참여한 사람들은 죄다 주문을 외는 것처럼 "좋지 아니한가!"ええじゃないか*를 외쳐댔다. 정확히 파악하기가 쉽지 않은 표현이지만 몇 가지로 번역해볼 수 있다. 글자 그대로 "좋지 않나?" 또는 "왜 안 돼? 괜찮아!"로 해석할 수 있다.[15] "바로 그거야, 그냥 해버려." 또는 "뭐 어때, 허튼소리는 집어치워"의 중간쯤이지 않을까 언급한 학자도 있다.[16]

우리가 통상 상상하는 일본의 이미지를 고려했을 때 좀 이상하게 느껴지긴 하지만, "좋지 아니한가!"는 근대 일본의 시작을 알리는 소리였다. 이 광란의 외침은 1868년 봄까지 지속되었다.

성적인 에너지로 가득한 축제의 소란 속에서 덴노에게 충성하던 두 번藩**, 사쓰마薩摩와 조슈長州가 절호의 기회를 잡았다. 1867년 가을부터

---

* 간사이関西지역 사투리 발음이다.

이듬해 봄까지 사쓰마와 죠슈는 쇼군의 퇴위를 확실히 다지는 한편 새 덴노를 새로운 일본의 통치자로 밀었다.

"좋지 아니한가!" 이 외침은 공개적인 해방 선언이자 상자 안에 갇혀 있다 용수철처럼 튀어나온 욕망의 분출이었다. 이 사실 하나만으로도 "좋지 아니한가!"가 일본의 숨은 역사에 한 자리를 차지해야 마땅하지만, 실은 그보다 더 큰 의미가 밑에 웅크리고 있다. 특별히 교양이 높지 않은 보통 사람들이 진흙투성이의 신발로 다다미 위를 밟고 다닌다든가, 남녀가 옷을 바꿔 입는다든가, 찢어지는 가난에도 불구하고 돈을 길거리에 뿌린다든가 하는 행위를 어떻게 설명하면 좋을까? 에도 말기의 평민들이 섹스와 식탐을 찬양하되 술잔치나 자유로운 짝짓기 그 이상은 아무것도 갈구하지 않았다고 한다면 뭔가 허전하다. "좋지 않은가!"라는 외침은 실상 그들을 지배하던 기존의 위계질서를 거부하며 하늘에 대고 지르는 외침이었다. 마치 사람들이 도쿠가와라는 거대한 집 안에서 갈라진 지붕 틈 사이로 열린 하늘을 엿보고, 자신들이 선택할 수 있는 희망을 헤아리며 그 가능성이 얼마나 엄청난가를 깨달은 것만 같았다. 그리고 무엇보다 그 외침은 '공적 개성'을 드러낸 행위였다.

에도 시대가 끝나가던 마지막 몇 달간은 새로운 기대로 가득했다. 체제 전복적인 분위기였다. 뚜렷한 정치적인 의미를 띤 "좋지 아니한가!"는 에도 시대 내내 일어났던 봉기와 마찬가지로 저항과 불복의 불완전한 표현이었다. 당시의 명백한 성적 에너지는 '목적 불명의 개성 주장'이나 '표현 수단이 결여된 욕구'라는 관점에서 이해할 수 있다. 반항적 행위들이 구체적인 형식을 띠지 않는다고 해서 이면에 있는 복잡한 심리마저 부인할 수

** 봉건영주인 다이묘가 지배하는 영역을 일컫는다. 메이지 시대에 들어와 1871년 명칭이 현県으로 개편되어 오늘날에 이른다.

는 없다. 추측컨대 "좋지 아니한가!"라는 외침은, 싹이 막 트려하는데 뿌리내릴 토양이 없던 일본 계몽의 휘어진 꽃대는 아니었을까. 무엇보다 확실한 것은 숨막히는 그물 같은 사회구조에 대해 개인이 저항하는 현상이 근대 일본의 초창기부터 분명히 존재했다는 점이다.

1868년 즉위에 오른 덴노는 무쓰히토라는 이름의 활달하고 총명한 16세 소년이었다. 교토를 떠나 '도쿄'로 개명된 에도로 화려하게 행차하기 직전, 그는 「5개조 서약문」이라 하여 일종의 헌법전문이자 선조에 대한 공개적인 맹세를 발표했다. 5개조 중에서 제3조는 다음과 같다.

> 관리나 무사와 마찬가지로 평민들도 각자의 뜻을 이루어 마음에 서운함이 없도록 할 것을 요한다.[17]

수염 난 외국인 제독도 강제 불평등조약도 이처럼 놀라운 문구의 등장을 설명하기는 어렵다. 목표를 이룬다는 것, 아니 뭔가 목표를 가진다는 것 자체가 자극을 주는 혁명적인 생각이었다. 그러나 왜 그런 서약문이 나왔는지 쉽게 이해할 수 있다. 서약문은 "좋지 아니한가!" 시기의 혼란과 기대감 속에서 발표되었다. 불안하고 의심 많고 충동적인 민중의 마음을 가라앉히려는 것이 서약문의 의도였다. 가장 본질적인 것을 변화시키고자 하는 민중의 욕망을 덴노와 측근들이 공인한 것은 그런 목적 때문이었다. 어린 무쓰히토는 문장 하나로 길고 끔찍했던 속박의 종료를 선언했다. 관과 민 사이의 경계는 높낮이에 관계없이 전부 허물어졌다. 고정적 신분제 사회가 노력하는 개인들로 가득한 유동적 사회로 변모했다. 무쓰히토가 교토를 떠나 도쿄로 향하던 500킬로미터 내내, 평민들은 얼굴이 땅에 닿도록 길가에 납작 엎드려 절했다. 무쓰히토가 신이나 마찬가지의 존재라 그렇기도 했겠지만, 이 광경에 대해 분명히 짚고 넘어갈 하나는, 민중에게 무쓰히토는 자신들을 무시무시하게 탄압하던 쇼군을 내쫓아준 존재였다는 점이다.

결국 덴노가 약속한 사회는 오지 않았다. 메이지 정부는 일본인들을 봉건적 신분제에서 해방시켜주긴 했다. 평민들도 자기만의 개인적인 포부를 품어볼 수 있었다. 그러나 근대 일본은 그런 포부를 이루기 위해 필요한 개인적 자유를 허락하지 않았다. 메이지 시대는 봉건 절대주의에서 19세기식 절대주의로의 이행에 불과했다. 일본은 여전히 원시공동체형 사회였다. 개방적이기보다 폐쇄적이고 보편적이기보다 개별적이며, 개인이 개인적인 가치관을 계발하기 어려운 사회였다. 근대 일본이 보이는 이런 모순적 특징은 오늘날까지도 잔존해, 현대 일본사회는 실현 불가능한 꿈을 꾸는 사회, 혹독한 경쟁사회, 좌절감이 만연한 사회가 되었다. 우리가 일본인을 아무리 현대적인 존재로 상상해도, 그들은 아직도 「5개조 서약문」이 약속한 사회를 이루느라 애를 쓰는 상황이며 배신당했던 기억을 씻어보고자 노력하는 중이다.

덴노가 쇼군을 내몰고 궁에 들어서면서 개방적 탐색의 시대가 뒤따랐다. 약 6여 년에 걸쳐 일본은 모순의 시대를 즐겼다. 백화가 만발한 것이다. 오랫동안 잠자고 있던 에도가 들뜨기 시작했는데, 이는 마치 1945년 패전 직후와도 유사했다. 전진하는 데에 정해진 길은 없었다. 지식인들은 루소의 『사회계약론』이나 밀의 『자유론』과 같은 서양 서적들을 번역되는 대로 읽어댔다. 그런 상황에서 앞 글자를 따 '삿초'라 불리던 사쓰마와 조슈 출신 지도자들이 보수화해 (1940년대 말에도 그러했듯이) 비민주적인 과두체제를 확립한다. 그런 의미에서 쇼군의 후계자로서 손색이 없었다.

자, 그렇다면 초기에 보였던 이상주의는 어떻게 생겨났던 것일까? 그리고 왜 실패했을까? 1만 엔짜리 지폐의 주인공 교육자 후쿠자와 유키치가 훌륭한 대답을 했다. 후쿠자와는 열렬한 자유주의 옹호자였고 후에는 메

이지 과두정부를 집요하게 비판했다. 1872년 그는 『학문의 권장』學問のすゝめ이라는 제목으로 몇 년에 걸쳐 집필한 소논문을 모아 책으로 펴냈다. 평이한 일본어로 된 이 책은 300만 부 이상이 팔렸다. 후쿠자와는 이 책에서 일본인들을 위해 개인주의 개념을 처음으로 확립했다. 그가 사용한 용어는 '독립'이었다. 후쿠자와의 글이 그랬던 것처럼, 이 새로운 용어는 단순명료해서 사랑받았다. 그러나 우리는 후쿠자와가 어떤 의미로 '독립'을 설명하는지 조심스럽게 들어볼 필요가 있다. 그 시대의 정신을 이해하는 열쇠이기 때문이다.

> 국민에게 독립정신이 없으면 일국의 독립권도 보장될 수 없다.
> 독립정신이 없는 자는 나라를 깊이 근심하지 않는 자이다.
> 우리가 외국에 대항해 조국을 지키고자 한다면,
> 먼저 일본 전체가 자주독립의 기운으로 충만해야만 할 것이다.[18]

이 문장을 보면 후쿠자와 역시 자유주의에 처음 발을 디디는 일본 지식인들의 실수를 되풀이하고 있음을 명확히 알 수 있다. '자주적인 개인의 양성' 그 자체가 최고의 목표이어야 함에도 불구하고 후쿠자와는 이를 다른 목표를 성취하기 위한 수단이나 편의적 방편으로 간주했다.

후쿠자와는 오늘날에도 일본 최고의 철학자 가운데 한 명으로 거론된다. 여러 가능성이 만발하던 시기에 나타난 복고적 보수화 경향에 반대하던 후쿠자와를 자유주의자들은 지금까지 높이 평가한다. 일본은행이 지폐에 그의 얼굴을 넣은 것도, 후쿠자와의 이미지가 초기 근대화 역사에 자유주의적인 분위기를 더해주기 때문이다. 당시 '독립정신'보다 유교적 가치관에 더 몰두하던 보수주의자들은 후쿠자와를 비판했으나 사실상 당시 지식인들 간의 의견충돌은 '수단'에 관한 논쟁에 불과했다. 후쿠자와의 정적들은 외국에 대항해서 불평등조약을 재협상할 수 있을 만큼 강력한 국가를 건설하고 싶었다. 그들에게는 나라의 앞날이 개인 존중이라는 관념이 아닌 위계적 신분질서의 존속에 달려 있다고 보았다. 후쿠자와의 목표도 보수주의자들의 목표와 조금도 다를 바 없었다. 그가 보수주의자들과 의견을 달리한 부분은, 과거의 가치관이 그런 목표를 이루는 데에 얼마나 유용할 것인가 하는 점이었다.

후쿠자와가 옹호한 그나마 불완전하던 자유주의마저 보수주의에 패배하자, 메이지 시대의 일본은 냄비 속처럼 불만으로 들끓었다. 실제로 '신일본'은 쇼군이 지배하던 옛 일본만큼이나 시끄러웠다. 군중이 한 여름 태풍처럼 순식간에 모여들었다. 데모, 폭동, 항거가 일상이 될 정도로 빈번했다. 해체된 무사들이 지식인, 소규모 공장주, 마을 지주, 농민들과 함께 느슨하지만 전국적인 단체를 결성해 민중의 권리를 요구했다. 너무나 이질적인 개념이라 이를 표현하기 위해 새로이 '권리'라는 용어까지 만들어내야 했다. 이들이 바로 일본 최초의 정치가들이다. 민중에게 주권이 있다는 의미의 '민주주의'라는 관념을 도입한 것도 바로 이들이었다.

1881년이 되자 민권운동이 결실을 맺어 삿초 과두 지배세력은 헌법제정과 국회개설을 민중에게 약속했다. 예정대로 헌법은 1889년에 제정되고 국회는 1890년에 개설되었다. 이 즈음 일본에는 정당도 생기고 내각도 형성된다. 정부는 독일제국 헌법을 모방했고 독일제국을 모델로 한 귀족원도 독단적으로 설치했다. 그리고 최초의 국회의원 선거가 열렸다. 그러나 과두세력은 근대적인 정부의 확립을 약속해놓고도 새로 설립되는 제도에 근대적 의미가 담기지 않도록 대책을 강구했다. 헌법은 덴노에게 궁극의 권한을 부여했으며 과두세력은 덴노의 이름을 빌려 통치했다. 총인구의 1퍼센트가 조금 넘는 사람들이 입법부 '제국의회'의 의원을 선출했고 선출된 의원들은 자문 역할밖에 하지 못했다. 내각은 정치나 정당 이익에 초연한, '초연주의'를 취한다고 선언했다. 근대 정부는 그저 새로 들여온 기계인 양 그렇게 수입·개조되었다.

19세기가 끝나갈 무렵 일본에는 일정한 특징이 형성되었고, 이 특징은 1945년까지 이어졌다. 사람들이 자기 자신을 공동체의 일원으로서만 인식하는 이데올로기적인 국가가 탄생한 것이다. 일본적 이데올로기의 근간에는 물론 덴노 숭배가 존재한다. 덴노는 가족국가의 '가장'이다. 가족국가는 국가의 본질을 뜻하는 '국체'라는, 딱히 뭐라 표현하기 어려운 요소를 담고 있기 때문에 세계적으로 봐도 특이하다 할 수 있었다. 가족국가라는 점, 신의 자손인 덴노를 통치자로 한다는 점 그리고 국체와 같은 비범한 요소를 보유한다는 점은 말하자면 일본인이 선택된 민족임을 의미했다. 이런 종류의 사고는 수천 가지 갈래로 펴져나갔다. 이데올로그들은 '개인이 사회를 형성하는 주체'라는 비판적인 사고를 권장하는 대신, '개인은 사회의 객체'라는 조건반사를 유도했다. 자주성이나 민주주의 대신 일본인들이 얻은 것은 이데올로기였다.

일본적 이데올로기는 각종 재료가 풍부히 뒤섞인 혼합물이었다. 전통의 조작은 비단 일본 엘리트들만의 작업은 아니었다. 비스마르크 치하의 독일도 똑같은 짓을 하고 있었다. 두 국가 모두 정통성이 아쉬웠고 국민으로 하여금 '독일인', '일본인'이라고 느끼게끔 하는 어떤 장치가 필요했다.[19] 한때 실제로 무사였던 일본의 과두 지배세력은 새로운 일본을 창조해내기 위해 자신들의 과거로 눈을 돌렸다. 그들이 상상한 일본의 미래는 모든 사람들이 숭고한 무사가 되어 옛 가치관을 고집하며 특유의 충성심을 발휘해 덴노를 섬기는 그런 국가였다. 자칫 놓치기 쉬운 이런 특징이야말로 근대 일본의 핵심이다. 일본사회는 바쁘게 서구화하는 와중에도 '사무라이화'에 정신이 없었다. 일본 초대 내각 총리대신이었던 이토 히로부미伊藤博文도 왕년에 무사였던 자로, 페리의 흑선이 등장했을 당시 13세의 나이로 손에 칼을 들었던 인물이다. 그는 동료들에게 1880년대에 다음과 같이 언급했다.

> 현재 우리가 직면한 가장 중요한 과제는 모든 평민들에게 충성·헌신·용맹의 정신을 심어주는 것입니다. 과거 무사계급의 가치관이었던 것을 평민 전체의 가치관으로 바꾸는 겁니다. 그러므로 우리는 평민들에게 이웃과 동네의 안녕을 위해 열심히 일하고 배우며, 자기 가족의 희생을 부르는 일에도 주저하지 않으며, 온순하게 복종하는 성격을 기르며, 법률을 준수하며, 우리의 고상한 도덕 관념과 극히 세련된 국민적 정서를 이해하도록 지도해야 합니다.[20]

새로 세운 '무사의 나라'는 과거의 일본과는 달랐다. 과거의 일본은 힘 있는 자와 힘없는 자, 귀족과 평민이 갈등을 일으키던 공간이었다. 새로운 무사국가는 민주주의도 실종되었지만 팽팽한 사회적 긴장감도 없어져 버렸다. 아무리 평범한 배경을 지닌 자라 할지라도 이제는 누구나 대전통의 일원이었다. 옛 무사도는 '미풍양속'으로 둔갑했다. 메이지 시대 종료 5년 전인 1907년, 한 관료가 신민을 생각하는 선의의 마음으로 '미풍양속'이 어떤 식으로 기능해야 할지 해설했다. 새로운 산업 현장에서는 폭동이 빈번하던 상황이었다.

> 고용하는 사람과 고용되는 사람이 서로 아끼고 존중한다는 관념은 일본에 남아 있는 옛 미풍양속이다. 이런 주종 관계는 봉건 악습의 잔재가 아니라 봉건주의로부터 얻은 이로운 풍습이다. 윗사람은 아랫사람을 동정하고 아랫사람은 윗사람을 존경하는 미풍양속이 노동과 자본이 조화를 이루는 데에 크게 기여하지 아니하겠는가.[21]

수십 년 후, 마루야마 마사오는 당시를 돌아보며 이 이데올로기를 "일본인들 위에 걸쳐져 있는 눈에 보이지 않는 몇 겹의 그물망"[22]이라고 표현했다. 다른 전후 사상가는 국민이 "갇혀 있는 것도 의식하지 못한 채 갇혀 있는 거대하고 시꺼먼 상자"[23]에 비유했다. 어쩌다 그렇게 되었을까? 왜 일본인들은 그리 쉽게 외국인혐오증과 극단적인 애국주의에 빠져 전쟁까지 일으켰던 걸까? 우리가 이 문제에 관해서 일본인을 이해할 수만 있다면, 일본인이 과거에는 어땠고 현재에는 어떠하고 또 미래에는 어떻게 변해갈지 어느 정도 예측할 수 있을 것이다.

이데올로기 주입에 열중하던 이 시기는 일본 역사에서 비극적인 부분이지만 납득하지 못할 것도 없다. 일본이 근대를 포용하기 시작할 무렵, 민중들은 근대국가의 일부가 된다는 사실이 무엇을 뜻하는지를 전혀 파악하지 못했다. 그들은 그저 새로 등장한 과두정부가 시끄럽고 완고하게 강요하는 국가개념을 받아들였을 뿐이고 그중에서 가장 중요한 것은——국민의식을 끌어내는 데에는 가장 핵심적인 제도인——징병제라고 교육받았다.

개인이라는 것이 무엇을 의미하는지도 알지 못했다. 가장 자유주의적인 사람들조차도 개인을 민족국가 개념에 끌어다 붙였다. 후쿠자와의 실수, 즉 "한 개인이 된다는 것은 일본인이 된다는 것을 의미한다"라고 보는 실수는 이후에도 여러 번 되풀이되었다. 최근까지 이름조차 없던 농노들에게, '일본인'이 되고 근대국가 참여하여 공인된 역할을 한다는 것이 얼마나 매력적으로 들렸을지는 여러 말이 필요없으리라.

그렇다고 해서 메이지유신 시기에 너무나 뚜렷이 드러나던 '공적 개성'의 문제가 다 해결됐느냐 하면 그건 아니었다. 고래고래 소리질러대던 개인들은 다 어디로 갔을까? 덴노 중심 지배체제가 아무리 기세등등하더라도, 모든 일본인들이 하나도 빠짐없이 덴노 체제 제국주의 이데올로기의 열렬한 추종자가 됐다고 가정하는 것은, 일본인이 모두 사회적으로나 심리적으로 아무런 복잡함도 없는 단순한 존재라고 주장하는 셈이다.

실상 메이지 시대의 이상과 근대라는 현실 사이의 틈바구니에서 일종의 사기극이 벌어지기 시작했다. 이 사기극은 진의를 감춘 개인이 공적 영역에서 가면을 쓰고 벌이는 기만이었다. 공적으로는 덴노와 국가를 위해 새로운 일본에서 분투했지만 사적으로는 자기 자신을 위해 분투했던 것이다.

한 줄기 불꽃이 사그라지다

메이지 시대를 살던 일본인들 중에서 눈앞에 불완전하게 펼쳐진 근대의 모순을 납득한 사람은 거의 없었다. 개인주의의 의미는 고사하고 일본인이 된다는 것의 의미조차 지극히 불분명했다. 이데올로기 광신자들은 사람들이 이기적이라고 끊임없이 불평했는데, 사람들이 진의를 감추는 사기극을 광범위하게 벌였다는 점을 생각하면 그리 놀라운 일도 아니다. 근대 초기의 위대한 소설가(시대나 국가를 초월해서 위대한 작가였다) 나쓰메 소세키夏目漱石를 이런 광경을 보며 서글퍼했다. 오늘날 일본인들 사이에 팽배한 혼란 상태는 바로 나쓰메 소세키 시대에 뿌리를 둔다.

나쓰메 소세키는 고뇌하며 살았고 자주 정서적 허탈감에 빠져들었다. 1900년에는 영국을 여행하면서 서양과 서양문학을 가능한 많이 배우려고 애썼다. 이 과정에서 그는 여생을 좌우할 어떤 깨달음을 얻는다. 일본인으로서 배워야 할 가장 심오한 교훈은 다른 사람을 따라하는 것이 아니라 그냥 자신에 충실한 사람이 되는 것, 즉 자기 자신만의 고유한 개성을 발휘하며 사는 것이라는 점이었다.

나쓰메 소세키는 작가로서 단순명쾌한 진리를 작품에 담고자 하는 노력으로 인생을 보냈다. 그런 인생이 그에게는 부담이자 축복이었으며 동시에 저주였다. 안타깝게도 그가 전달하려는 메시지를 이해하는 사람이 당시에는 거의 전무하다시피 했다.

메이지 시대가 막을 내리고 다이쇼 시대로 접어든 지 두 해가 지난 1914년, 나쓰메 소세키는 한 무리의 학생들에게「나의 개인주의」라는 제목으로 강연을 했다. 개인주의가 당시 국가 이데올로기에 의해 지극히 위험스러운 요소로 지목당하고 있던 터라 아마도 그는 말 한마디 한마디에 신중을 기했음이 틀림없다. 그러나 '메이지 정부가 찍어내는 위조지폐가 아무리 그럴듯하더라도 절대 받아들여서는 안 된다'는 그의 메시지는 지금 돌아봐도 너무나 분명하다. "여러분들이 가지고 태어난 개성이 제자리를 찾아 고개를 들 때에는 마음 편히 먹고 이를 발휘하십시오."[24] 강연에서 그가 어린 학생들에게 호소했다.

> 국가를 위해서도 아니고 또는 가족들을 위해서도 아닙니다. 여러분 자신의 행복을 위해서 절대로 그렇게 해야만 합니다.[25]
> 개인의 자유는 앞서 언급했던 개성의 발전에 필수불가결합니다.[26]

그리고 이렇게 덧붙였다.

> 제가 말씀드리는 개인주의라는 것은 타인의 존재를 존중하는 동시에 자기 자신을 존중한다는 뜻입니다. … 간단히 이야기해서, 개인주의는 파벌주의가 아니고, 개인이 사물에 대한 옳고 그른 판단의 주체가 되는 것을 말합니다. 붕당을 결성해 권력이나 금력을 위해 맹목적으로 행동하지 않는 것을 말합니다. 그렇기 때문에 그런 철학의 이면에는 다른 이들이 모르는 고독함이 담겨 있습니다. 어떠한 집단 행동도 인정하지 않는 이상 나는 나의 길을 마음대로 갈 뿐이고, 동시에 다른 사람은 다른 사람 나름의 길

을 가도록 내버려두어야 합니다. 때로는 불가피하게 인간들이 뿔뿔이 흩어져야 할는지도 모릅니다. 그래서 고독한 것입니다.[27]

나쓰메 소세키는 '고독함'이란 진정한 개인성의 증거이며 통찰력 있는 인간이 지니는 특징이라 보았다. 그가 말하는 '자기와 타인 간의 차이'를 이해하는 일본인은 거의 없었다. 개성을 획득하려면 단체적 사고를 거부하고 동일성이란 가면을 벗어버려야 한다는 진리를 납득하지 못했던 것이다. 나쓰메 소세키가 살던 시대의 일본과 이후 이어지는 일본은 동요했다. 러시아혁명과 국내 봉기가 요인이 되어 앞서 설명한 현상유지 정책이 여러 도전을 받았다. 1918년에는 '신인회'라는 단체가 등장해 "현대 일본의 합리적 개조"를 요구했다. 1920년대에는 정당내각의 시대가 펼쳐지면서 구식 과두체제에 직접적으로 맞섰다. 당시 일본인의 관심은 제도에서 심리로 옮겨가는 중이었다. '주체성'에 대한 논의가 처음으로 활발해진 시기도 바로 이 1920년대였다. 그러나 '다이쇼大正 데모크라시'라 불리던 이 시기는 단명하고 만다. 당시 새롭게 도입되던 사상들은 중요한 사상들이었으나 이를 뒷받침해줄 만한 사회적·정치적 체제는 거의 전무했다. 게다가 새로운 사상들은 지식인들에게 영감도 주었지만 이질감도 선사했으며, 지식인들이 이런 이질감에 대해 부정적으로 반응한 나머지 애초에 민주주의자였던 사람들이 점차 국가주의자나 사회주의자나 국가주의적 사회주의자로 변모해갔다. 1930년대에 권력을 장악한 군부는 민주주의나 개인의 자주성에 관한 논의 자체를 즉각 원천봉쇄해버렸다. 그런 논의에 다시 불을 지피려면 이제 막 시작되려는 전쟁, 즉 서구를 상대로 벌이는 전면전이 종료할 때까지 기다려야 했다.

일본인이 아닌 개인이 되는 방법

1945년 12월 어느 날, 마크 게인Mark Gayn이라는 미국 특파원이 도쿄역과 긴자 남쪽에 위치한 신바시新橋 근처를 어슬렁거렸다. 전쟁통에 폐허가 되어 부산스런 암시장만 남긴 했으나 지금처럼 소규모 사업체들로 북적거리는 모습은 당시도 마찬가지였다. 훗날 게인은 당시의 경험을 기록한 『일본 일기』Japan Diary를 집필했다. '금연'이라고 씌어 있는데도 태평한 얼굴로 전차 내에서 담배를 피우고 있는 남자들을 상대하느라 차장이 애를 먹었다. 남자들이 말했다. "민주주의 세상이 됐잖아? 안 그래?"²⁸

미국인들이 목격한 혼란만큼 당시 상황을 잘 보여주는 사례도 없을 것이다. 민주주의가 해외에서 수입되었다는데 그게 도대체 뭘까? 과거가 소멸되고 메이지유신 때 지키지 못한 약속도 마침내 이루어질까? 점령군이 약속한 민주주의는 다른 수입품과 마찬가지로 정확한 실체에 관해 사람들의 오해를 샀다. 민주주의는 충돌하는 여러 정치세력의 균형을 유지하기 위해 각종 제도의 마련을 필요로 한다. 그러나 일본에는 아무런 제도도 없었다. 메이지 과두정부는 일본에 헌법과 국회를 안겼지만 둘다 민주적인 절차나 방식과는 거리가 멀었다. 1920년대에 시도되었던 민주주의 제도는 군부의 권력 장악과 함께 막을 내렸다. '다양성'은 수백 년간 그저 가면 뒤에 숨겨진 채로 억압당했다.

패전 직후 마크 게인 특파원이 전차에 올라타고 도쿄를 둘러보던 바로 그 시기에 불붙기 시작하던 '주체성' 논쟁은, 어쩌면 쇼군의 몰락과 함께 시작된 "좋지 아니한가!"의 외침과 유사하지 않을까? 개인이 자주성을 희구하는 것이나 "어디 한번 해봐!" 하고 소리소리 지르는 것이나, 그 이면에는 똑같이 과거의 속박에서 벗어나고자 하는 욕망이 존재한다. 항복 후 1년 만에 일본에는 300개의 이상의 정당이 탄생했다. 정당들이 기치로 내건 구호의 대부분이 개인의 부푼 야망을 반영했다. 금연 전차에서 담배를 피던 남자들처럼, 민주주의란 누구나 자기가 원하는 바를 손에 넣는 것을 의미한다고 여기는 구호들이었다. 이런 현상은 적절하든 부적절하든 전후의 무드를 측정하는 척도였다. 이들 군소 정당의 등장은 짧긴 했어도 확실히 긍정적인 측면이 있었다. 산전수전 다 겪고 난 일본인들은, 개인적 욕구와 사회 전체의 욕구를 조절하는 체계에 대한 이해가 전무했음에도 불구하고 공적 영역 참가에 열성적이었다.

미국은 일본인이 민주주의나 시민적 자의식에 관심을 갖는 것이 자기네들 덕분이라고 생각하는 경향이 있다. 물론 일본에 점령군으로 온 미국이 민주주의에 대한 기대를 높여준 점이 분명히 있다. 그러나 여기서 외국인의 역할을 오해하지 않도록 주의해야 한다. 일본을 위해서는 페리 제독의 흑선이 찾아오지 않았던 편이 나았을지 모른다는 견해처럼, 미 점령군도 없는 편이 나았을지 모른다. 적어도 결과를 놓고 보면 그렇다. 옛날 페리 제독 때처럼 미국은 다시 한번 일본의 '문호를 개방'시켰다가 역코스를 통해 그 문을 닫아버렸다. 민주주의는 또다시 전시용으로 전락했다. 일본이 시민사회를 건설하지 못하도록 미국이 막았기 때문이다. 미국은 자유와 권리로 가득한 새 헌법을 일본에 주되 뒤로는 '미풍양속' 조작의 명수들인 구세력을 다시 정치무대로 끌어들였고, 바로 이들이 조합주의 사회의 근대적 사례인 현대 일본을 만들어냈다.

패전 후 벌어진 그와 같은 본질적인 갈등을 다른 어떤 기록보다도 주의 깊고 뛰어나게 묘사한 소설이 1950년대 후반에 발표된 오사라기 지로大佛次郎의 『여로』旅路다. 오사라기는 '주체성'이란 용어를 직접 사용한 적은 없지만 주체성이야 말로 그의 진정한 주제였다. 오사라기의 소설에 나오는 주요 등장인물들은 옛 관행에 대항해 분투한다. 스스로 결정하고 자기 자신에 의지하고 자신만의 꿈과 정열을 이루려고 투쟁한다. 이들이야말로 일본의 영웅이라고, 작가는 자기 소설에 등장하는 나이든 교수의 입을 빌려 이야기한다. 어떤 부분에서 교수는 옛 다도의 명인이 한 말을 인용한다. "세상의 나쁜 짓은 다 해볼 것을 권하노라."[29] 다음과 같은 교수의 말에서 작가가 그리스 항아리처럼 결함도 아름답고 가치 있는 것의 일부라는 점을 제대로 이해하고 있음을 알 수 있다.

> 세상에 나와 나쁜 짓 한번 못하는 녀석은 절대로 좋은 일도 못한다. 햇빛이 내려쬐는 미지근한 물속에 생기는 장구벌레도 아니고 외관만 번지르르한 인간이 되어서야 되겠나. … 미적지근해서는 안 되지! 전통적 문화교육을 받은 표준형 아이들을 바랄 것이 아니라 깨지고 부서진 데도 좀 있고 찌그러진 구석도 있는 그런 비범한 녀석들이 필요해.[30]

오사라기의 소설은 상승무드로 끝을 맺는다. 낡아빠진 사회적 관습에 짓눌렸던 등장인물들이 사회적 다양성을 포용하고 각자의 길을 찾아나서는 것이다. 그러나 『여로』는 동화처럼 만만한 이야기가 아니다. 등장인물들 가운데 몇몇은 패전 후 물질만능주의에 유혹당하고 미국식 이상주의를 천박한 방법으로 이해한 나머지, 자유와 책임의 상관관계를 깨닫지 못하고 정부가 1960년 안보투쟁 이후 권장했던 '많이 벌어 많이 쓰기'의 이기적인 늪에 빠져 허우적거린다.

소설 중간쯤에 보면, 한때 알렉산더 대왕의 족적을 연구해서 학계에 위대한 업적을 남기겠다는 포부를 지녔던 한 학생이 자기 야망이 점점 게으른 환상으로 쪼그라들고 있음을 고민하는 부분이 나온다.

> 자라온 환경은 그렇다치고, 전후의 사회적 불안이 내 꿈을 위축시켰는지도 모른다. 개인이 존중받는 시대가 일본에 너무 늦게 도착했다. 개인의 권리와 존엄성이 늦게나마 존중받게 되었다는 것은 물론 대단한 일이다.

그러나 그와 동시에 사람들은 자기 자아를 억누르고 단체조직의 힘에 자신을 종속시키고 있다. 그러한 행태를 중요하게 여기는 시대에 들어서버린 것이다.[31]

오사라기는 예언자라기보다는 선견지명을 갖고 시대를 기록한 사람이다. 1950년대 후반에 일본은 대중사회가 된다. 구 엘리트 세력이 자기 기반을 재확립하면서 일본인이란 무엇이냐 하는 문제에 관해 구닥다리 관념을 함께 부활시켰다. 이들의 치하에서 '주식회사 일본'의 시대가 열렸다.

주체성이라는 용어는 이제 별로 사용되지 않는다. 1960년대에 학생운동이 한창일 때 유행했을 뿐이다. 부활한 사회적 위계질서에 저항하던 학생 시위대는 결국 주체성이라는 이슈를 수용하여 있는 그대로의 자신이 되고자 했고, 그 과정에서 이들의 머릿속에 '내면의 도쿄대생 의식'이나 '내면의 전통적 여성성'* 같은 체계가 들어섰다. 이 시기에 지역공동체도 급증했다. 이들 공동체는 환경, 핵발전소, 교과서 검정, 지방의 정치적 자율성에 이르기까지 각종 문제를 제기했고, 그런 이슈 하나하나가 사람들이 옛 속박으로부터 얼마나 벗어나고 싶어하는지를 알려주는 징후였다. 이 시기에 활발한 활동을 하던 한 여성이 적확한 지적을 했다. "항상 이리저리 눈을 돌려 주변을 살피면서 사는 게 우리의 고질적인 습관인데요, 이제 더 이상 그렇게 살기 싫었어요." 공적인 자아가 노골적인 정치적 자아로 전환되는 현상은 지극히 자연스럽다. '공적 개성'의 문제는 항상 정치적인 사안이었다. 지역공동체들은 결국 어느 시점에서 자취를 감추었고, 1960년대의 시위도 다른 나라의 사례와 마찬가지로 급진적 모험으로 시작했다가 뒤로 조용히 물러나는 과정을 거쳤다. 그럼에도 일본인들 앞에 놓인 과제

* 내면의 전통적 여성성에 관해서는 제5장에서 자세히 다뤄진다.

는 이후 한 치도 달라지지 않았다. 어떻게 하면 마음의 벽을 허물고 가면을 벗어던지느냐 하는 것이었다.

수 년간 일본인에 관해 연구한 정신의학자 로버트 제이 리프턴Robert Jay Lifton이 1960년대에 성년을 맞은 한 학생을 인터뷰했다.[32] 그 세대 젊은이들이 흔히 그렇듯, 학생은 자기 앞에 놓인 일본이라는 나라와 그 안에서의 진정한 자기 자리에 대해 심히 혼란스러워 했다. 그는 스물다섯이 되기도 전에 벌써 극우 애국주의자, 서구화된 민주주의자, 무술애호가, 미국 교환학생, 기독교신자, 급진좌파, 방탕한 게으름뱅이를 순서대로 한 번씩 다 거쳤다. 본인에게는 그게 차별화된 존재 방식이고 대안적인 자아였겠지만, 그중 어느 하나에도 제대로 충분히 몰두하지 못한 듯했다. 모든 것이 그저 일종의 배역이거나 아니면 진열대에서 골라 잠깐 맛만 보는, 근대적 인생의 몇 가지 다른 브랜드상품에 불과했다. 결국 그는 대기업 사무직에 취직했다.

리프턴은 환상을 품는 경향이 일본인 사이에 얼마나 광범위하게 퍼져 있는지 밝혀냈다. 메이지 시대의 환상과 마찬가지로, 전후 일본인들의 환상도 언제나 현실도피의 환상이었다. 샐러리맨들은 자기 힘으로 스스로의 길을 개척하는 환상을 품었다. 이와 관련하여 '다쓰사라'脫サラ*라는 속어 표현도 있다. 샐러리맨이 되는 운명에서 탈출하는 것을 의미한다. 탈출을 한 번 상상해보는 것만으로도 족했기에 '다쓰사라'란 그저 대중적인 백일몽이었을 뿐이다. 일본인들이 기네스북 세계신기록을 세우는 일에 얼마나 집착하는지는 잘 알려져 있는데, 이것도 '다쓰사라'의 환상과 비슷한 맥락이다. 등산가, 아프리카 여행가, 북극탐험가, 단독항해가 등 몽상가인 동시에 성취지향적인 사람들이 일본의 정교한 하위 문화를 지탱해왔는데, 그

---

* 벗어날 '탈'자와 샐러리맨의 일본식 발음인 '사라리만'의 앞 두 글자 '사라'를 합쳐 만든 조합어.

중에서도 우에무라 나오미植村直己라는 사람이 가장 유명하다. 그는 혼자 썰매를 타고 북극을 탐험하고, 혼자 그린란드에서 생활하고 뗏목을 타고 아마존을 탐험했다. 결국 우에무라는 홀로 캐나다의 툰드라 속에서 사망했고 죽음 때문에 신비감이 더해졌다.

이처럼 한 가지에 열중하는 경향은 자아를 찾으려는 일본인의 욕망이 얼마나 집요한지 보여준다. 그러나 환상을 품으면 품을수록 피하고 싶은 현실은 더 뚜렷해지게 마련이다. 일본인은 여전히 개인으로 살아가지 못하는 개인이었다. 마루야마 마사오의 말처럼 자율성은 여전히 지극히 '사적'이었고 사람들에게 '공적 개성'은 존재하지 않았다. 공적인 공간에서 사람들은 여전히 가면을 썼고, 정해진 역할 수행을 회피할 길이 없었다. 교육자 후쿠자와 유키치가 메이지유신 직전에 일본을 이렇게 묘사했다. "수백만 명의 일본인이 수백만 개의 상자 속에 갇히거나 수백만 개의 울타리 속에 격리되어 있다." 전후에 마루야마 마사오가 관찰한 일본과 정확하게 일치했다. 불과 십여 년 전의 일본도 마찬가지였다.

지금도 일본인들은 소속감이라는 그물에서 벗어나고자 하는 욕망과 그 그물망 안에 들어가기를 바라는 상반된 감정을 동시에 느낀다. 자유와 공동체 사이에 발생하는 갈등은 지난 10년 동안 특히 극적으로 고조되었다. 이런 현상과 관련해 마루야마는 마치 예언자 같았다. 그가 50년 전에 묘사하던 일본이 오늘날 일본이 처한 상황과 너무나 정확히 일치하기 때문이다. "사회구조 개혁이 심리적으로 내부로부터 시작되어야 한다"는 마루야마의 말처럼, 지금 일본에 바로 이런 처방이 필요하다. 사적인 것과 공적인 것의 경계선을 재규정해 숨겨져 있던 개성이 훤하게 드러나도록 해야 한다. 마루야마가 보기에는 개인적 자율성이 뿌리내리기 위해서나 민주주의의 정착을 위해서도 그러한 개혁이 필수였다. 공적 개성을 경험해본 적도 이를 표현할 장치도 없는 까닭에 오늘날 일본은 또다시 무질서한 실험에 돌입하고 있다. 1990년대 중반에 리프턴은 "이토록 섬세한 사회가 슬슬 아랫도리를 드러내려는 참이다"라고 하면서 이렇게 덧붙였다. "일본인들은 속으로 펄펄 끓고 있다." 정확한 묘사다. 그러나 일본이 속으로 펄펄 끓은 지는 사실 한참이나 되었다는 점을 우리는 깨달아야 한다.

사람들을 옥죄는 그물의 해체 작업은 점진적이긴 해도——점진적이다 못해 지나치게 더디지만——명백하게 진행 중이다. 학교에서 이웃에서 사무실에서 그리고 온갖 종류의 하위 문화가 번창하는 장소에서 목격할 수 있다. 전통적인 집단과 자신을 더 이상 동일시하지 않는 현상이 번지고 있다. 충성스럽고 헌신적이고 전형적인 집단의 부속품인 기업전사는 이제 과거의 유물이 되어간다. 특히 정치권에서 이런 현상의 증거를 찾을 수 있다. 끊임없이 변경되는 동맹관계나 정당과 내각의 잦은 탄생, 소멸 등 표면적인 혼란에도 불구하고, 그 이면에서는 가면을 벗어던지고 공적 개성을 드러내는 시민적 자아, 마루야마 학파의 근대주의자들이 전후에 설파한 "민주주의적 인간형"의 역사적 등장을 포용하는 새로운 체계의 구축이라는 중대한 변화가 일어나는 중이다.

변화의 배경이 되는 실제 정황이 중요하다. 냉전은 끝났고 물질적 조건으로 보자면 일본은 서구와 대등한 위치에 있다. 그러나 경제적 성공이나 국제 환경의 변화가 사회에 본질적인 진화를 초래하지는 않는다. 변화의 매개체가 미리 마련되어 있어야만 페리의 흑선 같이 주변 요인들이 촉매의 역할을 해줄 수 있다. 사회는 그 구성원이 변화를 원해야만 변화하는 법이다. 두렵지만 해방감 주는 이 진리를 일본인들이 이제 이해하기 시작했다. 결국 제도가 인간을 바꾸는 게 아니라 인간이 제도를 바꾼다.

일본인들은 세대 간 격차가 심하다. 각 세대는 이전 세대로부터 이탈하는 것처럼 보이고, 각각의 세대에는 그들만의 특별한 임무가 있는 것처럼 보인다. 최근 일본에 대한 논의를 하면서 일본이 앞으로 어떻게 변화할 것인가를 빼놓고는 얘기를 진행하기가 불가능하다. 그러나 이런 논의를 할 때 사람들은 변화가 마치 젊은이들만의 몫인 양 이야기한다. 어떤 이들은 변화를 향한 욕망을 피력하면서도 실제로 변화가 자기한테 달렸다고 생각지는 못한다. "변화요? 일본이 과연 변할 수 있을까요?" 일본 서부의 나이 지긋한 지자체 공무원이 점심을 먹으며 한 말이다. "제 세대는 옛날식 사고방식에 꽉 사로잡혀 있어서 말이죠. 다음 세대가 할 때까지 기다리는 수밖에 없어요." 절대 그렇지 않다. 변화란 수 세대에 걸쳐 변화에 대한 욕구와 노력이 축적되고 전달되면서 이루어지는 결과물이다.

  10년 전쯤 일본에 '신인류'라 불리는 새로운 세대가 등장했다. 신인류라는 용어는 기존의 인간형과 거리가 있는 일본인이라 하여 붙여진 이름이다. 신인류는 전후 국가재건이나 1950년대와 1960년대의 혼란을 알 길 없이 풍요로움에 젖은 일본의 첫 세대였다. 저축보다는 소비를 좋아하고, 사회에 대한 책임감이 없고 회사에 대한 충성심이나 종신고용에 별 관심이 없었다. 부모세대는 자식들에게 열성이나 목표가 없는 것을 걱정했다. 신인류는 의견도 정체성도 정치적 견해도 없었다. 이들의 특징이라면 그저 전후에 성립된 일본적 가치관에 무심하다는 것뿐이었다. 그러나 등장한 지 10년쯤 지나자 신인류도 신선함을 잃어, 사람들은 그저 어깨를 으쓱할 뿐이었다. 과거에도 볼 수 있었던 풍경이었다. 순응이 불순응을 포섭한 것이다. 기업은 신인류를 마케팅의 대상으로 전락시켰다. 이들 신세대에게 '신인류'라는 이름을 최초로 붙여주었던 작가 치쿠시 데쓰야筑紫哲也는 급기야 '신인류에게 새로운 구석이라고는 아무것도 없었노라'고 선언했다.

  하지만 정말 그런지는 기다려보아야 할 일이다. 신인류를 싸잡아 부정하는 건 쉽지만 과연 올바른 판단인지는 회의적이다. 오히려 우리는 신인류를 바라볼 때 단명한 특성과 여전히 남아 있는 속성을 따로 나누어 관찰해야 한다. 의도하지 않았지만 신인류는 일본에 무심코 '근대성'의 종료를 선언해버렸다. 일본인들이 100년 이상 '근대란 이렇다'고 이해하던 바로 그 근대성이었다. 과거는 끝났으며 자기들이야말로 과거로부터의 단절이라는 결정적 분기점을 이루는 세대임을 신인류는 본능적으로 인식하고 있는 듯했다. 근대화 작업을 완결지은 장본인은 부모세대였지만, 물질적 성공을 이루기 위해 일본이 치른 대가가 얼마나 컸는지를 마침내 알아차리는 몫은 역사에 구애받지 않는 신인류에게 주어졌다. 이것이 신인류가 직면한 역설이었다. 이들은 자포자기한 듯 소비만이 보람인 양 소비에 몰두하면서도, 한편으론 까닭 모르게 소비를 경멸하는 경향도 보였다.

리프턴이 인터뷰했던 변덕스러운 학생처럼, 대부분의 신인류가 지금쯤 샐러리맨이 되어 있을 것이다. 그러나 핵심은 그게 아니다. 신인류와 얘기해보면 자기 세대의 가장 큰 관심사는 자기만의 시간을 되찾는 것이라고 거의 예외없이 대답한다. 무슨 의미일까? 흐르는 시간 자체가 아니라, 일본에서 벌어지는 현대생활의 분열을 문제 삼는 것이다. 자기만의 시간을 되찾는다는 것은 개인으로서 스스로를 통제한다는 것을 의미했고, 공과 사의 경계를 다시 긋는다는 말이었다. 그리하여 개인의 사생활을 있는 그대로 인정받되, 몰래 비밀스럽게 사는 것이 아니라 진정하고 자율적인 개인으로서 공적 공간에서 열린 모습으로 살기를 원한다는 얘기였다.

이렇게 본다면 신인류라는 이름은 아주 잘 지은 이름이었다. 신인류는 일본인으로서 살아가는 제반 조건을 근본적으로 재협상하려는 움직임을 촉발시켰던 것으로 보인다. 적어도 이들은 일본에서 오랫동안 성행하던 공동체적 사조를 부정했을 뿐 아니라, '일본인'이 아닌 '개인'이 되는 방법을 새로이 제시했다. 이들도 결국 집단의 일원으로 남겠지만 그러한 결정은 자신의 선택에 의한 결정일 터였다. 가면 쓰기를 거부하기 위해 굳이 영웅적인 등산가가 될 필요도 없었다. 보통사람으로서도 거부가 가능했다. 이런 과정을 통해 신인류는 숨겨진 역사의 마지막 장을 쓰기 시작한다. 현재 일본사회에서 유동적이지 않은 측면이 거의 없는 것은 바로 이 때문이다.

"우리가 아무 노력도 하지 않는다는 건 사실이 아닙니다."[33] 신인류에 해당하는 한 젊은이가 말했다. "노력을 들일 만큼 가치 있는 일을 찾으려고 최선을 다하고 있습니다." 이런 생각은 1920년대에 근대 일본의 근본적 개혁을 주창하던 '신인회'와 비교해볼 만하다. 신인회와는 달리 신인류는 겉으로 드러나는 정치적 의제가 없고 조직화된 집단이 아니지만, 대안적인 사고방식과 생활방식을 옹호한다는 점에서 신인류와 신인회 사이에는 유사점이 있다.

신인회는 아직 완성되지 않은 사회의 형성 과정에 참여하는 것이 목표였다. 이와 대조적으로 신인류는 전적으로 고정불변하는 사회와 맞서고자 했다. 새로 건설되는 일본에 참여할 권리를 주장한 것이 아니라 자율성과 다양성을 인정하는 일본을 찾아 과거의 일본을 포기하고자 했던 것이다.

배역과 가면 사이에

이름에 관한 이야기로 잠시 되돌아가자. 이름, 특히 서류상 인쇄된 이름을 살펴보면 일본사회의 변천이 어느 시점까지 도달했는가 짐작할 수 있다. 일본은 더 이상 과거로 되돌아갈 수 없는 미묘한 시점에 와 있다.

명함은 근대 일본에서 매우 중요한 도구이다. 명함을 보면 그 사람의 이름이나 소속을 알 수 있을 뿐만 아니라, 무엇보다도 어떤 지위에 있는지 서열을 알 수 있다. 누가 누구의 윗사람인가? 인사를 할 때는 머리를 어느 정도 숙여야 적당한가? 일본인은 상대방의 지위를 모르면 상대방에게 어떻게 행동해야 할지 몰라 허둥댄다. 일본에서 바쁘게 직장생활을 하다보면 1년도 못 가 서랍 한 칸이 명함으로 꽉 찬다. 전혀 격식을 차리지 않는 모임에서도 명함을 교환한다. 명함에 담겨 있는 정보가 중요하기 때문이다. 그런 의미에서 명함은 무사의 의복에 비견될 수 있을 정도다. 무사는 옷에 세세하게 들어간 무늬와 색깔로 자신의 신분을 표시하지 않았던가.

내가 받은 명함 중에서 가장 흥미로웠던 것은 닛켄日建이라는 회사에 근무하던 샐러리맨이 준 명함이었다. 사무기기나 건설용 기계 및 장비 등을 임대해주는 닛켄은 1990년대 초부터 지금까지 꾸준히 성장하는 회사다. 닛켄은 공장 세 개, 영업소 160곳 그리고 2,000명에 가까운 직원을 거느렸다. 시카고와 방콕에 자회사를 두었고 도쿄 증권거래소에 상장한 기업이었다. 연 매출은 600억 엔, 즉 약 6억 달러에 달했다. 내게 명함을 건넨 닛켄 소속 샐러리맨은 30대의 '신인류'였다. 명함 한쪽에는 '부장 혼마루 타로'라고 되어 있는데 뒤집으니까 '제 본명은 나카무라 게이치입니다'라고 씌어 있었다. 젊은 직장인의 이름이 두 개라니…. 무슨 의미일까?

이중이름 관습은 자연스럽게 시작되었다. 닛켄의 사장이 자기랑 성이 같은 조카를 고용했는데 이름이 같아 자꾸 혼란을 일으키는 바람에 사장은 조카의 고향을 따서 조카를 '이마후쿠今福 상'이라 불렀다. 이마후쿠는 '지금 복을 받는다'는 의미여서, 이후 그에게 끊임없이 따라붙는 별명이 되었다. 그렇게 이중이름 시스템이 시작됐다. 사장은 끈질기고 고집이 세다 해서 거북이를 뜻하는 가메亀라고 불렸다. 산골 출신의 중역은 산봉우리에 울리는 메아리를 뜻하는 고다마木靈라는 별명을 스스로 골랐다. 이외에도 스모를 좋아한다 해서 별명이 리키시力士라는 사람도 있었고(스모선수를 리키시라 불렀으므로), 히토미 사쿠라瞳桜라는 직원도 있었다(벚꽃을 응시한다는 뜻이다). 이런 사정을 전부 설명해준 그 부장은 자신이 혼마루本丸라는 별명을 사용하는 이유를 본사 기획부에서 일하기 때문이라고 했다.

혼마루란 다이묘가 사는 성 중앙에 위치하는 탑을 가리킨다.

큰 키에 동안인 혼마루 씨는 사람들의 의문을 풀어주느라 바쁘다. 출장 간 호텔에서나 컴퓨터상으로 전화번호부를 관리할 때면 본명과 별명을 서로 대조 확인하는 게 일이다.

그러나 이 독특한 시스템이 일본과 일본인에 관해 시사하는 바는 무엇인가 하는 문제, 즉 본명은 사석에서의 진정한 자아를 대표하고 별명은 공적 자아라는 가면을 상징한다는 의미를 심사숙고해본 적은 없는 것 같았다. 곧이어 혼마루가 예의바르면서도 수줍은 듯한 태도로 설명하기 시작했다. 우리는 아무 장식 없는 썰렁한 회의실에서 내열성 합성수지로 된 탁자를 사이에 두고 앉아 있었다.

"우리가 이런 체계를 도입한 한 가지 이유는, 어쩌면 지극히 일본적인 생각인지도 모르겠습니다만, 공사의 구별을 잘 못하고 혼란스러워하는 샐러리맨들이 많아서입니다. 샐러리맨들은 공사를 확실하게 구분하고 싶어해요. 근무 중일 때는 소위 말하는 기업전사처럼 프로 기업인으로 일에 전념하고 5시 이후에는 본래의 자신으로 되돌아가 하고 싶은 일을 하지요."

혼마루는 결론을 내리기 전에 잠시 말을 멈추고 내 반응을 살폈다. 그가 종내 말했다. "일본사람들은 배우나 마찬가지예요. 배우가 배역을 거부할 수 없는 것처럼, 우리는 주어진 역할을 부인하지 못해요."

배우는 배역을 거부하지 못한다치자. 그러나 보통사람들은 거부할 수 있어야 하는 게 아닌가.

> 일본교육의 임무는 인문학과 과학기술을
> 연마하는 인간을 창조하는 것이 아니라
> 국가가 필요로 하는 인간을 양산하는 것이다.[1]
> _ 모리 아리노리森有礼 일본 초대 문부대신, 1885

일본인되기

일본인은 자유란 어린아이들만 누리는 권리라고 생각한다. 아이들이 사회적·심리적 경계 바깥으로 노출되지 않도록 아이들 주변에 장막을 두른다. 아이들은 이 장막 안에서 왕 또는 여왕이다. 중국인도 아이들 응석을 받아주기로 유명하지만 "애들을 자유롭게 놔두는 것은 남은 인생이 고단하리라는 현실을 알기 때문"이라고 부모가 말하는 곳은 일본뿐일 것이다.

이런 심리가 일본에 널리 퍼져 있다. 그러나 일본 어린이들에게 주어진 자유는 희석된 자유다. 부모나 교사가 허락한 자유이고 결국은 다시 빼앗길 자유이기 때문이다. 독립심은 일본인이 수세기 그래왔듯 권위에 복종해야 한다는 것을 배워감에 따라 차츰 약해질 것이다.

어린이들은 일단 자유의 온실을 벗어나면 그때부터 조금씩 내향적이고 순종적인 성격으로 변해 일생을 그렇게 살게 된다. '일본인이 된다'는 것은 단순히 평범한 인간이 된다는 것을 의미하지 않는다. 일본에서 성인의 개념은 서구와는 정반대라 볼 수 있다. 어떤 것을 자주적이고 독립적으로 성취할 능력을 갖춤으로써가 아니라, 주어진 선택의 가짓수가 서서히 줄어드는 과정을 받아들임으로써 성인이 된다.

내가 방문한 학교의 교장들은 인문 교육의 이상에 관해 진지하게 이야기했다. 나가노 현長野縣의 미나미 중학교 교장 이지마 도시오는 이렇게 말했다. "과학적 사실에만 진리가 존재하는 것은 아니지요. 개인이 일상에서 어떻게 진리를 추구하느냐 하는 것 또한 중요합니다. 우리는 학생들이 자연스럽게 문제를 찾아 해결하기를 바랍니다."

일본 각지의 교사들이 비슷한 신념을 갖고 있으나 문제는 이상과 현실 간의 고질적인 괴리였다. 대다수 일본 교육자들은 자기가 이상적으로 생각하는 교육 방식에 대해 편안하게 설명한다. 특히 가이진한테는 안심하며 의견을 피력한다. 그런데 설명이 왠지 기계적이라는 느낌이 든다. 대화가 이어질수록 더 분명해진다.

"제 임무는 아이들이 자라서 이 나라에 쓸모 있는 성인이 되게끔 하는 겁니다." 미나미 중학교와 이웃한 사카이 초등학교의 호소노 유 선생이 말했다. 예의바르면서도 느긋한 50대 교사였다. "제 기본 철칙은 '각자에게 맡겨진 역할이 있다'라는 겁니다."

독자의 관점에 따라서는 이것이 교육자의 의무로서 과히 틀린 말은 아니지 않은가 하고 생각할 사람도 있을 터이다. 그러나 그 말에는 위험 요소가 들어 있다. 후쿠자와 유키치가 메이지 시대에 직면한 문제, 즉 자신을 위한 인간 계발이냐 아니면 국가를 부강하게 하기 위한 인간 계발이냐 하는 문제와 관련이 있다. 한 세기 하고도 사반세기가 더 지난 오늘날에도 교육정책에서 이 문제는 아직 미해결 상태이다. 그러나 결국은 해결될 것이다. 일본 국민은 이 문제를 불안해할 뿐 아니라 교육제도에 대한 불만도 상당히 쌓여 있다. 또한 교육 문제를 해결하지 않고 그냥 내버려 두기에는 일본경제가 너무 급격히 변하고 있다. 물론 해답을 내는 일은 쉽지 않으며 시간도 걸릴 것이다.

지금 일본 교육현장은 전쟁터다. 놀랄 만한 일도 아니다. 일본에는 겉보기에 멀쩡해도 속을 들여다보면 전쟁터를 방불케 하는 현장이 허다하다. 교사들은 정부 관료와 의견충돌을 일으키고, 학생들은 자퇴하고, 지식인들은 교과서 내용을 가지고 문부성에 소송을 건다. 허락된 인간형을 벗어난 일본인들이다.

일본 교육은 세계 제2위의 경제를 세운 일꾼을 배출해내지 않았던가? 맞는 얘기다. 그러나 이 질문은 교육과 경제의 관계를 단순히 직선적인 인과관계로 보는 맹점이 있다. 개인의 인성 계발이라는 관점에서 교육을 바라보면 현 일본 교육은 아이들에게 기회를 온전하게 제공하지 않으며 인격적 성장을 위축하는 부분이 많다. 개성에 대한 끊임없는 공격은 성인이라면 마땅히 견뎌야 하는 일로 여겨지며, 학교란 이를 미리미리 준비시키는 역할을 한다.

숱이 적으며 마르고 열의에 찬 미나미 중학교 교장은, 자신이 몸담고 있는 교육 체계에 대해 호소노 선생보다 한층 더 명확한 비전을 갖고 있었다. "진리를 아는 것도 중요하지만 일본인되기를 배우는 일은 더 중요합니다."

어린이를 향한 헌신

서양이라고 해서 국가에 봉사할 국민 배출에 전념하는 교육 체계를 근본적으로 위험하다고 여기지는 않는다. 그렇지만 보통은 교육을 자유주의적 가치, 즉 지식, 이성적 탐구, 교양, 공공의식 등의 덕목과 연결시킨다. 서구도 서구 나름대로 무엇을 어떻게 가르쳐야 할지 토론하지만, 그렇다고 교육이 무엇이든 채울 수 있는 빈 그릇이라고 여기지는 않는다. 국가에 이바지한다는 것은 좋은 생각일 수도 있고 아닐 수도 있다. 이에 대한 판단은 국가마다 다를 것이고, 어떤 공헌이냐에 따라서도 달라질 것이다.

이것이 바로 미국의 큰 착오였다. 1945년도 후반에 연합군 총사령부는 덴노 숭배, 일본 정신교육, 국립 신토학교 등의 구식 체계로 이루어진 교육제도가 지배하는 일본학교에서 벌어지는 일들을 보고 깜짝 놀랐다. 미국인이 일본인에게 스퀘어댄스나 포켓볼 같은 여러 가지 오락을 열심히 가르친 이유도 낡은 체제를 붕괴시키려는 의도에서였다. 교육 개혁은 이와 같은 미국의 열의가 반영되어 개혁 정책 중에서도 가장 맹렬하게 진행되었다. 그러나 역코스의 시기로 접어들면서 개혁은 대부분 중단되었고, 미국은 자기기만에 빠져들었다. 지금도 미국은 자기들이 일본 교육에 가져온 변화를 대단한 업적으로 여긴다. 물론 그런 허구를 유지하는 편이 편리했을 것이다. 그 허상이 우리가 상상하는 '일본'의 큰 부분을 차지하기 때문이다.

레이건 정부에서 교육부장관을 지냈던 윌리엄 베닛William Bennett은 1987년에 「오늘의 일본 교육」Japanese Education Today이라는 보고서를 발표해 미국 공립학교 붕괴에 관한 토론을 불붙이는 데 간접 기여했다. "미국의 교육적 이상이 의외로 일본에서 대규모로 실현되고 있다"[2]고 지적한 베닛은 일본의 교육 체계를 선망했다. 그가 보기에 일본 교육의 출중함은 전후 미국의 영향 덕택이었다. "모든 시민에 대한 보편 교육은 미국적 가치관인데, 이를 성공적으로 실천한 국가가 바로 일본이다. 미국이 '평등 교육'이냐 '영재 교육'이냐를 두고 갈등하는 동안 일본은 이 문제를 흡족하게 해결한 듯하다."[3]

일본이 보편 교육의 가치를 미국에게 배웠다는 것은 미국의 자만심 중에서도 아주 황당한 축에 든다. 일본은 이전부터 이미 보편 교육의 장점을 알고 있었다. 이용 가치가 높았기 때문이다. 그런데도 베닛은 관행을 그대로 답습하고 있다. 「오늘의 일본 교육」이 발행되던 해에 하버드 대학 강사 메리 화이트Merry White는 『일본 교육의 과제: 어린이를 향한 헌신』The Japanese Educational Challenge: A Commitment to Children 을 발표했다. 이 책은 몇 가지 날카로운 의문을 제기한다.

일본에서 아이를 기르는 일은 가정 내의 문제만이 아니다. 실제로 온 나라가 아이들 교육에 발 벗고 나선다. 이 국가적 집념은 서구의 부모나 교육자가 봤을 때 생활태도나 장래성이라는 측면에서 우리 기준에 부합하는 바람직한 아이들 양산해냈다. 아동 발달에 대한 일본의 국가적 관심은 우리가 부러워해야 마땅하다. 그렇다면 이렇듯 어린이의 인생에 기회를 최대한으로 제공해주려는 노력에 기폭제 역할을 했던 것은 무엇인가? 일본의 과거, 현재, 미래에 대한 관념은 어린이들을 향한 이런 절대적 헌신에 어떤 식으로 반영되고 있는가?[4]

애석하게도 화이트의 연구는 탁월한 질문을 던질 뿐 대답은 제시하지 못했다. 대신 삼천포로 빠져서 교육의 희소성이라든지, 농경사회에 널리 퍼져 있는 불안감이라든지, (일본교사를 인용하여) "일본의 도덕적 양식"에 대해 설명하고 있을 뿐이다.

통계로만 보면 일본학교는 우수하다. 일본학생은 하루평균 수업을 7시간 듣고 숙제를 2시간한다. 미국학생의 경우 수업은 평균 5시간 20분이며 숙제하는 데 25분이 걸린다. 일본학생의 하루독서량 25분은 미국학생에 비해 2.5배나 된다. 일본교사가 미국교사보다 훨씬 성실하게 수업을 준비한다. 어떤 기준으로 살펴도 일본학생이 미국학생보다 훨씬 글을 잘 쓰고 읽으며 셈도 잘한다.

　일본학생들은 어떻게 이토록 잘 훈련되었을까? 왜 이렇게 규율이 엄격할까? 어떤 목적으로? 아이들에게 어떤 정신 자세를 길러주려는 걸까? 모종의 희생을 강요하는 건 아닐까? 학교를 졸업하면 과연 어떻게 될까? 이런 질문——또는 화이트가 제기한 의문——에 대한 해답을 얻고 나서도 일본학생들의 경험이나 장래성이 과연 '우리 기준에 부합한다'고 할 수 있을지 의심스럽다.

　일본은 "온 나라가 아이들 교육에 발 벗고 나서고" 있으며 미국은 이런 "국가적 관심"을 부러워해야 마땅하다는 주장은, 역사를 돌아보더라도 너무 무책임한 말이다. 교육을 향한 일본의 전 국가적 관심은 메이지 시대로 거슬러 올라간다. 그러다 1930년대가 되면서 교육은 파시즘적인 일본식 전체주의를 유지하는 주요한 도구로서 강요와 억압의 성격을 띠게 된다. 더구나 전전 교육 체계와 전후 교육 체계가 토론의 여지조차 없을 정도로 명확한 연속성을 보여준다.

오타쿠를 생산하는 사회

미국의 심각한 교내 폭력은 말할 것도 없고 다른 서양 국가들도 미국만큼은 아니지만 상당한 골치를 앓고 있다. 서구가 일본 교육을 칭찬하는 이유 중 하나는 일본에 교내폭력이 없다고 생각하기 때문이다. 그러나 일본에서도 그 주체가 학생이든 교사든 간에 학교 내 폭력은 일반적이다. 폭력이 서구보다 제도화되어 있어서 겉보기에 안 그런 것처럼 보일 뿐이다.

　매년 거의 가학증에 가까운 교내폭력 사건들이 신문에 보도된다. 만화책을 본다고 17세 학생의 복부를 교사가 발로 걷어차서 비장이 터진 사건이 있는가 하면, 13세 학생을 또래 학생이 체육관에서 쓰는 매트리스에 둘둘 말아 거꾸로 옷장에 처박아 질식사시킨 사건도 있다. 두개골에 금이 가거나 뼈가 부러지는 등 학생이 교사에게 폭행당해 발생하는 부상이 매년 100건 이상에 이른다. 학생끼리의 집단따돌림(이지메)은 일본에서 벌어지는 독특한 현상으로 온 학교에 만연한데, 연간 2만 2,000건에 달한다는 보고가 있다.

이 모든 현상들이 일본 교육 체계의 단면을 보여준다. 1995년에 12건 정도 보고된 학생 자살문제는 또 다른 골칫거리다. 중퇴율도 학교당 1년 평균 20명 정도이며 6명 중 1명의 학생이 지나친 음주를 하는 것으로 알려져 있다. 무단결석하는 학생은 전체 학생수의 5퍼센트에 가깝다. 몇 만 명이나 되는 학생들이 무슨 이유에서인지 현 교육체제 아래 공부하기를 거부하는 것이다. 이 통계 수치는 1980년대에 크게 상승해 1990년대 중반에 최고치를 기록했다.

서구에서는 일본 교육을 떠올릴 때 무단결석, 학내폭력, 음주 등이 만연하다고 전혀 생각지 못한다. 이를 지적하면 어느 사회에서나 있게 마련인 부차적인 문제로 치부하면서, 그렇다고 일본 학교가 위험하거나 알맹이가 없다고 말하는 것은 오류라고 주장한다. 그러나 엄연히 존재하는 통계를 아무런 분석 없이 묵살해서는 곤란하다. 교내폭력이나 중퇴율은 혼란의 징조이며, 이 혼란은 통계에 가려 보이지 않는 엄청난 수의 학생들에게 영향을 끼친다.

문제의 핵심은 '교육'教育이라는 용어 자체에서도 드러난다. 교육이라는 단어를 이루는 두 개의 한자는 각각 '가르치는 것'과 '기르는 것'을 의미한다. 바로 이 둘 사이에 일본 교육의 비극적 실패가 놓여 있다. 윤리과목, 역사 과목은 물론 심지어 아침체조까지 문부성이 교수법, 교과서, 교과과정을 정한다. 배운 지식을 학생이 스스로 관리·응용하도록 하지 않고 단순 암기만을 강조한다. 즉 '교'만 강조하고 '육'은 간과하는 것이다. 학생들은 사고하는 능력을 제대로 배우지 못한다. 산재하는 어마어마한 양의 단편적 지식을 지시대로 달달 외기만 할 뿐, 배운 지식을 서로 체계적으로 연관시키지는 못한다. 이는 우연한 정책 실수가 아니다. 단순 암기는 의존성 훈련이다. 사고하는 것은 자주적인 행동이지만 주어진 것을 암기하는 것은 권위를 무비판적으로 받아들이는 행위이다.

단순 암기능력은 경쟁 시험제도로 측정된다. 시험은 유교적 실력주의의 전형적인 특색이다. 교과과정 수료의 평가 수단이기보다는 입학 요건으로서 독특한 형태의 경쟁을 유발한다. 모든 수험생이 한꺼번에 단 한 차례의 시험을 치르고 그것으로 끝난다. 바로 이런 방식의 제도 때문에 학생들이 "입시 지옥"이라 불리는 극심한 시험 준비로 많은 시간을 보내는 것이다. 수험생은 시험에 붙거나 떨어질 뿐 실력이 얼마나 늘었는지를 보여줄 기회가 없다. 개인적인 성취는 중요하지 않기 때문이다. 중요한 것은 사회적 특권을 보장해줄 명문대학의 졸업장을 딸 수 있느냐 없느냐 하는 것이다. 이 둘은 완전히 다른 이야기다.

끔찍스런 경쟁과 비판적 사고력이 거세된 강제주입식 학습법은 졸업생들의 성향을 결정짓는다. 입시 지옥에서 다른 학생들을 적으로 여기며 몇 년씩 경쟁할 것을 요구하는 현 일본 교육체계는, 결국 탐구하는 지성인을 양성하기보다는 편협하고 기계적인 인간을 길러낸다. 이를 두고 서구인은 일본인의 천성이 원래 그렇다고 오해하는 것이다.

서열상 최정상에 도달하는 일에 모든 힘을 쏟다보니 건강한 수평적 관계를 형성하는 일에 서툴다. 공적인 담론에도 무관심하다. 개개인이 부자연스러울 정도로 자기 자신만의 세상에 파묻혀 살기 때문이며, 지배층의 의도대로 역사라는 큰 그림에 영 무지하기 때문이다. 가라오케 같은 지극히 진부한 상황에 처할 때를 제외하고는 자신만의 개성을 보여주는 기회란 거의 없다.

교육 과정을 잘 따라간 사람은 이른바 '사회인'이 된다. 사회 속에서 살아가기에 적합한 조건을 갖춘 인간이 되는 것이다. 이들은 무엇을 배웠을까? 일본에서 살아가려면 어떤 것이 중요할까? 개인의 개성은 사적인 것이어야 한다는 것, 어려움은 끈기 있게 견뎌내야 한다는 것, 순종하는 것, 성공한 일본인의 핵심적 특질은 바로 이런 것들이다. 집단따돌림이나 체벌이 공식적으로는 비난받아도 실제로는 별 것 아닌 일로 간주되는 이유도 그 때문이다. 문부성은 극단적인 사건을 제외하고는 거의 아무런 조치도 취하지 않는다. 학생들에게 집단따돌림이나 체벌만한 교훈이 없다고 보기 때문이다.

나는 고베에서 미야모토 마사오라는 정신과 의사를 만났다. 코넬 의과대학에서 공부하고 미국에서 10년간 의사로 일하다가 일본으로 돌아와 후생성*에서 7년간 근무한 사람이다. 외국생활을 오래 해 '종족의 인습에서 탈피'하게 된 미야모토가 직면했던 문제는 명징했다. 직장생활이 지옥 같았던 것이다. 주변사람들은 미야모토에게 남들과 똑같이 행동할 것을 끈질기게 요구했다. 미야모토는 처음에는 거부도 해보고 무시도 하다가 나중에는 이 문제를 주제로 집필을 하며 견뎌냈다. 화려한 색깔 넥타이를 매고, 사람들과 다른 음식을 주문하고, 야근을 하지 않고 법정휴가는 전부 사용했다. 그 대가는 고립과 따돌림이었다. 미야모토는 귀국한 후 겪은 어려움을 기록해 책으로 출간했는데, 그 때문에 급기야는 직장에서 사직을 권고 받았다. 책의 내용이 사실과 다르기 때문이라서가 아니라 동료들을 배반하고 내부에서 일어난 이야기를 바깥에 일러바쳤다는 괘씸죄 때문이었다.[5]

'왕따'는 학교를 졸업한다고 해서 끝나지 않는다. 학창시절이 지나고 성

---

* 후생성은 2001년 1월부터 후생노동성으로 명칭이 바뀌었다.

인이 되어도 일본인의 일상생활에 따돌림은 어떤 식으로든 존재한다. 미야모토는 이를 가리켜 "길 잃은 양을 우리 안으로 몰아넣어 가두려는 가학적 충동"[6]이라고 표현했다. 후생성 상급관료들의 생각은 어떨까? "그들 입장에서는 그게 따돌림이 아니에요." 미야모토가 대답했다. "후생성은 훈련이나 기강이라 부릅니다. 자기들이 나를 아끼기 때문에 내가 환경에 가능한 빨리 순응하기를 바랐다는 겁니다. 제가 자기들의 애정을 이해하지 못하는 거랍니다."

집단따돌림에 관한 이 두 상반되는 해석은 사실 모순이 아니다. 따돌림은 잔인함과 애정을 동시에 표현한다. 잔인함도 애정도 그 근간에 자기도취가 존재한다. 자기도취는 일본인이 되기 위한 필수 조건이다. 남을 따돌리는 자의 심리에는 이질적인 것에 대한 공포와 함께 자신의 모습을 남에게 투영하려는 욕망이 담겨 있다. 그 두 가지는 동전의 양면과 같다. 자유분방하던 어린이를 '사회인'으로 만들려면 사회가 조직적으로 개입해 따돌림과 애정을 교묘히 관장하는 작업이 필요하다. 자기도취는 개인의 공적 개성을 억압하기 위해 필요하다. 미야모토가 덧붙였다. "다양한 사고가 허락되지요. 개인이 그런 생각을 공개적으로 표현하지 않는 한."[7]

1980년대 후반에 10대와 20대 젊은이들로 구성된 아주 기묘한 집단이 생겨나는데 이들을 오타쿠おたく[8]라고 부른다. 오타쿠란 원래 이인칭 대명사로 주로 상대방의 집이나 가정을 지칭할 때 사용하던 말인데, 화자가 상대방의 가족 상황에 구체적으로 상관하지 않는다는 의미가 함축되어 있다. 대화 중에 오타쿠라는 단어를 사용하면, 화자가 "당신과 나는 서로 다른 집안 소속입니다. 우리는 지금 이 순간의 만남만 공유합니다"라고 말하는 셈이었다. 이 단어는 타자를 객체화하면서도 한편으로 동일하다는 환상을 보존해주었고, '너'와 '나'는 객체와 주체로서 서로 다르다는 사실을 깨닫지 못하도록 했다.

오늘날 오타쿠는 일정한 분야에 열광하는 매니아를 가리키는 말로 쓰인다. 원래 이인칭대명사였던 단어를 차용한 것은, "나는 당신의 내적 세계에는 관심이 없고 당신과 한정된 관심 분야만 공유하고 있을 뿐"이라는 의미를 담는다. 오타쿠의 매니아적 관심은 상당한 수준에 달한다. 이들의 관심 분야는 죽은 팝스타, 만화가, 열차운행 시간표, 외계인일 수도 있다. 내용을 아주 자세히 꿰고만 있다면 관심 분야는 중요하지 않다. 괴상망측하면 할수록 좋다. 한번은 술집이 즐비한 롯폰기 역 지하철 계단에서 지난 몇 년간 별 소식이 없던 록 가수를 기다리던 한 무리의 오타쿠와 마주쳤다. 모두들 손에 장미 한 송이씩을 들고 있었다. 누구를 기다리느냐고 묻자, 그 록 가수가 어떤 파티에 가려고 정확히 9시 5분에 도착하는 지하철에서 내려 여기에 나타날 거라 확신하고 있었다.

오타쿠는 성격상 극단적인 집단이지만, 그저 희귀한 현상에 불과하다고 무시해버리기는 어렵다. 대학생들 대부분이 오타쿠의 속성을 조금씩 지니고 있고, 그중 적지 않은 수가 20대의 젊은 사회인이 되고 나서도 특정 분야에 대한 관심을 지속적으로 유지한다. 간단히 말해, 오타쿠가 된다는 것은 사적인 영역에서의 개성 추구 선언을 의미한다. 자신의 자아를 손상시키려는 타인을 거부하는 것이고, 진정한 인간 대 인간의 접촉을 통해 친밀감을 추구할 능력이 없음을 인정하는 것이다. 오타쿠는 자기 주변에 원을 두르고 그 안에만 머무른다. 상당히 일본인다운 충동이다. 이들은 (오타쿠 대부분이 남성이다) 같은 관심사를 지닌 사람들과 개인적으로 서로 알고 지내기를 거부한다. 같은 오타쿠라 하더라도 남의 구체적인 생활을 알게 되면 결국 오타쿠 동료의 '타인성'에 직면해야 하기 때문이다.

이런 현상은 일본사회에 존재하는 자기도취 가운데 상상 가능한 한도 내에서 가장 순수한 형태의 자기도취이다. 오타쿠는 이상적인 공동체와 침해받지 않는 자주성을 동시에 추구한다. 전형적인 자기도취적 충동이다.

이런 부류가 굉장히 포스트모던한 것 같고 비주류인 것 같지만, 생소한 것을 거부한다는 점에서 실제로는 매우 보수적이다. 고대 다도茶道학교의 학생들을 보면 꼭 오타쿠 같았다. 모든 참가자가 다른 참가자들에게 거울과도 같은 존재여야 했다. 오타쿠의 반항은 사실 '풍자적 순응'이다.

오타쿠는 어떻게 시간을 보낼까? 전형적인 일본학생과 똑같이 보낸다. 그저 단편적인 (따라서 별 쓸모없는) 사실들을 긁어모은다. 이들은 포스트모던한 농담에 집착하는데, 급소를 찌르는 구절을 보면 무의미하기 짝이 없으나 현대 일본에 어떤 의미를 부여하는 척한다. 오타쿠는 학교의 교육 내용과 방법에 저항하지만, 한편으로는 완전한 순응과 복종의 행태를 보인다. 끈기는 부러워할 만한 덕목이다. 끈기라는 덕목을 갖추기 위해서는 순응도 필요할지 모르나, 그 덕목이 어떤 식으로 자신들에게 이식됐는지 깨닫고 난 후에도 이를 계속 선망한다면 문제가 아닐까. 오타쿠의 끈기와 순응이라는 특질은, 교육제도가 그런 것처럼, 바람직할 수도 있고 그렇지 않을 수도 있다.

갓 졸업한 일본학생들에게 밝은 미래가 보장되어 있다는 식의 관념은 대졸자의 약 40퍼센트, 즉 도쿄 대학을 비롯한 몇몇 명문학교를 나온 사람들에게나 해당되는 이야기이다. 그러나 우리는 그런 선택받은 소수가 선망의 대상이어야 하는가에 의문을 가져야 한다. 우리가 생각하는 효율적인 일본, 즉 '주식회사 일본'은 허구이다. 도쿄 대학 졸업생들도 교육체계를 통과하는 과정에서 체제 순응을 강요받는다. 오히려 도쿄 대학이 모범이기에 그런 압력은 한층 더 드셀 수밖에 없다. 앞에서 언급했던 의사 미야모토의 경험은 여러 모로 도쿄 대학 졸업생이 겪는 전형적인 체험이다. 물론 미야모토가 순응도 저항도 못한 채 후생성에서 1년을 보내다 생긴 위장병과 불면증은 도쿄 대학 졸업생의 전형적 경험은 아니겠지만 말이다.

일본 교육제도에 대한 지금까지의 묘사를 보며 놀라는 독자는, 관행을 옳은 것으로 받아들이고 전혀 의문을 제기하지 않던 사람이거나 아니면 일본을 있는 그대로 보고 싶지 않은 사람일 것이다. 멀리서 반짝이는 표면만 보고 그 밑에 존재하는 암울한 세부사항은 못 보면서, 일본의 교육제도가 이렇게 훌륭한 것은 자기의 공이라고 우기는 사람들은 몇몇 서구인들뿐이다. 일본에서는 지금 누구의 공이 아니라 누구의 탓이냐가 논의의 핵심이다. 어쩌다가 우리 학교가 이 지경이 되었는지 묻고 있다. 교육제도가 제대로 돌아간다고 생각하는 사람은 일본에 아무도 없다. 그러나 합의는 거기서 그칠 뿐 문제 해결을 위한 처방은 중구난방이다.

일본 최초의 문부대신 모리 아리노리는 오타쿠의 등장은 고사하고 무단결석이나 중퇴 같은 문제가 일어나리라고는 상상조차 못했을 것이다. 남아 있는 기록으로 미루어, 모리가 이런 문제들을 직접 대면했다면 아마 큰 충격을 받았을 것이다. 그러나 오늘날 학교에서 벌어지는 경쟁이나 여러 음울한 징조들은 이 장 맨 앞부분에 인용한 모리의 말에 이미 예정되어 있었다. 근대 일본의 교육은, 탐구하는 개인을 길러내기보다는 마치 기계처럼 국민을 '양산'하고자 했다. 모리가 사망한 지 100년이 지난 이 시점에도 일본은 국가가 개인을 위해 존재하느냐 아니면 개인이 국가를 위해 존재하느냐 하는 단순하면서도 본질적인 문제조차 풀지 못한 상태이다. 모리가 세운 교육 체계의 후예인 오늘날의 현 일본 교육은, 여러 산업국가의 교육체계 가운데서도 가장 논란이 많은 편에 속한다. 그리 놀라운 일도 아니다.

일본에서 태어난 서양인

모리 아리노리는 무사의 혈통이다. 사무라이의 아들로 태어난 모리의 어린 시절은 오늘날 일본학생의 일상과도 비슷했다. 아침 6시에 일어나 하루 16시간을 암기, 암송하며 보냈는데 나중에 그의 전기에도 나오듯이 "암기하는 내용이 무슨 뜻인지는 별 관심을 기울이지 않았다"고 한다. 암송하다 틀리면 눈물을 흘렸다. 집안일, 무술, 해가 지면 가끔씩 전쟁놀이를 하며 맹렬한 신체 훈련을 받았다. 18세 이전에는 관료였던 부친의 영지를 벗어나 본 적이 없었다.

그후 모리는 10년간 영국, 유럽 대륙, 미국 등지에서 생활하며 외국 경험을 통해 변해갔다. 메이지유신 4년 후인 1872년에 촬영한 사진에서, 자신감으로 가득한 아주 잘생긴 남자를 만날 수 있다. 차분한 시선, 영국 심미가들 스타일로 늘어뜨린 머리카락, 완벽한 골격, 잘 다듬은 수염, 깃 넓은 양복, 단정히 맨 넥타이. 스물다섯 살 때의 모습이다. 일본 최초로 워싱턴에 외교관으로 파견되어 3년 임기의 절반 정도를 보낸 시점이었다.[9]

모리는 '개화' 옹호자였을까, 아니면 외국인을 혐오하는 사무라이였을까? 같은 질문을 다르게 해볼 수도 있다. 모리는 서구를 모방하는 비겁자였을까, 아니면 훌륭한 일본 문화의 계승자였을까?

모리는 메이지 시대의 다른 어떤 인물보다도 서양을 잘 알았던 사람이다. 그는 서양문물 수용을 지나칠 정도로 역설했다. 젊은이들은 미국에서 유학하고 미국 여성을 아내로 맞아 국가적으로 유전자를 개선하라고 권했고, "하찮은 언어"인 일본어는[10] 폐지해버리고 온 국민이 영어를 사용하길 바랐다. 모리는 서양식으로 혼인한 최초의 일본인이었으며, 미국식으로 아내에게 권리를 주어 유교적 굴레에서 벗어나도록 했다. 모리가 가장 좋아하던 취미는 당구였는데, 그에게 당구를 가르쳐준 사람은 런던 애서니엄 클럽The Athenaeum Club*에서 만난 영국 사회학자 허버트 스펜서Herbert Spencer였다.[11] 초대총리 이토 히로부미는 모리를 가리켜 "일본에서 태어난

---

* 1823년부터 지금까지 이어지는 런던 엘리트층의 사교 클럽 이름. 다윈, 처칠 등이 회원이었다.

서양인"¹²이라 불렀다.

그러나 모리는 곧 변신한다. 첫 부인과 이혼 후에 재혼을 하는데, 재혼은 전통적인 일본식으로 치렀다. 그는 어느새 열렬한 애국자로 변해갔다. 모리가 세운 학교는 '국체주의'國體主義를 가르쳤다. 모든 학교에 덴노의 초상화가 걸리고 교육에 대한 덴노의 말씀이 자주 인용되었다. 교과서 검열은 바쁘게 진행되었다. '태어나길 우연히 일본인으로 태어났을 뿐이며 배움 자체를 의의로 삼고 공부하는 개인'이란 존재하지 않았다. '국가를 위해 공부하는 일본인'만이 존재할 뿐이었다.

모리의 죽음은 그의 생애만큼이나 모순적이었다. 1887년 그는 도쿄 남서쪽 이세라는 곳에 있는 성스러운 신사 이세진구伊勢神宮를 방문했다. 진지한 방문이었을 터이나 모리가 어긴 의례적 절차가 몇 가지 있었다. 진구 참배소에 들어가면서 신발을 벗지 않았을 뿐 아니라 일반인이 건드려서는 안 되는 신성한 장막을 지팡이로 걷어 올려 안을 엿보았던 것이다. 그랬다는 이야기가 전해질 뿐 더 자세한 내용은 찾아보기 어렵다. 그로부터 2년 후 덴노가 메이지 헌법을 제정하던 날, 모리는 이세진구의 행동에 대한 보복으로 광신적인 국가주의자들의 칼에 맞아 그야말로 무사처럼 죽었다. 언론은 암살자들을 매국노를 제거한 순교자로 조명하는 한편 '모리는 숨은 기독교 신자'라는 상류층에 돌던 풍문까지 실었다. 국민들은 존귀한 대신의 무덤에 경의를 표해야 할지 아니면, 그를 살해한 광신적 국가주의자들의 무덤에 경의를 표해야 할지 혼란스러웠다.

초기 전기작가들은 모리의 정신세계에 찾아온 사상의 전환을 규명하려 애썼다. 처음에는 미국의 영향으로 개인성의 만개를 경험했고 나중에는 점차 신생 독일제국의 국가주의 영향을 받았다. 젊은 시절의 자유주의를 뒤로 하고 내면에 잠재해 있던 전통주의로 회귀한 것이다. 그러나 사고의 전진과 후퇴, 진보와 퇴보란 애초에 없었다. 모든 관점이 전부 모리의 머릿속에 공존해 있었고, 그런 관점의 혼돈이 지니는 모순을 해소할 의지도 능력도 없었다. 한 개인으로서나 문부성 관료로서 일관되게 국가주의자였으면서도, 여행 중 목격한 서구—열린 인간관계가 가능하고, 생기 넘치는 지적 교류가 있고 시민이 공중도덕을 잘 지키는—를 본받아야 한다고 생각했다. 요컨대 열린 일본을 지향한 것이다. 모리는 괴팍하다 싶을 정도로 특이한 개인적 습성으로 동료들의 의심을 자아냈으나 소설가 나쓰메 소세키가 말하던 일종의 개인적 주체성은 미처 확립하지 못했던 것 같다.

모리의 삶은 마치 메이지 시대의 전기와도 같아서, 모리를 어떻게 규정해야 좋을지 모른다는 건 그가 살던 메이지 시대를 규정하기 어렵다는 뜻이기도 하다. 모리가 겪었던 정신적 혼란은 당시 모든 이가 공유하던 현상이다. 모리가 보여준 "영혼의 이중적 구조"[13](나중에 역사가들이 붙여준 부드러운 표현이다)는 그대로 근대 일본을 상징한다. 결국 모리는 어린 시절 많은 시간을 투자한 사무라이식 훈련을 넘어서지 못한 채 자기 개인의 경험을 국민 전체에 적용해버리고 말았다. 모리가 관장하던 교육제도는 근대화 과정에서 겪은 갖은 인간적 비극과 소중한 기회의 상실을 어느 분야보다도 극명하게 드러냈다.

워싱턴 임기를 마치고 1873년 일본에 귀국하자마자 모리는 메이로쿠샤明六社라는 단체를 조직하는데, 설립연도의 연호가 메이지 6년이었던 까닭에 이를 단체의 명칭으로 삼았다. 메이로쿠샤는 자유주의적 지성인들과 단체의 정기간행물 출판 담당자들로 구성되었는데 '개화와 계몽' 운동의 구심점으로 신속히 자리 잡았다. '독립자존'의 옹호자 후쿠자와 유키치도 메이로쿠샤의 주요 회원이었다. 후쿠자와와 모리는 친구 사이였다. 그러나 메이지 시대의 교육정책에 관한 견해가 크게 둘로 쪼개지면서 두 사람은 서로 반대편에 서게 되었다. 이 간극이 처음 그 모습을 드러낸 곳도 메이로쿠샤였다.

1875년 신정부는 언론 통제에 관한 법을 만들어 언론의 자유를 억압하고 민중의 정치적 토의 확산을 방지하려 했다. 근거 없이 주먹구구식으로 규정된 법률의 강력한 실행은 일본의 방향 전환이 임박했음을 예고했다. 모리는 메이로쿠샤와 관련해 동료들에게 다음과 같이 충고했다.

현 정치문제에 관한 논의는 원래 우리 단체의 설립취지가 아니다. 따라서 우리는 앞으로 그런 문제에 휘말려들지 않도록 조심해야 한다.[14]

이 말은, 지금 막 대양을 발견한 사람들더러 물에 대한 얘기는 빼고 말하라는 것과 비슷하지 않은가. 봉건주의를 벗어나 새로 근대화된 일본을 논하면서 어떻게 정치에 대한 논의를 빼놓을 수 있다는 말인가! 후쿠자와는 격분했다. 그는 더 이상 일을 지속할 필요가 없다고 판단했다. 그리하여 신생 일본제국에서 2년간 영향력 있는 목소리를 냈던 메이로쿠샤는, 위와 같은 모리의 충고 직후 월간지의 발행을 중단하고 3개월 후 해산했다.

모리와 후쿠자와 사이에서 일어난 갈등의 핵심은 무엇인가? 단순히 언론 검열이 문제였다면 후쿠자와는 월간지를 계속 발행하자고 주장했을 것이다. 이슈의 핵심은 정치적 논의 금지였다. 어떤 사항들은 제한된 사회 고위층에게만 허락되어야 마땅하다는 전제가 모리의 충고에 깔려 있었다. 이 전제 속에는 또 다른 전제가 들어 있었다.

새로운 아이디어와 방향 제시로 신일본의 견인차 역할을 할 사람은 다수의 민중이 아니라 교육받은 엘리트층이라는 전제였다. 이것이 함축하는 의미는 너무나 컸다. 말하자면 근대 일본은 하의상달이 아닌 상의하달식 사회였다. 이로 인해 교육 체계에서도 엘리트 교육과 대중 교육 사이에 뚜렷한 구별이 생겼다.

이런 원칙이 1911년에 아주 간결하게 요약된다. 메이지 시대가 종료하기 한 해 전, 남북조 정통성 문제南北朝正閏問題라 알려진 논쟁에서 덴노 가계의 정통성이 거론되는데,* 이 문제가 덴노의 권력을 약화시키지 않으면서도 교과서에 기재되려면 어떻게 해야 하는가를 두고 사상적 경향이 확실한 도쿄 대학의 한 교수가 다음과 같은 결론을 내렸다.

> 연구를 거친 판단에 따르면 … 우리가 취할 수 있는 태도는 두 가지이다. 하나는 사실을 있는 그대로 놓고 옳고 그름, 맞고 틀림에 상관없이 과학적 방법으로 탐구에 임하는 것이고, 다른 하나는 연구를 할 때 국가적 도덕성이라는 관점으로 판단하는 것이다. … 즉 무엇이 국가에 유익하고 유익하지 않은지가 기준이 된다. 한 나라의 교과서 내용을 선정할 때 전자의 원칙을 따르지 말아야 한다는 점은 의문의 여지가 없다.[15]

지식은 권력이다. 근대 일본에서 진리 추구와 유포는 별개 문제였다.

후쿠자와는 이런 식의 논리를 혐오했다. 앞서 말했듯 모리는 후쿠자와보다 훨씬 더 모순적이었지만, 또 나름대로 수구적인 유교주의자들과 맞서야 했다. 그는 학생들에게 신토를 가르치는 등의 신토 이데올로기 주입 교육에 반대했다. 1887년에는 윤리교육에 관해 수구주의자들과의 지겨운 입씨름을 끝낼 방안을 마련해서 강행했다. 메이지유신 후 사용된 최초의 윤리 교과서는 미국 책을 번역했는데, 유교주의자들은 이 번역서를 1880년대 내내 조금씩 자신들의 입맛에 맞는 도덕 교과서로 바꾸던 중이었다. 이를 불만스럽게 여기던 모리는 윤리 교과서라면 종류를 불문하고 아예 사용을 금지해버렸다. 안 그래도 서양적 사고방식의 소유자라고 의심받던 모리는, 그 순간부터 수구주의자들로부터 진정한 일본정신의 적

---

* 덴노 가문이 남조와 북조로 나뉘어 다투던 14세기부터 유래한 덴노의 정통성 문제.

으로 간주되었다.

그러나 여기서 우리는 모리의 지적 한계를 목격한다. 그는 학교가 무엇을 가르치길 바랐을까? 윤리 교과서를 금지하던 해에 모리는 "읽고 쓰고 셈하는 법을 가르치는 것이 교육의 가장 큰 목표라 생각한다면 이는 큰 오산이다"[16]라고 말했다. 모리는 학교란 "덕이 있는 인간"을 만들어 내보내는 곳이어야 한다고 여겼다. 덕이 있는 인간이란 어떤 인간일까? 모리는 스스로 묻고 스스로 답한다. "덕이 있는 인간이란 제국의 신민臣民으로서 의무를 철저히 이행하는 자이며, 나라의 부름을 받으면 기꺼이 자신의 목숨을 나라에 바치는 인간을 의미한다."

모리는 수구주의자에 대해 애매모호한 태도를 취했고 모리에 대한 수구주의자들의 태도 역시 마찬가지였지만, 결과만 놓고 볼 때 모리는 결국 수구주의자들에게 그들이 원하는 학교를 가져다 안긴 셈이다. 1880년대 후반에 마련된 교육체계에는 각 지역의 자유 재량이 거의 없었다. 교과 과정, 교과서 및 각종 규정을 모두 문부성이 결정하고, 정부 공무원들은 매년 일본 전역의 학교를 감독했다. 사립학교는 대부분 폐쇄시켰고, 공립학교 학생들에게만 대입수험을 허락한 모리의 지침은 그나마 남아 있던 사립학교마저 전부 약화시켰다. 다음은 교사들 차례였다. 당시 초등학교 교사를 위한 행동규범 지침서를 보면 교사의 정치 논의를 금하고 있다. 수많은 교사들이 자유주의자이자 민중주의자여서 근대 일본인을 길러내는 중대한 임무를 맡길 수 없다고 본 모리는 교사들을 '국체'에 이바지하는 든든한 매개체로 만들 심사로 교사훈련을 문부성이 주관하도록 했다. 교사 지망생들은 군복처럼 생긴 제복을 입어야 했고 정부가 주관하는 훈련이 끝나면 군인처럼 전국으로 파견되었다.

모리가 만든 체제는 1945년까지 지속되었다. 모리는 주로 프랑스와 독일의 영향을 받았는데, 전자로부터는 중앙통제 체제를, 후자로부터는 신흥 산업경제의 지탱을 목적으로 하는 능력주의 체계를 모방했다. 그러나 그렇게 짠 틀 안에 모리가 채운 내용은 순수하게 일본적인 것이었다.

덴노가 태평양전쟁 이전에 공포했던 몇몇 주요문서가 있는데 모리가 사망한 지 1년 후인 1890년에 선포한 문서도 그중 하나다. 이 문서는 혼란의 와중에 발표되었다. 정부는 모리의 암살로 동요하는 상태였는데 암살의 잘잘못에 대한 대중의 혼란 때문만은 아니었다. 황실칙서인 '교육칙어'敎育勅語*17는 메이지 과두체제가 꾸며온 국가의 모습을 반영하고 있었다. 덴노의 이름으로 발표된 공식 성명서가 다 그렇듯, '교육칙어' 역시 덴노가 작성한 것이 아니라 실세를 쥔 측근들이 덴노의 이름을 빌려 작성했다. 지금 읽어보면 진부한 옛 유교적 덕목들과 함께 "우리 일본제국의 본질적 성격"이 나열되어 있어서 그다지 해로운 내용은 없는 것처럼 보인다.

그러나 교육칙어의 영향력은 엄청나서 적용 범위가 모리가 세운 교육제도를 훌쩍 뛰어넘었다. 칙서는 범국가적 행동수칙으로서 전 국민을 규율했다. 교육칙어의 뒤편에 군대의 북소리가 둥둥 울려퍼지는 상상이 결코 과하지 않았다. 충성과 효심이 다시 한번 공식적으로 결합하는 순간이었고, 덴노에 대한 헌신은 국가에 대한 헌신과 동일했다. 교육제도 안에 새로운 구조물이 형성된 것이다. 후쿠자와가 반대했던 것이 바로 이것이다. 비록 반대의 근거에 오류는 있었지만 말이다.

모리의 교육제도는 교육칙어를 수용하기에 알맞은 구조였다. 초등교육은 보편적 의무교육이었다. 메이지 시대 말기에 이르면 의무교육 기간은 6년으로 늘어나 거의 100퍼센트에 가까운 아동 취학률을 기록한다. 아직 군사독재는 시작도 되지 않은 메이지 말기에 이미 교육은 아동의 권리나

---

* 국내에서는 최근 교육칙어와 국민교육헌장의 표현상 유사성이 문제가 되기도 했다. 교육칙어의 한국어 번역문은 권말에 있는 주 참조.

부모가 자식에게 지는 의무가 아닌, 부모가 국가에 대해 지는 의무로 법에 명시되었다. 그야말로 "온 나라가 아이들 교육에 발 벗고" 나섰다고 단언할 만하다.

일반 대중교육과 차별화된, 엘리트를 위한 고등교육은 대학교에서 시행되었다. 오직 대학만이 여러 사상을 탐구할 수 있는 열린 공간의 모양새를 하고 있었다. 그러나 대학에서도 편견 없는 학문 연구란 마치 방사능 실험인 양 조심스러웠다. 당시 제국대학은 일곱 군데 존재했으며, 사립대학도 몇 곳 있었다. (1868년에 후쿠자와가 설립 기반을 마련한 게이오 대학은 지금도 일본의 명문 사립대학 가운데 한 곳이다.) 그 정도로 충분했다. 통제 가능한 소수의 명문대학으로 족했다. 도쿄 제국대학은 바로 그 정점에 서 있었다. 1886년 조례에 의해 도쿄 대학 법과대 졸업생은 정부조직의 상부로 바로 올라서는 특권을 부여받았다. 이 특권은 오늘날까지 남아 있다.

메이지 시대의 교육 체계는 당시 사회를 반영하여 양변이 가파른 피라미드 모양이었다. 학교는 전쟁터처럼 변했고 이런 상태는 오늘까지 이어진다. 일개 병사로 전락한 아이들은 너무나 어리기에 더욱 비참했다. 모리의 교육 체계는 입신양명에 이르는 주요 통로로서, 기존 위계질서가 확고하게 남아 있는 사회에서 출세의 욕망을 자극해 학생들을 극심한 경쟁체제로 몰아붙이는 것이 골자였다.

기본적인 교육은 의무교육제도로 해결되었으나 그 이상 고등교육을 받을 혜택은 15퍼센트에게만 부여됐다. 학교교육의 구체적 내용이 무엇인지, 교실 벽에 누구의 초상이 걸려 있는지, 출세의 기회가 얼마나 험하고 좁은지에 관계없이, 교육 받을 기회를 부여잡은 사람들은 미친 듯 열광했다.

교육 열풍이 만들어낸 시험 지옥

일본에 교육 열풍이 처음 등장한 때는 1890년대였다. 출세지향주의[18]는 너무나 많은 학생들을 사로잡았다. 서민들은 교육이야말로 논밭에서 벗어나 신분 상승을 도모할 유일한 길이라고 여겼다. 초등학교는 만원이었지만 일정한 자격을 구비한 학생들을 일률적으로 배출해내는 시스템이 아니었기에 출세는 보장하지 못했다. 초등학교 졸업 후 진학할 수 있는 학교의 수도 제한적이었다. 피라미드가 너무 가팔라서 중학교부터 이미 고등교육 기관에 들어가는 수험에 매달리게끔 되어 있었다.

시험 지옥은 메이지 시대 말기에 벌써 심각한 지경에 달했다. 사회에서 한 학생의 처지와 그가 나중에 성인으로서 경험할 인생 전체가 시험 하나에 좌우됐다. 1945년 이후 그런 현상은 한층 더 심해졌다. 미군점령 기간 동안 출세에 대한 열망이 다시 불붙었던 것이다. 대학은 우후죽순처럼 생겨나 500여 개에 이르렀다. 정부나 기업이 학생 개개인의 능력보다는 학교에 등수를 매겨 그 서열대로 사람을 평가하는 한, 대학의 숫자가 다섯 배로 더 늘어난다 해도 변하는 건 아무것도 없을 터였다. 단지 변한 것이 있다면, 정상에 오르려 몸부림치는 사람의 수가 많아졌다는 점 그리고 질적으로 별반 차이가 없는 아무 대학에나 들어가 졸업 후 실패와 좌절을 맛보는 사람의 수 역시 많아졌다는 점이었다.

시험 지옥과 함께 여러 가지 특이한 현상도 생겨났다. 일본에는 자식의 성공에 집착하는 '교육엄마'가 존재한다. 그리고 로닌(浪人: 원래는 섬길 주인이 없어 떠도는 무사를 일컬음)이라 불리는 수만 명의 재수생이 대입시험을 실패하고 다음 기회를 노린다. 일본인이라면 누구나 알고 있듯이 일단 대학교에 붙으면 학생은 대학에 다니는 동안 거의 공부하지 않는다. 대학에서 무엇을 성취하느냐와 관계없이 사회에 나갔을 때 할 일이 정해져 있는 경우가 대부분이기 때문이다. 졸업 후 입사하면 기업이 이들을 사회인으로 완성시켜준다. 대학생활은 학문을 배우는 기간이 아니라 시험 지옥에서 살아남은 것에 대한 보상 내지는 자유를 맛볼 마지막 기회로 간주된다. 주쿠塾라 불리는 입시준비 학원도 희한하다. 졸업장을 주는 정식 학교와 나란히 공존하되 정식 학교만큼이나 중요하다. 초·중학교 학생의 70퍼센트가 입시학원에 다니고 개인과외를 받는 고등학생은 80퍼센트에 이른다. 주쿠는 일본에서 수지맞는 사업이다. 수업료가 1년에 수천 달러에 달한다. 일본은 교육 예산이 낮다고 칭찬받는 나라로 선진국 중에서 최저 수준이다. 이것이 가능한 이유는 사교육에 엄청나게 의존하고 있기 때문이다. 평균적인 가정에서 교육비가 수입의 25퍼센트 이상을 차지하고 대학교육 이전에 들어가는 비용의 반 이상이 입시학원비와 기타 관련 비용으로 지출된다.

주쿠는 한때 아주 실용적인 욕구를 충족해주는 역할을 했다. 에도 시대에는 데라코야寺子屋*에서 학생들에게 기본적인 셈과 쓰기를 가르쳐 성인이 되면 평민으로서 지역사회에 참여할 수 있도록 해주었는데, 주쿠가 그와 유사한 역할을 했던 것이다. 전쟁이 끝난 후 도회지 학교의 교사들은 수백만 명의 노동자가 일거리를 찾아 도시로 데리고 온 아이들을 떠맡아야 했다. 농촌과는 달리 도시에서는 집에서 아이들을 돌봐줄 조부모도 일손을 빌려줄 이웃도 없었다. 그러나 주쿠는 곧 본래의 항로를 크게 벗어나게 된다. 교육에 대한 전국가적 집착의 일부를 이루며 자식이 입시에서 성공하길 바라는 부모의 걱정에 편승해 교육열을 부채질했다.

도쿄 시내 북서쪽에 위치한 상업지구 이케부쿠로에는 신가카이伸芽会라는 주쿠가 있다. 신가카이는 '새싹이 자라는 모임'이라는 뜻이다. 이 학원

---

* 에도 시대에 평민을 대상으로 하던 교육기관. 승려나 무사 등이 평민 자녀들에게 읽기, 쓰기, 셈하기를 가르쳤다.

은 60층짜리 건물인 선샤인60 빌딩의 한층 반 정도를 차지한다. 선샤인60은 낮은 건물이 주를 이루는 동네에 특이하게 혼자 우뚝 솟아 있는데, 스모그가 짙게 낀 날에도 꼭대기 층이 스모그 위로 모습을 드러내 밝은 햇빛을 받을 수 있을 정도로 높다. 신가카이의 널찍하고 장식 없는 방에서 학생들은 다른 주쿠처럼 단체로 과외수업을 받으며 수험준비를 한다. 적어도 이론상으로는 신가카이를 나오면 소위 명문학교에 들어갈 경쟁력을 갖추게 된다지만 도시를 중심으로 신가카이 같은 주쿠 5~6만 개가 엄청난 경쟁을 하고 있다.

  신가카이에는 특이한 점이 있다. 만 1~2세 아동의 입학이 가능한 최초의 주쿠라는 점이다. 학원에서 사람들과 얘기해봤지만 이 연령대의 어린 아이를 받기 시작한 것이 언제부터였는지 정확히 아는 사람은 없었다. 대략 1980년대 초반일 것이라는 대답을 들었을 뿐이다. 이런 새로운 유행은 비극적이지만 피할 수 없는 현상이었다. 겉보기에 조화롭다는 사회 저변에 존재하는 극단적인 경쟁체제를 드러내는 하나의 지표였다. 1980년대에 교육엄마들은 '모태교육'을 얘기하기 시작했다. 남들보다 먼저 유리한 출발을 하도록 임산부가 뱃속의 태아에게 숫자며 낱말 등을 되풀이해서 읽어주는 것이다.

  전쟁 이후 일본 교육이 걸어온 힘겨운 과정이 신가카이에 투영되어 있다. 신가카이는 처음에 주쿠로 시작하지 않았다. 대학에서 심리학을 전공한 오호리 히데오大堀秀夫가 1956년에 설립한 신가카이는 마치 옛날 데라코야 같았다. 차이점이 있다면 오호리 선생은 유학자라기보다는 하멜른의 피리 부는 사나이*에 가까웠다. 그는 이웃 아동들을 맡아 가르치면서 한

---

* 피리를 불어 하멜른의 쥐떼를 퇴치했으나 약속한 사례금을 받지 못하자 아이들을 꾀어내 산중에 숨겨버렸다는 독일 전설 속의 인물.

사람당 하루에 200엔 내지 300엔 씩 받았다. 그러다 초등학교 입학시험 준비를 도와주는 수업을 개설하기 시작하면서 주쿠로 탈바꿈했다. 지금은 도쿄 수도권에 13개의 지점을 운영하고 있다.

신가카이의 마쓰자와 쓰토무 부장은 선생님이라기보다 성공한 샐러리맨 같은 모습이다. 마르고 훤칠했으며 짙은색 양복차림에 머리는 기름을 발라 잘 빗어 넘겼고 매너도 세련됐다. 마쓰자와는 자식을 입학시키려고 안달인 부유하고 교육수준 높은 엄마들을 하루 종일 상대하는 일을 맡고 있었다. 경험에서 우러나는 자신감에도 불구하고 그는 화제가 모의시험으로 넘어가자 불편해했다. "네, 신가카이에서 모의시험을 치르는 것은 사실이지만 다른 주쿠처럼 스파르타식으로 운영하는 것은 아닙니다. 저희는 학생 개개인이 적절한 소양을 쌓도록 강조하고 있습니다. 저희 학원에서 교육은 놀이를 통해 이루어집니다."

모의시험 제도는 1960년대 중반에 시작되었다. 사설 시험 전문회사가 자기들이 낸 모의시험 문제를 컴퓨터로 분석하기 시작한 것이 계기였다. 물론 모의시험은 진짜시험에 대비해 연습하는 것이 목적이다. 그러나 컴퓨터 분석이 가능해진 후로는 모의시험 결과를 기초로 매년 각 학교의 편차를 매기기 시작했다. 시험은 맞았느냐 틀렸느냐만 갖고 채점한다. 채점이 다 되면 학생 개개인의 점수가 각 학교 평균 점수로부터 어느 정도 벗어나 있는지 보여준다. 그런 식으로 순위를 매기면 실제로 입학고사를 치르기도 전에 이미 어느 학교에 들어갈 수 있느냐가 판가름 나는 것이다.

일본 교육은 모의시험으로 매기는 등수에 심하게 중독되어 있다. 모의시험에 의해 측정된 편차는 학교나 학생을 비난하는 근거가 되고, 학생들은 이 때문에 가고 싶지도 않은 학교에 지원하는 일이 잦다. 매년 고등학생 12만 명이 중퇴하는 주된 이유도 바로 이런 제도 탓이라고 대다수의 교육자들이 확신한다. 신가카이의 경우 다섯 살짜리가 어떤 유치원에 들어갈 수 있을지 결정하는 데에 모의고사를 활용한다.

마쓰자와를 인터뷰하는 중에 후지모토 기겐 원장이 합류했다. 원장은 교수 같은 분위기를 풍겼다. 그는 교육체계를 시간 순으로 놓고 볼 때 거꾸로 경력을 쌓은 인물로, 처음에는 대학 졸업자들이 '사회인'이 되면서 익혀야 할 단순하고 실질적인 것들을 훈련시키는 일을 담당했다. 회사를 대표할 만한 사람이 되도록 대졸자들을 훈련시키는 과정에서 그는 충격을 받았다.

"회사로 걸려오는 전화를 받는 것 같은 아주 단순한 일조차 잘 못하더군요." 그가 회상했다. "자문하지 않을 수 없었습니다. 우리가 도대체 아이들을 어떻게 키우고 있는가 하고 말이죠. 하루는 창립자 오호리 선생님의 강연을 들었습니다. '부모가 아이 걱정을 너무 많이 합니다. 간섭이 지나쳐요. 아이가 알아서 크도록 내버려둬야 합니다. 노는 건 아이들의 직업입니다. 어른이 애들 노는 방법까지 감독하려 들면 안 됩니다. 지식의 축적보다는 경험의 축적이 더 중요합니다'라는 말씀이 강연의 요지였는데 정말 감동했어요."

나 또한 감동했다. 그러나 부모들이 왜 자녀를 신가카이로 보내는지 묻자 후지모토가 지친 표정으로 한숨을 쉬었다. "결론부터 말하자면 부모들이 원하는 유치원이나 초등학교로 아이를 들여보내고 싶어서 그러는 거지요. 기본적으로 입학시험을 준비시키려고 저희에게 보내는 겁니다."

하얀 가운을 입은 임상의처럼 우리는 수업을 참관하러 교실로 들어갔다. 걸음마를 막 시작한 아기 열 명이 네 명의 교사와 함께 운동 매트 위에서 후지모토의 말마따나 자유롭게 '놀고' 있었다. 나무블록 장난감, 공, 깃발, 플라스틱으로 된 모조 부엌용품 등이 널려 있었다. 몇몇 '교육엄마'들이 옆에서 지켜보고 있었다. 후지모토가 말했다. "중요한 것은 아동이 집단 속에서 잘 노는가 그리고 엄마와 떨어져서 독립적으로 놀만큼 자신감을 갖는가 하는 점입니다."

후지모토는 아이들이 게임을 하느라 줄을 서는 동안 잠시 말을 쉬었다가 다시 입을 열었다. "저희 목표는 아이들에게 가능한 좋은 추억을 많이 심어주는 것이고, 또 하나는 부모들을 일깨우는 겁니다. 만약 부모가 교육이 뭔지 깨닫지 못하면 아이들이 고생하기 때문입니다."

후지모토는 이상주의자였다. 교육이 무엇이어야 하는지 이해하는 수많은 교육자 중 한 사람이었다. 부모들 또한 틀림없이 알고 있었다. 그러나 이해와 실천은 별개의 문제다. 어린 시절 한때 선생님들이 매트 위에서 아무리 자유롭게 놀도록 해주더라도, 결국 아이들은 고생길을 피할 수 없다. 그건 신가카이에 오는 부유한 집안의 아이들, 일본 최고 특권층의 아이들이라도 마찬가지다.

나는 아이들이 빨간 공, 파란 공을 빨간 깃발, 파란 깃발에 짝짓는 광경을 관찰했다. 아이들은 전부 옷도 잘 입고 태도도 얌전하고 규칙도 잘 지켰다. 손을 뻗으면 닿을 거리에 있는 아이들이었지만, 기분에는 저만치 멀리 떨어져 있는 것 같았다. 그 순간 내 눈에는 아이들이 아이들이 아니라 실험객체로 보였고, 교실은 과학 실험용 인큐베이터로 보였다.

우리는 아이들을 어른들—교사, 직원, 교육엄마—의 희생양으로 보기 쉽지만 실제로는 어른들도 희생양이다. 교사는 자기 교실이 체제로부터의 피난처라 여기고, 부모는 자기 자식을 위해 현명한 선택을 했다고 여긴다. 일본 교육에서는 모든 것이 허구일 뿐이다. 학교는 디디고 올라갈 출세의 사다리를 구성하는 가로막대에 불과하다. 신가카이는 그 첫 번째 가로막대였다.

나는 상쾌하게 갠 어느 날 아침에 도쿄의 한 고등학교를 방문했다. 2월 말이니 일본에서는 학기말이었다. 네 명의 졸업반 학생과 함께 그들이 곧 떠나갈 교실에 앉아 이야기를 나누었다. 이 친구들은 전부 입시준비 과외

학원을 몇 년씩 다녔다. 그중 한 여학생은 명문학원에 들어가기 위한 학원을 따로 다녔다고 말했다. 일과는 이랬다. "8시에 집을 나와서 3시에 학교가 파하면 일단 집에 갔다가, 저녁 6시부터 9시까지는 입시학원에 다녔어요. 10시에 집에 오면 그때부터 다시 새벽 1시까지 공부했어요." 성적이 더 좋아야 갈 수 있는 특수고등학교에 가고 싶었지만 입학시험에서 실패했다고 한다. "이 학교에 입학한 후로 한참동안 학교를 그만두고 싶었어요."

이 학생의 이름은 오가와라 아이였다. 조금 지나서 오가와라와 나머지 세 명은 자기들끼리 논쟁을 벌이기 시작했다. 이들을 보고 있자니 일본이란 마치 스위스 시계나 아니면 공이 굴러 떨어지면 지렛대를 들어올려 전류가 흐르고 회전 컨베이어를 작동시키는 그런 종류의 장난감 기계와 비슷하다는 생각이 들었다. 너무나 섬세하게 짜여 있는 사회라서 시스템의 한 부분이라도 바꾸려면 전체를 뜯어 고쳐야만 할 것 같았다. 안 그러면 기계 전체를 못 쓰게 되고 말 터였다. 나머지 부분 전체가 뜯어고친 부분과 어긋날 테니 말이다.

"나는 이런 교육제도가 싫어." 오가와라가 말했다. "온통 시험뿐이야. 시험 보는 것은 딱 하루고, 시험 끝나면 절대 공부 안 하잖아."

"사람들은 대입 준비가 자유를 얻기 위해 어쩔 수 없이 겪어야만 하는 일종의 고문이라고 여기지."

다른 학생 하나가 말했다. "그래서 제도가 잘못되었다는 거야. 나는 시간낭비하기 싫어."

"교육제도가 잘못된 게 아니야." 유일한 남학생이 반론을 제기했다. "좋은 대학을 나와서 월급을 많이 받으려는 것은 자연스러운 욕망인 거야."

"왜 교육제도를 탓해?" 오가와라가 의문을 제기했다. "사실 잘못된 건 사회체계야."

"그렇다면 사회체계를 바꿔야 해." 남학생이 말했다.

"하지만 사회체계를 바꾸고 싶으면 먼저 정부를 바꿔야 하는 거야." 오가와라가 대답했다.

일본이 기대하는 인간상

안보투쟁이 일어나고 정부가 고도 경제 성장 정책을 발표하던 1960년, 문부성은 학자와 관료로 구성된 위원회를 소집해 일본 교육의 미래를 논하고자 했다. 5년간 열심히 연구한 결과물로 발표된 보고서의 제목은 불길하게도 「기대되는 인간상」이었다. 이 보고서는 고등학교 교사를 대상으로 하는 권고문의 형태를 띠었으며, 서문에서도 밝히고 있듯 자칭 "여러 덕목에 관한 지도"였다.[19] 길이로 보면 에세이 정도에 불과했지만, 전후의 시대상을 너무나 극명히 드러내고 있다는 점에서 아주 특별한 문서로 봐야 한다. 점령군의 역코스 정책이 평범한 일본인들에게 무엇을 의미했는지 보여주는 전형적인 사례였다. 앞서 오가와라가 말한 것처럼, 일본 교육을 개선하려면 왜 일본 정부부터 개선해야 하는지를 보여주는 안성맞춤의 사례이기도 했다.

일본인은 세계인이기 이전에 먼저 일본인임을 잊어서는 안 된다는 말로 보고서는 시작된다. 일본인은 덴노 폐하를 존경해야 마땅하고, "사회는 생산을 위해 존재"하므로 직장일에 헌신해야 하며, 자신이 "국가와 사회와 가정"에 의존한다는 점을 깨달아야 한다고 씌어 있다.

> 개인의 행복과 안녕은 국가에 달려 있다. 인류에 이바지하는 길은 국가를 통해 열려 있다. 국가를 사랑하는 것이 진정으로 국가에 충성하는 길이다….

주제와 어조에서 마치 전쟁 이전으로 되돌아간 듯 향수에 젖어 있다. 패전 후 상실한 국가주의 정신을 아쉬워하는 감정이 묻어난다. 국가는 "아름다운 일본 전통"의 요소인 "섬세한 애정"과 "굳건한 의지"를 되살릴 의무가 있었다. "이처럼 섬세한 애국심을 한층 깊고 넓게 할 수만 있다면 우리는 강하고 아름답고 고결한 일본인이 될 것이다."

1945년 이전에는 흔하디 흔한 논조였다. 항복하기 전까지만 해도 군대와 학교가 군국주의 사상을 퍼뜨리는 주요 통로였다. 특히 문부성은 극단적인 국가주의자들로 바글거렸고 정부기관 중에서도 가장 시끄러웠다. 교육의 자유를 주장하는 교사와 운동가들은 1920년대 이후 문부성의 통제에서 벗어나기 위해 갖은 노력을 기울였다. 그러나 학교 공부는 결국 세뇌의 수준으로 전락했다.

일본 근대사가 약간 달랐다던가 하는 별개의 상황이었다면, 1960년대 중반에 "아름다운 일본 전통" 운운하는 보고서를 보는 일이 충격적일 수 있을 것이다. 더구나 「기대되는 인간상」의 저자들이 서구인들이 감탄하는 현 일본 교육체계의 관리인과 동일한 인물이어서 더욱 충격이다. 그러나 일본 교육이 역코스 정책의 비극적 희생양이었다는 점을 고려하면 그리 놀랄 일도 못된다. 연합국 최고사령관 총사령부가 미처 간판을 내리기도 전에, 전전 국가주의자들은 다시금 교육체계의 통제를 맡아 패전 직후 없어졌던 과거의 시스템을 전부 이전대로 복구시켜버렸다.

점령군의 교육개혁은 빠르고 전면적이었다. 교육 문제의 결정 권한은 지역 사회와 각 학교로 이양됐다. 문부성에 수구세력이 아직 남아 있기는 했지만 적당히 거리를 두고 감독할 뿐 직접 통제하는 권한은 상실했다. 교과서 검정 권한도 제한되었다. 초등학교 졸업 후 약 15퍼센트만 진학하던 전전 체계를 뜯어고쳐 6-3-3-4 학제로 개편함으로써 누구나 초등학교부터 대학교까지 다닐 수 있는 가능성을 열어주었다. 교육은 부모가 국가에 대해 지는 의무가 아닌 아동의 권리로 전환되었고, 교육칙어를 대체하는 교육기본법이 공포되었다. 교육기본법은 곧바로 일본인들 사이에서 신성불가침의 지위를 획득했다. 패전 직후 설립되어 일본 최대의 노조를 이룬 일본 교직원조합은 교육기본법을 지지하는 주요 세력이 되었다.

그러나 교육개혁은 처음부터 실패할 소지를 안고 있었다. 교육기본법이 제정된 1947년은 연합군 총사령부의 정책 전환기와 맞물려 있었다. 점령군은 문부성에게 교육개혁 실행을 맡겨버렸다. 복귀한 전전 엘리트 세력은 역코스 이전의 초기 교육개혁 정책을 가리켜 "민주주의의 과잉"이라 일컬었는데, 1940년대에서 50년대로 넘어가던 시기에 유행하던 표현이었다. 역시 전전 세력에 속했던 아마노 데이유天野貞祐 문부대신은 1951년에 「국민실천요강」国民実践要領을 작성해 다음과 같은 내용을 담았다.

> 최근 '개인'과 '세계'를 지나치게 강조한 결과 국가의 존립 근거가 약화되는 경향이 뚜렷이 나타나고 있다 … 국가는 우리 존재의 근거가 되는 모태이며 우리의 총체적 삶과 행위의 윤리적·문화적 근간이다. 따라서 국가의 존립은 국민 개개인이 기꺼이 국가의 안녕을 위한 행동을 취할 수 있는가에 달려 있다.[20]

국회는 아마노의 「국민실천요강」을 거부했고 사람들은 이를 "아마노 칙어"라고 부르며 비웃었다. 그러나 「국민실천요강」이 일정한 분위기를 조성하는 데 기여한 것만은 사실이다. 교육정책에서 역코스가 완료되는 것은 그로부터 몇 년 후의 일이다. 일본 교직원조합은 껍데기만 남을 정도로 약화되었다. 1954년에는 '교육의 자유를 수호하는 주체는 문부성'이라고 명시하는 법률이 제정되는데, 이는 마치 범죄자에게 경찰봉을 건네주는 꼴이었다. 문부성이 교과서 검정문제를 놓고 권한을 휘두르려고 재시도하자, 국회는 한바탕 폭동이 일어날 것만 같은 분위기였다. 결국 문부성은 지방교육행정 통제권을 다시 장악하게 되었고, 더 중대한 변화는 선거로 선출된 위원으로 구성된 교육위원회를 해산시키고 문부성 권한으로 직접 위원을 임명했다는 점이다. 게다가 입법 절차를 제대로 밟지 않고 교과과정에 관한 지침을 개정하여 법적 구속력을 부여했으며, 개정된 지침을 위반하는 교사들을 범법자로 몰았다.

이런 일련의 조치들은 교육기본법을 무력화하기에 충분했다. 입법에 실패했던 교과서 검열 문제에도 곧 문부성의 실질적 권력이 미쳤다. 적당한 외양(오모테)을 유지하면서 실제로 속사정(우라)은 다른, 일본에서 흔히 볼 수 있는 상황이었다. 교육기본법은 교육민주화의 자랑스러운 훈장으로서 현재까지도 유지되고 있지만, 실질적인 내용은 죄다 변질되었다.

앞서 언급한 보고서 「기대되는 인간상」은 전후에 벌어진 교육 전쟁에서 승리했음을 알리는 선언이었다. 구세력은 교육기본법과 자유주의적인 교육을 상대로 벌인 전쟁에서 승리했다. 「기대되는 인간상」은 국회에 제출되지 않았다. 작성자들이 이 문서가 일으킬 반향을 두려워했기 때문이다. 하지만 국회에서의 논의 여부는 중요하지 않았다. 보고서를 작성한 사람의 말을 빌리면 「기대되는 인간상」은 전후 일본 교육의 "지도 이념"이었다.

문서의 애매모호한 제목도 중대한 의문을 불러일으킨다. 기대되는 인간상이라니, 기대하는 주체는 누구인가? 이 질문에 답하기 위해선 전후 정치체계를 잘 이해해야 한다. 「기대되는 인간상」은 단순히 패전의 상처를 스스로 어루만져가며 정책을 심사숙고하는 관료의 머리에서 나온 보고서가 아니다. 일본 경제·산업 분야에서 가장 강력한 이익 단체인 게이단렌經團連: 경제단체연합회은 「기대되는 인간상」의 열렬히 지지자였다. 다시 말해, 다가올 고도성장기에 요구되는 인간의 배출이 주요 목적이었던 셈이다. 모리

아리노리의 말마따나 교사를 제조업자로 탈바꿈시킬 작정이었다.

> 9년간의 의무교육 덕택에 읽고 쓰지 못하는 사람은 없지만, 교육은 사실상 자유롭고 개성적인 인성의 육성을 방해하고 있다.[21]

이런 평가는 흔했지만, 1992년에 나온 이 발언의 주체가 누구였느냐는 점이 특기할 만했다. 직업 관료로서 문부대신이 된 하토야마 구니오鳩山邦夫의 발언이었기 때문이다. 교육 논쟁이 시작된 지 100년이 지나서도 교육 분야의 수장인 자가 일종의 반군 노릇을 해야 했던 까닭은 무엇인가?

당시 교육은 뜨거운 감자였다. 교사, 학생, 학부모 등 모든 이해관계자들이 교육 체계에 강한 불만을 품고 있음을 부인하는 사람은 아무도 없었다. (일본 교육을 칭찬하기 바쁜 외국인은 제외해야 하겠지만.) 1990년대 전반에 등장한 언론 매체의 헤드라인 몇 가지를 열거해본다.

> 문부대신, 시험이 아니라 인성을 중요시해야
> 개성을 살리는 교육
> 일본아이들 일률적 아니다
> 모의시험이 교육을 망친다
> 중앙통제 지나치다
> 교육에서 순응주의를 줄여야

첫 번째 표제를 제외한 나머지가 모두 신문 사설의 제목이다. 공식 승인된 관점만 반영하던 언론에서 이런 내용의 기사를 내보낸다는 것은 전후 시대에 상상도 할 수 없었다. 그러나 이제는 헤드라인만 봐도 교육 분야의 영원한 쟁점인 다양성, 자유화, 개성 존중, 선택, 창조성, 진취성 등 주요 개념이 그대로 드러났다.

　문부성은 이제 그런 새로운 가치관을 장려하는 것처럼 보였다. 하토야마의 연설과 그 연설에 대한 논설을 보면, 국민이 원하는 대로 학교를 개혁하겠다는 정부의 의지를 읽을 수 있었다. 보통 큰 변화가 아니었다. 문부성 관리들이 이를 두고 "제3차 교육개혁"이라고 부를 정도였다. 제1차와 제2차 교육개혁은 각각 메이지 시대와 패전 직후에 시행되었다.

　그러나 공무원들의 의도를 잘 파악하는 것이 중요하다. 그들의 말을 액면 그대로 받아들였다간 큰코 다친다. 제3차 교육개혁도 실은 "기대되는 인간상"에 부합하는 인간을 육성하기 위한 노력의 일환이라고 보는 편이 정확하다. 다만 1960년대와 1990년대의 "기대되는 인간상" 사이에는 약간의 차이가 있었다.

　일본은 1973년 제1차 석유 파동 이후 자신들의 미래를 조금 달리 보기 시작했다. 20년간 달성해온 고도 성장이 앞으로도 계속 반복된다는 보장은 없었다. 자기 이름을 붙인 유명 전자제품 회사를 운영하는 마쓰시타 고노스케松下幸之助 같은 비즈니스계의 지성도, 보호주의 장막에 의존하지 않는 일본을 상상하기 시작했다. 일본의 경제적 보호주의 노선은 메이지 시대부터 시작되었고, 전후 재건과 냉전 시대를 지나오는 동안에는 미국 정부의 묵인 아래 지속시킬 수 있었다. 복잡하게 뒤얽힌 이 시스템은 어차피 무너질 수밖에 없었고, 일본은 이제 진정한 경쟁력을 길러야 했다.

　1980년대에 '중후장대'重厚長大와 '경박단소'輕薄短小라는 간명한 문구가 널리 유행했다. 일본은 과거에 중후장대 산업을 지향했으나, 이제부터 대세가 경박단소의 경향으로 흘러가리라는 의미였다. 일본은 더 이상 다른 나라 제품을 모방·개량해서 대량생산하는 방식을 지속할 수 없었다. 앞으로는 원천 기술을 보유한 상품을 개발하는 것은 물론, 정보 서비스 산업에서도 한발 앞서 자리를 굳혀야만 했다.

1982년에 총리 자리에 오른 나카소네 야스히로中曽根康弘는 이 불가피한 과제를 잘 이해하고 있었다. 일본이 탁월한 경제력을 바탕으로 국제사회에 더 큰 영향력을 행사하고 더 큰 책임을 맡는 것이 그의 바람이었다. 그러면 외국에서 거주·취직하는 일본인의 수도 늘고 외국인의 일본 방문도 증가하리라 믿었다. 이를 위해서는 무엇보다도 첨단 과학기술 시대에 적합한 새로운 유형의 국민이 필요했다. 대량생산 경제란 소수의 장군과 그 휘하의 수많은 졸병들이 충성스럽게 경제력 전쟁에 임하는 것과 유사하다. 단순히 '양'만 측정하는 전쟁이다. 이에 비해 '탁월함'의 문제는 약간 달랐다. '일류 우량주'에 해당하는 일본이 되려면, 좀더 창의적으로 사고할 줄 아는 상상력 풍부한 졸업생들이 필요했다. 군사 용어로 바꿔 말하면, 새로이 훈련된 장교집단이 필요하게 된 것이다.

1984년에 나카소네는 임시 교육심의회라는 자문기관을 설치했다. 임시 교육심의회가 총리에게 제출한 첫 보고서는, 일본 교육제도의 "황폐화 현상"에 대해 서술하고 있다. 학내폭력, 무단결석, 시험으로 인한 과도한 스트레스, 우후죽순처럼 늘어나는 수험준비 학원 등의 현상이 전부 교육제도가 제대로 기능하지 못한다는 징조로 여겨졌다. 그렇다면 나카소네의 해결책은 무엇이었을까? 다름 아닌 도덕 교육과 교사 훈련의 강화였다. 수업시간에 일장기 히노마루日の丸를 향해 예를 갖추게 하고 기미가요오君が代를 부르게 했다. 일장기와 기미가요는 둘다 헌법이 명시한 정식 국기나 국가가 아니었음에도 불구하고 이 같은 조치를 취했다. 한편 교과서 검정 절차는 '간소화'하는데, 이것이 나중에 큰 문제가 된다. 검정 결과를 합격·불합격으로만 표기했는데 불합격의 경우 교과서 저자는 이유를 묻거나 이의를 제기할 길이 없었다.

여기서 우리는 20세기 후반의 일본이라는 장소에서 거대한 모순을 목격한다. 교육이란 학생을 한 '개인'으로 길러내는 것이다. 국가에 대한 충성이나 아름다운 전통을 강조하거나, 일본적인 것이 무엇인가에 대한 공식 이데올로기 등을 주입시키는 일은 교육이 아니다. 국가가 그 옛날 충성스런 무사, 군인, 선원, 샐러리맨, 공장노동자 등을 배출하던 것과 똑같은 방식으로 시민들을 교육해서 도대체 어떻게 자유롭게 사고하는 실험정신 강한 개인을 길러내겠다는 말인가? 이런 모순은 나카소네의 정책 경향에서 잘 드러난다. 그는 당시 유행을 좇아 열렬히 민영화를 지지했지만 교육 문제만큼은 강력한 중앙통제를 선호했다.

나카소네가 총리직에서 물러난 1987년 이후에도 교육 문제에 관해 갖가지 해결 방안이 인구에 회자되었다. 다양성과 선택을 확대할 것, 시험의 비중을 줄이고 전인교육을 중시할 것, 과도한 통제, 획일성, 단순암기식 교육은 지양할 것, 체육이나 취미활동 시간을 늘려 덜 경쟁적인 환경에서 아동의 인성형성을 도모할 것, 지역사회에 교육위원회를 부활시킬 것, 개혁은 상의하달이 아닌 하의상달로 진행할 것. 그러나 제3차 교육개혁에 관한 논의가 시작된 지 30년이 넘었으나 현재까지 실질적인 변화는 거의 없었다. 어차피 위에 열거한 해결책들이 문제의 근본적인 해답은 아니었다. 그런 해결방안을 내놓는 문부성 고위 공무원들을 보면 생각이 갈팡질팡하던 모리 아리노리가 연상된다. 그들이 내놓는 방안이란 한 세기 후에나 끝날 장편 대하드라마의 첫 대사쯤에 해당할 것이다. 문부성도 이것저것 시도해보며 시행착오를 거듭하고 있음을 인정한다. 일본의 제1세대 근대교육자들이 겪었던 시행착오와 다를 바 없었다.

도쿄에서 전차를 타고 서쪽으로 한 시간 반 정도 가면, 생긴 지 그리 오래되지 않은 쓰쿠바 대학이 있다. 쓰쿠바 대학은 독창적인 과학연구 중심 대학이자 첨단과학의 보루로서 일본의 MIT가 되기를 지향한다. 차기 경제국면 돌입을 위해 일본이 필요로 하는 종류의 대학이었다. 그러나 MIT와의 비교는 어림도 없었다. 무엇보다도 일본 교육제도가 쓰쿠바 대학 강의

실과 실험실에 들여보내는 학생들의 자질이 수준 미달이었다. 쓰쿠바 대학에는 지적 자극도 긴장감도 없었다. 무미건조한 건물들만 즐비한 대학 교정을 거니노라면 확실히 뭔가 빠져 있다는 느낌이 든다.

쓰쿠바 대학 총장 에사키 레오江崎玲於奈는 물리학 노벨상 수상자로, 미국에서 25년간 살며 IBM 사에 근무하던 유명한 연구가였다. 글을 쓸 때는 소크라테스, 아퀴나스, 루소, 존 듀이 등을 빈번히 인용했고, 대화를 할 때면 활기에 넘쳐서 '자주성'이나 '개성' 같은 단어를 자주 사용했다. 에사키는 일본학생들에게 만족한다고 말했다. "물론 최정상에 해당하는 인재를 배출하고 싶지요. 미국에 가면 덧셈도 못하는 점원이 있는 반면 이공계 분야 노벨상 수상자는 150명이 넘습니다. 그에 비하면 일본인은 평균적으로는 상당히 유능합니다만 이공계 노벨상 수상자는 5명뿐입니다. 미국과 30 대 1의 비율이지요."

에사키는 잠시 얘기를 멈추었다. 일본의 교육제도가 진정한 의미의 '개인'을 배출하게 된다면 어떻게 될지 그의 의견을 물어보았다. 그런 개인이 기업, 정부, 대학(!) 등의 기계적 조직에 어떻게 적응할 것인가?

"현재 고교 졸업생의 약 40퍼센트가 대학에 진학합니다. 이들 전부를 개성 있는 지성인으로 교육시키기란 어렵다고 봅니다. 제 말씀은 선택된 소수가 중요하다는 겁니다. 가장 똑똑한 학생들을 선별하는 거지요. 불가피합니다."

에사키가 말을 멈췄다. 신 엘리트 집단의 형성을 의미하는 것이냐고 묻자, 내 용어 선택이 반가운 듯 그가 말을 이었다.

"기본적으로 그런 얘기지요. 상위 10퍼센트 정도가 되겠지요. 어떤 사회나 엘리트가 있지 않습니까. 리더가 있고 따라가는 사람이 있게 마련입니다. 일본 교육제도는 '따라가는 사람'은 이미 잔뜩 배출하고 있어요."

"하지만 엘리트란 계획적으로 배출할 수 없다고 봅니다만…." 내가 넌지

시 말했다. "만약 정책적으로 신 엘리트층을 만든다면 그 집단 내의 개인들은 서로 비슷비슷하지 않겠습니까? 아무래도 다들 자기를 엘리트로 만들어준 권력의 편을 들게 될 겁니다. 엘리트의 존재가 정당화되려면 내부에 다양성이 존재해야 합니다."

에사키는 내 얘기를 별로 마음에 두지 않는 것 같았다. 에사키는 제3차 교육개혁의 대변인으로도 알려져 있다. 그런 그가 내게 일본 교육의 미래 ─ 적어도 교육정책 주도자들이 보는 교육의 미래 ─ 를 제시해주었다. 그러나 애석하게도 그가 제시한 것은 미래가 아니라 과거였다. 에사키가 꿈꾸는 교육제도는 묘사만 완벽한 현대 용어로 되어 있을 뿐 새로운 제도도 개혁된 제도도 아닌, 대중 교육과 엘리트 교육이 구별되고 하의상달이 불가능한 제국시대의 구식 교육제도였다. 에사키의 세계에서 지식은 다시금 권력이었다.

"이공계 분야는 비교적 간단해요." 에사키가 계속 주장했다. "보다 효과적인 인재 선발 수단을 찾아야 합니다. 저는 대중 교육보다는 엘리트교육에 더 관심이 있습니다. 학문적 우수성 말입니다."

뜻밖에 만난 희망, 환희에 찬 일본인

일본 교육제도에 스며 있는 차별적이고 강제적인 지침들은 19세기 과두정부 지배세력에 의해 고안되어 일제 군사독재에 의해 완전히 체계를 잡고, 패전 후에는 잠시 불법으로 간주되었다가 되살아났다. 교육개혁이 그런 요소의 유지를 의미한다는 사실을 깨닫고 나면 에사키 레오의 열정에 공감하거나 일본식 교육을 찬미하는 외국인에게 동의하기란 불가능하다.

그러나 일본 교육이 에사키 레오가 상상하는 미래로 치닫는다고 보기는 어렵다. 우선 이제는 지식 통제가 더 이상 불가능하다. 더구나 일본 교육의 근저에 어떤 기운이 넘실거린다. 현 교육체계는 용수철 인형이 안에 웅크린 깜짝 상자와도 같다. 음울하고 부정적인 기운으로 가득하지만 찬찬히 살피면 뜻밖에 희망을 발견하기도 한다. 획일성이라는 외관의 뒤편에서 일본인은 결국 자신이 일본인이기 이전에 한 개인이라는 사실을 깨달을 것이고, 어떤 수단으로도 이 진실을 왜곡하지는 못한다는 것을 깨닫게 되지 않을까?

도쿄에서 전차로 한 시간 거리에 '자유의 숲'自由の森이라는 학교가 있다. 학교를 둘러싼 빽빽한 소나무 숲을 지칭하는 이름이다. 어느 겨울날 오후 느지막이 이 학교에 들렀는데, 수업이 막 끝난 참이었다. 그때 내가 마주한 장면이 얼마나 낯설었는지 아무리 과장을 해도 모자랄 지경이다. 바람을 거슬러 학교 현관문을 여니, 아이들이 고래고래 소리 지르는 소리, 악기 연주하는 소리, 뛰어다니는 발소리, 사물함 여닫는 소리 그리고 노래하고 웃으며 대화하는 갖가지 목소리가 뒤섞여 엄청난 불협화음을 내고 있었다. 교장과 이야기를 시작할 즈음에는 옆방에서 플루트를 부는 소리가 들렸다. 마르고 피로해 보이는 얼굴에 수수한 양복을 입은 엔도 유타카 교장선생은 이런 소음이 익숙한 모양인지 태연했다.

"저희 학교의 목표는 아이들을 단순히 일본인으로 키우는 것이 아니라 한 인간으로 키우는 겁니다." 엔도가 이야기를 시작했다. "저희는 아이들에게 사고력, 지능, 감성뿐만 아니라, 몸과 마음을 다해 이상과 목표를 추구할 의지력도 길러주고 있습니다. 학생은 졸업할 때쯤이면 자아를 발견하고 자유에 대한 자주적 의지를 갖게 됩니다."

엔도는 내 반응을 살피려고 잠시 말을 중단했다가 곧 덧붙였다. "만약 인성 교육이 중요하다면 이런 교육 방법은 아주 당연한 것이지요. 하지만 일본의 사회적 맥락에서 보면 좀 이상한 목표로 보일 겁니다."

유리창 너머로 빽빽한 소나무 숲에 진눈깨비가 내려앉는 모습이 보였다.

겨울의 거친 전원 풍경이었다. 도쿄도 시험 지옥도 불과 한 시간 거리 내에 도사리고 있었고, '자유의 숲' 학생들도 결국은 대학에 가려면 시험 지옥을 겪게 될 터였다. 순간 아이들에게 비현실적인 세계를 제시하는 것이 잔인한 일일지도 모른다는 생각이 들어 그런 생각을 엔도에게 털어놓았다.

"통계 몇 가지 말씀드리겠습니다." 그는 대답했다. "저희 고등학교에서 매년 240명이 졸업합니다. 그중 50~60명 정도가 4년제 대학에 가고 20~30명이 전문대학에 갑니다. 나머지 중에서 약 70명은 재수하고 70명은 기술학교에 가고 20명은 바로 취직합니다."

"어떻게 그렇게 경쟁력이 있지요?"

"뿌리가 있으면 가지가 자라는 법이죠. 기본 지식만 터득시키면 학생들 스스로 수험준비를 하는 것이 어려운 일이 아닐 뿐더러 기본기가 없는 학생들보다 훨씬 힘을 덜 들이고 공부합니다."

엔도는 60대였다. 전쟁 당시 입대하기에는 너무 어렸을 테지만, 전쟁에 대해 잘 기억하고 있을 세대였다. 이 나이 또래에 엔도 같은 사람이 많았다. 군국주의 독재와 전쟁 이데올로기에 저항하지 못했다는 것에 대해 평생 속죄하듯 살아온 사람들이었다. 패전 후 엔도는 도쿄의 어느 진보적인 사립학교에서 20여 년간 교편을 잡았으나, 그 학교마저도 애초의 의도와는 달리 학생들을 시험 보는 기계로 만드는 것을 목격하고 사직했다.

1980년대 초반에 약 40억 엔을 마련한 엔도는 대안학교 자유의 숲을 열었다. 그 금액 중 절반은 아직도 갚아야 할 부채이지만 대안학교의 마련은 커다란 장애물을 극복했다는 의의가 있었다. 사립학교는 정부보조를 받지 못하기 때문에 40억 엔은 전부 엔도가 혼자 마련해야 했다. 이제까지 자유의 숲은 중학교와 고등학교를 합쳐 1,200명의 학생을 받았다. "저희는 학생들에게 지혜를 심어주고 싶습니다." 엔도가 설명했다. "사회를 평가하고 변화시키는 일에는 지혜가 필요하기 때문입니다."

엔도보다 연배가 상당히 아래인 부교장이 문전에 나타났다. 슬슬 시간이 늦어지고 있는데다 내게 고등학교 1학년 학생들의 합창 연습을 보여주고 싶었기 때문이다. 이틀 뒤 마을회관에서 합창대회가 열릴 예정이라고 했다.

엔도의 사무실을 나서서 합창연습 장소인 체육관에 이르는 동안 내가 관찰한 것은 '절제된 혼란'이었다. 한 학생이 부교장에게 농구공을 던지며 우리에게 인사를 했다. 또 다른 학생은 무술 동작으로 부교장한테 발차기를 했는데 부교장 얼굴과 학생 발끝의 거리가 겨우 몇 센티미터에 불과했다. 부교장은 미소를 지으며 대화를 이어가려 노력했다. 체육관 문가에서 그는 내게 인사를 한 뒤 학생들 사이로 사라져버렸다.

나는 혹시 자유의 숲이 경직된 시스템에 대한 반항으로서 고의로 창조한 무질서 상태일 뿐 교육의 미래와는 무관한 일종의 무의미한 허풍이 아닐까 하는 의문이 들었다.

체육관에서 합창단은 다음에는 무슨 곡을 부를지 토론을 벌이고 있었다. 고함과 웃음이 악보와 뒤섞여 어우러졌다. 벽은 더러웠고 체육관 한 구석에는 책이 마구 쌓여 있었다. 다들 밝은 색 옷을 입고 있었고 교복은 찾아볼 수 없었다.

갑자기 합창이 시작되었다. 50명가량 되는 학생들이 그보다 절반 규모의 관현악단 뒤편에 자리 잡고 노래를 불렀다. 아무런 예고도 없이 학생들은 모차르트의 「레퀴엠」 일부와 비발디의 「글로리아」를 불렀다. 그 다음은 '아그누스 데이'였다. 나는 고개를 돌렸다. 무질서와 혼란은 어디론가 자취를 감추었다. 대신 비범한 조화로움이 체육관을 가득 매웠고 진눈깨비 내리는 바깥으로 창문이 터져나가도록 학생들의 합창은 계속됐다.

나는 학생들과 이야기를 나누려고 기다렸다. 내가 만나본 일본인 가운데 가장 의기양양하고 환희에 찬 일본인들이었다.

> 영혼이 다른 집으로 이사한 것 같은 기분입니다.[1]
> _나쓰메 소세키夏目漱石『마음』こころ, 1914

마음의 벽

도쿄에서 보낸 마지막 1년은 외국인이 많이 사는 아파트를 나와 아직 재개발되지 않은 시내 중심부로 집을 옮겼다. 그 동네 부동산매매 중개인 시이노는 부친과 함께 중개소를 운영했다. 시이노 부자는 책상, 의자, 캐비닛, 팩스, 전화, 이동식 히터, 플라스틱 테이블보가 깔린 응접탁자 등이 꽉 들어찬 비좁은 사무실에서 일했다. 대부분의 거래가 응접탁자 위에서 이루어졌다. 사무실 면적은 다다미 여섯 장 크기로 서양의 큼지막한 욕실 정도였다. 유리창은 아파트 임대 광고로 도배되어 있었다.

미나미아오야마南青山 지역에 월세 8만 5,000엔, 그러니까 당시로 치면 미화 약 700달러에 해당하는 아파트가 한 채 나와 있었다. 소박한 아파트였지만 예산을 밑도는 금액이었고 근처에 친구도 한 명 살고 있었다.

"안 됩니다." 호리호리한 몸매에 태도가 조금 모호한 사십대의 '아들 시이노'가 말했다. "그 집은 별로 마음에 드시지 않을 겁니다. 그거 말고 이 집이 어떠신지…."

"저는 그냥 그 집이 좋을 것 같은데요." 내가 말했다.

"그 집은 정말 지저분해요." 시이노가 눈살을 찌푸리며 고개를 가로젓더니 담뱃불을 붙였다.

"지저분한 거야 깨끗이 치우면 되지요. 그냥 가서 구경이나 합시다."

"스미스 씨한테 어울릴 만한 곳이 아니라니까요. 어둡고 냄새나고 그래요. 스미스 씨한테 적당한 아파트가 아니에요."

그래도 내가 끈질기게 우기자 바랜 회색의 구식 양복을 입고 있던 고희를 넘긴 '아버지 시이노'가 참을성을 잃으려고 했다. 군대식으로 짧게 깎은 머리칼이 양복 색깔과 비슷했다. 칠십을 넘겼으니 전쟁을 경험한 세대였다. 사무실 위층에 있는 조그만 방에 살면서 매일같이 동틀 무렵이면 잔가지를 동여매서 만든 빗자루로 사무실 앞길을 쓸곤 하는 그는 자그맣고 태평한 사람이었다.

"외국인이 살 곳이 못 된다니까요." 노인이 아들과 나를 향해 소리를 질렀다. "집주인이 바로 그 옆에 사는데, 외국인한테는 절대로 임대해주지 않을 겁니다."

그래서 포기하고 결국 비바람에 풍화되고 바람이 솔솔 드는 집 하나를 골랐다.

"그 집이라면 예전에 외국인에게 세 준 적이 있어요." 아들 시이노가 집을 보러가는 길에 나를 안심시키려 했다. 전통 있는 야마다 집안이 소유한 가옥이었다. 야마다 집안 사유지는 옛날에 비해서 많이 줄어든 편이다. 그 집은 동네 가옥 열 두어 채 중에서 막다른 골목 제일 끝에 위치하고 있어 조용했다. 집들이 다닥다닥 붙어 서로 떠받치고 있는 형국이었는데 전통적 엔지니어링이 이룬 기적이라 할 만했다. 서로 들여다보지 못하게 하려면 창호지 창문과 나무문을 꽁꽁 닫아두는 수밖에 없었다. 하나라도 열면 사생활이 순식간에 온 세상에 공개될 지경이었다.

추레한 플라스틱 차양이 부엌으로 스며드는 햇살을 가렸다. 그 집에서 부엌은 옆집 말고 길거리가 보이는 유일한 곳이었다. 지푸라기 가리개처럼 덮여 있는 플라스틱 차양은 나를 가려주는 동시에 내 시야를 가렸고, 보이는 건 다른 집 텔레비전 안테나와 하늘 한 귀퉁이뿐이었다. 하루는 야마다 부인에게 부엌 창문 차양을 떼어줄 수 있느냐고 물었다.

"불가능한데요." 그녀의 대답이 평소처럼 상냥하지 않았다.

나는 이웃이 창문으로 집안을 들여다보더라도 별로 개의치 않는다고 말했다. "그래봤자 부엌인데요 뭐."

그녀가 말했다. "사람들이 집안을 들여다보는 게 문제가 아니라, 스미스 씨가 바깥을 내다보는 게 문제에요. 이웃들이 싫어해요."

이웃은 중산층 샐러리맨들이었다. 내가 이사 오자 처음에는 신경들을 쓰더니, 어느 토요일 저녁에 동네를 한 바퀴 돌며 인사하자 호기심이 잦아들었다. (새로 이사 오면 뜨거운 국수를 한 사발씩 돌리는 관습이 있는데 사람들은 나한테 그렇게까지는 안 해도 된다고 귀띔해주었다.) 이들에게 나는 여전히 새로운 존재였지만 그래도 서서히 나를 야마다 집안 임차인이라는 공동체 내지는 니시아자부西麻布 2초메丁目*라는 주소를 공유하는 공동체의 일원으로 받아들여 주었다.

이 골목에서 별난 행동은 반드시 어떤 정해진 수순을 밟아야만 허용되었다. 어떤 이는 밤에 하모니카를 불었다. 어떤 집에서는 수준 높은 재즈 컬렉션을 틀었다. 매일 자전거로 출퇴근하는 사람도 있는데 완충 장치가 헐거워진 자전거를 타는지 새벽 1시 30분만 되면 찢어질 듯한 브레이크 소

---

* 일본 시가지를 나누는 행정구역 단위로, 우리와 비교하자면 동洞보다는 작고 번지보다는 크다.

리가 들렸다. 어느 집 애완견은 일요일이면 하루 종일 짖어댔다. (무슨 조화인지 꼭 일요일에만 짖었다.) 이 모든 것이 용서되었다. 그런데 나는 발코니에 세탁물도 널지 못했다. 옆집 양철지붕으로 물방울이 떨어진다는 것이다. 전에는 그런 일이 없었던 까닭에 규칙 위반이었다.

가을이었다. 어스름하게 석양이 질 무렵 누군가 트럭을 몰고 지나가는데, 뒤편 짐칸에 거짓말같이 불이 활활 지펴져 있었다. 뜨거운 빛을 발하는 회색 돌 위에서 고구마가 구워지고 있었다. 전통적인 군고구마였다. 삑삑거리는 마이크에 대고 군고구마 장수는 시 읊듯 읊었다.

군고구마,
뜨거운 돌로 구웠어요,
막 구워서 달고 맛있어요,
먹어봐요 먹어봐,
군고구마.

두 블록 떨어진 곳에는 모스치노니 장 샤를르 드 카스텔바작이니 하는 부티크들이 있고, 좀더 가면 건축가 안도 다다오安藤忠雄가 콘크리트로 지은 포스트모던 건축의 명물이 서 있다. 그 길 바로 위쪽에는 '기하치'라는 세련된 레스토랑이 자리하고 있는데 주인은 더블양복에 잇세이 미야케 와이셔츠만 입는 멋쟁이로 메이지 시대의 용어를 빌리자면 '하이카라'[2]에 해당했다. 그는 프랑스에서 얻은 요리 지식과 일본식 조리법을 접붙이는 시도를 하고 있었다.

메이지유신 당시 일본 인구는 약 3,000만 명이었다. 그중 80퍼센트는 농부였고 외국에 알려진 최초의 '일본인'이었다. 에도의 명칭이 도쿄로 바뀔 무렵 에도의 인구는 백만 명에 못 미쳤다. 그러더니 인구가 점점 늘기 시작했다. 메이지 시대가 끝날 무렵에는 200만 명을 초과하더니, 최초의 근대식 인구조사를 실시한 1920년에는 약 400만 명으로 증가했다. 그러다 1945년 8월이 되면, 도쿄인구 700만 명 중에서 반수 가까이가 사망하거나 시골로 흩어진다. 이후 도쿄의 덩치는 다시 커져 1952년에는 700만 명 수준을 회복하고 그로부터 10년 후에는 천만 명에 육박하게 된다. 1960년대에는 하루 평균 100가구 이상이 농촌을 떠나 도쿄를 비롯한 기타 태평양 연안의 도시로 이주했다. 현재 도쿄는 세계 최대 규모의 도시로, 도심으로부터 반경 30킬로미터 범위 내에 약 4,000만 명이 거주 내지 활동한다.

근대화로 말미암아 도쿄는 영혼을 잃고 헤매는 자들의 도시가 되었다. 1868년 메이지유신과 함께 새로 탄생한 이 '동쪽의 수도'東京는, 일본에 일찍이 유래가 없던 강력한 구심점이자 전국의 인재를 빨아들이는 자석이 되었다. 따지고 보면 심지어는 덴노마저도 도쿄로 이주해온 타지 사람이었다. 도쿄에서는 사무라이 격식이 새로운 서양문물과 결합해 거리감, 낯섦, 도시적 불안감 같은, 당시의 평균적 일본인이 보기에 좀 기묘한 분위기를 만들어냈다. 새 도시민들의 심리적 이탈은 곧 자신으로부터의 심리적 이탈이었다. 자기를 '타자화'하는 현상이 일어났던 것이다.

도쿄를 둘러싸는 소박한 간토關東 평야지대와 오사카·교토를 포함하는 간사이關西 평야지대를 연결하는 가느다란 통로를 일컬어 '오모테니혼'表日本, 즉 '일본의 정면'이라 부른다. 한 세기하고도 사반세기를 더 거쳐 맹렬한 근대화를 이룬 지금에도, 우리가 '일본'이라 할 때는 바로 이 오모테니혼을 가리킨다. 오모테니혼이야말로 일본이 전후에 이룬 '기적'의 전시장이다. 일본 전체 면적의 14퍼센트가량 되는 이 지역에 일본 총인구의 3분의 1이 산다. 국가 산업생산량 가운데 4분의 3이 이곳에서 나오는데 이는 경제 규모로 보아 독일의 절반에 가까운 수치이다.[3] 은행, 보험회사, 금융시장, 회사본사, 출판사, 대학, 언론, 공장은 죄다 이 지역에 몰려 있다. 다른 지역에 본사를 둔 몇 안 되는 대기업도 (예를 들어, 마쓰다 자동차를 만드는 마쓰나 건설기계를 생산하는 고마쓰) 행정 권력의 중심에 가까이 있기 위해 도쿄에 대표사무실을 두고 있다.

도쿄 같은 도시는 물론 다른 나라에도 존재한다. 프랑스 사람들도 명예나 돈을 좇아 파리로 상경한다. 그러나 목적을 달성하면 귀향하거나 시골 별장에 머문다. 파리도 도쿄처럼 비대한 도시이다. 그러나 비교는 거기서 그친다. 프랑스인은 파리에 와서 스스로를 타자화하지는 않았다. 도쿄로 이주한 일본인은 수 세대에 걸쳐 그런 증상을 겪었다.

근대는 일본의 수도에 표면과 이면이라는 두 가지 얼굴을 선사했다. 이런 현상은 태평양에 면한 다른 도시에서도 마찬가지였다. 도쿄는 별세계의 징표로 그득했다. 프렌치 레스토랑, 댄스홀, 빅토리아풍 벽돌건물 같은 서양 풍경이 있는가 하면, 전통가옥이나 뒤뜰 텃밭 같은 시골 풍경도 있었다. 사람들은 거대한 신생 기업에서 일하며 신일본에 참여하기 위해 도쿄로 향했다. 상투를 자르고 양복을 걸침으로써 신 도시거주민들은 '하이카라' 집단이 되었다. 한편 이들은 근대화되어 보이는 표면에서 물러나 도쿄의 뒤편으로 숨어들어갔다. 오늘날 도쿄는 시끄러운 레스토랑, 술집, 대로, 사무실, 정부 부처, 세련된 가게들로 빽빽이 들어찬 고층빌딩의 도시이다. 그러나 지금도 주요 교차로에서 몇 발자국만 안으로 들어서면 지나가기도 힘들 정도로 비좁은 골목길이 여기저기 나 있고 저녁 때는 파자마에 슬리퍼를 신고 돌아다니는 사람들을 볼 수 있다. 번잡하기로는 세상에서 으뜸일 네온사인 번쩍이는 롯폰기 교차로에서 불과 한 블록 떨어진 곳에 친구가 사는데, 매일같이 아침이면 수탉들이 한꺼번에 울어대는 소리에 잠에서 깬다고 한다.

"도심에도 시골이 있다." 커트 싱어 Kurt Singer가 『거울, 검, 보석: 일본생활의 기하학』 Mirror, Sword and Jewel: The Geometry of Japanese Life에서 한 말이다.[4] 싱어가

1946년에 집필한 이 짤막한 저서는 외국인이 일본에 대해 쓴 책 중에서 가장 통찰력 있는 책으로 이런 평가는 결코 과장이 아니다. 그러나 저자가 도시 묘사를 위해 인용한 일본의 옛 금언은 당시 사정에는 들어맞을지 몰라도 이제는 적절치 않다. 오늘날 도쿄 사람들은 더 이상 자기소외도, 과거와 반목하지도 않는다. 현재 도쿄 주민들의 '과거'는 도쿄 내로 한정된다. 단순한 인구통계학적 사실이다. 즉 도쿄는 스스로를 규정하기 위해 과거에 매달리지도 않고, 한때 그토록 흉내내려 애쓰던 서양을 기준으로 삼지도 않는다. 도쿄는 이제 그냥 단순히 도쿄일 뿐이다. 전시의 대상인 모범도시도 아니고 시골을 그리워하는 향수에 젖은 도시도 아니다. 현대를 살아가는 일본인은 자신들의 삶을 그냥 있는 그대로 받아들이기 시작하고 있다. 아파트나 사무실에서 북적거리며 생활하기는 하지만, 그렇다고 너나 할 것 없이 똑같은 신발에 흙 묻은 시골주민이 아닌, 각자 조금씩 다른 기질과 방법으로 살아가는 사람들임을 인정하고 있다.

1980년대에 히카리 아가타干刈あがた라는 작가가 『홈 파티』라는 제목의 소설을 발표했다. 한 어머니와 자식들이 동네의 지역재개발을 경험하는 이야기이다. 그 집 부지에 18층짜리 호텔이 들어선다. 뿌리 없는 도회생활이 손짓을 한다. "이 동네는 항상 뭔가 정연함이 결여된 것 같은 인상을 준다." 화자가 말한다.

> 그러나 고층빌딩 숲에서 빠져나와 이곳에 돌아올 때마다 나는 언제나 안도한다. 갈색과 회색이 녹아들어, 그 부드러운 색감이 피부에 부드럽게 스며드는 기분이다.

도쿄 사람들은 종종 뒷골목에 집요한 애착을 드러낸다. 불편한 옛날식 가옥들은 비바람에 풍화가 되면 될수록 좋은 거라 하여 물리적인 은신처의 역할보다는 정신적인 피난처 구실을 한다. 동시에 건물해체용 파쇄기가 이루어내는 해체 작업은 현대에 굉장한 도시적 드라마를 제공한다. 불과 몇 주 만에 한 동네의 그림이 완전히 바뀌는 경우도 허다하다. 옛날식 시골집 대신 오만가지 현대식 건물이 들어선다. 갈색과 회색 톤으로 된 목재 대신 콘크리트나 잿빛 화강암 같은 일본 건축가들이 선호하는 포스트모던한 재료가 등장한다.

도쿄에 살면서 나는 일본이 얼마나 정신없이 현대화되는지 절실하게 느끼곤 했다. 일주일 정도 타지에 갔다 집에 돌아와보면 길 건너편 아랫집이 철거되어 없어지고 대신 완전히 다른 모양을 한 집이 벌써 반쯤 완성되어 있기도 했다. 이런 장면은 끊임없이 되풀이되었다. 이 같은 도시재개발 방식은 일본인들이 도시에서 먹고 자고 일하는 방식에까지 영향을 미쳤다.

인간다움을 부정하다

"우리는 자유롭지 못한 삶을 살고 부자연스러운 부담을 지며, 비이성적인 체제 아래 고통당한다." 1922년에 도쿄 조선소에서 일하던 노동자가 노동조합 소식지에 남긴 구절이다. "인간으로서 우리의 가치는 어디에 있는가? 얼음처럼 차가운 아침에 공장으로 달려가고 별을 보며 집으로 발걸음을 재촉하는 우리에게 인생을 즐길 틈이란 없다. 우리는 비인간적인 존재로 살아간다."

근대 일본인들이 남긴 문헌에 인간다움의 부정이라는 주제가 얼마나 일찌감치 그리고 얼마나 자주 등장하는지 살펴보면 놀랍다. 부자연스러운 부담, 비이성적인 체제. 마치 근대를 맞이한 일본의 첫 세대가 '일본인 되기'의 근저에 비정상적이고 비상식적인 무언가가 도사리고 있음을 즉각 알아차린 듯한 분위기이다. 수백만의 도시이주자가 공유하는 근대화의 일차적 경험은 '떠난다'는 행위였다. 이들은 현대의 사무라이가 되기 위해 시골을 떠나면서 자기도 모르게 자아와 인간성을 상실해버린 것일까?

나쓰메 소세키는 1914년에 발표한 소설 『마음』에서 K라는 등장인물을 통해 야심찬 샐러리맨의 초상을 신랄하게 묘사한다. K는 고향을 떠나 도쿄로 향한다. '옳은 길'을 추구하겠다는 포부로 상경하지만 옳은 길이라는 게 뭔지 사실 자기도 잘 모른다. 그러나 의지를 굽히지 않고 정진한다. 피로에 지쳐 나가떨어질 지경으로 '정신 집중'을 수행한다. K는 '현대적 개념들'을 추구하면서도 한편으로는 과거의 영웅적 인물들을 존경한다. 모든 종류의 안일함을 경멸하며 도道, 즉 '도덕과 남성적 위엄을 성취하는 길'에 도달하기 위해 스스로를 채찍질하는 무사를 숭앙한다.

나쓰메 소세키는 예언자와도 같았다. 그래서 이 소설가를 높이 평가하는 것이다. K는 오늘날 같으면 평범한 남색양복에 하얀 와이셔츠를 입고 도요타나 도시바 같은 회사에서 과장이나 부장 같은 중간급 지위를 지향하거나 아니면 다른 고위직을 꿈꾸었을 터였다. 공과 사를 구분 짓는 선의 위치가 미묘한 까닭에 우리는 K의 마음속에 벌어지는 경제 관념과 심리 상태의 묘한 교차를 감지한다. 근대 일본에서 관찰되는 독특한 현상이다. 나쓰메 소세키의 등장인물은 전통을 따르는 굳세고 결단력 있는 일본인이 되기 위해 모든 것을 희생한다. 그러나 전통적인 일본인 상에 그토록 집착하면서도 그게 구체적으로 무엇인지는 제대로 파악하지 못한다. 소설 속의 화자는 K가 야망을 이루려 애쓰는 과정에서 비인간적으로 되어간다고 서술한다. "마음에 벽을 쌓아 심리적 방황이나 사치스러운 생각을 막으라." 수세기 전 한 무사 가문에서 권장하던 규율이다. 이런 경향을 현대 일본의 기업전사에게서 발견한다. 일본인이 자기를 헌신해서 이루려는 이상적 덕목에는 어딘가 비인간적인 데가 있다.

한번은 가와바타 데루타카河端照孝라는 인물을 만나러 도쿄의 사무실 빌딩에 갔다. 50대 후반인 가와바타는 무사의 후손으로, 백발에 날씬한 중역이었다. 활동적이고 원기왕성해서 나이보다 훨씬 젊어보였다. 가와바타는 잠옷바지 같은 바지에 무사 복장을 단순화시킨 웃옷을 걸치고 있었다. 우리는 발레 스튜디오처럼 바닥에 나무가 깔린 넓은 지하실에 가서, 가와바타가 수요일 저녁마다 여는 이아이도居合道 수업을 구경했다. 이아이도는 검도의 초기 형태로 검술을 훈련하는 무도이다.

얘기를 나누며 녹차를 마시고 있자니 대여섯 명쯤 되는 중년 남자들이 비슷비슷한 복장을 하고 나타나 이아이도 품새를 연습하기 시작했다. 이들은 오래전부터 이어 내려오는 동작을 한 치의 오차도 없이 따라했다. 마치 팔다리에 깊숙이 내재되어 있던 기억을 끌어내는 의식 같았다. 굳게 다문 입술, 반쯤 감긴 눈, 공백의 얼굴. 목검이 서로 부딪혀 떨그럭 거리는 순간과 가끔씩 마룻바닥을 맨발로 쿵 하고 구르는 순간만 제외하면 연습장은 쥐 죽은 듯 고요했다. "완벽하고 수려한 동작이 목표입니다." 가와바타가 속삭였다. "배워서 익혀야 합니다. 새로운 동작을 개발하거나 할 수는 없어요."

가와바타에게 이아이도는 취미가 아니었다. 이아이도 수련은 지금 이 창문 없는 지하 연습장 바깥의 삶을 위한 것이었다. "저는 일을 하거나 친구를 사귈 때에도 이아이도에서 배우는 기술을 사용합니다. 항상 반응할 준비를 하고 있어요. 일본인은 삶에서 일어나는 여러 변화로부터 스스로를 방어하고 싶어합니다. 그러려면 방어 기술을 배우는 것이 중요하지요." 가와바타는 제자들이 연습을 끝낼 때까지 이런 식으로 이야기를 이어갔다. 제자들은 전부 이름만 들어도 쉽게 알 수 있는 회사에 다니고 있었다. 화학회사 영업사원, 운송회사 중역, 증권거래 전문가가 목검을 들고 격투하는 장면을 보고 있노라니 이상한 기분이 들었다. 나쓰메 소세키가 K를 창조해낸 지 80년도 넘은 지금, 바로 이곳에 나쓰메 소세키의 K들이 존재하고 있었다. 이 돈 잘 버는 기업전사들이 서류를 작성하거나 영업 할당량을 채울 때 사무라이의 저돌성으로 접근한다는 얘기였다. 순수한 동기와 정결한 마음과 내면에서 우러나는 결의로 무장한 사무라이 말이다.

문제는 가와바타의 생도들이 그런 사무라이의 속성을 소유하지 않는다는 점이다. 명료함이나 목적 의식이 결여되어 있었고 어딘지 소심한 데가 있었다. 바로 옆에 있는 가와바타의 생생한 원기와 집중력에 대조되어 더욱 두드러졌다. 한 마디로 가와바타의 처방이 별 효과가 없었던 것이다. 이 아이도 수련을 하던 사람들이 사범에게 진정으로 배우고 싶었던 것은 무엇일까? 허공을 가로지르는 고대의 몸짓일까? 그저 살아있음을 느끼고 싶었을까? 아니면 K나 가와바타처럼 변변치 않은 인생을 벗어나 규율 잡힌 양질의 일본인이 되는 과제에 열정을 느껴보고 싶었을까?

후지산 기슭에는 '관리자 양성학교'라는 데가 있다. 언뜻 보면 신병훈련소처럼 생겼는데 실제로도 신병훈련소나 매한가지였다. 연병장, 깃대, 무선송신탑 그리고 ㄱ자 모양으로 된 두 채의 길쭉하고 천정 낮은 막사가 있었다. 관리자양성학교는 영락한 기업전사들을 위한 곳으로, 회사가 영업 실적이나 생산 계획이 마음에 차지 않거나 아니면 단순히 사원의 태도가 마음에 안 들 때 사원들을 보낸다. 이곳에 들어온 사원들은 새벽 6시에 일어나 밤 9시 반에 일정을 마친다. 밤에는 느린 걸음으로 40킬로미터, 또는 빠른 걸음으로 25킬로미터를 행군한다. 훈련생들은 이곳을 '지옥훈련소'라 부르고, 훈련받으러 가는 일을 '지옥 바닥을 둘러보러 간다'라고 표현한다.

백발의 모토하시 야스오元橋康雄 교장은 침착한 남자였다. 샐러리맨에 관한 그의 견해는 흥미로웠다. "한 마디로, 사람들이 자기 기백을 발견하도록 하는 것이 저희의 목표입니다. 열심히 일하는 자세 말입니다. 샐러리맨들이 열정을 갖고 최선을 다해 일하기가 어렵지요. 저희는 훈련생들 심리 깊숙이 들어갑니다. 저희가 발견한 중요한 사실은, 사람들이 아무런 지각 없이 그저 해야 되는 거니까 한다는 생각으로 일한다는 점입니다. 훈련생들이 자기가 얼마나 진정성이 결여된 맥 빠진 삶을 사는지 자각했으면 하는 게 저희의 바람입니다."

일본에 살면 도쿄, 오사카, 고베, 기타 태평양 연안 산업도시에서 매일 같이 샐러리맨을 볼 수 있다. 물론 이상과 현실 간의 거대한 간극을 극복하려는 몸부림은 어디든 똑같이 존재한다. 어딜 가나 경제 성장이라는 거대한 국가적 사명으로부터 초연한 개인이 있게 마련이고, 또 어딜 가나 그런 사람들에게 동기를 부여하려는 시도가 있게 마련이다. 초연함이란 선진공업국이라면 어디나 있는 증상이 아닌가? 그렇다. 그러나 공과 사가 구분 없이 뒤얽힌 일본에서는, 국가가 경제적으로 성공하고 '오모테 니혼'이 존속하려면 잘 조절된 정신 상태가 불가결하다는 인식이 팽배하다. 사람들은 요즘도 사무라이의 정신력으로 분투하라는 압력을 받지만 실제로 가와바타 데루타카처럼 비상한 흥미와 열정으로 검을 휘두르는 사무라이 샐러리맨은 극소수에 불과하다. 그 결과, '마땅히 있어야 할 동기의 부재'를 갑자기 전 국가적인 병리적 증상으로 여기는 현상이 생겼다.

샐러리맨 정신을 이상적이라고 여기는 외국인들에게는 아무리 설명해도 소용없다. 거칠 것 없는 기업전사란 상상 속 '일본'을 장식하는 핵심요소이다. 그런 이미지는 해롭다. 왜냐하면 일본인을, 나쓰메 소세키의 표현을 빌리면, "비인간적"이고 무서운 존재로 비추기 때문이다. 조선소 노동자가 목격한 현실처럼 실상은 좀 다르다. 일본 노동자와 미국 노동자의 생산성만 비교해봐도 알 수 있다. 샐러리맨의 끝없는 고투라고 해봐야 그리 영웅적인 것이 못 된다. 정신과 의사 미야모토 마사오가 후생성의 비효율적인 행태를 언급할 때 후생성의 운영체제를 다음과 같은 기발한 표현으로 묘사했다. "후생성의 효율성은 비효율의 누적으로 초래된 결과다."[5]

외국인에게 기업전사 개념을 설명하려는 목적으로 정부가 의외의 책을 한 권 발간한다. 의외라고 한 이유는 이 책이 기업전사의 신화에서 거품을 빼고자 했기 때문이다. 실제로 책 내용에는 샐러리맨이라는 개념에는 뭔가 비인간적인 점이 있으며 충만한 의지나 전지전능과는 아무런 관계가 없다고 적혀 있다. 『일본의 '샐러리맨'』이라는 책 겉표지에는 신문, 컴퓨터, 잔소리하는 상사, 점심도시락, 지하철 손잡이 등등 갖가지 잡다한 것들에 둘러싸인 중년남자의 얼굴이 있다. 중년남자는 조립생산된 제품이고 잡다한 것들은 그를 구성하는 부품이다. 『일본의 '샐러리맨'』은 샐러리맨 삶의 여러 측면을 하나씩 소개한다. 젊은 사원, 중견 사원, 고위급 간부는 각각 어떤 종류의 서류가방을 가지고 다니는가 하는 설명도 있다. 중견 사원은 위로는 무리한 요구를 하는 상사, 아래로는 이기적인 부하직원 사이에 끼어 힘들고, 내집 마련 융자 갚으랴 아내의 바람기 상대하랴 애쓴다는 이야기도 들어 있다. 그외에도 샐러리맨의 미소에는 여섯 종류가 있다든지, 지위고하에 따라 자동차에 올라타는 순서는 어떻다든지 하는 내용이 실려 있다. 법률처럼 규칙이 복잡하다. 어찌보면 법률일 수도 있다. 규칙을 논하는 단정적인 어조는 샐러리맨의 엄격한 순응주의를 드러내는 은근하지만 결정적인 증거이다.

정년퇴직을 앞둔 샐러리맨은 보통 사무실 창가에 앉는 '창문족'이 된다. 자리를 젊은 부장에게 내어주고 달리 할 일이 없으니 창밖을 바라보며 회사생활의 막판을 백일몽으로 보내는 것이다. 정년퇴직 후에는 '산업폐기물'이라는 잔인한 별명이 붙는다.[6] 『일본의 '샐러리맨'』은 정년퇴직을 맞는 샐러리맨을 솔직담백하게 묘사한다.

50대의 샐러리맨은 하이쿠나 분재 등 전통예술에 심취하기 시작한다. 많은 이들이 자신의 인간적인 한계를 감지하면서 취미에 의지하는 방법으

로 일상에서 느끼는 허무함을 달랜다.[7]

비 내리던 어느 날 사무실 밖에서 처음으로 샐러리맨과 마주했다. 저녁 늦은 시간에 그를 자동차로 칠 뻔한 것이다. 봄비가 쏟아지는데 파란 양복을 입은 남자가 길가에 쓰러져 있었다. 교외와 도심을 잇는 통근전철역 근처였다. 나는 급히 차에서 내렸다. 중장년으로 보였는데 나이에 어울리지 않게 주름진 얼굴이었다. 푹 젖은 옷에 만취했지만 살아 있었다. 그가 눈을 떴다. 외국인이 자신을 굽어보고 있다는 걸 깨닫자 마치 비즈니스 미팅이라도 하려는 사람처럼 숨을 크게 들이 쉬더니 평정을 되찾으려 애썼다.

어떤 상황인지 두 말하면 잔소리였다. 취한 샐러리맨이 막차를 놓칠까 봐 서두르는 모습은 일본 대도시에서 흔히 보는 풍경이다. 그런데 바로 그게 핵심이다. 퇴근 후 고객이나 동료랑 술을 마시는 것이 직업상 해야만 하는 일이고 일과의 일부로 확실하게 정착된 관행이라는 사실을 눈여겨보아야 한다. 샐러리맨의 고정된 행동양식을 가까운 곳에서 관찰해보면, 규율과 헌신으로 무장한 샐러리맨 이미지와는 달리 현실은 그다지 고상하지 못하다.

오랜 세월에 걸쳐 이상화된 기업전사 관념은 밖에서 일본을 들여다보는 외국인을 속이고 일본인 스스로를 속였다. 이미 여러 세대에 걸쳐 야심찬 K들이 존재해왔다. 일본인은 메이지 과두체제 지배세력이 사무라이 국가를 만들려고 작정한 이래 100년이 넘도록 그런 허상에 자신을 맞춰가려고 무진 애를 써왔다. 80~90년대에 기업전사 소생은 그 자체로 하나의 산업을 이루며 번창했다. 후지산 기슭에 자리한 관리자 양성학교는 그 어디보다도 견디기 힘든 지옥훈련소로 명성을 떨쳤지만, 그외에도 수없이 많은 회사가 샐러리맨의 심지를 굳건히 하는 교육을 사업 아이템으로 삼았다. 남에게 정신적인 기백을 길러주고 심어주고 고무시켜주고 만들어준다는 것이 과연 가능한 일일까? 관리자 양성학교는 훈련생을 인재人材, 즉 '인간 재료'라 부르는데 혹여나 사람을 가공품으로 보는 게 아닐까?

　나쓰메 소세키 소설에서 K는 절대로 근대의 무사가 되지 못한다. 시도는 해보지만 감정적이고 나약하고 주저하는 자신의 인간적 속성을 부인하지 못한다. 결국은 되지도 못할 '불굴의 무사'라는 이상에 매달리는 것은 평범한 인간관계가 초래하는 복잡성에서 멀리 도망가려는 짓이고, 그렇게 도망가려는 충동이야말로 자신의 진정한 약점이라는 사실을 깨닫는다. 한 개인으로 삶을 직시하는 것이 두렵고 무사도도 무의미해지자 K는 자살해버린다.

　샐러리맨 산업을 보면 이 소설의 주제가 보이지 않는가? 기업전사란 궁극적으로 상상의 산물이고 게다가 상당히 파멸 지향적이다. 과두체제 지배세력이 무사도를 사회적 규범으로 변용시키던 순간 무사도는 위축되었다. 그런 종류의 이상화된 관념이 다 그렇듯 그저 형식만 존재했다.

　오늘날 일본인은 전후 몇 십 년간을 '샐러리맨의 황금시대'라 일컫는다. 이는 신화일 뿐이다. 일본 회사원에게 황금시대란 존재한 적이 없다. 짧았던 순응의 시대가 있었을 뿐이다. 후지산 관리자 양성학교는 1967년에 설립되었다. 이른바 황금시대가 절정에 달하던 시점이었다. 1960년대 후반은 근대 일본인에 관한 오랜 기만이 드디어 슬슬 본색을 드러내던 때이기도 했다.

마음속으로 들어온 기업적 가치관

서류가방 든 사무라이의 역사는 길다. 이른바 '도쿠가와 태평성대' 초기에 해당하는 1616년, 교토 근교의 한 무사가 더 이상 칼을 차지 않겠다는 급진적인 결정을 내렸다. 그리고 집안 사람들에게 일렀다. "이제는 검을 휘

둘러 살아갈 일이 아니다. 명예로운 방법으로 큰 이윤을 남길 수가 있다. 나는 이제부터 청주와 간장을 양조하여 크게 성공하겠노라."[8] 조잡한 광고카피처럼 들리지만 무사 미쓰이는 과연 현명한 사람이었다. 이 선언과 함께 그는 회사를 창립했고, 지금까지 남아 세계에서 가장 오래된 제조 업체가 되었다. (성 미쓰이가 아직도 기업명으로 남아 있다.)

유신 이후 메이지 과두체제가 쌀로 주던 녹봉을 중단하자 무사들은 새로운 세상에서 스스로 살 길을 찾지 않으면 안 되는 처지가 되었다. 결국 왕년의 무사들은 새 시대 새 산업에 뛰어들었다. 명망 있는 회사에 들어가든지 아니면 당시 (요즘 용어로) 전략 산업으로 지정된 조선소, 군수품 공장, 기계공장 등에서 기술 노동자가 되었다. 당시에는 사무노동자나 공장 작업 현장에서 일하는 노동자 간에 별 구분이 없었다. 다들 똑같은 산업전사였다.

해체된 무사들은 국가가 시급히 필요로 하는 종류의 일꾼이었다. 충성스러울 뿐만 아니라 전국가적 목적의식이 뭔지 아는 사람들이었고 세상이 변했음에도 무사도를 계속 유지하고 있었다. 초창기 샐러리맨들은 회사에서 상당한 지위와 정기적인 급여 인상을 누렸던 최초의 근대 일본인이었다. 회사는 가족 같았고 다이묘의 군대처럼 어떤 소속감을 주었다. 그러나 모든 일자리에 골고루 들어앉을 만큼 무사의 숫자는 충분치 않았다. 산업은 줄기차게 번창하는데 일은 누가 해줄 것인가? 평민들은 무사가 중요시하는 전통적 덕목을 잘 알지 못했고 더구나 국가적 목적의식은 말할 것도 없었다. 그래서 '아름다운 전통'인 무사도를 자기 것으로 받아들이도록 평민들에게 권장하는 방법으로 일본은 당면한 딜레마를 해결한다. 이것이 일본 기업전사 신화의 발단이다.

1920년대에 와서 근대 체제가 자리 잡을 무렵이 되면, 충성심이 과거와 달리 자연스레 우러나오지 않게 된다. 그러자 기업은 돈으로 충성심을 샀다. 기업 입장에서는 현명한 거래였다. 종신고용을 약속했더니 봉급쟁이들은 괜찮은 직장에 평생을 헌신할 각오를 했다. 회사는 재능보다는 틀에 맞춰 움직여줄 인물을 원했다. 학교에서 뭘 배웠는지는 상관없었다. 기본적인 능력만 갖추고 자기규율만 엄격하면 충분했다. 사원은 입사해서 실질적인 기술뿐 아니라 기업식 도덕 교육을 받았다. 스미토모 사원이라면 이런 품성을 가져야 한다든지, 회사가 지향하는 가치관은 이렇다든지 하는 내용이었다. 그런 훈련을 마치고 나면 신입사원은 '사회인'이 된다. 즉 사회가 인정하는 구성원이 된다.

양복을 걸쳐본 적도 의자에 앉아본 적도 없던 촌뜨기 평민이 시골서 올라와 취직을 해보니, 근대 회사란 마치 자기 집안과도 같고 자기 마을과도 같았다. 회사는 이들에게 새로운 의미의 사회적 공간이었다. 사무노동자, 공장노동자를 막론하고 자기 능력이나 경력에서 정체성을 찾지 않았다. 회사가 바로 자신의 정체성이었다. 회사원이 회사를 가족이나 마을처럼 여겼다는 사실을 알면, 회사 숙소나 회사가 주선하는 맞선 같은 관행이 어떻게 도시민의 공사 영역 구분을 흐려놓았는지 짐작할 수 있다. 성실한 샐러리맨이 자기소개를 할 때 "산케이 상선의 와타나베입니다", "닛산의 후지모토입니다"하는 식으로 마치 성씨를 말하듯 회사 이름을 앞에 갖다 붙이는 이유도 바로 이 때문이다.

기업적 가치관이 자리 잡는 동안 근대 일본은 시민윤리를 발달시킬 기회를 놓쳤다. 가족을 갈아치울 수 없듯 회사를 옮긴다는 것은 상상도 할 수 없었다. 그랬다가는 도덕적 결함이 있는 사람으로 여겨져 다른 대기업에 고용되는 것이 불가능했다. 직장인이 회사를 떠날 때에는 주류 바깥으로 나갈 각오를 해야 했다. 이를 시도한 사람들도 없지 않았지만 다들 선택받은 소수의 삶과는 동떨어진, 장래가 불확실한 삶을 감수해야 했다.

실제로 선택받은 자는 그야말로 소수였다. 전쟁 전에도 대기업은 국가 발전의 동력이었으나 종업원 숫자는 전체 노동력의 3분의 1에 약간 못 미쳤다. 서구 수준에 가능한 빨리 도달하기 위해 일본은 섬유, 광업, 제철, 조선 등 한정된 몇 개의 근대 산업만 일으키고 나머지 분야는 알아서 꾸려 가도록 내버려두었다. 결과적으로 일본 산업은 이중성을 띠게 된다. 일본은 강력한 산업 국가로 새롭게 떠올랐고, 20세기로 돌입해 5년이 채 지나지 않아 해상에서 러시아를 패배시켜 국력을 과시했다. 반면에 일본은 여전히 후진국이었다. 오늘날까지도 깜짝 놀랄 만큼 광범위한 지역이 후진적인 상태로 남아 있다. 잘 은폐된 까닭에 바로 우리 코앞에 있는데도 보이지 않을 뿐이다. 우리가 생각하는 전형적인 일본회사, 즉 사가社歌, 유니폼, 로봇, 먼지 한 점 없는 구내식당을 두루 갖춘 그런 회사는 일본 전체 회사수의 1퍼센트 미만이다. 나머지는 자본금 100만 달러 미만에 사원 100명이 안 되는 회사들로, 일본산 제품의 절반가량을 출하하며 소매매출액의 80퍼센트를 차지한다.

 소니, 도요타, NEC처럼 소비자들에게 익숙한 회사 뒤에는 이들 대기업에 꼼짝 못하는 열악한 고용 조건의 하청 업체가 존재한다. 혼다 같은 회사는 수천 개의 하청업체를 거느린다. 이를 가리켜 위성생산체제라 부른다. 1930년대에 군수품 생산을 극대화하려고 고안된 체제이다. 이 체제는 이제 외국에까지 수출되어 영·미 등지의 일본기업 자회사 사원이라면 귀에 익숙할 것이다. 하청업자 밑으로는 가내공장도 있어서, 부품을 조립하고 찍어내고 자르고 포장해 상위 생산 단계로 올려 보낸다. 다다미 깔린 거실을 꽉 채우는 기계 하나가 덜렁 놓여 있는 가내 공장이 허다하다. 남편, 아내, 딸내미, 이웃 할 것 없이 전부 이 기계에 매달려 일정한 간격으로 교대근무를 한다.

 한 세기 전에 그랬듯, 아직도 대다수 일본인은 도시 뒷골목이나 시골 진흙길 끄트머리에 자리한 소규모 공장에서 일한다. 소규모 회사는 적게는 한두 명, 많게는 300명 정도의 직원을 고용한다. 이런 회사들이 수천 개나 된다. 이들은 근대화 프로젝트의 변방에 밀려나 있으나 실은 일본 경제의 주축이다. 오늘날 소규모 하청업자들이 고용하는 노동력의 규모는 전체 제조업 종사 노동인구의 3분의 2에 달한다.

'기업전사'로서 사원 복리후생의 혜택을 받는 사람은 노동인구 5명 중 1명 정도에 불과하다. 우량기업에서는 급료가 중소기업 사원에 비해 많게는 45퍼센트나 높다. 그러나 1868년 이래 경제는 항상 무한한 대망이 펼쳐지는 무대였기에 중소기업은 블루칩 대기업의 관행을 따라잡으려 애쓰고, 보통사람들은 사무라이를 이상화하듯 샐러리맨을 이상화하며 샐러리맨이 되기를 꿈꾼다.

이런 몽상의 궁극적인 목표는 무엇인가? 대답은 자명하다. 급료와 지위에 따른 특권과 안정된 생활이다. 그래도 그렇지, 사람들은 왜 '비인간적'인 속성을 추구하는 무사 같은 존재를 흉내내고 싶은 걸까? 초창기, 즉 K가 살던 시대의 샐러리맨에게는, 화혼양재의 근대 일본인으로서 그저 어딘가에 소속되고자 하는 바람이 있었을 것이다. 전후에도 마찬가지였다. 샐러리맨은 새롭게 규정된 목표를 좇아 국가를 이끌었다. 결국 '정체성 추구'라는 측면에서 그들의 몽상을 이해할 수 있다. 사회가 옳다고 규정하는 대로 일을 수행하고 싶지 않은 사람이 누가 있겠는가? 그러나 그런 꿈이 호된 현실 속에서 과연 지속될 수 있을까? 옳은 일을 수행하는 것이 말 그대로 '죽도록' 일하는 것을 의미한다 해도 계속하고 싶을까?

사회적 덤핑이 부르는 죽음

1990년 7월 어느 이른 아침, 미쓰이 물산 주식회사에서 과장으로 근무하던 47세의 남자가 나고야 호텔 방에서 샤워를 하려고 목욕탕에 들어갔다.

그의 이름은 이시이 준石井淳이었다. 러시아어를 유창하게 구사하는 그는 러시아 고객들에게 기계설비 공장을 견학시킬 예정이었다.

이시이는 샤워를 끝내지 못했다. 샤워 중에 쓰러져서 심장마비로 사망했다. 지난 1년간 그는 러시아를 열 번 다녀왔다. 쓰러지기 직전에도 출장에서 막 돌아온 참이었다. 국내에서도 셀 수 없이 많은 러시아 고객을 접대했다. 미쓰이는 보상 차원에서 유족에게 3,000만 엔을 조속히 지급했다. 2년 후 도쿄 지방재판소는 정부에 대해 이시이의 미망인이 사망할 때까지 그녀에게 매년 200만 엔을 지급하라는 판결을 내렸다. 재판소가 사인을 과로사로 인정했기 때문이다.

이시이 준의 운명이 그리 특이한 것은 아니다. 그가 사망하던 해에 과로사 희생자 유족 단체는 매년 만 명 정도가 과로사로 사망한다는 통계를 발표했다. 이전에도 과로사를 인정한 사례가 있었는데, 대부분 중소기업 육체노동자들이었다. 이시이 준에 관한 판결은 기업전사의 순직을 공인한 일본 역사상 최초의 사례였다.

과로사는 유족을 괴롭힌다. 배우자는 만성피로, 이상한 침묵, 불면증, 두통, 초점 없는 눈동자처럼 증상을 알아챘음에도 사소하다고 여겨 옆에서 챙겨주지 못했다는 죄책감 때문에 괴로워한다. 희생자들 스스로 건강에 문제가 있다는 조짐들을 느끼면서도 (일본인들이 흔히 그렇듯) 겉으로 표현을 하지 않아 상황을 악화시키는 경우도 있다. 유족은 회사와 국가가 자신들을 배신했다는 기분에 시달려 '샐러리맨의 죽음'을 일으킨 원인이 무엇이었는가를 놓고 긴 법적 분쟁을 벌이기도 한다.

1988년 변호사, 교수, 의사들이 모여 '과로사변호단 전국연락회의'(이하 과로사변호단)라는 단체를 설립했다. 이 단체는 전국적인 전화상담 서비스 체제를 마련해 유족들을 상담해주었는데, 관계자에 따르면 엄청난 반응에 무척 놀랐다고 한다. 서비스를 개시한 첫날 무려 135통의 전화가 걸려왔고, 두 해가 지나자 기록부에는 2,000건의 사례가 쌓였다.

과로사변호단은 『과로사: 기업전사가 숨을 거둘 때』라는 책도 출간했다. 이 책에는 야기 도시쓰구八木俊亜라는 이름의 43세 남성이 쓴 일기가 실려 있다.

> 과거와 현재의 노예에 대해 생각해보자.
> 옛날 노예들은 노예선에 실려 신대륙으로 운반되었다.
> 초만원 통근전차에서 꽉 끼어 시달리는 쪽이 그보다
> 더 비인간적인 건 아닐까?
> 현대의 무수한 샐러리맨들은 사실 모든 의미에서
> 말 그대로 노예가 아니면 무엇이란 말인가?
> 돈으로 살 수 있다.
> 근무시간에 속박된다.
> 상사에게 거역할 수 없다.
> 임금도 거의 일방적으로 정해진다.
> 옛날 노예들은 적어도 식구들과 식사할 시간은 있었으련만,
> 현대판 기업 노예들은 그럴 권리마저 없다.⁹

확신해오던 삶의 의미를 의심하고, 지금 겪는 고통의 부당함을 발견한 한 사람의 성찰이 엿보인다. 이 일기에서 주목할 만한 점은 무엇이 씌어 있느냐 하는 것이 아니라 무엇이 씌어 있지 않느냐 하는 것이다. 일본의 샐러리맨 하면 연상되는 '헌신'은 볼 수 없다. 일본의 근대 기업이 우리 생각과는 달리 전혀 자비로운 공동체가 아님을 알 수 있다. 야기의 일기를 보노라면 1922년에 비인간적인 노동 환경에 대해 기록하던 조선소 노동자의 푸념이 연상된다. 야기는 그 조선소 노동자처럼, 부하는 상사 앞에서 아무 힘

이 없는 지극히 전근대적인 수직적 관념에 근거한 인간관계를 묘사한다.

물론 일본뿐 아니라 다른 나라에서도 과로로 죽는 사람들이 있다. 그러나 여기서 서구가 그토록 칭찬하는 일본식 근면에 대해 확실히 해두고 넘어가자. 봉건시대에 깊숙이 뿌리박고 있는 일본의 근면은 그리 부러워할 만한 것이 못 된다. 에도 시대 관리들은 인구의 대다수인 평민을 성실한 일꾼으로 만들려는 강한 의도를 갖고 있었다. 백성은 '살게 내버려둬도 안 되고 죽게 내버려둬도 안 된다'는 것이 그들의 십계명이었다. 관리들은 '윤리적 의무'라는 왜곡된 관념을 들이대면서 평민들을 괴롭혔다. 곡식 수확량이 도덕을 재는 기준이었고 조세의 양으로 충효를 가늠했다. 전 국민의 사무라이화는 기존의 강박을 더욱 심화시켰다. 일본 기업이 법률보다는 '아름다운 관습'을 선호하는 이유도 이 때문이다. 미쓰이 물산 중역이었던 이시이 준의 과로사 속에서 우리는 먼 역사의 메아리를 들을 수 있다.

야기 도시쓰그는 도쿄의 어느 광고회사에서 부동산 광고를 담당하고 있었는데, 1987년에 위의 일기를 쓴 지 얼마 되지 않아 심근경색으로 사망했다. 1985년에 시작되어 80년대 말까지 지속된 거품경제와 부동산 열풍이 간접적인 원인이었다. 사망하기 2년 전, 야기는 물밀듯이 들이닥치는 신규 거래를 처리하고, 새 계열사를 관리하고 초과근무를 하며 회사 비용절감에 협조해야 했다. 집은 도쿄에서 두 시간 떨어진 곳에 있어서 자정 전에 귀가하는 일이 드물었다.

이 사례는 일본의 비즈니스 관행을 잘 보여준다. 비용절감에 대한 압력은 언제나 존재하고, 경기 변동이 급변할 때면 초과근무는 필수다. 이런 관행이 일본의 국제경쟁력을 지탱하는 까닭에 이를 가리켜 '사회적 덤핑'이라 부른다. 경쟁자보다 제품가를 낮추기 위해 사원을 착취하듯 관리하는 것이다. 한번은 건설장비 업체를 방문했는데, 직원들이 한 달에 일인당 30시간씩 초과근무를 하고 있었다. 일 년이면 일인당 초과근무가 360시간이 된다. 따져보면 6명의 노동자가 7명 몫을 담당하는 셈이었다. 바꿔 말하면 초과근무 덕택에 현장 노동자 4,300명이 5,000명 이상의 몫을 일하고 있다는 얘기이다.

숨진 야기 도시쓰그의 미망인 야기 미쓰에는 노동성을 상대로 2년에 걸친 법정투쟁을 벌였으나 끝내 과로사로 인한 보상을 받지 못했다. 노동성은 과로사 책임이 없다는 것이다. 그러나 책임이 있다. 정부는 희생자가 사망 직전 직장에서 24시간 연속 근무하거나 사망 이전 7일간 연속해서 매일 16시간 이상 근무한 경우에만 과로사로 인정한다. 1996년까지 과로사로 공식 인정을 받은 사례는 100건에 못 미친다. 우에하타 데쓰노조上畑鉄之丞라는 의사가 1978년에 '과로사'라는 용어를 만들어냈는데—그는 나중에 과로사변호단 설립에도 일조했다—용어 탄생 이후 아마 수천 명이 과로사의 요건에 해당됐을 것으로 추정된다. 그런 의미에서 미쓰이물산 판례는 의미 있는 판례였다.

우에하타 선생은 과로사를 이렇게 정의했다.

> 심리적으로 건강하지 못한 노동 수행과정 중에서 노동자의 정상적인 노동리듬 및 생활리듬이 붕괴되어 … 그 결과 피로가 누적되어 신체적인 파탄을 일으키는 치명적 상태.

과로사변호단은 이러한 정의를 심장발작 등의 심장질환으로 매년 사망하는 30세에서 59세 사이의 5만 명에게 적용시켰다. 이 중에서 20퍼센트가 과로사 희생자라고 결론내리는 것은 신중하게 줄이고 줄여 얻은 수치라고 볼 수 있다.

과로사는 일본식 체계의 특이한 종합을 보여주는 좋은 예이다. 높은 땅값, 초만원 전차 통근, 비좁은 주거, 주택마련 융자부담, 여가시설 부족….

이 모든 것이 초과근무를 부추긴다. 이런 희망 없는 환경 속에서 부모는 자식을 위한답시고 사설학원으로 등을 떠밀고, 샐러리맨 아버지들은 지방으로 전근이라도 가게 되면 아이를 명문학교에 계속 다니게 하느라고 가족들은 떼어놓은 채 혈혈단신으로 생활한다. 이렇게 혼자 부임하는 사람이 얼마나 되는지에 대한 확실한 통계는 없지만, 집에서 혼자 나와 사는 회사 간부가 대략 50만 명쯤 된다고 알려져 있다. 바로 이들이 과로사의 주요 희생자들이다.

과로사변호단에서 일하는 변호사 우에야나기 도시로上柳敏朗는 어느 겨울날 오후 도쿄 뒷골목에 자리 잡은 변호단 사무실에서 이 문제에 대해 이야기했다. 그의 말에 따르면 1970년대 과로사는 주로 기자, 밤 근무 노동자, 택시운전사 등 몇몇 직업에 한정되어 있었다고 한다. 그러다 석유파동이 일어나 각 기업이 '감량 경영'을 기치로 내걸기 시작한 이후 과로사 희생자의 범위가 넓어졌다. 1990년대에 이르자 "사방에서 문제가 일어났다." 신기술은 대규모로 노동력 삭감을 초래했고 그와 함께 과로사가 번졌다. 한 예로 닛산 자동차는 1985년에서 1988년 사이에 노동자의 15퍼센트를 해고했다. 닛산뿐만이 아니었다. 도요타 자동차의 한 직원의 아내는 과로사변호단에 자기 가족의 일상생활을 다음과 같이 묘사했다.

> 작은 방 두 개(각각 다다미 4장 반, 6장 크기)짜리 아파트에 살며 한 살짜리, 세 살짜리 아이를 키우는 집에서는 밤 근무가 있는 날은 얼마나 힘든지 몰라요. 낮에 남편이 잠자리에 들면 아이들은 울기는커녕 소리도 못 내고 놀지도 못해요. 그래서 저희는 거의 밖에서 시간을 보내지요. 기저귀랑 간식을 가지고 공원에 가요. 하지만 비라도 내리는 날엔 낭패지요. 그런 날이면 근처에 있는 친구 집에 가는데 그집 남편이 우리 남편과 근무시간이 반대인 경우에만 가요. 그런 식으로 서로 도와가며 살아요. 밤 근무를

시작한 지 사흘째가 되니까 남편이 피곤에 절어서 사람이 완전히 변한 것처럼 신경질을 내더군요. 일주일 동안 제대로 잠을 자본 날이 없는데도 낮 근무와 동일한 조건으로 일을 하고 있어요. 피곤에 지쳐 일하러 나가는 남편을 배웅할 때마다 저도 모르게 두 손을 모으고 기도하게 돼요.

1992년에 정부는 1997년까지 노동자 평균 근무시간을 1년에 1,800시간으로 줄이겠노라고 선언했다. 이 선언이 공표될 당시 공식적으로 추정된 근무시간은 2,200시간이었다. 미국의 1,900시간이나 독일의 1,650시간과는 대조적인 수치였다. 근무시간 단축 정책은 일본을 세계적인 '라이프스타일 리더'로 만들겠다는 발상의 일환으로 일본 정부의 큰 관심사였다. 그러나 전문가들은 회의적이었다. 정부가 주5일 근무제나 근무시간 단축을 언급한 것이 1970년대 중반부터였으나 실질적인 개선은 별로 없었다. 게다가 기본 근무시간을 단축하더라도 초과근무는 통제할 길이 없었다.

초과근무는 일본 '사회적 덤핑'의 두드러진 특색으로, 몇 종류로 나뉜다. 일반적인 유급 초과근무 외에도 집에서 해야 하는 초과근무도 있고 할당된 휴가를 쓰지 못하는 초과근무도 있다. 기업이 초과근무를 거부하는 노동자를 상대로 소송을 건 경우도 있었다. 그러나 가장 주목할 만한 것은 '서비스 잔업'이라는 명칭이 붙은 기록에도 안 남는 초과근무이다. 즉 노동자가 충성의 표시로 무급으로 해주는 초과근무를 말한다. 초과근무를 포함하면 실제 근무시간은 1990년대 초반에 노동자 1인당 연평균 2,400시간이고, 남성 노동자의 경우에만 2,600시간에 달한다고 정부가 추정했다. '서비스 잔업'까지 합치면 많은 샐러리맨이 3,000시간 이상 일한다는 조사 결과도 나왔다.

과로사 유족 담당 변호사 우에야나기 도시로는 깊숙이 정착된 관행의 개선에 대해 회의적인 입장이었다. "정치체제나 경제체제의 근간에 변화가 일어날 수 있을지 저는 회의적입니다. 왜냐하면 무엇보다도 바로 그 부분에서 먼저 변화가 일어나야 하거든요. 체제가 대중들이 어떻게 사는지 그 실상을 외면하는 이유는 그런 실상을 그대로 유지할 필요가 있기 때문입니다."

우에야나기로부터 오가와 씨 가족의 전화번호를 받았다. 전철을 타고 멀리 도쿄 서부 교외지역에 있는 그의 집을 방문했다. 이들은 방 세 개짜리 아파트에 살고 있었다. 대머리에 뚱뚱한 59세의 오가와 다카마스는 정확히 말하면 과로사 희생자는 아니었다. 6년 전에 뇌졸중을 겪었으나 살아났다. 그러나 가족의 고생과 절망은 그때부터 시작이었다.

오가와는 테이프, 전기튜브, 특수 처리된 종이, 화학 약품 등을 취급하는 소규모 회사에서 일했다. 이들 제품은 대량포장하면 50킬로그램이 넘을 정도로 무거운 것도 있었는데, 오가와는 그런 물품을 싣고 매일같이 300킬로미터나 떨어진 곳까지 운전해 고객들을 챙겼다. 오가와의 근무시간 기록표를 보면, 3시간 걸리는 통근시간을 제외하고도 거의 매일 12시간씩 일했다. 격주로 토요일에 쉬었으나 주말은 장부 정리로 소진되었다.

오가와가 사무실에서 쓰러지기 며칠 전 아내 요시카는 남편의 스트레스 증상을 눈치 챘으나 나중에 일이 벌어지고 나서야 그 증상이 무슨 의미였는지 깨달았다. 남편은 두통을 호소하고 자주 졸고 잘 때는 깊은 숨을 몰아쉬었다. 쓰러지기 전날 밤 그는 저녁을 먹자마자 잠자리에 들어 매일 습관적으로 보던 텔레비전마저 보지 않았다. 다음날인 1987년 3월 28일, 까다로운 고객에 관해 상사와 의논을 하던 중 갑자기 격렬한 두통을 느끼고는 그 자리에서 쓰러졌다. 그리고 혼수상태로 3주를 보냈다.

오가와의 얼굴을 정면으로 바라보기가 쉽지 않았다. 휠체어에 앉아 식탁 앞에 자리했는데 얼굴 오른편과 몸 왼편이 마비된 채였다. 전체적으로 둥그렇고 살집 있는 몸매에 회색빛 머리는 군대식으로 짧게 깎았다. 몇 년 전에 찍은 사진을 보니 튼튼하고 강건한 모습이었다. 뚱뚱해진 것은 뇌졸중을 겪고 나서부터라 했다. 그는 쓰러졌을 당시 상황을 어눌한 발음으로 띄엄띄엄 들려주었다. 부엌 한구석에 골프채가 든 커다란 가죽가방이 보였다. 그가 잠시 말을 쉬는 사이 요시카가 말했다. "뇌졸중이 일어난 후 저희는 사장한테 장해급여로 병원비를 충당할 수 있게 해달라고 전화를 했어요. 처음에 사장이 '알았다'고 하더니 그 다음에 우리가 방문하니까 '그렇게 할 수 없다'는 거예요. 그러더니 회사가 남편은 아무런 보상도 없이 퇴직하는 수밖에 없다고 하더군요. 남편이 퇴원하는 데에 1년 1개월이나 걸렸어요."

아내가 세세히 설명하는 것을 조바심 나는 듯 듣고 있다가 오가와가 끼어들었다. "우리 장남이 이틀 전에 결혼했어요." 그의 얼굴이 찌그러지더니 웃음과 울음의 중간쯤 되는 표정이 되었다. 둘 중 어느 쪽인지 나로서는 알기 어려웠다.

요시카가 다시 입을 열었다. 고군분투하던 그녀는 과로사변호단에 대한 이야기를 듣고 도움을 청했고, 과로사변호단은 구청이나 도쿄시의 노동문제 담당 사무실, 노동성 등에 장해급여 신청할 수 있도록 도와주었다. 일단 노동성은 오가와가 토요일에 많이 쉬었다는 이유로 장해급여 수급자격을 인정해주지 않았다. 다른 곳은 아직 최종판결을 내리지 않은 상태였다. 요시카는 정부와 회사 양측이 공개하지 않고 있는 남편에 관한 회사서류를 손에 넣으려고 애쓰는 중이었다. 오가와가 다시 끼어들었다. "그러면 시간이 너무 오래 걸려. 우리도 우리 생활을 꾸려가야 하잖아."

순간 또 찌그러진 얼굴의 그가 덩치만 큰 무력한 아이처럼 느껴졌다. 이번에는 분명 우는 쪽에 가까웠다.

제국주의 이데올로기와 성장 이데올로기

근대의 개념은 1945년을 기해 근본적으로 달라진다. 제국이 패전하기 이전에는 일본에서 근대화란 목적을 위한 수단이었다. 외국에 저항하기 위해서는 산업을 육성해야 했다. 따라서 근대화는 정체성과 문화와 전통을 지키기 위한 수단이었다. 패전 후에는 개념이 뒤집혔다. '근대화'가 목적이 되고 '전통'이 수단이 되었다.[10] 경제와 심리의 묘한 교차점에 이데올로기가 도사리고 있었다. 전전에는 제국주의 이데올로기, 전후에는 성장 이데올로기였다. 전후 성장 이데올로기의 비판자들은 이를 '국민총생산주의'라 부르며 국민총생산에 대한 집착을 야유했다. 국민총생산주의는 많은 비난을 받았고, 실제로 앞날도 불길해 보였다. 그러나 사람들에게는 이전 이데올로기에 비해 훨씬 자유롭게 느껴졌다. 국민총생산주의는 패전한 일본인에게 제국주의 국가를 대신해서 뭔가 집중적으로 추구할 만한 것을 제공했고, 이는 순식간에 '샐러리맨의 황금시대'라는 환상으로 이어졌다.

황금시대의 신화는 직장에서의 분투만을 뜻하지 않았다. 일본인은 처음으로 '소비자'가 되었다. 전후에 미국에서 일어난 엄청난 소비열풍의 영향도 컸다. 일본인은 미군들의 느긋한 태도를 보며 놀랐을 뿐 아니라 헐리우드 영화에 나오는 주택단지와 꿈같은 기계들을 보며 감탄했다. 일본인의 눈에는 더할 나위 없이 근대적이고 독립적인 삶처럼 느껴졌다. 1960년 안보투쟁 이후 시행된 소득증대계획과 함께 전 국민의 집착은 국가재건에서 고도 성장으로 대상을 옮겼을 뿐 아니라, 소비 행위는 회사에서 정해준 생산 할당량을 채우는 일만큼이나 애국적인 미덕이 되었다.

그러나 소비란 일본인에게 미묘한 문제였다. 일본인은 처음 소비자로 변신하면서 몇 가지 독특한 현상을 경험했고 이것이 오늘날 예기치 못한 결과를 낳는다.

근검 절약은 수세기 동안 단순한 습관이 아닌, 덕목이자 아름다운 가치관이자 법률적인 언명이었다. 도쿠가와 쇼군은 소비를 엄격히 통제했으며 특히 겉으로 드러나는 소비는 더욱 신경 써서 규제했다. 상인들은 사치 금지법이 있든 없든 개의치 않고 주요 도시의 홍등가에서 향락에 빠져들었지만, 그들이야 어차피 봉건적 일본의 수치였고 사회의 하위 계급이었다. 근대로 접어들어 1920년대에 대대적인 소비열풍이 일어나는데, 이때가 전쟁 발발 전 일본 서구화의 절정기였다. 도시 중산층이 최초로 등장한 시기도 1920년대였다. 그러나 당시의 소비 현상에도 어딘가 부자연스런 데가 있었다. 소비 행위가 지나치게 사적이고 개인적이었다. 즉 이기적이었다. 다시 말해 사람들이 덴노나 국가의 안녕이 아닌 자기 자신의 안녕에 신경을 쏟았다는 얘기다.

패전 후에도 소비는 여전히 '자율성을 선언하는 행위'였으나 실제로 이는 자기기만적인 선언이었다. 소비 행위는 지성인들이 논하던 '자주성' 보다는 일본인들이 막연히 동경을 품는 현상과 더 깊은 관계가 있었다. 이는 나중에 등장할 '믹서기 열풍'과 동일선상에 놓여 있다. 1950년대 초반에 일어난 믹서기 열풍이 얼마나 대단했던지, 생존하는 노인들은 그때의 일을 생생하게 기억한다. 참으로 희한한 일이다. 당시에는 믹서기에 갈아서 만드는 요리법이나 식재료가 일본에 존재하지 않았다. 단지 소비하는 삶에 대한 은밀한 열망을 상징하는 아이콘이었을 뿐, 믹서기는 사들이자마자 곧바로 손이 닿지 않는 선반 꼭대기로 직행했다. 자동차도 마찬가지였다. 1950년대 후반이 되어야 자가용 소유가 가능했음에도, 운전면허증이 사회적 지위의 상징으로 등극한 것은 그보다 훨씬 이전의 일이었다. 때문에 도시근교에는 실제로 운전하지 않는 '서류상 운전자'가 흔하디 흔했다.

상황은 1950년대 중반에 경제 발전과 함께 급진전했다. 믹서기 유행은 곧 가전제품 열풍으로 바뀌었고, 사람들은 진공청소기, 냉장고 등 온갖 종

4장 마음의 벽 199

류의 가전제품을 사들이지 못해 안달이었다. 그로부터 10년 후에는 '마이카라'my color: 나만의 컬러텔레비전나 '마이쿠라'my cooler: 나만의 에어컨가 대유행했고, 소비열풍은 계속 그런 식으로 이어졌다. 그러다 한 예리한 광고 카피라이터가 '마이홈'이라는 용어를 창조했다. '마이홈'은 단순한 광고 문구 이상의 의미를 담았다. 무차별하게 나돌았던 소유격 '마이'my는 사적인 욕구충족에 휩싸인 새로운 사회 현상을 반영했다. 1966년은 언론에 따르면 '마이카 원년'이었다.

마이카 열풍은 소비 현상 저변에 깔린 심리를 드러낸다. 마이카만큼 오랜 유교적 억압을 완벽하게 갈아엎는 근대적 발명품은 없다. 자가용이 있으면 어떤 도시나 마을에 가더라도 붐비는 거리를 혼자 익명으로 거칠게 몰고 다닐 수 있다. 자동차 창문만 올리면 책임감과 부담감 가득한 세상으로부터 자신을 단절시킬 수 있다. 도로가 막혀도 사람들이 굳이 자가용을 고집하는 것은 이 때문이다. 평상시에는 마치 타고난 듯 예의가 몸에 밴 사람들이 운전대만 잡으면 광폭해지는 것도 같은 이유이다. 주요일간지가 '마이카 원년'을 선포한 지 몇 년 안 되어 자동차에 '달리는 흉기'라는 별명이 붙는다.[11]

소비열풍 이면에 전후 일본사회를 보여주는 하나의 역설이 자리한다. 소비 행위가 샐러리맨의 자주성 확대에는 전혀 기여한 바 없다는 점이다. 소비는 사적 영역으로의 일시적 퇴각일 뿐 자주성과는 아무런 관련이 없었다. 환상이 소비를 자극하고 소비가 환상을 야기하는 상승 작용에는 돈이 든다. 도시 가정에서 가재도구를 사들일 때 돈을 지불하는 사람은 샐러리맨이다. 그러나 소비 행위를 통해 가정이 기업에서 벗어나기는커녕, 기업이 가정으로 한층 더 깊숙이 들어오는 계기가 되었다. 공적 영역과 사적 영역의 구분이 한층 더 희미해졌던 것이다. 자동차 붐이 한창이던 1960년대와 1970년대에는 북적이는 도시주택가에서 사람들이 자기 집 앞을 '마이카'를 위한 차고로 뜯어고치는 일이 흔했다. 이 집 샐러리맨이 황금시대를 맞아 얼마나 잘 나가는지 보시라는 표시였다.

1960년대의 갖가지 '마이-' 열풍과 1980년대의 어지러운 대량소비 현상 사이에는 연속적인 일관성이 존재한다. 전자변기나 금가루치약 등 1980년대 말에 개발된 상품들을 보면 소비문화가 어느 정도로 미쳐 날뛰었는지 상상 가능하다. 대량소비의 환상이 극에 달한 도시민들은 비좁은 집에 물건을 지나치게 사들여 더 이상 새로 물건을 들일 공간이 없을 지경이었다. 그러자 쓰레기 처리가 국민적인 관심사로 떠올랐다. 내가 일본에 부임하던 무렵 도쿄의 쓰레기 배출량은 도쿄만에 위치하던 쓰레기 매립지의 처리량을 추월했다. 당시 도쿄만 쓰레기 매립지 이름은 '꿈의 섬'이었다. 농담 같지만 농담이 아니다.

그러다 소비가 체제 전복적인 요소를 띠기 시작했다. 이런 소비의 경향은 아주 먼 과거에 뿌리를 두고 있다. 1980년대 후반에 일본 소비자들이 거품경제라는 불덩이에 기름을 부은 것도 사실이고 이 거품경제가 일본의 수입량을 극적으로 증대시켜 위태롭던 무역 분쟁을 완화하는 효과를 가져온 것도 사실이다. 그런데 당시의 소비 행태는 에도 시대 도시상인들의 방탕한 생활과 유사한 데가 있었다. 쇼군이 에도나 오사카의 부유한 상인들의 행태를 꾸짖은 것은 소비가 개성의 차이를 명확히 드러냈기 때문이다. 1980년대의 방탕한 소비 또한 개인의 개성을 강조했다.

유명한 얘기지만 전후 90퍼센트의 일본인들이 자신은 중산층에 속한다고 믿었다. 불가능한 이야기였지만 그게 그들의 신념이었다. 원시적인 사회에서는 흔히 시샘을 일으키지 않기 위한 목적으로 개인차를 억제하는데, 일본에서 이는 오래된 전통이다. 겉으로 보이는 동질성을 한꺼풀 벗겨내면 그 밑에 무엇이 도사리고 있는지 다들 뻔히 알고 있다. 1950년대와 1960년대의 소비열풍은 남과 같아지기 위한 것이었다. 누구나 믹서기나 텔레비전을 소유했다. 1980년대는 달랐다. 밍크모피가 깔린 메르세데스 벤츠는 아무나 소유할 수 없었고, 낱장으로 자르지 않은 달러 지폐로 둘둘 싼 꽃다발은 아무나 살 수 없었다. 1980년대의 소비열풍은 근면한 노동보다는 주식이나 부동산투기와 관련이 있었고 '나리킨'成金 또는 당시 '뉴 리치'라고 불리던 신흥 부유층을 탄생시켰다.

동질성의 가면이 벗겨지자 극기심으로 무장한 근대 일본 최대의 순응주의자 '기업전사'는 이제 사람들 눈에 시대착오적이고 약간 바보스러운 존재로까지 보이기 시작했다.

기업전사의 몰락과 신세대의 절망

이런 현상을 이해하려면 우리는 1970년대 초반으로 잠시 되돌아가야 한다. 당시 일본은 몇몇 심한 '쇼크'를 받은 시점이었다. 20년 만에 달러 대 엔화 가치가 상승하고 변동환율제가 채택되었다. 이어 제1차 오일쇼크가 일어났다. '주식회사 일본' 탄생의 주역인 정부 관료들은 상황에 적절히 대처하지 못했다. 성장은 둔화되고 인플레이션은 심화되었다. 정부는 솟아오르는 물가를 잡느라 소비열풍을 억제해야 했다. 기업은 경비감축 태세에 들어갔고 경제가 혼란스러웠던 1940년대 말 이후 처음으로 실업 문제가 발생했으며 1970년대 초에 최초의 과로사가 발생했다.

그러나 일본은 충격에서 빠르게 회복했다. 1970년대 중반에는 경제가 다시 제 궤도에 올라섰고 이후 오랫동안 성장일로를 달렸다. '주식회사 일본'은 허리를 졸라매고 기를 쓰며 어려운 시기를 헤쳐나갔다. 그러나 완벽한 회복을 이루지는 못했다. 바로 이 점이 중요하다. 일본인들은 경제와 심리를 슬슬 따로 떼어놓기 시작했다. 표피적인 경제 성장은 더 이상 최우선적인 가치가 아니었다. 이미 '쇼크' 이전에 많은 이들이 '국민총생산주의'

가 초래할 인간적, 환경적 피해에 관해 의문을 제기한 바 있었고, '쇼크' 이후 순전한 물질주의는 더 이상 적절해보이지 않았다. 바로 그때 국가경제가 성숙기에 돌입했고(실은 그러느라고 '쇼크'를 겪은 것이다), 개인의 중요성이 새롭게 재조명되는 가운데 옛날식 집단적 노력은 뒷전으로 밀려났다. 따라서 이 유례 없는 시기를 제대로 이해하기 위해선 경제학적 접근뿐 아니라 심리학적 접근도 필요하다. 한 심리학자가 이렇게 말했다. "오일쇼크로 인해 우리는 무한한 진보에 대한 믿음을 상실하고 말았습니다. 초월적인 구원자를 잃었다고나 할까요."

일본은 신념도 길잡이도 잃은 상태에서 근대를 살아간다는 것이 무엇을 의미하는지 다시 생각해보기 시작했다. 그리고 곧, 정확히 말하면 10년 후 자신들이 과거에 내렸던 선택을 객관적으로 재조명하게 된다. 착한 근대적 일본인이 되기 위해 굳이 무사도를 따라야 할 필요가 있었을까? 직장을 마을이나 가족처럼 여길 필요가 있었을까?

1993년 봄, 보수파의 신진 정치인 오자와 이치로小沢一郎가 일본의 미래에 관해 『일본개조계획』이라는 중요한 저서를 펴냈다. 『일본개조계획』에는 여러 가지 날카로운 식견이 담겨 있는데 그중 하나가 샐러리맨에 관한 것이다.

> 개인은 기업에서 해방되어야 한다. 개인이 자율적으로 행동할 수 있어야 다양성이 풍부하고 활력 있는 사회가 탄생한다.
> 기존의 사회와 기업은 절대로 일본 본연의 것이 아니다. 전후 고도 경제 성장기를 거치며 어디선가 생긴 현상이다. … 미국과 어깨를 나란히 하는 경제 강국이 된 지금, 고도 성장형 사회구조는 더 이상 적절하지 않다.[12]

그때까지 오자와 이치로만한 지명도와 권위를 갖춘 정계 엘리트 가운데 기업전사의 신화를 부수려한 사람은 아무도 없었다. 오자와는 직설적인 몇 문장으로 이를 시도했는데 이유는 간단했다. 일본이 더 이상 그런 '아름다운 관습'에 매달릴 처지가 아니었기 때문이다.

고용에 관한 통계를 보면 확실히 알 수 있다. 일본의 현재 실업률은 약 3퍼센트이지만, '창가에 앉아' 퇴직을 기다리는 등의 '누적된 비효율로 인한 수치'까지 고려하면 실제로는 실업률이 그 세 배 정도 되리라고 전문가들은 보고 있다.[13] 경기 회복에 이를 때까지 실업률은 계속 상승할 것으로 예상된다.* 오자와는 책에서 "국민의 의식 개혁이 현재 일본에서 가장 시급한 과제"[14]라고 주장하면서, 종신고용, 연공서열에 따른 임금제 같은 근대화의 탈을 쓴 무사도가 전반적으로 장점이 아니라 장해물로 기능하고 있음을 강조했다.

오자와의 진의는 무엇이었을까? 그렇게 중대한 개혁의 진두지휘는 누가 맡을 것인가? 일본에서 개혁은 항상 상명하달식이었고 민주적이기보다는 독재적으로 시행되어왔다. 그런 방식이야말로 시급한 '개혁' 대상이었다. 위와 같은 오자와의 발언은 중앙정부의 관료로서 한 발언이었다. 즉 '윗'사람으로서, '대전통'에 속한 사람으로서 발언한 것이다. 그럼 보통사람들과 '소전통'은? 의식 개혁이 필요하다는 오자와의 말은 맞는 말이다. 그렇다면 의식 개혁의 내용을 어떻게 구성할 것인가? 수많은 샐러리맨과 그 배우자와 자녀들인 '신인류'는 오자와가 말을 꺼내기 훨씬 이전부터 개혁의 필요성을 자각하고 있었다.

문제는 일본의 지도층이 오랜 세월 동안 국민에게 권위에 대한 의존심리를 심어놓았다는 점이다. 국민 성향이 먼저 변하지 않고서는 오자와가

---

* 일본은 2002년에 5.4퍼센트로 역대 최고의 실업률을 기록한 이후, 2007년 12월 현재 3.8퍼센트로 집계되고 있다.

제안한 것 같은 체제 개혁은 불가능하다. 그리고 오자와 같은 지위에 있는 사람들이나 샐러리맨 군단을 고용하는 기업이 과연 그런 개혁을 수용할 것인가 하는 문제가 남는다. 오자와의 발언 이전에도 기업전사 신화에 대한 공격의 징후는 꽤 있었다.

1991년 고이소 아키오小磯彰夫라는 샐러리맨이『후지은행 행원의 기록』富士銀行行員の記錄이라는 특이한 책을 펴냈다. 직장인과 회사의 관계를 그토록 자세히 기록한 책은 처음이었다. 고이소는 기업전사에게 요구되는 침묵을 깼다. 고이소 이후로도 몇몇 직장인이 '주식회사 일본'의 명물인 자동차 업계, 교통 업계, 언론 또는 공룡처럼 거대한 보험 업계 등에 관한 목격담을 전했다. 이 이야기들은 조화와 목적의식 공유에 관한 미담이 결코 아니었다. 그보다는 고이소의 말을 빌리자면 '강제노동' 경험담이었다. 못되게 구는 부장, 부패한 노조간부, 중역들의 자살, 과로사 사건, '서비스 잔업' 착취, 앙심을 품은 인사부의 행태 그리고 자율적으로 행동하다 각종 한직으로 물러난 직원들의 이야기였다.

고이소 아키오와 연락이 닿기까지 꽤 힘이 들었다. 사무실에 전화를 걸 때마다 허탕을 쳤다. 회의 중이거나 출장 중 아니면 외근 중이었다. 고이소의 집으로 전화를 해 드디어 연락이 됐다. 자기가 외부 전화를 받지 못하도록 은행이 금지조치를 내렸다고 그가 설명했다. 마침내 우리는 도쿄의 한 호텔 로비에서 만났다. 고이소는 50대의 겸손한 사람이었다. 머리 옆으로 깊숙이 가르마를 탔는데 빗어 넘긴 머리카락이 벗겨진 정수리를 덮고 있었다. 그가 내미는 명함을 보니 단출하게 '후지은행 고이소 아키오'라고만 적혀 있었다. 직책이나 부서가 적혀 있지 않아서 이 사람이 피라미드에서 어디쯤 위치하는지 알 길이 없었다.

고이소가 대형 시중은행인 후지은행에 입사한 때는 소득증대계획이 막 시행되던 1960년의 일이었다. 그의 입행은 소위 말하는 은행의 '대중화'

시기와 맞물렸다. '경제 기적'을 뒷받침해줄 자본금을 싸고 안정적으로 공급해줄 예금계좌를 확보하느라 많은 시중은행들이 열렬히 경쟁하던 시기였다. 이 '대중화' 덕분에 은행직원들의 작업량은 기술혁신에 발맞추어 꾸준히 증가되었다. 고이소는 자기 저서에서 입행 초창기에 경험했던 '경영 효율 극대화' 시책에 대해 회고했다.

지점경영의 평가는 본점으로부터 부여받은 목표치를 얼마나 달성했는가, 다른 지점에 비교해서 어떠한가 하는 것이 기준이었다. 고객 수, 정기예금, 적립예금, 공공요금 이체를 위한 계좌 등이 얼마나 증가했느냐도 평가 대상에 포함되었다. 우수고객을 관리하는 담당직원의 고객방문 횟수는 하루에 20건이 넘었다. 3년 후에는 영업부문 총인원의 25퍼센트가 삭감되었고 전체 직원의 10퍼센트가 줄었다. 비용삭감이라는 구실로 볼펜 같은 문구류도 제공받지 못했고 전구도 빼버렸고 초과근무 수당도 '자진반납' 했다. … 도입된 지 25년이 지났지만 이 체제는 지금도 건재하다.[15]

입행 초기부터 직원에 대한 후지은행의 처우를 문제 삼던 고이소는 얼마 안 있어 노동조합 지부에서 최고 직위에 올랐다. 경력관리상 현명한 선택은 아니었다. 초과근무 수당을 전부 신청했을 뿐 아니라 느슨한 정부 노동기준마저 위반하는 은행의 행태에 문제를 제기했다. 고이소의 운명은 돌이킬 수 없게 되었다. 은행 내에서 자리를 다섯 번이나 옮겨야 했고 전임된 곳은 주로 한산한 시골 지점들이었다. 예상한 일이었다. 어딜 가든 열심히 일해서 지점장들의 옹호를 받는 고이소를 은행이 차마 해고는 못하고 그런 식으로 매장시키려 든 것이다.

고이소는 안보투쟁 시대의 산물이었다. 그는 그 중대했던 고비에 일본이 변하길 기대했는데 그렇지 못해 실망스런 삶을 살았다. 그런데 갑자기 기존 체제의 변화가 그의 눈에 띄었다. 부분적으로는 은행과 기업이 국제적인 야심을 새롭게 품으면서 일어난 현상이었다.『후지은행 행원의 기록』에서 고이소는 이렇게 적고 있다. "국제적으로 용납이 안 되는 노동조건에 의존해 국제적인 기업이 되려 하다니, 이런 모순이 지속될 리 없다."[16]

커피를 마시며 고이소는 이 점에 대해 부연설명 했다. "입사와 함께 실질적으로 의리와 은혜라는 인간관계가 성립됩니다. 의리를 지키고 은혜를 갚아야 하는 관계가 되는 거지요. 경영진은 사원에게 은혜를 베풀고 대신 의리를 요구합니다. 그렇게 되면 사원의 자주적 판단 능력은 약화됩니다. 일본이 작동하는 구조가 그래요. 이런 관행은 해외에서는 통하지 않지요."

고이소는 열성적으로 이 주제를 파고들었다. "전쟁 후에 직장에 생긴 현상이 또 하나 있는데 바로 군대식 경영입니다. 우리는 지점장을 보통 '오야지'라고 부르는데, 부친을 의미하는 격식 없는 표현이지요. 대기업이 대체로 다 그래요. 원래 이런 관습은 군대에서 소대장을 '오야지'라고 부르는 데서 온 겁니다. 오야지의 명령은 절대적이지요. 러일전쟁 이후에 생긴 관례예요. 군대를 가족처럼 생각하라는 '가족주의'를 조장하느라고요."

체제가 바뀐다면 무엇이 그 자리를 대신할지 나는 궁금했다. 고이소는 자기도 모른다고 했다. "프랑스나 독일처럼 될지, 아니면 미국처럼 될지 저도 모릅니다. 여전히 일본이겠지요. 구체적인 이미지가 떠오르지 않는군요. 계획을 실행하는 일은 젊은 사람들이 더 잘하지요. 하지만 메이지 시대의 사례들이 참고가 됩니다. 하위계급 무사들이 서양문물을 배울 때 배운 것을 그대로 전수한 것이 아니라 수정했지요. 현 체제를 사회적·윤리적·국제적으로 바람직한 방향으로 개혁할 때에도 유사한 수정작업이 일어나리라 생각합니다."

고이소는 자리에서 일어나 뭔가 고무적인 메시지를 남기려는 듯 내 쪽으로 몸을 돌리며 말했다. "과거의 힘이 시들고 있어요." 예리한 지적이었다. 노동자와 경영진 간의 갈등은 미국이나 다른 나라들처럼 이제 일본 경제에서도 확연한 특징을 이룬다. 그러나 갈등은 시작에 불과했다. 기업은 이제 '검증된 기업전사'인 고참경영자들을 해고하기 시작했다. 대학 졸업 전부터 입사 '내정'과 함께 신성불가침의 종신고용을 보장받았는데 기업이 그 약속을 저버리기 시작한 것이다. 사람들은 옛 체제가 보장하는 안정된 직업을 포기하기 꺼리지만, 나는 과거가 시들어간다는 고이소의 판단을 믿어 의심치 않는다.

일본에 체류하던 마지막 해에 나는 리크루트 사의 연구원들과 가끔씩 만났다. 외국인들은 리크루트 사라고 하면 1980년대 후반에 있었던 정치 스캔들을 떠올린다. 리크루트는 취업시장에서 기업과 대졸자를 연결시켜 주는 일을 해 회사명도 리크루트였다. 어떤 사원을 채용해야 할지 몰라 혼란스러워 했던 기업들을 상대로 리크루트는 1980년대에 돈을 잔뜩 벌어 들였다. 기업과 취업자 사이에 연결고리 역할을 해주었기 때문이다. 내가 만난 연구원들은 젊고 멋쟁이들로, '워크디자인 연구소'라는 사내 부서의 간부들이었다. 이들의 임무는 고객인 기업에게 젊고 총명한 고위경영자 지망생들을 끌어올 수 있는 비결을 조언하는 일이었다. 1989년에 설립된 워크디자인 연구소는 상당한 양의 연구와 통계자료를 발표했다. 연구소는 유럽인이 어떻게 여가선용을 하는지 같은 특정한 주제를 다루는 고급스런 잡지를 펴내기도 했다. 젊은 연구원들의 역할은 말하자면 젊은 일꾼을 제대로 이해하지 못하는 윗세대에게 그저 자신들의 입장을 설명하는 것이라 보아도 무리는 없을 것이다.

연수회에 참석한 10여 명 중에 부모 세대의 체제를 무조건 비웃는 사람이 있어서 놀라웠다. 자신들이 향유하고 있는 풍요가 부모 세대의 체제가 맺은 열매임에도 그런 비웃음을 당연하게 여기는 분위기였고 아무도 이를 문제삼지 않았다. 처음 연수회를 견학했을 때 나는 한 그룹 리더에게 무슨 일을 하는지 물었다. 그는 자기 가슴을 두드리며 영어로 말했다. "나는 미스터 컴퍼니입니다. 비즈니스의 전사요." 모두들 웃었다. 요즘은 쓰지 않는 표현인지 궁금해 했더니 농담한 이의 동료인 20대 후반 여성이 대답했다. "비꼴 때만 사용하지요."

비꼰다고는 하지만 내가 보기엔 가면이었다. 연수회가 진행되는 동안 점점 더 확실히 느껴지는 것이 있었다. 연수생들은 부모가 무엇을 위해 살아왔는지는 고사하고 자기 자신을 이해할 만큼의 객관적인 시각도 갖추지 못하고 있었다. 다들 나름대로 근면한 일꾼이었다. 문제는 다른 데에 있었다. 무엇보다도 이들은 인간이 살아가는 데에 다양한 방법이 있을 수 있다는 생각을 납득하지 못해 고심했다. 그런 사고방식은 패전 직후에 잠깐 반짝 나타났다가 자취를 감춘 지 오래였다.

"과로사라는 현상이 왜 생긴다고 생각해요?" 한 사람이 연수 중에 질문했다. "아무도 모르는 일이지요."

내가 한 마디 던졌다. "'못 하겠다'는 말을 선선히 할 수 있는 심리적 기제가 마음속에 마련되어 있지 않아 과로하게 되는 거죠."

"그러면 요즘 젊은 사람들은 어째서 다른 거죠?"

연수생들은 빠른 일본말로 토의하기 시작했다. 연구소의 젊은 직원이 나를 쳐다보더니 설명했다. "지금 사람들이 얘기하는 것은 '기업이란 뭐냐?' 하는 문제랑 '왜 사람들이 과로사라는 결과를 낳는 사고방식을 갖고 있는가?' 하는 거예요." 이 주제는 리크루트 사 연구원들이 마무리짓고 있던 장기 연구의 일부분이기도 했다. 연구는 샐러리맨과 회사의 관계라는 핵심문제를 다룰 예정이었다.

"예전에는 우선 기업이 존재하고 샐러리맨은 기업에 소속되는 식이었지요." 그룹 리더가 말했다. "이제 사람들은 그런 충성심을 더 이상 느끼지 않습니다. 따라서 기업은 새로운 경영방식을 고안해내야 합니다. 문제는 기업과 사원의 관계가 근본적으로 바뀌려면 어떻게 해야 하느냐는 점입니다. 대부분의 회사가 이 문제에 직면해 있습니다. 사원들을 어떻게 다루어야 할지 모르고 있어요."

연수 참가자들에게 어딘가 특이한 점이 엿보였다. 주제에 관해 심사숙고하는 과정을 보면 다들 비관론자였다. 오랜 세월 구식 체제를 겪은 고이소 아키오 같은 나이 지긋한 사람들이 오히려 변화에 관해 훨씬 낙관적인데 반해 정작 그런 변화를 일으켜야 할 주체인 젊은이들은 비관적이었다. 친구들이 졸업과 함께 순식간에 다람쥐 쳇바퀴 같은 삶으로 돌진하는 모습을 바라보며 스스로를 믿지 못하는 걸까. 젊은이들에게서 이전 세대들과 같은 일본 특유의 복잡한 심경이 묻어났다. 채워질 가망 없는 욕망이 보였다.

리크루트 사 연수회가 있은 지 1년이 채 못 되어 혼다, 도요타, 노무라증권 등의 모범적인 일류기업들이 새로운 급료체계, 성과중심 승진제도, 계약직 제도 등을 도입했다. 이제 사람들은 손쉽게 직장을 바꿀 수 있었고 충성은 자기 자신에게나 바쳐야 했다.

베테랑 샐러리맨

교토 북동쪽에 위치하는 일본 최대의 호수 비와코琵琶湖에 갔다. 비와코 호숫가에서 젊은 남녀 40명이 연수를 받고 있었다. 합성섬유를 생산하는 대기업 도레東レ의 신입사원이었다. 대학의 졸업 시즌이 끝난 지 얼마 안 된 4월의 어느 따스한 날이었다. 옅은 파란색 바지와 전투복 같이 생긴 허리 길이의 재킷을 걸친 백발의 남자가 마이크가 설치된 단상에 서있었다. 재킷 가슴주머니 위쪽으로 타원형 명찰이 달려 있었는데 거기에 '무네이시'

라고 씌어 있었다.

　베테랑 샐러리맨 무네이시는 훈련 담당 하사관이면서 훈련소 지도원이었다. 그는 사람들을 네 팀으로 나누어 각각 영업사원, 리셉션사원, 평사원, 과장으로 임명했다. 연습은 간단했다. 영업사원이 도착해서 리셉션사원에게 인사를 하고 과장을 만날 수 있는지 물어본 다음 평사원이 있는 사무실로 안내받는다. 평사원은 과장을 부르러 간다. 그게 연습의 전부였다. 고개 숙여 인사하는 법, 명함을 교환하는 법, 날씨 등에 대해 잡담하는 법 등이 연습에 포함되어 있었다. 촌극은 한 회에 몇 분 걸리지 않았다. 어떤 때는 배우들이 너무 수줍어서 목소리가 거의 들리지 않았다. 연습을 다 마치자 무네이시가 점수를 매겼다.

　"A팀, 매너가 상당히 좋아요. 하지만 가격과 최종기한에 대한 의논을 빠뜨렸어요. 그게 비즈니스에서 중요한 부분입니다. 1점 감점." 점수가 칠판에 올라갔다. A팀 멤버들이 자리에 앉아 안절부절 못했다.

　"B팀, 영업사원이 명함을 건네지 않았어요. 1점 감점. 그리고 B팀 평사원은 자기 명함을 내미는 타이밍이 적절하지 않았어요. 1점 감점."

　상대방한테 명함을 받으면서 감사하다는 말을 빠뜨렸다, 1점 감점. 상대로부터 받은 명함을 주머니 속에 집어넣었다, 3점 감점. (명함은 회의가 진행되는 동안에는 탁자 위에 올려놓았어야 했다.) 평사원하고 상대하는 내내 서류가방이 반쯤 열려 있었다, 1점 감점.

　누군가 손을 번쩍 들었다.

　"리셉션 사원한테는 명함을 주지 않아도 된다고 들었습니다. 맞습니까?"

　"으음." 무네이시는 이 난제를 놓고 고민했다. 그게 맞기는 맞는데, 그렇다고 손님이 명함을 주지 않으면 리셉션사원 입장에서 상사에게 누가 왔는지 보고할 때 어려움을 느끼지 않겠는가? 무네이시가 마침내 결론을 내렸다. "제 생각에는, 처음 방문한 경우라면 리셉션사원에게 명함을 주는 것이 최선입니다. 하지만 다시 확인을 좀 해보겠습니다."

나는 나중에 다키바야시 야스히코라는 사람을 따로 불러내어 이야기를 나눴다. 그는 자기 팀에서 영업사원 역할이었는데 벌써 1~2점 감점 당한 상태였다. 상당히 충격이 큰 것 같았다. "상대방이 하는 이야기를 들어가면서 제가 하고 싶은 말을 할 타이밍을 맞추는 것이 어렵습니다. 공손한 경어체를 쓰는 것도 어려워요."

"경어의 어떤 점이 어려운가요?"

"경어가 익숙하지 않거든요. 문장을 끝까지 확실하게 마무리하는 것도 어렵네요."

홋카이도 대학을 막 졸업한 다키바야시는 춥고 목가적인 홋카이도에서 자랐다. 그는 과거에 수백만 명이 그랬던 것처럼 농부의 아들로 태어나 도시로 삶의 터전을 옮겼는데, 그런 사람들이 전형적으로 풍기는 이미지처럼 과묵한 편이었다. 다키바야시는 영업부에서 일하고 싶어했다. 하지만 왜 도레를 선택했을까? "OB들, 그러니까 대학 선배들이 제조업체로 많이들 갔거든요. 도레에 취직한 선배 한 명이 학교에 들렀는데 좋은 인상을 남겼어요." 좋은 인상이라는 게 뭐였을까? "도레에서는 직원의 의견을 존중하고 자기가 하고 싶은 일을 할 수 있다고 들었거든요."

나는 도레의 연수원에서 연수생들과 이틀을 함께 보냈다. 신입사원들은 진흙으로 전통적인 피리를 만들기도 하고, 표현력 훈련을 하기도 했다. 표현력 훈련은 일부 팀원이 지도를 보면서 다른 팀원들에게 공장에 어떻게 가는지 말로만 설명하는 게임이었다. 그밖에도 연수생들은 다른 부서에 전화를 걸거나 비즈니스 서신을 쓰거나 미팅 약속을 잡는 법을 연습했다. 과제를 해결하기 위해서 연수생들은 『일본의 '샐러리맨'』처럼 삽화와 설명이 곁들여진 두꺼운 매뉴얼들을 공부했다. 보여줄 수 있냐고 묻자 '내부

문서'이므로 안 된다고 했다.

　연수생들은 '사회인' 즉 사회적 존재가 되어가고 있었다. 피리를 만드는 작업을 통해 창조력과 혼자 일하는 방법을 익혔고, 낯선 사람과 의사소통하는 방법도 배웠다. 촌극을 통해 비즈니스상의 행동규범에 익숙해졌다. 수세기 전, 도쿠가와 시대의 관료들이 선포한 무사와 농민에 대한 칙서 못지않게 단순하면서도 엄격하고 세세한 행동규범이었다.

　연수원에 도착했을 때 도레의 중역들이 나를 맞았다. 이들은 신입사원들이 회사생활을 시작하는 모습을 수없이 보았는데 그동안 별로 달라진 것이 없다는 듯한 태도였다. 그러나 금테 안경에 엄격한 얼굴을 한 땅땅한 체격의 부장 하나가 불만스러워 했다. "제 사견이지만 젊은 사람들은 회사에 오래 근무할 건지 아닌지 잘 생각해봐야 합니다. 그 부분이 조금 의심스러워요. 요즘 젊은이들은 우유부단한데다 얽매이기 싫어하거든요."

　나는 연수원에서 하야시 유키코라는 이름의 젊은 여성을 만났다. 그녀는 지방출신이 아니라 도쿄에서 태어나고 자란 도쿄 토박이였다. 하야시는 유명 사립대학인 와세다 대학에서 사회학을 전공했다. 작은 키에 민첩했고 편안한 옷을 입고 있었다. 어딘지 모르게 대학생의 느슨한 분위기가 아직 남아 있었다. 책이 가득 든 배낭을 맨 하야시의 모습이 쉽게 연상되었다. "여자인 저로서는 선택의 우선순위가 좀 달라요." 하야시가 말했다. "저는 회사의 분위기를 더 중요시합니다. 회사의 명성보다는 제가 자유롭게 일할 수 있는 회사가 더 좋아요."

　그런 점에서 하야시도 다키바야시와 마찬가지였다. 정말 자신은 부모세대와 다르다고 생각하는지 궁금했다. 하야시가 대답했다. "조금은요. 일도 하고 싶지만 자기만의 시간을 즐기고 싶은 게 사람이잖아요. 둘 중 하나만 선택할 수는 없지요. 살기 위해 일하는 거지 일하려고 사는 건 아니니까요. 점점 그런 분위기가 되어가고 있고요. 이 회사가 그런 점을 인정해주는 회사라면 좋겠어요."

하야시는 어쩌면 비와코로 연수받으러 오면서 친구들을 실망시켰는지도 모른다. 어쩌면 스스로에 대한 실망도 접어놓고 왔는지 모른다. 그러나 도레에 평생 몸담을 것인지 아직 최종적인 결정을 내린 것은 아니었다. 이점에 관한 한 엄격한 얼굴을 한 부장 말이 맞았다. 그러나 자기 장래에 관한 하야시의 판단에는 흔히 보이는 비관이나 욕심 이상의 무엇이 담겨 있었다.

"젊은이들이 기업문화를 바꾸리라고 보나요, 아니면 회사가 젊은이들을 변하게 하리라고 보나요?" 내가 물었다.

"둘 다라고 봐야죠. 이 회사도 여느 회사처럼 옛날 방식을 고수하고 있어요. 여기 오기 전에는 회사의 그런 자세를 내가 한번 바꿔보고 싶다고 생각하기도 했어요. 하지만 그렇게 빨리 바뀌지 않을 거예요. 결국 우리가 변하게 되겠지요."

> 우리 조상은 땅으로부터 밝은 빛을 거두고
> 그늘의 세계를 창조하여,
> 그 어둠속 가장 깊은 곳에 여인을 두고
> 세상에서 가장 창백한 존재라 여겼다.[1]
> _다니자키 준이치로谷崎潤一郎 『음예예찬』陰翳禮讚, 1933

구석에서 찾는 행복

후쿠시마 미치코는 잘 웃었다. 웃으면 눈이 감길 듯 가늘어지며 눈가에 주름이 잡혔다. 1990년대 초반에 처음 만났을 당시 62세였던 후쿠시마는 아담하고 활기찬 사람으로. 말하는 태도에 호기심과 초연함이 묘하게 뒤섞여 있었다. 도쿄 주택가에 자리한 방 두 개짜리 사무실은 접이의자, 책장, 영화 필름 보관함 등으로 가득했다. 학교 강당에나 갖다 놓음직한 대형 접이식 탁자도 있었다.

후쿠시마는 그 세대 일본 여성 중에서 보기 드물게 자기 손으로 삶을 개척한 자주적인 사람이다. 그녀는 오래 전부터 독립심에 관한 엄격한 기준을 세우고 지켜왔다. 그런 기준을 선뜻 수용할 젊은 여성이 거의 없다는 사실을 후쿠시마도 잘 알고 있었다. 산을 정복해서 행복하지만 바로 그 때문에 고독한 산악인과도 같았다. 자기 뒤로 산에 오르는 사람이 아무도 없는 듯한 기분인 것처럼 보였다.

후쿠시마의 인생은 근대 일본의 몇몇 국면과 맞물려 펼쳐진다. 1930년대에 도쿄 외곽의 한 농장에서 육남매 가운데 한 명으로 태어난 후쿠시마는 여자라는 이유로 어머니, 할머니, 자매들과 더불어 아버지 재산의 일부로 간주되었다. 여인들은 집안일을 했고 결혼을 포함한 모든 문제에 순종해야 했다. 어렸을 때 집에 고모나 이모가 오면 남편과 시댁에 대해 쉬지 않고 불평하던 기억이 그녀에게 남아 있었다.

"그런 결혼은 절대로 하지 않겠다고 마음먹은 것이 여섯 살 때였지요. 그러려면 공부해서 직업을 가져야 했는데 우리 부모님은 상급학교 진학을 반대했어요. 고등교육은 남자형제들에게 필요하지 저한테는 필요없다는 거였어요. 부모님은 제가 교육을 많이 받으면 결혼하기 힘들거라고 생각했어요."

그녀는 잠시 말을 멈추고 옛 기억을 더듬었다. 곧 말을 이었다. "그래서 제 의사를 전혀 표시하지 않고 항상 순종했어요. 하지만 마음속으로는 도망가고 싶은 욕망이 커져만 갔지요."

전쟁 덕택에 후쿠시마는 어머니, 고모, 이모의 불행한 운명을 피해갈 수 있었다. 패전 후 점령군은 가문이라는 관념을 없애버렸다. 여성의 교육이 점차 일반화되어가던 1950년 중반에 도쿄 대학에 입학한 후쿠시마는 폴란드 영화감독 안제이 바이다Andrzej Wajda가 만든 「재와 다이아몬드」Ashes and Diamonds를 보게 된다. 전시에 활약하던 젊은 저항운동가가 세계대전이 끝나면서 열성적인 운동가라는 자기 정체성을 허무하게 여기며 그 자리를 대신할 만한 것을 찾지 못한다는 줄거리였다. 군국주의적 애국심에 세뇌당하며 자란 젊은 여성으로서 그녀는 주인공의 심리에 공감할 수 있었다. 그녀의 인생에 끊임없이 영감을 불어넣은 영화였다.

영화를 본 바로 그 해에 후쿠시마는 한 학년 위의 공대생과 결혼해 아들도 낳았다. 중매쟁이의 활약, 어색한 만남, 가족 간 협상이라는 순서로 이루어지는 중매결혼이 아닌 연애결혼이었다. 당시로서는 흔치 않은 일이었다. 남편은 아내의 독립심을 존중하겠다고 약속했지만 결국은 후쿠시마의 말마따나 "매우 일본적"으로 변해갔다. 후쿠시마는 소규모 제조회사에 근무했다. 이내 부부 갈등이 일어났다. 특이한 얘기지만 책상 하나가 불화의 계기였다. "우습게 들릴지 모르겠지만 나만의 책상이 하나 있었으면 했어요." 후쿠시마는 미소 지었다. "남편은 자기 책상을 가리키며 '그냥 우리 저거 같이 써' 그러더군요. 하지만 저는 제 책상을 따로 원했어요. 나만의 세상을 바란 거죠."

후쿠시마는 서른한 살에 자신만의 세상을 찾았다. 1962년에 당시로서는 흔치않던 이혼을 하고 시집과 친정 양쪽에서 의절당했다. 이웃들이 수군거리는 가운데 그녀는 영화 시나리오를 쓰고 다큐멘터리 영화를 만들었다. 무거운 도구를 들고 이곳저곳 자주 다녀야 하고, 남자직원들과 함께 싸구려 여관방을 함께 써야 하는 등 고된 일이었다. 영화판은 자기 작품이 주변에 폐를 끼칠 만한 가치가 있음을 힘겹게 증명해야 하는 험한 세계였다. 여자이기에 더욱 그랬다. 반면에, 위치만 확고히 다지면 그때부터는 남녀를 차별하지 않는 드문 곳 또한 영화계였다.

후쿠시마는 독립에 대한 대가를 혹독히 치렀다. 1980년대 후반에 전 남편이 암으로 사망하기 전까지 (후쿠시마도 정확한 사망일을 모른다) 아들과 연락하는 것마저 금지당했다. 간신히 재회한 아들의 나이는 이미 35세였다. 30년간이나 자식 얼굴을 못 본 것이다.

후쿠시마는 자신의 선택을 후회하지 않았다. 그러나 자기 삶의 여정을 이야기 할 때 얼굴에 한 가닥 슬픔이 스쳤다. 그녀의 미소만큼이나 자주 슬픔이 내비쳤다. "아무것도 못 느끼겠고 아무것도 못 믿겠고 그저 떠나고만 싶었어요." 결혼생활이 막바지로 치달을 무렵의 상황을 그녀가 설명했다. 그리고 이렇게 말했다. "많은 일이 있었지만 돌이켜보면 결국은 항상 저 하고 싶은 대로 했던 것 같아요. 제 인생에 만족합니다. 별로 후회는 없어요. 나이가 이만큼 들었으면 그렇게 말할 수 있어야겠죠. 제가 선택한 길이니 제 책임입니다."

일본처럼 복잡하게 얽히고설킨 사회에서 사회규범을 벗어나는 행위는 항상 극적이게 마련이다. 압축하자면 후쿠시마의 경험이 그랬다. 근대 일본여성의 경험은 한결같이 극적이다. 일본여성은 공동으로 뭔가를 이루어 본 경험이 별로 없다. 주로 개인이 홀로 자기만의 인생 항로를 찾는 경우가 대부분이다. 순응의 울타리 밖으로 한 발짝 나서자마자 외롭고 힘든 삶이 시작되는 것은 지금도 여전하다. 서구 사회라면 후쿠시마는 전형적인 페미니스트로 분류될 것이다. 그러나 일본에서 펼쳐지는 그녀의 인생에는 보다 심각한 사회 이슈가 투영되어 있다. 단순히 페미니즘만의 문제가 아니다. 윗사람이냐 아랫사람이냐, 한패냐 아니냐에 집착하는 일본사회는 여성에게 특히 잔인했다. 일본에서 수백 년 동안 여성은 남성의 희생자였다. 여성은 여성대로 그런 희생에 알게 모르게 공범 노릇을 해왔다. 여성이 고통 받을수록 남성이 고통 받는 현상도 일본에서 두드러진 복종시키는 자와 복종당하는 자 모두 희생자였다.

일본남성과 일본여성 사이에 놓인 더 심각한 문제는 서로에 대한 동정심 결여다. 근대 일본에 만연한 매정함이다. 후쿠시마 미치코가 힘겹게 내린 급진적 선택의 근저에도 동일한 문제가 놓여 있다. 후쿠시마로부터 용기, 고립감 그리고 숨 막히는 사회적 테두리에서 벗어났다는 자부심을 분명히 느낄 수 있었다. 그렇다고 자주적인 인간으로서 스스로를 책임지겠다는 결심이 어떤 감정적인 황폐를 추가로 일으킨 것은 아니고 허무함은 결혼 생활 중에 이미 시작되었노라고 그녀는 말한다. 결국 후쿠시마의 용기는 자신과 사회를 향해 한 점 부끄럼 없이 솔직했다는 데에 있다.

일본사회 구석구석에 만연한 친밀감 결핍은 결혼으로 해결될 일도 아니고 결혼 생활 포기로 해결될 수도 없다. 친밀감 결핍 현상은 오랜 역사적 유산의 일부이다. 일본에서 친밀감은 일종의 불온함과 결부된 지 오래다. 이 문제의 해결을 위해서는, 바꾸어 말해 인간관계에서 온정과 친밀감을 되찾아 이를 공공연하게 만들기 위해서는 외관을 중시여기는 형식적 관계로부터 탈피해야만 한다. 1980년에 출간된 나카야마 치나쓰中山千夏의 단편소설『아역의 시간』子役の時間을 보면 주인공 소녀가 도시를 거닐며 인도에 나 있는 금을 밟지 않으려고 노력하는 장면이 나온다. 인도는 누구나 자신을 꿰어 맞춰야 하는 사회적 틀을 상징한다. "아이는 인도에 난 금을 밟지 않으려고 부자연스럽게 걷고 있었다." 이렇게 소설을 시작된다. 어른들은 비틀거리는 소녀를 무심하게 지나쳐간다. 이야기는 계속된다.

자신의 자연스런 보폭에 들어맞지 않는 금을 밟지 않으려고 한 걸음씩 내디딜 때마다, 소녀의 몸은 세상이 자신에게 완벽하게 무관심하고 애정 없음을 확인했다. 소녀는 그런 애정결핍을 받아들일 수도 없었고 그것에 익숙해질 수도 없었다. 태어나서 처음 자신의 욕구──안기고자 하는 욕구, 젖을 빨고자 하는 욕구──를 거절당한 이래로 삶의 일부가 되어버린 모든 상처의 진원지가 어디인지 소녀는 매일 끊임없이 조심스럽게 탐색한다.[2]

친밀감에 대한 열망은 현대 일본 문화에서 주요한 주제다. 일본인이 사랑할 줄 몰라서가 아니다. 남녀가 애정이나 친밀감을 표현하지 못하게 만드는 사회를 소재로 한 소설, 영화, 드라마가 무수하게 존재하는 까닭은 애정 표현이야말로 최고의 자기주장이기 때문이다.

신세대 여성의 보수화

후쿠시마 미치코를 인터뷰하던 즈음 일본여성은 후쿠시마 세대보다 훨씬 폭넓은 선택의 자유를 누리고 있으며 감수해야 할 위험도 적어보였다. 물론 이러한 사정은 1980년대 후반에 생긴 여러 조치의 결과였다. 1986년에는 '남녀고용기회균등법'이 제정됐다. 거품경제는 여성에게 화이트칼라 직업을 가질 기회를 제공했다. 여성은 정치에서도 세력을 다졌다. 다른 나라처럼 일본여성의 처지도 변화하기 시작했다고 속단하기 쉬운 분위기였다.

그러나 거품이 꺼지자 1980년대가 잔인한 기만이었음이 드러났다. 불경기를 맞아 여성은 제일 먼저 해고당했다. 곧 회사는 아예 여성 고용 자체를 기피하기 시작했다. 정치판에서도 떠밀려 여성의 목소리는 점차 들리지 않게 되었다. 남녀고용기회균등법도 별 효과를 발휘하지 못했다. 조문을 처음부터 차근차근 읽어본 사람이라면 왜 그런지 금방 이해할 것이다. 처벌 조항이 전혀 없기 때문이다. 강제력 없는 지침서에 불과했다. 1995년에는 취업을 희망하는 여성 대졸자 60퍼센트가 직장을 구하지 못했다.[3] 사회는 자주적으로 살려는 여성에게 후쿠시마가 치렀던 것 같은 큰 대가를 여전히 요구했다.

메이지 정부가 해외에 파견했던 유명한 사절단에는 6~14세의 소녀 다섯 명이 포함되어 있었다.[4] 서구 상류층의 행동양식을 배워오는 것이 그들의 임무였다. 소녀들은 귀국해서 수백 년 만에 처음으로 새로운 사회관습을 일본여성들에게 선보였다. 그러나 서구의 풍습을 배우라고 소녀 몇 명을 파견했던 의도는 그다지 건전하지 않았다. 일본도 서구 열강과 동등한 조약을 맺을 만큼 개화된 국가임을 과시하기 위한 조치였다.

1980년대를 관찰할 때 이런 역사의 한 토막을 염두에 두면 유용하다. 일본은 80년대 들어 갑자기 여성에게 경제나 정치의 문호가 개방되어 있음을 세계에 과시했다. 여성에게 개방적인 사회가 국제적 기준에도 맞는 사회라는 생각 때문이었다. 일본의 부유함이나 국제사회에 대한 영향력에도 걸맞았다. 그러나 알맹이가 없었다. 80년대 일본사회가 여성에게 베푼 호의는 사실상 한 세기 전의 현상과 유사했다. 체면 문제였던 것이다.

일본의 페미니즘 역사는 길다. 메이지 시대가 끝나갈 무렵인 1911년 11월, 도쿄에서 입센의 『인형의 집』이 일본 최초로 상연되었다. 이후 여성들 간에, 주인공 노라가 남편에 반항해 집을 나간 행동이 과연 옳은가를 두고 10년이 넘도록 논쟁을 벌였다.[5] 소란스럽고 간간히 험악하던 이 논쟁을 일본 페미니즘의 시작으로 보는 것이 보통이다. 여성들은 처음으로 사회 속에서 자신이 처한 위치에 관해 자기 생각을 말할 수 있었다. 집안과 집 밖에서의 여성의 지위가 일본 페미니즘의 화제였던 만큼 노라의 이야기는 여성들의 심금을 울렸다. 일본여성이 있을 자리는 어디인가 하는 문제는 오늘날에도 여전히 유효한 질문이다. 신선하고 속 시원한 해답은 보이지 않는다. 사회는 후쿠시마 미치코 같은 자율적인 여성의 선택을 지지해줄 만큼 변화하지 못했다.

여성의 독립과 평등이라는 문제는 일본여성이 오랜 세월 떠맡아온 역할 때문에 더욱 복잡해진다. 남자들은 교묘하고 의도적으로 여성을 열등한 2등 시민으로 규정해왔다. 여성도 쓸모가 있긴 있었다. 예를 들어 가부키에 비유해볼 수 있다. 가부키에서 배역은 오직 남자만이 맡을 수 있다. 여자는 여자인 죄로 여자를 연기할 자격을 박탈당한다. 오히려 구로코黑子에 가깝다. 구로코는 글자 그대로 '검은 사람'이라는 뜻인데, 검은 복장으로 가부키 무대에 나와 배우를 돕거나 무대장치를 바꿔주는 역할을 한다. 가부키에서 구로코는 무대에 나와 있어도 배우나 관객의 눈에 보이지 않는 존재로 간주된다.

메이지 시대 계몽주의자들은 가족국가 확립의 일환으로 여성이 가정에서 차지하는 위치에 뚜렷한 정치적 가치를 부여하고 후쿠시마 미치코의 친정에서처럼 여성의 자리는 집안, 남성의 자리는 집 밖이라 규정했다. 여기에는 아직도 해소하지 못한 모순이 하나 도사리고 있다. 여성이 중요한 노동력이라는 사실이었다. 이상과 현실은 이렇게 달랐으나 여성의 공적 지위를 어떻게 규정하느냐 하는 것은 정부 입장에서는 이데올로기 문제였다. 여성 지위의 변화는 일본 전체의 작동방법을 바꾼다는 뜻이었으므로 보통 큰 문제가 아니었다. 군국주의 일본제국이 패망한 이후 적어도 공식적으로나마 여성의 지위가 크게 향상된 것은 사실이다. 그러나 여성에 대한 전근대적인 태도는 지금도 분명히 존재한다.

다른 나라처럼 일본에서도 1970년대에 페미니즘 운동이 새로운 국면을 맞았다. 이제 양성불평등의 문제는 아동기에 학습한 심리구조나 여성 개인의 자주성 같은 좀더 거시적인 문제와 연관되기 시작했다. '내면의 여성성'이라 불리던 전통적 여성관에 대한 논쟁도 벌어졌다. 그러나 페미니즘 운동은 결국 무너지고 만다. 페미니즘을 선정적으로 다룬 언론에 의해 희생되었다는 관계자들의 설명도 옳지만 페미니즘이 쇠퇴한 더 중요한 이유가 있었다. 페미니즘은 기존 권력관계를 위협했고, 그러다보니 여성들에게 너무 버거운 운동이 되고만 것이다. 그래서 페미니즘은 '권리'와 '직장생활'에 치중하는 것으로 변질되었다. 70년대 운동가가 지적했듯 외국에서 직수입된 '권리-직장생활' 페미니즘은 일반 일본여성들이 직면하는 구체적 현실을 대변하지 못했음에도 불구하고 80년대와 90년대를 대표하는 페미니즘이 된다.

일본에는 '남성상위 여성우위'라는 우스갯소리가 있다. 남자의 지위가 여자보다 높다하더라도 실질적인 힘은 여성에게 있다는 소리이다. 1980년대부터 지금까지 계속 쓰이는 말이다. 이런 종류의 구호는 여성이 사회에서 차지하는 전통적인 지위를 놓쳐서는 안 된다고 믿는 보수적 페미니스트들이 애용한다. 광범위한 불평등 속에서 여성은 작은 평등에 만족해야 하며, 그렇지 못하면 결국 자기내면에 있는 전통적 여성성과 충돌하는 난관에 봉착한다는 논리다. 그러나 본질적으로 '남성상위 여성우위'라는 말은 공허한 유혹이며 정체성과 여성으로서의 개별성을 말소당하는 대신 제공받는 가짜 자유에 불과하다. 일종의 뇌물인 것이다. 안타깝게도 많은 여성들이 이 뇌물을 접수하고 만다.[6]

1980년대 후반이 지나면서 여성에게 잔혹한 시대가 또다시 찾아왔다. 거품경제기에 누리던 선택의 자유가 사라지자 젊은 여성들은 과거로 퇴보하려 들었다. 후쿠시마 미치코 같은 여성이 기꺼이 독립을 위해 받아들였던 책임과 의무를 짊어지고 싶어하지 않았다. 신세대는 선배 세대 페미니스트들을 이해하지 못했다. 오히려 그들을 원망했다. 80년대와 90년대의 여성들은 자신들이 과거의 그늘에서 너무 빨리 벗어나 상대적으로 장애물이 적은 삶을 산다는 사실에 오히려 스트레스를 받았다.

후쿠시마 미치코를 취재할 무렵 노부코라는 25세의 여성을 알게 되었다. 노부코는 고등교육을 받고 졸업 후 중앙은행인 일본은행에 취직해 경력을 쌓아갔다. 신입사원으로서는 더할 나위 없이 전도유망한 직장이었음에도 노부코는 방황하기 시작했다. 일본은행을 그만두고 모건스탠리 도쿄지사에서 2년간 일하다가 체코산 유리제품을 수입하는 회사로 옮겨 1년간 일했다. 내가 그녀를 처음 만났을 당시에는 어느 미국계 증권회사 리서치 부서에서 일하던 중이었다. 그녀는 자신의 방황이 독립적인 삶을 꾸려가기 위한 노력에서 비롯된 것이라 했다. 그녀의 설명에 따르면 들어오라고 손짓하는 세계에 일단 들어만 가면 자신에게 영 맞지 않더라는 것이다. 노부코의 여정에서 새롭고 국제적인 일본이 엿보였지만, 지도 없이 여행하듯 불안한 심정이 지배하는 삶 또한 엿보였다.

노부코는 자기 세대 남자들을 시시하게 여겼다. 결혼적령기를 지나고 있었지만 아직 미혼이었다. 이 방면에서 일본은 별로 너그럽지 못하다. 20대의 여성을 일본에서는 흔히 '크리스마스 케이크'라 부른다. 25세까지는 수요가 많다가 그 후로는 사는 사람이 없다는 뜻이다. 요즘은 '상한 케이크'로 여겨지기 시작하는 연령이 29세나 30세로 높아졌다. 결혼상대 후보자의 조건도 옛날에 비하면 훨씬 덜 까다로워졌다. 1990년대에 25~29세 여성 중 3분의 1가량이 미혼인데 과거에 비해 크게 늘어난 수치였다. 그러나 노부코 같은 미혼여성은 여전히 가족이나 친구로부터 압력을 받을 뿐더러 스스로도 스트레스를 받는다.

"네, 요즘은 좀 느지막하게 결혼하는 경향이 있지요." 내가 결혼 문제를 거론하자 노부코가 대답했다. "하지만 지금 우리 세대를 관찰하는 더 젊은 세대는 자기들은 빨리 결혼해버리는 것이 낫겠다고 결론 내릴지 몰라요. 사회는 바뀌지 않는데 괜히 남자 세상에 뛰어들어 일하는 게 시간 낭비로 보일 수 있을 거예요."

노부코는 자기가 그동안 걸어온 길을 부끄럽게 여기며 마치 그보다 더 나은 길도 있는데 능력이 안 돼 놓친 듯한 인상을 풍겼다. 여자로서의 자기 인생에 대해 신념을 갖거나 자랑스럽게 여기지 않는 것 같았다. 후쿠시마 미치코가 솔직함, 독립심, 책임감 등의 가치에 굳은 신념을 가졌던 것과는 달랐다.

"정보가 넘쳐요. 선택의 여지도 너무 많고 대안을 평가하는 방법도 잘 몰라요." 노부코가 말했다. "골동품 가게를 구경하는 것과 비슷해요. 상품 중에 가치 있는 것도 있고 가짜도 있을 텐데 골동품에 대해 아무것도 모르면 그 차이를 구별할 수 없지요. 인생도 마찬가지예요. 어떤 인생이 가치 있고, 어떤 인생이 가짜일까요?"

일본을 떠나기 직전, 나는 노부코가 갑자기 결혼한다는 이야기를 친구를 통해 들었다. 결혼 상대는 젊은 샐러리맨이고 아주 보수적인 사람이지만 사회통념으로 보아 상당히 장래가 촉망되는 사람이라 했다. 문득 후쿠시마 미치코의 남편이 떠올랐다.

여성에게 들이닥친 근대의 아이러니

고대 일본에서 여성은 힘이 있었다. 일본 건국신화에 나오는 태양의 여신이자 우주의 보호자인 아마테라스만 보아도 확실히 알 수 있다. 남동생 스사노오가 음울한 태풍의 신인 데 반해 아마테라스는 밝고 눈부시다. 아마테라스와 스사노오의 숨결에서 태어난 신들은 일본 황실의 조상이라 여겨진다. 스사노오는 누나의 논을 망치거나 궁전을 더럽히며 거친 행동을 일삼았다. 이후 모든 일본남자가 그러는 것처럼 엄마가 보고 싶어서 부리는 낯익은 심통이었다. 끝내 스사노오는 지옥으로 사라지고 다시 아마테라스의 빛이 온 누리를 비추게 된다.

이 건국신화는 모계사회를 드러내는 증거이다. 신화에서 나타나는 갈등은 여성이 통솔하는 부족이 남성이 이끄는 부족과 싸워 이겼음을 상징하는 것일 수 있다. 여성은 남성보다 마법이나 신성神性에 밀접한 관련이 있다고 여겨졌다. 신화에 나오는 몇몇 여성은 무당이나 족장이었다. 이 여성 지도자들은 지금과는 너무 다른 일본을 지배했다. 일본인에 대한 최초의 역사 기록은 3세기에 일본을 여행하던 중국인이 쓴 것이다. 이 문서에 따르면 당시 일본에서는 "모임이나 행동거지에 있어서 부자지간이나 남녀지간에 구별이 없었다"고 전한다. 남녀는 기쁘고 감사한 마음으로 별 두려움 없이 자연 속에 살았다. 애니미즘적 민간신앙인 일본의 신토神道는 태양, 달, 벼, 강 등 온갖 것에 신격을 부여했다. 다산숭배의 경향도 다분했다. 사람들은 남녀의 애정이나 친밀감을 숨기지 않았다. 섹스와 혼인 풍습을 보면 일본 고대인들의 세계가 에덴동산 같이 천진난만했음을 알 수 있다.

일본 역사상 가장 훌륭한 시가집이라 불러도 좋을 『만요슈』万葉集가 8세기에 편찬되었다. 만요슈에 들어 있는 4,500개의 노래는 갖가지 배경을 지닌 시인들이 창작해냈다. 작가 중에는 고귀한 신분인 사람도 있고 평민이나 하층민도 있었다. 무명씨의 작품도 있었다. 아래의 노래도 만요슈에 들어 있는데 내용으로 보아 젊은 농촌 여인이 지은 것이 분명하다.

벚나무와 삼 밑 풀밭이 이슬로 젖었으니
날이 샌 뒤 가는 게 좋겠네.
어머니가 눈치채신들 어떠리.7

이 시는 요바이夜這い라 불리는 풍습을 노래한 것이다. 요바이는 젊은 구혼자가 밤에 여자 집에 몰래 기어들어 정을 나누는 행위를 가리킨다. 혼기가 찬 촌락의 젊은 처자들은 동네 청년의 방문을 기대하며 일부러 남자가 접근하기 쉬운 곳에서 잠을 잤다. 잠입한 청년은 아침이 될 때까지 여인과 함께 머무름으로써 구혼의 의사를 표시했다. 그야말로 이슬처럼 생생한 이 노래는, 밤을 함께한 청년과 평생 살고 싶다는 지은이의 욕망을 표현한 것으로 볼 수 있다.

만요슈가 중요하게 평가받는 이유는 바로 이런 작품 때문이다. 만요슈에는 일본인의 고유하고 솔직한 정서가 들어 있으며, 유교적 윤리, 남녀구분, 계급 차별 등으로 흐려지기 이전의 순수한 애정과 끈끈한 인간관계가 담겨 있다. 그러나 시가집이 편찬되던 당시 이미 사회는 중국의 영향으로 고대의 순수함을 서서히 잃어가는 중이었다. 헤이안 시대만 해도 수입된 정통주의적 관행에 대한 반동으로 『마쿠라노소시』枕草子나 『겐지 이야기』源氏物語 등의 고전 여성문학이 잠시나마 융성했다. 그러나 쇼군과 무사라는 '대전통'이 등장하면서 고대의 문화와 관습은 사라져버렸다.

무사 집안의 여성은 안과 밖이라는 지극히 엄격한 구분 방식에 따라 행동해야 했다. 무사의 아내는 가옥에서 가장 안쪽에 위치한 오쿠奧, 즉 안방에서 벗어날 수 없었다. 지금도 다른 사람의 아내를 '안사람'이라는 의미의 오쿠상奧さん이라 부르는 이유다. 집 밖에서 일어나는 공적 사무와 관련된 일에 아내는 절대로 참견할 수 없었다. 정신과 의사 미야모토 마사오가 이 문제와 관련하여 내게 재미있는 얘기를 해주었다. 안심安心이라는 단어의 첫 글자 '안'을 보면 여성이 집안에 있는 모습이라는 것이다.[8]

사무라이 문화에서는 남녀 간의 '사랑'을 찾아보기 힘들다. 적어도 공적 공간에서는 그러하다. 남녀 사이의 친밀감은 은밀한 것으로 간주되었고 심지어는 남한테 약점을 보이는 것이라고 여겼다. 혼인은 집안의 결합으로서 일종의 기업 합병의 초기 형태였다. 물론 중세 유럽에도 이런 식의 결혼이 있었다. 그러나 남녀 애정에 대한 관념은 전설이나 문학작품의 내용을 보더라도 동서양의 차이가 있다. 귀부인에 대한 중세 기사들의 애정과 숭배의 풍습은 일본의 세속적 시각과는 대조적이다. 일본인의 애정은 전통적으로 육욕에 치우쳤고 육체를 초월하는 감정적 측면은 부각되지 않았다. 물론 일본에도 이상화된 사랑이 있었고 유럽에도 육욕적 사랑이 존재했던 것은 사실이다. 다만 확실한 차이점은, 서구에서는 사랑을 공공연하게 표현한 데 반해 일본에서는 철저히 사적인 것으로 치부했다는 점이다.

『심중천망도』心中天網島는 에도 시대의 위대한 극작가 치카마쓰 몬자에몬近松門左衛門의 작품 중에서도 가장 인기 있는 작품이다. 종이 상인인 지헤이治兵衛는 유곽의 기녀 고하루小春와 사랑에 빠져 아내와의 정절 사이에서 고민한다. 극중에서 마음 약한 지헤이는 자신이 곤란한 처지를 스스로 해결할 만한 위인이 아닌 것으로 묘사된다. 그러나 고하루와 함께 자살하기로 결심하는 순간 그는 영웅이 된다. 삶은 의무의 연속이며 오직 죽어서만 누구의 방해도 받지 않고 진정한 사랑을 나눌 자유를 얻는다는 이야기다.

1692년에 중국 고전문학을 연구하던 유학자 가이바라 엣켄貝原益軒이『온나다이가쿠』女大学라는 책을 낸다. 상당히 유명한 에도 시대 책이다. 에도 시대에 계급별로 엄격한 행동 지침이 정해져 있던 것과 유사하게『온나다이가쿠』는 여성이 지켜야 할 예법을 담고 있었다. 농민들한테 뭘 먹고 어디에 뒷간을 파라고 지시했던 것처럼, 여성이라는 성별에 적합한 이상적 행동양식이 무엇인지 가르쳤다. "낮잠을 자면 안 된다, 젊은 남자에게 편지를 써서는 안 된다, 사람들이 많이 모이는 곳에 가서는 안 된다" 등등 수많은 예가 있다.9 그러나『온나다이가쿠』의 명성은 다음과 같은 뻔뻔스런 시각 탓도 있다.

> 여자에게는 다섯 가지의 결점이 있다. 반항, 분노, 중상모략, 질투 그리고 무지함. 이런 증상이 여자 10명 중 7, 8명에게 나타나는데 여자가 남자에 비해 열등하다는 것을 보여주는 증거이다. 자신을 돌아보고 자신의 결점을 개선하라. 무지함은 모든 결점 중에서 가장 한심한 것이며 다른 네 가지 결점의 원인이 된다. 여성은 부정적이다. 부정적인 것은 밤처럼 어두운 것으로서 … 10

다니자키 준이치로의 말대로 일본은 "그늘의 세계"를 창조해 여성을 그 안에 몰아넣고 누구도 접근하지 못하도록 만들어버렸다. 도대체 남성들이 얼마나 여성의 초자연적인 능력을 믿었기에 그처럼 철저하게 여성을 박해했는지 지금의 시각으로 보면 믿기지 않을 정도다. 여성이 밝은 데로 나오는 것을 금하던 행위는 물론 비이성적이고 원시적인 두려움에 근거하는 것이리라. 태양이야말로 고대로부터 힘의 원천이었기 때문이다. 그렇지 않다면 왜 굳이 그런 식으로 햇빛을 못 보도록 했겠는가?

『온나다이가쿠』는 다행히도 다수를 위한 책은 아니었다. 봉건적인 에도 시대를 통틀어 농민을 비롯한 대다수의 평민은 '대전통'에서 소외되었고 가족과 혼인에 관한 한 알아서 규범을 세워야 했다. 그렇기 때문에 시골에서는 고대 모계사회의 풍습이 상당수 살아남았고, 그중 몇 가지는 오늘날까지 전해 내려온다. 무사의 아내들이 실내에 갇혀 사는 동안 농촌에서는 상당한 정도로 평등한 문화가 유지되었다. 농촌에서는 여성이 남성의 소유물이 아니었다. 신랑이 신부네 집에 데릴사위로 가는 경우도 흔했다. 상류계급 문화와는 정반대였다. 농촌생활이 어렵기는 했지만 농촌 여성은 상류계급 여성보다 자유로운 삶을 누렸다.

여기에서 근대의 이상한 아이러니를 만난다. 여성은 메이지유신이 탄생시킨 최대의 패배자였다. 근대화는 전 국민의 사무라이화를 촉발했고 사무라이화는 여성에게 자유의 확대가 아닌 자유의 제한을 의미했다.

메이지유신이 애초부터 그런 식으로 시작되지는 않았다. 온갖 주제에 박학다식한 후쿠자와 유키치가 유신 후 가이바라 엣켄의 『온나다이가쿠』를 시원하게 비판하는 『신新 온나다이가쿠』를 펴내기도 했다. 그러나 결국은 남녀평등사상도 자유교육, 민주적 담론 등 문명개화에 관련된 여러 사상과 동일한 운명을 맞는다. 1887년에 문부성은 가이바라 엣켄의 고전을 대체할 여성 정책을 나름대로 마련하는데, 그 결과로 출간된 책이 『메이지 온나다이가쿠』이다. 내용상 후쿠자와 유키치의 『신新 온나다이가쿠』와는 달리 가이바라 엣켄의 원작에 훨씬 가까웠다.

메이지 헌법과 민법은 여성의 지위를 제도화했다. 학생, 교사, 군인, 경찰 등의 정치 참여를 금했던 것처럼 여성의 정치 참여도 법으로 금했다. 여성이 재산을 소유할 수는 있었으나 운용은 할 수 없었다. 법적 계약을 체결할 때에도 남편의 동의가 있어야만 가능했다. 또한 여성은 법으로 남편의 소유물로 규정되어 있었기 때문에 남성은 사소한 이유로도 이혼할 수 있었으나 여성에게는 그럴 권리가 없었다. 규정은 1945년까지 존속했다.

이른바 '전통적 일본여성'은 메이지 시대에 날조된 여러 관념 중 하나다. 1868년 이후 모든 여성은 '안사람'이었다. 전통적인 일본여성은 아이를 낳아 덴노의 충복으로 키워내야 했고 알뜰하게 저축해 국가산업을 지원해야 했다. 무엇보다도 전통적 일본여성은 살림을 잘 꾸려 집안일에 관한 한 '쓰루노히토코에'鶴の一声*를 내야 했다.[11] 개개의 가정은 일본이라는 이상 국가를 이루는 하나의 기초단위라는 식의 자리매김은 가족국가에서는 필수적인 것으로서, 문부성은 전통적 여성상을 '현모양처'라는 구호로 묘사했다. 이 표현은 지금도 익숙하다. 어떻게 보면 선량하고 지혜로운 여성은 일종의 공무원에 해당했다. 『메이지 온나다이가쿠』에서 문부성 관료들은 이점을 아주 간단명료하게 표현했다. "가정은 사적인 감정을 억제해야 하는 공적인 공간이다."[12]

현관을 관리해 공적 공간과 사적 공간의 구별을 공고히 하는 일은 메이지 시대에서 현재에 이르기까지 일본여성에게 중요한 과제였다.

그러나 메이지 시대의 가족국가적 사회 건설은 실현될 수 없었다. 이유는 자명했다. 이상적인 여성상과 산업화는 양립 불가능했다. 평민 여성들은 예로부터 상점에서, 농장에서, 원시산업 작업장에서, 도시의 유흥가에서 항상 일을 했다. 유신 이후에 여성 노동력은 한층 더 중요해졌다. 일본 외화벌이에 최초로 큰 공을 세웠던 섬유 업계의 노동자 가운데 80퍼센트 이상이 여성이었는데, 일본은 20세기 초반부터 면직물 제조 분야에서 세계 1위를 차지해 전쟁 중이던 1930년대 말까지 그 자리를 지켰다. 일본에 최초로 '세계 1위'의 자리를 선사한 주역이 여성이었던 셈이다. 이후 일본의 각 공장은 계속 여성의 날렵한 손에 의지해왔으며 오늘날 반도체 생산이나 전자제품 조립의 경우는 더 말할 나위도 없다.

* 직역하면 '학의 외마디 소리'로서 최종결정권자의 권위 있는 마지막 한마디를 뜻하는 전통적 표현이다.

일본의 70년대 페미니스트들이 비판적으로 지적했듯 이상과 현실 사이의 모순은 '내면의 여성성'이라는 이데올로기 주입을 한층 더 시급하게 만들었다. 그런 이데올로기가 주는 매력을 가볍게 무시해 넘기기 어려운 측면이 있었다. 전업주부도 이런 이데올로기 덕택에 자기 역할을 공식적으로 인정받을 수 있었다. 사회로부터 자기 공간을 공인받고 일본인이라는 소속감을 느끼면서, 현대 일본의 재건에 참여하는 일은 남성뿐 아니라 여성에게도 강렬한 유혹이었다. 오늘날 '남성상위 여성우위'와 같은 구호를 들으며 혼란스러워 하는 여성들을 보면 그런 이데올로기가 얼마나 큰 매력을 발휘하는지 금방 알 수 있다.

도쿄에서『인형의 집』공연 후 일어난 논쟁에는 여러 가지 견해가 뒤섞여 있음을 알 수 있다. 초기 사회주의자들은 여성문제를 자본과 소유라는 거시적 관점으로 보았고, 보수주의자들은 그저 현모양처가 여성의 본분이라 여겼다. 아이를 키우면 국가가 금전적 지원을 해줘야 한다고 주장한 사람도 있었다. 시인 요사노 아키코与謝野晶子는 서구의 페미니스트라면 금방 알아볼 만한 논거로 여성독립과 평등을 역설했다.

요사노 아키코는 일본여성의 영웅이다. 일본 부인유권자동맹은 아직도 요사노가 지은 여성 참정권에 관한 노래를 부른다. 요사노가 어떻게 여성들의 우상이 되었을까?

가출해서 사랑하는 이와 결혼한 요사노의 시는 감각적이고 대범하며 개성적이다. 작가인 남편은 성격이 불같은데다 아내의 성공을 질투했다. 요사노는 그런 남편과 열 명의 자식을 낳아 길렀다. 그녀는 자기 작품과 인생을 통해 중요한 질문을 던진다. 여성이 삶에 관해 어떤 결정을 내릴 때 국가의 역할은 무엇인가? 사랑, 섹스, 혼인, 가족은 과연 정치적 권력과 무관한가? 그러나 질문했다는 것만으로 요사노가 영웅이 된 것은 아니다. 요사노의 영웅성은 자기만의 방식으로 인생을 살았기 때문이다. 마치 보트로 세계일주를 하거나 얼음산을 타며 기록을 갱신하는 사람을 보듯 전후 일본인들은 요사노의 행적에 매료되었다. 존경할 만하지만 따라하기는 어려운 그런 사람이었다.

현모양처를 지향하던 여성들은 요사노 시대 이후 어떻게 되었을까? 황국 이데올로기와 제국주의 정치 체제에 대해 아무런 비판도 못하고 결국 1930~40년대에는 남편과 자식을 전쟁터로 보내놓고 옆에서 응원하는 처지가 된다. 황국이 역사상 처음으로 여성들에게 공식적으로 맡긴 역할이었다. 다시 가부키에 비유하자면 여성이 드디어 여자 역을 연기하게 된 셈이었다. 어처구니없는 배역이었으나 당시는 그것을 '진보'라 일컬었다.

각종 수입품이 일본인을 자주 혼란시켰던 것처럼, 『인형의 집』 주인공 노라도 일본인의 머릿속을 어수선하게 만들었다. 그늘에서 벗어나려 애쓰던, 아니 하다못해 대문 밖에라도 나가보려고 몸부림치던 도시 신여성에게 노라는 본보기가 돼주었다. 그 다음은 신여성이 낳은 딸들의 차례였다. 이들이 바로 모단가루* 또는 모가라 불리던 1920년대 여성들이었다. 모가는 비정치적인 멋쟁이였지만, 그늘진 집안을 벗어나 암묵적으로 사회에 도전했다. 직업을 가졌고 결혼 대신 긴자 나이트클럽에서 진을 마시는 편을 선호했으며, 찰랑거리는 원피스를 입고 다니며 자유분방하게 소비했다.[13]

모가의 등장을 두고 어쩔 줄 모르던 일본사회는 결국 모가의 심리적 자유라는 측면을 간과한 채 무조건 안주거리로 삼았다. 만화나 선정적 신문에서는 모가를 문란하고 수입패션에만 몰두하는 몰지각한 여자로 매도했다. 1920년대에 발표된 다니자키 준이치로의 소설 『치인의 사랑』痴人の愛에도 주인공의 상대역으로 경박한 모가가 등장한다. 당시 기준으로 보면 나

---

* 모던 걸의 일본식 발음. 모가는 모단가루의 줄임말이다.

오미의 행동거지는 남자 같다. 끝에 가면 화자인 주인공은 나오미의 개방적인 성애의 포로가 되어 늦잠 자고 『보그』 잡지를 보고 커다란 서양식 침대에서 각종 정사를 벌이는 나오미에게 쩔쩔매는 존재로 전락한다.

모가는 운동가의 성격도 띠었다. 1920년대 말에 여성들은 참정권을 획득하고자 전국적인 운동을 일으켰고 1930년에 국회 중의원衆議院은 여성참정권 법안을 통과시켰다. 그러나 이듬해 일본군대가 만주사변을 일으키면서 페미니스트 운동은 기울었고 여성은 군수품 공장에서 노동하거나 덴노에게 충성을 보이기 위해 남편과 아들을 전장으로 재촉했다. 여성참정권은 그로부터 15년 후 미 점령군에 의해 주어진다.

사라져버린 권리

패전 후 실시한 첫 총선에서 여성인구의 3분의 2가 처음으로 투표에 참여했다. 이 선거로 중의원 의석의 약 10퍼센트에 해당하는 39명의 여성 국회의원이 탄생했다. 그러나 여성이 의석수를 그만큼이나마 획득했던 경험은 그때가 마지막이었다.

우리는 이런 패턴, 즉 개혁의 에너지가 끓어오르다 곧 식어버리는 현상을 다른 데에서도 여러 번 보았다. 노동조합이 그랬고 교육제도가 그랬다. 전후 일본은 여성을 집으로 돌려보내며 다시 현모양처가 되라고 강권했다. 여성은 기업전사의 전업주부 아내가 되었고 대량소비의 주체이자 교육엄마가 되었다. 전후 30년은 근현대 일본 역사상 최초로 여성의 사회참여가 감소했던 기간이었다.

그러나 어떤 의미에서 여성은 다시는 진정한 '안사람'이 될 수 없었다. 지역정치나 각종 지역공동체에 활발히 참여하면서 역코스 교육정책에 집요하게 반대하여 최악의 상황을 조금이나마 지연시키는 역할을 했던 이도 여성이었다. 고도성장을 추진하는 과정에서 세계에서 둘째가라면 서러울 정도로 환경오염이 심해졌을 때, 전국적인 환경운동을 일으켜 환경법을 제정하는 계기를 마련한 주역도 여성이었다.

1954년에 도쿄에 사는 주부 작가 몇 명이 모임을 만들었다. 당시에 흔히 있던 활동이었다. 모임의 회원이던 40대의 아와타 야스코는 「주부의 자각과 작은 행복」이라는 수필을 발표했다. 사회활동 참여와 여성에게 정식으로 지정된 역할, 즉 작은 행복에 만족하는 것, 이 두 가지 사이에서 여성이 겪는 심리적 갈등을 묘사한 수필이다. 아와타는 그런 작은 행복을 "구석에서 찾는 행복"이라고 불렀다. 이 수필은 전후 여성들의 자아발견을 날카롭게 통찰하면서 자유와 안정, 자주성과 소속감 사이에서 당시 여성들이 느끼던 갈등을 잘 묘사하고 있다.

> 밖에서 사회생활을 하다보면 힘든 일도 생기고, 차라리 그만두는 편이 낫지 않을까 하는 생각도 든다. … 그렇지만 우리는 그냥 '작은 행복'에만 안주하면 왠지 떳떳치 못한 것 같아 마음이 불편하다. … 5년 전만 해도 우리는 전부 … 고립된 개인이었다. 그러나 지난 5년간 여러 단체에서 일하는 가운데 그 '작은 행복'의 본질이 과연 무엇인지, 좀더 폭넓고 객관적인 시야로 다시 보게 되었다.[14]

바로 이 세대의 딸들이 1970년대 페미니스트였다. 만약 아와타 야스코에게 페미니스트 딸이 있었더라면 '내면의 전통적 여성성'에 가하는 딸의 공격을 이해했을 것이다. 아와타 본인도 수필에서 같은 문제를 부드럽게 제기한 바 있으니 말이다. 아와타의 페미니스트적인 성과에도 불구하고 그로부터 40년 이상 지난 오늘날에도 여성 문제는 그다지 진전을 보이지 않는다. 지금도 일본여성은 "구석에서 찾는 행복"이 던지는 유혹과 씨름하는 중이다.

　1980년대 말은 여성에게 중요한 분수령이 될 것처럼 보였다. 1990년 총선 결과, 여성 국회의원의 수는 약 50명으로 전체 의석의 6퍼센트에 달했다. 정계로 진출한 여성 중 리더는 단연 사회민주당 당수 도이 다카코土井たか子였다. 그녀는 "산이 움직였다"라는 유명한 말로 당시의 흥분을 표현했다. 이 한 마디는 『인형의 집』이 공연되던 해인 1911년에 발표된 요사노 아키코의 시에서 재치 있게 따온 구절이다. 문제의 시는 일본 페미니즘 역사에 찬란한 한 획을 그은 요사노 아키코의 작품 중에서도 가장 유명한 작품이다.

　　산이 움직이는 날이 온다.
　　말을 전해도 사람들은 믿지 않는다.
　　산은 잠시 잠들어 있을 뿐,
　　오랜 옛날에는 전부 불타오르며 요동쳤다네.
　　그러나 믿지 않아도 좋다.
　　사람들이여, 누가 믿을까마는,
　　잠들었던 여인들이
　　이제 모두 깨어나 요동치리라.[15]

　많은 일본인들이 이 시를 알고 있었고 요사노의 인상적인 삶도 기억하고 있었다. 요사노는 고대 일본여성의 생명력, 말없이 감내한 오랜 고난, 끊임없이 반복되는 낙관과 비관을 여덟 행 안에 전부 담아냈다. 도이 다카코가 그런 부분들을 모조리 끌어냈다. 신세대 여성정치인의 표상이던 여인이, 마음의 오랜 열망을 마침내 충족시키게 되었다고 선언한 것이다.

　이후 몇 년간 여성들의 몇 가지 바람이 이루어졌다. 여성에 관한 새로운 이슈들이 의제에 올랐다. 출산휴가 법적 보장, 세금제도의 양성평등, 태평양전쟁 중에 일본군을 위해 강제로 성노동을 해야 했던 한국과 중국의 '위안부'에 대한 보상책 마련 등이 이슈로 떠올랐다. 1990년 선거 이전에는 아예 논의조차 되지 않았던 문제들이었다. 이렇게 몇 가지는 진전이 있었으나 나머지는 실현되지 않았다.

도이는 무모했거나 의도적으로 청중을 오도했다. 아니면 둘 다였다. 당시 여성이 처해 있던 처지에 시적인 요소란 전혀 없었다. 가느다란 희망만 존재할 뿐이었다. 도이가 여성을 이끈 방향은 일본이 매번 급변하는 사회상황에서 취하던 방식이었다. 꿈꾸는 것으로 만족하라는, 즉 내실 없는 상징적 변화나 실속 없는 변화로 족하라는 식이었다.

정치가 여성을 바꿔놓았는데 여성은 정치를 변화시키지 못했다. 특정 이슈에 한 표를 던지는 행위를 제외하면 여성은 효과적인 정치력을 발휘할 만한 조직을 형성하지 못했다. 국회에 들어선 여성들은 기존의 정치구조에 통째로 흡수되어버렸다. 몇몇 특권층 출신 여성의원들은 차별에 대한 이해도 부족했고 기존 정치 지배층에 대항해서 싸우려는 의지도 모자랐다. 오히려 너무 혁신적인 모습을 보이다가 선거구의 인심을 잃을까봐 염려했다. 일본사람들은 '여성의 적은 여성'이라는 표현을 잘 알고 있다. 이를 그냥 체제순응적인 여성혐오주의자들의 조잡한 헛소리로만 치부해버리기는 어렵다. 메이지유신 이후 고안된 전통적인 '내면의 여성상'이 초래한 달갑지 않은 유산이었다.

"제 자신을 특별히 여자로서가 아니라 그냥 하나의 개인으로 생각하고 싶어요. '여성문제'도 따로 제기하고 싶지 않고 그런 문제에 딱히 관심도 없어요." 참의원參議院 의원인 59세의 히로나카 와카코弘中和歌子의 말이다. 좋은 집안 출신에 견문이 넓고 잘 차려입은 히로나카는, 자기도 젊었을 때는 베티 프리단처럼 "성취감 없이 욕구불만에 가득 찬 상류층 여성"이었다고 내게 말했다. 그녀는 헤다 가블러나 노라 같은 입센의 여주인공에 대해 잘 알았다. 대학 졸업 후 1958년부터는 미국 뉴햄프셔 주의 농장을 비롯해 미국 각지에서 도합 20년을 살았다.

"미국에 살면서 일본을 다시 보게 되었지요." 히로나카는 일본과 미국을 비교했다. "서양 여성 중에는 입센의 여주인공과 공감한 사람도 있겠지만 저는 우리 어머니가 그런 식으로 느낀다고는 상상할 수 없었어요. 일본은 부부의 역할구분이 확실하지만 여자가 가정의 대소사를 좌우할 뿐 아니라 지역사회에서도 중요한 역할을 하거든요. 미국여성의 경우에도 뉴햄프셔 농장을 보면 남편들이 권력을 쥐고 있지만 아내들에게도 힘이 있어요. 모두들 각자의 역할이 있지요. 제가 보기에 일본과 비슷해요. 여성이 자기 역할이 있으면 자신감을 가질 수 있지요. 한 세기 전에 일본의 상황도 그랬어요. 우리 어머니도 그랬지요. 봉건체제였어도 메이지 시대에는 강하고 믿을 만한 여인들이 많았어요." 히로나카는 잠시 멈추었다가 약간 뚱한 어조로 말을 이었다. "그런데 패전 후에 상황이 변했어요."

"어떻게 됐는데요?"

"여성이 내면의 강인함을 잃어버렸어요."

"'내면의 강인함을 잃었다'고 하셨나요? 원인이 뭐라고 생각하죠?"

"사회적 제약은 여성을 강하게 해요. 여성에게 존엄성을 주지요. 노라가 『인형의 집』에서 가정을 등지고 떠나는 상황과는 반대로 말이지요. 다시 말하면 저는 무리하게 권리를 요구하는 사람이 아닙니다."

히로나카 대 미쓰이

히로나카 와카코를 만난 것은 재미있는 인연이었다. 그녀는 정계에 입문하려는 여성들을 위한 학교의 강사였다. 1990년 총선이 있은 후 당시 야당이던 일본신당이 설립한 이 학교는 비슷한 부류의 학교들 가운데 최초로 생긴 곳이었다. 히로나카가 이곳 강사라는 사실은 의외였다. 특권층 가문의 자식인 히로나카는 대전통인 사무라이식 형식주의에 열중했으나 강의실에 앉아 있는 학생 중에 그녀와 비슷한 배경인 사람은 거의 없었다. 그녀는 '남성상위 여성우위' 논리의 한 버전을 열심히 설교하던 중이었다. 여성이 정계 입문하는 법을 배우는 학교가 따로 필요했던 것도 실은 '여성의 사무라이화'가 그 목적이었다.

히로나카의 강의가 진행되던 그 시점에 평범한 일본여성들은 어떤 상황에 처해 있었을까? 1970년 중반쯤 여성들은 전후에 지속되던 패턴을 뒤집고 집 밖의 일터로 대거 진출했다. 1990년이 되면 여성 세 명 가운데 한 명 꼴인 2,500만 명의 여성이 취업하는데 전체 노동인구의 40퍼센트에 달하는 숫자였다. 그러나 좀더 자세히 들여다보자. 취업여성의 25퍼센트는 시간제 노동자였고 전체 시간제 노동자의 8할이 여성이었다. 시간제로 고용되는 여성의 수는 지난 15년 동안 두 배가량 늘었다. 일본이 제조업 강국으로 변신하는 시기와 일치한다. 시간제 노동자는 일자리에 따라오는 혜택이 아예 없거나 있어도 매우 미미한 실정이다. 여성의 급료가 평균적으로 남성의 절반인 나라에서 시간제 비정규직 여성노동자의 급료는 정규직 여성의 약 4분의 3이니 이는 정규직 남성의 월급의 3분의 1정도에 머무르는 수치이다. 이러니 시간제 여성노동자에 대한 수요가 무한대인 것이 당연하다. 1990년 무렵에는 시간제 비정규직을 구하는 여성 1인당 평균 세 개의 취직자리가 있었다. 이후 불경기로 노동수요가 약간 줄기는 했지만 대체로 상황은 여전하다. 말하자면 비정규직 여성은 산업이라는 가부키 무대의 구로코로서, 없으면 안 되지만 인정은 못 받는 존재이다.

왜 이런 상황이 벌어졌을까? 어쩌다 일본은 제 나라 여성을 신판 메이지 시대 섬유노동자로 만들었단 말인가?

"한 나라의 세제稅制는 그 사회의 사고방식을 보여주는 척도입니다." 히로나카 와카코가 한 얘기다. 그렇다면 한 가정에서 아내의 수입이 1년에 백만 엔 미만인 경우 소득금액에서 일정액을 공제해주고 아내가 그 이상 버는 가정은 불리하도록 시스템을 짜는 일이 가능하다. 목적은 분명하다. 여성으로 하여금 가능한 시간제 노동을 하도록 부추기고 그 이상의 경력 관리는 포기시키는 것이다. 용돈이나 벌라는 말이다. 여성들은 이 세법 규정을 '백만 엔의 벽'이라 부른다.

히로나카 와카코는 이런 장치를 긍정적으로 보았다. 이 제도가 여성으로 하여금 일터로 나서도록 유인한다는 것이다. 물론 여성을 위한 일자리란 시간제 노동이 대부분이라는 사실을 그녀도 인정했지만 적어도 여성을 단순한 가족구성원이 아닌 한 개인으로 취급해주는 제도라는 점에서 의의가 있다고 보았다. 이 세제는 복잡한 기계를 작동시킬 때 여성이 어떻게 기어 역할을 하는지 보여주는 좋은 사례이다. 기계 작동방법을 바꾼다는 것은 산업전체가 기능하는 원리를 바꾼다는 뜻이고, 그러려면 사회의 한 기둥으로 간주되어 온 '전통적 일본 여성상'부터 부수지 않으면 안 된다. 국회에 계류 중인 이 세제 문제는 결국 어떤 식으로든 해결이 되겠지만*, 히로나카 와카코 같은 여성이 문제해결에 기여하리라고는 상상하기 어렵다.

일본인들은 1990년 선거에서 일어난 현상을 '마돈나 붐'으로 기억한다. 언론은 '마돈나 붐'이라는 표현을 만들어서, 1920년대 모단가루와 1970년대 페미니스트들을 조롱했듯 1990년 선거결과를 조롱하는 의미로 사용했다. 누구보다도 주목을 끌었던 '마돈나'는 미쓰이 마리코三井マリ子였다. 미

---

* 2003년까지 이른바 '103만 엔의 벽'이 존재했다. 배우자(대부분의 경우 아내)의 연간 소득이 103만 엔 미만인 경우 일반 배우자 공제 38만 엔에 더하여 38만 엔을 추가로 공제해주던 배우자특별공제 제도는 2004년부터 부분적으로 폐지되어, 현재는 배우자의 연간 소득이 103만 엔 이상 141엔 미만인 경우에만 적용된다.

쓰이의 언행과 신념은 아무도 쉽게 무시하지 못했고, 때문에 그녀는 정치 마돈나 붐의 살아 있는 상징이 될 수 있었다. 1990년 선거 직후 일간지들은 앞 다투어 그녀를 원조 마돈나라고 불렀다.

"전략, 우선순위, 사고방식, 의제 설정방법까지 전부 새롭게 바꿔야 해요." 미쓰이가 내게 말했다. "현재로서는 효과적인 법률도 공공정책도 전무한 실정이에요. 새로운 제안도 익숙지 않고요. 하지만 이슈란 것은 제기하지 않으면 이슈가 아니지요."

이 여성의 앞날은 어떻게 될까? 이렇게 똑똑하고, 자기 자신과 일본사회에 대해 솔직하고, 이상과 현실 간의 거대한 격차를 꿰뚫어보면서 '남성상위 여성우위' 사고로는 아무 것도 이룰 수 없다는 사실을 제대로 파악하는 여성의 운명은 어떨까?

미쓰이는 54세였다. 마르고 피곤해 보였지만 언제나 활발했다. 그녀의 분명하고 힘찬 모습에서 사람들은 고대의 햇빛을 느꼈다. 도시 출신 히로나카 와카코와 대조적으로 미쓰이 마리코는 시골을 대표했다. 빈곤한 일본 북부지방의 농촌에서 식료품상 딸로 자란 미쓰이는 대학을 졸업하고 취업을 위해 도쿄에 갈 때까지 불평등이라는 것을 모르고 지냈다. 미쓰이도 히로나카처럼 미국에서 지낸 적이 있었다. 그러나 미쓰이의 미국은 히로나카의 미국과 달랐다. 미쓰이는 데모하며 바리케이드 주변에서 시간을 보내거나 낙태에 관한 권리, 고용평등, 환경 문제에 관해 로비했다. 당시를 회상하며 미쓰이는 미국 여성들의 헌신적인 운동참여에서 깨달음을 얻었다고 설명했다. 수동성에 대한 거부와 단호함을 말하려는 것 같았다. 그녀가 일본을 생각하며 처음으로 정계 입문을 계획한 것도 미국인 동지들 틈에서였다.

미쓰이는 도쿄 도의회 선거에 출마하면서 화려한 빨간색 옷을 입고 양성평등 문제를 제기함으로써, 칙칙한 복장 일색인 후보자 무리로부터 자신을 차별화했다. 그녀는 여성 유권자를 향해 '남성상위 여성우위'란 혼자 떠맡는 가사노동과 '백만 엔의 벽'을 의미할 뿐이라며 젠더구별 없는* 직설적인 표현으로 호소했다. 1987년에 당선된 미쓰이는 여성을 깎아내리는 듯한 구식 표현을 도의회의 공공문서에서 삭제하도록 했다. 회기 중에 나이 든 여성이 대접하는 녹차를 거부하기도 했다. 상징적인 행위였다. 미쓰이는 도의회에서 공유재산법 개정, 가정폭력 방지, 여성의원 연맹의 설립 등에 힘썼다. 그리고 곧이어 국회진출을 노렸다.

 미쓰이의 행적 중에서 가장 유명한 것은 1993년 사회민주당과의 결별이었다. 동료 몇 명을 성희롱으로 고발했던 것이다. 정계는 충격을 받았다. 미쓰이의 지지자들은 배신감을 느꼈다. 사회민주당은 도이 다카코의 정당이었다. 미쓰이로서는 사회민주당이 국회 진출에 필요한 자금을 조달할 유일한 통로였다. "사회민주당 내에도 토론의 자유는 없습니다." 어느 날 저녁 그녀는 지지자들에게 해명했다. "민주정치란 그렇게 경직된 조직에서는 나올 수 없습니다. 사회민주당에게 획기적인 정책을 기대한다는 것은 허황된 꿈입니다." 그때 나는 미쓰이를 보며 정치인으로서의 미래와 일본여성으로서의 미래가 오늘 저녁 한꺼번에 결정 나겠구나 하는 생각을 했었다. 그날 미쓰이는 자신을 기다리던 고독한 세계에 발을 들여놓았다. 페미니스트 시인 요사노 아키코와 가족을 떠나 영화감독이 된 후쿠시마 미치코의 전철을 밟게 된 것이다.

 미쓰이는 무소속으로 국회의원에 출마했으나 뒷받침해줄 정당 없이는 무리였다. 지나치게 극적인 행동을 한다는 비난도 받았다. 외국에서 수입한 듯한 사고방식도 사람들에게 거부감을 주었다. 미쓰이가 쓴 몇 권의 책을 보면 미국 입법을 높이 평가하고 노르웨이에 확립된 양성평등을 칭송

---

* 일본어는 한국어에 비해 용어 선택이나 표현에서 여성과 남성의 어법에 차이가 나는 경우가 많다.

한다. 버몬트 주지사 매들린 쿠닌Madelaine Kunin과 노르웨이 수상 그로 할렘 브룬트란트Gro Harlem Brundtland를 인터뷰한 내용도 나온다. 스승의 말을 새겨듣는 제자의 마음가짐으로 그들 말에 귀 기울이는 미쓰이의 모습이 상상된다. 그녀가 일본여성에게 외국인을 모범으로 제시한 것은 그들이 자신에게 모범이었던 까닭이다. 그것만으로는 사람들의 마음을 움직이기에 부족했지만 신념에 따른 미쓰이의 행동은 논리적인 귀결이었다. 고장난 세상을 탐구하는 데에 열심이었고 그런 세상을 수리하고자 했다. 스스로에게 부끄럽지 않은 사람이 되고자 했다. 이 모두 가치 있는 행동이었다.

가족을 임대하세요

1992년 덴노의 장남 나루히토德仁 황태자가 오와다 마사코小和田雅子라는 평민과 혼인했다. 오와다는 외무성에서 일하던 29세의 외교관으로 하버드 대학에서 언어학을 전공했다. 언론이 '오와다 상'(일본인들이 당시 그녀를 그렇게 불렀다)을 하루 종일 취재하는 날도 있었다. 그녀의 신발, 핸드백, 스카프 등에 대한 자세한 보도는 거의 페티시즘에 가까울 지경이었다. 언론은 오와다의 결혼을 일본여성에게 교훈이나 되는 양 떠들어댔다.

 오와다 마사코는 황실의 입장에서 보아도 지금까지와는 다른 새로운 종류의 며느리였다. 외국 경험이 있는 현대 여성, 외교관, 숨기지 않고 드러내는 박식함. 어떤 이는 박수갈채를 보냈겠지만 언론은 그렇지 않았다. 황실의 공식 견해의 틀을 절대로 벗어나지 못하는 언론으로서는 오와다가 전통적 역할을 포기하거나 넘어서는 안 되는 선을 넘지 못하도록 못을 박느라 정신이 없었다. 오와다의 유학 경험이나 외국친구들이나 외국어 언어능력에 대해 열심히 보도하다가도 끝에 가서는 꼭 "하지만 요리도 잘해요!" "집안일도 잘해요!" 등의 토를 다는 것을 잊지 않았다. 오와다와 황태자의 약혼이 발표된 지 며칠 후 "황태자, 지켜준다 약속하고 승낙 받아내다"라는 헤드라인이 실렸다.[16] 그것도 아사히신문 제1면에 실렸다. 누구로부터 오와다를 지킨다는 말인가? 다들 알고 있었다. 황가의 사무를 도맡고 있는 궁내청宮內廳을 가리켜 하는 말이었다. 페티시즘에 가까울 정도로 옛날 형식에 집착하기로 잘 알려진 궁내청은 한때 나루히토 황태자의 모친인 황후를 신경쇠약에 걸리게 한 적도 있었다.

사람들이 전하는 이야기로는 오와다는 처음에 계속 황태자의 청혼을 거절했으나 황실, 자기 가족, 심지어 외무성마저 압력을 넣자 어쩔 수 없이 결혼을 승낙했다고 한다. 그후에는 '공식적인' 스토리가 구체적인 모습을 드러냈다. '황실외교'라는 개념에 따르면 오와다는 단순히 외무성에서 황실로 직장을 이동했을 뿐 그녀의 전문적 역할은 그대로 유지된 것이나 다름없다는 그럴듯한 이야기였다. 그러나 이런 얘기조차도 몇 달 뒤에는 사라지고, 대신 황태자비가 즐겨쓰는 모자나 화장 방법을 왜 궁내청이 허락해야 하는지, 치마길이는 얼마나 길어야 하는지, 남편 뒤로 걸음은 몇 발자국이나 떨어져서 걸어야 하는지 등에 대한 설명이 언론을 가득 채웠다.

교훈은 간단명료하다. 언제나 그랬듯 일본에서는 제도가 사람을 바꾸지 사람이 제도를 바꾸는 일은 없으리라는 것이다. 심지어는 오와다의 겉모습조차도 이를 반영하고 있었다. 형식을 내용만큼이나 강조하는 문화에서 이 점은 매우 중요하다. 기능적인 전문직 여성의 복장을 하던 그녀가 이제는 시대에 뒤떨어지는 구식 귀부인 복장을 차려 입었다. 한때 활기차고 밝았던 표정은 복잡하고 심난한 얼굴로, 마치 박물관에 국보로 보관되어 있는 노能 가면처럼 변해버렸다.

일본여성, 특히 오와다 세대의 여성은, 황실혼인에 커다란 상징적 의미를 부여했다. 이는 물론 본질적인 판단착오다. 도대체 어떤 황실혼인이 남녀의 공동체적인 삶을 근본적으로 변화시키는 역할을 하겠는가? 시대에 앞서갔던 나쓰메 소세키는 현대일본에서 애정 없이 메마르게 살아가는 개인의 이미지를 작품 속에서 능숙하게 그려냈다. 소설 『마음』에서 화자가 K를 관찰하며 다음과 같이 말한다. "마치 심장에다 검정색 옻칠로 한 꺼풀 두껍게 덮어씌워 따뜻한 피가 도저히 뚫고 들어갈 수 없을 것만 같았습니다."[17] '감정과 친밀감의 사무라이화'를 묘사한 것이다. 황실혼인이 표상하는 것——현재에 끌어다 놓은 과거의 형식주의, 개인적 애정에 우선하는 외경심——도 마찬가지였다.

1990년대에 와서 여성은 다시 경력을 쌓기 시작했다. 변호사의 3퍼센트, 화학공학 기술자의 3퍼센트가 여성이었고, 토목기사는 200명당 1명꼴로 여성이었다. 오와다가 황태자와 혼인할 무렵 기업의 경영관리자 중 여성이 차지하는 비율은 3퍼센트 미만이었다. 그나마도 과거에 비해서는 늘어난 편이었다. 그러나 전문직 패션, 전문직 여성의 성공담, 독신여성을 위한 라이프스타일 잡지 같은, 당시에 크게 유행하던 모든 이미지는 사실 오모테, 즉 껍데기나 잘 포장된 겉모습에 불과했다. 우라, 즉 눈에 띄지 않는 속사정은 훨씬 비관적이었다. 낮에 아이를 맡길 탁아소도 찾기 힘들고, 그나마 존재하는 보육원은 너무 늦게 열고 너무 일찍 닫아서 직장에 다니는 엄마들은 이용조차 할 수 없는 사회를 도대체 여성의 지위 향상에 애쓰는 사회라 볼 수 있겠는가? 일본 직장생활의 특징인 종신고용과 연공서열은 여사원한테는 적용되지도 않는다. 반드시 참석해야 하는 퇴근 후 술자리나 높은 부동산가격 때문에 불가피한 장거리 출퇴근도 여성 직장인을 힘들게 하는 요소이다. 즉 여성의 지위 향상을 위해서는 사회구조를 전반적으로 개혁해야 된다는 얘기였다.

『헤럴드트리뷴』 도쿄지국에서 함께 일하던 동료 이토이 케이와 이 문제에 관해 이야기를 나눈 적이 있다. 마침 그런 대화를 나눌 만한 일이 있었다. 당시 새 아파트에 막 세를 든 케이는 부친이 보증해주기 전까지는 임대

차 계약서에 서명할 수 없었다고 한다. "우리 오빠였다면 아무 문제없었을 거예요." 케이가 씁쓸해 하며 말했다. "80년대에 사회에 진출한 여성 입장에서 보면 아직도 모든 게 껍데기뿐이에요. 모범으로 삼을 만한 인물도 없고 법률을 통과시켜 우리를 보호해줄 정치가도 없어요." 나는 케이에게 후쿠시마 미치코에 대한 이야기를 해주었다. 케이가 대답했다. "그런 사람은 젊은 여성들 눈에는 바보같이 보이지요. '너무 많이 포기했네. 뭘 위해서?' 아마 그렇게 반응할 걸요. 별로 공감을 얻지 못할 거예요. 진보를 위해 힘들게 일하거나 희생하는 행위를 이해 못해요. 일본에서는 독신여성으로 살기 힘들어요. 이 사회는 의존적인 사람한테나 딱 알맞은 사회예요."

의존적인 사람으로 가득한 사회는 애정과 친밀감이 꽃피는 사회라 하기 어렵다. 의존적인 사람은 남을 사랑할 줄도 사랑받을 줄도 모르는 경우가 많기 때문이다.

도시거주자들이 흔히 겪는 정서적 문제에서 힌트를 얻어 사업에 성공한 여성이 있었다. 1993년에 그녀를 만나보았다. 그런 사업이 특정 시점에서 성공할 수 있었던 이유는 일본에서 정신건강 문제가 어느 때보다도 심각했고 또한 일본인이 이 문제를 직시할 준비가 되어 있었기 때문이 확실했다. 오히와 사쓰키는 시대의 징후였다. 오히와는 일종의 정신과 의사 같은 역할을 맡고 있었다. "저희는 고객에게 인간애를 선사합니다." 내가 사무실을 들어서자마자 그녀가 설명을 시작했다. 고객은 어떤 사람들일까? "저희 고객들은 인생을 즐기고 인간애로 충만한 사람들이지요."

이런 대화에서 상상되는 사업과 오히와가 실제로 하는 일에는 약간 거리가 있었다. 사업체 명칭은 '일본 효과성效果性본부──재팬 석세스 프레지던트'였다. 어색한 명칭에도 불구하고 뭔가 의미심장했다. 오히와의 분위기도 그랬다. 마르고 강렬한 인상이었는데 대충 빗어 넘긴 짧은 머리 스타일에 커다란 안경을 쓰고 있었다. 직선적이고 단호했으며, 일본인의 고질적인 수줍음에 관한 한 전문가라는 자부심을 갖고 있었다. "1980년대부터 다들 '인간은 소중하다, 개인은 소중하다'고 말하기 시작했지요. 그러나 일본은 여전히 물질적인 부유함에만 집착하고 있어요. 다른 방식으로 살아가는 법을 몰라요. 자신의 감정이나 개성도 남한테 전달할 줄 모르구요. 그래서 저희는 아이디어만이 아니라 아주 실질적인 서비스를 제공하기로 한 겁니다." 오히와는 남들과 어울릴 줄 모르는 샐러리맨이 의외로 많다는 점에 착안하여 그들을 훈련시키기 시작했다. 혹독한 교육체제와 승진체계를 거쳐 온 이들은 대부분 결혼해서 가정을 꾸려나가고 있었다. 그러나 인격은 미완성이었다. 오히와는 예의범절이나 목소리의 조절 등 후지산 관리자 학교에서 가르치던 내용과 유사한 내용을 가르쳤다. 그러나 곧 그 정도로는 충분치 않다고 판단했다. 문제에 좀더 깊이 파고들기로 했다.

"저희 강좌는 인간에 대한 이해 없이는 파악하기 어렵습니다." 오히와가 말했다. "그래서 몸이라는 기계가 어떻게 작동하는지, 인간의 근본적인 욕망이 어떻게 드러나는지, 인간 감정의 본질이 어떻게 변화하는지를 설명하려는 겁니다. 그게 기본이지요. 그리고 나서 사람들에게 자기를 표현하는 방법을 가르칩니다. 그런데 완벽하게 자유로운 자기표현은 단순한 이기심으로 변질될 우려도 있지요. 그래서 저희가 자기표현 방법을 가르치기 이전에 인간성의 기본부터 가르치는 겁니다. 남과 공존하는 방법, 남을 기쁘게 하는 방법까지 지도합니다."

비인간적인 사람들을 다시 인간적으로 만든다는 이 특이한 사업으로 오히와는 상당한 성공을 거뒀다. 샐러리맨 고객을 상대하다보니 또 다른 수요도 발견했다. 이른바 '가족 임대'였다. 도회지에 만연해 있는 상실감, 혼란, 비애를 목격하며 오히와는 가족을 그리워하는 고객을 위해 직업 연기자들을 빌려주는 사업을 시작했다. 노인 부부가 젊은 부부와 손자 같은 아이를 제공받는 일이 가장 흔했다. 반대로 젊은 부부가 아이들과 조부모를 원하는 경우가 두 번째로 인기 높았다. 세 번째는 가정을 원하는 독신 고객들이었다. "독신 남자 손님의 경우 피크닉을 가려고 아내와 아이를 주문하지요."

대기자 명단에 있는 고객이 100여 명에 이른다고 했다. 고객은 첫 임대(다섯 시간 정도)에 12만 엔을 내는데 이후 한 달에 두세 번 정도 이용하는 경우 할인이 된다. 경영상 이익은 남지 않는다고 오히와가 말했다. "이런 서비스가 앞으로 불필요해지면 좋겠어요. 하지만 아직은 사람들이 우리 서비스를 필요로 합니다."

"왜 그렇습니까?"

"일본이 그런 사회예요. 어느 사회에나 기본인 인간애가 일본에는 상실됐지요."

"지금 사람들이 그 점을 깨닫는 이유는 뭘까요?"

오히와는 애초에 말했던 논점을 되짚었다. "일본은 물질적인 선물로 애정을 표현하는 나라예요. 우리 같은 30~40대 성인들은 어렸을 때 사랑을 물건의 형태로 받으며 자랐지요. 우리가 부모가 되고 나서도 자식들에게 똑같은 식으로 대했어요. 그러자 80년대에 어떻게 됐습니까? 물질만으로는 행복할 수 없다는 것을 깨닫게 되었죠. 여태 잊고 있었던 것, 또는 한 번도 가져보지 못한 것이 뭐였는지 알게 되었습니다. 이제 어째야 좋을지 다들 아직 모르고 있어요. 확신이 없어요. 그래서 가족 임대라도 이용해보자는 거지요."

외로움을 달래려고 사람을 고용하는 것은 어느 모로 보아도 이상하다. 그러나 전후에 이룬 경제적 성장의 대가를 이런 식으로 치르고 있다는 오히와의 지적을 잘 생각해보면, 그런 식으로라도 외로움을 달래보려는 충동을 조금은 이해할 수 있다. 하버드 대학 에즈라 보겔 교수는 1963년에 『일본의 신흥 중산층』*Japan's New Middle Class*이라는 책을 냈다. 일본 교외에서 1년간 생활한 경험을 토대로 샐러리맨 문화에 대해 쓴 책이었다. 책의 어조는 명백하게 긍정적이지만, 도회지 가정이 일정한 기능 장애를 겪고 있다는 사실도 묘사하고 있다. 예를 들어 부부가 서로 소 닭 보듯 지낸다는 사실을 지적한다. 남녀 간에는 노동만이 아니라 의식도 분화되어 있었다.

> 기본적으로 샐러리맨은 집에 돌아오면 자유로워진다. 집은 긴장을 푸는 곳이다. … 그러나 아내는 보통 남편이 직장에서 매일같이 하는 일에 대해 아는 게 거의 없거나 아예 관심이 없다. 회사에서 남편이 하는 일이란 대개 매우 지엽적인 것이어서 남편이 직장에서 대하는 과제는 아내에게 별 의미가 없다. 호기심 많은 젊은 아내가 남편 일에 관심을 보인다 하더라도 남편은 아내가 이해할 수 있도록 쉽게 설명하지 못한다. … 아내와 남편의 하루는 너무나 철저하게 분리되어 있고, 남편은 아내가 지역사회에서 어떤 활동을 하는지 거의 알지 못한다. 공통의 관심사라고는 아이들과 친척뿐이다.[18]

분열된 가정과 극단적인 애정 상실을 너무 강조하다보면 불행한 사람들로 가득한 나라라는 인상을 주게 된다. 너무 극단적인 묘사라는 비난을 받을 수 있다. 그렇게 비치는 것이 이 글의 의도는 아니다. 그럼에도 지나치게 개략적인 관찰일지언정, 오랜 세월 동안 가족관계마저 형식적이고 정치적으로 변질된 사회에 애정의 실종은 당연한 일이다. 황국 이데올로기에 관한 유명한 책 「국체의 본의」国体の本義는 패전하기 이전까지 삶에 대한 지침서로서 일반인에게 널리 읽혔다. 저자들은 부부 간의 애정을 황국 이데올로기 프로젝트의 방해요소로 보고 조심스럽게 평가절하 했다. 애정은 개성과 마찬가지로 조화로운 사회에 해로운 서양 관념으로 그려졌다. 가정이란 "개인적 애정의 상관관계 따위"[19]에 기초하는 것이 아니라 "공경과

효심"[20]에 근거하는 것이어야 했다. 이런 경향은 전후에도 크게 달라지지 않았다. 애정이 금기인 사회는 어떻게 될까? 요즘 일본은 스스로 초래한 결과 속에서 허우적거린다. 과거의 유교적 순수주의와는 전혀 무관한 오만가지 판타지를 추구한다. 이런 경향을 우리로서는 이해하기 힘들다. 일본만큼 도시 곳곳에 포르노가 흠뻑 스며든 곳을 나는 세계 어디에서도 본 기억이 없다. 이런 현상은 개인의 소외를 시사한다. 당연한 결과이다.

우리는 보통 일본을 개인을 위한 사회가 아닌 기업을 위한 사회로 묘사한다. "일본은 나라는 부자인데 국민은 가난하다"는 이야기는 오랫동안 사람들이 진리로 여겨온 상투적 표현이다. 무슨 뜻일까? 일본국민 개개인이 져야 했던 실체적 부담, 즉 개인적 희생, 사생활 반납, 복종에 대한 지대한 압력 등이 경제발전처럼 즉각적으로 눈에 보이는 결과 말고도 눈에 잘 안 띄는 부작용을 초래했다는 뜻이다. 개인이 실체적인 부담을 지는 현상은 아직도 생생히 남아 있다. 영혼의 부담도 똑같이 무거우리라 가정할 수밖에 없다. 이점을 간과한다면 또 다른 허상 속 '일본'에 만족하는 셈이다.

새로운 일본 페미니즘 탄생을 위해

헤이안 시대 궁정에서 고전문학을 창작하며 문화를 꽃피우던 여성들과 현대 일본여성을 비교하는 흥미로운 이야기가 있다. 무라사키 시키부가 『겐지 이야기』를 지었을 때 여성의 정신세계는 남성보다 자유로웠다. 여성 작가들은 당시 새로 생긴 일본어 표기 체계인 히라가나로 여러 가지 실험을 했는데 그런 시도가 해방감을 주는 결과를 가져왔다. 반면 남자들은 여전히 중국 전통에 구속되어 중국에서 빌려온 각종 경전을 암송하거나 500년 역사의 한자를 사용해서 외운 것을 무미건조한 논고나 지루한 시의 형태로 베껴 쓰는 일에 전념했다. 남자들도 무언가 즉석에서 감각적으로 글짓기를 하고 싶을 때는 히라가나를 썼는데, 그럴 때면 여자인 척 가장했다. 여성이야말로 혁신자였고 남성은 정통적 관행의 노예였다.

오늘날에도 이에 필적할 만한 예가 있다. 일본여성은 일본남성보다 해외여행을 더 많이 한다. 회사 내에서 모험적인 실험도 더 자주 한다. 호기심도 더 많고 심리적으로도 자유로우며 삶에 있어서도 남자보다 더 기민하고 유연하고 상상력 풍부하고 모험적이다. 도쿄에서 생활하면 금세 깨달을 수 있다. 이유는 간단하다. 여성은 현대 정통주의의 핵심인 경제활동에 본격적으로 참여하도록 요구받지 않기 때문이다. 여성 노동자의 평균 근무 기간은 7년이 조금 넘는 수준이다. 헤이안 시대의 귀족 여인네들처럼, 현대 여성은 남자처럼 사회의 속박에 엄격하게 얽매이지 않은 채 사회적·문화적 변화에 보다 더 잘 적응하는 것이다.

현대 여성과 헤이안 시대 여성의 비교에는 사실 왜곡된 면이 있다. 헤이안 시대의 귀족여인들은 진정한 의미에서 독립적이거나 자주적이지 않았다. 자유라는 것도 상당히 미미했고 조작적이었다. 아주 소수의 여성을 제외하고는 지금도 상황은 비슷하다. 대부분의 여성들은 잠시 주저하다가도 결국은 자주성 대신에 다니자키 준이치로의 표현대로 "가장 깊은 곳"에서 가구가 잘 구비된 방에 안주하는 편을 택한다. 이토이 케이의 설명처럼, 이들은 후쿠시마 미치코 같은 인물을 이해하지 못한다. 그런 여성은 불가사의한 존재일 뿐이다.

일본여성은 남자들의 감수성 결핍에 대해 쳇소리를 내며 불만을 표시한다. 이들에게 남자는 감정 없는 얼간이거나 인간적 동정심 없는 따분한 인간들이다. 젊은 여성들이 결혼을 늦추거나 아예 독신을 결심하는 이유도 그 때문이다. 노부코 같은 여성이 '남성상위 여성우위'의 세상으로 발을 들여놓기까지 한참 망설였던 것도 마찬가지 이유다. 일본여성들의 이러한 불만과 주저 그리고 몇 년 반짝 누리는 가짜 자유에서 우리는 일본의 미래를 엿본다.

절대 가면을 벗어던지지 못하는 바보 얼간이라고 남성을 흉보며 여성이 정말 하고 싶은 말은 무엇일까? 비판의 핵심은 무엇일까? 이는 단순한 비난이 아니라, 정통적 관행에 얽매이는 남성에 대한 비판이다. 둘은 엄연히 다르다. 남자가 진보하지 않으면 여자도 진보할 수 없다. 그리고 '작은 행복'이니, 밖에서 불평등해도 집안에서는 남자보다 우월하다느니 하는 생각을 버리지 않는 한 남성도 여성도 진보할 수 없다. 이 어려운 문제를 푸는 열쇠는 여성이 쥐고 있다. 여성들이 이 문제를 마침내 해결한다면, 선배인 후쿠시마 미치코, 미쓰이 마리코 등 1970년대 페미니스트들에게 무언가를 배웠기 때문이리라. 그들은 자기가 먼저 변하기 전에는 남을 변화시킬 수 없다는 교훈을 남겼다. 이런 깨달음을 통해서만 비로소 일본여성들은 진정한 그들만의 페미니즘, '일본 페미니즘'에 구체적인 형상을 부여할 수 있으리라.

> 일본은 서양으로부터 돈을 빌리지 않으면
> 도저히 지탱을 할 수 없는 나라다.
> 그러면서 일등국가인 척한다.
> 무리해서라도 일등국가 반열에 오르려 애쓴다.
> 겉으로는 일등국가의 얼굴을 하고 있어도
> 속으로는 아무런 깊이가 없다.[1]
> _나쓰메 소세키 『그리고』それから, 1909

콘크리트와 민주주의

유서 깊은 길 도카이도東海道는 도쿄로부터 서남향으로 뻗어 있다. 이 도로는 도쿠가와 이에야스가 상업의 중심지 오사카와 조정이 있는 교토를 에도에 연결하려고 닦은 길이다. 도카이도는 로마의 아피아 가도Via Appia처럼 봉건시대 말기에 일본의 척추 역할을 했다. 일정한 기간을 수도에 머물러야 했던 각 지방 다이묘들은 상경할 때 이 도로를 이용했다. 도카이도는 히로시게廣重의 목판화나 초서를 연상시키는 풍자문학『도카이도추 히자쿠리게』東海道中膝栗毛*의 소재로도 유명하다. 메이지유신 직전 도카이도 사

---

* 짓펜샤 잇쿠十返舍一九가 에도 시대 말기에 쓴 일본 기행문학의 고전으로, 두 명의 나그네가 도카이도를 따라 에도에서 교토를 거쳐 오사카로 가며 겪는 이야기를 당시의 구어체로 묘사한 일종의 여행소설이다.' 히자'膝는 무릎이고 '쿠리게'栗毛는 밤색 털, 즉 말털을 의미한다. 말을 타는 대신 걷는 도보여행이라는 의미를 재미있게 표현한 것이다.

진에는² 흙으로 덮인 널찍한 길 양쪽으로 키 큰 소나무가 서 있고, 상투를 틀고 칼을 찬 무사 두 명이 길 한복판에 서 있다. 장대 양 끝에 바구니를 매달아 어깨에 지고 지나가거나 길가에서 쉬어가는 평민들의 모습도 보인다. 수도로부터 뒤엉키며 뻗어나가는 고속도로에 파묻혀 이제 옛 길은 식별할 수 없지만 경로는 예나 지금이나 똑같다. 도카이도의 북쪽 종점은 도쿄에서 제일 유명한 번화가 긴자로 이어진다.

도카이도는 근대 일본을 둘로 나누는 경계이다. 태평양과 도카이도 사이에 놓인 지역이 '오모테니혼' 즉 일본의 얼굴이고, 나머지 지역이 일본의 등에 해당하는 '우라니혼'이다. 메이지유신이 이런 구분을 새로 탄생시킨 것은 아니다. 오히려 기존의 지리적 구분에 격변을 일으켰다고 보는 편이 옳다. 중국에서 문물을 수용하던 수세기 동안 일본의 앞면은 거꾸로 동해 쪽이고 태평양 쪽이 뒷면이었다. 그러다 일본이 19세기에 서구로 눈을 돌리면서 앞뒤가 바뀐 것이다. 도카이도의 한쪽이 근대화되는 동안 다른 한 쪽은 과거에 멈춰야 했다.

요즘 '우라니혼'은 약간 실례되는 말이다. 공영방송 NHK는 몇 년 전부터 이 표현의 사용을 금했다. 한때는 우라니혼이라 하면 문명으로부터 고립되고 시베리아 기류로 인한 폭설로 고생하는 가난한 동해 연안 마을을 가리켰으나 지금은 지리적인 위상 그 이상을 의미한다. '숨겨진 일본'이라고 번역하는 게 차라리 나을지 모른다. 우라니혼은 시골이다. 대나무 숲, 계단식 논, 단선철로, 반딧불, 지푸라기 냄새, 가열처리 안 한 곡주가 있는 곳이며 근대 일본인이 있는 힘을 다해 벗어나려 노력했던 곳이다. '이나카' 田舎라는 단어를 보면 더욱 확실하다. 이나카의 한자는 각각 전답과 건물을 나타내는 상형자라고 농촌의 한 관리가 설명해주었다. 내 사전에는 '태어나서 자란 고향'이라고 되어 있지만 '도쿄가 아닌 곳'을 의미한다고 알려주는 농부도 있었다. 요새는 대체로 '시골'이라는 뜻으로 쓰이지만 도회지

254

사람을 아무나 붙잡고 물어보면 이나카란 '미개한 오지'나 '촌구석'을 말한다고 경멸조로 대답해줄 가능성이 크다.

일본에 살다보면 도카이도 인근을 벗어난 다른 지역을 전혀 경험하지 못하기 쉽다. 일본이 스스로 조장하는 측면도 있다. 오랜 중앙집권으로 기술발전을 이룬 근대적 오모테니혼이야말로 진정한 일본이라고 세상을 설득하고 싶기 때문이다. 도쿄 출신 일본친구들과 규슈나 홋카이도 같은 곳으로 지방 여행을 가보니 그들 대부분도 역시 초행이었다. 호놀룰루나 뉴욕은 알아도 삿포로나 가나자와는 잘 모르고, 도쿄에서 신칸센 열차로 불과 몇 시간 안 걸리는 니가타조차 낯설어 했다. 그러나 도시가 조장하는 타성에 휘말려서는 도시마저도 충분히 파악하지 못하게 될 우려가 있다. 일본의 도시와 시골은 근대화를 거치면서 서로를 비추는 거울이 되어버렸기 때문이다.

여러 세대 동안 우라니혼은 정말로 '도쿄가 아닌 곳'이었다. 도쿄와는 모든 면에서 다르다는 의미였다. 꽤 적확한 정의였다. 시골에서 올라온 수백만의 새로운 도시거주민에게 시골은 단단히 고정된 닻 같아서, 그들이 떠올리는 시골의 이미지는 떠날 때의 모습을 그대로였다. 도시가 끊임없이 요동하니 시골은 멈춰줘야 했다. 사람들이 시골을 거부하면서도 그리워하는 것은 도시의 무질서, 낯선 이웃, 차용된 문물로 만든 세상에 산다는 느낌 등으로부터 자신을 보호하기 위한 방어 기제였다.

그토록 변화를 주저하는 사람들이 어떻게 그렇게 열성적으로 최신 유행상품이나 패션을 따라가는 걸까? 수십 년 전이나 지금이나 돌아오는 대답은 마찬가지일 것이다. 불변하는 시골이 도시적 환상 속에 항상 자리하기 때문이다. 전통적인 농가에는 창고가 하나씩 딸려 있다. 창고의 두툼한 벽에는 작은 창문 한두 개가 간신히 뚫려 있다. 농민들이 귀중품이나 가보를 보관하는 곳이다. 도카이도에서 멀리 동떨어진 우라니혼을 바로 이 창고에 비유할 수 있다. 우라니혼은 근대 일본의 창고였다. 미풍양속이 순수한 모습으로 남아 있어야 하는 곳, 인정이 근대적 삶의 격식 속에 파묻히거나 '마음의 벽'에 차단당하지 않는 곳이었다.

그렇다면 도카이도는 단순히 지리나 경제 영역을 가르는 경계선이라기 보다 더 큰 의미를 띠게 된다. 일종의 감정 경계선이다. 눈에 보이지 않는 추상적인 어떤 것에 대한 물리적 표시인 것이다. 근대 일본과 전근대 일 본 사이에는 고릿적 도로만 놓여 있는 것이 아니라, 국가 차원의 성격 분 열에서 오는 팽팽한 긴장감이 존재한다. 일본인은 서구화되고 사무라이화 된 오모테니혼을 언제나 감정이 결핍된 세계라 여겨왔다. 즉 이성적이고 과학적이고 계산적이고 자본주의적이고 남성적인 세상이었다. 그 반동으 로 우라니혼이 공동체 지향적이고 자비롭고 직관적이고 감상적이고 여성 적이길 바랐다. 사람들이 바라는 자신의 진정하고 자연스러운 모습이 우 라니혼에 투영되었던 것이다.

도쿄 북동부 우에노 역을 출발해 우라니혼에서 끝나는 여정은 일본 근 대문학에서 아주 유명하다. "긴 터널을 빠져나오자 설국雪国이었다."³ 가 와바타 야스나리川端康成의 유명한 소설은 그렇게 시작된다. 일본인이라면 누구나 이 간결한 문장을 단번에 이해한다. '설국'은 서로 다른 두 세계를 잇는 통로이다. 주인공은 발레 구경 한번 가본 적 없는 무용비평가이며 자 신의 도쿄생활에 완벽하게 초연한 근대인이다. 추운 산촌 벽지에 있는 온 천에서 한 게이샤가 그를 편안함과 친밀감의 세계로 안내한다. 이 두 인물 은 현대 일본인과 옛날 일본인 사이의 부조화를 상징한다. 1930~40년대 에 장기간에 걸쳐 집필된 작품『설국』의 강점은 극복할 수 없는 장벽을 묘 사하는 부분에 있다. 이 장벽은 다시는 되돌아갈 수 없는 과거를 의미하며, 가와바타 야스나리는 수많은 근대 일본인을 대신해 이를 애도했다.

앞으로도 일본은 시골을 향해 언제나 감상적인 태도를 유지할 것이 틀림없다. 미국인이 자신은 주민회의에 참여하지 않으면서 주민회의를 소중히 여기고, 영국인이 자기는 절대 들어가 살아볼 생각이 없으면서도 벽돌과 부싯돌로 만든 시골별장을 애틋하게 여기는 것과 마찬가지다. 그러나 좋든 싫든 도시와 시골의 격차는 사라져가는 중이다. 단순히 도시의 범위가 바깥으로 계속 커지고 있어서라기보다 일본인들이 가와바타 소설 속에 들어 있는 진리를 이해했기 때문이다. 되돌아가는 것은 불가능하고 오직 앞을 향해 전진할 뿐이라는 진리 말이다. 일본인은 자신이 누구인지 탐구하기 위해 도카이도 넘어 멀리까지 바라보지 않게 되었다. 이제 일본의 전면과 후면은 한 국가의 일부로서 서로 닮아가기 시작한다.

무라카미 하루키가 1982년에 발표한 소설 『양을 쫓는 모험』에도 도쿄를 벗어나는 기차여행이 등장한다. 가와바타 야스나리의 소설에 비해 감상적인 구석이 전혀 없다는 점에 주목할 만하다. 화자는 기차여행을 하는 동안 창밖 풍경에는 조금도 신경 쓰지 않는다. 대신 여정의 종착지인 한 마을의 모호한 역사에 대해 읽느라 바쁘지만 영 산만하고 재미없는 책이다. 화자가 말한다. "솔직히 말해서 오늘날 주니타키十二滝라는 동네는 지독하게 무료한 곳이다. 주민들 대부분이 일하고 집에 돌아오면 하루 평균 네 시간씩 텔레비전을 보다가 잠자리에 든다."4

자선이 빼앗아간 자율

가케야掛合 마을은 혼슈 서남부 시마네 県島根県의 한적한 계곡에 있다. 혼잡하거나 활동이 분주한 곳은 전혀 아니지만 그래도 시마네 현에서는 꽤 큼직한 동네에 속한다. 가케야는 1980년대 후반에 총리를 지낸 다케시타 노보루竹下登의 가족이 1866년부터 청주를 양조하던 곳이기도 하다. 다케시타는 도쿄에서 오랜 세월 정치인 생활을 하는 동안 고향에 지나치리만큼 관대했다. 가케야에 이르는 길 양쪽으로 수 킬로미터에 달하는 언덕에 콘크리트를 발라놓았다. 강둑이나 관개 용수로도 전부 콘크리트를 쳐놓았다. 주요 간선도로에서 조금 더 들어가야 마을이 나오는데 고속도로에나 있음직한 거대한 표지판이 좁은 길에 서 있다. 계곡 아래쪽에 흩어져 있는 몇 안 되는 농장들로 이어지는 교량은 도쿄의 러시아워 교통량도 감당할 만큼 거대하다. 다케시타 전 총리가 가케야에 베푼 시혜는 지나치다못해 우스꽝스러워 보였다. 그러나 이 동네에 빈곤은 없었다. 지붕마다 텔레비전 안테나가 있고 집 앞에는 최신형 자가용이 놓여 있고, 자그마한 상점가에 자리한 가게에는 도카이도 반대편에서 온 최신상품이 그득히 진열되어 있었다.

옛날에는 조금 다른 모습이었으리라. 에도 시대에는 물론 벼농사를 지었을 것이다. 농부들은 농사 이외에 종이, 옷감, 도자기, 철물 같은 다양한 물품을 만들어 다른 물품을 생산하는 옆 동네 사람들과 물물교환을 했을 것이다. 가케야에는 자기만의 정체성이 있었을 테고, 에도 중앙정부 관료의 참견이나 그 지역 다이묘에게 상납하는 쌀은 별문제로 치더라도 대략 자급자족이 가능해서 일정한 자율성을 확보하고 있었으리라. 새로이 상업중심지로 떠오르던 몇몇 도시에서 생산되던 상품도 있었겠지만 많지는 않았을 것이다.

메이지유신 이후 가케야는 변했다. 가케야는 새 일본의 일부였고, 새 일본에서는 모든 결정을 도쿄에서 내렸다. 자율성은커녕 마을 간 물물교환도 허용되지 않았고, 지역 정체성을 드러내는 것 역시 불가능해졌다. 신생 대기업에 의해 타지에서 대량생산된 제품들이 서양수입품과 함께 지역 시장에 홍수처럼 밀려들었다. 경쟁할 능력이 없는 소규모산업은 도태되었다. 팔릴 만한 물건을 만드는 지방의 생산자들은 멀리 있는 투자자가 쏟아붓는 현금에 휩쓸려 신 국가경제로 통합되었다. 다들 똑같은 물건을 생산해서 멀리 떨어진 곳에 내다팔았고 이익은 더 이상 가케야에 머물지 않았다.

도쿄 신정부는 1868년에 신속하게 소작농을 지주로 만들어 세금 매기기에 혈안이 되었다. 그러나 다이묘가 수확량에 비례해 세금을 징수했던 것과 달리 정부는 땅값을 기준으로 세금을 부과했다. 봉건시대는 끝났지만 현금 경제와 메이지 토지개혁은 농민들에게 절망감만 안겨주었다. 다수의 농민들이 토지를 조금씩 잘라 매각처분했고 딸들을 공장으로 내보냈다. 저당채무와 불이행에 따른 유질 처분으로 고리대금을 하는 부유한 지주와 빈곤한 소작농이 등장했다. 가케야는 아마도 고생하는 빈농과 토지가 없어 노는 실업자—경제가 새 일자리를 만드는 속도보다 토지소유권을 잃는 속도가 더 빨랐기 때문에—가 들끓었을 것이다. 근대화가 진전되는 와중에도 가케야의 농민들은 한 발을 과거에 깊숙이 묻은 채 정체된 상태였다.

도쿄 중앙정부는 뒤처진 사람들을 그런 식으로 기만했다. 신 경제체제는 시골에 별로 해준 것이 없었다. 게다가 메이지 토지개혁은 전쟁 발발 전 일본 정부가 저지른 가장 비극적인 실수 가운데 하나로 드러났다. 이런 조처가 전쟁 발발에 중대한 기여를 했기 때문이다. 지방이 빈곤해 국내시장 성장에는 한계가 극명했기에 해외시장을 개척할 필요가 점차 커졌다. 1930년대, 농민의 70퍼센트를 차지하던 소작농은 아무 것도 사지 못하는 형편에도 줄곧 자기소유의 토지를 꿈꿨다. 절망하던 농민과 새로운 산업을 주도하던 경박한 기업가와 감상적인 군국주의자가 그런 한계 상황에서 서로를 동정하며 제국 확장에 대한 열망을 공유했던 것이다.

1945년 패전과 함께 세상은 또 한번 변했다. 토지개혁은 점령군이 내건 가장 효과적인 정책 중 하나였으며 역코스조차도 이를 뒤집지 못했다. 부재지주는 내쫓기고 소작농이 다시 토지를 소유하게 되었다. 전쟁이 끝난 후 농촌을 떠나 도시로 향하는 사람들의 행렬이 강을 이루었다는 얘기는 앞에서 했다. 그러나 중앙정부는 시골생활을 해볼 만하게 바꿔주었다. 농산물 가격지지 제도, 수입농산물 제한, 보조금, 광범위한 공공사업 예산 책정 등의 정책으로 농민들의 편의를 보아주었다. 그야말로 대역전이었다. 사실상 수백 년 동안 수도가 농촌에 의해 지탱되어왔는데, 이제는 농촌이 수도에 기대 살게 된 것이다.

그러나 중앙정부는 전후 또다시 기만을 저지른다. 한 가지 변하지 않은 게 있었기 때문이다. 가케야를 비롯한 일본 농촌 전체가 '전후 기적'이라 불리던 근대 경제체제에 합류하지 못했다. 말하자면 농촌은 여전히 농사 주기에 갇혀 있는 상태였다. 지금도 국가에 의존하는 보호구역인 가케야에는 다케시타 전 총리의 가족이 경영하는 청주 양조업 말고도 두 개의 주요산업이 있는데, 하나는 쌀 농업이고 다른 하나는 중앙정부가 보조하는 건설업이다. 벼농사가 건설업보다 역사는 훨씬 길지만 두 산업 모두 확립된 기존질서를 반영한다는 공통점이 있다.

내가 가케야를 방문할 당시 다케시타 노보루는 갖가지 스캔들에 휘말려 있었다. 스캔들이 하나씩 터질 때마다 도쿄 정계에 부정부패가 얼마나 심한지 점점 더 확연히 드러났다. 사람들은 다케시타라면 학을 뗐다. 사건 뒤 자리에서 물러난 지 한참이나 지났음에도 다케시타는 여전히 가케야의 후원자 노릇을 하고 있었다. 가케야에서 길거리를 다니거나 가게를 가보면, 사람들은 다케시타를 정치보스, 다이묘, 도시로 떠났으되 '인정'을 잃지 않은 농민, 이 세 가지가 뒤섞인 존재쯤으로 여기는 것 같았다. 가케야 주민들은 스캔들을 믿지 않았다. (적어도 말은 그렇게 했다.) 내가 도착하기 하루 전에 다케시타가 잠시 가케야에 다녀갔다고 했다. 그는 주민회관 연설에서 신문과 방송이 스캔들을 조작했다고 주장했고 사람들은 그 말을 믿었다. 주민들은 그가 신뢰하고 존경할 만한 사람이라고 내게 몇 번이고 되풀이해 말하면서도 자신의 이름은 밝히려 하지 않았다.

시청사는 비교적 최근에 지은 건물이었다. 가케야 시장은 미리 만날 약속을 잡지도 않았는데 다케시타 얘기를 하고 싶다고 하자 바로 넓고 장식 없는 자기 사무실로 나를 맞아들였다. 오치아이 요시오 시장은 67세로 대략 다케시타의 연령이었다. 숱 많은 눈썹에 주름이 깊게 팬 얼굴이었다. "친구였다고 하면 그 분에게 실례일지 모르겠네요." 시장이 겸손하게 말했다. "저희 둘 다 스무 살 때 같은 청년단 소속이었어요." 그 기억이 어떤 정당성을 보장해준다고 생각했던 것 같다. 건설성 등의 기관으로부터 가케야는 한 해에 적어도 2억 엔을 받았다. 이는 가케야 한 해 예산의 거의 절반에 해당한다고 시장이 말해주었다. 이 사실이 무엇을 의미하는지는 명백했다. 이 정보를 주며 오치아이 요시오는 미소를 띠었다.

오치아이 시장의 미소는 도시를 빈정거리는 시골의 미소였다. 가케야 주민들은 중앙정부가 주는 돈을 필요하니 받긴 했지만 감사하게 생각하지 않는 듯했다. 이유는 간단했다. 돈을 받을 필요가 없게 되는 편을 더 원하기 때문이다. 가케야에 그리도 많은 콘크리트를 실어다 보낸 사내를 아무도 좋아하지 않는 것이다. 심지어는 시장조차 그런 것 같았다. 주민들은 다케시타를 싫어한다고 인정한 바 없고 앞으로도 절대로 인정하지 않을 것이다. 적어도 겉으로 드러내지는 않을 것이다. 칭찬 또한 인색했다. 동네 사람들은 마치 청주가 다케시타라는 인간을 대표하는 양 다케시타 집안이 만드는 청주를 거론하기 좋아했는데, 그렇다고 특별히 그 청주를 즐기는 이는 없었다. 진흙과 회반죽으로 된 양조장 안에는 양조통과 나무주걱이 널려 있었다. 거기서 일하는 사람들은 다케시타에 대해 언급하고 싶어 하지 않았다. 그래서 나는 청주에 대해 물어보았다. 그랬더니 앞치마를 두르고 천으로 된 모자를 쓴 젊은이가 간신히 입을 열었다. "차마 맛이 별로라고 말씀드릴 수는 없네요. 그렇게 말하면 안 되니까요. 하지만⋯." 잠시 말이 끊겼다. "저희 양조장은 소규모잖아요."

2억 엔, 즉 약 200만 달러라는 돈은 4,300명이 사는 마을의 입장에서는 상당한 보조금이다. 이 지역 학교는 현대식으로 잘 유지되고 있을 뿐 아니라 신호등이나 파출소 등의 시설도 중앙정부가 준 돈 덕택에 번듯했다. 이런저런 일을 다 하고도 예산이 남자, 이번에는 내구성이 강한 보호난간을 갖추고 I형강形鋼을 사용한 교량을 건설하는 데에 돈을 썼다. 가케야는 특별한 곳이었다. 지능적인 정치자금 조달·분배로 유명하던 사내의 고향이 아니던가. 그러나 돈 없고 해결할 과제는 많은 군소도시는 일본 농촌에 지천으로 깔려 있다. 중앙정부로부터 보조금을 받으면서 미묘한 적개심을 갖는 것이 일본 농촌이다. 가케야가 받은 돈은 그 동네에 자급자족할 능력을 키워주지 못했다. 우라니혼이 대체로 그렇듯 가케야도 겉만 번지르르하지 실제로는 사회복지의 대상이었다.

시골은 전후에 숨막히는 기세로 돌진하던 도시화를 경험한 이후 아직도 회복하지 못한 상태다. 시마네 현 인구는 1949년에 비해서 현재 15퍼센트가량 감소했다. 같은 기간 동안 일본 총인구가 75퍼센트 정도 증가했다는 사실을 고려할 때 이런 인구감소는 놀라운 현상이다. 시마네 현은 일본에서도 가장 가난한 현에 속하지만 그다지 특기할 만한 일도 못된다. 도카이도에서 멀리 떨어진 벽지 농촌들은 거의 예외 없이 해마다, 그리고 매일같이, 사회적·경제적 쇠퇴에 맞서 발버둥치고 있다.

다케시타 노보루의 정책 중에 '후루사토 창건사업'이라는 유명한 사업이 있다. '고향 만들기'라는 뜻이다. 고향이라는 뜻의 후루사토故鄕/古里라는 말에는 과거의 메아리가 분명하게 담겨 있다. 후루사토는 메이지 시대 후반에 유행한 용어로 이상적인 농촌을 상징했다. 도시의 이질적인 생활습관이나 스스로를 '타자화'하는 산업화된 근대 일본에서 벗어나 언제든지 의지할 수 있는 고향이었다. 서양문물에 저항하던 이데올로그들 사이에서

'후루사토'가 일종의 감상적 비분강개를 상징하던 20세기 초반에, 도쿄의 한 대학교수가 근대 도시의 번영에 관해 사람들의 이목을 끄는 대응방안을 내놓았다.5 일본인은 도시를 거부해야 한다는 주장이었다. 그럴 수만 있다면 도시는 사라지고 일본은 계속 일본다울 수 있으리라는 것이다.

   지방 활성화를 지향하던 다케시타의 정책도 비현실적이기는 매한가지였다. 다케시타는 총 3,300개에 이르는 지방 군소도시에 국고에서 약 100만 달러를 지급했다. 수혜 도시들은 대도시에서 오는 사람들 눈에 좋아보이도록 동네를 말끔히 정비하는 데 돈을 쓰게끔 되어 있었다. 실제로 그 돈은 어떻게 소비되었을까? 한 마을에서는 주민들을 헬리콥터에 태워주었다. 다른 마을에서는 금을 사들였다. 주부들을 단체로 유럽여행 보내준 마을도 있었다. 어떤 마을은 받은 돈의 절반을 남은 돈을 어떻게 사용할 것인가를 연구하는 데에 소비했다. 결국 다케시타는 가장 속보이는 방법으로 사람들의 표를 사려했던 것이다. 20세기 후반을 살던 일본총리가 국민들 의식 속에서 용케 무른 곳을 찾아냈다는 점이 흥미롭다. 그러나 그보다 더 흥미로운 점은, 다케시타가 도시인의 환상이나 후루사토 주민에 대해 실은 제대로 이해하지 못했다는 점이다.

원조로 지탱하는 사회

도카이도를 벗어나면 처음에는 일본 말고 다른 나라에 온 기분이 든다. 드문드문 산재한 도시는 허름한 건물, 자동차, 가게, 네온사인, 파친코로 가득해서 태평양 연안 대도시와 별반 다르지 않다. 주요 간선도로 변에 띄엄띄엄 자리한 군소도시들도 크기만 작았지 역시 마찬가지다. 도쿄나 오사카나 나고야처럼, 지방도시도 길에 나가면 수많은 콘크리트 전봇대를 연결하는 뒤틀린 전선들이 시야를 어지럽힌다. 그러나 차이점이 있다. 일본의 앞면이 일본의 후면을 식민화했기 때문이다. 중앙정부가 패기만만한 신일본에서 시골을 배제시키고 도카이도 경계선 북쪽을 변방으로 만든 것이다. 근대적인 것 중에 우라니혼에 뿌리를 둔 것은 없다. 시골에도 근대적 건축물과 인공물이 있긴 하지만 마치 인도나 싱가포르가 대영제국의 빨간 우편함이나 신고전주의 건축물을 세운 것처럼 어색하고 부자연스럽고 어울리지 않는다.

일본의 후면은 아직도 대부분 미개발된 녹지대인데다가 인구도 적다. 도쿄나 오사카의 광란과는 너무나 분리되어 있어 시간적으로나 공간적으로 별세계라는 인상을 확실하게 받는다. 시마네 현보다 한참 더 북쪽에 위치한 야마가타 현山形県에는 불교와 신토 신자들이 성스럽게 여기는 산이 세 개 있다. 이중 하나에 올라가 남쪽을 향해 내려다보면 여름풀을 단정하게 심어 경계를 구분해놓은 계단식 전답이 산기슭을 따라 광대하게 펼쳐진다. 이를 보고 있노라면 시골이 변치 않기를 원하는 심정을 이해할 수 있을 것만 같다. 정말 다른 시대에 와 있는 기분이다. 기술 발전의 시계를 정지시키거나 거꾸로 되돌려보고 싶은 욕망이 없는 사람이 누가 있겠는가?

그러나 '근대적 일본'이 '전근대적 일본'에 돈을 주어가며 진보를 막는 모습을 보면 그런 행태가 얼마나 잔인한 짓인지 알 수 있다. 시골을 박물관으로 만들고 시골사람들을 전시물의 일부로 삼아 자신이 옛날 그대로 순수한 존재라는 환상을 조작하는 행위이기 때문이다.

일본에는 잊힌 채로 방치된 시골동네들이 존재한다. 연료펌프는 버려져 있고 길은 대낮에도 한산하다. 어떤 산마을은 너무 후미져서 주민들은 농작물 경작 시기에만 산에 살고 눈이 몇 달이고 쏟아지는 겨울에는 계곡으로 내려간다. 도시인의 환상 속에서는 한 겨울에 거리를 데워 빙판을 녹일 만큼 보조금이 충분한 '설국'도 중요하지만 그렇지 못한 산동네도 그에 못지않게 중요하다. 가케야 만큼 예산이 넉넉한 마을은 거의 없지만, 상당수의 동네가 도쿄에서 출세한 정치인의 지원을 받는다. '이나카'가 진행성 질병으로 고생하는 환자라는 사실은 서서히 드러난다. 보조금이 환자의 생명을 유지한다. 시마네 현은 그 현에서 도쿄에 보내는 세금의 거의 4배에 달하는 보조금을 받는다. 그러나 보조금이 있다 해서 갑자기 기차가 다니고 빈집에 입주자가 들어오고 젊은이들이 정착하지는 않는다.

규슈 산간마을 오구니小国는 울창한 삼나무 숲으로 둘러싸여 있다. 아직 옛날 생활방식을 유지하며 살던 무렵 토지를 잃은 농민과 실업자로 마을이 들끓었다. 그들이 도시로 떠나 일자리를 찾으면 마을 사람들은 좋아했다. 전쟁이 끝난 후 도시로 간 젊은이들을 가리켜 '황금알'이라 불렀다. 고향집에 매달 월급을 보내주었기 때문이다. 그런 현상은 오구니의 인구가 1만 6,000명이던 1960년대까지 그럭저럭 지속되다가 상황이 역전되기 시작했다. 그리고 30년이 지났다. 내가 방문했을 무렵 인구는 1만 명으로 감소했고 '황금알' 얘기를 꺼내는 사람은 아무도 없었다. 도시로 간 젊은이들의 고향 송금은 요새로 치면 타국에서 일하는 파키스탄이나 필리핀 사람이 본국에 송금하는 것과 유사하다. 1990년에 오구니에서 고등학교를 졸업하던 150명을 채용하기 위해 1,300개의 회사가 찾아왔다. 졸업생의 절반은 졸업과 함께 오구니를 떴고, 나머지 절반도 대부분 몇 달 내로 떠나버렸다. 오구니는 이제 젊은이들이 떠나지 않거나 아니면 떠났던 젊은이들이 돌아와주기를—이를 두고 '유턴 현상'이라고 부른다—꿈꾼다. 유턴 현상이 간혹 있기는 하나 드물고 오구니의 경우에는 거의 전무하다. 내가 마지막으로 오구니를 방문했을 때 마을 평균 연령은 50세였다. 전차역은 6년 전에 닫아버렸고 이 지역 행정입안자들은 전차 대신 다니던 버스마저 운행을 계속할지를 고민하는 형편이다.

시골마을은 살아남기 위해 여러 가지 방편을 고안한다. 이 고민 속에 옛날에 누리던 정체성이나 자율성을 되찾으려는 욕망이 반영되곤 한다. 오구니 주민들은 내게 그 지역에서 개발한 건축 양식을 보여주었다. 서로 맞물리는 들보를 이용한 반구형 지붕이었는데, 삼나무에 대한 수요를 늘려보려는 시도이기도 했다. 새로 생산된 체더치즈와 고다치즈의 포장은 대담하게 영어와 불어로 표기되어 있었다. 포도원과 포도주 양조장이 있었고, 비닐하우스 오렌지 농장도 있었고, 특이한 버섯을 재배하는 농장도 있었다. 극도로 절실해 보이는 사례도 많았다.

야마가타 현에 있는 어느 시골마을에서는 여성들이 전부 도시로 일하러 가는 바람에 200명가량 되는 농촌총각의 배우자를 찾아주고자 필리핀 여성들을 불러왔다. 도야마 현富山県 한 마을에서는 유명세 획득을 고대하며 수천 그루의 동백나무를 심어 매년 동백꽃 축제를 열었다. 그 다음에는 전국 작사작곡 경연대회를 벌였다. 그러더니 토지를 상으로 주는 복권 추첨을 주최했다. 거품경제기에는 어느 유명배우가 1,500만 달러짜리 계획을 추진하려다 실패했다. 스코틀랜드 성城을 한 채 사서 이를 해체하고, 해체한 부분을 한 조각씩 시베리아를 통해 운반해 다시 홋카이도에서 짜 맞춘다는 계획이었다. 고향인 홋카이도에 관광명소를 마련하고자 했던 것이다.

동백을 심고 복권추첨을 하던 이노구치井口 마을에 가보면 기와 지붕을 얹고 회반죽을 바른 목재 가옥들이 성공한 동네임을 과시한다. 내가 방문했던 봄에는 논에 물을 대어놓아 동네 가옥의 현관과 마당까지 물이 들어차 있었다. 그러나 이노구치 역시 '이나카'였다. 인구는 최고치였던 1951년과 비교해서 3분의 1로 감소했다. 콘크리트로 지은 동네 학교는 손볼 데가 많았고, 원래 학생 300~400명이 정원인 규모였으나 현재 다니는 학생수는 150명 정도에 불과했다. 마치 동유럽에서나 찾아볼 수 있는 건물 같았다. 아스팔트 운동장은 혹독한 겨울날씨로 여기저기 튀어나오거나 갈라져 있었다.

논에서 햇볕에 그을린 늙은 농부가 등에 농약 탱크를 짊어지고 농약을 치고 있었다. 작업이 끝날 때까지 나는 그의 트랙터 옆에서 기다렸다. 농부의 이름은 고바야시 요시오였다. 외국인이 자기 논가에 서 있는데도 전혀 놀라는 기색이 없었다. 몸집은 작았지만 단단한 체구였다. 그 세대 사람들이 대개 그렇듯, 평생 벼농사를 지어 자세가 약간 구부정했다. 고바야시의 아내는 근처에서 머릿수건 위에 밀짚모자를 쓰고 발목 높이 올라오는 고무장화를 신은 채 조용히 잡초를 뽑고 있었다.

고바야시의 사정도 다른 사람과 비슷했다. 자녀들은 전부 일자리를 찾아 도시로 떠났다. 한 명은 먼 데로 나갔고 또 한 명은 두어 시간 거리에 살았다. 근처 학교에서 교사로 일하는 장남만 그곳에 남아 부모를 돕고 있었다. 봄과 가을이면 동네 전체의 협조를 받아 모내기와 추수작업을 했다. 오래된 농촌의 관습이다. 1헥타르(약 2.5에이커) 정도의 논농사만으로 생활을 꾸리기에는 턱없이 부족했다. 제대로 해보려면 10~20헥타르는 있어야 한다고 고바야시가 말했다. 그렇다면 왜 농사일을 계속하느냐고 물었더니 조금 놀라는 눈치였다. "여기는 내가 태어난 곳이니 여기만큼 좋은 데가 없다는 건 당연한 얘기지요. 댁은 안 그렇소?" 나는 꼭 그렇게 생각하지는 않는다고 대답했다. 노인장이 말했다. "글쎄올시다. 여기는 우리 마을, 우리 집, 우리 땅이라오. 부모로부터 물려받았으니 지켜야지요."

이제는 순수하게 농사만 지으며 사는 사람은 거의 없다. 그런 농민은 전체 가구의 1퍼센트 미만에 그친다. 대부분의 농민들은 공장 노동이나 임시직이나 송금 받는 돈에 의존해 살아간다. 고바야시 같은 사람은 매우 이상적인 농민이다. 지극히 불편한 생활을 하면서도 인정과 옛 미풍양속에 따라 살아가는 부류였다. 혹시 고바야시가 존재하지 않았다면 도쿄에 있는 정치인이나 학자나 방황하는 도시민이 일부러라도 고바야시를 만들어 내지 않았을까 하는 생각이 들었다. 추곡 수매, 농약, 트랙터를 비롯해 아예 그가 사는 동네 전체가 보조금으로 지탱되고 있다는 점에서 실제로도 고바야시는 창조물이었다.

나는 이노구치의 유일한 공장을 찾아냈다. 비포장도로 끝에 위치한 공장 바로 옆에는 잘 관리된 신사가 있었다. 콘크리트로 된 소규모 공장건물이 거리 표지판 역할을 했다. 작은 공장 한두 채는 시골 경제의 오랜 표상이었다. 그러나 이 부분에 있어서도 '우라니혼'은 변하고 있다. 식민지가 보여주는 장기적 변화 양상과도 유사하다. 주요도로를 따라가면 전답이 나오고, 그러다 커다란 공장과 주차장이 나오고, 다시 전답이 나오다가 또 공장이 나온다. 일본 북부의 아키타 현秋田県은 1980년대 중반에 공업이 농업을 제치고 경제의 중심이 되었다. 몇 년 사이에 공업 생산량이 쌀과 과일을 합친 생산량보다 5배가량 높아졌다. 일자리 창출은 반가운 일이었지만 지역 공업 발달이 긍정적인 변화만은 아니었다. 아키타 현의 풍경을 여기저기 수놓던 공장들은 대부분 가전제품 생산공장이었다. 당시 일본은 말레이시아나 인도네시아에서도 가전제품을 생산했다. 근대 산업에 관한 한 우라니혼 전체가 일본의 투자자본을 놓고 동남아시아나 한국, 타이완, 중국 등과 경쟁을 해야 하는 상황이 벌어졌다.

사실 우라니혼은 경제 용어를 쓰자면 '신흥 공업경제지역'newly industrialized economy(이하 NIE) 즉 자본과 기술을 유치하려고 안간힘을 쓰는 제3세계에 해당한다. 제3세계지만 도쿄의 기업들이 투자하기에는 비싼 곳이다. 실제로 우라니혼은 다른 NIE와의 경쟁에서 패배하는 경우가 많은데 원인은 엔화 때문이다. 엔화는 도카이도 반대편 부자도시에나 걸맞을 화폐였다. 한 번은 도쿄에서 자동차 창문이나 주방용품에 쓰이는 소형 전기모터를 제조하는 회사 사장을 만났다. 그는 공장건설을 위해 태국에 막 투자를 한 참이었다. 직원들을 위한 사택도 있고 회사 전용 비행기도 있어서 간부들을 일본에서 태국으로 실어 날랐다. 나는 사장과 함께 지도를 보다가 왜 국내의 지방에 투자하지 않고 해외에 투자를 하느냐고 물어보았다. 그가 대답했다. "태국하고 우리 '이나카' 사이에는 두 가지 차이점이 있어요. 태국에 가려면 여권이 필요하다는 점. 그리고 태국이 훨씬 싸다는 점."

사장의 얘기를 들으니 도카이도에서 벗어난 지역을 처음 가보던 기억이 되살아났다. 비행기로 동해에 면한 소도시 이즈모出雲에 가서 새로 선출된 시장을 만난 기억이었다. 이와쿠니 데쓴도岩國哲人* 시장은 넓은 세상에서 출세길을 걷다가 다시 고향 이즈모로 내려온 좀 독특한 인물이다. '유턴 현상' 중에서도 아주 눈길을 끈 사례였다. 도쿄 대학을 나와 투자은행에 일하며 도쿄, 뉴욕, 런던, 파리 등지에서 30년을 보내던 이와쿠니가 어느 날 이즈모에 들렀다. 처음에는 그냥 잠시 들르려는 의도였으나 곧 이즈모에 머무르기로 결심하고 사직한다. 그리고 시장선거에 도전해 선출되었다. 그는 내가 만나본 관리직 공무원 중에서 지방을 제대로 이해하고 있는 소수에 속했다. 아마 방방곡곡에서 여러 경험을 많이 하며 시야가 넓어졌기 때문일지도 모르겠다. "외국생활 30년 끝에 제 고향 이즈모가 선진국의 일부가 아니라는 사실을 깨달았습니다." 이와쿠니가 수수한 이즈모 시청에서 내게 말했다. "후진국에서 볼 수 있는 전형적인 동네였지요."

만들어진 고향

도카이도 양편 어디에 속하든, 이와쿠니 시장의 관찰에 담긴 진실을 진실로 인정하고 싶어하는 사람은 드물다. 그러나 어떤 각도로 보더라도 진실은 명백하다. 시골마을에서도 도로변에서도, 그리고 (식민화의 출발점이자 귀착점인) 머릿속에서도 진실은 진실일 뿐이다. 여행자는 도카이도에서 멀

---

* 2008년 현재 일본 민주당 소속 중의원 의원.

리 벗어난 지역에서 마치 식민제국의 흔적이 남아 있는 아프리카나 남미 같은 느낌을 받는다. 케냐 나이로비에서 나이지리아 라고스로 갈 때는 비행기로 런던을 경유하고, 브라질 리우데자네이루에서 에콰도르 과야킬에 갈 때는 마이애미를 경유하는 편이 편리하다는 인식이 오랫동안 존재했다. 목적지를 향해 직접 대륙을 가로지르면 너무 고생스럽거나 아예 이용 가능한 도로가 없었기 때문이다. 일본의 시골도 형편은 비슷하다. 교통로도 그러하고 대중의 인식도 그러하다. 봉건영주 다이묘의 영지였던 번藩을 기초로 생긴 현재의 현県이라는 행정구역은 각각 자기들끼리 연결되어 있기보다는 바퀴살 모양으로 도쿄에 연결되어 있다.

근대 일본은 오랜 '고립 상태'를 물려받았다. 각 번이 에도에 있는 쇼군과 무사관료에 대해 항상 적의를 품었다는 사실도 공통적이다. 그러나 번에는 제각각 특징이 있었다. 산이 많은 지형 때문에 무역 발달이나 다른 형태의 접촉이 어려웠다. 대신 질투와 단절이 있었다. 수많은 시골마을이 1920년대가 되어서야 비로소 바깥세상으로 통하는 길을 닦았다. 도야마현에는 벼랑과 급경사 언덕이 많은 도가利賀라는 동네가 있는데, 도가라는 명칭에는 옛 일본어로 '형벌'이라는 의미가 있다고 한다. 옛날 쇼군이 죄인들을 도가로 보내면 절대 도망치지 못하리라는 것을 알고 유형지로 이용했기 때문이다. 이곳은 아직도 초가지붕으로 된 농가와 헛간이 흔하고, 마치 수묵화 풍경처럼 완전히 다른 시대에 멈춰 있는 것만 같다. 눈이 녹아야만 방문이 가능할 지경이다.

1876년 여름, 서양 유화기법을 배운 지 얼마 안 된 화가가 홋카이도에 가서 상당히 특징적인 풍경화를 그렸다.[6] 이 작품은 줄기가 굵고 마디진 거대한 나무로 빽빽한 원시림을 묘사하고 있다. 그림 중간쯤에서 끊기는 흙 덮인 비포장도로에 말 탄 병사 한 무리가 어슬렁거린다. 소실점을 향해 시선을 옮기면 세심하게 묘사된 전신주가 서 있다. 이 그림은 관군이 메이지

유신에 저항하던 세력을 진압하던 순간을 보여준다. 새로 들어선 중앙정부가 세력 확장을 자축하는 순간이었다. 화가는 도쿄로 돌아와 그림을 완성해 육군대신에게 바쳤다.

1868년 이후 나타난 중앙집권화를 향한 정부의 강렬한 충동은 납득하기 어렵지 않다. 번을 폐하고 현을 확립하라는 '폐번치현'廢藩置県의 구호가 메이지유신 직후에 등장했다. 이 정책은 신속히 이행되었다. 1871년의 일이다. 폐번치현과 함께 쇼군과 다이묘 사이에 존재하던 섬세한 균형이 무너지고 권력은 확실하게 중앙으로 이동하기 시작했다. 이런 움직임을 완화하려는 정부의 노력은 이후 전무했다. 메이지 정부의 실력자들은 '번'이라는 정체성을 지우고 이를 새로운 국가 의식으로 대체하는 작업에 열심이었다. 요즘 용어로 국가 건설에 여념이 없었던 것이다. 그러나 오늘날 잘 알려진 바와 같이 지역 정체성을 소멸시키려는 노력은 오히려 사람들로 하여금 지역적 차이에 더욱 집착하게 만드는 결과를 불러올 뿐더러 통일된 국가는커녕 분열된 국가를 낳기 십상이다.

근대화 초기에 새로운 문물에 대한 시골사람들의 반응은 놀림거리였다. 시골사람들은 밤에 기차가 지나가면서 내는 소음에 대해 터무니없는 이야기를 꾸며냈고, 철제침대가 인간을 요리하는 데에 쓰는 석쇠라고 믿었으며, 전신주는 기독교가 술수부리는 데에 쓰는 기구라고 생각했다.[7] 이 모든 것을 단순히 외국인혐오증 탓으로 돌릴 수 있다면 간단하겠지만, 그러기엔 너무 광범위했다. 중앙정부가―또는 도회지사람이나 제국주의자들이―근대화를 위해 내린 결정이라고 해서, 갑자기 시골사람들이 상투를 자르고 의자에 앉고 중절모를 쓰고 싶어해야 할 이유는 없었다. 시골에서 근대화란 반갑지 않은 포기를 의미했다. 대전통을 위해 소전통을 포기하고 근대적 무사가 된다는 것을 의미했다. '탈아입구'脱亜入欧, 즉 아시아를 벗어나 서구 사회를 지향하는 것을 의미했다. 그러나 자연스럽게 발달시켜온 기질이나 기호에 구애받으며 아시아이기를 포기하지 못하는 것은, 외국인혐오증이라기보다는 상식적인 현상에 가까웠다.

외국인혐오증은 일본에서 아주 유명하고 유서 깊은 전통이다. 그러나 일본의 국가주의나 그에 따른 극단적 배타주의는 도시의 창조물이지 시골이 만들어낸 것은 아니다. 대전통의 산물이지 소전통과는 무관했다. 왜냐하면 일본인이란 무엇이냐 하는 문제로 혼란스러워 하던 곳은 시골이 아니라 바로 도시였기 때문이다. 시골에 가면 외국인혐오증이 심하니 침묵이나 무례한 반응을 각오하라는 등의 이야기를 지금도 자주 듣는다. 가보면 실제로 그렇다. 그러나 어느 나라 시골에는 그런 경향이 있는 법이고, 일본의 시골이라고 해서 다른 나라 시골보다 더한 것도 덜한 것도 아니다. 사실 외국인혐오증은 시골보다도 태평양 연안의 대도시에서 훨씬 확연하다. 우리는 시골이 외국을 싫어하는 건지 중앙정부의 참견과 강요를 싫어하는 건지 구별할 필요가 있다.

지역 정체성을 없애버리려던 관군의 초기 군사작전을 메이지 시대 화가가 그림으로 찬미한 지도 120년이 넘었다. 요즘 일본 시골이 어딜 가나 다 비슷비슷한 걸 보면, 당시의 작업이 얼마나 성공적이었는지 알 수 있다. 획일화는 천천히 이루어졌다. 뒤죽박죽 들어선 건축물, 광고판과 네온사인, 방대한 중고차 하치장, 전신주의 숲 등등 처음에는 도카이도 남쪽 태평양 연안에서만 눈에 띄던 천편일률적이고 흉한 모습이 전쟁이 끝난 후 일본 전역으로 퍼졌다. 이러한 모습은 메이지 시대의 그림이 보여주던 정치적·경제적 권력의 확장과 동일한 현상이다. 이는 우라니혼으로 하여금 근대화가 가져온 부유함에 대해 반감을 갖게 하는 결과를 낳았다. 일본 전역에 똑같은 프랜차이즈 업소가 있고 똑같은 백화점이 있다. 똑같은 영화가 전국 영화관 체인에서 상영된다. 이런 상황은 과거 '문명개화'가 불러일으켰던 적개심과 동일한 적개심을 불러일으킨다. 1960~70년대의 고도 성장은

'다양화 속의 통일성'이라는 표현을 탄생시켰다. 이 말은 요즘도 들린다. 일본의 후면에 사는 주민들에게 쓴웃음을 자아내게 하는 말이다.

토건국가의 질주

근대 일본은 항상 속도에 집착했다. 19세기에 저지른 실수를 만회하는 일이 시급하다는 생각 때문인 것으로 보인다. 지역 정체성을 아우르는 대신 없애버리자는 결정도 그런 실수 중 하나였다. 분명히 해두지만 근대 일본의 지도층이 지휘한 초고속 근대화는 일본의 문화나 전통이나 내면적인 기질과는 전혀 무관했다. 그보다는 다른 나라를 따라잡으려는 욕망이 시발점이었다. 불안과 공포와 열등감의 반영이었다. 중앙정부는 제국확장, 전시 생산에 매진했고, 패전 후에는 국가재건과 고도성장에 여념이 없었다. 이 모든 과정이 애초부터 근대의 핵심에 놓여 있던 절박감을 한층 더 심화시켰다.

그렇게 도쿄의 중앙정부는 '기만했다.' 아예 대놓고 전면과 후면이라는 두 개의 일본을 만들어내기로 작정한 듯했다. 자산의 분배라는 측면은—일본의 근대화 정책처럼 자의식이 강한 정책이라면 충분히 그런 목표를 설정했을 수도 있었으련만—전혀 고려되지 않았다. 시간이 지나도 상황은 달라지지 않았다. 오히려 악화 일로였다. 경제가 곧장 불균형에 빠진 것은 아니었다. 초기 근대산업은 자석에 끌리듯 노동력과 원자재가 있는 곳을 찾아 전국으로 퍼져나갔다. 그러나 메이지 말기부터 1920년대 사이에 중공업이 대규모로 발달하면서 전면은 확실하게 앞서나가고 후면은 뒤처지기 시작했다. 자석의 극이 뒤집혀, 이번에는 노동력이 공장을 찾아 나섰다. 항구나 시장이 있는 곳에 두드러지게 경제가 집중했다. 1930년대에 일본은 4대 공업지대를 구축했다. 여러 경제적 변화를 거친 오늘날에도 4대 공업지대는 여전히 핵심을 이룬다. 4대 공업지대 가운데 규슈 북부 공업지대만 유일하게 태평양 연안에서 벗어나 있지만, 만약 옛 도카이도를 규슈 쪽으로 좀더 연장했더라면 그 공업지대도 도카이도 안에 들어오는 위치이다.

패전 후 태평양 연안도시로 인구가 기형적으로 집중되자 시골의 생활여건은 유엔의 관심을 불러일으킬 정도로 심각하게 악화되었다. 1960년대 중반에 유엔 자문가 한 팀이 아프리카와 동남아시아를 둘러보듯 일본 시골을 둘러보았다. 이들은 일본 정부에게 고속도로, 교량, 철로 등으로 일본열도를 연결해 한 개의 나라로 만들라고 조언하면서 다음과 같이 말했다. "그런 식으로 열도를 연결하고 나면 일본이라는 나라의 그림이 달라질 것이다."[8] 유권자의 동조를 얻기 쉬운 '새로운 일본'이나 '신 지역주의' 같은 구호는 정치판에 항상 등장하는 주제였다. 도시는 도시대로 좁은 공간에서 갑갑하게 사는 것이 점점 더 견디기 힘들었고, 시골은 시골대로 근대 일본이 자기들을 무시한다고 여겼다.

과도한 수도권 집중은 일본에만 있는 현상은 아니다. 말레이시아, 인도네시아, 브라질, 멕시코 등 개발도상국에서는 흔한 일이다. 프랑스의 사례와도 비교해볼 만하다. 프랑스도 인구가 도시로 몰리고 산업은 일부 지역에 집중되고 시골은 인구부족에 시달린다. 그러나 선진국 프랑스는 일본이 겪는 문제를 겪지 않는다. 산업근대화를 이룬 방식이 원인이 되어 프랑스의 국내 경제나 대외관계, 또는 국민생활이 왜곡되는 일은 없다. 일본은 다르다. 일본은 외국제품을 충분히 수입하지 않는데, 이는 수입품에 대한 소비가 충분하지 않기 때문이다. 도시는 공간이 부족하고 시골은 돈이 없다. 그렇다고 해서 일본제품의 수출을 크게 줄일 수도 없다. 소비도 충분치 않기 때문이다. 이런 문제점은 일본 바깥에서는 거의 논의되지 않지만, 문제의 원인은 파악하지 못하더라도 결과는 잘 알고 있다. "과도한 수도권 집중이 일본에서 가장 시급한 문제가 아닙니다. 우리가 발생시키는 국제무역 마찰이 더 문제이지요." 이와쿠니 시장이 내게 말했다. "그러나 우리가 국내 불균형을 해결하지 않는 한, 대외적 마찰을 해결할 방법은 없습니다."

이 문제에 관한 주목할 만한 책이 1972년도에 출간된다. 정계의 실력자이자 킹메이커였던 다나카 가쿠에이田中角榮는 총리직에 오르기 직전에 『일본열도 개조론』日本列島改造論을 발표해 일본열도의 전면적인 개조를 제안했다. 근대 정치가 중에서도 가장 막강한 정치가가 쓴 책답게 대대적인 구상이 펼쳐졌다. 다나카는 전후 어지러운 속도로 이루어진 성장과 변화에 질린 평범한 남녀 유권자들의 정서에 쉽게 부응했다. 그는 니가타新潟에서 태어나 향토의 인정을 잃지 않은 투박한 사람이었다. 한 번은 국제통화기금 총회에서 토속적인 일본민요를 부른 적도 있었다.[9] 『일본열도 개조론』에서 그는 이렇게 말했다.

> 도시인구가 급증해 토끼를 잡으러 다닐 산도 없고 작은 붕어를 낚시할 개울도 없이 대도시의 작은 아파트가 자신의 유일한 고향이라는 사람이 늘어났다. 이래가지고는 일본민족의 훌륭한 자질과 전통을 다음 세대로 넘겨주는 것이 어렵지 않겠는가.[10]

다나카는 야심이 컸다. 전쟁 전에는 건축 토건업자였는데 총리가 되고 나더니 마치 인구가 밀집한 교외의 이층집이라도 개축하는 양 '일본열도의 개조'를 꾀했다. 그는 일본 전체를 지방분권화 해서 "파괴되고 잃어버린 일본인의 고향을 재건하겠다"[11]고 약속했다. 『일본열도 개조론』은 옛날을 그리는 향수로 가득한 어조였지만 구체적인 정책안도 빠뜨리지 않았다. 다나카는 토지 이용에 관한 규제를 개정하고 산업단지를 재배치하고,

도로, 철로, 터널, 통신망 등 몇 년이고 말만 있었지 실행에 옮기지 못한 각종 연결망을 건설하고자 했다. 이 정계 실력자는 불균형 경제를 절호의 기회로 삼아 일본의 빈곤지역을 되도록이면 도카이도로 정의되는 고성장 지역으로 통합시키고자 했다.

『일본열도 개조론』은 아랫사람들이 대필한 책이긴 해도 훌륭한 지도자라면 마땅히 보여주어야 할 미래상을 제시하고 있었다. 그런 의미에서 다나카도 훌륭한 지도자의 축에 끼일 수 있겠으나, 결과적으로 그러지 못했다. 책에서는 대중에게 그토록 솔직히 호소하던 내용들이 정작 실천할 때가 되자 정계·재계에 포진한 그의 추종자들로부터 절대에 가까운 냉소를 받았다. 사반세기 후에 다나카의 책을 다시 읽어도 이 부분은 무척 놀랍다. 이런 냉소의 증거는 일본 어딜 가나 목격할 수 있다. 다나카는 '토건국가' 현상의 창시자 또는 설계자라 불려 마땅한 인물이기에 더욱 그러하다.

토건국가는 일본 전후 체제의 핵심이다. 중앙정부가 왜 그토록 갖은 비용을 감수해가며 정신착란적으로 경제 성장을 추구했는가 하는 질문의 해답이 바로 여기에 있다. 우리가 일본의 민주주의를 금권정치라고 부르는 이유도, 가끔씩 일본을 조종사가 없는 기계나 제어가 불가능한 기계로 묘사하는 이유도, 전부 여기에 기인한다. 물론 조종석에 앉아 있는 사람들은 있다. 정치인, 관료, 기업인, 이렇게 삼자가 이끄는 삼두정치가 1920년대부터 (전쟁 시기만 제외하고) 줄곧 일본을 관리해왔다. 그러나 다나카 시대 이후부터는 기계의 위력이 기계 운전자보다 강해졌다. 프랑켄슈타인이 된 것이다. 토건국가가 기능하는 방법은 매우 불투명하다. 양파껍질처럼 수 겹으로 된 체계를 꿰뚫어보기는 일본인조차 어렵다. 그러나 큰 그림은 간단하다. 모든 것은 공공사업에 막대한 자금을 투입하는 중앙정부에서 시작된다. 매년 정부는 최소한도의 격식만 갖추어 경쟁 입찰을 하는 시늉만 내고서 수천억 달러에 해당되는 건설공사 계약을 발주한다. 수주 가격이

지나치게 부풀려진 게 분명한데도 유권자는 이런 사업을 환영하거나 아니면 적어도 이들 사업 덕택에 먹고 산다. 수주 가격의 일부분은 정치 체제를 지탱하는 자금으로 되돌아온다. 총액에서 일정 퍼센트를 떼어놓으면 나중에 건설회사는 선거운동에 거금을 기부하고, 정계에서 은퇴하거나 선거에서 떨어진 정치가들은 건설회사에서 한 자리를 차지한다.

이 같은 시스템에서 돌고 도는 돈이 전부 납세자들의 돈이라는 사실을 고려한다면, '토건국가'란 선진국 기준으로 보면 공식적인 부정부패 중에서도 최대 규모라는 점에 의심의 여지가 없다. 개빈 맥코맥Gavin McCormack 교수는 일본과 서구 선진국과의 극명한 대조를 보여준다. 일본의 공공사업에 대한 지출은 인구 1인당 평균을 산출하든 국토 면적을 기준으로 하든 미국이나 서유럽의 수 배에 달한다. 당연한 결과였지만 토건국가가 되느라 일본은 엄청난 금액의 공공부채를 떠안았다. 부채의 구조가 복잡하고 규모가 거대하다보니 관료들조차도 정확한 액수를 가늠하지 못하는 실정이다. 수 조 달러에 이르는 것만은 확실하다. 이를 잘못 관리하는 경우 재정에 심각한 불안정을 초래할 위험이 있음은 자명하다.[12]

다나카가 토건국가를 발명한 것은 아니다. 토건국가 건설에 숙달했을 뿐이다. 그는 일당지배체제를 일본정치의 표준으로 만든 55년 체제를 극한 점까지 끌고 갔다. 다나카가 총리가 된 지 일 년 만에 국내 공공사업 예산은 이전보다 3분의 1 이상 늘어났고,[13] 다나카의 임기가 끝날 무렵에는 그가 일하는 방식에 '구조적 부정부패'라는 용어가 붙었다. 조직적인 부정부패가 너무 깊고 광범위하게 자리 잡은 나머지, 기존 시스템을 혜살하는 정도에 그치는 것이 아니라 구조적 부정부패 그 자체가 시스템이 되었다는 의미다. 일본의 기득권 세력은 민주주의 대신 구조적 부정부패라는 작품을 만들어낸 것이다.

우리는 오늘날 다나카 하면 1970년대 중반 록히드 뇌물사건*을 일으킨 막강한 정계의 실력자로 기억한다. 그러나 다나카와 동세대에 속하는 시골사람들에게 록히드 뇌물사건은 미미한 각주에 불과하다. 시골사람들은 전반적으로 다나카를 숭배한다. 그는 고향 니가타 현에 마치 이탈리아 시골을 관통하는 로마 수로처럼 전답 위로 고속도로와 신칸센을 놓아 도쿄와 연결시켰다. 동해 연안의 니가타 시는 다나카의 웅장한 계획을 잘 보여주는 시범도시이다. 부유하고 분주하고 야망에 넘치고 각종 산업으로 불끈거리는 곳이다. 다른 현들은 니가타 현을 부러워한다. 그러나 기타 지역에서는 다나카의 계획이 그 진면모를 드러낸다. 나눠먹기식 선심성 사업이 대표적인 예다. 현재 일본 전역에는 셀 수 없이 많은 고속도로가 엉뚱한 장소에 놓여 있을 뿐만 아니라, 불필요한 교량이나 해안 제방시설을 비롯해 짓다가 만 리조트 등이 지천에 널려 있다. 방방곡곡에 토지개간 사업이 횡행하고, 시골사람들에게 하이테크놀로지 장비를 소개한다는 (말들은 그렇게 한다) 명목으로 마련되었다가 그냥 방치되어버린 '테크노폴리스 센터'도 있다. 이들 사업은 일본의 지방분권화에 눈곱만큼도 기여하지 않고 그저 건설업자들 배만 불려주었다.

다나카는 수많은 정치적 추종자를 거느린다. 그중에서도 제일 유명한 두 사람이 1980년대에 5년간 총리를 지낸 나카소네 야스히로와 나카소네에 이어 총리가 된 가케야 마을 청주양조업자 다케시타 노보루이다. 우리는 전후 줄줄이 등장한 일본 정치지도자와 이들을 옆에서 꿋꿋이 보좌하던 관료들이야말로 일본을 부유한 나라로 만든, 무미건조하지만 능률만점의 주역들이라고 널리 인정한다. 국가가 부유해졌음은 부인할 수 없다. 그러나 나라의 인문 환경, 자연 환경이 파멸의 위기에 봉착한 것 또한 엄연한

---

* 1976년 미국 록히드 사가 1,000만 달러나 되는 뇌물을 일본 정계에 뿌린 뇌물 수수 사건이다. 현직 수상이었던 다나카도 5억 엔의 뇌물을 받은 사실이 드러나 구속되었다.

사실이었다. 도카이도와 태평양 연안 사이에 놓인 '일본의 전면'에는 미관상 흉하고 허술하게 지은 빌딩들이 과도하게 밀집되었다. 허술한 건물들은 1995년 고베 지진 발생 당시 엄청난 재난을 초래했다. 한편 도카이도와 동해 연안 사이에 놓인 '일본의 후면'에는 대도시의 쓰레기장(유독성폐기물 처리장이 확산되었다)과 골프장 및 유원지가 마구잡이로 들어섰다. 일본은 종종 해외원조를 동원해 자국기업의 편의를 보아준다는 비난을 듣는데 우라니혼의 중앙정부는 NIE도 그런 식으로 도움을 받았다. 정부는 도쿄나 오사카의 기업에 각종 개발사업을 맡기고, 이들 기업은 정부 보조금을 시골에 보내는 주요 통로의 역할을 해준다. 다나카가 내건 요란한 테마 중 하나가 환경보호였다. 일본이 경제적 성공을 위해 지금까지 치른 생태적 희생을 생각해보면 역설이 아닐 수 없다. 현재 일본에 댐이 건설되지 않은 하천은 한 곳밖에 없다. 댐 건설은 건설업자와 환경운동가가 맹렬히 대립하는 이슈이다. 산은 골프장을 만드느라 깎여나갔고, 수은 중독으로 인한 미나마타水俣병, 공장에서 배출하는 화학물질로 인한 폐질환인 욧카이치四日市 천식 등 지역 이름이 붙은 각종 공해병이 등장했다.

자동 항법 조종장치를 켜놓은 항공기처럼 토건국가는 전진한다. 외국 건설회사가 일본에서 공사수주 계약을 따기가 하늘에 별 따기인 이유도 이 때문이다. 그 핵심에 불온한 진실이 도사리고 있다. 과도한 건설 붐은 국민의 삶의 질을 높이기 위한 것도 아니고 국민이 소원하는 바도 아니었다. 그러나 '기계'가 계속 돌아가려면 필요, 불필요를 막론하고 건설이 지속돼야 했다. 일본 정부가 우라니혼을 근대경제로 '통합'시키지 못하고 우라니혼에 근대경제를 '강제'하고 있는 이유도, 다케시타 노보루의 고향 가케야의 도랑과 언덕이 콘크리트로 잔뜩 뒤덮인 이유도, 모두 이 때문이다.

어수선한 근대화

일본인은 자신들의 근대화 방식을 은근히 후회한다. 특히 시골사람들은 도카이도 주변 대도시를 미소 섞인 조용한 시선으로 바라보며 소리 없이 책망한다. 근대에 대한 회의나 자기혐오가 바로 '후루사토' 같은 관념의 핵심이다. 시골은 위안이고 양심이며 진정한 자신을 재발견할 수 있는 곳이라는 환상을 제공한다.

일본인은 서구도 말없이 비난한다. 외국인혐오증에 근거한 힐책이라기 보다는 조합주의나 물질주의, 태고적 친밀감을 상징하는 자연에 대한 적개심 등 일본이 서구로부터 들여온 관습이나 그 밖의 문물에 대한 후회라고 볼 수 있다. 원시림을 파괴하고 고래를 잡아대면서도 일본이 서구에 대해서 인간과 자연 간의 공생관계의 보호자임을 자처하는 까닭도 여기에 있다. 서구는 일본이 이룬 어수선한 근대화를 보며 스스로 반추해보지 않을 수 없다. 서구인들이 멀리 떨어진 오지를 포함한 지구 전체에 지배권을 행사하는 것을 본 일본인은 그 행태를 그대로 흉내냈다.

"이렇게 멀리까지 왔으니 이제는 돌아갈 수 없다."[14] 다니자키 준이치로의 말이다. 지금부터 60여 년 전, 일본이 근대로 들어선 지 60여 년이 지난 1933년의 일이었다.

> 그러나 우리가 서양인과 비교해 어느 정도 손해를 입었는가, 얼마나 운이 없었는가를 생각해보는 것도 도움이 될 것이다. … 우리들은 우수한 문명에 맞닥뜨려 이를 받아들이는 것밖에는 방도가 없다고 보고, 과거 수천 년간 발전해온 진로와는 완전히 다른 방향으로 발을 내딛게 되었다. … 우리를 그냥 내버려 두었더라면 500년 전에나 지금이나 물질적으로는 큰 진전이 없었을는지도 모른다. … 그렇다 해도 우리는 우리 기질에 맞는 방향만 취했을 것이다. 그리고 천천히 가더라도 진보를 거듭하여 어느 시점

에 이르러서는 전차나 비행기나 라디오처럼 남한테 빌려온 것이 아닌 진정으로 우리 처지에 알맞은 문명의 이기를 발견하는 날이 오지 않았을까 하는 생각이 든다.

일본인은 자연에 대해 기만적이다. 자연과 인간이 하나라는 생각은 일본에 서양인이 도착하기 이미 오래 전에 사라지고 없었다. 일본인이 자연과 분리되는 결정적인 계기는 중국문명의 수입이었다고 이에나가 사부로家永三郎 교수는 지적한다.[15] 이후 자연은 인간과 별개의 존재가 되었고 인간사회에서 벌어지는 온갖 고난과 부정부패로부터 벗어나는 안식처로 변했다. 그리고 '산속 오두막에서 수양하거나 세상사를 번뇌하는 학자'라는 것도 곧 종교적이고 문학적인 관념이 되어버렸다. 산속에 칩거한다는 것은 급격히 문명화된 사람들에게 힘겹고 고독한 일이었다. 15세기가 되면 재야에 칩거하기보다는 '상징적인 자연'을 구경하러 가는 경우가 많았다. 전통 다실은 정원, 꽃꽂이와 나란히 고급문화를 상징하는 예술이 되어 오늘에 이른다. 사람들이 음미하는 자연은 길들인 자연이다. 길들인 자연은 세련된 기교로서의 자연이고, 고안된 장치로서의 자연이다.

경제부흥에 반대하는 시골사람은 아무도 없다. 누구나 경제 발전을 원한다. 그러나 보통사람들이 여전히 경제부흥의 방식에 의문을 제기한다는 점에서 우라니혼은 다른 선진세계와는 상황이 조금 다르다. 배제당했던 경험은 그들로 하여금 한 발짝 물러서서 진보의 의미를 곰곰이 생각해볼 기회를 주었다. 오모테니혼에서는 상상하기 어려운 일이다. 고도성장이 시작된 1960년대에 정부는 몇몇 '신 공업도시'를 지정했는데 여기에 못 끼인 도시들은 버려진 기분이었다. 그로부터 25년 후, 내가 우라니혼을 답사할 즈음, 신 공업도시가 되지 못했던 지역들은 결과적으로 다행이라 여기고 있었다. 태평양 연안 지역을 바라다보면 환경파괴, 과도한 소비주의, 도시

인구밀집, 도시생활권의 교외확장, 정체성 상실 등 어딜 보아도 영적인 공허함뿐이었다. '일본의 전면'에 사는 사람들도 자기들이 치르는 비용을 잘 알고 있었다. 그러나 만찬은 끝났다. 식사에 초대받지 못했던 사람들은, 초대받지 못했기 때문에 더욱 대안을 제시해야 하는 입장에 놓였다.

그런데 대안을 찾는 그들의 모습에 무엇인가가 빠져 있다. 그게 뭘까? 대안 모색이라는 말도 그저 듣기 좋은 환상이나 일본사람들이 그토록 좋아하는 몽상쯤으로 들리는 것은 왜일까? 그 이유는 메이지유신과 함께 파괴된 '자율성'이 그 모색에 빠져 있기 때문이다. 일본인의 개인적 자율성은 여전히 억압되어 있다. 위에서 내린 지시를 그대로 따르는 행태는 (뒤에서 혼자 몰래 싫어하더라도) 개인뿐만 아니라 47개의 도도부현者道府県*도 마찬가지다. 전후 미 점령군은 처음에 지역적 자율성을 개혁의 우선순위에 두었다. 그러나 역코스 과정에서 지방 분권화 정책은 다른 이슈들과 함께 흐지부지되고 말았고, 이로 인해 초래된 결과는 오늘날 일본 전역에서 목격할 수 있다. 덩치만 비대한 지방정부의 권한이란 기껏해야 지역 묘지를 청소하거나 중앙정부의 명령을 시행하는 일뿐이다. 수 년을 싸워 얻은 것이라야 주어진 예산의 3분의 1가량을 뜻대로 사용할 권한이었다. 각 현의 지사는 중앙정부의 허락 없이는 버스정류장 하나도 옮기지 못한다.

일본에서 중앙집권이라는 이슈는 개인의 자율성 추구와 함께 언제나 미해결 과제였다. 봉건시대에는 농민봉기가 있었고, 좀더 현대로 내려오면 각지에서 '국민총생산주의'와 그런 성장주의가 낳은 사회·경제·환경 문제에 저항하는 열띤 움직임이 있었다. 낮은 자가 높은 자에 저항하는 것은 오랜 전통이다. 저항문화는 80~90년대에 우라니혼 출신 정치인 세대에 영향을 미쳤다. 이즈모의 이와쿠니 시장도 대표적인 인물이지만, 더 유명한

---

* 도쿄, 홋카이도, 오사카, 교토 그리고 나머지 43현을 통틀어 '47 도도부현'이라고 흔히 일컫는다.

사람은 호소카와 모리히로細川護熙이다.

 호소카와는 사람을 끄는 매력이 있는 인물이다. 세련된 매너에 귀족적인 배경을 갖고 있는데, 에도 시대에 규슈 섬 구마모토 번熊本藩을 다스리던 다이묘의 후손이었다. 호소카와는 12년간 정부와 자민당에서 여러 직책을 맡았다. 그의 말에 따르면 도쿄 정치판이란 곳은 정치자금을 모으고 부정부패에 탐닉하는 "속 좁은 정치"에 열중하는 곳이며 국가가 직면한 실질적인 문제들을 해결할 만한 "통 큰 정치"를 할 여건이 못 된다는 것을 경험으로 깨달았다 한다. 1983년에 호소카와는 의원직을 그만두고 구마모토 현 지사 선거에 출마해 당선됐다. 자기 말마따나 "변방으로부터의 반란"에 착수하기 위해 고향으로 돌아갔다. 그리고 자신의 정책을 선전하기 위해 '폐현치번' 즉 현을 폐하고 옛 번을 다시 세우리라는 대담한 표어를 채택했다.[16] 옛날에 대한 향수가 아니라 "관료주의 국가에 배신당하고 있다는 느낌이 날로 심해지는 상황"에서 그런 추세를 역전시켜보겠다는 욕망을 반영한 구호였다. 호소카와는 옛 '번' 자체의 부활이 아니라 옛 번이 지녔던 자율성을 소생시키고 싶었던 것이다.

 호소카와는 마침내 자기가 주도한 반란이 개시되는 것을 목격했다. 어떤 의미에서 호소카와와 그의 추종자들은 무너져가는 쇼군에 대항해 메이지유신을 주도하던 변방의 무사들—이런 역사적 사실이 무사를 향한 환상을 품도록 만들기도 했지만—하고도 닮았다. 적어도 애초의 약속을 저버리기 전까지, '마지막 사무라이'들은 대안적 권력을 상징했다. 호소카와파派도 그랬다. 호소카와파 정치가들은 "일본 연방"[17] 같은 완전히 새로운 국가모델을 입에 올렸다. 한편 이즈모는 환경 친화적 산업을 육성하여, 한 잡지의 통계조사에 따르면 일본에서 가장 살기 좋은 도시로 탈바꿈했다. 규슈는 '실리콘 아일랜드'로 변모하여 일본 컴퓨터 칩 생산의 40퍼센트(전 세계 컴퓨터 칩의 10퍼센트)를 점유할 만큼 크게 성장했다. 호소카와가 세운 환경 기준은 전국 환경 기준의 모델이 되었다. "어디를 제2의 도쿄나 제2의 오사카로 만드는 것은 제가 생각하는 성공의 기준이 아닙니다." 호소카와가 내게 말했다. "건물의 높이가 바람직한 국가개발의 척도는 아니지요."

1990년대 초반에 호소카와는 중앙정부에 정책 건의안을 제출했는데, 도쿄에서 각 지방으로 권한을 분산시키는 것이 주된 골자였다. 7년에 거쳐 고심한 결과물이었다. 호소카와는 1950년대 초반부터 역대 총리들이 그런 건의안을 21건이나 접수해서 검토한 바 있다고 내게 귀띔했다. 호소카와의 건의안도 이전 건의안들과 마찬가지로 채택되지 않았다. 그렇게 거부당하자 호소카와는 정계에 복귀해야겠다고 마음먹었다. 그는 자민당을 사임하자마자 일본신당을 결성했고, 1993년 7월에는 총리로 선임되었다.

호소카와는 38년간 지속된 자민당의 일당 지배체제를 종료시킨 인물로 유명하다. 그러나 서로 견해를 달리하는 7개 군소정당의 연립으로 세운 그의 정권은 1년도 채 지나지 않아 와해되었다. 자민당의 독주를 잠시 막았다는 사실 말고 성취한 게 뭐가 있는지 의문이 드는 것도 무리는 아니다. 중앙정부의 권력구조에 관한 핵심적 이슈를 파고들기에는 시간이 충분치 않았고, 그래서 일본의 전면과 후면의 세력불균형 문제는 지금도 미해결 상태이다. 지방 자치와 지역 정체성에 관한 대책을 요구하는 것 그리하여 민주주의를 확립하는 일은 여전히 숙제로 남아 있다. 그럼에도 불구하고 호소카와 정권은 잠시나마 체제의 중심부에서 변방의 이익을 주장했던 사례로 자리매김했다.

호소카와가 총리가 되려고 총력을 기울이던 당시, 새로 창설된 일본신당 도쿄본부로 찾아가 그를 다시 만났다. 정문 반대편에 큼지막한 포스터가 붙어 있었다. 포스터 상단에는 '일본이 죽기 전에,' 하단에는 '정치가 바뀌면 역사가 바뀐다'라고 씌어 있었다. 호소카와가 집무실에서 나와 나를 맞았고, 우리는 잠시 포스터 앞에 서서 대화했다. 나는 가케야를 비롯해 그동안 내가 방문했던 몇 곳에 대해 이야기하면서, 일본의 전면과 후면에 관한 그의 견해는 도쿄로 돌아온 지금에도 아무런 변함이 없는지 그리고 과연 일본의 전면과 후면이 미래를 향한 바람직한 길을 찾을 수 있을지 물어보았다. 호소카와의 대답은 놀라웠다. 그게 바로 일본이 그를 총리로 뽑았던 이유였다. 이제 일본은 그 과제를 떠맡을 다음 총리를 찾아야 했다. "우리는 지금 뭔가의 언저리에 다다랐어요. 그 뭔가를 무너뜨리려고 도쿄로 돌아왔습니다."

제2부 타자와 함께

미국의 대담한 기만을 설령 용서한다 하더라도, 그로 인해 이후 반세기가 넘도록 일본국민이 겪은 고민과 혼란은 간과하기 어렵다. 덴노의 죄를 덮어버림으로써 점령군은 단숨에 '책임을 회피하는 문화'를 조장했고 이런 분위기는 오늘날까지 이어진다. 갑자기 역사는 부인할 수 '있는' 것이 되었고, 대중은 지배자의 허울 좋은 기만에 대항하여 투쟁을 되풀이해야 했다. 승전자의 처분 때문에 한 나라의 전면 개조 계획이 뻔한 사기로 시작되고 말았다. '무책임'이라는 사조가 정치·교육·외교 등 각 분야에 파고들었다.

> 과거는 우리를 과거로만 이끌지 않는다.
> 기억 곳곳에는 강철 용수철이 숨어 있어,
> 오늘을 사는 우리들이 건드리면 바로 튀어올라
> 우리를 미래로 날려 보낸다.¹
> _미시마 유키오三島由紀夫 『금각사』金閣寺, 1956

역사를 일관하는 정신²

일본은 두 종류의 달력을 사용한다. 연호는 새 덴노가 즉위에 오를 때마다 명칭이 바뀐다. 히로히토는 쇼와昭和 63년에 사망했고, 아키히토가 뒤를 이으면서 헤이세이平成 시대가 열렸다. 일본에서 신문, 주차위반 딱지, 식당 영수증 등은 모두 연호로 표기되어 있다. 그레고리우스력은 연례보고서, 보도자료, 일정한 정부사업 관련 문서 등 주로 외국인들이 볼 만한 문서에 사용한다. 일본에서 일직선적 시간 관념은 단순한 형식이나 허구일 뿐이다. 역사란 끝없이 '순환'한다고 선언하는 듯하다. 그래서 일본은 '시대'나 세대의 변화에 민감하다. 덴노가 바뀌는 것은 마치 농작물의 수확과도 같다. 모든 것이, 심지어는 달력까지도 처음부터 다시 시작된다.

나이 지긋한 일본인은 연호 체계를 당연하게 받아들인다. "와타나베 선생은 언제 첫 출마를 하셨소?" "쇼와 42년에 했습니다." "스즈키 씨는 언제부터 그림을 그리셨나?" "쇼와 21년부터요." 그러면 다들 손가락으로 떠듬떠듬 셈을 시작한다. "쇼와 42년이라면 어디보자…, 1967년이네요."

쇼와 21년은 금방 계산할 수 있다. 히로히토가 덴노가 된 지 딱 20년 되는 해가 1945년(셈하는 데에 곧잘 쓸모 있는 연도이다)이기 때문이다. 쇼와 21년은 1946년이다. 나이 든 세대가 로마력에 익숙지 않은 것처럼 연호가 몸에 배지 않은 젊은이들은 연호 때문에 힘들어 한다. 그래서 "나는 도쿄 대학을 헤이세이 3년에 졸업했어"(1992년 졸업)라고 말하는 경우는 드물다.

연호제의 역사는 그리 길지 않다. 연호가 황실의 새로운 전통으로 확립된 때는 1869년이다. 별로 의미도 없고 번거롭기만한 이 제도가 오늘날까지 남아 있는 이유는 간단하다. 일본을 통치하는 사람들이 원하기 때문이다. 연호는 대외적으로 일본인이 다른 민족과 다르다는 점을, 시대의 표상 덴노 치하에서 일본인이 하나라는 점을 상기시키는 상징 기제이다. 덴노의 치세로 세월을 측정하는 관례는 과거가 현 일본에 얼만큼 깊숙이 침투해 있는가 하는 의문을 풀어준다. 과거의 시간을 현재로 끌어와 제도화했기 때문이다. 과거가 가장 강력하게 힘을 발휘하는 장소가 어디인지도 알 수 있다. 바로 사람들의 머릿속이다.

일본인이 현대 문명의 이기를 얼마나 놀라울 정도로 편안하게 받아들이는지 자주 관찰할 수 있다. 아무리 새것이라도 놀라워하지 않는다. 일본인에게 영원히 지속되는 것은 없다. 이런 경향을 불교의 제행무상諸行無常의 영향으로 보기도 하고 고대로부터 내려오는 전통 탓으로 보기도 한다. 두 관점 모두 그럴듯해 보인다. 일본의 도회지는 항상 어디선가 건물이 해체되거나 들어서는 중이다. 내가 살던 동네 근처는 늘어서 있던 목재가옥들이 없어지고 미술관이 들어섰다. 미술관은 불과 몇 년이 지나지 않아 철거되어 주차장이 들어섰고, 또 몇 년 후에는 각종 상점과 패스트푸드 식당이 그 자리를 차지했다. 도쿄에서는 건물 한 채의 수명이 평균 18년이라 한다. 이세에 있는 유명한 이세진구는 690년 이래 20년마다 한 번씩 재건축되었다. 주목할 점은 건축물이 아니고 건축 방법이다. 건축을 담당하는 장인들은 바뀔지언정, 이세진구의 재건 방식에는 절대로 변함이 없었다.

"전통적인 일본식 다실을 구경하러 오세요." 철학가이자 건축가이며 팔방미인 지성인 구로카와 기쇼黑川紀章*가 자기 사무실로 찾아온 내게 제안했다. 확고한 의식 절차만큼 무사 문화를 잘 대변하는 것도 없다. 나는 시골 어딘가로 은둔하는 무사를 상상하며 기쁜 마음으로 초대를 받아들였다. "다실은 어디에 있나요?" "아카사카에 있어요." 도쿄에서도 가장 북적거리는 지역이었다. "제 아파트 건물 11층에 있습니다." 그러더니 미소 지으며 일본에 관해 한 수 가르쳐줬다는 듯 흐뭇해했다.

베를린 장벽이 무너진 후 한때 일본을 이탈리아에 비교하는 것이 유행이었다. 일본과 이탈리아는 둘 다 냉전 시기 내내 진보 없이 역사 속에 멈춰서 있었다. 그로 인해 양국 모두 정치제도가 부정부패에 찌드는 과정을 겪으며 재기를 모색해야 했다. 그러나 유사점보다는 차이점이 훨씬 많다. 이탈리아에게 과거는 결코 의심이나 회의의 대상이 아니다. 이탈리아에게 과거는 돌과 도서관, 성당 회중석과 대리석 분수 속에 존재한다. 어디를 둘러봐도 과거가 남아 있고 명백하게 가시적이다. 현대 이탈리아인의 삶에서 과거가 차지하는 비중이나 타당성에는 의심의 여지가 없다.

연약하고 비가시적인 일본의 과거는 이탈리아와 극히 대조적이다. 일본은 이탈리아와 같은 자신감이 없다. 과거에 관한 일본인의 관념은 그저 관

---

* 1934년생으로 세계적인 건축가이다. 2007년 1월에는 그가 작업한 독특한 디자인의 국립신미술관이 롯폰기에 개관하여 화제가 되었으며, 2007년 4년에는 도쿄 도지사 선거에 출마했다 낙선하고, 동년 10월 12일에 심부전으로 사망했다.

념에 불과하다. 일본인은 그 관념을 어떻게 표출할까? 일본인은 '일본정신'이야말로 외국인과 일본인을 구별해준다고 믿는다. 일본정신은 역사시대 이래 신성시되어온 관념이지만 내용은 메이지 시대 근대주의자들이 근대 일본을 규정할 때 참고했던 19세기 유럽 민족주의에 가깝다. 일본정신은 유럽인이 '토착정신'native genius이라 부르는 것과 동일하다. 정신문화Kultur이자 피이자 땅이었고, 인종이자 사회적 지위였다. 일본의 지배층은 이 요소들이 일본인임을 깨닫게 해준다며 국민을 북돋았다.

미시마 유키오가 자살하기 몇 해 전인 1960년대 후반, 프랑스 텔레비전 방송국의 외국인 특파원이 취재차 도쿄 남쪽 해변에 위치한 미시마의 집을 방문했다.³ 미시마가 사는 집을 보고 얼마나 놀랐는지 그 특파원이 털어놓았다. 당시 골수 국가주의자였던 미시마의 집은 번지르르한 서양 저택이었다. 프랑스식 문에, 연철鍊鐵로 만들어진 발코니에, 정원에는 오르페우스 조각상이 서 있었다. "온 집안을 둘러봐도 특별히 일본적인 물건은 찾아볼 수 없네요. 어떻게 생각하십니까?" 특파원이 미시마에게 물었다. "눈에 보이는 것만 빼면 전부 일제예요." 미시마의 대답이었다. 의미가 있긴 했으나 그리 대단한 메시지는 아니었다. 우리는 화재나 지진으로 가옥이나 재산에 물질적인 피해를 입어도 전혀 마음의 동요가 없는 뭔가 속세를 떠난 이국적인 존재로 일본인을 상상하곤 한다. 사실은 그렇지 않다. 제행무상도 결국 실용에 기반을 둘 뿐이다. 이세진구가 정기적으로 재건되는 것도 구하기 쉬운 건축자재를 사용해왔기 때문이다. 나무와 지푸라기는 썩는다. 이 단순한 사실 속에 특별나게 영적이고 숭고한 정신 같은 건 없다. 근대 도시에서 제행무상이란, 불교나 민족정신보다는 그저 값싼 비용으로 지어올린 건물이나 토건국가 정책과 훨씬 관련이 깊다. '일본정신'은 그냥 있는 그대로 이해하는 편이 바람직하다. 일본정신도 일본식 연호제와 마찬가지로 인공적인 창작물인 것이다.

일본인들이 과거라는 감옥을 만들어 그 안에 스스로를 가두었다는 점, 그리고 일본정신이란 관념이 바로 그 감옥에서 비롯된다는 점을 미시마는 잘 알고 있었다. 미시마는 말년에 일본정신의 회복을 위해 헌신했고 (그러다 할복자살했지만) 그 헌신 속에서 자신의 정체성을 찾으려 했다. 그러나 수백 년간 명맥을 이어온 '불변하는 어떤 것'이 자신을 억압하고 있음을 미시마는 이미 젊은 시절부터 느끼고 있었다. 바로 그것이 일본인들이 이제부터 물리쳐야만 하는 억압이다. 열어젖혀야 할 뚜껑이다.

일본정신의 기원을 찾아서

일본정신이라는 개념이 애초에 어떻게 생겼나를 살펴보면 한층 이해를 높일 수 있다. 옛날에는 일본정신을 야마토다마시大和魂 즉 '야마토의 혼'이라 불렀다. 일본 고대 국명 중 하나인 야마토는 본래 하늘과 땅을 가르는 일본의 산세를 가리키는 말이었으나, 점차 신의 자손이자 전설적인 최초의 덴노 진무가 세운 국가, 즉 일본을 의미하게 되었다. 그리하여 야마토는 일본의 덴노 문화를 표상하는 용어로서 오늘날까지도 국가주의자들로부터 숭앙받고 있다. 그러나 '일본정신'이란 관념이 야마토의 탄생과 동시에 생겨난 것은 아니다. 일본정신이 구체화되는 것은 그로부터 수세기가 지난 후 중국으로부터—처음에는 한국을 통해, 나중에는 중국에서 직접—엄청난 양의 문물을 차용하고 난 이후의 이야기이다.

신들이 한반도의 일부를 잘라 일본열도에 붙였다는 이야기가 나오는 일본 고대신화가 있다. 한반도로부터 건너온 이주자가 있었음을 의미하는 게 틀림없다. 일본이 한국과 중국으로부터 받아들인 문물만 봐도 일본과 대륙을 따로 떼어놓고서는 생각하기 어렵다. 일본의 문화는 지역공동체에 기반을 둔 농민들의 소박한 문화였다. 대단히 엄한 도덕적 규율이 존재하지도 않았고(일본을 최초로 여행했던 중국인들이 목격했듯이), 위계를 강조하거나 인간과 자연을 엄격하게 구분하지도 않았다. 언어도 지극히 단순했다. 음주가무를 즐기고 대나무 그릇에 음식을 담아 손으로 집어 먹었다. 이게 야마토 이전의 일본이었다. 당시 일본의 국명은, 아마도 일본 최초의 국명이 될지 모르겠으나 '쌀이 많이 나는 나라'(야요이)였는데, 경의를 표할 만한 면이 많은 시대였다. 그렇지만 대륙문화와 비교했을 때 물질적인 측면에서 일본이 많이 뒤처지는 건 사실이었다. 일본에 철기를 비롯한 각종 무기를 전해주며 한국의 이주자들이 대거 일본열도로 건너갔다. 4세기에 한국의 한 문인은 중국의 문자표기법을 일본에 전해주었다.* 한국인이나 중국인에 비하면 당시 일본인들은 열등하고 연약했다. 일본열도에 영향을 끼친 대륙문화와는 달리, 당시 일본 문화는 바깥세상으로 뻗어나갈 만큼 영향력을 갖추지 못했다.

  6세기 말과 7세기 초에 걸쳐 군림했던 쇼토쿠 태자는 메이지유신 이전 전체를 통틀어 외국문물 차용에 가장 활발히 임했던 인물이다. 그는 중국을 모델로 일본을 재구축했다. 일본 최초의 헌법을 제정하고 군주의 지위도 재정립해서, '평등한 개개인 중 가장 높은 사람'이었던 자를 '덴노' 즉 하늘에서 내려온 황제天皇라는 거룩한 지고의 존재로 탈바꿈시켰다. 쇼토쿠 태자는 또한 나라에 '닛폰'日本이라는 새로운 이름을 내렸다. 태양이 뜨는 나라라는 의미였다. 물론 대륙을 기준으로 봤을 때 그렇다는 말이다.

  일본이 중국에서 그토록 열심히 문물을 들여온 것도 무리는 아니다. 농경에 만족하며 살아가는 고립된 섬나라 사람들에게 변화와 개혁은 느릴 수밖에 없다. 그러나 다른 나라 문화를 그렇게 갑자기 통째로 받아들인다는 것은 자기 문화의 불완전함을 인정했다는 뜻이다. 중국 문물 수용은 일

---

* 일본에 『논어』와 천자문을 전해준 백제의 왕인王仁을 말하는 것으로 보인다.

본에 숙명적인 결과를 초래한다. 깊이 뿌리내리고 있던 이전의 모계 중심의 씨족 문화는, 유교적 위계질서, 남녀 차별, 부계 중심을 특징으로 하는 가부장적 문화로 바뀌었다. 최초의 대대적 문화 차용으로 초래된 긴장은 지금까지도 해소되지 못한 상태이다. 그로부터 약 천 년 후 제2의 대대적 문화 차용이 발생시킨 갈등 또한 마찬가지이다. 쇼토쿠 태자의 개혁은 어떤 의미에서 일본 역사를 급속히 진전시킨 용수철이었다. 일본인이 정체성 문제를 놓고 고민하기 시작한 시점도 그때부터였다.

여기서 쇼토쿠 태자가 일본에 선사한 것 가운데 가장 영속적이면서도 가장 유감스러운 부분을 언급하지 않을 수 없다. 이는 사실 수입품도 아니고 순 일본제의 '일본정신'이었다. 중국풍 양식에 휩쓸리다 못해 자기 나라의 이름마저 대륙을 기준으로 표현했던 일본인은, 자기들의 중심점은 도대체 어디인지 의문을 제기할 수밖에 없었다. 그래서 그들은 자기 내면으로 눈을 돌려 자신들의 인내심, 용기, 충성심, 숭고한 혼으로부터 일본적인 것의 정수를 찾아내고자 했다. '닛폰' 이전의 일본인 옛 야마토 사람들이야말로 이러한 정신의 소유자였고, 그 정신은 일본인을 고유한 존재로 만들었다. 그리하여 쇼토쿠 태자의 개혁 이후 몇 세기가 지난 시점에 일본인들은 화혼한재和魂漢才라는 용어를 만들어냈고, 이것이 그대로 근대의 화혼양재和魂洋才로 이어졌다. 화혼한재는 비록 문물은 중국제지만 일본정신은 영원히 변치 않음을 뜻한다. 이후 일본은 타국의 물질 문명을 열심히 모방하면서도 타문화를 구성하는 본질적인 원리는 완고하게 거부하게 된다.

토착정신의 위대함을 보여준 최초의 인물로 야마토 다케루라는 사람이 있다. 1세기경 덴노의 아들로 태어난 신화적인 존재이다. 그에 관한 고대 문서에는 다음과 같은 일화가 있다. 야마토 다케루는 부친인 덴노로부터 식사시간에 나타나지 않는 쌍둥이 형을 꾸짖으라는 명을 받는다. 식사하러 오지 않는 것은 덴노에 대한 불경이었다. 야마토 다케루는 부친이 시키는 대로 하고 돌아왔으나 저녁식사 시간에 형의 모습은 여전히 보이지 않았다. "형에게 뭐라고 했느냐?" 덴노가 물었다. 야마토 다케루가 서슴지 않고 대답했다. "뒷간에서 기다리고 있다가 형이 나타나자 잡아다 온몸이 부서지도록 흠씬 때려준 다음, 팔다리를 잡아 뽑아서 거적에 둘둘 말아 던져버렸습니다."

야마토 다케루는 완고하게 원칙을 지키면서 동시에 아무런 원칙에도 구애받지 않는 인물이었다. 자기와 이름을 공유하는 나라를 평정하려는 목표에 걸림돌인 자들은 전부 베어버렸다. 규슈에서는 미모의 여인으로 변장한 후, 조정에 반항하는 족장의 연회에 초대받아 연회 도중 그를 살해하기도 했다. 이즈모에서는 골칫거리 족장을 친구로 사귀어 함께 수영을 하다가 먼저 육지로 나와 족장이 풀어놓은 칼을 감상하는 척하며 물 밖으로 나온 무방비 상태의 족장을 그 자리에서 베어 죽였다. 야마토 다케루는 성스러운 땅을 다스리기 위해 수단 방법을 가리지 않고 각고의 노력을 기울였다.

야마토 다케루의 공적은 일본 최초의 책에 기록되어 있다. 『고사기』와 『일본서기』는 창세신화와 야마토 초기의 전설을 묶어 8세기에 펴낸 역사책이다. 중국 필법이 일본에 전해지고 난 이후에야 이 두 책이 나올 수 있었다는 사실은 역설적이다. 사고와 정서적 측면에서 순수하게 일본적인 듯하면서도 실제로는 다분히 중국 유교의 영향을 받은 시각으로 쓰여 있다. 타국의 문물을 이용해 일본인에게 일본을 알릴 수단을 부여했다는 점에서 영락없는 쇼토쿠 태자의 유산이었다.

일본 역사는 몇 개의 층위로 형성되어 있다. 그렇지만 각각의 층이 바로 아래층을 제대로 덮어주지 못하는데다가 지향하는 방향 또한 제각각이다. 초기에 이미 일본과 바깥세상의 관계에서 노이로제의 조짐이 감지된다. 외국 문물 수용에 관한 욕망과 토착적인 것을 지키려는 방어심리가 뒤섞여서 외국 것에 대한 칭송과 혐오가 시소를 탄다.

1930년대에 국가주의자들은 일본정신을 가리켜 '일본 역사를 일관하는 정신'이라 불렀다. 일본정신은 많은 것을 야기했다. 불교에서 야구에 이르기까지 모든 수입품을 일본식으로 변형시켰다. 비극적 요소도 들어 있다. 다른 민족보다 우등하다고 여기며 열등감을 숨기는 비극, 도가 지나친 봉건주의가 낳은 궁핍의 비극, 자국민에 대한 심리적 폭력과 타국민에 대한 무모한 공격성이라는 비극, 이 모든 것이 일본정신에서 도출되었다. 앞에서도 언급했지만, 현대 일본의 두드러진 특징 가운데 하나는 일본정신의 주인이어야 할 사람들(또는 일본정신에 집착하는 사람들) 사이에서 일본정신이 서서히 죽어가고 있다는 점이다. 일본정신의 소멸을 관찰하는 것도 중요하지만 그보다 먼저 우리는 이 갑갑한 관념의 족적을 근대를 따라 좇아갈 필요가 있다.

텅 비어버린 중심

수 세기에 걸쳐 일본정신의 계승자 역할은 무사들의 몫이었다. 무사정신의 근간이 중국에서 유래한 것은 사실이다. 그러나 부분적으로만 그랬다. 무사들은 옛 야마토 시대에 향수를 품고 있는 골수 토착주의자였다. 이들이 달성할 수 있는 최대의 위업은 일본정신을 행동으로 보여주는 것이었다. 결국 무사들은 중국 것을 전부 일본화해서 유교는 '의리'와 '보은'이라는 책임과 의무로 복잡하게 뒤얽힌 그물로 변했고 선불교는 무사들의 불교가 되었다. 1600년대 중반에 유학자 야마가 소코山鹿素行가 무사계급의 도덕률을 최초로 성문화했다. 야마가는 이를 무사도武士道라 불렀다. 야마가가 활약하던 시대는 역사적으로도 미묘한 시기로, 무사계급의 기력을 소진시키던 일련의 전쟁을 도쿠가와 집안이 막 종결짓고 난 참이었다. 한

가해진 무사들은 지방을 다스리거나 에도의 거대한 관료체제에 흡수되었다. 부유한 도시상인들은 무사의 문화를 단편적이고 저속한 형태로 계승했다. 무사의 관습은 어느덧 세속적인 목적을 띠게 되었고, '정신에 내재하는 일본인다움' 같은 무사의 이념이 널리 확산되었다. 전통 깊은 무가의 법도를 글로 남기는 일은, 일본 전체를 하향식으로 사무라이화하기 위한 첫 걸음이었다.

야마가 소코의 제자였던 무사 한 명은, 일본에서 가장 유명한 전설문학인 『47인의 사무라이』四十七士에서 두목으로 등장한다. 에도 시대 중반인 1701년부터 두 해에 걸쳐 일어난 사건에 관한 이야기로, 일본정신이라는 관념이 일본인들을 어떤 극한의 상황까지 몰고가는지 보여주는 작품이다. 본연의 목적을 뛰어넘어 존속하면 후세대에 의해 고착되면서 맹목적 숭배의 대상으로 탈바꿈한다. 예컨대 『47인의 사무라이』의 줄거리를 살펴보자.

한 다이묘가 자신을 모욕한 바쿠후의 관료에게 칼을 뽑아들었다가 할복하라는 명을 받고 이를 이행한다. 죽은 다이묘를 모시던 무사들은 순식간에 주인 잃은 무사, 로닌浪人이 되어 떠돌기 시작한다. 목숨을 잃은 주인의 원수를 갚기 위해 이들은 에도의 관료를 죽이기로 결심한다. 이 맹세를 지키느라 무사들은 커다란 희생을 치른다. 자기 부모, 아내, 자식들의 죽음마저 받아들이고, 끝내 관료의 저택에 침입해 그를 창고에 가두고 칼로 베어 죽였다. 다이묘에 대한 충성심으로만 따지자면 무사들은 영웅이었지만 쇼군에 대한 충성심이라는 관점에서는—최고의 충성심을 바쳐야 하는 존재는 쇼군임으로—할복자살해야 하는 운명이다.

무사계급의 지성인들은 이후 메이지유신이 일어나기까지 약 150년간 이 사건을 놓고 논쟁을 벌였다. 철학 수필들은 이러쿵저러쿵 그 일의 옳고 그름을 주제로 삼았다. 『47인의 사무라이』이야기는 서양의 삼총사의 유명세에 필적할 만큼 대중들에게 엄청난 인기를 끌었다. 그러나 이 이야기는 비참하고 비이성적인 이야기일 뿐이다. 일본정신이라는 이름을 빌려 개인의 판단을 근본부터 말살하는 일에 몰두하는 사회를 묘사한다. 이런 식의 사회에서 사회악을 통제하려면 폭력적 수단에 의존하는 길밖에 없다.

일본인이 자신의 감정과 인격을 감추는 데에 일본정신을 어떤 식으로 사용하는가 하는 점이 흥미롭다. 『47인의 사무라이』가 좋은 예다. 죽은 주인의 명예를 위해서는 자기 가족도 희생시키는 무사들. 그다지 공감이 가지 않는 상황이지만 일단 그런 전제를 받아들여보자. 무사들은 자기 양심에 따라 옳은 일을 했고 따라서 자기 행위에 대한 대가로 죽음을 기꺼이 받아들인다. 이런 종류의 비이성적인 엄격함 밑에는 강박적인 자기부정이 깔려 있다. 할복자살도 그런 예에 속한다. 메이지유신 이듬해인 1869년, 신정부는 여러 가지를 논의하는 가운데에 할복이라는 관행을 법으로 금지할 것인가에 대해 토론했다. 서구인의 시선이 신경 쓰였던 것이다. 할복이라는 자결의식을 비호하는 자들은 정부에 다음과 같이 주장했다.

> 할복은 성스러운 이 땅의 정기를 발원으로 하며, 야마토의 혼이 머무는 신전이다. 할복은 이 땅의 미풍양속이며, 우리나라가 외국보다 우등한 이유이기도 하다. 우리가 왜 서양의 유약함을 흉내내 이 관습을 금지해야만 하는가?[5]

특히 마지막 발언은 인상적이다. 진짜 문제는 서양의 "유약함"이 아니라 일본의 유약함이었다. 야마토 시대의 도래와 함께 소멸된 일본인의 태평스러움과 연약함이 문제였다. 우리 머리에 떠오르는 전형적인 무사의 이미지를 생각해보자. 의연하고 절도 있는 자세, 높이 치켜든 칼, 무엇보다 엄격해 보이는 눈을 가늘게 뜨고 시옷(ㅅ)자 모양의 입매를 한 찡그린 얼굴. 이게 빠지면 무사라 할 수 없다. 사람들은 영화나 광고에서 무사의 모습을 접한다. "겟케이칸*, 무사가 마시는 청주!"라는 광고카피가 유행이었던 적도 있다. 광고에는 놀랄 만한 근육질을 자랑하는 무사가 겟케이칸 상표의 청주를 들이키는 장면이 나온다. 그 무사의 모습에 어딘지 모르게 소심하고 한심하고 우스꽝스러운 데가 있었다. 일본인이 지닌 특성의 한 측면, 양보 잘하고 여성적이고 섬세한 성향을 감추려는 억지 연기로 보였기 때문이다. 더구나 양보 잘하고 섬세한 성향은 사실 부끄러운 것이라기보다는 찬사할 만한 기질인데다 애써 덮으려 해봤자 더 확연하게 드러난다.

현재 일본 국민 전체가 집단적 노이로제를 겪고 있는 이유가 겹겹이 쌓인 과거를 감춰가며 진보해왔다는 역사적 과정 때문이라는 주장이, 대담하게 들릴 수도 있고 일반적인 견해로 비춰질 수도 있을 것이다. 그러나 온 국민이 무사로 변신당했던 메이지유신 이후로 내내 이 문제가 불거져왔다는 건 자명한 사실이다.

메이지 시대가 끝나기 20년 전쯤 라프카디오 헌이 「일본인의 미소」라는 제목으로 에세이를 발표했다.[6] 근대 초기에 일본에서 유명한 통역자였던 헌은 이 에세이에서 왜 일본인이 슬픈 장례식에서, 외국인 주인에게 손찌검을 당하면서, 일터에서 쫓겨나면서 미소를 짓는지 설명한다. 그 미소의 이면에는 외국인이 상상하는 것 같은 경박함이나 위선이 아닌 천 년 전부터 시달려온 심오한 혼돈의 문제가 존재한다는 것이다. 서둘러 거죽을 근대화하느라 속이 텅 비어버린 일본을 목격했던 헌은, 과거에 대한 일본인의 향수를 놀랄 만한 선견지명으로 묘사했다. 이 향수는 결국 사무라

* 일본 청주 상표. 한자로 월계관月桂冠이라 표기하는 것을 일어로 음독한 것.

이화된 일본인을 양산했고, 한 세기가 지난 지금도 그때를 그리워한다는 것이다.

지금 일본의 젊은 세대는 과거의 일본을 경멸하지만 언젠가는 반드시 옛 시절을 그리워할 날이 올 것이다. … 소박한 일에서 즐거움을 느끼고 인생에서 순수한 기쁨을 맛보고 자연에 대해 성스러운 친밀감을 감지하거나 근사하지만 이제 사멸한 예술을 즐길, 그런 능력을 상실했다는 사실을 깨닫고 애석하게 여길 날이 올 것이다. 옛날의 일본이 지금보다 얼마나 더 환한 빛을 발하고 얼마나 더 아름다운 세상이었는지 기억하게 될 것이다. … 일본은 많은 것을 한탄할 것이다. … 일본은 이제부터 많은 것들을 보며 경탄하겠지만, 동시에 안타깝게 여길 것이다. 필경 일본은 옛 신들의 얼굴을 보며 대단히 놀랍게 여길 것이다. 그들의 미소가 한때는 바로 자기들의 미소였던 적이 있었을 터였다.

국체의 본의

근대 일본을 연 이데올로그들은 일본정신을 효과적으로 이용했다. 욕망과 야심의 온상 메이지 '신생 국가'는 '신생 국민'이 자기 운명을 옛 야마토 관념에 결부시키도록 능숙하게 조종했다.

메이지 정부는 일본정신을 들먹이면서 소박한 감상주의를 한껏 불러일으켰다. 발가락 사이에 진흙 낀 시골사람들을 미화해가며 국민이 자기 처지에 만족하게 하거나 사람들의 꿈과 야망을 엉뚱한 방향으로 유도하면서 그들을 근대 사무라이로 만드는 일에 전념했다. 메이지 시대의 이데올로그들은 일본정신을 부각시키려는 목적으로 기존의 전설적 인물을 새롭게 창조했다. 니노미야 긴지로二宮金次郞라는 농부였다.[7] 긴지로는 순박한 시골

사람으로, 자기 분수에 맞게 열심히 일하고 윗사람에게 감사하고 한 푼이라도 아껴 쓰는 사람이었다. 미국으로 치면 조니 애플시드Johnny Appleseed* 같은 사람이라고 보면 된다. 이데올로그는 긴지로를 성자의 반열에 올려놓았다. 패전 후 미군이 일본에 상륙했을 당시 미군들은 시골 여러 동네에서 긴지로가 등에 땔감을 진 채로 책을 읽는 동상과 마주쳤다. (사실 '긴지로'라는 에도 시대 인물은 농민의 신분에서 기적처럼 다이묘의 토지를 관리하는 지위까지 단숨에 올라갔던 사람이다.)

메이지 시대가 이어지면서 일본정신은 노골적으로 '반서구'의 색채를 띠어갔다. 민주주의와 시민권을 주장하던 사람도 서방과의 불평등조약을 비난하는 데에 동참했다. 과거에 중국 문물을 잔뜩 들여왔던 것처럼 메이지 시대에는 유럽과 미국에서 수입한 물품 일색이었고, '화혼한재'에서 '화혼양재'로 대체된 구호는 평범한 일본인들의 지지를 받았다.

지리적 환경이 부여하는 확실한 국경에도 불구하고 일본은 6세기나 19세기처럼 중대한 시기에 국경에 전혀 구애받지 않는 듯 발전해갔다. 메이지유신의 가장 뚜렷한 속성은 패턴이 쇼토쿠 태자의 개혁과 너무나 흡사하다는 사실이다. 새로운 일본을 상정하고 외국의 문물을 대거 차용하고 그런 과정에서 불편한 자의식이 생기고, 이 때문인지 더욱 치열하게 일본 고유의 정신을 강조해대는, 그런 패턴 말이다. 이런 분석에 따르면 지배층이 일본정신을 자꾸 들먹인 것은 사라져가는 국경선을 다시 그으려는 시도였을 것이다.

메이지 시대 엘리트들이 우려먹은 일본정신은, 곧 '국체'라는 탈을 쓰고

---

* 조니 애플시드는 미국에서 1774년에 태어나 1847년에 사망한 농부이자 개척자로, 오하이오, 인디애나, 일리노이 등 미국 중부 지방에 사과재배법을 소개하고 퍼뜨린 전설적인 인물이다. 성실한 생활과 자상한 성격, 그리고 활발한 선교활동으로도 유명하다.

재등장한다. 일본이 1894년부터 반세기에 걸쳐 청일전쟁과 러일전쟁에 승리하고 한국을 식민화하고 2차대전에서 서구와 전쟁을 벌이는 동안, 일본인들의 마음속에는 줄곧 '국체'라는 것이 반짝이고 있었다. 전에는 나도 국체를 사람들이 보통 해석하는 대로 '국가의 본질'이라고 생각하곤 했다. 그러나 이제껏 국체를 제대로 정의한 역사학자는 없었다. '국체'라는 개념을 그렇게도 열렬히 찬양하며 널리 퍼뜨리던 장본인들조차도 이를 명확하게 정의내리지 못했다. 에도 말기에 국체의 개념이 날조(말 그대로 '날조'다)된 이래 논쟁의 핵심은 국체가 고유한 개념이냐는 것이었다. 교육자 후쿠자와 유키치는 '국체'란 '국가'나 마찬가지로 모호한 개념이라 여겼다. 어떤 이에게 국체는 '국가의 정치적 조직체'였고, 또 다른 이에게는—마치 로마제국을 참고한 듯한 분위기지만—'일본을 이루는 신비로운 조직체'였다. 어떤 의미에서 국체는 '국가라는 감각'이었다. 즉 머리로 이해하기보다는 느끼는 게 더 중요했다. 덴노의 고문조차도 국체가 무엇인지에 대해 확신이 없었다. '국체'는 불변한다. 아니다, 국체는 시대와 함께 변한다. 누구에게나 '국체'는 있다. 영국인, 프랑스인, 미국인도 마찬가지다. 아니다, 국체는 일본인에게만 있다. 이런 식이었다.[8] 의문점을 해결하고자 출간된 문서 중 제일 마지막 것이면서도 가장 진지한 것이 바로 1937년에 발표된「국체의 본의」國體の本義였다. 성서적 엄숙함과 뒤엉킨 관용어구로 가득한「국체의 본의」는 전시戰時 주요 이데올로기에 관한 소논문이었다. 이 논문에서 국체는 고유하고 영원한 것으로서 "일본 역사 전반을 환하게 비춘다"[9]라고 정의되어 있다.

영화감독 구로사와 아키라의 자서전은 일본이 항복한 날을 다음과 같이 놀랍게 묘사한다. 그날 구로사와는 스튜디오로 와서 히로히토의 항복연설을 들으라는 연락을 받았다. (그는 일본 군사독재 체제를 위한 프로파간다 영화를 제작하던 중이었다.) 스튜디오로 가는 길에 도쿄 시내를 걸어서 통과하던 구로사와의 눈에는 온 국민이 고귀한 일본정신인 국체와 덴노의 명예를 위해 금방이라도 죽을 각오인 것처럼 보였다. 다들 "경황이 없었다. 일본도를 빼들고 앉아 칼날을 망연자실 내려다보는 상점주인도 있었다."[10] 젊은 구로사와는 라디오방송에서 흘러나오는 히로히토의 연설을 들었다. 그를 포함한 7,000만 명의 일본인은 히로히토의 목소리를 그날 생전 처음 들었다. 그리고 구로사와는 일어나 밖으로 나갔다.

> 집에 돌아갈 때는 거리 분위기가 일변해 있었다. 상점가 사람들은 마치 다음날 있을 축제라도 준비하는 사람들처럼 들뜬 표정으로 소란스러웠다.[11]

1945년 8월 15일 오후의 분위기에 대해 비슷한 일화가 많다. 어떤 이들은 텅 빈 거리를 떠올리거나 빗장을 걸어 잠근 집 내부에서 흘러나오던 통곡을 기억한다. 그러나 그런 슬픔 속에는 안도감이 뒤섞여 있었다고 한다. 일본인들은 어떻게 그토록이나 빨리 마음을 바꿀 수 있었을까? 구로사와의 해설은 이렇다. "전쟁 중에 우리는 전부 귀머거리에 벙어리였다." 당시 일본에 살던 몇 안 되는 서양인이었던 프랑스인 특파원은 다음과 같이 표현했다. "어떤 거대한 것에 지금 막 금이 갔다."[12] 대의大義가 실패했다. 적에 비해 물질적 열세에 놓여 있던 일본은 '정신'으로 이를 극복하려 했으나 실패하고, 이제 부인할 수 없는 열등감에 직면하게 되었던 것이다. 그러나 구로사와 감독이 전해준 일화를 다시 한번 잘 생각해보자. 짧은 구절 안에 일본정신이라는 이데올로기가 얼마나 널리 퍼져 있었는지 그리고 그게 얼마나 얄팍했는지 완연히 드러난다. 항복 이후에도 내내 마찬가지였다.

국체의 관념은 1945년에 황국군과 함께 사망했다. 그러나 공식적으로만 그랬다. 미국은 국체를 가능한 한 신속하고 확실하게 소멸시켰다. 맥아더는 도쿄에 도착한 지 몇 개월 후 「국체의 본의」의 판매 및 배포를 금지했다. 그러나 일본인의 삶에 핵심을 이루던 것을 군사 명령이나 암호 해독서처럼 그렇게 하루아침에 뿌리뽑아 과거라는 휴지통에 던져넣기란 불가능했다. 이데올로기로서의 국체란, 담요 밑으로 일단 밀어 넣었으나 여전히 불룩하게 드러나는 그 무엇과 같았다.

연합군 총사령부가 「국체의 본의」를 금지한 지 1년 후 일본 내각은 '국가의 본질'의 건재를 과시했다. 그리하여 '국체'는 마치 연호제도처럼 지금까지 살아남아 맴돌고 있다. 기업전사라든지 '일본식 민주주의'(전후에 일본 지배층이 확립시킨 몰상식한 정치 체제에다 국화회가 붙여준 용어) 등의 말에는 '국체'가 은근히 잠재되어 있다. 새 이름을 갖다 붙인다고 기능부전을 보이던 체제가 갑자기 잘 돌아갈 리 없건만, 일본판 민주주의라는 개념은 일본국민에게 널리 받아들여지고 있다. 인류역사상 가장 튼튼하게 기능하고 있는 제도에까지 일본만의 고유함을 뒤섞을 여지가 있다고 믿는다는 얘기다.

정신의학자 로버트 리프턴은 50년대 후반과 60년대 초반에 일본의 젊은이들을 인터뷰하면서 아들이 더 이상 '일본정신'이나 '국가의 본질' 같은 개념을 신뢰하지 않는다는 사실을 깨달았다. 국체라는 말 그 자체가 전후사회에서 사라져버렸다. 리프턴은 젊은이들이 "국체 개념을 군국주의자의 프로파간다로 치부하고 비웃었다"[13]고 보고했다. 그러나 라프카디오 헌이 논한 일본인의 미소처럼, 리프턴이 목격한 비웃음은 무언가를 감추는 비웃음이었다. 전후 일본인들은 '국체' 같은 것에 공감하지 못하면서도 이를 대체할 만한 것을 발견하지 못하여, 일종의 신념의 공백 속에서 방향을 잃고 헤매고 있었던 것이다. 그 비웃음의 이면에서 리프턴이 감지해낸 것은 일본인이 느끼는 영원한 불안감이었다.

지금도 상반된 두 개의 욕망이 일본인의 마음을 사로잡아 서로 반대방향으로 잡아끌고 있다. 그 하나는 국체를 복원하여 옛날로 되돌아가고 싶다는 욕망이요, 다른 하나는 국체와 완전히 결별하고 모든 것을 새로 시작하고 싶다는 욕망이다.[14]

국체나 사무라이국가 만들기가 흥미로운 이유는, 지금도 그런 경향이 눈에 띄기 때문이 아니라 그런 시도가 본질적으로 실패로 돌아갔다는 점 때문이다. 지배층은 약 75년의 기간에 걸쳐 집요하게 국민을 무사로 만들려 했지만 작업은 결코 완성되지 못했다. 리프턴도 알아차렸듯이, 국민에게 강요된 일본정신은 일본인이 겪는 심리적 분열 중에서도 가장 고질적인 증상을 지속시켰다. '있는 그대로의 자신'과 '아닌데 그런 척하는 자신'의 분열, 또는 '일본인으로서의 자신'과 '한 인간으로서의 자신'의 분열이었다. 이런 분열은 '야마토의 혼' 만큼이나 역사가 길었다. 이는 또한 대전통과 소전통의 분열이기도 했다.

일본정신의 등장 이후로 일본은 줄곧 황태자, 무사, 천하통일 영웅 등 충성이나 기타 덕목의 화신으로 가득한 공식 황실 버전의 문화를 앞세웠다. 그러나 소전통 또한 역사 속에 찬란히 흐르고 있다.

잠시 에도 시대의 전설을 하나 더 살펴보자. 이 설화는 1600년대 전반에 소고로惣五郎라는 인물이 다스리던 에도 북쪽 나리타 부근에 있던 마을에 관한 이야기다.[15]

다이묘가 연공을 지나치게 인상하여 소고로가 수장으로 있던 마을 사람들은 전부 굶어죽을 지경이었다. 지역 관리에게 호소를 해도 별 소용이 없자 소고로는 에도에 있는 다이묘의 별장에서 다이묘와 직접 대면하는 위험한 행동을 취하지만 효과가 없었다. 남은 방법은 쇼군에게 직접 호소하는 길 뿐이었고, 그렇게 되면 처형당할 것이 분명했다. 그런 종류의 일은 서열을 건너뛰지 못하고 자기 바로 윗사람에게만 호소가 가능했기 때문이다. 이야기는 계속된다.

그의 마음은 오로지 자기 생명을 희생해 백성들의 고통을 덜어주고 많은 이들을 고난에서 구해야겠다는 생각으로 가득했다. 이 얼마나 굳은 결심인가. 이 용기를 어디에 비할 수 있겠는가.

소고로는 쇼군의 쓰레기통에 상소문을 슬쩍 넣어둠으로써 목적을 달성했다. 편지는 발견되어 쇼군에게 전해졌고, 쇼군은 그 마을에 내려진 지나친 증세 조치를 철회하라고 명령했다. 그러나 소고로와 아내 그리고 네 아들은 처형당했다. "공적인 권위를 경시"하는 처신을 했다는 것이 죄명이었다.

소고로 이야기는 소전통에서 비롯된다. 주류가 아니라 주변부에서 생겨난 이야기이다. 인문계 고등학교 필독도서 목록에서 소고로 이야기는 찾아보려야 찾아볼 수 없다. 대조적으로, 대전통인 무사 전통에 뿌리를 두는 『47인의 사무라이』는 일본 학생이면 누구나 배운다. 이 두 이야기는 어떻게 다를까? 우리는 소전통에서 무엇을 깨닫는가? 소전통에는 인상을 찌푸린 무사나 일본정신의 흔적이 없다. 소고로 이야기의 핵심을 이루는 정서는 유난히 이국적일 것도 없고 특별히 일본적이지도 않다. 그저 어려움을 이기고 생존해보려는 지극히 평범하고 보편적인 현상에 불과하다.

소고로 이야기는 수없이 되풀이되며 전해 내려왔다. '공인검정' 딱지는 붙어 있지 않을지언정, 수백 년의 세월을 살아남아 오늘날에 이른다. 소고로는 신토의 신이 되었고, 후에 도시 대중문화가 발달하면서 목판화나 가부키에도 등장하게 되었다. 그가 현대에 맞이하는 운명은 우리에게 시사하는 바가 있다. 나리타 지역 신사는 지금도 소고로를 숭상한다. 1960년대 후반에 도쿄가 신 국제공항 부지로 나리타 지역 토지를 수용할 때 농민과 학생들이 반대 투쟁을 벌였다. 이와 관련한 문제는 최근까지도 이어져, 전후 일본의 정치 이슈 중에서도 가장 오래 지속된 분쟁에 속한다. 전형적인 소전통과 대전통의 충돌이었다. 독재자의 궁전처럼 경비가 삼엄한 나리타 공항은, 외국 관광객들이 일본에 와서 제일 먼저 보고 출국 전에 제일 마지막으로 보는 장소이기도 하다. 대부분의 관광객들은 잘 못 느끼겠지만 '대전통과 소전통 간 갈등'의 산물이 관광객을 맞이하기도 하고 떠나보내기도 하는 것이다.

나리타 지역 농민들에게는 날카로운 역사 의식이 있다. 애초에 그들이 소고로를 수호성인으로 선택한 것도 우연이 아니다.

일본인론의 망령

일본인만 유난스럽게 과거의 향수에 시달리는 것은 아니다. 그러나 야마토 '일본'이든, 쇼토쿠 태자의 '일본'이든, 무사와 위계질서로 표상되는 에도 시대 '일본'이든, 근대 '일본'이든 할 것 없이 역사 전반에 걸쳐 자기 과거를 돌아보며 그토록 스스로를 의식적으로 재창조한 국민은 드물다. 그 각각의 '일본'은 낡은 페인트 위에다 덧칠하고 또 그 위에다 덧칠하기를 반복한 형상이다. 20세기에 접어들어서도 역사는 이상하게 일본인을 집 없는 노숙자처럼 느끼게 만들었다. 역사를 헤쳐 와서 마주한 일본의 현실은 사람들이 꿈꾸던 일본과는 달랐다.

감정이 대개 그렇듯, 과거에 대한 향수도 처음엔 짙게 느끼다가 세월이 갈수록 옅어진다. 한때 일본인은 '향수'에 관해 거의 전문가였다. 그러나 그리워해야 할 '일본'이 다양한 만큼 향수의 종류도 다양하다. 우선 허구에 불과한 '도쿠가와 태평성대'에 대한 대중적인 향수가 있다. 옛 야마토

정신을 향한 극우 세력의 향수도 있다. 구로카와 키쇼가 다실에서 즐거움을 찾듯 무사들이 즐기던 예술에 관한 심미적인 향수도 있다. 그러나 가장 짙은 향수는 아마도 야마토 이전에 존재하던 소박했던 초기 일본을 그리는 향수일 것이다.

1970년대 후반에 한 무리의 일본인들이 필리핀 루손 지역 북부에서 규슈 남단까지 항해하려는 목적으로 원시적인 대형보트를 만들었다. 이 모험은 일본인의 일부가 동남아시아나 태평양 군도에서 유래한다는 남방기원설을 증명하려는 시도였다. 토르 헤위에르달Thor Heyerdahl*이 콘티키 호를 타고 항해한 것과 유사했다. 대형보트는 목적지에 무사히 도착했으나 그 후에도 일본인들의 혼란은 전혀 가시지 않았다. 지금은 도쿄만 해양박물관 옥외에 자리 잡은 이 목재 보트는 비바람에 시달리며 썩어가고 있었다. 일본의 한 유명한 요트 조종사가 나를 안내했다.

"그렇게 필리핀에서 일본으로 항해해서 증명된 게 있습니까?" 내가 물었다.

그는 비웃듯 고개를 가로저으며 말했다. "전혀 없죠."

그 항해란 소위 말하는 '일본인론'의 일례에 불과했다. 일본인론이란 일본인에 관한 논의 내지는 학설을 의미한다. 예로부터 계속 이어지는 질문, 즉 일본인이란 누구냐 하는 질문을 다시금 던지고 있는 셈이다.

일본인론은 굉장히 인기가 높다. 1960년대에서 80년대 중반에 이르기까지, 일본인론을 주도하는 인물들이 심야방송에 출연해서 떠들어대거나 수많은 베스트셀러 책을 써냈다. 일본인론에서 비롯된 상품의 전형적인 사

---

* 1914년 노르웨이에서 태어나 2002년에 사망한 인류학자이자 탐험가. 남태평양 폴리네시아 군도의 종족이 남아메리카에서 왔다는 것을 증명하기 위해 1947년 '콘티키호'라고 이름붙인 뗏목을 타고 페루를 출발하여 동 폴리네시아 군도에 도착했다.

레로서 1985년에 영어로도 출간된 『일본인의 뇌』日本人の脳라는 책이 있는데, 다음과 같은 구절로 시작된다.

> 나의 연구 결과가 일본 문화의 특수성과 보편성을 설명해준다고 믿는다. 왜 일본인은 일본인 특유의 행태를 보이는가? 왜 일본 문화는 그렇게 독특한 성격을 띠며 발달하게 되었는가? 나는 이런 의문들을 풀어줄 열쇠가 일본어에 있다고 확신한다. 즉 "일본인은 일본어를 하는 까닭에 일본인"이라는 것이다. 본 연구는 일본어가 일본인의 뇌기능 패턴을 형성했고 그것이 일본 문화 형성의 기초가 되었음을 시사한다.[16]

이과학耳科學 및 청각학 전문의인 저자 쓰노다 다다노부角田忠信는 자기 연구의 학문적 객관성을 주장했다. 쓰노다는 저서가 국제적인 관심을 끌자 놀라움을 금치 못했으나, 자기 연구의 전제이자 결론인 부분, 즉 '일본인은 독특하다'는 것을 논할 때는 결코 수줍어하지 않았다. 쓰노다뿐 아니라 모든 '일본인론' 전문가들의 논점은 '일본인은 독특하다'는 것으로 시작해서 '일본인은 독특하다'는 것으로 끝난다.

일본인론은 돌팔이 의사노릇이거나 과학의 탈을 쓴 헛소리다. 그 요트 조종사가 했던 말이 맞다. 동지나해를 횡단한다고 일본인에 대한 어떤 이론을 확립할 수 있다는 생각 자체가 황당하다. 일본인론을 세우기 위해 스캐너로 뇌를 촬영하든 다른 엉뚱한 짓을 하든 결과는 마찬가지다. 협상에 임한 일본이 갖가지 일본인의 특유함을 핑계로 내세워 미국의 화를 돋웠다. 일본에 내리는 눈은 다른 데에 내리는 눈과는 다르다고 주장하기도 하고(그러니 일본은 외제 스키를 수입하지 못한다는 의미), 일본인의 창자는 서구인보다 길다는 얘기도 나왔다(따라서 수입고기를 잘 소화시키지 못한다는 의미). 물론 그런 주장은 협상을 악화시킬 뿐이었다. 대부분의 외국인들은 일본인론을 엉터리 농담으로 치부하거나 거기에 본질적으로 외국인 혐오증이 담겨 있다고 여긴다.

허나 외국인혐오증으로만 치부할 일은 아니다. 정말 일본인론의 실체는 무엇일까? 일본인론이 일본인에 대해 진짜 시사하는 바는 무엇일까? 일본인론은 시대의 산물이다. 기세등등한 무사나 전쟁 중인 군국주의자가 이런 일본인론 따위에 탐닉하리라고는 상상하기 어렵다. 옛날에는 "우리의 독특한 정신을 보라, 우리는 중국인이 아니다"라는 단순한 공식이 있었고, 그로부터 한 천년쯤 지나면 "우리는 서양인이 아니다"라는 주장이 나온다. 그 시절에 생리학, 지리학, 인류학은 '일본인이 왜 일본인인가' 하는 것과는 아무런 관계도 없었다.

일본인은 독특하다. 맞는 얘기이긴 하다. 문제는 이것이 이론가들이 논리적인 단계를 밟아 도출해낼 수 있는 결론이 아니라는 사실이다. 일본인은 절대로 유별나게 독특하지 않다. 일본인만 독특한 게 아니라 누구나 다 독특하다는 얘기다. 일본인론은 일본인이 부인하려던 사실을 오히려 증명해버렸다. 한때 일본정신이 공급해주던 고유함과 소속감은 이제 빛바랜 일본정신과 함께 사라져가고 있다는 사실을 말이다.

일본인론은 이제 한물간 학문이다. 그걸 학문이라고 부를 수 있다면 말이다. 일본인론이 무기력해진 이유는 일본은 독특하다는 사고 자체가 더 이상 유효하게 지속될 수 없기 때문이다. 일본정신은 1980년대에 완전히 쇠잔했다. 아니, 쇠잔했다기보다도 용도폐기되었다고 보는 것이 옳을 것이다. 일본인론이 잠시 인기를 끈 이유는, 일본인이 역사상 처음 '중국인이 아닌 존재, 서양인이 아닌 존재'라는 것만으로 자신을 규정할 수 없게 되었기 때문이다. 남들에게나 스스로에게 자신이 정말로 누구인지 설명할 것을 처음으로 종용받았던 것이다. 일본인론을 유행시키며 일본인들은 또 한 번 과거를 지향했으나 그것은 엉터리 학문에다 싸구려 노스텔지

어였다. 일본인은 지금도 일본정신을 찾고 있다. 그 옛날의 '야마토의 혼'
이 아니라, 아직까지 한 번도 제대로 가져본 적 없는 근대국가의 정신을
찾으려 애쓴다. 그러다보니 아직도 과거의 재발견을 원한다. 그러나 더 이
상 과거 속에 머무르고 싶은 마음이 없다는 점에서 옛날과는 확실히 달라
졌다는 점이 중요하다.

때늦은 계몽의 입구

일본은 '전후시대'라는 말을 항상 꺼림칙하게 여겼다. 용어가 정의상 자연
히 전쟁에 결부됐기 때문이다. 1950년대부터는 기회가 있을 때마다 전후
시대의 종결을 선언하느라 바빴다. 1956년에는 일간지들이 급속한 경제
성장을 두고 신비로운 초대 덴노의 이름을 붙여 '진무 경기'라 불렀고 중
앙정부는 전후시대의 종언을 고했다. 1964년에는 도쿄올림픽이 열렸다.
같은 해에 일본은 선진국 모임인 OECD에 가입했고, 2년 후에는 세계은행
에 의해 선진국으로 분류되었다.

 이 모든 것이 전환점이기를 바랐다. '포스트' 전후시대에 대한 희구는 과
거로부터 단절되고 싶다는 깊은 의지를 반영했다. 그러나 실질적으로 크
게 달라진 것은 없었다. 1957년은 1955년이나 비슷했고, 1965년은 1963
년이나 마찬가지였다. 열심히 일했고 경제는 잘 성장했고 국가의 목표는
물질적인 것으로 대체되었다. 패전 후에 팽배했던 혼란과 상실감은 지울
수 없는 상흔이 되어 여전히 맴돌았다.

 일본은 드디어 '포스트 전후시대'로 접어들었다. 이렇게 단정 짓는 것
은 일본이 서구와 대등하게 경제 성장을 이루었기 때문도, 냉전이 막을 내
렸기 때문도 아니다. 자민당의 권력이 도전을 받았기 때문도, 히로히토가
죽었기 때문도 아니다. 일본이 새로운 국면을 맞았음을 알리는 징표는 측

량이 잘 되지 않는 징표들이다. 우리시대에 일어나는 여러 사건들이 각기 나름대로 일본인으로 하여금 열등감이나 과거의 짐에서 벗어나게 해주고 있다. 전쟁이나 맹목적 덴노 숭배라는 가까운 과거의 흔적뿐 아니라, 오랫동안 사람들의 자유로운 정신을 옥죄던 '일본정신'이라는 과거의 올가미를 풀어주는 것이다.

일본인만 과거에 대한 향수를 느끼는 것이 아니듯, 사실 과거로부터의 탈피 또한 일본인만의 전유물은 아니다. 누구나 보편적으로 경험하는 것이다. 누구에게나 축복이면서 저주이다. 우리 모두 지도도 해도도 없이 앞을 향해 나아간다. 그러나 과거와의 단절은 일본인에게 한층 더 의미심장할 것이다. 일본인에게 과거란 길잡이이자 생활규범으로서 석조 건물이나 조각품보다도 더 소중하고 온전하게 보존되지 않았던가.

이전의 모든 것과 단절을 느끼며 자기들을 세계 제일의 포스트모던형 인간이라고 생각하는 막연한 사조가 한동안 일본에 유행했었다. "그들은 역사를 완료하고 이제 근대의 해안에 도착해 '역사의 끄트머리'에 서 있다. 재봉틀 돌아가듯 낮고 규칙적인 소리가 들리는 일본에는 갈등도 없고 이데올로기도 없다. 모든 것에서 의미는 증발되었다. 현실 대신에 '가상적' 표상이 들어섰다." 이런 식으로 표현되는 사조가 80년대에서 90년대로 넘어갈 무렵에 인기를 끌었다.

그러나 이 역시 상상 속 '일본'에 불과하다. 오히려 과거와 현재를 통틀어 이만큼 피상적이고 현실에서 동떨어진 묘사가 없다. 이야말로 오리엔탈리스트인 국화회의 '재팬'에다 포스트모던한 검은 옷을 입혀 두 발자국 정도 앞으로 끌어낸 것쯤에 해당한다. 현대인들에게 들이밀 또 하나의 소비성 프로젝트에 불과하다.

일본인은 루소나 존 스튜어트 밀 같은 무수한 계몽시대 사상가들의 저서를 읽으며 근대를 시작했다. 그러고는 읽은 책과 그 속에 담긴 사상을 한쪽으로 제쳐두었다. 근대경제는 이룩했으나 (여러 측면으로 미루어보건데) 근대사회는 이룩하지 못했고, 패전 후 황국신민이 아닌 시민이 되었으나 참여할 만한 시민사회는 형성하지 못했고, 민주주의의 조직은 갖추었으나 민주주의는 이루지 못했다. 포스트모더니즘을 뭐라고 정의하든 간에 일본은 절대로 포스트모던이라 할 수 없다. 고도의 테크놀로지와 미래에 대한 환상을 제외한 나머지는 대체로 포스트모던이 아니라 프리pre-모던, 즉 전근대이다.

일본인이 지금 어떤 지점에 와 있고, 앞으로는 어떤 방향으로 나아가게 될까? 대답은 조심스럽다. '일본인들은 때늦은 계몽의 입구에 서 있다. 이들은 드디어 우리와 비슷해지려는 참이다.' 이런 식의 추정이 서구에서는 일반적이다. 일본인들도 이제 자기를 개조하고 사회를 재구축하려고 마음을 먹은 참이니 그런 추정이 옳다고 볼 수도 있다. 아니면 혹시 일본인들이 방향을 완전히 달리 잡을는지도 모른다. 흥미로운 가능성이다. 왜냐하면 서구에서조차 계몽사조가 순서대로 과정을 밟아 완결된 건지, 혹시 서구 계몽의 과정도 처음부터 어떤 오류가 있었던 건 아닌지 의문들이 제기되는 형편이기 때문이다.

그러나 일본의 입장에서 문제를 단순히 서양의 기준에 맞춰 조명한다면 핵심을 완전히 벗어나게 될 것이다. 일본인은 서구인과 같아지려고—즉 계속해서 뭔가를 모방하려고—노력해서는 안 된다. 과거를 이해하고 미래로 나아가는 과정 그 자체를 모방하지 않는 것이 중요하다. 그러려면 자신의 과거 전부를 인정하는 동시에 이를 과거의 것으로 그냥 놓아두어야 한다. 과거에 실수했던 부분을 슬금슬금 끌어당겨 붙잡고 있어서는 안 된다. 물론 과거에 대한 반성 없이 환상적인 미래만 꿈꾸고 있어도 곤란하다. 일본은 느긋하고 소박한 농민들의 나라이기도 했지만, 중국에서 문물을 들여오고 엄격한 계급사회를 꾸미고 서구의 문물을 차용하고 서구를 상대로 전쟁을 일으킨 것 또한 엄연한 사실이었다.

  위에 언급한 여러 모습들로 미루어, 일본인이 스스로에게 더 솔직해지고 솔직한 자신을 편안히 여기게 될 때 비로소 미래로 향할 수 있으리라는 결론이 그다지 새삼스럽지는 않을 것이다.

나는 너의 이름을 고하지 않을 것이고,
너는 무슨 일이 있어도 내 탓을 해서는 아니 된다.
_무명씨『만요슈』万葉集, 제11권, 750년경

비어 있는 중심

미치코 황후는 제분소 경영자의 딸이었다. 혼인 전 이름은 쇼다 미치코正田 美智子였다. 1945년 항복 당시 열한 살이던 미치코는 많은 시간이 흐른 뒤에도 전쟁 당시를 선명하게 기억했다. 황태자비가 된 지 26년이 되던 1985년, 미치코는 서른한 개의 음절로 된 운문 단카短歌를 지어 오사카 피난 시절을 노래했다. 제목은「천둥」雷이었다.

    시골에서 번갯불과 천둥소리의 사이를 헤아리노라면,
        어린 시절이 떠오르네.[1]

1959년에 아키히토 황태자와 혼인한 미치코는 황실 최초의 평민 며느리였다. 그러나 미치코의 단카는 8세기『만요슈』의 전통에 맞먹는 오랜 귀족적 전통을 충실히 따르고 있다. 단카 전통은 풍선처럼 가벼운 것부터 납덩이같이 무거운 것까지 다양한 노래를 수없이 탄생시켰다. 「천둥」은 어린 시절에 느끼는 불확실하고 일시적인 기분을 담아낸 특이한 작품으로, 어린아이가 자기 이해의 범위를 뛰어넘는 어떤 불가항력의 존재를 처음으로 깨닫는 장면을 묘사하고 있다. 「천둥」은 일정한 흐름에서 벗어난 시간의 파편에 관한 시이며 허무에 대한 통찰이다.

「천둥」을 지은 지 5년 후 미치코는 황후가 된다. 그러나 그녀는 이미 오랜 세월을 황궁 안에 자리한 후키아게 궁吹上御所의 곁방에서 보낸 까닭에 무미건조한 전후 일본 '황실제도'의 본질을 이미 간파하고 있었다. 다른 살아 있는 황족들과는 달리 미치코는 황실 특유의 이상한 공허함과 불가시성을 포착해, 황실이 일본정신의 구현이며 영속적이라는 주장의 이면을 보았다.

도시 일상의 분주한 리듬을 좌우할 만큼 드넓은 녹지대가 도쿄 한 복판에 놓여 있고 이 녹지 안에 후키아게 궁이 들어앉아 있다. 그러나 후키아게 궁은 근처 큰길가에 드물게 서 있는 고층건물 위에서나 내려다봐야 보이고, 그나마도 전경이 보이는 일은 절대로 없다. 궁은 분명히 존재하지만 동시에 존재하지 않는다. 그저 '암시'될 뿐이다. 기호언어학자이자 철학자 롤랑 바르트Roland Barthes는 『기호의 제국』Empire of Signs에서 이를 두고 도쿄의 "귀중한 역설"precious paradox이라 불렀다. 바르트는 일본의 수도에 관해 "분명히 중심이 있긴 있다"라고 하면서 다음과 같이 말했다.

> 그러나 그 중심은 텅 비어 있다. … 매일같이 빠르고 정력적인 총알택시가 이 원형 중심을 우회한다. 이 움푹 팬 원형의 최저 정점에는 불가시성의 가시적 형태인 신성한 '무'無가 숨겨져 있다. 따라서 가장 막강한 두 개의 현대 도시 중 하나인 도쿄는, 성벽과 물줄기와 지붕 몇 개와 수목으로

이루어진 불투명한 고리의 바깥쪽을 빙 둘러싼 모습으로 형성되어 있다. 그 고리의 중심이란 일종의 증발된 관념에 불과하며 어떤 힘을 방사하기 위해 거기에 존재하는 것이 아니라 도시 전체의 흐름에 공허한 중심점이 되어 교통순환에 영원한 우회를 강제하기 위해 거기에 존재한다. 이런 식으로 공허한 주체를 끼고 우회하며 왕래함으로써 가공의 체계가 원형을 그리며 확장한다는 것이다.[2]

현대 도쿄에서 바르트가 발견한 역설, 즉 '모든 것이 피해 돌아가는 공허한 중심'은, 후지화라藤原 일족이 세습제 셋칸정치攝關政治*──1185년 첫 쇼군이 권력을 잡은 후 봉건시대로 넘어갈 때까지 지속되었다──를 확립한 9세기 말 이래로 계속 존재했다. 수세기에 걸쳐 실권 없는 덴노는 은둔생활을 지속하며 문민체제나 군사 독재체제에 정당성을 부여해주는 역할을 했다. 도쿠가와 일족은 특히나 이런 희미한 덴노의 존재를 반겼고 덴노의 현세성을 경계했다. 메이지 덴노가 떡칠한 것 같은 두꺼운 화장을 지워버리고 확실한 야망을 품고 음지에서 양지로 나온 것도 이 역사적 배경과 관련이 있다. 그러나 메이지 덴노 치하에서 근대 일본을 창조한 지배층은 여전히 덴노의 옛 신비로움을 선호했다. 눈에 보이지 않는 존재가 구름 위로 둥둥 떠다니는 모습은 메이지유신에 뒤이은 가족국가 조직에 지극히 효과적인 도구였기 때문이다.

전후 우익집단은 국화로 상징되는 권좌를 둘러싼 신화와 이데올로기를 맹목적으로 좇거나 왜곡하는 데 아주 익숙했다. 그중 대표적인 인물이며 이제 고인이 된 작곡가 마유즈미 도시로黛敏郞는 1988년 가을 히로히토가

---

* 헤이안 시대 때 후지와라 일족이 대대로 셋칸攝關이라는 지위에 올라 덴노의 대리자나 보좌관으로 정치의 실권을 독점하던 정치 형태로 9세기 후반에서 10세기 초반에 확립되었다.

병상에 누워 죽음을 맞고 있던 순간 이렇게 말했다. "덴노에게는 권력이 없지만 덴노는 모든 권력의 원천입니다." 아주 오래전부터 공식화된 이 표현은, 히로히토로 하여금 태평양전쟁의 책임을 면하게 하려는 목적으로 1945년부터 널리 사용되었다. 바르트가 말한 공허함이나 미치코 황후의 단카에 감도는 정적과도 유사한 뭔가를 드러내는 표현이다.

히로히토가 죽고 미치코의 남편이 125대 덴노(즉 신화에 따르면 신의 자손인 초대 진무덴노로부터 124번째 덴노가 된다)가 된 지금까지도, 덴노와 황실체계를 둘러싼 공허함은 선불교의 공안公案*과도 같이 남아 있다. 덴노는 일본의 중심에 앉아 있지만 후키아게 궁 안에도 옥좌는 없고 황궁 바깥에도 덴노가 다스리는 황국은 없다. 마치 궁궐과 그 안에 있는 인간은 텅 빈 그릇처럼 그냥 아무거나 그 속에 담아 의미를 부여하면 그만인 것처럼 보인다. 그러나 문제는 실제로 히로히토가 그리 무력하지 않았으며 상당 기간 황국도 실존했다는 점이다.

그러므로 우리는 묻는다. 이제 덴노의 의미는 무엇이어야 하는가? 아키히토는 누구이며 그가 머무는 황궁은 무엇을 의미하는가? 덴노가 일본이라는 국가에 아직도 중요한 존재라서 이 질문이 유의미한 건 아니다. 나는 그가 중요한 존재가 아니라고 생각한다. 어떤 의미에서 오늘날 덴노는 자기 조상이 1868년 이전에 갖고 있던 위상, 즉 별로 중요하지 않은 부차적인 자리이자 은둔하는 모습으로 되돌아갔다고도 볼 수 있다. 이런 답을 떠올리며 이미 나는 일본의 변화를 감지한다. 과거에 대한 집착을 버리고 미래를 지향하는 변화, 고대의 정신을 뒤로하고 근대국가 정신 또는 평범한 인간정신을 추구하려는 변화 말이다.

아키히토 스스로도 아마 같은 질문을 던지지 않을까. 아키히토는 신이

---

* 선종에서 참선하는 사람에게 제시하여 궁리하게 하는 과제.

아니라 인간으로 군림한 최초의 덴노이다. 전후 헌법에 의하면 그는 "일본 국민총합의 상징"에 불과하다. 아키히토의 선조들은 정도의 차이만 있을 뿐 모두들 일본적 기질의 핵심인 '덴노에 대한 의존심리'를 조장했었다. 이제 더 이상 그러지 못한다면 아키히토의 위상은 앞으로 어떻게 될까? 일본과 일본국민은 어떻게 변화할까?

새 시대의 개막

히로히토는 1989년 1월 7일 오전 6시 33분에 별세했다. 히로히토의 사망에는 어딘가 비정상적일 정도로 '공식적'인 데가 있었다. 치명적이었던 마지막 병세가 은밀히 '관리'되고 '속도가 조정'되는 기미가 보였다. 황실의 사무를 총괄하는 궁내청이 온갖것을 통제하다못해 심지어는 덴노의 사망 시간마저 정해놨다는 '계획 사망설'이 훗날 인구에 회자되었다. 간신이 물기만 몸 안을 들락날락하는 무력한 몸뚱이로 87세의 노인네가 공식 사망일을 기다리며 죽어가는 이미지는, 황실의 의전관들을 냉혹한 패거리로 보는 세간의 시각을 뒷받침한다.

1988년 가을, 히로히토는 여러 해 병마에 시달려 약해진 상태였다. 수술까지 받아 그를 볼 수 있는 공식행사는 점점 줄어들었고, 행사가 있더라도 짧게 끝났다. 여름에 이미 덴노가 결국 췌장암과의 싸움에서 졌다는 소문이 돌았다. 누구나 덴노의 병환을 알고 있었으나 언론의 뉴스는 전무했다. 9월 어느 토요일, 궁내청은 덴노가 피를 토했으며 매우 위중한 상태라고 아주 간결하게 발표했다. 컬트집단 같은 궁내청이 전에 없이 생생하고 직설적으로 국민에게 덴노의 위중한 상태를 밝힌 것이다. 'X데이'—사망일을 표시하는 공식적인 암호—가 다가오고 있었다.

그해 가을에는 몇 달 간이나 촉촉한 빗줄기가 내렸다. 실제로는 그렇지 않았을지 모르지만 내 기억 속에서는 당시의 풍경이 다닥다닥 붙은 우산 행렬이 황궁 앞에 며칠이고 누비이불처럼 끝없이 펼쳐지는 모습으로 남아 있다. 궁내청의 공식발표가 있자마자 매일 군중이 몰려들었다. 사람들이 캔버스 천으로 된 차양 밑 탁자 위에 놓인 두루마리 종이에 덴노의 쾌차를 기원하는 문구를 적어 넣었다. 어떤 이는 황궁 문틈을 기웃거리며 흐느꼈고 어떤 이는 절을 했고 어떤 이는 일행과 이야기를 나눴고, 어떤 이는 그저 멍한 표정으로 앞을 바라보았다. 그 풍경은 비슷하게 음울했던 1930년대의 보도용 사진 한 장을 연상시켰다. 검은 코트를 입은 남자들이 겹겹이 서서 황궁으로 이어지는 화려한 돌다리 니주바시二重橋를 향해 절하는 모습. 전쟁과 반세기의 역사에도 불구하고 변한 게 전혀 없는 듯했다.

나는 황궁 북쪽에 위치한 『헤럴드트리뷴』 사무실에서 덴노의 쾌차를 기원하러 몰려드는 사람들의 행렬을 구경했다. 어떤 날은 황궁 동문 앞 자갈 깔린 광장까지 나가볼 때도 있었다. 하루는 거기에 갔다가 다케우치 가메자부로라는 이름의 은퇴한 노조직원을 만났다. 텔레비전에서 덴노가 피를 토했다는 뉴스를 듣고 요코하마에서 한 시간 반이나 걸려 도쿄에 왔다고 했다. "저는 평생 변함없이 좌익이었지만 이런 시기에 정치는 문제가 아니지요." 그가 말했다. "덴노는 일본이라는 가족의 가장이니까요." 어느 쌀쌀하고 비 오던 아침에는 하시즈미 히로미치라는 25세의 회사원과 마주쳤다. "저는 할아버지나 아버지와는 달리 덴노를 신이라고 믿지 않아요. 하지만 저렇게 죽음을 앞두고 있는 걸 보니 덴노가 국민을 하나로 묶어주고 있었다는 사실을 이제야 깨닫습니다."

이런 식의 말이 너무도 흔했다. 1868년 이후로—적어도 황궁 바깥에서는—많은 일이 있었지만 사람들은 여전히 덴노를 권위의 상징으로 여겼다. 메이지유신 주도자들이 교토에 은둔하던 덴노를 데려와 신이자 근대 군주라 선언했던 그 의도가 적중한 셈이다.

그러나 궁을 벗어나면 분위기는 완전히 달라졌다. 겉으로는 자숙기간을 지키고 있었으나 이 '자숙'이란 것이 아주 미묘했다. 추수감사 축제나 회사 연회는 취소되고 결혼식도 연기되었다. 경기에서 우승한 스모 선수는 축하퍼레이드를 생략했다. 신新, 축祝, 경사おめでた 등의 단어는 포장이나 광고에서 사라졌다. 그러고나니 '자숙'이라는 개념이 슬슬 복잡해지기 시작했다. 상인들은 경제가 돌아가지 않는다고 불평했다. 한 공산당원 시장은 덴노의 쾌차를 비는 내용을 두루마리 종이에 적었다가 선거구민에게 사과해야 했다. 가수와 공연기획자들은 덴노의 병환을 이유로 록 콘서트를 취소하는 일이 시대에 뒤처진 거라 생각해 공연 취소에 엉뚱한 이유를 둘러댔다. 오랫동안 황실에 물품을 조달해온 미쓰코시 백화점은 축하용으로 이용되는 빨간색 어묵을 매장에서 치워버린다고 발표했다가 금새 다 팔려서 품절된 거라고 말을 바꾸었다. 슬픔 사이사이에 일종의 분개의 감정이 있었다. 결국 '자숙'이 간신히 유지된 이유는 '불순응에 대한 뿌리 깊은 불안심리' 때문이지 다른 것이 아니었다.

궁내청은 외부에 대한 경계가 심하고 황실을 집착적으로 돌보는 비밀스런 집단이다. 이들은 궁극적으로 황실의 관리자이자 의전관이자 자칭 역사 전문가이자 엄한 보모이다. 궁내청은 니주바시 부근에서 군중을 통솔하며 단정하고 엄숙한 권위를 보여주는 한편, 임박한 히로히토의 죽음을 어떻게 관리할지 궁리하느라 여념이 없었다. 궁내청은 히로히토가 죽는 날까지 맥박, 체온, 출혈량, 수혈량 등 신체 상태에 관한 수치를 매일 발표했는데, 그야말로 공손함과 천박함의 기이한 결합이었다. 매일같이 반복되는 발표 내용이 어느덧 장황한 헛소리로 들리기 시작했다. 덴노의 통변상태가 어떻다, 덴노가 죽을 소화시키지 못한다, 덴노가 작은 얼음조각을 빠는 데에 성공했다는 등의 내용이 일간지 첫 페이지를 장식했다.

히로히토 사망 한 달 후, 메이지 덴노의 이름이 붙은 공원에서 장례식이 거행되었다. 고대의 불협화음이 장례식장에 울려퍼졌다. 장례식에 참석한 외국인 조문객들은 이해하기 어려운 정교하고도 모호한 의식을 보며 자신들이 '배제당하기 위해 참석'하고 있음을 상기했다. 그러나 '현재'가 끼어들었고, 덴노의 수호자들은 헌법에 규정된 정교분리를 지켜야 했다. 장례식 중간에 의식이 갑자기 중단되면서 참석자들이 신토 의식을 보지 못하도록 커튼이 드리워졌다. 초대받은 수백 명의 고위인사들은 진눈깨비가 사납게 내리는 가운데 멍하니 커튼을 노려보는 수밖에 없었다.

국영방송국 NHK가 무대 양편에 카메라를 설치해놓았다. 나중에 텔레비전을 보면서 깨달은 사실이지만, 그 카메라는 해외에서 조문 온 고위인사들이 관에 다가가는 모습을 멀리서 촬영하기 위한 것이었다. 카메라는 조문객이 관 앞에서 허리 굽혀 절하는 경우에 한해서만——물론 절하지 않은 사람은 소수였다——조문객의 몸짓을 클로즈업으로 화면에 담았다. 조문객이 자기자리로 돌아갈 때마다 다시 원거리 촬영 모드로 전환되면서 해설 방송이 흘러나왔다. "호세 사르네이 브라질공화국 대통령입니다. 사르네이 대통령은 도쿄에 머무는 동안 160억 달러를 상회하는 대일본 채무의 일부를 재협상할 예정입니다." 그리고는 다음 외국인 조문객으로 넘어갔다.

덴노의 교체는 인간이 얼마나 사물의 표피적 이미지에 매달리는지 단적으로 보여주는 사례였다. 자기들이 과연 부와 전통의 양립을 이루었는지 아니면 그냥 부유해지기만 했는지 영 확신이 없는 '신일본'의 부산물이기도 했다. 62년 만에 일어난 사건을 어떻게 처리하면 좋을지 제대로 아는 사람이 없었다. 관료들은 옛날 사진, 영화, 신문 등의 자료를 뒤졌으나 히로히토의 부친인 다이쇼 덴노의 죽음과 장례에 관해 기억하는 권위자는 찾기 어려웠다.

아키히토는 부친 사망 후 2년간 덴노의 자리에 오르지 않았다. 그 두 해 동안 자국에 대한 일본인의 혼란스런 심정이 본격적으로 표면화되어 온갖 기괴한 형태로 모습을 드러냈다. 시마네 현의 어느 사립학교는 교육칙어 봉독이라는 일제 때의 관행을 부활시키겠노라고 자랑스럽게 선포했다. 극우 세력은 히로히토가 패전 후 부인했던 덴노의 신성을 재정립하는 새로운 유신을 촉구했다. 교외 어딘가에서는 어처구니없도록 삼엄한 경비를 갖춘 허름한 가옥에 칩거한 채 사회로부터 잊혀져가던 과격 좌익 세력이 갑자기 대낮에 눈부신 듯 실눈을 뜨고 나타나 황궁을 폭파하겠다고 협박했다. 모두들 소실점으로 모여들어 이미 오래 전에 했어야 할 대화를 시작했다. 도대체 어느 시대를 살아가는지 망각한 사람들처럼 보일 때도 있었다. 덴노나 과거사에 관해 진작 주고받았어야 할 이야기를 너무나 오랫동안 쉬쉬했기 때문이었다. 히로히토가 사거한 후부터 아키히토가 즉위하기 전까지의 기간은, 마치 '번갯불과 천둥소리의 사이'와도 같이 한 시대의 종료에서 새 시대의 개막에 이르는 긴 혼돈의 시간이었다.

개막전 시구를 하는 새로운 덴노

1926년 성탄절에 다이쇼 덴노가 별세하고 히토히토가 쇼와昭和, 즉 '찬란한 평화'의 시대를 열었다. 신년이 밝아오자 『뉴욕타임스』 도쿄 특파원 아다치 긴노스케의 기사가 『뉴욕타임스매거진』에 실렸다. 지금 다시 읽어 보면, 기사에 담긴 아이러니가 신기할 뿐이다.

> 여론이 처음으로 제목소리를 찾고 보통선거권이 실현된 지금, 이제까지 123명의 전임자가 지켜왔던 엄격한 전통 중에서 몇 가지를 벗어던진 젊은 덴노가 일본에 즉위한다. 작금의 사회적 상황을 봤을 때 태평양 반대편에서 흥미롭게 여길 만한 일들을 예견해볼 수 있다.
>
> 즉위하는 새 덴노가 지향하는 일본은 … 자신의 부친이 바라본 일본과는

상당히 다르다. … 부친 다이쇼 덴노는, 일본이 아직 '원로'라고 알려진 몇 몇 인사의 지배 아래 있었을 때에 즉위했다. … 이제 원로들은 역사 속으로 사라져가고 있다. … 수세기 만에 처음으로 군사 과두체제가 확고해지는 와중에 주도자 가운데 한 명인 육군대장 다나카田中 남작은 군인 경력을 뒤로 하고 정치가가 되었다. 국가는 이미 산업주의 제1단계에 접어들었다. … 25세의 나이로 이 새로운 나라를 통치하게 된 젊은 황태자는, 25세기에 걸친 왕조 역사상 신의 자손이자 야마토 국왕이었던 다른 선조 덴노들이 해보지 못했던 두 가지 중요한 경험을 했다. 하나는 일본을 벗어난 바깥세상과의 접촉이요, 다른 하나는 연애였다.[3]

메이지 시대 이래로 일본에서 군주가 될 사람은 누구나 새롭게 근대화의 견인차 역할을 맡아야 할 숙명이었다. 메이지 덴노는 근대의 바퀴가 앞으로 쌩쌩 구르도록 박차를 가했다. 메이지의 아들 다이쇼 덴노는 성인기 내내 정신이상 증세를 보인데다 1921년경부터는 악화되어 아들 히로히토가 섭정으로 덴노의 임무를 수행해야 했다. 그러나 다이쇼가 지배하던 1912~26년은 자유주의와 유럽식 모더니즘이 유행하던 시기였다. '다이쇼 데모크라시'라는 용어까지 등장했던 이 시기는 짧게 끝나고 말았지만, 요즘도 이 용어만 나오면 당시를 기억하기엔 너무 젊은 일본인들까지도 일말의 향수와 경외심을 표한다.

『뉴욕타임스』 특파원이 지적한 대로, 히로히토에게는 그 나름대로 연애와 여행이라는 자기만의 새로운 개척 사업이 있었다. 히로히토의 1921년 유럽 방문은 덴노로서는 일본 역사상 최초의 해외여행이었다. 버킹엄 궁전에서 열린 환영회는 거의 전설에 가깝다. 그로부터 3년 후 거행된 히로히토의 혼인은 "황실 역사상 최초의 연애결혼"이라고 아다치 특파원은 보도했다. 히로히토는 관료들의 반대를 무릅쓰고 스스로 나가코良子 공주를 아내로 선택했다. 모후가 여러 배필 후보들을 불러 다도회를 여는 동안 그는 커튼 뒤에서 이 여인들을 지켜보았던 것이다.

히로히토는 1927년 1월이라는 시점에서는 무척 진보적인 군주였다. 부친과 조부가 각기 자기 치세에 나름대로 진보적이었던 것과 마찬가지였다. 물론 히로히토가 황태자 시절부터 중국대륙을 넘봤던 것은 사실이다. 훗날 세계사를 바꿀 병기증강이 히로히토의 섭정통치 아래서 이루어진 것 또한 사실이다. 그러나 후키아게 궁의 안쪽은 몰라도 적어도 궁 밖의 분위기는 여전히 다이쇼 시절의 자유주의로 충만했다.

히로히토는 여자와 외국인에 관한 한 자기 아들에 비해 열세였다. 아키히토는 전후에 미국인 가정교사를 두었는데 이 필라델피아 출신의 퀘이커교도 가정교사가 아키히토를 국제주의자로 만들었다.[4] 이후 아키히토는 와이오밍, 페루, 이란, 스페인, 아프가니스탄 등지를 여행했다. 외국인 선교사들의 여름휴양지 가루이자와輕井沢의 테니스장에서 쇼다 미치코를 만난 이야기는 거의 전설에 가깝다. 혼인 전 (그리고 혼인 후에도 상당기간 동안) 아키히토와 미치코는 궁내청의 인정을 받지 못했다. 궁내청으로부터 받은 압력은 부친 히로히토가 혼인하며 겪었던 고초를 넘어섰다. 그러나 역경이 클수록 대중들에게는 멋진 이야깃거리였다. 낭만적인 성향의 젊은 직장여성들은 가루이자와를 성지처럼 여기게 되었고, 여가활동으로 테니스가 큰 인기를 끌었다.

아키히토는 아니나 다를까 다시금 황실의 모더니스트로 탈바꿈했다. 그러나 놀랍게도 개척지와 미개척지를 가르는 경계선은 60년 전에 비해 거의 달라진 바 없었다. 연애, 여행, 자신 또는 타자와의 대면이 여전히 변화를 상징하는 변경지대였다. 아키히토가 히로히토에 이어 즉위할 차비를 하는 동안 일본은 원로 정치인들을 역사의 뒤안길로 밀어 넣는 작업을 한 번 더 시도했고 정치권에서 여론이 중요성을 되찾았다. 그러나 1980년대 후반의 원로 정치인들은 앞선 원로들의 직계 후예였다. 1980년대에 여론도 1920년대 여론처럼 제목소리를 되찾긴 했으나 그 목소리를 대체 누가 들어주는지가 확실치 않았다.

일본의 근대군주는 변화의 동인은 아닐지라도 변화 그 자체가 한 몸에 구현된 존재이다. 일본 도시들이 각각 조금씩 달라 보이기도 하고 비슷비슷해 보이기도 하는 것처럼, 각 시대에 진보가 있는 것 같기도 하고 없는 것 같기도 하다. 나라는 언제나 변화의 가장자리에 머물러 있고, 변화는 영원히 '진행 중'이다. 흥분시키는 동시에 좌절시키는 일이 아닐 수 없다. 이런 불가사의한 속성을 누구보다도 분명히 보여주는 사람이 덴노였다. 아키히토는 조금 다를 것처럼 보였다. 연속되던 사슬을 마침내 끊을 것 같았다. 신으로 간주된 마지막 덴노 히로히토가 사망했다는 사실만으로도 아키히토 시대의 핵심주제가 무엇인지 짐작할 수 있었다. 달라져야 한다는 것 그리고 뒤돌아보거나 머뭇거려서는 안 된다는 것이 새 덴노 앞에 놓인 과제였다.

최근의 관습에 따라 히로히토의 이름은 사망 후 자기가 군림하던 시대의 명칭을 따서 '쇼와 덴노'로 바뀌었다. 그와 함께 헤이세이平成, 즉 '평화를 이룬다'는 의미의 새 시대의 명칭이 선포되었다. 이 새 시대의 명칭은 궁내청의 고안품 중에서도 그다지 성공을 거두지 못한 편에 속한다. 사람들은 그 한자의 조합을 어색하게 생각했다. 'Achieving Peace'라고 영어로 번역했을 때에도 평화가 무엇을 이룬다는 뜻인지, 아니면 다른 무엇이 평화를 이룬다는 뜻인지 불명확하고 모호했지만 그게 공식적으로 인정된 번역이었다. 평론가들은 '헤이세이'란 전쟁을 일으킬 권리를 포기한다는 전후헌법을 계속 준수하겠다는 의지의 표명이라고 해설했다. 그러나 평화는 이미 달성된 상태였다. 아직 달성해야 할 평화가 남아 있다면 그건 오직 과거와 화해함으로써만 얻어질 평화였다. 그 평화는 이웃국가와 함께 달성해야 하는 동시에 자력으로 쟁취해야 할 평화였다. '신성한 무無'의 공허함은 이제 새로운 어떤 것으로 채워야 했다. 그 '새로운 어떤 것'이란 전혀 신선하지 않을 수도 있다는 점에서 일종의 역설이었다.

아키히토는 황실의 이미지를 구체화하는 데에 많은 세월을 소모했다. 부친과는 달리 구어체를 사용했고, 보통사람들, 특히 젊은이들과 자주 이야기를 나누었다. 양복을 멋있게 차려입었고, 야구 시즌 개막전에서 시구를 하기도 했다. 외국인한테는 대수롭지 않은 변화였을지 모르나 일본인에게는 건물 꼭대기에 나붙은 대형광고판처럼 눈에 띄는 신호였다. 아키히토와 궁내청 사이에 모종의 갈등이 존재한다는 이야기도 나왔다. 아키히토는 장남 나루히토 황태자보다 차남이 먼저 혼인하도록 허락했는데, 전통주의자의 시각으로는 관습에 반하는 심각한 도전이었다. 그러나 아키히토의 성향을 좋게 보는 관료들은 이를 미소로 웃어넘겼을 뿐 아니라 세간에서 아키히토를 찰스 황태자에 비교하는 것도 반겼다.

아키히토는 황태자로 있는 동안 열심히 시를 지었다. 1986년에 아키히토와 미치코는 자기들이 지은 단카를 모아 『등불』ともしび이라는 제목으로 시집을 출간했다. 「에디오피아를 방문하다」라는 제목이 달린 세 편의 연작 단카는 1961년 작인데, 아래는 그중 한 편이다.

아카시아 가지에 매달려 늘어진 새둥지
아프리카에 와 있음을 몸으로 느낀다.[5]

그리고 1985년에 지은 「히로노미야* 옥스퍼드 대학에서 돌아오다」라는 작품도 있다.

* 히로노미야浩宮는 나루히토 황태자의 별칭.

> 외국의 대학교에서 학문을 익히며 두 해를 보냈던 내 자식이
> 이제 돌아온다네.⁶

보기에 직설적이고 어색할지 모르겠으나 매 시대마다 황실에서 탄생한 운문들이 그러했듯, 이 단카들도 필시 어떤 목적이 있었을 것이다. 사실『등불』이전에는 황실에서 아무도 동아프리카의 고무나무나 영국의 강의실을 노래한 적이 없었다. 물론 이전의 어떤 덴노도 속세의 인간으로 변신할 임무를 띤 적이 없긴 했다. 황실 이미지를 바꿔주는 것만으로도 황실 체제를 변화시키기에 충분했다. 그게 아키히토의 착상이었다. 그 길만이 변화하는 일본에서 황실이 생존할 길이었다. 그러나 이미지를 바꾼다고 과거까지 바뀌는 것은 아니었다. 과거사 문제는 황실이 안고 있는 또 하나의 과제였다.

소나무 숲

세 장의 유명한 사진이 히로히토 치세의 추이를 보여준다. 1930년대 사진에서 히로히토는 검은 장화에 프로이센식 제복을 입고 그 유명한 백마를 타고 등장한다. 패전 한 달 후인 1945년 9월에 찍은 사진에서 덴노는 모닝코트를 입고 맥아더 옆에 나란히 서 있다. 같은 사진에서 맥아더는 카키바지, 노타이 차림에 두 손을 바지 뒷주머니에 찔러 넣은 자세다. 마지막 사진은 1940년대 후반 또는 50년대 촬영으로 짐작되는데, 히로히토가 현미경 앞에 서 있는 모습이다. 샐러리맨들이 입는 싸구려 정장에 하얀 실험실용 가운을 걸치고 해양생물학에 관심을 표하는 중이다.

거울鏡, 검劍, 곡옥曲玉의 삼종신기三種の神器는 전통적으로 일본 황실의 상

징이다. (여기에 카멜레온의 형상을 하나 더 추가하면 어떨까? 궁내청이 신중히 고려해봤으면 싶다.) 변신술의 귀재인 히로히토는 죽고 나서야 비로소 무대를 떠났다.

아키히토가 연기해야 하는 대본은 부친보다는 훨씬 덜 극적이었기에 더욱 미묘한 배역이었다. 그러나 근본적으로 연기의 목적은 같았다. 음식을 섭취하지 않아도 오랜 기간 생명을 지탱할 수 있는 도마뱀처럼 덴노는 주어진 환경에 따라 색깔을 바꾸는 존재였다.

1946년 1월에 있었던 연설은 히로히토의 연설 중에서 항복연설 다음으로 유명한 연설이다.[7] 이는 황궁의 주도가 아닌, 연합군 총사령부의 발상이었다. 따라서 히로히토가 아니라 미국인이 연설문을 작성했다. 초안에서 최종안에 이르기까지 여덟 명이 연설문 편집에 관여했는데, 히로히토는 그중 한 사람일 뿐이었다.

마지못해 읽는 연설문이란 지리멸렬할 수밖에 없었다. 연설 초입에서는 일본 근대국가주의의 원천인 조부 메이지 덴노를 장시간 언급했고, 이어서 조부가 「5개조 서약문」을 통해 국민에게 약속했던 민주주의를 재차 확약했다. 히로히토는 맺는 부분에서, 마치 그냥 내친김에 이야기하듯 다음과 같이 말했다.

> 우리 황실과 국민 사이의 유대는 상호 신뢰와 경애를 바탕으로 맺어진 관계로, 단순히 신화나 전설에 의존하지 아니한다. 덴노를 신성의 구현으로 본다거나 일본국민이 다른 민족보다 우월한 민족이어서 세계를 지배할 운명이라는, 가공의 관념에 기초하지 아니한다.

히로히토는 품위를 유지하려 억지로 애를 쓰며 자신도 죽음을 피할 수 없는 인간임을 인정했다. 그러나 겉으로 보이는 풍경의 이면에는 이 한 구절을 놓고 점령군과 빈틈없이 타협하고 철저하게 거래한 히로히토가 숨어 있다.

워싱턴의 일본전문 로비스트들과 맥아더는 일본 항복 이전부터 이미 덴노를 전범재판에 회부하지 않기로 결정해놓았다. 이리하여 '신의 직계자손'은 자기의 이름으로 전쟁을 일으킨 신하들에 맞설 실질 권력이 없었다고 역사는 기록하게 된다. 이에 대해 불만인 사람도 물론 있었다. 덴노의 신성을 스스로 부인하는 연설은 항복 직후 이루어진 협상의 일부였다. 히로히토는 즉각 이를 실익 있는 양보라고 판단했다. 전범 문제는 물론, 조부가 만든 헌법을 지키기에도 유리하리라 계산했던 것이다. (그러나 메이지 헌법을 필사적으로 지키려던 히로히토의 노력은 결국 수포로 돌아갔다.)

이 연설은 히로히토의 인생에 있어서 새로운 출발점이었다. 깃털장식이 달린 프로이센 모자 대신 맥아더처럼 파이프 담배를 물었다. 연설하는 날에는 당시 샐러리맨들 사이에 유행하던 펠트로 만든 중절모를 쓰고 등장했다. 히로히토는 높은 하늘 구름 속 같던 황궁에서 연설장소까지 그 먼 거리를 '내려'왔다. 덴노를 평범한 존재로 보이게 하려는 미국의 계획이었다. 히로히토는 또한 '역코스'를 표상하는 존재였다. 1946년 여름, 미국 정부는 덴노제 유지 정책을 맥아더에게 정식으로 통지했다. 통지서에는 이렇게 쓰여 있었다. '따라서 최고사령관은 덴노의 인기를 높이고 덴노를 인간화하는 작업에 은밀히 조력하도록 한다. 계획이 일본국민에게 알려져서는 안 된다.'

이후 대단한 노력을 쏟아붓기 시작했다. 새로운 이미지로 탈바꿈한 히로히토는 버스터 키턴 Buster Keaton* 처럼 순진하게 실수하거나 더듬거렸다. 정원에서 노닥거리거나 현미경을 만지작거리거나 이전에는 자기 얼굴을 쳐

---

* 20세기 전반에 미국 무성영화에 출연했던 코미디 배우(1895~1966).

다보지도 못하던 '신민들'과도 반갑게 인사와 소담을 나눴다. 히로히토가 미군신문 『성조』 Stars and Stripes를 읽는 사진도 나돌았다. 오키나와를 제외한 전국을 보통열차로 여행했다. 일본 고어만 쓰면서 자라 항복연설을 할 무렵만 해도 현대 일본어 통역이 필요했는데, 이제는 현대 표준어로 국민에게 연설할 수 있게 되었다. 이윽고 그에게는 '미스터 앗소데스카'あっ、そうですか, 즉 '미스터 아, 그래요?'라는 별명이 붙었다. 그가 평범한 시민들과 만나면 늘 쓰는 말이었다.

덴노의 새로운 탄생은 어떤 면에서 적절했다. 일본이 항복한 시점부터 점령군이 도쿄에 도달하기까지 두 주 동안 덴노가 무엇을 했는가 하는 기록은 거의 남아 있지 않다. 전쟁을 도발한 장본인들이 온갖 기록을 전부 폐기해버렸기 때문이다. 맥아더는 맥아더 대로 기사에 히로히토의 전쟁 당시 역할에 관한 이야기가 나오면 전부 검열해서 삭제해버렸다. 이런 식으로 스탈린에 맞먹는 수준으로 역사의 개작이 횡행했으나 (참고로 스탈린 역시 미국이 일본에서 벌이는 일을 부정적으로 보지 않았다.) 사실 당시 점령 정책에서 미국의 야심에 의한 일본 개조를 빼놓으면 별로 남는 게 없다.

미국의 대담한 기만을 설령 용서한다 하더라도, 그로 인해 이후 반세기가 넘도록 일본국민이 겪은 고민과 혼란은 간과하기 어렵다. 덴노의 죄를 덮어버림으로써 점령군은 단숨에 '책임을 회피하는 문화'를 조장했고 이런 분위기는 오늘날까지 이어진다. 갑자기 역사는 부인할 수 '있는' 것이 되었고, 대중은 지배자의 허울 좋은 기만에 대항하여 투쟁을 되풀이해야 했다. 승전자의 처분 때문에 한 나라의 전면 개조 계획이 뻔한 사기로 시작되고 말았다. 무책임이라는 사조가 정치·교육·외교 등 각 분야에 파고들었다. 겉보기에만 그럴듯하면 그만이었다. 실질적인 내용은 어떻게 되든 상관없었다.

히로히토는 이 모든 현상을 어떻게 생각했을까? 이 질문의 해답을 멀리에서 찾을 필요는 없다. 히로히토는 자기 신격을 부정하던 날에 관해서 할 말이 많았다. 그는 하고 싶은 말을 신년 단카에 담아 국민에게 선보였다. 신년 단카란 1869년에 메이지 덴노가 시작한 전통이었다. 그 단카의 내용은 맥아더가 작업하고 히로히토가 읽어야 했던 연설과는 놀라우리만치 동떨어진 것이었다.

쏟아지는 눈에도 색이 변치 아니하는
소나무 숲을 이루는 일본인이 되기를.

점령군 치하에서 무슨 일이 있더라도 일본인은 '이 자세를 지켜야 한다'는 메시지가 이 서른 한 음절에 담겨 있다. '참아라, 참된 정신은 잃지 말라'는 것이다. '소나무' 비유는 개인은 전체의 일부일 뿐 구분하면 안 된다는 '전후 기업전사'의 등장을 산뜻하게 예고했다. 말하자면, 은유법을 사용한 덴노의 미니 칙서였다.

40년 후 그 신년 단카는 아버지가 아들에게 주는 씁쓸한 선물이 되었다. 단카에 비쳐진 것처럼 히로히토는 전후 일본에 관해 모종의 의지를 드러냈다. 정치적·역사적 시간을 정지시키고 일본과 일본인의 진화를 늦추겠다는 의지였다. 이 점은 미국의 입장도 마찬가지였다. 미국은 일본의 덴노제에다 '냉전 속 정지된 시간'을 구체화시켰다. 43년 후 히로히토의 사망과 냉전의 종결이라는 두 사건이 거의 동시에 일어났다는 점은 이상한 우연의 일치였다. 황위는 여전히 뜨거운 논쟁거리였고, 논쟁의 중심에는 절대로 색이 변치 않는 덴노를 숭앙하는 노송老松 '덴노주의자'들의 숲이 버티고 있었다.

태평양전쟁 발발 이전에도 숲을 이루던 덴노주의자들은 정치와 이데올로기의 단골손님이었다. 대학교수들은 덴노이데올로기의 지극히 세세한 부분까지 따지고 연구하면서 출세의 발판으로 삼았다. 국가론과 신학적 해석을 이용해 대신들을 내쫓기도 하고, 군사전략에 압력을 넣기도 하고, 사람들을 투옥하기도 했다. 1930년대 중반에는 아주 유명한 논쟁이 벌어졌다. 논란의 초점은 덴노가 (메이지 헌법이 규정하는 것처럼) 정부의 '기관'이냐 아니면 (국가주의 이데올로기가 강조하는 것처럼) 한시적인 국가를 초월하는 신성한 존재냐 하는 점이었다. 이른바 '기관설'이란 지배층이 군사전략에 관여하기 위한 정치적 책략이었다. 기관설은 바이러스처럼 권력 상층부에 침투해 히로히토의 권위에 간접적으로 도전하는 결과를 낳았다. 덴노는 그 갈등을 해소하는 과정에서 소련을 피해 중국 및 동남아시아로 남하한다는 운명적인 결정을 강행했다.

가세 히데아키加瀨英明는 전후 덴노주의자 중에서 제일 유명한 인물이다. 두 차례나 총리의 고문 역할을 했던 가세는, 전전 시대처럼 지극히 '순수한' 형태의 덴노제를 옹호하는 직설적이고 도발적인 사람이었다. 아키히토가 즉위하기 전날 저녁에 가세를 만난 적이 있다. 보기 흉한 건물 안에 자리한 그의 사무실은 비좁고 어질러져 있었다. 사무실 바닥은 윤을 낸 나무와 다다미, 창문은 섬세한 틀에 종이를 붙여 만든 장지문이었다. "유감이지만 아키히토는 잘못된 방향으로 가고 있습니다." 가세가 말머리를 꺼냈다.

그는 서양 군주의 이미지를 풍기려고 노력합니다. 아마도 영국 왕실을 모델로 삼는 모양인데, 완전히 잘못된 판단입니다. 서양의 왕실은 본질적으로 사람들을 기쁘게 해주려는 게 목적입니다. 엘리자베스 여왕은 영국성공회의 교황이라고 할 수도 있지만, 교회의식을 직접 집전하지는 않지요. 로마 천주교회 교황과는 달리 여왕은 하늘과 땅의 중간에 위치한 매개자가 아닙니다. 동양에서 신성한 존재는 군중의 눈에 보이지 않습니다. 작년이랑 올해랑 아키히토는 젊은 사람들과 만나 악수도 하고 장남이 노총 각인데도 차남을 먼저 혼인시켰는데, 그건 심각한 실수예요. 우리는 황족이 일본 전통의 수호자이길 기대합니다. 그게 그들의 역할이에요. 나는 사실 아키히토가 교토로 돌아가 은둔생활을 하기를 바랍니다. 그런데 숨기는커녕 근대적 군주가 되어 텔레비전에 나오는 연예인들과 경쟁하려 들다니요.

가세의 관찰은 전적으로 옳았다. 확실히 서양 군주의 이미지는 아키히토가 추구하는 바였다. '평화를 이루는' 시기에는 덴노의 황위를 둘러싸고 탈무드에나 나올 법한 언쟁도 없어야 했고 섣부른 조상의 신격화도 없어야 했다. 새 시대에 '덴노교의 충성스런 신도들'이 설 자리는 없었다. 골수 신자의 시대는 끝났다. 그러나 아키히토와 잔존하는 덴노주의자들 간에는 여전히 중대한 공통점이 남아 있었다. 덴노주의자들과 마찬가지로 아키히토는 부친이 남긴 황실의 죄와 책임을 회피했고, 황실의 이미지를 변화시키는 것만으로 충분하다고 여겼다.

아키히토의 대상제

아키히토는 1990년 11월에 즉위했다. 즉위하기까지 수많은 의식을 거쳐야 했다. 1년 동안 40회의 의식이 있었다. 정부는 이를 위해 9,500만 달러를 소비했다. 그중 약 20퍼센트가 고대 태양의 여신인 아마테라스와 밤새 합체하는 신비한 의식(즉위 종교행사)인 대상제大嘗祭를 치르는 데에 사용되었다. 물론 이 행사는 전국 일간지에 충실히 보도되었으나 그외 나머지 의식은 사람들의 관심 밖이었다. 전후 일본, 즉 생산의 일본, 정치무관심의 일본, 소외된 젊은이들의 일본, 소비의 일본은 막을 수 없는 밀물처럼 즉위식 위로 무심하게 흘렀다.

일부 학자들에 따르면 추수감사 의식을 본떠 기획된 대상제는 기원전 350년 무렵까지 거슬러 올라간다고 한다. 이 의식에는 '성스러운 볏단'이 필요하다. 새로 즉위할 덴노가 그해 처음 익은 벼이삭을 여러 신들에게 바치는 것이다. 이 풍습은 몇 세기를 거치면서 조금씩 변화했는데, 메이지유신 이후에 와서야 그 중요성이 강조되었다. 이 의식의 의의는 물론 풍작을 기원하는 것이지만, 오랜 세월을 거치는 과정에서 햇벼를 바칠 대상이 되는 신은 대상제 때마다 바뀌었다. 아마테라스 여신은 6~7세기에 덴노제가 확립된 이후에야 등장하게 된다.[8]

대상제를 치르는 동안 덴노가 무엇을 하는지에 관해서는 덴노주의자들도 논의를 꺼리는 비밀스러운 부분이다. 그나마 알려진 부분은 이러하다. 덴노는 저녁 때 원시적인 오두막에 들어가 신비한 이부자리에 몸을 눕힌다. 이부자리는 이미 세상을 떠난 덴노가 거하던 자리 위에 준비된다. 궁중에서 한 명의 여성이 나와 밤새 오두막에서 함께 자리를 지킨다. 그날 밤 덴노에게 아마테라스의 혼이 들어가고 그리하여 덴노는 신이 된다. 다음 날 아침이 되어 비밀의식이 끝나면 덴노는 신에게 쌀과 죽과 술을 바치는데, 이 모두 신성한 수확물을 재료로 한다.

과연 덴노는 오두막에서 함께 밤을 보내는 여인과 섹스를 할까? 일부 학자들은 긍정한다. 이 섹슈얼한 뉘앙스가 호기심을 자극한다. 성적으로 속박이 없었던 고대 경작사회로부터 물려받은 유물이긴 하지만, 사무라이화된 근대일본의 까다로운 사회 분위기에선 약간 곤란한 측면이 없지 않다. 그 여성은 새로운 덴노의 혼을 갱신하기 위해 의식에 참여한다고 치자. 그러나 정말 덴노한테 전임자의 혼이 들어가 혈통이 입증된다는 말인가? 1970년대 중반 한 학자가 이 관습을 놓고, '덴노의 혼'이란 하나여서 한 군주에서 그 다음 군주로 차례로 계승된다는 가설을 세웠다. 죽은 덴노의 육체가 오두막 속 '성스런 자리'에 놓여 있었을 거라는 말도 있다. 그렇다면 아주 오랜 옛날에는 혹시 새 덴노가 죽은 덴노의 시체를 한 입 물어뜯어야 망자의 혼이 새 덴노의 몸으로 옮겨간다고 생각하지는 않았을까? 실제로 이런 가설을 내리는 사람도 있다.

대상제에 관한 해석은 일본에 존재하는 신의 종류만큼이나 다양하다. 이 의식이 정확하게 무엇을 의미하는지 아는 사람은 아무도 없다. 아키히토가 치른 대상제가 역사적으로 정확한지에 대해서도 아무도 확신하지 못했다. 일본인에게 '과거'란 모든 것이면서 동시에 무의미하다. 대상제란 근대국가가 과거를 조작해서, 흔히 전통으로부터 도출되는 권력과 권위를 얻어내려 한 주요 사례다. 풍작을 기원하는 의식은 어딜 가나 보편적이다. 어떤 면에서 묘하게 유교적이었던 잉카 제국의 황제는 순금 삽으로 그해 처음 수확한 '곡식의 어머니' 키노아$_{quinoa}$*의 씨를 심었다. 그러나 현대에 와서도 한 나라의 군주가 그런 의식을 지속하는 나라는 일본밖에 없다. 기록상 가장 오래된 대상제는 691년에 열렸다. 그후 한동안 대상제가 전혀 열리지 않다가 도쿠가와 바쿠후가 17세기 후반에 이를 부활시켰다. 특히 대상제 중에서 '신격화'의 순간은 메이지유신 이후에 생긴 것으로 메이지·다이쇼 시대의 상상력 풍부한 덴노주의자들이 만들어낸 창작품이라 추정된다.

1990년에 재현된 이 불분명한 과거의 파편은 히로히토의 장례식에서 벌어진 신토의식과 함께 국비로 거행되었는데, 이 부분은 헌법으로 통제 불가능한 영역이었다. 궁내청은 과거에 대한 향수가 강한 전전$_{戰前}$ 귀족 잔당에 의해 운영되는 기관이며, 즉위식을 기획하는 일에 관해 재정적으로

---

* 남미 안데스 지방이 원산지인 곡물로 탄수화물과 단백질이 풍부하여 고대 잉카인들이 '곡식의 어머니'라 불렀다.

상당한 자유를 누렸다. 그러다 논쟁이 일었다. 대상제에 쏟아부은 돈도 물론 문제였다. 아키히토가 사용한 '원시적인 오두막'을 황궁 내에 건설하는 데에만 1,700만 달러가 들었는데, 지붕만 초가지붕이지 실제 구조는 30여 채의 건물이 모인 단지였다. 그 광경에는 전전 사회의 구성요소 가운데 미국으로부터 포기를 강요받은 부분만 억지로 포기하던 1945년 가을의 모습이 살아 어른거렸다.

대상제가 열리기 두 주 전, 사회당 중의원 의원이 의장에게 다섯 개의 질문을 제출했다.[9] 그중 한 질문에서 의원은 전전 국정교과서를 인용하여 물었다. "대상제는 오오기미おおぎみ――신토의 신 가운데 가장 위대한 신――와 덴노가 일체가 되는 성스러운 행사이고 일본이 성스러운 국가임을 확인시켜주는 행사라고 되어 있는데, 이런 오래된 정의를 단호히 부정할 수 있는가? 부정한다면 금년 대상제는 어떻게 변모할 예정인가?"

공식적인 대답 없이 수일이 지났다. 대상제가 열리기 이틀 전에 내려온 답변은 궁내청 특유의 우회적인 문장이었다. "지적한 것처럼 이전에 그러한 설명이 있었음을 인정하며 당시의 특수한 사정에 의한 것이라 사료됨." 의식이 어떻게 변할지에 대해서는 아무런 언급이 없었다. 그날 저녁 텔레비전에는 뉴스 진행자가 기상예보 직전에 짤막하게 한 문장으로 다음과 같이 보도했다. "금일 정부 대변인은 다가올 대상제에 관하여 덴노의 신격화를 전면 부정했습니다."

즉위식에는 유교적인 거리감이 잔뜩 배어 있었다. 초대된 국가원수들과 내빈들의 자리는 아키히토와 미치코가 앉아 있는 연단에서 50미터 이상 떨어져 있었으며, 높이로도 연단보다 1.2미터 가량 아래쪽에 위치했다. 연단 위에 자리한 아키히토와 미치코의 좌석은 거기에 1미터나 더 구름에 가까워져 있었다. (히로히토가 즉위할 때에 비하면 높이가 6미터 가량 낮아졌긴 하지만.) 즉위식은 불과 30여 분 만에 끝났다. 목을 위로 잔뜩 빼들고 본 사람만 간신히 의식을 구경할 수 있었다. 궁내청은 분명히 기뻐했을 것이다. 공간을 조작함으로써 외국인들이 덴노를 숭배하는 자세가 되도록 강제한 셈이었다.

즉위식이 끝난 뒤 나는 사토 세자부로佐藤誠三郎라는 사람을 만나러갔다. 사토는 덴노주의자였다. 대머리에 자제심 강하고 좀 못돼 보이는 얼굴인데 외국인, 특히 미국인을 싫어했다. 그러나 내가 즉위식에 관해 이야기 나누려고 왔다고 말하자 그가 흥분했다. "소박하고 심미적이고 평온하고 고요했어요." 사토가 또박또박 말했다. "화려하지도 율동적이지도 않았고, 음악도 없었습니다. 과연 기대한 대롭니다. 그 이상도 이하도 아니에요."

사토에게 나도 즉위식을 봤다고 말했다. 정말 평온한 의식이기는 했지만 아키히토의 무심해 보이는 모습도 부분적으로 그런 느낌을 일으키는 데에 일조했다. 수십 차례의 의식을 거치는 동안 아키히토는 마치 금방이라도 풍성한 기모노의 소매를 걷어붙이고 손목시계를 들여다볼 사람처럼 보였다. 젊은 히로히토는 자기의 신격을 우습게 생각하긴 했지만 그런 생각을 사적인 장소에서만 드러내며 자기에게 주어진 권력을 확실하게 활용할 줄 알았다. 그래서 나는 사토에게 "혹시 일본이 처음으로 자기의 지위에 초연한 덴노를 맞이하는 게 아니냐"고 물었다.

"공인이 자기가 거행하는 의식의 본질을 꼭 믿어야 할 필요가 있을까요?" 갑자기 사토가 물었다. "의식에 따르는 것만으로 충분합니다. 당신이 제기하는 이슈에 난 관심 없습니다. '모른다, 상관없다'는 게 내 대답이요."

"정말 그럴까요, 사토 선생? 정말 상관없어요?"

"일본은 국민국가예요. 국민국가는 국민을 하나로 묶을 픽션이 필요하지요. 당신네 미국인들도 헌법, 민주주의, '아메리칸드림, 미국식 삶의 방식' 등등 나름대로 픽션이 있지 않소? 덴노도 그런 픽션이지요."

사토와 같은 명성을 가진 사람의 입에서 그런 말이 나오다니 놀라운 일이었다. 소나무가 드디어 색깔을 바꾸고 아키히토가 드디어 부친의 장화와 군복에 스며 있던 곰팡내를 씻어내리라는 걸 암시하는 말이었다. 궁내청은 덴노가 신이 아니라는 사실을 한 번도 인정한 적이 없었다. 덴노주의자들은 덴노가 신격을 스스로 부정했던 그 신년 연설이 강제에 의한 것이었다고 지난 반세기 내내 주장했다(실제로도 그런 면이 있긴 있었다). 이제 덴노는 어느새 픽션 내지는 다채롭고 이국적인 관광객의 구경거리나 연예인으로까지 전락했다.

"그런 견해는 전번 덴노 교체 당시의 실상과는 상당히 다르군요." 내가 말했다. "뭐가 달라진 거죠?"

"다이쇼 덴노가 죽고 쇼와 덴노가 즉위했을 때에는 외국인 하객들이 없었죠. 일본에 와 있던 외교관들 말고는. 이번에는 170명의 해외 고위 인사들이 왔잖아요. 당연한 거지요. 일본은 강국이니까."

즉위식에서 아키히토가 거친 의식 중에는 그가 소형 지구본을 발로 세 번 차는 동작이 포함되어 있었다. 그가 우주의 지배자임을 상징하는 제스처였다. 이 의식이 전통적인 의식인지 아닌지 그 누가 알겠는가? 일본이 전전에 지녔던 야욕의 냄새가 솔솔 풍기는 의식이었다. 궁내청은 이 의식을 치르기 위해 아주 미묘한 순간을 노렸다. 덴노 아래쪽에 앉아 있던 170명의 외국인 중 대다수가 보지 못할 순간에 이 장면을 살짝 끼워 넣은 것이다. 사람들이 미처 목격하지 못했던 이 동작은 즉위식에 참석한 사람들이 자신의 참석이 일본에게 무엇을 의미하는가에 대해 얼마나 이해가 부족했는지를 잘 보여준다.

덴노 교체기에 어색한 순간이 더러 있었다. 전쟁에 대한 기억이 미국보다 훨씬 또렷한 몇몇 나라에서 소동이 일어났다. 호주는 히로히토의 장례식에 대표 파견을 거부했고, 뉴질랜드는 격론 끝에 최고위급이 아닌 대표를 보냈다. 히로히토가 죽자마자 런던에서는 "히로히토, 죄를 무덤으로 가져가다"(『데일리텔레그라프』) 같은 헤드라인이 등장했고, 한 술 더 떠서 한 타블로이드판 신문은 "개자식 지옥에서 문드러져라"Let the Bastard Rot in Hell 같은 험한 말로 꽥꽥거렸다.

그러나 그건 상황의 일면에 불과했다. 일본은 적어도 형식상으로는 덴노 교체로부터 얻고 싶은 것을 얻었다. 20세기 말에 일본의 옥좌가 바깥세상으로부터 인정을 받은 것이다. 도쿄에는 스스로 공급하지 못하는 것은 돈을 내고 사는 습관이 발달해왔다. 같은 방식으로 신일본은 부유함과 기술적 혜안을 국력으로 맞바꿀 수 있었다. 히로히토가 죽었을 때 각 나라가 어느 정도 경건한 반응을 보였는가에 따라 그 나라에 교환가능통화 보유고가 어느 정도 되는지 순위를 매길 정도였다. 인도와 쿠바를 비롯한 몇 개국은 히로히토의 죽음을 애도하며 전국에 애도일을 선포했다.

어리광 문화

덴노 교체기에 황실에 대한 일반인의 무관심이 눈에 띄게 확연해졌다. 히로히토의 병세가 위중할 당시 한 미국인 학자가 나를 술집이 몰려 있는 롯폰기 지역에 데리고 가서 그럴 줄 알았다는 듯 말했다. "이거 좀 보세요. 다른 날과 다름없이 꽉꽉 찼잖아요." 한 영국인 주식중개인은 히토히토가 피를 토한 날부터 사망한 날 사이에 주가가 15퍼센트 상승했다고 말했다. 우리 사무실에 들른 이탈리아 특파원이 양 손을 모아 컵 모양처럼 만들어서 내 앞에서 흔들어댔다. "내가 비행기 예약상황이랑 몇 시간 내로 갈 수 있는 휴양지를 다 조사해봤거든. 어떤지 알아? 즉위식이 있는 그 주말에 석 달 전부터 예약이 꽉 찼다는 거야."

공식적으로는 안 그런 척했지만 술집은 바빴고 공항은 북적거렸다. 마치 온 나라가 겉으로만 궁 밖에 모여 있는 척하는 것 같았다. 실제로 궁 밖에 모여주었으면 얼마나 좋았겠느냐마는 말이다. 문제는 이런 식의 위선이 황실과 대중 간의 간격을 더욱 넓고 공허하게 한다는 점이었다. 히로히토가 즉위했을 때에는 도쿄, 교토, 나고야의 길거리에 60만 명의 행렬이 축하 하러 몰려나왔다고 한다. 1990년 아키히토 즉위식에 나온 군중의 수는 (평소 습관처럼 정확을 기하여) 116,877명으로 공식 집계되었다. 옛날에는 텔레비전으로 볼 수 없지 않았느냐고 관료들이 황급히 변명했다. 그때는 교통도 복잡하지 않았고, 게다가 이번에는 사람들을 공식적으로 동원하려는 시도도 없었다는 것이다(실상은 전혀 달랐다).

즉위식이 이어지는 동안 나는 시민들과 이야기를 나누려고 다시 황궁 근처로 갔다. 3만 7,000명의 경찰이 도시 전역에 배치되었다. 대상제가 있던 날에는 운동복을 입은 채 물끄러미 딴 데를 쳐다보는 회사원 한 명을 만났다. "전 이런 일에 별 관심 없어요." 이런 의식이 전부 불필요하다고 생각하는지 묻자 그가 별 수 있겠냐며 대답했다. "우리 일본인에게도 어떤 의식이 있긴 있어야겠죠. 하지만 돈이 많이 들어요. 우리가 낸 세금으로 하는 일이잖아요. 별로 석연치 않네요."

이번에는 긴자에서 상점을 운영하는 중년 여인에게 말을 걸어보았다. "즉위식은 우리 모든 일본인에게 의미가 있지만 종교적 의식과 국가적 행사를 좀더 확실하게 구별했더라면 좋았을 걸 그랬어요. 종교적 의식은 좀 더 신중을 기했어야 했고요. 그리고 경비가 너무 삼엄해요. 이건 터무니없어요. 참기 힘들 정도예요."

가죽점퍼를 입은 터프하게 생긴 남성에게 물어보니 럭비시합을 보러 홋카이도에서 왔다고 했다. 그에게 아키히토가 맘에 드느냐고 물어보았다. 어떻게 대답할까 잠시 생각하는 눈치였다. 이윽고 그가 대답했다. "솔직히 말씀드리면 그렇다 아니다 확실하게 말하기가 어렵네요." 덴노제가 있어서 좋으냐고 물었다. "물론 필요한 제도겠지요. 좋은 국가제도라고 봅니다. 하지만 이제는 전쟁이나 덴노의 책임에 대해 왈가왈부하는 것도 싫고요, 미국이 전후에 우리를 지배해서 우리가 과연 더 행복해졌는지도 잘 모르겠어요. 그렇다고 해서 우리가 전쟁에 이겼더라면 지금 우리 처지가 더 나아졌겠느냐 하는 점에도 별 확신이 없습니다."

남색 교복을 입은 두 명의 고등학생을 만났다. "아니요, 텔레비전에서 즉위식 거의 안 봤어요." 한 학생이 말했다. 관심이 없기 때문이냐고 물으니, 다른 학생이 대답했다. "덴노나 즉위식이나 그런 거에 대해서 학교에서도 별로 이야기 안 해요. 덴노는 쇼와에서 아키히토로 바뀌었지만 그것 말고는 바뀐 게 없잖아요."

물론 이런 취재로 어떤 결론을 이끌어내기란 어렵다. 다만 수많은 일본인이 아키히토가 즉위하는 엄숙한 행사에 무관심하다는 사실 하나만은 확실했다. 그러나 궁 밖에 모여 애도를 표하는 군중과 궁 옆의 대로를 무심하게 스쳐가는 자동차들을 보면, 거울에 비치는 것 같은 좌우대칭의 이미지가 느껴진다.

그 광경이 보여주는 나란히 존재하는 두 개의 상반된 감정은, '완전한 인정이란 무관심으로 표현된다'는, 메이지 시대로부터 이어져오는 덴노제 관념의 본질을 시사했다. 덴노가 가장 강력한 힘을 발휘하는 곳은 어차피 신민의 마음속이어야 했다. "국민은 덴노에 대해 너무 지나친 관심을 보여서는 안 됩니다." 덴노주의자 가세 히데아키의 말이다. "덴노는 우리 잠재의식 속에 존재하는 숙부 같은 존재여야 합니다."

그런 사고방식 속에는 일종의 유치한 의존심리가 들어 있다. 어린 아기는 엄마와 독점적으로 감정적 유대를 맺고 수동적으로 거기에 기댄다. 확실하게 보호받고 싶다는 욕망이 절실할 때면 엄마와 친밀한 유대감이라는 보호막에 의존한다. 아기와 엄마 사이에서야 보편적일지 모르겠으나, 그런 감정이 사회적으로 성인에게도 용인된다는 건 일본만의 두드러진 특징이다. 물론 이런 측면의 일반화가 경솔할 수도 있다. 그러나 대개 서열관계에 철저히 묶여 있는 사회, 즉 성인이 된다는 것이 매우 부담스럽고 정서적인 온화함이나 나약함은 사적 영역으로 은밀하게 감추어야 한다고 여겨지는 사회에서 성인의 피동적인 의존욕구의 흔적은 무척 흔하게 볼 수 있다.

일본어에서 '어리광'이라는 뜻의 아마에甘え나 '어리광부리다'는 뜻의 동사 아마에루甘える에 들어 있는 감정을 제대로 정의할 만한 적절한 단어가 영어에는 없다. 정신의학자 도이 다케오土居健郎는 1971년에 저서 『아마에의 구조』甘えの構造를 출간해 '아마에'를 일본인 정신구조의 기본이라고 규정하며, 일본인은 제멋대로 구는 게 허용되는 유아기의 정서를 재생시키려 평생 시도한다고 주장했다. 주제넘게 굴거나 반항하거나 사려 없이 행동하는 것이 모두 성인들이 '아마에'를 표현하는 방법이라는 것이다. 도이는 그런 '아마에루'라는 행위가 모든 인간에게 흔히 일어난다고 주장했다. 그러나 일본인은,

> 아마에를 이상화해, 아마에가 지배하는 세계를 진정한 인간적인 세계로 생각했다. 그리고 이를 제도화한 것이 바로 덴노제이다. … 덴노가 신화를 스스로 부정하여 일본국의 '상징'이 되고나서야 일본인 개개인의 마음속에 존재하던 아마에가 마침내 양지로 나왔다. 현대는 이데올로기로서의 덴노제가 붕괴된 시대이다. … 그러나 덴노제의 본질이 전부 소실되었다는 말은 아니다.[10]

도이의 지적은 중요하다. 의존심은 확실히 덴노를 통해 조장되었다. 의존 심리는 여전히 남아 있고 의존에 관한 문제제기 없이는 주체성을 논할

수 없다. 그렇다면 우리는 사람들의 무관심의 정체를 조심스럽게 살펴야 한다. 허나 도이의 분석에는 정치나 역사에 관한 논의가 끼어들 여지가 없다는 문제점이 있다. 정치나 역사를 생략한다는 것은 문화나 전통이나 정신에 관해 일본인만의 어떤 특유한 기질을 단정하는 것을 의미한다. '일본인의 의존심리는 불변한다'고 단언하는 것 또한 일본인에 대한 오리엔탈리스트적인 시각이다.

나는 도이를 만나러 갔다. 당시 70세였는데 가냘퍼 보였다. 한 저명한 보수파 사상가가 덴노를 보고 일종의 '픽션'이라고 했다고 하자 도이가 와락 대꾸했다. "제가 보기에는 그 사람이 일부러 '픽션'이라는 단어를 쓴 것 같군요. 자기가 덴노제를 신봉한다는 인상을 주고 싶지 않았던 겁니다. 사람들은 당신 같은 외국인이 덴노에 대해 어떻게 생각하느냐고 물어보면 당황하지요. 그 문제에 관한 한 너무 법석을 떨지 말아야 한다는 것이 사람들의 일반적인 견해거든요."

도이는 뉴스에서 사용하는 '상징적인 덴노'라는 표현에 대해 불평했다. 그런 용어 사용이 '무게도 실질도 없는 가벼운 존재'라는 인상을 준다는 것이다. "마치 자기방어를 하려는 것 같아요. 덴노가 무슨 진짜 덴노가 아니라 꼭두각시라고 말하려는 것 같다니까요. 덴노에 대해 긍정적으로 말하면 시대에 뒤떨어지는 줄로 알아요. 우리 체제와 전통의 가치를 축소하려드는 겁니다."

몇 겹의 기모노 무게 때문에 간신히 발이 땅에 닿아 있는 무게 없는 남자의 형상을 떠올리며, 며칠 전 한 교수가 들려준 말을 떠올렸다. 자기 학생 몇 명이 아키히토의 덴노 즉위식을 봄에 열리는 소녀들의 축제*에 비유하더라는 것이다. 여자아이들은 축제를 맞아 봉건시대의 덴노와 황후를

---

* 히나마쓰리雛祭り. 여자아이들의 성장을 축하하는 축제로 매년 3월 3일에 치른다.

본뜬 인형을 집안에 장식한다.

"바로 그겁니다!" 도이가 소리 질렀다. "사람들이 덴노와 황후를 인형으로 보는 겁니다."

도이는 자기 생각이 어떤지에 대해서는 일언반구도 없었다. 내 질문을 장난스럽게 이리저리 회피하며 무릎 위에 놓인 낡은 『로제 유의어 사전』 Roget's Thesaurus을 뒤적였다. 나랑 승강이를 벌이려 작정한 것 같았다. 내가 빨리 가버리길 바라는 것 같기도 했다. 나는 가려고 일어서면서 단도직입적으로 물었다. "도이 박사님도 덴노에 관한 질문을 받으면 당황하십니까?" 잠시 그가 조용했다.

이윽고 도이가 대답했다. "나도 다른 사람들처럼 무관심하다고만 말씀 드릴게요." "그렇게 말하면 너무…." 그가 어떤 영어 단어를 사용하면 좋을까 생각하더니 곧 하나 떠올리고는 웃었다. "그렇게 말하면 너무 '픽티브'fictive한가요?"

도이는 급진적 정치단체조차도 '아마에'에 대한 집착을 보였다고 덧붙였다. 『아마에의 구조』에서도 설명했듯 봉건시대 이래 "매 시대마다 실질 권력자에 대항하려는 저항운동이 황실을 항상 그 거점으로 이용했다"[11]는 것이다.

이는 엄밀히 말해 사실과 다르다. 일본에 존재했던 저항정신을 단순히 심리적인 습성으로만 축소하면 안 된다. 봉건시대 말기에 일어났던 수천 번의 농민봉기와 일부 근대적 정치단체의 활동을 단순히 '아마에'라는 말로 폄훼해서는 안 된다. 농민 지도자들이 다이묘의 학정을 막아달라고 덴노에게 호소하는 일이 물론 상당수 있었다. 도쿠가와 바쿠후가 몰락했을 때에도 평민들은 덴노에게 의존했다. 도이가 여기다 '아마에' 개념을 적용시키려 했던 것 같은데, 그렇다고 해서 그들이 전부 덴노주의자였던 것은 아니다. 덴노는 당시 하나의 정치 세력을 대표했을 뿐이다. 일본에서는 (사실 동아시아 전역에서 이런 현상을 볼 수 있는데) 각 대립 세력이 각자 분별 있는 정치적 입장을 구축해 대중의 지지를 얻고 이를 바탕으로 권력을 장악하기보다는, 어떻게 하면 눈에 띄게 영웅적인 자세를 취하느냐에 더 큰 관심을 갖는 일이 태반이다. 실질적 권력 장악은 부차적인 문제였다. 그러나 이 모든 것이 '아마에'보다는 정치적 미성숙이라는 미묘한 문제와 더 큰 관련이 있지 않았을까?

1980년대 후반까지도 활발히 활동하던 중핵파中核派라는 급진단체가 있었다. 중핵파는 덴노 교체기에 황궁에 원시적인 유탄을 발사하는 등 10여 건의 경미한 방해 행위를 시도했다. 나는 중핵파의 리더인 후지와라 요시히사藤原慶久를 만나러 도쿄 북부의 누추한 지역으로 향했다. 낡은 건물 안에 중핵파의 아지트가 있었는데 건물 밖에는 모래주머니와 철문으로 바리케이드가 쳐져 있었다. 중핵파는 내가 아는 한 저 시베리아 동토 끝 어딘가로 내쳐진 트로츠키처럼 고립된 존재였다. 예를 들어 아키히토의 통치 하에서 일본은 다시 군국주의로 되돌아가 새 덴노의 주도로 이웃나라를 침략할 거라고 주장하는 이들도 중핵파였다.

도이가 말하는 '아마에'가 이런 이상한 단체와 도대체 무슨 관련이 있겠는가? '아마에'는 과연 보편적으로 적용이 가능한 관념일까? 후지와라는 장황하게 여러 이야기를 늘어놓았지만 말에 별 조리는 없었다. 장광설을 들으며 나는 주름살과 피로와 근심스런 표정으로 가득한 그의 얼굴을 살펴보았다. 후지와라는 평생을 일리 있는 정치적 입장, 즉 덴노가 없으면 일본은 더욱 살기 좋은 곳이 되리라는 견해를 일련의 감정적 충동에 접목시키고 이 감정적 새장에 오랫동안 자신을 가둬놓고 살아온 인물이라고 나는 상상했었다.

그런데 기대와는 전혀 달랐다. 후지와라는 중핵파가 시도해온 정치적 모험의 역사를 담은 네 권의 하드커버 자료에 의존해 쉴 새 없이 지루하게 이야기를 이어갔고, 내가 다음 질문을 하느라 그의 말을 억지로 중단시킬 때에만 멈췄다.

그러던 그가 갑자기 흥미로운 얘기를 꺼냈다. "만약 우리가 덴노에 저항하지 않았더라면 사람들이 실망했을 겁니다." 만난 지 한 시간쯤 지나서야 나온 말이다. "우리 활동 때문에 즉위식이 예정된 일정을 벗어났지요. 방해를 받아 순조로운 진행이 어려웠어요. 바로 그게 중요한 겁니다. 완전히 성공한 거예요."

신화의 뒤편

히로히토가 1989년 2월에 매장되고 얼마 후 미국 보스턴 공영방송국 WGBH가 「히로히토: 신화의 뒤편」Hirohito: Behind the Myth이라는 다큐멘터리를 방영할 예정이었다. 영국 국영방송 BBC가 제작한 이 영화는 로이터 통신, 『타임』『라이프』『뉴스위크』를 비롯해 기타 여러 보도기관에서 활약한 영국계 프랑스인 기자 에드워드 베르Edward Behr의 동명의 저서를 기초로 했다. 베르의 저서와 다큐멘터리는 일기, 회고록 등의 자료를 바탕으로 현미경과 정원과 가족을 사랑하는 '미스터 앗소데스카'가 실은 태평양전쟁의 계획과 수행에 긴밀히 관여한 총사령관임을 주장했다.[12]

「히로히토: 신화의 뒤편」은 영국에서는 아무 문제없이 방영되었으나 미국에서는 방영되기도 전부터 학자들과 문필가들 사이에 황당한 소동이 일었다. "말도 안 돼!" 하는 탄식이 한 문인의 입에서 튀어나왔다. 이런 무척이나 학구적인 비평은 학계와 외교관 생활에서 은퇴한 에드윈 라이샤워가 방영 금지운동을 전개하자 터진 불만이었다.

라이샤워는 다큐멘터리의 방영을 금지할 것을 주장하며 『뉴욕타임스』인터뷰에서 말했다. "허튼 소립니다. 당시 덴노의 지위나 그의 권력에 관해 완전히 헛짚었어요. 일본 덴노 중에서 수백 년간 실질적인 권력을 누렸던 덴노는 아무도 없습니다. 저속하고 오류가 심해서 방영되면 안 됩니다."13

언론의 자유를 최대한 보장한다는 나라에서 이런 소리가 나왔다는 사실이 아이러니지만, 2차대전 종결 이후 내내 라이샤워 같은 학자가 정부에 열성적으로 조언을 해댔던 나라 또한 미국이 아니던가. 「히로히토: 신화의 뒤편」은 예정대로 방영되었다.

라이샤워로 인한 난리법석은 금방 사그라졌다. 그러나 이 소동은 국화회가 어떤 식으로 기능하는지 만천하에 보여주었다. 덴노의 이름으로 너무나 많은 사람들이 고통을 겪었음에도 불구하고 그런 덴노를 부활시키느라 라이샤워와 그 패거리가 교직과 관직에서 온갖 일을 벌였다. 이번 일도 마찬가지로 수치스러운 짓이었다.

책이든 다큐멘터리든 「히로히토: 신화의 뒤편」에 결점이 전혀 없었던 것은 아니다. 평론가들은 사실관계와 해석상의 오류를 놓고 상당히 열띤 비평을 했으나, 대개는 핵심을 간과한 채 사소한 점을 붙잡고 늘어지는 경우가 많았다. 지난 반세기 동안 미·일 양국 정부는 일본이 전쟁 중에 저지른 행위에 대한 책임을 히로히토가 지지 않도록 애써왔다. 혹시 누군가 이를 반박하려들면 반박한 측의 평판이 바닥으로 처박힐 만큼 가차 없이 공격과 비난을 퍼부었다. 도쿄에 살 때 미국에 잠시 귀국했다가 뉴욕의 한 서점에서 『히로히토』14라는 간결한 제목의 책을 발견했다. 「세계의 리더 - 과거와 현재」라는 157권짜리 시리즈의 일부로 1988년에 출간된 책이었다. 『히로히토』는 역사학자 아서 슐레진저 2세Arthur M. Schlesinger, Jr.의 에세이 『리더십에 관하여』On Leadership를 서문으로 하는 얇은 책으로, 사진이 많이 실려 있고 "특히 젊은이들을 위해서"라고 쓰여 있었다.

『히로히토』에는 덴노에 관한 주류 역사의 시각이 잘 요약되어 있었다.

서문에서는 슐레진저가 "본 시리즈에서 다루는 '행동하는 리더'"[15]의 권력에 관해 유려하게 웅변하고 있는데, 기타 주류 역사 서술처럼 덴노를 침묵과 주저로 괴로워하던 수동적인 영혼의 소유자로 묘사하고 있다. 이것이 주류 역사의 핵심이니 정말 아이러니가 아닐 수 없다. 주류 역사 서술에 따르면 전쟁 중에 히로히토는 고립되어 후키아게 궁의 어두운 한 구석으로 고독하게 물러나 있었고, 명령을 내리기보다 모든 것을 잠자코 승인하는 입장이었다는 것이다. "덴노가 고문들에게 설득당했다"는 시나리오는 아직도 물의를 일으키고 있다. 미국 학생들을 대상으로 한 히로히토의 인물 묘사는 다음과 같다.

> 그는 국무보다는 해양생물의 표본 수집을 더 마음 편하게 여겼다.[16]
> 히로히토는 '중국사변'——일본인들이 중국과의 전쟁을 일컬어 사용하는 용어——의 구체적 정황에 대해 보고를 듣지 못했고 … 난징대학살에 대해서는 전혀 모르고 있었던 것으로 추정된다.[17]
> 전쟁 중 히로히토의 역할은 미미했다. 대부분의 기간을 궁 안에서 보냈을 뿐이다.[18]

생물학에 관한 덴노의 관심을 전후에 이런 식으로 선전용으로 이용한 것은 그 기묘한 유래를 생각해보면 기막히다 하지 않을 수 없다. 히로히토는 황태자 시절부터 열띤 자연주의자(그는 이 부분에 관한 한 결코 아마추어가 아니었다)였다. 그는 과학의 군사적 응용을 적극 주장했고 자기에게 생물학을 가르치던 학자들에게 세균전에 필요한 세균을 배양하도록 다그쳤다. 그렇게 개발된 치명적인 세균 폭탄이 본토작전 중 중국에 실험적으로 투하되었다. 그 시점에 히로히토는 이미 악명 높은 731부대 창설을 허가하게 된다. 731부대는 세균전 부대로, 다른 부대와는 달리 유일하게 덴노의 칙령으로 설치가 허가되었다.

텐노가 궁에서 시간을 많이 보낸 것은 사실이다. 그러나 이는 궁 안에 대본영大本營*이 설치되어 있었기 때문이다. 히로히토의 사령본부였다. 그가 대본영에 처음 행차한 것은 난징학살이 개시되기 직전의 일이다. 난징에서는 2만 명의 여인이 강간당하고 20만 명이 넘는 사람들이 학살당했다. 히로히토는 이 테러를 지휘한 장교들을 재빨리 치하했다. (난징학살을 주도한 사령관은 히로히토 처가 쪽 숙부였다.) 난징학살 목격자들의 증언은 사건 직후 문서화되어 출간되었고 세계(일본을 포함한)가 성토의 목소리를 드높였다. 그런데도 궁 안에 있던 사내는 아는 바가 전혀 없었다는 것이다.

혹한 속에서 히로히토의 장례식이 열리기 직전, 『마이니치신문』이 아리스티더스 조지 라자러스Aristides George Lazarus의 이야기를 실었다. 오래 전에 은퇴해서 뉴욕 교외에 살고 있던 라자러스는 록펠러센터에 자리한 『마이니치신문』 지국의 특파원들에게 마음의 짐으로 여기던 사실을 털어놓았다. 라자러스는 관제 역사, 수정주의 역사를 불문하고 큼직한 역사적 사건에 등장하는 인물은 아니다. 그러나 해병대 소속이자 변호사인 라자러스는 1946년에서 1948년까지 이어진 도쿄 군사재판에서 전범의 변호를 담당했었다. 라자러스의 회고에 따르면, 도쿄재판이 시작될 즈음 트루먼 정부의 관리로부터 도쿄 스가모 감옥에 수감된 도조 히데키—전쟁 중 히로히토 밑에서 총리를 지낸 그 유명한 인물—에게 개인적으로 접근하라는 명령을 받았다. '당신이 유죄판결을 받는 대신 히로히토는 면책되어 일본은 히로히토의 치하에서 재건될 것'이라고 도조에게 설명하는 것이 라자러스에게 주어진 임무였다. 그는 임무를 수행했지만 불쾌했던 그 명령을

---

* 태평양전쟁 중에 덴노의 직속으로 군대를 통솔하던 최고사령부.

평생 잊을 수 없었다. 잘 알려진 대로 도조는 교수형을 당했고 그로써 덴노를 위한 마지막 사명을 다했다.[19]

오랫동안 역사학자들은 도조 히데키에게 압박이 있었다는 주장을 해왔다. 그런 압박이 어떤 식으로 가해졌는지 라자러스의 진술에 의해 명료하게 확인된다. 그러나 히로히토의 전쟁 책임에 관련된 증거들이 대개 그런 취급을 당하듯, 라자러스가 일러준 작은 역사의 한 조각에 관심을 보인 사람은 거의 없었다.

전 참모총장 스기야마 하지메杉山元의 회고록 『스기야마 메모』杉山メモ[20]는 히로히토 사망 전에 출간된 히로히토에 관한 희귀 문헌이다. 별 특색 없는 용모라 하여 별명이 '목욕탕 문짝'이었던 스기야마는 전쟁이 벌어지는 동안 히로히토와 수없이 나누었던 대화를 사적으로 기록해두었다. 가장 주요한 부분은 히로히토가 진주만 공격을 알고 있었을 뿐 아니라 1941년 9월에는 공격 계획의 예비조사까지 친히 명령했다고 기록된 부분이다. 역사를 다시 써야 할 정도로 중대한 사실의 폭로였다. 그러나 이 책이 1971년에 출간되었을 때 이에 주목한 사람은 태평양 양편에 아무도 없었다.

일본인들은 일기 쓰는 데에 열심이고, 개인의 일기는 사적인 개인성을 예리하게 드러내는 역할을 한다. 정치가나 황궁의 관리나 기타 공인들에게 일기는 권력 상층에서 만연하는 음모로부터 스스로를 보호하는 기능도 한다. 히로히토에 관한 문서 중 항복 직후 자행된 문서 폐기로부터 살아남은 자료란, 심하게 왜곡되거나 수정되긴 했어도 일기를 기초로 하는 문헌들밖에 없다. 역사가들은 자기들끼리만 알아보는 이야기로 소통했고, 관제 역사는 언론의 침묵에 힘입어 거의 아무런 도전도 받지 않고 그대로 유지되었다.

히로히토의 죽음은 그런 상황에 변화를 가져왔다. 히로히토가 죽고 아키히토가 즉위하던 그 사이 기간에 출간된 여섯 권의 일기는 전부 히로히토의 생애나 그의 관심사를 담고 있었고, 어떤 경우에는 히로히토의 어록이나 그의 치세에 벌어진 사건에서 그의 역할이 무엇이었는지를 논하는 것도 있었다. 저자는 각각 총리, 궁내대신, 시종무관장侍從武官長* 그리고 세 명의 황궁 시종들이었다. 이 여섯 권이 가장 눈에 띄는 문서이지만 다른 책도 대거 등장했다. 히로히토의 사망으로 일종의 벽을 지탱하던 핵심 주춧돌이 헐거워졌고, 그러자 일본 전역에서 학자, 늙은 퇴역군인, 교사, 전쟁미망인, 사망자의 자녀 등이 연구조사에 임하고 회고록을 수집하고 증언을 기록했다. 졸졸 흐르던 물줄기가 하룻밤 새에 급류로 탈바꿈했다.

이들 중 가장 중대한 자료는 히로히토의 언행을 기록한 책이다. 데라사키 히데나리寺崎英成는 태평양전쟁 발발 당시 워싱턴 외교관으로, 서구에 공감하는 자유주의적 외견을 보여주던 사람이었다(숙련된 스파이였다는 점에서 외견상의 이미지는 사실 의심스럽다). 전쟁이 끝난 후 히로히토는 데라사키로 하여금 맥아더를 상대하는 일에 조력하게 했다. 데라사키의 『독백록』獨白錄[21]은 그 과정에서 히로히토와 데라사키와 다른 네 명의 관료가 함께 나눈 대화를 기록하고 있다.

『독백록』은 주목할 만한 문서이다. 1946년 초반에 자신이 전범으로 지목되느냐 마느냐 하는 문제와 관련해서 히로히토가 측근과 모여 검사의 질문에 어떻게 답변할지 연습하는 장면도 나온다. 질의응답 형식이었다. 3주간 다섯 번에 걸친 리허설에서 덴노는 즉위로부터 20년가량 되는 기간 전체를 되짚어 연습했다. 데라사키는 이 모의 질의응답을 요약정리해 1951년 사망할 때 딸에게 물려주었다. 39년이 지나 데라사키의 딸이 이를 출간했다. 우선 월간지에 연재하고 그후 이를 데라사키의 일기와 함께

---

* 시종무관장은 대본영에 소속된 기관인 시종무관부의 우두머리로 상시 덴노를 보좌하고 군사에 관한 보고와 명령전달을 담당한다. 우리도 대한제국 시기에 시종무관장이라는 명칭의 직책이 있었다.

묶어 책으로 냈다.

히로히토는 자신을 입헌군주, 즉 정부와 군에 대해 제한된 권력을 갖는 명의뿐인 군주라고 주장할 작정이었다. 그러나 데라사키의 『독백록』은 약간 다르게 읽힌다. 책속에 묘사된 히로히토는 군을 통제할 힘이 있는 신격화된 군주이자 무사였다. 완벽한 내부자였고 전쟁 중 정치음모에 긴밀히 관여한 편협하고 비열한 인간이었다. 『독백록』의 머리말에서 데라사키는 히로히토의 죄나 책임에 관해 아무런 언급을 하지 않았다. 그냥 히로히토 본인이 스스로 말하도록 내버려둘 뿐이었다.

히로히토는 나름대로 유신주의자였다. 쇠약해지는 자기 부친의 치하에서 덴노의 권력이 약화되고 정당정치가 득세하자 추세를 역전해볼 작정이었다. 『독백록』은 히로히토가 어떤 시점에서 그러한 계획에 착수했는가 하는 것을 밝힌다. 1929년 중반, 즉위에 오른 지 1년이 채 안 되는 시기에 히로히토는 자기 밑에 있던 총리를 내쫓았다. 이로써 '다이쇼 데모크라시'는 막을 내리고 덴노가 활발히 관여하는 정부(그리고 군대)가 운명적으로 출발하게 되는 것이다. 그 순간부터 히로히토는 제국에 대한 자신의 야망을 착실하게 추구했다. 내적으로는 정치적 장기를 두었고 대외적으로는 암호화된 전보에서 군물자 수송의 세부 사항에 이르기까지 세세히 관여했다.

그러나 공식적인 덴노 역할 재정립에 한 가지 치명적인 허점이 있었다. 바로 비현실성이었다. 역사 왜곡이란 대규모 문서 폐기만으로는 달성하기 어려운, 야심이 지나친 사업이었다. 히로히토가 그렇게 명백히 아무 권력도 없는 구경꾼이었다면, 맥아더나 라이샤워나 그밖의 일본문제 관련 로비스트들이 대체 무엇 때문에 그토록 덴노를 위해 비밀스런 노력을 기울였겠는가.

이 문제에 대해 주류 역사학자들은 아무런 설명이 없다. 관제 역사는 1990년 이후 설득력을 잃어 이제는 위축되고 공허해 보일 뿐이다. 『독백록』과 기타 새롭게 입수 가능한 자료 덕택에 우리는 이제 히로히토와 그의 시대에 관해 '반박할 수 없는 진실'을 볼 수 있게 되었다.

모두의 비밀

히로히토 사망 한 달 전, 나가사키 시장 모토시마 히토시本島等가 시의회에서 덴노의 죄에 관한 문제는 이제 일본인의 마음을 억누르는 문제가 아니라는 내용의 발언을 했다. 당시 67세의 모토시마는 평생을 천주교 신자로 살아온 사람으로 오랜 기간 자민당 당원이었으나 어딘지 모르게 아웃사이더의 분위기가 풍겼다. "전쟁이 끝난 지 43년이 흘렀습니다." 모토시마가 시의회의원의 질문에 대답했다.

> 그리고 전쟁이 어떻게 일어났는가에 대한 반성은 충분히 했다고 봅니다. 외국의 여러 자료를 읽어봐도 그렇고, 일본 역사가들이 쓴 책을 들춰봐도 그렇고, 제가 실제로 체험한 군대생활로 미루어봐도 그렇습니다. … 덴노한테 전쟁에 대한 책임이 있다고 저는 생각합니다. 그러나 다수의 일본인과 연합국 측의 의사에 의해 그는 책임을 면했고 신헌법의 상징이 되었습니다. 우리도 그런 입장을 따르지 않으면 안 된다고 저는 해석합니다.²²

모토시마가 이 말을 얼마나 겸허하게 했는지 마치 재고의 여지가 없이 결론이 다 나버린 사항 같았다. 실제로도 많은 일본인들이 그렇게 생각하고 있었다. 그러나 모토시마는 입 밖에 내서는 안 되는 진실을 끄집어냈다. 주류 언론은 이 언덕 많은 항구도시에 몰려들어 무슨 계기로 시장이 그런 발언을 했는지 궁금해 했다. 10여 개의 우익단체가 쫓아와 길거리를 매우고 사과와 발언 철회를 요구하면서 "천벌을 받으라"고 외쳤다. 그로부터 1년 후, 한 우익단체가 모토시마에게 지극히 '속세적인 벌'을 내렸다. 극우 과격분자의 총탄이 늙은 시장의 폐를 관통해 거의 생명을 앗아갈 뻔했던 것이다.

모토시마 저격 사건은 일본이 아직도 위험한——부활한 극우분자들이 표면으로 부상하기를 기다리며 어슬렁거리는——곳이라는 인식을 남겼으나, 실제로 이 사건에는 별개의 측면이 있었다. 시의회 연설 후 모토시마는 일약 영웅으로 떠올랐다. 그를 지지하는 편지가 7,000통이 넘게 도착했고, 몇 개월 후 40만 명에 달하는 사람들이 '모토시마는 자기 생각을 표현할 권리가 있다'는 내용의 탄원서에 서명했다. 후에 발생한 저격사건은 과거에 대한 향수에서 비롯된 이변에 속하며 오히려 새로운 체제의 확립을 증명하는 현상으로 여겨졌다.

모토시마는 나중에 지지자들의 편지를 모아 출간했다. 이 편지들은 일본인이 덴노 숭배 강요의 시대로부터 얼마나 많이 변했는지 입증하는 한편, 미국의 히로히토 재포장에 얼마나 심각한 허점이 있었는지를 드러냈다. 전시 총사령관이었던 자를 갑자기 마음 여린 평화주의자로 재포장해서 그의 신민이던 국민들에게 그걸 믿으라면 믿을 줄 알았다는 사실만 봐도, 미국의 일본 관련 로비스트들이 얼마나 일본 대중을 우습게봤는지 알 수 있다. 그건 오만이었다. 너무나 많은 이들이 전쟁 당시 일본과 히로히토의 행적을 정확하게 알고 있었고, 그들 중 몇 사람은 모토시마에게 격려의 편지를 보내는 방법으로 앙갚음했다.

히로히토 사망 직전에 발표된 문서 중에는 기도 고이치木戸幸一의 일기도 있다. 기도 고이치는 전시에 옥새 보관을 담당하던 귀족 대신으로 덴노와는 어린 시절부터 친구사이였고 덴노가 가장 신뢰하던 고문관이기도 했다. 기도의 일기는 1945년부터 시작해서 일정한 시간 간격을 두고 조금씩 발표되었다. 1987년에 출간된 부분에는 히로히토에게 퇴위를 종용하는 기도의 비밀메모가 포함되어 있다. 1951년에 있었던 일이었다. "퇴위하지 않으면," 기도가 말했다.

> 황실만 책임을 회피한 것이 되고 석연찮은 공기가 남아 결과적으로 황실에 영원히 화근이 될 염려가 있다.²³

기도가 앞을 제대로 내다보았다. "석연찮은 공기"는 히로히토의 여생 내내 어른거렸다. 오늘날 일본 지배층의 악착 같은 과거사 부정에도 어른거린다. 황위에 드리워진 "화근"이 "영원"할지는 두고 봐야겠지만, 문제의 진정한 해결은 일본이 세상에 진실을 진실로 인정하기로 결단내릴 때에만 가능할 것이다.

아키히토는 즉위해서 3년 동안 세 차례 해외순방을 다녀왔다. 각 순방은 치밀하게 계획·조정된 광경을 보여주었다. 일찍이 일본 덴노가 방문한 적 없던 동남아시아와 중국에서는 과거 침략전쟁에 관해 자기 부친과는 차원이 다른, 직접적인 사과에 버금갈 만한 발언을 했다. 미국 방문에서는 캐주얼한 복장으로 편안하게 대화하며 조 디마지오Joe DiMaggio*와 저녁을 먹던 황태자 시절의 아키히토의 이미지로 돌아갔다. 이런 모든 행차가 일본 국내에 전하는 메시지는 명백했다. 세상이 일본의 덴노를 인정해주니 이제 새 일본에 새 시대가 열렸다는 것이다.

그러나 아시아 여러 나라가 그렇게 학수고대하던 정식 사과는 없었다. 진주만 폭격 50주년이 되는 1991년에는 진주만에 방문하려던 덴노 부처의 계획이 일본 정부에 의해 갑작스럽게 취소되었다. 미국 유명 야구선수

---

* 미국 메이저리그 야구선수. 1936년에서 1951년까지 뉴욕양키스의 중견수로 활약하며 큰 인기를 누렸으며 마릴린 먼로와 결혼했던 것으로도 유명하다.

와 저녁식사 하는 정도로는 얼버무려지지 않는 의미심장한 처사들이었다. 그런 의미에서 덴노의 해외 순방이 우리에게 준 교훈 또한 명백했다. 아무리 멋진 이미지로 그럴싸하게 포장한다 해도 진정한 역사관을 대신할 수는 없었다는 것이다.

쇼와 시대가 막을 내렸지만

덴노를 중심으로 시대를 생각하는 습관은 이제 서서히 사라져가는 중이다. 연호 체계 같은 습관은 일본적인 것의 중심에 덴노가 존재함을 인정하는 일본다움의 선언이다. 일본 명사들은 덴노 교체기를 기준점으로 삼기를 즐긴다. 히로히토의 장례식으로부터 몇 개월 후, 우아하고 세련된 패션 디자이너 모리 하나에森英惠가 패션계 데뷔 35주년을 기념하는 저녁파티를 열었다. 모리 하나에는 자기 부티크 본점이 있는 파리에서 막 귀국한 참이었는데 언제나 그렇듯 일본적이기보다는 프랑스적인 구석이 훨씬 많은 인물이었다. 그런데 모리의 입에서 신기한 말이 나왔다. "쇼와 시대가 막을 내렸습니다, 여러분." 파티 손님들을 향해 말했다. "이제 저 스스로를 재평가할 시점입니다."

맥아더는 덴노를 비호하면서 만약 덴노를 전범으로 만들면 "일본인들 간에 엄청난 동요가 일어날 것"[24]이라고 경고했다. 미국 정부에 "덴노를 파멸시키면 온 나라가 붕괴하게 될 것"이라는 의견을 피력했다. 우리는 이 주장에 의문을 제기할 수 있다. 동요는 없었을 수도 있다. 설령 동요가 있다손 치더라도 일본 국민이 그런 동요를 환영했을 수도 있다. 그러나 미국 정부가 내린 결정은, 실질적 다원주의의 등장이나 '일본적인 것'의 개념 확대를 일본에서 적어도 45년은 확실하게 지연시키고 말았다. 그런 의미에서 히로히토의 죽음은 일본인들에게 커다란 안도감을 가져다주었고 그 안도감은 항복 당시 일본인들이 느꼈던 안도감과 별반 다르지 않았다. 생각의 다양성이나 국가 정체성에 대한 열린 사고가 일본인에게 생소한 이유는 그런 것들이 오랜 세월 용인되지 않아서이지 다른 이유 때문이 아니다. 디자이너 모리 하나에가 히로히토의 사망을 계기로 스스로를 재평가 했을는지는 모르겠으나 그다지 슬퍼하는 것 같지는 않았다. 내가 잘못 본 게 아니라면 말이다.

덴노제의 부작용을 해결하기 위해 덴노제 자체를 폐지하는 조처는 이제 불가능하다. 그럴 기회는 이미 오래 전에 지나가버렸다. 제도의 개선을 위해서는 덴노가 일본인의 심리에서 차지하는 자리가 변화해야 한다. 전후 헌법상 히로히토의 임무는 국가의 상징이 되는 일이었고 이는 덴노의 역할을 극히 제한했다. 그러나 궁내청과 정부 엘리트들이 그런 상황을 교묘하게 이용하여 계속 나라에 담장을 두르고 외부인을 배격했다. 히로히토는 생존 내내 일본의 궁극적인 '수입 장벽' 역할을 했다.

'신성한 무無'가 전혀 신성하지 않은 존재로 변한 이 시대에 아키히토는 이제 빈 그릇을 무엇으로 채우려 할까? 그의 부친, 조부, 증조부는 전부 처음에 근대주의자로 즉위했다가 애초의 약속을 제대로 지키지 못했다. 아키히토 또한 같은 기회, 같은 위험에 직면해 있었다. 사람들은 덴노 교체기에 새 덴노가 선조 덴노들이 쌓아올린 낡은 담장을 허물어주지 않을까 기대했다. 적어도 그게 새 덴노가 약속한 바였다. 아키히토는 세계에서 가장 오래된 광적인 신성숭배를 등지고 소시민적 군주가 되려는 의지를 보여주었다.

그러나 야망이 성공적으로 실현될지의 여부는, 국민들이 역사를 다시 정확하게 고쳐 쓰려고 시도하는 순간에 아키히토의 반응에 따라 크게 좌우될 것이다. 아키히토의 즉위 당시 영국이 여러 번 언급된 점은 흥미롭다. 영국은 일본처럼 섬나라인데다 외국인을 별로 좋아하지 않는 나라이다. 영국 왕실은 과거 대영제국 시절의 상처를 잔뜩 떠안고 있다. 그럼에도 불구하고 건재하다.

상징적 덴노의 뒷모습

1990년 12월의 어느 토요일, 나는 교토행 신칸센에 몸을 실었다. 아키히토와 미치코가 교토의 옛 황궁 교토어소京都御所에서 주말을 보내기로 되어 있었고, 내가 탄 기차는 덴노 부처가 출발한 지 불과 수 시간도 안 되어 출발했다. 그 전날에는 중핵파가 설치한 폭탄이 터져 덴노 일행의 특별열차가 통과할 구간에 위치한 제방 하나가 무너졌다. 그러나 덴노 부부는 무사히 교토에 도착했다. 선조들이 오랜 세월 조용하고 무기력하게 머물던 교토에서 아키히토 일행은 덴노 교체의 마지막 의식을 거행하기로 되어 있었다. 그 의식의 종료와 함께 덴노 교체의 전 과정이 완료될 예정이었다.

그 다음날은 가을 날씨 청명한 일요일이었다. 아침에 교토 텔레비전 지역방송을 틀어보니 최초로 우주를 비행한 일본인에 관한 토크쇼와 보도 일색이었다. 그는 어느 텔레비전 방송국 기자였는데, 그 방송국은 소속 기자를 우주탐사 비행에 참가시키기 위해 러시아에 1,200만 달러를 지불했다. 나는 정오에 택시를 타고 서둘러 교토어소로 향했으나 입구를 지키는 경비원 이외에는 아무도 없었다. 교토어소 서편에 위치한 교토 팔레스사이드호텔 프론트에 가서 덴노가 어디로 오는지 물었다. 아무도 몰랐다. 일단 점심을 먹다가 옆 테이블에 앉아 있던 학생 두 명에게도 같은 질문을 해봤다. 두 사람은 어깨를 으쓱했다. 그중 한 명이 잠시 자리를 비웠다 돌아오더니 반대편 길로 온다고 말했다.

"동쪽 길로 오나요?"

그가 또 어딘가로 사라지더니 다시 돌아와서 말해주었다. "아니요. 남쪽 길이요."

오후 2시가 조금 지나자 경찰이 남측 도로변에 늘어선 가로등 사이사이에 두꺼운 나일론 줄을 치기 시작했다. 한 시간 내로 군중이 모여들더니 두 겹 세 겹으로 늘어섰다. 다 합쳐서 천 명가량은 될 듯싶었다. 경찰은 우리를 양떼몰이 하듯 유도해 한 군데 몰려 있지 않고 길가에 균일하게 퍼지도록 조절했다. 이윽고 길가에 차량이 뚝 끊겼다. 3시 25분, 공식 예정보다 25분 늦은 시각에 덴노부처를 태운 검정색 일제 리무진이 나타나 품위 있는 속도로 지나갔다. 군중의 탄성이 들렸고 간간히 "반자이"(만세)를 외치는 사람도 있었다. 자동차 안에서는 비둘기색 장갑을 낀 미치코의 왼손이 창밖을 향해 맥없이 흔들렸다. 그리고는 황궁 대문 안으로 사라졌다.

1분 안에 모든 게 끝이었다. 경찰들은 다시 긴장을 풀고 서로 잡담을 나누기 시작했다. 황궁의 낡은 목조대문은 그냥 열어놓은 채였고, 검정과 노란색 페인트로 칠한 나지막한 철제 장애물만 문 앞을 가로막고 있었다. 몇 분 내로 군중은 흩어졌고 두어 시간 동안 시행된 명령은 해제되었다. 사람들이 몰려 지나가고 땅거미가 어둑어둑 내렸다. '상징적' 덴노는 그렇게 선조들의 집으로 돌아왔다.

> 우리는 서구의 문화를 듬뿍 사용하고 있습니다.
> 그러나 우리는 작은 씨를 심었습니다.
> 씨에서 뿌리가 나고 싹이 나서 자라는 것처럼,
> 우리도 우리 자신을 재창조하기 시작하려는 참입니다.
> _오에 겐자부로, 1993년 대화 중에서

아직 끝나지 않은 꿈

가토 요시로는 브룩클린의 어느 인적 드문 구역에 산다. 가토와 그의 아내 가즈코가 사는 아파트는 맨해튼 남쪽 스카이라인이 보이는 용도 폐기된 선창이 늘어선 해안에 등을 맞대고 있다. 창고를 개조한 로프트 건물 3층 아파트는 가토의 작품으로 가득하다. 가토는 팽팽하게 긴장된 얼굴을 한 부지런한 사람으로 머리 꼭대기가 동그랗게 벗겨지고 흰머리를 어깨까지 늘어뜨려 마치 체발剃髮한 천주교성직자 같다. 기존 관념으로 보면 불경스런 상상력의 소유자이기도 하다. 1960년대에 가토가 일본에서 주도하던 그룹은 '의식'(가토의 용어를 빌리면)으로 잘 알려져 있었다. '의식'이란 당시 미국에서 유행하던 용어로 '해프닝'happening*에 해당했다. 가토 그룹은

---

* 1960년대에 미국에서 유행하던 전위적 공연예술을 '해프닝'이라고 불렀다.

푸른색 샐러리맨 정장을 입고 그리스 조각의 얼굴처럼 무표정한 눈 없는 마스크를 썼다. 한 '의식'에서는 번잡한 지하철 입구에 이불을 깔고 무릎 꿇고 앉아 옷을 벗은 채 직접 고안한 자동 자위기구를 사람들에게 나누어 주었다. 벌거벗은 여자를 식품포장용 랩으로 싸서 어깨에 짊어지고 도쿄를 선회하는 야마노테선 전철에 올라 차량을 누빈 적도 있었다.

가토의 '의식'이 표현하려던 것은 무엇일까? 환상, 욕망 그리고 당연히 여성이라 하겠다. 지금도 그런 주제가 작품에 분명히 드러난다. 60년대에 시도했던 행위예술은 전후 일본이 비굴할 정도로 미국 흉내를 냈던 것과 관련이 있다고 가토는 설명했다. 산업화와 대량소비가 일본을 "살기 나쁜 우주선"처럼 만들어버리고 자연과 인간을 분리하지 않던 고대적 전통을 파괴했다는 것이다. 만약 문명개화가 기차라면 자신은 하차하고 싶다고 말했다. "옷을 벗는 것은 서양적인 것을 벗어버린다는 의미입니다. 내 스스로 자연의 대변자가 되는 겁니다. 제가 창조적 예술 활동을 할 때에는, 자연의 창조를 위해 제 몸을 사용합니다."

아파트 벽면에 겹겹으로 기대어놓은 그림들은 놀라웠다. 색깔과 초현실주의 이미지의 잔치였다. 가토가 그린 여인들은 길거리나 현대적인 부엌이나 전통적인 방에서 앉거나 서거나 자고 있었다. 어떤 때는 누드였고 어떤 때는 기모노 차림이었다. 여인들은 괴상하고 인위적인 회색 페니스를 달고 있었다. 머리 꼭대기가 벗겨진 가토 자신을 닮은 등장인물이 여성의 성기를 지닌 그림도 있었다. 가토는 작품의 캔버스 사이즈를 전부 통일해서 일본 전통가옥용 미닫이문으로 설치할 수 있도록 디자인했는데, 그런 아이디어가 괴팍하다 해야 할지 순진하다 해야 할지 유머스럽다고 해야 할지 잘 모르겠다.

과거의 '의식'과 현재의 '캔버스' 사이에는 30년이라는 간격이 있었으나 별로 변한 것은 없었다. 가토는 아직도 극도의 적개심 비슷한 것을 갖고 있었다. 자기 나름의 방법으로 일본이 선택한 길에 대해 항의하면서, 메이지 시대와 무사의 시대 이전에 존재하던 일본, 즉 그의 말을 빌리면 "여자와 남자가 모두 자유롭던 여자의 나라"였던 일본의 상실을 통탄했다. '자연 속 인간'이라는 고대의 사상도 소실되었을 뿐 아니라, 여성들은 그저 남성이 되라고 강요받고 있다는 것이다. 가토의 작품 중에 아무런 실내장식 없는 전통가옥의 문 밖에 한 여인이 앉아 있는 그림이 있다. 그림 속 전통가옥의 내부에는 또 다른 한 채의 집과 그 집 지붕을 덮는 푸른 하늘과 하늘 한 구석에 떠 있는 구름만 덩그러니 들어 있다. 그림을 열심히 들여다보고 있는 내게 가토가 말했다. "일본인에게 더 이상 무의식이란 없어요. 마음도 없고 정신도 없고 그저 표면만 있을 뿐이지요. 겉모습이 전부예요." 가토가 거리에서 벌이던 공연예술이 일으키던 충격은 이미 오래 전에 효과를 잃었고, 옳고 그름을 떠나 더 이상 사람들의 주목을 끌지 못하게 되었다. 그런 한물간 예술가와 부룩클린 한 귀퉁이에서 나누는 이야기로 일본 문화에 관한 장을 시작한다는 것이 좀 이상해 보일 수도 있겠다. 그러나 일본은 1868년 이후 일종의 망명 생활을 하는 예술가를 양산했다. 가토에게 왜 미국에 왔느냐고 묻자 그가 대답했다. "다른 사람만 바라보고 자기 자신을 돌아보지 않으면 '나는 누구인가'라는 질문에 해답을 구할 수 없지요. 일본에 살면 스스로를 돌아보기 어려워요."

정체성 찾기

자기 자신을 돌아본다는 게 간단한 얘기처럼 들려도 사실은 근대 이후 모든 예술가가 끝없이 추구해온 과제다. 근대화에 주력하던 메이지 시대의 개혁도 교육, 정치, 사회관습의 개혁을 불문하고 전부 자기성찰과 함께 시작되었다. 그러나 자기성찰의 성과를 눈 가리고 아웅하는 식으로 판가름

해서는 곤란하다. 예컨대 자기성찰을 제대로 했다면 학교나 정치판에서 개혁의 본래 의도가 변질된다든지 외국 제도를 서투르게 모방하는 일은 일어나서는 안 되는 것이 타당하다. 화가와 문인들은 진정한 혁명을 요구했다. 그 기준에 못 미치면 실패였다. 예술가들은 대중이 잠시 구경만 했지 쟁취는 하지 못한 자율성을 추구할 의무가 있었다. 그렇지 않으면 예술가가 아닐 터였다. 그렇지 않으면 그들의 작품은 그저 허위일 뿐이었다. 오늘날 이런 허위의식이 두드러진다. 몇몇 예외를 제외하고는 자신 돌아보기를 제대로 하지 못했기 때문이다. 일본인들의 회화, 조각, 소설, 영화 등을 보라. 서양의 유행을 본뜬 아류작이 얼마나 많은가? 주체적으로 무언가를 보여주려는 의지가 결여되어 있는 죽은 작품들이다. 마치 수세기 전 중국 모방에 골몰하던 학자들이 써댄 운문처럼 생명이 없다.

1876년 일본 정부는 안토니오 폰타네지Antonio Fontanesi라는 이탈리아 학자를 초빙해 일본 최초의 유화 화가들을 길러내도록 했다. 폰타네지는 직접 자연을 관찰해서 이를 풍경화로 옮기는 바르비종 파* 화가였다. 하루는 폰타네지가 학생들에게 도심을 스케치해오도록 일렀다. 학생들은 다음날 빈 스케치북으로 스승에게 돌아왔다. 그리기에 마땅한 소재가 전혀 없었다는 것이 이유였다. 절간의 풍경도, 학자들이 은둔한 모습도, 꽃봉오리가 피어나는 가지도, 흰 눈을 배경으로 거위 떼가 모여 있는 모습도 없었다는 것이다. 이 일화를 퍼뜨린 인물은 메이지 시대의 유명 화가 아사이 추浅井忠였다.

아사이는 이 일화에서 자기 자신의 본질적인 결함을 보았음이 틀림없다. 폰타네지도 가르쳐줄 수 없는 부분이었다. 이것이 일화의 핵심이기도 했

---

* 바르비종 파는 파리 근교 바르비종에서 모여 자연과 농촌의 일상을 소재로 그림을 그리던 밀레Millet, 코로Corot 등의 화가들이 중심이 된 회화의 유파를 가리킨다.

다. 도쿄는 소재가 풍부한 도시라고 폰타네지는 훈계했지만 학생들은 깨닫지 못했다. 세상을 보는 눈이 있으려면 먼저 자신을 돌아보고 자기가 서 있는 곳이 어디인가를 이해해야 하는데 그러지 못했기 때문이다.[1]

건축가가 철 주조를 익히고 의사가 서구식 위생법을 터득하듯 그렇게 아사이 추와 동료 학생들은 서양화법을 공부했다. 그들은 (빳빳한 붓, 캔버스, 유화물감의 속성 등을 이용한) 표현법과 (내부광선, 입체감 묘사 같은) 형식을 연마했다. 그러나 힘겨운 과제가 놓여 있었다. 엔지니어는 화혼양재라는 메이지 시대의 계율에 따라 주철로 된 교량을 건설할 수 있었다. 과두지배 세력이 정치체제를 구축할 때에도 마찬가지였다. 그러나 화혼양재를 예술에 적용시킬 수는 없었다. 예술가가 추구하는 바는 그런 언명과는 본질상 완전히 반대편에 놓여 있어야 했다. 이 얘기는 화가나 시인이나 소설가가 일본적인 것을 포기해야 된다는 의미가 아니다. 전혀 아니다. 예술가는 '일본정신'이라는 용어에 함축된 '전통'을 뛰어넘는 다른 어떤 것을 발견해야만 한다. 메이지유신 이후 문화의 문제가 부분적으로 정치적 문제였던 이유도 여기에 있다. 왜 '단순히 보는 행위'만으로도 관습에 대한 도전이 될 수 있는가 하는 의문에 대한 해답이기도 하다.

그 '전통'이라는 게 뭐였을까? 근대 이전에 예술은 무엇으로 구성되어 있었을까? 복잡한 대답을 간단히 줄이자면 이렇다. 순전히 '형식'이었다. 실질적 내용물이 절묘하게 결여되고 형식만 존재했다. 물론 에도 시대 말기에 생기 넘치는 대중문화가 발달했던 것은 사실이다. 그 문화는 오늘날에도 우타마로, 히로시게, 호쿠사이 등이 그린 우키요에浮世繪 목판화를 통해서도 우리에게 친숙하다. 그러나 그런 목판화나 민중극은 일상에 기초했다. 대전통이 아닌 소전통의 일부였다. 다도나 그밖의 무사들의 예법은 사뭇 대조적이다. 참여자는 과거에 어떻게 했었는지에 대해서만 정통하게 된다. 그림을 배운다는 것은 한 유파의 대가 밑에 들어가 중국 전통에서 비롯된 몇 가지 형식적인 풍경을 그대로 흉내내는 것을 의미했다. 시를 짓는 것도 마찬가지였다. 침묵 속에 창조되는 17음절로 된 완벽한 하이쿠는 우아한 실크 기모노에 들어간 추상적인 무늬와 같다. 전통연극 노能는 가면, 과장된 화법, 양식화된 동작을 구성요소로 하는데, 그 정도가 얼마나 지나친지 등장인물이 인간으로 느껴지지 않는다. 일본 창작문학의 뿌리는 세계최초의 소설인 11세기의 『겐지 이야기』로 거슬러 올라간다. 그러나 등장인물은 평면적이고 줄거리는 빈약하고 형식상 기존의 방식을 답습하고 있다. 평론가 가라타니 고진柄谷行人이 지적한 대로 『겐지 이야기』는 한 양식일 뿐, 그 이상도 그 이하도 아니다.²

역사상 극히 최근까지 이어진 일본의 전통예술은 다른 나라 전근대 예술과 공통점이 많았다. 예술가의 개인적 체험을 변환해서 보여주는 '관점'이 없었다. 미술 용어를 빌리자면, '전통'에는 '원근법'perspective이 빠져 있었다. 여기서 원근법은 물론 단순히 화가의 표현 방법만이 아닌, 자신을 드러내는 방법 내지는 심리적 자각으로서의 '관점'perspective을 일컫는 것이다. 수묵화는 원근감 없이 그리는 그림이다. 대상물의 구체적인 묘사라기보다는 대상물에 대해 갖는 '관념'에 가깝다. "내가 지금 여기 서 있고, 이게 내가 보고 있는 것"임을 암시하지 않는다. 화가가 어디에 위치하느냐는 중요하지 않기 때문이다. 화가는 단순히 모사模寫할 뿐이다. 거위를 보지 못했어도 설경 속 거위를 그려서 그 솜씨로 영예를 얻을 수 있었다. 이런 그림에는 '관점'만 빠져 있는 게 아니라, 근대 미술가가 자신을 둘러싼 세계와 맺고 있는 관계도 결핍되어 있었다.

메이지 시대 예술가들이 얼마나 신속히 근대로의 여정을 시작했는가 하는 것을 보면 놀랍다. 서구에서는 그런 여정을 끝맺기까지 수세기가 걸렸다. 시인들은 자연을 '스케치'했고, 공장 노동자와 어두운 도시의 뒤안길을 노래했다. 아사이 추를 비롯한 폰타네지의 제자 몇 명은 프랑스 예술가

촌으로 향했고, 귀국해서는 자기들이 받은 새로운 자극을 가장 잘 표현하는 외광파plein air* 화풍으로 논에서 일하는 농민이나 신문 읽는 여인을 묘사했다. 화가가 직접 목격한 장면을 자기가 느끼는 그대로 표현한 풍경화만큼이나 전통과 대조되는 일, 전통에 대놓고 도전하는 일이 또 어디 있겠는가?

문화계의 폭발적 팽창으로 무슨 일이 일어났는지 시나리오를 한번 써 보자. 신진 예술가들은 다른 누구보다도 예리하게 새 시대의 핵심 질문을 던졌다. 근대 일본인이 어떤 존재가 될 것인가? 어떤 종류의 주체성을 확보할 것인가? 주체성을 찬미할 것인가 아니면 억누를 것인가? 이런 질문의 대답은 앞서 살펴본 본 바 있다. 따라서 19세기에 근대에 대한 열정이 있었던 이후 문화적으로 외국 것을 배격하는 추세가 뒤따른 것은 자연스런 귀결이었다.

이런 복고주의적 반발에 기여한 서양인도 있었다. 안토니오 폰타네지가 도쿄에 도착한 지 2년 후, 어니스트 페놀로사Ernest Fenollosa라는 하버드 대학 출신 젊은이가 철학을 가르치러 일본에 왔다. 이후 미술 관련 사업가 비슷하게 변신하는 페놀로사는 19세기 말 서구를 사로잡는 자포니즘을 유행시키는 데에 큰 공을 세웠다. 그는 "서양미술의 저주"[3]를 들먹이며 쇄국을 주장했다. 일본에서 지금까지 해오던 방식으로 미술품과 공예품을 제작하려면 서양미술의 방해를 받아서는 안 된다는 것이 구실이었다.

페놀로사는 일본전통이 들어 있는 "진정한 그림"은 보존되어야 하며, 그래야 동양과 서양이 만났을 때 미술의 미래를 여는 새로운 통합이 이루어진다고 역설했다. "메이지 시대의 가장 귀중하고 위대한 천재는"[4] 누에를

---

* 외광파外光派는 옥외주의屋外主義라고도 하는데, 19세기 중엽 프랑스에서 일어난 화풍으로 야외의 자연광과 대기에 의한 회화적 효과를 그림으로 재현하는 것을 중요시했다.

돌보고 도자기에 도료를 바르는 일을 하다 자기가 밀어줘서 두루마리 그림을 그리게 된 화가라고 단언했다. 일본인들이 서둘러 포기하려던 전통에서 가치를 찾아낸 것은 좋은 일이다. 그러나 일본 미술가들을 격리하자는 주장은 불합리하다. 어떤 기준으로 봐도 완벽한 오리엔탈리스트였던 페놀로사는, 나중에 보스턴 미술관에 유명한 일본미술품 컬렉션을 조성하고 큐레이터의 역할까지 맡는다. 일본은 먹과 비단을 갖고 계속 전진해야 한다고 그는 설교했다.

페놀로사 덕분에 일본인은 자기 미술에 민감해졌다. '일본화'라는 말은 서구의 영향이 일본에 전파된 후에 만들어진 용어였다. 페놀로사가 말한 '통합'의 비실비실한 열매를 가리켜 '신일본화'新日本畵라 불렀다. 전통미술에 서양미술의 기법을 조심스럽게 골라 사용한 작품들이다. 신일본화의 화풍이 일본 바깥에 잘 알려져 있지 않은 이유는, 탄생하기도 전에 사망했기 때문이다. 혁신성의 기미라고는 전혀 없을 뿐 아니라 표현 수단과 주제가 서로 어울리지 않았다. 아무튼 신일본화는 자취를 감췄고, 페놀로사와 그 일당은 일본인이 일본정신과 '국체'로부터 멀어질 것을 염려한 토착주의적 복고주의자들에 의해 곧 휩쓸려 사라졌다. 서구의 영향은 완전히 사라지지 않았지만 이를 탐색하는 미술가는 근대 내내 '관제' 문화의 반대편에 세워졌다. 국가주의자들에게 '중도'란 없었다. 예술과 문화는 국가의 도구로써 이데올로기에 충실히 따라야만 했다.

서구 문화에 대한 반동은 어느 정도는 예술인들에 의해 도발된 것이다. 메이지 시대 소설가와 화가들이 국가주의자들의 자존심을 건드렸던 것이다. 여기서 예술가들은 시대적으로 지극히 중대한 실수를 저지른다. 서구에서 일어난 모든 일이 일본보다 우위에 놓인다고 가정한 것이다. 그러고 나니 과거는 전부 무가치한 것으로 돌변했고, 문화는 여느 수입품이나 마찬가지가 되어버렸다. 그러나 플로베르Flaubert나 졸라Zola의 '객관주의'를 받아들인다고 갑자기 사실주의자나 자연주의자가 되는 것은 아니었다. 풍경화나 초상화나 소설 줄거리나 등장인물 속에서 찾으려는 것은 다름 아닌 자기 자신이라는 사실을 깨달은 예술가는 소수였다. 모든 학습의 궁극은 창조적인 거부 행위에 놓여 있다는, 서구의 경험이 시사하는 최대의 교훈을 놓쳐버린 것이다.

소설은 근대 문화의 진화를 조망하는 렌즈다. 소설 줄거리의 전개를 보면 일본인의 사고방식이 구체적으로 어떻게 움직이는지 드러나기 때문이다. 메이지유신 이후 소설은 상당한 인기를 끌었다. 초기 소설들은 시민권과 민주적 권리를 주장하는 지식인들이 쓴 정치적 논문에 가까웠다. 민주주의의 중요성을 지루한 독백으로 전달하는 무미건조한 인물로 가득해서 요즘 기준으로는 아마 형편없이 따분한 책이라 평가받을 것이다. 그러나 서툰 인물 묘사에도 불구하고 작가가 사회 속 개인에 관심을 가졌다는 점에서 어떤 출발점을 제공했다.

그런데 1886년에 등장한 연재소설 하나가 모든 것을 바꾸어놓았다. 소설 『뜬구름』浮雲은 분조文三라는 실직한 젊은 관료의 이야기다. 지방 출신이고 생각에 많이 잠기는 타입인 분조는 새로운 일본에서 당혹스러움을 느끼지만 옛 일본에서 벗어났다는 점을 기쁘게 생각한다. 옛날 사회관습에는 무관심하다. 분조는 소설 속에서 상당 시간을 자기 방에서만 지낸다. 당시 그런 식으로 혼자 지내는 것이 꽤 생소했다는 점에서, 분조의 방은 메이지 시대 문학상 가장 중요한 방으로 자리매김한다. "모퉁이로부터 세 번째 집인, 격자문이 있는 이층집으로 그가 들어갔다."[5] 화자가 말한다. "우리도 함께 들어가볼까?" 우리도 들어간다. 실로 중대한 한 구절이다. 후다바테 시메二葉亭四迷의 소설 『뜬구름』은 일본 최초의 근대소설로 간주된다. 구어체로 된 이 작품은 독자들에게 심리적으로 깊이 있는 내면 세계를 처음으로 맛보여주었다. 당시 한 평론가가 했던 말이 아주 적확하다. "요즘

나오는 소설 등장인물은 하나같이 목판화에 나오는 인물 같은데,『뜬구름』
에 나오는 인물은 유화에 그려진 인물 같다."

『뜬구름』은 1889년에 완결되었다. 1889년은 메이지 덴노가 일본에게
헌법을 안겨준 해인 동시에, 무사의 덕목을 최고라 선언한 교육칙어가 발
표되기 1년 전이다. 일본이 이데올로기의 장단에 맞춰 기나긴 행진을 막
시작하려던 시점이기도 하다. 군부가 득세하면서 예술가들은 점점 더 고
립되었다. 주류적 추세와 불화를 빚은 작가들은 자꾸 심리 내부로만 기어
들어갔다. '개인'이라는 이상적 목표는 정치를 소재로 한 소설에서 자취
를 감춰버렸다.

메이지 시대 후반부터는 자연주의가 주요한 문학적 흐름이었으나, 자연
주의의 영향은 지속되었을지언정 대세를 장악한 기간은 지극히 짧았다.
그 대신 작가의 심리를 집요하고 면밀하게 그려내는 고백소설과 일인칭
사소설私小説이 그 자리를 메웠다. 사소설은 저자의 마음속 가장 깊은 곳에
자리하는 생각으로만 이루어졌다. 개인적 시점을 밀실공포증 생길 정도로
과장한 것이라 보면 된다. 사소설의 성공 여부는 '이야기 속의 나'와 '저자
인 나'의 일치를 독자가 얼마나 신빙성 있게 느끼느냐에 달려 있었다.

최초의 사소설은 1913년에 등장했다. 서구에서 모더니즘이 등장하던 바
로 그 무렵, 배운 지도 얼마 안 되는 19세기 리얼리즘 소설에 대한 순전한
일본식 반동으로 등장한 것이 바로 사소설이다. 그러나 전체적 상황에 비
추어 일본이라는 배경 속에서 사소설은 '퇴보'라고 볼 수밖에 없다. '자기'
란 항상 심리 내부로만 향하고 일기 같은 문맥 속에서만 표현되는 사적인
문제였다. 사소설은 그렇게 '사적 개성'으로 퇴각하는 자신에 대한 기록을
픽션으로 서술한 것이라 할 수 있다.

뛰어난 개인묘사로 오늘날까지 인정받는 작가들이 여럿 있다. 모리 오가
이森鷗外는 고독을 통해 작품 속 어조에 뚜렷한 객관성을 실었다. 나가이 가

푸永井荷風는 자기 작품에 나오는 인물을 신일본의 변두리로 몰아붙여 충격과 혐오를 느끼게 했다. 그러나 역시 일본 문학계에 나쓰메 소세키만큼 중요한 인물은 없다. 나쓰메 소세키의 생애와 예술은 근대에 대한 메이지 시대의 동요를 보여주는 전형이다. 학구열 강한 영문학도였던 소세키는 수년간의 공부 끝에 워즈워스나 위트만, 필딩, 디킨스의 문학이 자기를 배신했다고 결론 내렸다. 무언가가 그의 기대를 꺾고 실망시켰던 모양이다. 그는 만년에 이르러 아침 나절에는 소설을 쓰고 점심을 먹고 나면 고전시를 지었다. 근대적 시도를 잠시 멈춘 듯이 보였다.

그러나 엄연한 사실은 사실로 정확히 이해해야 한다. 소세키는 틀을 깬 사람이다. 일본 초기 근대문학의 거장이고 어느 누구의 잣대로 평가하더라도 위대한 소설가이다. 그가 보기에, 영문학은 아무나 즐길 수 있지만 결국은 영어로 된 문학이었다. 그의 표현을 빌리면, 일본인이 술을 빚어 외국인에게 맛보인 후 그 맛본 사람의 의견을 자기 것으로 그대로 체화할 수는 없는 것과 같은 이치였다. 일본인 스스로 직접 맛보는 법을 배우고 스스로 판단해야 한다는 얘기였다. 소세키는 일본인이 자기 것을 직접 창조하는 길밖에 없다고 보았다.

소세키는 태어날 때부터 선견지명을 갖고 태어난 사람 같다. 어린 시절부터 이집 저집 옮겨 다니며 자란 탓에 성년 이후 평생 자기를 괴롭힐 동서양 간의 전치轉置를 미리부터 연습한 듯했다. 영국에서 2년간 유학하는 동안 지독한 고독감에 시달렸던 까닭에 다시는 영국을 찾지 않겠다고 명세했으나 막상 일본에 돌아오니 어딘가 마음이 편치 않았다. 저명한 미국 문인 라프카디오 헌을 뒤이어 도쿄 대학 영문학교수로 부임했지만 근대일본에서 상층으로 오르면 오를수록 소세키의 혐오감은 깊어갔다. 38세가 되던 1904년 그는 소설을 쓰기 시작한다.

소세키는 인상 깊은 인물을 많이 창조했는데, 다들 자신처럼 전통과 근

대의 사이에 놓인 황무지에서 오도가도 못하는 부류였다. 그의 두 번째 소설 제목이기도한 별난 주인공 '도련님'坊っちゃん은 자기를 근대인이라고 생각하는 경솔하고 이기적인 어정뱅이로, 전형적인 메이지 후기 인물이었다. 옛 관습을 경멸하면서도 자기가 거기에 얼마나 전적으로 의존하는지 전혀 의식하지 못했다.

변화하는 사회질서 속에서 출세하는 타인들을 보며 '도련님'은 순진하게 다음과 같이 결론 짓는다. "세상은 끊임없이 서로를 속이려드는 협잡꾼과 모사꾼으로 가득한 것 같다."[6] '도련님'은 자기 집안 늙은 가정부에게서 위로를 받는다. 이 여인은 나중에 근대 일본소설에 자주 등장하는, 잔존하는 과거를 상징하는 여인들의 원형이다.

『도련님』은 1906년 출간 당시 독자들을 웃게 만들었고 지금도 그런 반응을 일으킨다. 이 작품은 일본인들이 어떤 식으로 이기주의와 개인주의를 혼동하는지 일인칭 서술을 통해 날카롭게 드러내는데, 그러한 무식함이 코믹하게 다가온다. 서구를 지각없이 흉내내면 이런 결과가 온다는 소세키의 메시지이다.

『도련님』에는 소세키의 주요 테마가 거의 전부 담겨 있지만, 최고 걸작 『마음』에 묘사되는 '절망'에 비하면 '광대의 눈물'에 불과하다. 『마음』은 한 순진한 학생과 글에서 '선생님'이라는 명칭으로만 등장하는 한 현인에 관한 이야기다. '선생님'은 과거에 연연하지만 도쿄는 그로 하여금 구식 가치관에서 벗어나게 해준다. '선생님'은 '도련님'과 마찬가지로 혼란에 빠진 동시대인을 불신하며 자신이 그들보다 우월하다고 믿는다. 그러나 '선생님' 역시 이기주의를 개인주의로 착각한다. 이 실수로 그는 비극적으로 고립되는 처지가 된다.

학생이 '선생님'을 처음 만나는 곳은 여름휴양지인데, 보통 매일같이 "바다가 공중목욕탕처럼 사람들의 까만 머리로 뒤덮인다."[7] 학생은 하루는 선생님을 뒤따라 물속에 뛰어들었던 날을 회상한다.

그리고 선생님과 같은 방향으로 헤엄쳐갔다. 몇 백 미터 그렇게 헤엄치는데 선생님이 뒤를 돌아보며 내게 말을 걸었다. 드넓은 바다 표면에 우리 둘 말고는 근처에 아무도 없었다. 눈 닿는 데까지 멀리 바라보니, 강렬한 태양광선이 산과 바다를 내리쬐고 있었다. 자유와 환희로 충만한 몸을 움직여 바다 한가운데에서 미친 듯이 첨벙거렸다. 선생님이 갑자기 움직임을 멈추고 드러눕더니 물 위를 떠다녔다. 나도 그를 따라했다. 창공이 눈을 찌를 듯 통렬하게 내 얼굴로 쏟아졌다. "즐겁네요!" 하고 내가 큰 소리로 말했다.
잠시 후 벌떡 일어난 듯한 자세로 바꾼 선생님이 "이제 돌아갈까요?" 하며 나를 재촉했다.[8]

언뜻 별다른 의도가 없어 보이는 이 묘사의 이면에 중요한 질문이 도사리고 있다. 선생님은 사람 머리가 잔뜩 둥둥 떠 있는 공동체집단에서 학생을 벗어나게 해서 아무도 없는 장소로 이끈다. 순수하게 보고 느끼기만 하는 세상, 인간관계는 없고 개인만 있는 세상으로 학생은 열심히 입장한다. 초기 근대미술가들처럼 학생에게도 자아에 도달하는 길은 시각과 감각을 통해서이다. 그러나 그는 이를 깨닫지 못하고 선생님 흉내를 내고 만다.
소설 후반부에서 선생님이 학생에게 해주는 말이 이 작품의 핵심이다. 선생님의 대학 시절에 K라는 친구가 있었다. 이 친구야말로 진정한 화혼양재의 사도이자 업데이트된 무사였다. 선생님도 공감하지 않는 것은 아니었다. "그 친구에게는 오래된 옷가지처럼 아쉬워서 차마 버리지 못하는 과거가 있거든요."[9] 그러나 K의 엄격한 태도는 스스로를 불완전하고 '비인간적'인 존재로 만든다. K는 아마 사랑할 수는 있어도 사랑을 이루기 위해 행동을 취할 능력은 없으리라고 선생님은 추측한다. 선생님은 자신과 K가 동일한 여인을 사모한다는 사실을 알게 되자 그 여인을 차지하기 위해 계략을 짠다. 결국 K는 자살하고 선생님은 자신이 다른 나약한 인간들보다 우월하지도 열등하지도 않은, 하등 차이가 없는 존재라는 사실을 받아들일 수밖에 없다. 사랑은 자기 현시인 까닭에 선생님을 고독으로 이끌었다.

'선생님'은 조지프 콘래드Joseph Conrad 소설*에 나오는 커츠Kurtz**와 어딘가 겹치는 부분이 있다. 아프리카 탐험가가 사물의 핵심에서 "공포, 공포"***를 발견한다면, 선생님은 "도덕적 암흑"[10]을 찾아낸다. 사람들이 많이 모여 있는 곳을 벗어나 멀리 헤엄치는 일에는 위험이 따른다. 과거를 완벽하게 거부해야만 근대인이 되는 것은 아니지만 공동체, 도덕률, 무사도, 유교적 덕목 등이 제공하는 확실성을 포기해야 하는 것만은 분명했다. 대신 기다리고 있는 것은 '자유'와 그에 따른 '책임'이다. 나쁜 사람은 세상에 없다고 선생님이 학생에게 말한다. "정상적인 상황에서는 누구나 대체로 선량하거나 평범하지요."[11] 인간에게는 '악해질 가능성'만이 존재하며 누구도 예외일 수 없다.

소세키는 다채롭게 살았던 경험에서 얻은 통찰을 뒤로하고 도망가지 않겠다는 신념이 있었다. 세상이 시골과 도시, 전통과 근대, 외국과 일본, 하는 식으로 우열로 나뉘는 집단들의 집합체라는 일반적인 시각을 그는 거부했다. '자기다워진다'는 것, 즉 스스로를 돌아보는 것만큼이나 불투명한 과제가 없을 것이다. 안타깝게도 소세키 이후 그의 신념을 공유하는 일본

---

* 1902년에 영국에서 출간된 『어둠의 속』Heart of Darkness. 출판사에 따라 국내에 『암흑의 핵심』이라는 제목으로 소개되기도 했다.
** 아프리카 콩고에 파견되는 상아무역업자로 타락한 제국주의자이다.
*** 주인공 커츠가 열병으로 죽으며 남기는 마지막 말.

인은 거의 없었다. 현대에 와서야 비로소 일본인은 소세키가 제시했던 '진실'에 걸맞게 살아갈 준비가 된 것처럼 보인다.

자신을 구경하는 관광객

1920~30년대에 일본에 활발한 아방가르드 운동이 일어나 군사독재의 탄압을 받기 전까지 지속되었다. 초현실주의와 다다이즘을 수용하고 유럽과 미국 미술계에 존재하는 다른 여러 흐름을 받아들였다. 이런 상황에서 서양 사상만 모방하는 일본을 우려하는 사람들이 나타났다. 1942년에는 한 무리의 사상가들이 교토에 모여 이 문제를 놓고 토의했다. '근대의 극복'[12]이라는 제목이 붙었던 이 회의는 지금까지도 일본 문화사상 획기적인 순간으로 여겨진다. 그러나 낯익은 문제점이 여전히 남아 있었다. '근대의 극복'은 미래 지향적이 아니라 과거 지향적이었다. 그런 성향 속에는 일본이 다른 세상과 구별되는 특별한 존재라는 가정이 전제되어 있었다. 시간을 거꾸로 돌릴 수 있다고 가정하는 셈이었다. 근대의 극복이란 흥미로운 발상이지만 그저 하나의 발상에 불과했다. 이미 지나버린 70여 년을 되돌릴 수는 없었다. 저명한 사상가들이 근대의 극복을 논하는 동안, 황국 군대는 동남아시아를 점령하고 중국의 중부까지 전쟁을 확대하는 중이었다.

근대의 극복이라는 충동 이면에는 감상적인 후회가 놓여 있었다. 그런 심정을 소설가 다니자키 준이치로만큼 예리하게 표현한 사람은 없다. 다니자키는 뛰어난 작가였지만 세상을 이분법으로 바라보는 관점을 결코 뛰어넘지 못했다. 무턱대고 이리저리 방향을 틀다가 다시 제자리로 돌아오는 일을 반복했다. 당시에 흔히 볼 수 있는 현상이었다.

가부키를 보고 중국 고전을 읽으며 자란 다니자키는 젊을 때는 서구에 별로 관심이 없었다. 그러다 30대에 들어 갑자기 광적으로 서구를 숭배하기 시작했다. 집도 외국인들이 모여 사는 요코하마의 블러프Bluff* 지역으로 옮기고 춤 교습도 받고 영어 공부도 하면서 재즈 시대의 귀족으로 변신했다. 그에게 일본적인 것은 전부 실망스러웠다. 1923년 관동대지진으로 도쿄가 큰 피해를 입었을 때, 다니자키는 "아주 잘된 일"이라고 생각했다. 도시를 재구축하면 기모노나 원시적인 다다미는 사라지고 "야회복과 연미복 사이로 샴페인이 해파리처럼 떠다닐 것"13이라 상상했다.

> 정연한 길과 새로 포장해서 반짝이는 도로와 자동차의 홍수와 기하학적으로 아름답게 층층이 올라가는 아파트가 들어찬 블록. … 불야성을 이루는 파리나 뉴욕 같은 환락의 도시.

관동대지진에 대한 다니자키의 반응은 전형적이다. 많은 일본인들이 도쿄의 파괴를 심리적·문화적 변용의 은유로 받아들였다. 옛것이 일단 깨끗이 제거되고 나면 새롭고 현대적이고 선진적인 것으로 대체되고, 국가의 모습은 과거와는 완전히 달라질 것이라 믿었다. 이를 반긴 사람은 다니자키만이 아니었다.

그러던 다니자키가 갑자기 급선회했다. 옛 수도 교토로 이사를 하더니 그 지역의 독특한 문화와 사랑에 빠져 뜬금없이 열성적인 전통문화 신봉자가 되었다. 교토로 이사하고 나서 처음 집필한 『치인의 사랑』은 외국인들 틈에서 자기가 벌였던 어리석은 짓을 스스로 풍자하는 소설이다. 그 다음엔 『여뀌 먹는 벌레』蓼喰う虫가 등장했다. 여기서도 주인공은 동양과 서양 사이에서 선택을 해야 했다. 『치인의 사랑』의 주인공은 모방이라는 우

---

* 요코하마 야마테山手 지역의 일부를 '야마테 블러프'라고 부르는데, 개항 이후 외국인들이 주거하던 지역으로 유명하다.

스꽝스러운 행태를 벗어나지 못하고, 『여뀌 먹는 벌레』의 주인공은 세련되고 현대적인 아내와 이혼하고 전통 속에서 편안한 삶을 점잖게 추구하며 고풍스런 교토 가옥에 거한다.

같은 시기에 완성된 소설 『음예예찬』은 다니자키의 작품 중에서도 약간 수준이 떨어지는 작품이다. 그러나 이 소설이 흥미로운 이유는 전통미와 근대의 대결이 놀라울 만큼 (기이하다 할 정도로) 투명하게 배어나오기 때문이다. 다니자키는 서구에서 수입된 밝게 조명된 세상에다 어스름하고 불분명하고 퇴행적인 것을 대비시킨다. 건축, 화장실, 병원, 호텔, 치아, 황금 등 대단히 다양한 객체가 이런 빛과 어둠의 양극을 통과한다. 물론 여인들도 예외가 아니다.

> 우리 동양인은 자기가 놓인 상황에 만족하며 안주하려는 경향이 있으므로 어두움에 불만을 느끼지 않으며 … 진취적인 서양인은 항상 보다 나은 상황을 추구하려 한다. 초에서 오일램프, 오일램프에서 가스등, 가스등에서 전등 이런 식으로 끝없이 더 밝은 조명을 추구하며 아주 조그만 어두움이라도 없애버리려고 고심한다.[14]

그러고나서 다니자키는 피부색에 대해 노골적으로 언급한다.

> 우리는 오래 전부터 검은 피부보다는 하얀 쪽을 고귀하고 아름답게 여겼지만, 그래도 백인종이 하얀 것과 우리가 하얀 것은 어딘가 다르다. 사람 하나하나를 관찰하면 서양인보다 피부가 하얀 일본인이 있기도 하고, 일본인보다 검은 서양인이 있기도 하지만 … 일본인은 아무리 하얗다 해도 하얀색 중에 연한 그늘이 있다. … 그런데 서양인은 피부색이 진해 보여도 속이 밝고 투명하여 몸에 그늘이 없다. … 그래서 서양인의 무리 속에

우리 중 한 명이 들어가 있으면, 백지에 얼룩이 진 것처럼 보인다. … 그런 점을 생각해보아도, 우리 황색인종이 얼마나 그늘과 깊은 관련을 맺고 있는 존재인지 알 수 있다.[15]

다니자키는 자기 나라를 구경하는 관광객이었던 것이다. 그의 작품을 읽어보면 그런 결론을 내리지 않을 수 없다. 서구 사회를 보며 그가 샴페인과 연회복에 대한 환상을 품었다면 일본에 대해 품는 환상도 있었다. 『음예예찬』에서 가장 인상 깊은 구절은 신호등과 혼잡한 교차로를 보며 남기는 말이다.

교토에 교통경찰이 생겼을 때 이제 끝장이라는 생각이 들었다. 이제는 순수한 일본풍의 정취를 맛보려면, 니시노미야, 사카이, 와카야마, 후쿠야마 같은 도시에 가야 한다.[16]

완전히 '패키지투어 오리엔탈리즘'이다. 작가가 세상으로부터 얼마나 괴리되어 있는지 거의 매쪽마다 드러난다. 다니자키의 작품 속에 등장하는 인물들은 깊이가 없다고 흔히들 비평하는데, 별로 놀랍지도 않다. 다니자키의 소설은 마치 옛날 얘기를 새로 포장한 것처럼 "일련의 반복적 의식儀式들로만 구성되어 있다"[17]고 평론가 가라타니 고진은 지적한다.

다니자키는 일본과 근대의 조우에 있어서 한 가지 중대한 특징을 보여준다. 문화적 충격은 전전 일본의 문학작품에서 볼 수 있는 커다란 특색이었다. 당시 일본인은 타문명의 과학과 산업을 받아들였던 유일한 아시아인이었다. 그런 점에서 의식적으로 자신의 아시아성을 새로운 문맥 속에 자리매김하는 것이 급선무였다. 다니자키의 작품에서 '문화'는 결국 근대일본에서 분리되어 '도피처'로 간주되었다. 시카고 대학 역사학자 데쓰오 나지타는 이를 가리켜 문화와 기술의 양극화, 즉 유신 이래 일본이 지향하던 일종의 '물과 기름의 등식'이라고 압축해서 표현했다. 근대적이면 일본적이 아니고 일본적이면 근대적이 아니라는 감옥을 지어 스스로를 가둔 일본 예술가들의 실패를 적확하게 묘사한 말이다.[18]

다니자키 이후로 '전통에서 도피처를 찾는 전통'이 생겨났다. 다니자키의 후계자로는 가와바타 야스나리와 가와바타가 키워준 그 유명한 미시마 유키오가 있다. 두 작가 모두 서구의 영향과 동시대의 풍조에서 벗어나지는 못했다. 기질과 문체는 천지 차이가 나지만 둘 다 대단한 독창성을 지닌 작가였다. 근대 일본에 대한 다니자키의 혐오를 공유했으며 문화와 근대는 분리해야 한다는 견해도 일치했다. 우연찮게도 가와바타와 미시마에게는 공통점이 하나 더 있었다. 둘다 자살했다는 점이다. 미시마는 1970년 장렬하게 할복했고, 그로부터 2년 후 가와바타는 미시마보다는 좀더 무미건조하게 (서재에서 가스로) 목숨을 끊었다.

근대에 대한 가와바타의 입장은 수동적인 인정이었다. 가와바타 작품에 나오는 인물들은 죄다 지쳐 있다. 스스로 숨 막히게 갑갑한 피난처를 만들어 그 작은 왕국에 자기를 가두고 고뇌, 무기력, 상실 내지는 '가련한 순정'을 즐긴다(예를 들어 『금수』禽獸가 그렇다). 일상생활을 보일락말락 주변으로 밀어버리는 반사 행동은 가와바타 작품에 공통적으로 드러나는 측면이다. 소설 『금수』에서 도쿄는 짧게 등장하지만 중요한 부분이다. 도시는 마치 멀찍이 보이는 안개와도 같다. 가와바타 작품은 고독감과 거리감으로 점철된다. 가와바타가 일찍이 자서전에서 설명했듯, 사랑이야말로 그의 생명줄이었다. "하지만 지금까지 연애 감정으로 여인의 손을 잡아본 적은 없는 것 같다 … 그런데 내가 잡지 않은 것은 여인의 손뿐만이 아닌 듯하다. 나한테는 인생 자체도 그렇지 아니한가 하는 생각이 든다."[19]

수동성은 가와바타로 하여금 능동적으로 '비타이'媚態를 가늠할 수 있도

9장 아직 끝나지 않은 꿈 381

록 해주었다. '비타이'란 일본의 미학적 전통에서 반복 등장하는 주제로, 이루어질 수 없는 사랑을 말한다. 사랑은 가와바타의 생명선이었지만 그는 결코 사랑하지 못했다. 대신 과거에 대한 향수에 깊이 젖어 있었다. 그런 향수란 결코 충족될 수 없는 것이기 때문에 더욱 탐닉하게 되는지도 모른다. 실생활에서나 작품에서나 가와바타는 특히 처녀들에 매혹되었다. 1960년에 발표된 단편소설 『잠자는 미녀』眠れる美女는 사창가에 들락거리는 노인에 관한 이야기인데, 그 사창가 여인들은 역설적이게도 손님이 손을 대서는 안 되는 처녀들이다. 미시마 유키오는 자기 옛 후견인이던 가와바타에게 찬사를 보내며 다음과 같이 말했다. "처녀는 범하는 순간에 처녀가 아니므로 정복 불가라는 전제가 필요하다."[20]

미시마의 초기 작품들은 가와바타를 계승하는 듯 수동성과 이질감이 강하게 느껴졌다. 초기 작품에 나오는 인물들은 연약한 아웃사이더나 은밀한 욕망을 지닌 비밀스런 탐미주의자가 대부분이다. 그러나 미시마는 20대를 넘기지 않은 시기에 이미 '인생은 본질적으로 은둔'이라는 관념을 버렸다. 나중에 미시마 스스로 이 전환점을 가리켜 '암흑에서 태양숭배로의 전환'이라 일컬었다.

그와 함께 작품도 근본적인 변화를 보였다. 근대화된 세상에서 동떨어진 어촌을 무대로 하는 『파도소리』潮騒는 고대 그리스 소설 『다프니스와 클로에』Daphnis and Chloe를 개작한 것으로 헤밍웨이 분위기로 단순하게 이야기를 끌어나간다. 1956년에는 창조와 파괴, 과거의 아름다움과 생의 자유를 다루는 명작 『금각사』金閣寺가 등장한다. 『금각사』가 출간될 즈음 미시마 자신도 경외와 창조의 사이에서 갈등을 겪는다. "고전적 완벽함의 파괴"[21]라는 충동을 평생 느꼈다고 나중에 미시마는 고백한다. 미시마는 그렇게 『금각사』로 틀을 깨며 '전통에서 도피처를 찾는 전통'을 극복하는 듯했으나 결국은 오히려 틀이 미시마를 깨고 만다.

『금각사』는 자신이 몸담고 수행하는 절의 아름다움에 억압을 느껴 이를 파괴해버리는 젊은 수도승의 이야기이다. 미시마는 『금각사』 이후로 다시는 이에 필적할 만한 걸작을 내지 못했다. 작품의 질이나 주제의식의 선명함이라는 측면에서 이후의 작품들은 『금각사』에 미치지 못했다. 미시마가 창조 행위의 일부인 '파괴 의지'를 상실했기 때문이다. 저명인사가 되자 미시마 역시 '문화'를 안식처로 삼기 시작했다. 키도 작고 몸도 약했던 그는 갑자기 보디빌딩을 시작하며 이를 "육체의 언어"[22]라 불렀다. 1960년이 되면 미시마는 안보투쟁을 계기로 다니자키가 1923년에 그랬던 것처럼 내면지향적, 과거지향적으로 변해 스스로를 덴노 숭배자이자 무사도의 적극적 옹호자라 선언한다. 검도 연습을 할 때 내지르는 소리를 무척 즐기던 미시마는 이렇게 말했다. "이 소리는 내 안 깊숙이 묻힌 일본의 울부짖음이다. 현대 일본이 부끄러워하며 필사적으로 억제하는 것들이 울려 나오는 외침이다."[23]

시간이 지나면서 미시마는 웃음거리가 되어갔다. 카메라 앞에서 취하는 포즈는 자신의 초기 작품에 등장하는 수음하는 탐미주의자나 좋아할 만한 모습이었다. 1967년 그는 사병 집단을 만들기 시작했다. 지인들은 그런 창피스런 행태가 그저 장난에 불과할 뿐 작품 활동과는 무관한 광대 짓이라고 생각하고 싶어했다. 그러나 그의 삶은 내면적으로도 일관됐다. 다음은 자신의 사병 집단을 위해 지은 노래의 일부이다.

슬픔은 감추고
꿈은 비밀로 하고
품격 떨어지는 세상에
눈썹을 치켜 올린다.[24]

미시마는 비현실적인 환상 속 일본을 애통해하며 죽었다. 그는 '부대'를 이끌고 도쿄 방위청에 진입해서 자기가 아끼던 칼로 자기 배를 가르며 최후를 맞았다. 일본인들은 충격을 받고 슬퍼했다. 그러나 죽기 몇 개월 전 미시마가 어느 소설가와 대화를 나누다 남긴 말은, 아마도 그의 수많은 그저 그런 작품들에 비해 오래 남을 것 같다. "실패한 비극배우라 함은 바로 나를 두고 하는 말이 아닐까? 나는 열심히 사람들을 울리려고 무대에 나가는데 사람들은 모두 박장대소하는군."[25]

가와바타의 단편소설 『잠자는 미녀』의 주인공은 건드리면 안 되는 처녀들을 줄곧 방문하는 고객들에 대해 궁금해 한다. "이루지 못한 꿈에 대한 불쌍한 노인들의 동경이 이 비밀스런 집에 숨어 있는 건 아닐까?"[26] '이루지 못한 꿈'이란 무엇일까? 가와바타는 세련된 문장으로 이를 "잡지 못하고 놓친 나날들에 대한 후회"라고 설명한다.

과거가 현대에 대한 보호막이기를 원하던 그 꿈은 미시마, 가와바타와 함께 죽어버렸다. 이제 앞으로 그들과 같은 작가는 없을 것이다. 그러나 '이루지 못한 꿈'이 하나 더 있다. 침묵하는 과거와 불협화음 가득한 현재가 뒤섞인 일본을 그저 있는 그대로를 묘사하고 싶은 꿈 말이다. 과연 이 꿈을 이룰 수 있을까? 일본 소설가들이 재능은 있어도 탁월한 정상급 작가가 되지 못하는 이유는 바로 이런 문제를 제기하지 못하기 때문이다.

일본적인 것 또는 일본적이지 않은 것

한 일본 미술가가 도쿄 빌딩 옥상에 캔버스를 깔아놓고 페인트를 채운 병을 던지는 모습을 담은 1950년대 사진 한 장이 있다. 병은 산산조각이 나고 페인트는 사방으로 튀고 추상화가 탄생한다. 또 한 장은 화가가 캔버스를 바닥에 깔아놓고 발로 유화를 그리는 사진이다.[27] 이 두 장의 사진이 무엇을 보여줄까? 당시 뉴욕에서 유행하던 '행동 미술'처럼 보이지만 혹시 자기가 품평해야 할 술을 남한테 미루듯[28] 아직 자주성과 독창성이 부족하던 일본 문화예술인들의 모습은 아닐까.

『전후 일본 대중문화사』의 저자 쓰르미 슈스케鶴見俊輔는 우리에게 또 하나의 사진을 제시한다. 그저 스냅사진처럼 보이지만 전후 예술가들이 처했던 상황에 관한 중요한 지점을 보여준다. 남자와 여자가 도쿄 거리의 차도를 건넌다. 습관대로 남자가 앞서가고 여자가 뒤따라가는 게 아니라 두 사람이 나란히 걷는다. 쓰르미가 말한다. "별것 아닌 사진처럼 보이지만 사진가가 이 장면을 촬영한 것은 일본에 새로운 시대가 왔음을 감지했기 때문이 틀림없다."[29]

전후에 일본인들이 새 시대의 도래를 얼마나 고대했는지 모른다. 보통 사람들도 그랬지만 특히 예술가들은 더욱 그러했다. 한 쌍의 남녀가 어떤 모습으로 걷느냐 하는 평범한 사회관습이나 법률, 교육, 정치 분야는 물론 문화와 미학 분야에 있어서 새 시대에 대한 기대가 실로 컸다. '주체성'의 시대를 맞아 시계추는 '피난처로서의 문화'라는 관념에서 근대 쪽으로 급하게 방향을 틀었다. 사람들의 입에 오르내리던 '봉건 시대의 유물'이라는 표현에 관련되는 사항들은 전부 뿌리 뽑혀야만 했다.

봉건 시대의 유물이 어떤 결과를 초래했는지 생각해보면 이해가 가지 않는 것도 아니다. 그러나 자신을 과거로부터 격리한 사람들은 남의 과거를 자기 것으로 삼으며 자기 상실을 겪을 우려가 있다. 바로 그게 1945년 이후 일본인들의 경험이다. 스스로를 표류자로 만드는 행위는 지금까지도 일본의 특색으로 여겨지는 혼란과 허무감을 초래했다. 전통은 그저 정부 주최의 순회전람회 같은 관제 문화의 영역이나 잔존하는 초국가주의 과격파에게 맡겨졌다.

그로 인한 결과는 오늘날 도쿄 방문자들의 눈에 뚜렷이 보인다. 미국 영화, 미국음악, 미국식 생활습관은 일본 대중문화를 변용시키다 못해 거의 말소하다시피 했다. '문화'는 메이지 시대 초기에 시행된 것 같은 어색한 실험이거나 그저 또 하나의 수입품이었다. 그 결과 새로운 종류의 향수가 등장했다. 미키마우스나 제임스 딘, 옛날 셰브롤레 자동차나 테일 핀이 달린 포드 자동차 같은, 외국에서 들어온 대중문화의 표상과 물품이 대용향수代用鄕愁의 객체가 되어버린 것이다. '수입품으로서의 문화'라는 개념은 1980년대에 극을 달리게 되고, 테마파크에 대한 열광은 네덜란드 마을, 독일 마을, 캐나다 마을, 덴마크 마을 등의 놀이동산을 연달아 만들어냈다. 그런 곳에는 의도하지 않은 슬픈 공기가 감돌았다. 문화란 '다른 나라가 갖고 있는 무엇'이고 '입장료를 내고 들어가서 구경하는 무엇'이었다.

전후라는 시대적 상황 속에서 예술적 창작 활동도 왕성했다. 미술가, 소설가, 영화인, 건축가들은 여전히 자기 자신만의 고유한 예술을 추구하려 노력했다. 전전 아방가르드 운동은 반문화의 도구로서 어려웠던 투쟁의 기록을 남겼지만 진정으로 독창적인 예술작품을 남기지는 못했다. 전후 아방가르드 운동은 백지 상태에서 다시 시작하고자 했다. 이론가들은 예술가들에게 "이전에 없던 것을 창조하라"고 간곡히 타일렀다. 예술가들 또한 이데올로기라는 짐에서 벗어나 '일본인의 예술'은 '자포니즘적인 예술'이어야만 하는 걸로 착각하던 전전 예술가들의 실수를 되풀이하지 않으려 했다.

그러나 예술가들은 그 반대의 실수를 저질렀다. 대중문화 생산자와 소비자가 그랬듯 일본적인 것은 전부 자포니즘적인 것으로 여기며 등을 돌렸다. 전후 수많은 예술가가 방향성 없이 작품 활동을 해 손꼽힐 만한 작품이 드물었다. 예술가들은 이제 파리로 가지 않고 새로운 예술의 메카 뉴욕으로 향했다. 그러나 낯익은 문제가 곧 또다시 고개를 들었다. 도쿄의 행동 미술은 맨해튼 남부나 롱아일랜드 동부의 아틀리에에서 볼 수 있던 행동 미술과 유사했다. 당연한 얘기지만 일본의 전후 예술은 극도로 산만해졌다. 예술가들은 작품에서 구미가 직면한 문제를 다루면서도 그런 문제가 발생한 경로는 제대로 짚어보지 않았다. 작품들은 방향성이 아예 없거나 아니면 수많은 방향으로 일시에 뻗어나갔는데, 지금의 관점으로 보면 전자나 후자나 결국은 같은 얘기였다.

1994년에는 전후 일본 미술을 테마로 하는 대규모 전람회가 요코하마에서 개최되었고 그후 뉴욕과 샌프란시스코를 순회했다.[30] 이 미술전이 흥미로운 이유는 실패했기 때문이다. 전시된 작품은 자존심이라곤 완전히 결여된 순전한 파생품들이었다. 물감이나 캔버스나 재료로 사용된 나무나 금속에서 사물을 명료하고 고유하게 보지 못하고 악전고투하고 있음을 감지할 수 있었다.

그렇다고 해서 일부 전후 사상가들의 주장처럼 일본은 영원히 모방을 계속해야 하는 운명이고 중심이 비어 있어 새로 유입되는 문화를 언제나 받아들일 준비가 되어 있는 나라라고 단정할 수는 없다. 많은 실패작 중에서도 몇몇 작품은 형식, 색, 선, 소재 등에서 일본적인 특색이 드러나는 양질의 작품이었다. 이 소수의 작품들은 전후 일본에 새로운 문이 열리고 있었음을 암시했다. 즉 일본이 길거리에서 보이는 것처럼 그렇게 한심하게 미국을 모방해야 할 운명도, 그렇다고 과거라는 도망 불가능한 감옥을 재구축해야 할 운명도 아니라는 것을 뜻했다.

그 소수의 작품들은 어떻게 탄생했을까? 1963년, 미술가 겸 평론가 오카모토 다로岡本太郎가 「전통이란 무엇인가」라는 수필에서 이에 대해 유려한 답변을 제공했다. 오카모토는 누구보다도 명확하게 전후 예술가의 딜레마를 조목조목 펼쳐놓으면서 유신 이래로 조장된 관제 문화의 관념을 공격했다. 일본은 한 세기 내내 생명 없고 거리감 느껴지는 것들, 유리 상자에나 넣어두어야 할 것들을 전통으로 내세웠다. 메이지 시대 지배층은 심지어 '전통'이라는 단어를 만들어내기까지 했다. 이데올로기에 이바지 하는 데에 유용할 만한 과거의 단편들을 엄선해서 만든 목록을 가리키는 신조어였다. "전통은 당연히 노후한 것으로 인식된다."³¹ 오카모토가 말한다. 노인들은 이를 존중하고 젊은이들은 경멸한다. 그러나 전통은 "보통 생생히 살아있게 마련"이라고 그가 주장한다. 그의 논점은 인용할 만한 가치가 있다. 변화를 이끌어낼 깨달음의 순간이었기 때문이다.

> '전통'은 오래된 틀을 파괴함으로써 오히려 새로운 생각을 수용하고 인간의 생명력과 그 새로운 가능성을 고양하는 원동력이다. 나는 전통이라는 말을 지극히 혁명적인 의미로 취급한다. … 새로운 눈으로 일본을 재조명해야만 진실로 자유로워질 것이다. 일본의 재발견이야말로 나의 과제이다. 이는 새로운 예술을 창조하는 최후의 수단이기도 하다. … 우리는 과거와 현재에 자신감이 없고, 따라서 미래로 향하는 에너지에도 무언가 결여되어 있다. 과거가 있기 때문에 현재가 존재하는 것이 아니다. 오히려 현재가 있기 때문에 과거가 존재한다고 생각해야 마땅하다. … 누구든지 자신의 생명력과 정열로부터 과거를 발견하여 현재시점으로 이를 바라보아야 한다. 그것이 바로 전통이다.

오카모토가 실제보다 한 25년 후에 「전통이란 무엇인가」를 집필했더라도 자국에 관한 사유에 여전히 귀중한 기여를 했으리라 생각한다. 오카모토는 스스로 "무거운 과거의 껍데기"라고 묘사한 '전전 문제'만 제기한 것이 아니라, '모든 전통의 거부'라는 전후 문제도 거론했다. 오카모토의 문제제기는 예술 분야를 뛰어넘었다. 과거와 현재, 토착적인 것과 외국 것 사이에서 자기 자신을 찾아야만 했다. 6세기 이래로 줄곧 해외로부터 문물을 빌려 변용시켜온 사람들에게 별로 어렵지 않은 과제일 것도 같지만 그렇지 않았다. 전후 시대의 결정적 특징은 자신감 결여라는 사실을 오카모토는 잘 포착하고 있었다.

화가이기도 했던 오카모토는 피카소가 아프리카 가면에 매료되어 「아비뇽의 처녀들」을 그렸던 것처럼 선사시대 토기로부터 영감을 얻었다. 만약 예술이 과거의 관념을 붕괴시키기 위한 것이라면 (그래서 전후 일본의 실상을 드러내고자 하는 것이라면), 예술은 불쾌하거나 추한 것일 수도 있어야 한다고 오카모토는 주장했다. 고대 토기 이외에 파친코도 좋아하던 그는 작품 활동보다는 평론 쪽에서 두각을 발휘했다. 그의 생각을 실천에 옮긴 몇몇 감동적인 사례가 있다. 그중에서 가장 시각적으로 생생하면서도 이해하기 쉬운 것이 소게쓰草月 유파의 이케바나生け花*이다. 소게쓰 유파는 꽃꽂이를 오카모토가 소원하던 "생생히 살아 있는 예술"로 탈바꿈시켰다.

소게쓰 유파는 1927년 이케바나의 대가 데시가하라 소후勅使河原蒼風가 설립했다. 소후가 풀어야 했던 숙제는 서양식 건축물에 어울리는 꽃꽂이를 개발하는 것이었다. 당시 모든 이들이 공통적으로 겪는 문제의 한 변형에 불과했다. 그러면서 소게쓰는 1950년대에 예술적으로 중요한 자리매김을 한다. 1980년에 부친 소후를 뒤이어 소게쓰를 승계한 히로시의 작품을 보면 오늘날에도 그러한 특색이 확연히 드러난다. 오카모토 타로로부터 큰 영향을 받은 히로시는 먼저 미술가가 되고 그후에는 세계적으로 알려진 영화감독이 되었다가 마침내 이케바나의 세계로 복귀했다.

소게쓰는 근대에 전통예술을 편입하는 게 아니라 전통예술 속에 근대를 담는다는 점에서 특이하다. 500년의 역사를 자랑하는 이케바나는 그저 과

---

* 우리말 꽃꽂이에 해당하는 일본말이다. 꽃꽂이의 역사가 오래된 일본에서는 이케바나가 확실한 예술 분야로 자리잡고 있으며, 이케노보, 소게쓰, 오하라, 센케류 등 20여 개 이상의 유파가 존재한다.

거에 대한 향수로 치부되거나 외국에 전시되는 경우 단순히 오리엔탈리즘의 환상을 일으키는 도구로 전락할 염려가 확실히 있었다. 그러나 데시가하라 히로시의——대나무 및 기타 자연 소재로 제작한 거대하고 친환경적인——작품은 눈에 띄게 생생하고 강렬하다. 이케바나라 하면 보통 떠오르는 선입견을 전부 뛰어넘을 뿐 아니라, 감상하는 사람으로 하여금 서양 미술이 온 세상에 적용되는 기준이라는 고정관념을 재고하게 만들 만큼 설득력 있다. "전통은 지켜야 하는 게 아니고 파괴해야 하는 대상입니다." 데시가하라가 내게 말했다. "저희는 지금까지 파괴를 지속해왔습니다."

소게쓰는 도쿄 중심부 아오야마 지역에 우뚝 서 있는 빌딩에 본부를 두고 있다. 입구 홀에 있는 석조 작품(흠잡을 데 없이 현대적이면서 일본적이다)은 데시가하라 집안의 실험에 오랫동안 관여해온 일본계 미국인 이사무 노구치의 작품이다. 그외에도 데시가하라 히로시의 대형작품이 몇 점 전시되어 있다. 이 빌딩에 들어서면 작가들의 자신감을 느끼지 않고는 못 배긴다. 새로우면서도 이케바나의 뿌리인 옛 문화에 충실한 합성예술을 완성시켰다는 데에서 오는 자신감이었다.

데시가하라 히로시에게, 혹시 본인의 작품이 더 이상 이케바나가 아니라 현대 조형물이 되어버린 것은 아니냐고 물었다. 인터뷰 당시 그는 70대였다. 백발에 허물없고 조급한 성격이었다. "별 의미 없는 질문이군요." 그가 대답했다. "그런 식의 분류에는 관심 없습니다."

"하지만 당신 작품은 제 눈에 현대 미술로 보입니다." 내가 우겼다. "소재만 빼고는 이케바나의 요소가 남아 있는 것처럼 보이지 않아요. 그 점에 대해 어떻게 생각하십니까?"

"상관없다니까요."

수출용 일본

오카모토 다로의 영향은 전후 소설가들 사이에서는 그다지 빨리 발현되지 않았다. 수양버들, 대나무, 해바라기, 석류, 수국, 소나무, 배나무 등을 이용한 소게쓰의 현대 조형물 같은 현저한 특징을 소설에서는 찾아볼 수 없다. 그러나 전후 일본 최고의 문학작품들은 소게쓰 유파의 이케바나와 모종의 관련이 있다. 오카모토를 통해서였다. 그 연관성은 오카모토의 「전통이란 무엇인가」에서 훌륭하게 설명된다.

> 현대예술에서 가장 시급한 과제는 세계성과 고유성을 통일하는 일이다. 세계적 관점으로 고유성을 취할 수 있으며, 또한 세계성은 고유성이 있기 때문에 성립된다.[32]

진정한 문화란 어떻게 만들어지는가에 대한 오카모토 최고의 간명한 주장이었다. 문화란 전람회 주최자가 해외에서 사들여오거나 관료들이 향토문화 중에서 잘 골라 흉작일 때 쌀 배급하듯 그렇게 전국에 배급하면 된다는 낡은 사고를 이만큼 보기 좋게 반박한 전례가 없었다. 이제 시급한 과제는 익숙한 것에서 이질성을 발견하는 일이었다. 세계미술과 문학에 대한 공헌은 선조의 마을이나 도시의 버려진 구석이나 비좁은 교외 아파트에서 "삶의 일상성을 집어삼키는 행위"[33]에서 비롯된다는 사실을 인식해야 했다.

이를 가장 잘 실천한 소설가가 아베 고보安部公房와 오에 겐자부로였다. 두 소설가는 표면적으로는 지극히 달랐다. "지방성을 장치로 사용하기 싫습니다." 아베가 내게 말했다. "오직 일본에 국한된 얘기를 쓸 필요는 없다고 봅니다." 아베가 묘사하는 일본은 베케트의 아일랜드나 카프카의 프라하나 마찬가지였다. 지리적 배경은 어디라도 상관없다. 오에 겐자부로의 생각은 정반대였다. 오에의 작품 중 최초로 널리 인정받은 1958년 단편 『사육』飼育은 첫 장면 묘사부터 모든 것의 근원과 특수성을 드러냈다.

> 우리 마을에서 노천화장火葬을 해야만 했던 까닭은 길어지는 장마 때문이었다. 마을에서 읍내로 가는 지름길인 현수교가 산사태로 붕괴되면, 우리 마을 초등학교 분교는 폐쇄되고 우편물 배달은 정지되고 마을 어른들은 피치 못할 사정이 있을 경우 산등성이를 따라 지반이 느슨한 길을 걸어 읍내에 갔다. 읍내 화장터로 죽은 사람을 운반한다는 건 불가능했다.[34]

오에가 자란 마을의 단순한 지리적 묘사가 아닌, 일본의 변경지대, 즉 일본의 관제 문화가 지워버린 '소전통'에 이르는 통로를 보여준다. 잘 알려진 이야기이지만, 오에의 최고 걸작 『개인적인 체험』이나 『만엔원년의 풋볼』 등 몇몇 작품의 중심에는 경미한 뇌장애가 있는 자신의 아들 히카리光가 있다. 작품에서 묘사되는 변경지대로 오에를 이끌어주었다는 점에서 히카리는 오에의 인생이나 작품에 귀중한 선물이었다. 오에가 말했다. "저는 작가로서 보통사람들이 사는 주변부에 관심이 있습니다. 주변부에서 살아가는 일본인의 내면적 자아에 대해 쓰고 싶습니다. 주변부야말로 진정한 일본 문화가 그렇지 않은 것과 함께 변천해가는 곳이지요."

그에 비하면 아베 고보의 작품은 벌거벗은 듯 허무하다. 외도하는 남편, 이혼한 형사, 상자 속에 사는 남자, 붕대로 얼굴을 가리고 사는 사람 등등 현실에 적응 못하는 도시인이나 혼을 상실한 사람들이 등장한다. 아베의 주요작품 『방주 사쿠라호』方舟さくら丸의 등장인물들은 현대의 물품으로 미어지는 도시의 동굴에 거한다. 아베는 물건을 좋아했다. "나는 사상보다 물건에 더 끌린다"고 말한 적도 있다. 아베의 소설은 어수선하게 뭐가 많이 들어 있는 것으로 유명하다. 작품마다 그득한 물건더미를 살펴보면 우리는 그의 (그리고 일본의) 변천을 좇을 수 있다. 1962년에 발표된 명작 『모래의 여자』砂の女에는 돗자리, 나무 물통, 싸구려 면 옷가지 등이 나오는가 하면, 『방주 사쿠라호』에는 철문, 벨기에산 무기, 감시 장치, 컴퓨터 등이 등장한다. 아베는 인간의 고독, 정체성, 사회에서 개인의 가치 등의 주제를 탐구하되 의식적으로 지역성을 배제했다. 그러나 그가 일본을 그린 것만은 틀림없었다. 누가 읽더라도 자기가 사는 세계와 무언가를 공유하는 그런 일본을 그렸던 것이다.

다른 몇몇 뛰어난 일본작가의 천부적 재능에 비하면 아베나 오에는 문장의 명수라고 보기는 어려웠다. 그러나 이들이 그린 일본은 상상 속의 일본도 상실된 일본도 아니요 있는 그대로의 일본이었다. 오에가 나중에 약간 딱딱하게 표현한 대로 "전체적이고 포괄적인 현대와 그 안에 사는 인간 유형"[35]을 보여주었다. 동세대의 다른 예술가들과 함께 이들은 일본예술에 서구와의 '동시대성'(전후 미술가들이 즐겨 쓰던 용어)을 부여했다. 브룩클린의 가토 요시로의 표현대로 이들은 "스스로를 돌아볼" 수 있었고, 그럼으로써 보편가치를 창조했다.

어떤 의미로는 일본 예술가들이 난제와 콤플렉스에서 벗어나 '보는 법'을 터득했다는 얘기에서 끝을 맺어야 마땅할 것이다. 그런데 그럴 수가 없다. 전후 데시가하라, 아베, 오에 등이 마련했던 '기회의 순간'은 다른 분야에서도 보았듯 다시 어둠이 깔리기 직전에 비치는 한 줄기 빛에 지나지 않았다.

오에 겐자부로의 1994년 노벨문학상 수상은, 드디어 전 세계가 일본과 일본인을 있는 그대로 바라보게 되었음을 시사한다. 오에의 소설이 번역되고 옛 번역판들이 재출간되는 것을 보니 신선했다. 그러나 일본 국내에서는 변한 게 없었다. 오에의 소설이 선명하게 보여주듯 오에 세대와 나머지 일본인들 간의 간극은 넓어지기만 했다. 오에가 스톡홀름으로 향할 즈음에는 오에나 아베(1993년에 사망)는 일본 문학계에서 멸종된 공룡에 속했다. 노벨상 수상 이후 미처 거장을 알아보지 못한 실수를 만회하려는 듯 아키히토는 서둘러 오에에게 덴노상을 수여하고자 했다. 그러나 덴노상은 자기 작품 속에서 극복의 대상이 되는 문화를 상징했으므로 오에는 이를 거부했다. 아키히토가 괜히 어색한 원조를 시도했다가 자국 최고의 작가들을 소외시키는 일본의 은밀한 현상을 드러내버린 꼴이었다.

1950년대의 실험과 탐색이 막 열매를 거두려던 1960년대에 일본은 경제적·정치적으로 극적인 전환을 맞는다. 안보투쟁이라는 촉매제와 이후 등장한 이케다의 소득증대계획은, 예술가를 키워내지도 못하고 예술가에 의해 풍요로워지기도 어려운 사회를 초래했다. 그런 사회를 맞은 1950년대의 예술 투사들은 점점 모래 위에 위태하게 세워놓은 조각품을 닮아갔다.

이케다 하야토는 소득증대계획을 실시하면서 새로운 언어를 사용했다. 일본적인 것이나 국가적 자존심도 강조하지 않았고 자주국가라는 표현도 피했다. 대신 기술관료와 경영자의 언어를 사용했다. 문화에 대한 관점이 변했음을 엿볼 수 있다. 전쟁 이전에는 문화와 기술이 서로 상반되거나 서로에 대한 피난처로 이해되었다면, 1960년 이후부터는 문화와 기술이 동일시되었다. 소니 전자제품, 도요타 자동차, 니콘 카메라가 널리 보급되어 현대 일본 문화의 상징으로 등극했다. 일본인은 그런 상품으로 자신을 대변하려 했고, 외국인은 그런 상품을 통해 일본을 알 수 있다고 생각했다. "전후에 우리에게는 외국인에게 보여주기 위한 두 개의 문화가 있었습니다. 하나는 미시마 유키오의 덴노 문화이고 또 하나는 산업 문화입니다." 오에 겐자부로가 나한테 한 말이다. "우리의 진정한 지역문화는 아직도 감춰져 있습니다."

오에는 일본의 예술적 에너지가 쇠약해진 시기를 명확히 집어냈다. 이런 아쉬운 반전은 이케다의 정책 탓이 아닌(이케다도 문화 예술계의 목을 단숨에 조르지는 못했을 것이다), 1970년 미시마의 죽음과 관련 있다는 것이 오에의 견해였다. 그 이전까지 문학은 "일본과 일본인을 계몽하여 현실과 문화에 대한 양식을 높이는 고유한 역할을 할 수 있었다"[36]는 것이다. 그의 시각은 무척 현실적이었고 옳다. 하지만 칼 휘두르는 무사를 찬양하던 미시마가 싫다고 해서 전후 문화의 퇴보를 하필이면 미시마 탓으로 돌리는 것은 이해하기 어려웠다. 오에의 설명은 이랬다. 미시마가 굉장히 자랑스럽게 생각하는 척했던 '일본다움'에는 결국 외국인에게 인정받으려는 계산이 깔려 있었다는 것이다. "미시마는 '수출용 일본'을 조작해냈어요." 오에가 나에게 말했다. "그거야말로 일본인과 일본 문화에 대한 치명적인 배신이었습니다."

'경제 기적'의 시기에 일본이 얼마나 심한 문화의 쓰레기장이 되어갔는지는 비관적이던 미시마조차도 예견치 못했을 것이다. 기업이 만들어내는 상품은 그대로 '문화'로 둔갑했다. 대중문화의 경우에는 직접적으로, 예술 후원의 경우에는 간접적으로 그러하였다. 우리가 '주식회사 일본'의 예술인 국민총생산주의 문화에 대해 별로 아는 바 없는 이유는 알 만한 가치가 없기 때문이다. 오에의 표현대로 "그 모든 혼다 자동차들"만 제외하고는 다른 모든 측면에서 문화는 유치해졌다. 1950~60년대는 구로사와 아키라 감독의 말을 빌리면 "일본 영화의 봄"[37]이었으나 얼마 안 있어 "암흑시대"를 맞는다. 장르 영화는 툭하면 귀여운 동물이나 야쿠자 범죄나 불운한 샐러리맨을 소재로 했다. 손꼽을 만한 소설가나 시인도 없었다. 지금도 유파 나누기에 급급한 화가나 조각가들에게는 기업에 제작 의뢰를 구걸하는 불쾌한 선택 외에 다른 선택의 여지가 없었다. 그나마 기업 후원조차도 독립성을 유지할 만큼 넉넉하지 못했다. 화랑은 각 유파의 관리 아래 놓여 있었고 돈만 있으면 누구나 빌릴 수 있었다. 이런 측은한 광경이 벌어지는 가운데 보통사람들은 파친코, 만화, 도쿄 디즈니랜드, 새로 생긴 테마파크에 정신을 빼앗겼다. 컴퓨터가 제공하는 가상 현실은 1990년대에 등장하지만, 그때쯤 일본은 이미 일종의 초현실적인 공간의 형상을 하고 있었다.

미국이 번영의 순간——20세기가 시작되는 무렵과 2차대전이 끝난 후——에 그랬던 것처럼, 일본도 1980년대 후반에 수십억 달러 어치의 미술품을 수입했다. 1987년, 야스다安田 화재해상보험이 반 고흐의 해바라기를 4,700만 달러에 구입했는데, 이것 말고도 세간의 관심을 끈 과시용 획득물이 한둘이 아니었다. 1980년대가 끝나갈 무렵 세계에서 가장 비싼 그림 10점 중 6점이 일본인의 소유였다. 유명 예술품 구입을 향한 탐닉은, 대개 기업이 전리품처럼 모아두거나 투자용으로 구입하여 지하금고에 넣어두기 위한 것이었다. 이 시기에 서양미술관과 일본미술관이 일본 전역에 등장했으나 관료, 현 지사, 시장, 큐레이터 등 관계자들은 미술관이 완성되고 나서야 전시할 작품이 없다는 사실을 깨달았다. 텅 빈 채로 서 있던 미술관들은 시대의 은유 같았다.

의도적 무지

오늘날 일본 문화예술계는 어떤 면에서 패전 직후 문화예술계의 모습을 닮았다. 소란스럽고 건전한 실험정신으로 충만한 분위기다. 그러나 일본 문화예술인들 사이에 르네상스가 올 기미는 별로 보이지 않는다. 적어도 아직은 그렇다. 오에 겐자부로의 말대로 "작은 씨앗"만이 존재한다. 일반화에는 오류가 있게 마련이지만, 무엇보다도 국민총생산주의의 잔해로 보인다. 오카모토 타로가 말한 '인간이 자신의 과거와 맺는 살아있는 연관'을 국민총생산주의가 말소해버렸다. 단절된 관계를 다시 엮어나가기란 보통 어려운 일이 아니다. 결국은 정치적인 작업이며 문화적인 작업인 것이다. 그러나 젊은 예술가들은 이런 현실을 직시하는 대신 이 단절을 무시하기로 결심했다. 역사 없이도 삶을 영위하고 창조적 활동을 할 수 있는 척했다. 과거와도 무관했고 현재와도 별다른 연관을 맺으려 하지 않았다. 그러면서 스스로를 '포스트모더니스트'라는 편리한 용어로 묘사했다. 아무거나 의미할 수 있는 (그래서 아무 것도 의미하지 않는) 용어 말이다.

무라카미 하루키村上春樹는 유명한 포스트모더니스트이자 전형적인 신인류 작가이다. 일본 국내에서도 인기 있을 뿐 아니라 해외에도 『양을 쫓는 모험』『노르웨이의 숲』『댄스 댄스 댄스』 등으로 널리 알려진 무라카미는 흔히 미시마의 후계자로 광고되는데, 이런 광고는 해외 마케팅 담당자의 조잡한 전략이자 현대 오리엔탈리즘의 얼룩이다. 무라카미와 미시마의 공통점은 국적이 같다는 것과 해외 판매실적이 높다는 것뿐이기 때문이다. 게다가 무라카미는 미시마의 작품을 읽은 적이 없다고 털어놓았다. 그에게 과거란 무관했다. 스스로를 돌아보고 모방이나 죽은 전통에서 탈피하라는 과제에 대한 무라카미의 해답은, 자신이 일본인이라는 사실에서 아예 통째로 탈피하는 것이었다. 그는 무엇보다도 일본이라는 문제 많은 사회와 일정한 거리를 두고 싶어했다. 일본을 외국인처럼 바라보고 싶었던 것이다. "나는 일본 바깥에서 일본사회에 대해 쓰고 싶다"[38]고 그가 말했다. "지나치게 '일본적'인 부분을 하나씩 전부 던져버린 후에도 남아 있는 것이 일본인의 본성이 아닐는지요." 말도 안 되고 근거도 없는 역설이다. 지나치게 일본적인 부분? 뿌리 깊은 열등감이 또 한 차례 등장했음을 짐작할 수 있다. 이러다 무라카미도 십 년 후에는 감상적인 국가주의자로 변모해버리는 게 아닐까.

유명한 일본영화 평론가 도널드 리치는 서구의 촬영기법에 관한 초창기 일본 영화감독들의 열광을 묘사했다.[39] 그들은 감정적·심리적 효과도 제대로 이해하지 못한 채 플래시백이나 카메라의 팬 기법을 사용하려 들었다. 카메라가 버스정류장에서 신문을 읽는 한 남자를 클로즈업한다. 이런 촬영은 서사적 긴박감을 나타내는 순간에 사용된다. 그런데 클로즈업되는 남자가 엑스트라인데다 그 순간은 전혀 중요한 순간이 아니다. 물론 이런 '내용 없는 형식'은 일시적인 현상이었고 이후 일본 영화감독들은 무성영화 시대에도 고전을 제작해냈다. 그러나 그들이 초기에 저질렀던 실수는 그런 실수의 기원에 관해 우리에게 무언가 시사한다.

포스트모던 작품들도 그런 이상한 특질을 공유한다. 읽다보면 어린 아이의 불장난을 보는 기분이다. 무라카미의 소설은 세부묘사로 가득하다. 수많은 대화, 사는 아파트, 불에 탄 집, 걸어가는 길이 나온다. 상표도 잔뜩 나온다. 『양을 쫓는 모험』은 갖은 고심을 하며 신비스러운 양을 추적하는 이야기이다. 유령, 여자친구, 긴 여행, 패스트푸드, 섹스, 싸구려 호텔이 나오지만 별 의미는 없다. 대화는 공허하고 양은 그저 이상한 양이다. 초기 영화감독들이 어울리지 않는 카메라 기법을 사용하던 것처럼, 소설 속 기교나 장치에는 아무런 함의도 없다.

포스트모던 작품에 공통된 맥락은 '의도적 무지'이다. 역사를 자랑스럽게 무시하는 것이다. 무라카미는 스스로를 "오리지널"이라 일컫는다. "내가 내 소설을 위해 완전히 독자적으로 새로운 일본어를 창조했기 때문"[40]이라는 것이다. 꼭 그렇게 선언되어야 진정한 독창성인가? 무라카미는 자기가 읽지 않은 작품들을 대수롭지 않다는 듯 무시했다. 전 세대의 거장들을 마치 엉뚱한 와인을 가져온 웨이터처럼 취급했다. "예, 늙은 파수꾼들이요? 딱 동유럽 공산당 지도자 같은 존재들이죠."[41] 오에 겐자부로 세대를 두고 하는 말이었다. "나이 든 작가들은 꽉 막힌 세계에서 살아요. 바깥세상에서 무슨 일이 일어나고 있는지 전혀 모르지요." 등장인물이 생활하는 환경에 관한 묘사를 거부하고, 일본에 대해 쓴다고 하면서 일본에 대한 진솔한 묘사를 작품에서 실종시키는 작가 입에서 나올 말은 아니라고 생각한다.

『노르웨이의 숲』에서 화자는 말한다. "도쿄에 새로 정착하면서 어째야 좋을지 잘 몰랐지만 이것만은 확실했다. 여러 가지를 너무 심각하게 받아들이지 말 것, 여러 가지와 나 사이에 확실히 거리를 둘 것."[42] 이 한 구절이 많은 것을 암시한다. 이게 도대체 "바깥세상에서 무슨 일이 일어나고 있는지 앎"을 단호하게 거부하는 게 아니면 뭐란 말인가.

무라카미와 동세대의 소설 중 호평 받은 작품으로 요시모토 바나나의 1988년 단편 『키친』이 있다. 가족을 잃은 젊은 여성에 관한 이야기이다. 이 여성 또한 포스트모던한 인물이다. 과거도 없고 주변세계에 대해서도 아무 생각이 없는 '그저 기운 없이 표류하는' 무기력한 젊은이다. 일인칭으로 등장하는 화자는 부엌을 좋아한다. 부엌은 '가전제품 열풍' 이래 믹서기, 냉장고, 전기밥통 등으로 가득한 가정용 소도구의 전당이다. 주인공은 부엌에서 살고 싶고 부엌에서 죽고 싶다. 요시모토는 완전한 사생활 중심의 세대, 물질적 풍요로 바보가 되고 정신적 양분에 목말라하는 세대의 운명을 거의 나무랄 데 없이 (작가의 의도가 아니겠지만) 잡아낸다.

> 이제 나랑 부엌뿐이다. 나밖에 없다고 생각하는 것보다는 조금 나은 것 같다. … 괴괴히 빛이 드는 부엌으로 이불을 가져갔다. 라이너스처럼 모포에 둘둘 말린 채로 잤다. 부웅 하는 냉장고 소리가 나를 고독으로부터 지켜주었다.[43]

소세키, 아베, 오에의 후예들이 미래의 일본 모색에 이다지도 기여를 하지 않는다는 사실이 심상치 않다. 현대 건축가들——이중 몇몇은 무라카미 하루키나 요시모토 바나나가 일본을 보는 시각에 공감할 만큼 젊다——과 대비시키면 더욱 그러하다. 건축물들이 포스트모던 소설가들에 정면 도전한다는 점에서 오에가 뿌린 재창조의 씨앗은 어쩌면 건축가들 사이에 뿌리를 내렸는지도 모를 일이다. 작은 씨앗 하나가 다른 예술 분야에서 어떻게 열매 맺을 수 있는지 보여주는 사례다. 최고 수준의 건축물들은 단호하게 현대적이고 견고하고 세련되어 마치 과거에 대한 향수는 쓸데없는 시간 낭비라고 만방에 선언하는 듯하다. 그러면서도 생기 있게 일본적인 특색을 살려 겉면, 공간, 조명, 음영 등에서 과거의 서정미를 반영한다. 이런 건축물을 방문한 후 다시 『키친』이나 『댄스 댄스 댄스』 같은 소설을 돌아보면 황폐한 곳도 비옥할 수 있다는 확신이 든다. 포스트모던 작가들에게는 별로 달갑지 않을지도 모르겠다.

전후에 성인이 된 세대에 속하는 유명 건축가 구로카와 기쇼는 항복일로부터 며칠 후 고향 나고야에 돌아가던 날을 회상했다. 온 가족이 피난갔다 돌아와보니 도시가 연합군의 폭격으로 잿더미가 되어 있었다. 부친이 자신을 데리고 동네를 한 바퀴 돌았는데 알아볼 수가 없을 지경이었다. "아버지는 건축가였습니다. 저희는 함께 새로 회사 차릴 장소를 물색했지요. '건축가는 무에서 새로운 도시를 창조할 수 있다'고 아버지가 말씀하셨어요. 아직 소년이었던 저에게는 불가능하게만 느껴졌어요. 아무 것도 없는 곳에 어떻게 도시를 세울까 싶었죠. 하지만 그 순간 저는 아버지의 뒤를 잇겠다고 결심했습니다."[44]

이 이야기는 일본 건축에 관한 중요한 사실 하나를 시사한다. 패션이나 실내디자인처럼 일본이 두각을 나타내는 분야들이 다 그렇지만 일본 건축의 발전은 물리적 상황에 대한 반응이었다. 신도시를 만드는 일은 근대 전체를 통틀어 중요한 과제였다. 전전 도시 성장은 (1923년 관동대지진과 나란히) 르 코르뷔지에Le Corbusier의 제자였던 마에카와 구니오前川國男를 비롯해 몇몇 유망한 스타 건축가들에게 영감을 주었다. 전후에 도시성장이 재개될 때(그와 함께 공공사업예산도 엄청나게 팽창되었다), 건축가들은 오로지 건축하고픈 욕망에 휩싸여 다시 한번 심혈을 기울였다. 소설가나 미술가와는 달리, 건축가는 후원 문화가 자리 잡은 정치나 기업의 세계에서 꾸려가는 방법을 알고 있었다. 그러나 그들의 특권적 위치는 좀더 심오한 의미를 띤다. 서구에 비해 일본에서 예술은 항상 일상생활과 깊은 관련을 맺는다. 다도나 검술이나 원예를 떠올려보라. 살아가는 공간을 만들어내는 분야이니 더 말할 나위가 없다. 현실적인 사람들의 현실적인 예술이었다.

현대 일본 건축가들은 다른 문화예술인들과는 달리 과거와의 끈을 본질적으로 끊은 적이 없다. 일본을 방문했던 프랭크 로이드 라이트Frank Lloyd Wright 같은 건축가들은 이를 재빨리 알아차렸다. 비대칭과 빈 공간 활용, 불분명한 경계선 같은 일본 전통가옥의 요소들이 현대 건축가들에게 아이디어를 주었다. 모호함, 불확정성, 인공과 자연의 대비, 내부와 외부의 어울림 등에서 일본 건축의 독특한 성격이 드러났다. 라이트가 칭송하던 전통가옥 하나를 보자. 미닫이문을 연다. 사적인 공간이 열린 공간이 된다. 미닫이문을 또 하나 연다. 이번엔 방이 정원의 일부가 된다. 공간이 중립적인 성격을 띤다. 구로카와는 이를 두고 "모호함"이라 표현했다. 적절한 단어 선택이다. 일본인 자신도 이런 공간 개념과 닮았기 때문이다.

마에카와 구니오나 그의 유명한 제자 단게 겐조丹下健三는 르 코르뷔지에나 특히 단게의 경우 미스 반 데어 로에Mies van der Rohe를 숭배했다. 그런 점에서 그들이 과연 르 코르뷔지에나 반 데어 로에를 극복하고 진정한 일본 건축물을 탄생시켰는가 하는 점에는 논란의 여지가 있다. 그러나 단게의 제자들, 특히 구로카와 기쇼는 도시디자인이나 건축의 서구적 전제에 단호하게 정면 도전했다. 서구적인 기준을 공격했다는 것은 일본인이 도시에 대해 오랜 세월 깊이 느껴왔던 '모호한' 감정을 해소하기 위해 문제 제기에 착수했다는 뜻이다. 완벽하게 근대적이면서도 고립과 이원성의 기념비 같은 곳, 사람들이 전에 없이 밀집해 살기 시작하면서 자연이 실종된 곳, 이것이 일본의 도시였다.

일본 건축가들의 독창성은 이제 로스앤젤레스, 뉴욕, 파리, 세르비아 등지에서도 볼 수 있다. 일본 건축에는 통일성이 있다. 구로카와는 자기 이론을 건축과 철학의 "공생"이라 불렀다. 이소자키 아라타磯崎新나 안도 다다오安藤忠雄 같은 다른 일본 건축의 거장들과 나란히 구로카와는 근대문화가 이원론적으로 보는 것들, 즉 인간과 자연, 과학과 종교, 동양과 서양, 과거와 현재, 논리와 직관 등을 '신국제양식'으로 종합했다. 보편적이면서도 특수했다. 진정으로 포스트모던하고 진정으로 일본적이었다.

안도 다다오를 처음 만나던 날이었다. 그는 자신의 오사카 작업실 3층까지 내부계단으로 올라가더니 빌딩 밖으로 빠져나가 건물 바깥의 좁은 통로를 통과해서 유리문을 열고 다시 내가 앉아 있던 방으로 돌아왔다. 의도하든 하지 않았든, 그가 묻고 있었다. '내가 정말 건물 밖에 나갔다 왔을까, 아니면 내내 건물 안에 있었을까? 어디가 밖이고 어디가 안일까? 인간과 자연요소 사이의 진정한 관계는 무엇일까?'

전직 권투선수였던 안도는 독학으로 건축가가 된 사람이다. 안도의 건축물에는 노출된 현관홀이나 지붕 없는 내부 통로가 자주 등장한다. 그에게 도약의 계기가 되어준 프로젝트는 1976년에 지은 콘크리트와 유리로 된 연립주택인데, 건물 중앙에 안뜰이 있고, 1층 복도가 공중에 뜬 채로 안뜰을 가로지르는 구조로 되어있다. 그로부터 12년 뒤 홋카이도에 세운 교회건물*은, 벽이 세 개뿐이고 한 면은 목장과 수목을 향해 열려 있다. 제단은 위로는 하늘, 아래로는 얕은 못에 휘감겨 있다.

우리는 몇 시간이나 이야기를 나눴다. 안도의 거친 목소리와 전형적인 권투선수 코를 보고 있자니 어쩐지 말론 브란도가 연상됐다. 분야는 다르

---

* 그 유명한 「물의 교회」를 가리킨다. 홋카이도 유후쓰군勇払郡 시무캇푸무라占冠村 토마무 스키 리조트 내에 위치한다.

지만 브루클린의 가토 요시로를 연상시키는 점도 있었다. 안도 역시 전후 일본이 초래한 "자연과의 대화가 도저히 불가능한 인공적이면서 이성주의적인 분위기"를 안타까워 했다.

그러나 안도는 감상적이기를 단연코 거부했다. 옛 일본, 되찾을 수 없는 일본에 대해 아무런 향수도 없었다. '일본다움'(그는 이 단어를 많이 사용했다)을 표현하고 싶긴 하지만 그렇다고 건물마다 그런 요소를 집어넣기도 싫고, 건물 내부를 다다미 바닥이나 창호지 바른 미닫이문으로 범벅을 하기도 싫다고 했다. 안도에게 일본다움은 있는 그대로의 일본, 현재의 일본이어야 했다. 가토가 밝은 색 아크릴도료와 캔버스를 사용하듯 안도는 강철, 유리 그리고 특히 콘크리트를 즐겨 사용한다. 그야말로 '보편적인' 재료이다. 일본인 건축가가 된다는 것은, 이런 재료와 씨름하며 인공과 자연 사이에서 타협점을 찾는 것을 의미한다. 뚫린 천정으로 자연광이 드는 방 한 구석에, 100분의 1 크기의 미술관 모형이 있었다. 안도가 몇 해 전 고베 근처 세토내해瀬戸内海* 해안가에 지은 미술관이었다. 안도는 이 작품에 대해 다음과 같이 설명했다.

> 공적이기도 하고 사적이기도 하다. 개방적인 동시에 폐쇄적이다. 분열된 때조차 통일성을 유지한다. 건축이라면 피해갈 수 없는 복합적 모순의 대립이다.45

그 건축물을 본 적이 있다. 거대하지만 가볍고, 강렬한 인상을 주면서도 주변 환경과 조화를 이루는 전형적인 안도의 건물이었다. 안도를 만나보니 그가 말하는 '모순'이란 그가 현대 일본인에 대해 느끼는 감정임을

---

* 혼슈, 시코쿠, 규슈 사이의 좁은 바다를 가리킨다.

알 수 있었고, 미술관을 보고나니 안도가 '대립'을 해결해서 자기 건물에 녹아들게 했음을 알 수 있었다. 안도가 모형을 흘끗 보더니 말했다. "우리 일본인들이 어떤 식으로 사고하느냐 하는 것이 제가 이 일을 처음 시작할 때 스스로에게 던졌던 질문입니다. 내 작업에서 그 해답을 찾을 수만 있다면, 분명히 일본다운 어떤 것을 창조해낼 수 있지 않을까 하는 생각이 들었습니다."

"이봐 사다, 아기가 벌거숭이야. 게다가 이름도 없어."
"하하하! 고孝, 당신 우스운 사람이네. 막 태어나면 누구나 그렇지."
"응. 덴노든 천민이든 다들 태어날 때는 이름도 없고 벌거숭이지."[1]
_스미이 스에住井すゑ『다리 없는 강』橋のない川, 1961

그들 안의 타자

도쿄에서 마쓰우라 아케미라는 재일한국인 교포를 알고 지냈다. 멋쟁이에 지적이고 여러 언어를 구사하는 20대 중반의 마쓰우라는 프랑스계 패션회사에 근무했다. 재일한국인들이 흔히 그렇듯 그녀도 한국이름 대신 일본식 이름을 사용했다. 오사카 출신인 마쓰우라는 서울에서 대학을 다녔다. 그때가 열여덟 살이었는데 한국에 가본 것은 그때가 처음이었다.

한국은 마쓰우라를 변화시켰다. 자신은 아무래도 진정한 한국인이 아니었다. 공부를 마치고 돌아왔더니 일본 역시 달라 보였다. "일본에 돌아왔더니 일본인의 차갑고 우울한 면이 조금씩 보이는 거예요. 일본인이 스스로를 바라보는 시각과 실제의 일본인 사이에는 커다란 차이가 있어요. 일본인과 친해지기는 불가능하지요. 일본인이 된다는 건 혼자가 된다는 걸 뜻하거든요."

마쓰우라는 일본인의 단절을 주체로서도 객체로서도 느꼈다. 역설적이지만 일본인이면서 동시에 일본인이 아니었기 때문이다. 한국에 갔더니 혈통만 한국인일 뿐 한국인이 아니었고, 일본에서는 반대로 혈통만 빼면 일본인이었으나 일본인이 그녀를 일본인으로 인정해주지 않았다.

이런 특이한 입장 때문에 마쓰우라는 세상을 정확히 내다볼 줄 알게 되었다. 그녀의 설명은 일본인이 타자로부터 단절될 뿐 아니라 자기 자신으로부터 단절된다는 사실을 암시했다. 일본사회에는 외로움이 만연해 있다. 일본에 정착하는 사람들은 금방 느낀다. 일본인이 된다는 것은 혼자가 됨을 뜻한다. '타자'로부터 단절될 뿐 아니라 각 개인의 내면에서 남에게 보여주는 자기와 진짜 자기 사이에 분열이 일어난다. 일본인이 스스로를 너무도 철저하게 타자화해왔기 때문이다.

물론 일본인은 스스로를 이런 식으로 생각지 않는다. 일본인은 역사시대 이래 이방인에게 심한 편견을 갖고 그 낯설음에 거의 강박적으로 집착해왔다. 이방인에 대한 일본인의 태도는 고성능 일본 자동차만큼이나 유명하다. 이를 섬나라 사람들의 근거 없는 외국인혐오증 정도로 치부하거나 아니면 서구인이 16세기에 무기와 기독교를 전파하던 혼란한 정국에 메이지 이데올로그들이 통일 국가를 구축하느라 그랬던 것처럼, 정치적 불안기에 지배층이 외국인혐오증을 부추기는 것으로 보기도 한다. 그러나 그리 간단치만은 않다. 일본의 외국인혐오증은 타자로부터 온갖 것을 차용해온 역사와 깊은 관계가 있다. 동시에 일본인이 스스로를 바라보는 관점을 반영한다. 앞장에서 설명했듯 자신을 돌아보는 능력이 없다는 문제와 연관되어 있다.

일본인에게 '타자'란 누구를 의미할까? 물론 서구인과 그밖의 모든 외국인이 포함될 것이다. 그런데 일본 내부에도 타자가 존재한다. 사람들이 접촉을 꺼리는 이른바 피차별부락민*이 있고, 크고 작은 주변 섬의 원주민들, 북쪽의 아이누족, 남쪽의 오키나와인이 있다. 일본에 사는 한국인과 중국인도 있다. 1980년대 거품경제기에는 일본 본토 다음으로 일본인 인구가 많던 브라질에서 많은 일본인 교포들이 역이민했다. 그러나 일본계 브라질인을 순수 일본인으로 여기지 않는 본토 일본인들 때문에 역이민자들은 고국에 돌아와서도 이방인 신세였다. 당시 거품경제로 인해 동남아시아, 인도 아대륙亞大陸, 중동 출신 노동자들도 대규모로 유입되었는데, 이들 또한 당연히 타자였다.

대단한 목록이다. 서구인과 후진국 출신 노동자를 제외한 나머지는 모두 내부에 존재하는 타자이다. 따라서 '타자성'의 많은 부분을 일본인들 스스로 만들어냈다 할 수도 있겠다. 피차별부락민은 겉으로 봐서는 여느 일본인과 전혀 구분되지 않는다. 따라서 피차별부락민에 대한 온 국민의 편견은 부자연스럽고 어리석다 할 만큼 터무니없다. 일본은 아이누족이나 오키나와인에 대해서도 이상하리만큼 생김새에 집착한다. 중국인이나 한국인으로 말하자면 사실 그들이야말로 (특히 한국인의 경우) 문화적·물질적·유전적으로 오늘의 일본을 만들어준 존재들이다. 일본인이 아무리 이런 집단을 배제해도 그들은 어엿한 일본의 구성원이며, 일본인이 아무리 다른 인종이라 우겨도 같은 몽고인종에 속하는 민족집단일 뿐이다.

예컨대 중국이 일본 역사에서 점하는 위치는 단순히 학술적 관념이 아니다. 일본인은 표지판을 보고 젓가락을 들 때마다 중국의 영향을 상기한다. 일본인이 억지로 타자를 만들어 함부로 대하는 모습을 보면 어딘가 자기혐오가 엿보인다. 일본인이 쓰는 말에서도 드러난다. 피차별부락민을 일

---

* 에도 시대에 도살, 사형 집행, 피혁 가공 등의 일을 맡던 천민을 선조로 둔 사람들을 가리키는 명칭으로, 현재까지 이들에 대한 사회적 차별이 존속한다. 근대화 이후 지정된 부락에 모여 살았기 때문에 부락민이라는 명칭이 붙었다.

컫는 가장 모욕적인 단어는 '닌간이'人外이다. 글자 그대로 인간도 아니라는 뜻이다. 왜 일본인은 그저 비슷하게 생기기만 한 게 아니라 완전하게 동일한 일본인을 세세한 DNA 차이까지 들먹이며 구분하려드는 걸까? '가이진'外人이라는 단어는 한국인이나 중국인한테는 사용되지도 않는다. 부락민이나 원주민은 물론 도착하지 얼마 되지 않은 외국인 노동자도 가이진이라 부르지 않는다. 가이진이라는 단어는 외부인外이며 인간人이라는 두 한자가 함축하듯이 어느 정도 특별한 지위를 의미하기 때문이다.

"우리는 서구에 대해서는 항상 열등감에 시달리고 아시아에 대해서는 항상 우월감을 느껴." 도쿄에 사는 친구의 말이다. 많은 일본인들이 인정하는 사실이다. 메이지유신 이래 일본인은 자기가 아시아인인지 아니면 '아시아의 유럽인'이라는 애매한 조합물인지조차 확신이 없다. 그렇다 하더라도 서구인에게 수줍게 절하면서 오랜 역사를 공유한 이웃은 멸시하는 일본의 이런 성향이 앞으로도 절대 변하지 않으리라는 견해는 유지되기 힘들 것이다. 이는 '동양은 절대 불변한다'는 관념의 반복일 뿐이기 때문이다. 동양적 숙명론의 파편에 다름 아니다. 물론 편견이란 쉽게 변하지 않으나 최근 일본인들 사이에서도 남과 스스로를 타자화하는 경향을 편치 않게 여기는 여러 가지 징후가 보인다. 1980년대 말에 정신분석학자 줄리아 크리스테바Julia Kristeva는 『우리 내면의 이방인』Strangers to Ourselves에서 다음과 같이 주장한다.

타자를 받아들이는 방법을 배우려면 먼저 우리 자신의 불안스런 타자성을 인지해야 한다. 그래야만 비로소 '진정하고 순수한 우리'라고 주장하는 것의 중심에 존재하는 타자의 유령과 그 존재가 일으키는 위협과 불안이라는 '몹쓸 것'에 정면으로 마주할 수 있다. 우리 내부에 존재하는 불가사의한 생소함을 알아볼 수 있다면 우리는 그로 인해 괴로워하거나 즐거워하지 않게 될 것이다. 이방인은 내 안에 있으며, 따라서 우리는 모두 이방인이다. 만약 내가 이방인이라면 이 세상에 이방인이란 없다.²

이 글에는 부분적으로 저자 자신의 경험이 담겨 있다. 크리스테바는 유대계 불가리아 인으로 가족이 프랑스에 정착했다.『우리 내면의 이방인들』은 일본인을 언급하지는 않지만 역사의 전환점에서 스스로 완벽하게 타인이 되어본 경험이 있는 사람들에게 많은 것을 말해준다. 일본인 스스로 자신이 누구인지 분명하게 직시하려면 그들 자신 내부에 있는 "불안스런 타자성"을 발견해야 한다. 다시 말하면 '일본인'이라는 단어에는 언제나 "진정하고 순수한 우리"가 어른거리지만 그 속에는 이방인이 내재해 있음을 알아보아야 한다는 뜻이다.

안으로부터의 차별

1868년부터 1945년까지 일본의 지배층은 강대국이 되려면 '타자'의 지배가 필수불가결하다고 보았다. 제국주의가 팽배하던 시대에 메이지유신이 일어나기도 했을 뿐더러, 일본인이 아는 제국이란 결국 서구의 제국들에서 따온 모습이었다. 일본이 근대화 초창기에 서구를 얼마나 맹목적으로 모방했는지 비극적이다 못해 희극적일 정도다. 일본인에게 서구식 모델은 "전 세계의 공법"³이었다. 신일본 정부를 인정하지 않는 조선을 서구가 일본을 개항하던 방식 그대로 무력으로 개항해야 한다는 주장이 나왔다. 이 주장이 채택되지 않은 이유는 단순했다. 당시 일본은 아직 그럴 만한 힘이 없었기 때문이다. 그러나 1875년에 결국 페리제독의 흑선을 흉내내, 조선의 해안에 군함을 보냈고 1년 후에는 조선과 조약을 체결했다. 조선의 항구 세 군데를 개항해 일본과 무역하고 조선에 정착하는 일본인의 치외법권을 보장한다는 내용이었다.

　일본은 몇 세기 전에도 조선 땅을 수차례 침략했던 전력이 있다. 그러나 1910년에 있었던 한일합병은——타이완은 이미 15년 전에 식민지로 삼았고 중국대륙도 곧 침략할 예정이었다——아이러니로 가득했다. 초기에 일본은 한국을 서구에 함께 대항할 한편으로 삼으려는 욕구도 있었다. 지금까지도 국가주의자들이 황국사관을 변호하는 데 자주 이용하는 대목이다. 그러나 침략자로서 일본은 조선인에게 소름끼치도록 잔인하게 굴었고 자국민에게라면 용납되지 않을 야만적 행동을 자행했다. 조선인은 미개하다는 것이 그 이유였다.

　일본 국가주의자들이 아시아 침략과 태평양전쟁 도발을 변명할 때 우리는 보통 거부감을 갖는다. 물론 그래야 마땅하다. '일본제국이 아시아 전체를 대표해서 서구와 전쟁을 했다'는 생각 자체가 일본의 행적에 비추어 터무니없다. 그런 극우의 불쾌한 위선 속에는 일본이 근대화 과정에서 풀지 못한 또 하나의 모순이 자리한다. 자국의 역사와 불가분의 관련이 있는 이웃을 타자화하는 행위는 일본이 서구와 교류하면서 배운 방식이었다. 그러다보니 일본은 조선이 타자이면서도 익숙했고, 조선을 단순 식민화가 아닌 '합병'한 것도 그 때문이었을 것이다. 일본은 조선인을 일본사회의 하류층으로 흡수하기 위해 정체성을 파괴하여 '한국인다움'을 말소하려 했다. 이런 흡수 합병에는 모순이 있었다. 일본은 '우월한' 서구에 개국당하자 자기보다 열등한 자를 찾아 잔혹하게 굴었던 것이고, 그러면서도 조선을 근대화의 여정에 함께 끌고 갔다.

　일본 역사상 상인이자 교역자였던 중국인은 일본 항구에 집단거주지를 둔 이외에는 일본에서 그 수를 불리지 못했다. 소수의 노동자를 제외하면 상황은 지금도 별반 다르지 않으며 중국인들은 자기들끼리 지낸다. 농민이며 공장노동자이며 피지배자였던 한국인은 얘기가 달랐다. 강제 합병으로부터 10년이 지나자 일본에 4만 명의 한국인이 거주하게 되고, 그로부터 또 10년 후에는 그 숫자가 10배로 늘어난다. 1940년에는 그 수가 125만 명에 이르게 되며 전쟁 중에는 거기서 또 두 배로 증가한다.

한국인 소수자에 대한 일본의 공식 입장은 일관되게 '동화'이지만, 공식적인 정책과 비공식적인 실태 사이에는 상당한 차이가 있다. 현재 일본에는 약 70만 명의 한국인이 있는데 대다수가 일본에서 태어났다. 마쓰우라 아케미처럼 이들 대부분이 집에서도 일본어를 쓰고 이름도 일본식이다. 그러나 일본에서 '동화'란 간단치 않은 일이다. 정신분석학자 크리스테바도 프랑스에 귀화했지만 그렇다고 해서 불가리아 출신이라는 배경이나 유대인이라는 사실이 변하는 것은 아니었다. 지워지는 것은 아무 것도 없었다. 그런데 한국인이 일본인이 되는 상황은 이야기가 달랐다.

마쓰우라 아케미의 부친은 전쟁 중 일자리를 찾아 한국에서 일본으로 건너갔다. 얼마 후 그는 건설 업체를 차렸다. 그의 정체성은 논란의 여지가 없었다. 한국에서 태어나 한국인과 결혼하여 한국 가정을 이루었다. 모국어를 잃은 자식들에게 한국인임을 상기시켜주는 데에 전혀 망설임이 없었다. "저는 제가 한국인의 사고방식을 지닌 줄 알았어요." 아케미가 자기 가족이야기를 들려주며 한 말이다. 최근에 들어서야 일본에서는 일본적이 아니고 한국에서는 한국적이 아님을 깨달았다는 것이다. 직장생활을 시작하고 나서 처음 몇 년간 여러 번 회사를 바꾸었는데, 한 번은 도쿄, 한 번은 서울, 그 다음은 또 도쿄…. 이런 식이었다고 한다.

매년 소수의 한국인들이 일본시민으로 귀화하면서 매우 꺼림칙한 경험을 한다. 시민권 취득을 위한 법률 요건이야 명료하지만 실제로 '일본인이 된다'는 것에는 좀더 복잡한 의미가 내포되어 있다. 시민권 취득은 일본인 앞에서 자신의 타자성을 느끼지 않아도 됨을 의미했지만 동시에 자기 정체성을 상실한다는 뜻이기도 했다. 그리고 일본인처럼 스스로를 타자화해야 했다. 한국이름만 포기하는 것이 아니라 문화, 복장, 때로는 이웃까지 포기해야 했다. 일본국민이 되는 일은 그런 포괄적인 정체성 상실을 수반했기 때문에 대부분의 재일한국인들은 영주외국인이라는 불안정한 신분으로 남아 있기를 선호한다.

재일한국인과 관련해 두 차례의 큰 사건이 있었다. 그중 하나는 1923년 관동대지진이다. 지진과 잇따른 '불바다'로 도쿄에서 요코하마로 이어지는 지역에서만 8만 명이 사망했다. 그리고 바로 소문이 퍼졌다. 재일조선인이 불을 지르고 우물에 독을 타고 폭탄을 투척하고 일본여자를 강간하고 상점을 약탈한다는 소문이었다. 아무런 근거가 없는 뜬소문이었다. 그런데 자경단自警団*이 경찰과 군부대의 힘을 빌려 조선인 살해를 자행하며 날뛰었다. 관동대지진이 발생하던 시기는 1차대전 후 미국을 휩쓴 '적색공포'의 일본판이 유행하던 때와 일치했다. 일본 정부는 조선인에 대한 폭행이 가라앉자 이번에는 살해당한 조선인 희생자들이 폭력적 성향의 '빨갱이들'이었다는 헛소문을 (국내 외에) 퍼뜨렸다.

이 사건은 지금까지도 한일 간에 물의를 일으키는 문제이다. 살해당한 희생자의 숫자에 관해 몇몇 추계가 존재하기는 하지만, 아직도 역사적 기록에 근거한 정확한 수는 조사 중이다. 231명(1923년 경찰의 공식 발표)에서 6,000명(최근 양국 연구자들의 추산)에 이르기까지 여러 수치가 존재하지만, 현재로서는 4,000명을 조금 상회하는 것으로 보면 무난하다.[4] 관동대지진 조선인 학살은 일본인과 재일한국인의 관계에 깊은 상처를 남겼다.

전쟁 중에 발생한 또 다른 사건은 그로부터 반세기도 더 지난 후에야 공

---

* 일본에서 사법적 구제수단에 의존하지 않고 자력으로 권리행사를 하기 위해 결성된 단체를 일컬어 부르던 말. 관동대지진 때 조선인 살상을 주도했다.

식적으로 이슈화되었다. 바로 일본군 '위안부' 문제이다. '위안부'란 전시에 일본군을 위해 강제로 성행위를 해야 했던 소녀 및 젊은 여성을 일컫는 편리한 완곡어법으로, 일본 정부가 전쟁 당시 사용하던 용어를 지금까지 그대로 사용하고 있다. 정식 인가의 여부를 불문하고 전쟁터라면 어디나 이런 '비전투 종군자'들이 존재했지만, 규모, 효율성, 야만성이라는 측면에서 일본은 마치 트랜지스터라도 생산하듯 완벽한 체제를 구축했다. 일본군은 요금, 노동시간, 환불 요건, 고객 일인당 할당시간 등을 책정해 마치 기업 계열사처럼 '위안부 소대'를 운영했다. 최초의 '위안부'는 1938년 '군수품'처럼 상하이로 수송되었다. 얼마나 많은 수의 여성이 강제동원 되었는가에 관한 정확한 통계는 없지만 남아 있는 증거에 의하면 1938년 이후 7년간 약 13만 9,000명의 '위안부'가 있었을 것으로 추정된다. 그중 대부분이 한국인이었다.[5]

'위안부'의 존재는 세상에 잘 알려져 있지 않다가 1962년에 옛 사진자료를 찾던 한 일본인 기자가 중국 황하에 정강이를 담근 조선인 여성 두 명의 모습이 담긴 기밀사진을 발견했다. 그러나 한국여성들이 이 문제를 공개적으로 이슈화하기까지는 26년이 더 걸렸다. 수치심으로 침묵을 지키던 전 '위안부'가 1991년에 처음으로 일본 정부를 상대로 소송을 걸어 공개증언했다. 그후 위안부 문제는 어느 정치가 말대로 '복수의 망령'처럼 일본을 쫓아다녔다. 1993년에 관련 공식문서가 발견되어 공개되자 비로소 일본 정부는 전쟁 당시 황국 군대와 정부가 강제 내지 기만의 수단으로 여성을 모집·동원했으며, 위안부 제도가 공식 인가된 제도였음을 인정했다. 1995년에는 다양한 국적의 전 '위안부' 수만 명을 돕기 위한 기금이 설치되었으나 실패의 조짐이 보였다. 충분한 자금이 모이지도 않았고 총리들은 금전배상을 해야 할까봐 공식사죄를 거부했다.

1995년에 출간된 책에도 나오듯 폐부를 울리는 '위안부'들의 증언은 이 문제가 법원의 판결이나 금전적 배상으로 충분한 문제가 아님을 보여준다. 슬픔과 고뇌의 세월을 보낸 그들의 삶과 치유되지 않은 상처는 법률상 해결로 보상될 수 없다. 그런 사법적 조치가 타자에 대한 일본인의 태도를 바꾸는 것도 아니다. 요즘 일본 남성들 사이에서 서울, 마닐라, 방콕 등지로 가는 성매매투어가 인기다. 일본 지방도시에서는 타이, 한국, 중국, 필리핀, 브라질 출신 여성들이 나이트클럽 종업원으로 일하고, 업주에게 여권을 빼앗기거나 급료를 체불당하는 일도 부지기수다. 황국 군대에 징집된 병사가 '위안부'를 찾는 것과 다르다고 보기 어렵다.

여러 면에서 재일한국인의 삶은 일본에서 천시되는 피차별부락민의 삶을 닮았다. 피차별부락민이 자기 배경을 감추듯 재일한국인도 자기 출신 배경을 숨겨야 한다는 사회적 압박에서 자유롭지 못하다. 마쓰우라 아케미의 부친처럼 엄연히 자기 사업을 하는 재일한국인들조차 그렇게 느끼는 것이다. 그중에는 한국과의 거래관계를 이용하거나 연예나 스포츠 세계에서 성공하는 사람도 있지만, 대다수의 재일한국인은 사회의 주변부에 산다. 일본인은 전통적으로 한국인은 더럽고 더럽게 사는 것을 좋아하는 민족으로 여겼고, 지금도 낮은 급료의 일자리나 형편없는 주거환경 속에 어렵게 사는 재일한국인을 두고 '한국인은 어차피 그렇게 사는 것을 좋아한다'고 말하는 일본인이 있다. 학대받는 소수자들이 대개 그렇듯 재일한국인들도 범죄의 세계에 가깝다. 이들이 저지르는 범죄는 대부분 경미하지만 간혹 심각한 경우도 있다. 재일한국인은 1만 8,000군데에 달하는 파친코 업소의 대다수를 소유하고 있는데, 이들 업소는 야쿠자 지하조직과도 긴밀한 관련을 맺고 있다.

'재일한국인이 일본에서 못하는 것'을 들자면 목록이 길어진다. 주요대학이나 일류기업에도 들어가기 어렵다. 일본 국민과 똑같이 세금을 내면서도 투표, 공직 출마, 정당을 지지하지 못한다. 장기 투쟁을 벌인 끝에 공영주택 입주나 몇 가지 사회보장 혜택을 받을 권리는 간신히 획득했지만, 여전히 이용하지 못하는 사회보장제도가 존재한다. 재일한국인이 낸 세금이 제도의 유지에 기여하는 데도 말이다. 한국에는 가본 적도 없는 3세, 4세 재일한국인들도 일본 여권이 없다. 한국 여권으로 여행해야 하고 재입국비자를 받기 전에는 일본 땅을 떠나지도 못한다. 결과적으로 재일한국인은 일본 정부의 허가 없이는 해외여행도 못하는 셈이다.[6]

재일한국인은 일본에 영주함에도 불구하고 외국인으로 취급되어 오랜 세월 동안 정기적으로 지문 채취를 당했다. 재일한국인에 대한 공식정책 중에서도 가장 모욕적인 방침이었다. 그러나 '강제지문날인 거부운동'은 1980년대에 들어서야 시작되었다. 이 운동은 빠른 속도로 확산되었고 많은 일본 국민으로부터 지지를 받았다. 1993년에 이르러 지문날인 거부운동은 일본 정부를 상대로 재일한국인에 대한 강제 지문날인 제도를 중단시키는 성과를 거두었지만* 채취된 지문에 관한 방대한 자료는 아직도 정부의 관리 아래 놓여 있다.**

80년대에 최초로 지문날인 거부운동에 나선 사람들 중에 피아니스트 최선애가 있다. 일본 서부 기타큐슈北九州 출신의 교포2세인 최선애의 부친은 아케미의 부친처럼 한국에서 태어나 한국인과 혼인했는데, 기타큐슈에서 교회목사가 되었다. 그녀가 사는 도쿄의 어느 아파트 근처 커피숍에서 최선애를 만났다. 최선애는 조용하고 겸손하고 자기 일에 열정적인 사람이었다. 함께 자리에 앉자마자 나는 왜 이런 사람이 강제 지문날인 같은 이슈에 휘말리게 되었을까 궁금해졌다. 진지한 대학원생 같은 분위기였지만,

---

* 재일한국인 강제 지문날인 전면 폐지는 2000년에야 이루어졌다.
** 일본에서 2007년 11월 20일부터 시행된 출입국 외국인 지문 채취 및 사진 촬영의 대상에는 일반영주권자도 포함되지만, 특별영주 자격을 보장받는 대부분의 재일한국인은 면제되었다.

실제로는 1981년 22세의 나이로 지문날인을 거부한 이후 내내 일본 법정을 들락거린 인물이었다. 최선애는 지문날인 거부 이전 이미 수차례 지문날인을 당한 경험이 있었다. 그러던 그녀를 자극한 사람은 여동생이었다. 15세 나이에 처음으로 지문날인을 하게 되어 있던 최선애의 여동생이 일본 최초로 날인을 거부한 것이다. 대단한 이유 때문이 아니었다. 동급생들 중에 지문날인을 하는 사람은 아무도 없으니 자기도 하지 않겠다는 것이 이유였다. 당시 최선애는 대학생이었다. 어느날 최선애의 룸메이트가 갑자기 자신이 피차별부락민 출신임을 고백했다. 룸메이트가 남에게 그런 사실을 밝힌 것은 그게 처음이었다. 충격을 받은 최선애는 "왜 아직도 그런 것이 문제가 되는가?"하고 자문했다고 한다. "제 동생과 룸메이트 덕분에 사람들이 아무 것도 안 하고 가만히 있으면 역사는 반복된다는 사실을 깨달았지요. 두 사람을 보며 지문날인 거부를 결심했어요."

최선애와 그녀의 여동생은 기소되어 법정에 섰다. 미성년자였던 동생은 집으로 돌려보냈지만 최선애의 경우는 전국적으로 화제를 불러모았다. 재판 후 그녀는 미국유학 제안을 받고 피아노 공부를 위해 미국에 가려했지만 일본 정부가 재입국허가 비자를 발급해주지 않아 1년을 기다리다 그냥 비자 없이 떠났다. 그녀가 유학을 마칠 즈음에는 2만 명의 재일한국인이 지문날인을 거부하여 일본 정부를 긴장시켰다. 1988년 로스앤젤레스를 떠나 도쿄에 착륙한 최선애는 재입국 필요서류 없이 입국할 수 있었다.

나중에 최선애를 다시 한번 만났다. 일본 남자와 결혼해서 돌쟁이 아이가 있었다. 일본에서 태어난 아이였다. 그녀는 자신이 '일본적'임을 의심하지 않았다. 아케미와 마찬가지로 한국을 두 차례 방문하면서 그 점을 확실히 느꼈다는 것이다. 이전에 법정에서 최선애는 다음과 같이 말했다.

초등학교 6학년 때 서울에서 열린 피아노콩쿠르에 참가하기 위해 어머니와 함께 처음으로 한국에 갔습니다. 그때 3주 정도 한국에 머물렀는데, 사람 사는 후텁지근한 냄새가 나던 것과 빨리 일본에 돌아오고 싶던 것이 기억납니다. 두 번째로 한국에 갔을 때는 1980년 대학교 1학년 봄방학 때였습니다. 진정한 내 조국은 한국이라는 생각으로 한국에 갔는데 오히려 제자신이 얼마나 일본적인지 강렬하게 느낄 수밖에 없었습니다.[7]

이 말에는 조금 묘한 울림이 있다. '후텁지근한 냄새'라고 말하는 부분을 보면 최선애가 일본인과 동일한 편견을 공유함으로써 일본인으로 인정받으려는 건 아닌가 하는 의심이 든다. 그럼에도 불구하고 그녀는 평생 자기 출신배경을 인정해왔고 그 때문에 큰 값을 치렀다. 성향이 일본적인 것과 무관하게, 어려서 학교선생들이 일본식 이름으로 바꾸라고 아무리 귀찮게 회유를 해도 자진해서 한국식 본명을 고집했다. 어쩌면 바로 그 순간 미래의 충돌이 예정되었을지 모른다. 그녀는 인터뷰 당시 자신에게 유일하게 익숙한 나라에서 영주권도 없이 불안정한 방문자의 자격으로 지내고 있었다.*

최선애는 80년대에 투쟁하던 때나 지금이나 정치에는 별로 관심이 없었다. "강제 지문날인 그 자체가 문제가 아니라 마음의 고통이 문제예요. 재일한국인들은 고통스런 마음을 표현할 기회가 없어요. 불안해하며 자신을 숨기고 항상 일본인인 척하려고 노력하지요. 그런데 지문날인 거부를 통해서 재일한국인들이 조금 변했어요. 재일한국인임을 밝히고 일본사회에 감정을 표현하는 일을 조금 덜 두려워하게 됐어요."

최선애를 비롯한 몇몇 지문날인 거부자들에 따르면 평범한 일본시민들,

---

* 2000년 4월, 재일한국인 강제지문날인 전면폐지와 함께 최선애는 14년 만에 영주권을 회복할 수 있었다.

특히 비슷한 세대의 젊은 일본인들이 계속 그렇게 법률과 사회관습에 도전하라고 격려해주었다고 한다. 일본의 아시아 포용은 최근 진전되고 있는 한국, 대만을 비롯한 여러 아시아 국가와의 경제적 상호의존을 보면 잘 드러난다. 이런 현상은 곧 더욱 폭넓고 깊이 있게 전개될 것이며, 타자에 대한 '차별'은 정치적·외교적·상업적인 손실을 초래할 것이다. 그렇게 되면 일본인은 드디어 구석에 밀어두고 피하던 '타자'에 둘러싸인 자기 자신을 발견할 수밖에 없다. 그러나 이런 긍정적인 상황이 '언제' 실현되느냐 하는 질문에 대한 대답은 '아직 멀었다' 이다. 그 속도가 너무나 느린 나머지, "재일한국인이 드디어 일본에서 받아들여졌을 때…"라는 표현을 사용할 기회가 어쩌면 우리 살아생전에 없을지도 모른다.

재일한국인에게는 교사직 취업도 제한되어 있다. 교원면허는 딸 수 있지만 일본 국적이 아니면 교원채용시험 수험자격을 인정하지 않는 '국적조항'이 있어서 사실상 교사가 되는 것이 불가능하다.* 1980년대 말, 주인식이라는 뜻있는 교사가 국적조항 철폐를 요구하는 소송을 제기했다. 서두 논고에서 주인식은 일본에서 태어난 한국인을 의미하는 '자이니치'在日라는 용어를 사용하며 다음과 같이 말했다.

> 내가 본명을 쓰게 되기까지 21년이라는 시간이 걸렸지만, 이후에 태어나는 세대의 자손들은 당당하고 자연스럽게 본명을 쓰며 살 수 있는 사회가 되었으면 좋겠습니다. 혹시 내가 교사가 되면 '자이니치'의 아이들이 얼마나 기뻐하겠습니까. 얼마나 용감해지겠습니까. 희망을 갖고 살게 되지 않겠습니까. 또한 일본인 아이들에게도 이민족 교사와의 대면이 뿌리 깊게

---

* 지역에 따라 국적조항을 철폐한 곳도 있지만 여전히 지방공무원 및 공립학교 교원 채용시 일본국적을 요구하는 곳이 존재한다. 재일한국인들 사이에 국적조항 삭제 운동이 지금도 진행 중에 있다.

남아 있는 차별 의식을 변화시키는 계기가 되지 않겠습니까. 재일한국인이 교사가 된다는 것은 모든 아이들에게 뜻있는 일입니다.[8]

1991년에 이 문제는 한일 양국 간의 외교문제로 번졌다. 이 과정에서 일본 정부——일본시민이 아니라——가 '동질성' 신화를 얼마나 포기하기 싫어하고 주저하는지 간파할 수 있었다. 한일 양국은 주인식 같은 재일한국인 교원의 문제를 논의하기 위해 회담했다. 이후 일본 정부는 국적조항을 없애는 방침을 세웠으나 거기에는 허점이 있었다. 재일한국인은 일본인 교원보다 낮은 급료와 불안정한 지위로 고용되었다. 재일한국인은 강사로 고용되어 일본인 정교사 밑에서 일해야 했다.

보이지 않는 타자

일본 내부의 타자 중에서도 피차별부락민(이하 '부락민')은 가장 덜 이국적이지만 가장 이질적인 집단이다. 과학자들은 부락민을 대상으로 피검사를 하고 얼굴이나 머리의 크기를 재가며 이들이 신체적으로 어떻게 구별되는지 연구했다. 부락민이 유전적으로 한국인임을 밝히려는 시도도 있었고——그래서 뭘 증명하려는지 모르겠지만——사할린 원주민과 관계가 있다는 가설도 세웠다. 태평양전쟁 전에는 심지어 부락민이 유대인의 후손이라는 설까지 있었다. 물론 전부다 부질없는 얘기들이다. 부락민은 지금까지도 '보이지 않는 타자'로 남아 있다.

오사카에는 약 300만 명의 부락민이 산다. 나는 오사카 뒤편 산기슭에 있는 한 부락민 마을을 방문했다. 깔끔하게 늘어선 아파트와 잘 정리된 정원을 지나 한참 걷다보니 얼마나 더 가야 도착할는지 궁금해졌다. 어쩌면 울타리나 그런 종류의 경계선이 있을지도 모르고 아니면 주택이나 가게가 급격히 허름해질지도 모른다는 생각이 들었다. 그러다 표시가 하나 나왔다. 한 건물에 걸려 있는 현수막에「모든 인간의 권리를 존중하라!」라고 쓰여 있었다. 동네 한가운데로 들어선 것이다.

부락민은 세토내해를 중심으로 무슨 '수용소군도'처럼 흩어져 산다. 하필이면 수세기에 걸쳐 일본 상업의 중심지였던 세토내해인가 싶지만 이는 역사적 우연이다. 오사카에만 44개소의 부락민 동네가 있고 히로시마에는 대략 200여 개의 소규모 공동체가 있다. 다 합치면 일본 전역에 6,000곳이다. 내가 방문한 산기슭 동네는 그런 공동체의 극히 일부였다.

1970년대 중반까지 이 마을 주변은 온통 폐허였다. 그러다 터부가 깨지고 토지개발 압력이라는 지극히 실질적인 문제가 발생했다. 그 지역 철도회사가 사택용으로 약간의 토지를 구매했고 남은 토지도 금방 팔렸다. 현재 부락민과 이웃동네를 구분 짓는 것은 시냇물 하나와 부락민 동네 경계를 따라 둘러친 낡은 철망과 부스러진 콘크리트 블록 같은 것들뿐으로, 일부러 찾지 않으면 쉽사리 눈에 띄지도 않았다. 가장 가까운 지하철역은 '미노오'箕面인데 한동안 오사카에서 이용객이 제일 적은 역 가운데 하나였다. 미노오 역 근처에 사는 사람들은 부락민으로 오해받지 않으려고 일부러 한 정거장 전이나 한 정거장 후에 내리기도 했다. 그런 현상도 시간이 흐르자 부락민 동네의 경계가 흐릿해지듯 그렇게 사라져갔다.

부락민의 옛 선조는 동물이나 사람 시체와 관련이 있었다. 동물을 도살하거나 가죽을 무두질하거나 무덤을 팠다. 신토 신앙은 그런 일을 불결함의 상징으로 보았고 부락민의 지위는 그런 시각의 반영이었다. 옛날에는 부락민을 에타穢多라 불렀는데 '많이多 더럽다穢'는 의미의 고어이다. 그러나 에타는 번성했다. 각 번藩은 에타를 두고 경쟁했는데 무사가 뼈나 내장으로 만든 투구, 마구, 무기 등을 구하려면 에타에게 의존해야 했기 때문이다. 도쿠카와 바쿠후 시대에 들어와서야 비로소 에타의 지위가 법적인 문제가 되었다. 지위에 집착하는 사회에서 에타는 아예 아무 지위도 없었다. 농민들은 십중팔구 에타의 처지를 보며 마음의 위로로 삼고 비참하고 궁핍한 삶을 견뎠을 것이다. 그렇게 에타는 '닌가이' 즉 인간도 아닌 존재가 된다. 에도 시대에 에타는 옷에 가죽조각을 달아 신분을 표시해야 했고 '양민'의 집에 드나드는 것도 금지되었다.

인간집단에서 배제당한 자들의 처지는 (에도 시대의 모든 것이 그러하듯) 당연히 세습되므로 영원히 어떻게 해볼 도리가 없다고 보는 게 이치에 맞았다. 1871년 메이지 정부는 오랜 차별적 관습을 폐지하고 에타를 '신 평민'으로 만들었으나 다테마에(외양)와 혼네(본심)에는 차이가 있었다. 정부는 인간평등을 선언하면서 한편으로는 호적에 전 국민의 옛 신분을 기재했다. 이후 에타는 부락에 사는 사람을 뜻하는 '부락민'이라는 명칭으로 알려지게 되었고 사는 동네도 구별되었다. 역시 덴노 복권의 시대였다. 새로운 사회의 정점에 누군가를 올려놓으려면 밑바닥에도 누군가 존재해야 했다.

1922년 다이쇼 데모크라시 시대에 부락민은 최초로 단체를 결성했다. 기독교사회주의와 영국 내전 당시 급진공화주의에 관한 책을 읽으며 상당한 영향을 받은 부락민들은 수평사水平社라고 불리는 단체를 발족시켰다. 수평사의 깃발에는 억압받는 자의 고통을 상징하는 면류관이 들어 있었다. 창립선언문은 "전국에 산재하는 우리 부락민이여 단결하라!"로 시작했다. 그러나 부락민이 본격적으로 정치판에 나선 것은 전쟁이 끝난 후였다. 1947년 선거에서는 10명의 부락민 출신자가 국회의석을 확보했다. 여성의석수와 함께 부락민의 의석수도 역사상 최다였다. 전전 운동가이자 부락민의 위대한 영웅 마쓰모토 지이치로松本治一郎는 참의원 부의장에 선출되어 부락민으로서는 처음으로 덴노의 접견을 허락받았다. 마쓰모토는 이 영광을 거부했다.

내가 방문한 동네는 주민들이 텐트에 산다하여 '아파치 마을'이라는 별명으로 불린 적도 있다. 골진 양철판으로 지은 집들이 모여 있고 배수시설이나 위생설비가 없는 부락민 마을도 아직 여기저기 남아 있다. 그러나 이 '아파치 마을'의 재개발은 전형적이었다. 1960년대 이후 중앙정부와 지방자치체는 부락민 지역에 거액의 돈을 퍼부었다. 1993년까지 그렇게 쓰인 금액이 300억 달러가 넘었다. 잘 사는 오사카 사람들이 부락민 동네 옆에서 시냇물 같은 경계 하나만 달랑 두고도 별 불만 없이 사는 이유도 바로 거기에 있다. 그러나 눈에 띄지 않는 문제들이 아직 끈질기게 남아 있다. 부락민 아이들은 일반 아이들에 비해 학교성적도 뒤쳐지고 앞날도 어둡다. 성인이 되면 야쿠자나 알코올 중독자가 되거나 아니면 청소부나 쓰레기처리장 인부 같은 조상이 하던 일의 현대판에 종사할 가능성도 높다.

보조금 정책은 대다수의 평범한 일본사람들을 살살 달래서 그들로 하여금 부락민 이슈를 시간이 지나면 자연스럽게 사라질 봉건 유산의 잔재로 고 생각하도록 유인했다. 그러나 문제는 그리 간단치 않았다. 보조금으로 인해 편견이 적의로 바뀌는 일도 있었다. 실상 구별도 되지 않는 '타자'를 일부러 피하려고 놀라울 정도로 철저한 수단을 강구하는 일본인은 여전히 많았다. 자녀가 약혼하면 가족들이 사설 탐정을 고용해 결혼 상대의 출신 배경을 조사하는 경우도 있었다. 닛산, 미쓰비시, 일본모빌석유 등의 대기업이 가계도와 1930년대까지 거슬러 올라가는 인구조사 자료를 바탕으로 작성한 명부를 참고해서 취업지원자들을 심사하는 것으로 밝혀졌다. 그런 명부를 작성해주는 사업도 성황이었다. 한때 그런 명부가 아홉 종류나 시장에 돌아다녔는데, 결혼을 취급하는 흥신소가 제작해 고가에 팔았다.

항복한 지 불과 수 개월 만에 수평회의 뒤를 이어 부락해방동맹이 결성되었다. 부락해방동맹은 차별에 대항해 맹렬히, 때로는 좀 험하게 투쟁했고, 부락민 공동체에 보조금이 끊이지 않도록 애썼다. 출신 명부 등을 사용하는 기업을 대상으로는 부락민에 대한 올바른 인식을 사원에게 교육시키는 전담부서를 설치하도록 종용했다. 그럼에도 불구하고 부락민에 대한 무지, 공포, 부인 등의 근본적인 문제점은 부락민의 존재만큼이나 뚜렷하게 남아 있다.

희한하게도 부락해방동맹은 부락민이 단순히 평범한 일본인이 되길 원치 않는다. 차별 없는 사회에 흡수되는 것이 목적이 아니라 확실하게 구별되는 집단으로서 평등을 쟁취하는 것이 목적이었다. 부락민 지도자들 입장에서는 권력의 문제이기도 했다. '완전동화'가 되고 나면 당연히 해방동맹은 무의미해진다. 해방동맹은 다년간 유엔에 부락민을 합법적인 소수자로 인정해줄 것을 호소했고 부락민들에게는 선조가 누구인지 출신을 세상에 당당히 밝히도록 장려했다. 부락민은 자기가 사는 지역을 밝히는 것만으로도 그런 목적을 충분히 달성할 수 있었다.

학교에서는 최근까지도 아이들이 자신이 부락민임을 선언하는 일이 드물지 않았다. 부락민 공동체도 아이들이 선언문을 쓰고 교사와 다른 학생들 앞에서 이를 읽도록 부추기는 분위기였다. 그러나 곧 이것이 부락민들 사이에서 논쟁을 일으켰다. 부락민 학생들과 그 부모들은 공동체 구성원들의 압력으로 하는 선언이 무슨 의미가 있는지 의문을 제기했다. 이런 의문이 제기되었다는 사실에서 부락민의 또 다른 경향 한 가지를 감지할 수 있다. 특히 교육수준이 높고 안정적인 일자리를 가진 부락민일수록 재일한국인이 곧잘 그러듯 일반 일본인인 척 행세함으로써 문제를 해결하고픈 욕망을 느끼는 것이다.

부락민임을 밝히느냐 아니면 아닌 척하느냐 하는 문제는 고뇌의 씨앗이다. 진정한 자기 인정의 길은 무엇인가? 갖은 애를 쓰며 자기의 정체를 숨기는 것은 무의미한 구별을 무시하겠다는 뜻일까 아니면 기존의 편견을 인정한다는 뜻일까? 정체를 숨긴다는 것은 낯선 동네에서 발각될지 모르는 두려움을 가지고 살아감을 의미한다. 자기 공동체를 저버렸다는 죄책감도 불러온다.

그러나 자기 정체를 밝히는 일도 쉬운 대안이 아니다. 일단 아이들이 동네 초·중학교에서 외지 고등학교로 진학할 때 어려움을 겪는다. 넓은 세상으로 첫발을 내딛는 과정에서 벌써 상당한 대가를 치른다. 게다가 '부락민'이라는 범주에 별 실질적 의미가 담겨 있지 않다면, 정체를 밝힌다는 것이 도대체 무슨 의미가 있는가? 부락민은 따로 구분되는 '종족'이 아니다. 어차피 이들을 하나로 묶는 것은 고통이 무엇인지 안다는 점과 일본이라는 나라에 대한 이해가 깊다는 점(결코 사소하지 않는 점이지만)뿐이다.

부락민임을 밝혀야 한다고 강하게 주장하는 60대의 여성을 오사카에서 만났다. 아들과 딸을 한 명씩 둔 그녀의 이름은 고바야시 기미오였다. "애들에게 그런 일을 경험시켜서 가슴 아파요. 하지만 고통스러워도 우리 아이들을 차별이나 욕이나 못된 낙서에 꿋꿋이 저항할 수 있는 인간으로 키우고 싶어요." 고바야시보다 훨씬 젊은 여인이 고바야시의 말이 끝나자마자 이렇게 말했다. "문제는 처음부터 끝까지 '교육'이에요. 자기 생각을 표현할 힘이나 꿈을 펼치며 세상에서 활약할 능력…. 이런 것들이 전부 교육의 힘으로 가능하지요. 그러나 일본교육은 아이들이 이런 능력을 갖추도록 도와주지 않아요. 그게 가장 큰 문제점이에요."

작가 스미이 스에住井すえ는 (그 자신은 부락민은 아니다) 20세기 첫 사반세기 부락민의 삶을 그린 여섯 권짜리 장편소설 『다리 없는 강』橋のない川을 1960년대 초부터 한 권씩 발표했다. 제1권에서는 주인공 고지가 소년이 되면서 자신이 다른 일본인과 다르다는 사실에 서서히 눈을 뜬다. 고지가 깨닫는 장소는 집이 아니라 학교다. 사람들은 자신에게 점점 더 잔혹하게 굴지만, 자신이 남과 다르다는 자각에 뒤이어 자신과 남이 하나도 다를 게 없다는 자각이 찾아온다. 다면적 통찰이었다.

고바야시 기미오의 생애도 마찬가지였다. 교토 근교에서 자라며 자신이 남과 다르다는 생각은 미처 하지 못한 채 행복한 어린 시절을 보냈다. 그녀는 아직도 자기가 자란 마을에 큰 애착을 가졌다. 강가에 위치한 마을은 "저녁에 반대편에서 바라보면 강 위에 둥둥 떠 있는 것 같았다"고 한다. 고바야시는 먼저 학교에서 부락민에 대해 배웠고, 그러고나서 열네 살쯤 되던 무렵에야 우연히 자기가 부락민이라는 사실을 알게 되었다. 20대에 그녀는 오사카 근처의 공장에 취직해서 생산관리 책임자가 되었다. "하루는 상사가 내게, '네 밑에 있는 여공 중에 부락민이 있어. 가까이 지내지 않는 게 좋을 거야.' 하더라고요." 고바야시는 자신이 부락민이라는 사실을 밝히지 않은 채로 그 여공과 친하게 지냈다. 그녀는 오랜 세월이 흘러 미노오역 근처에 살게 되었고, 그 즈음 이미 천막은 사라지고 아파트가 들어서 있었다. 그때까지도 정체를 밝히지 않고 있던 그녀는 새 아파트에 입주하고 난 뒤 정체를 밝히고 부락민 주민회관에서 일하기 시작했다.

나는 고바야시를 비롯한 몇 사람을 그 주민회관 로비에서 만났다. 우리가 소파에 앉아 있는데, 아오키 노부코라는 조금 긴장한 중년 여인이 와서 동석했다. 다들 나보고 아오키를 만나봐야 한다고 했다. 짙은 화장을 한 아오키의 모습이 담배연기 속에 가려졌다. 다른 사람들이 그녀에게 겪은 얘기를 해보라고 졸랐다. 이야기는 단순했다. 그녀는 오사카 시청에서 근무했는데 4년 전 갑자기 익명의 편지를 받았다. "끔찍해서 읽을 수가 없었어요." 아직도 그 순간의 공포를 생생히 느끼는 듯 그녀가 말했다. 편지에는 이렇게만 쓰여 있었다. "가죽 신발이나 만들지 그래." 아오키는 시청에서 3년 더 버티다가 사직서를 내고 이 산마을로 이사했다. "아무 것도 감추지 않아도 되는 환경에서 일하고 싶었어요. 그래서 부락민이라고 선언했지요."

내가 만나본 부락민들의 특색은 완전하게 인간적이라는 점이다. 세상

어디에 가도 강렬한 인상을 풍길 사람들이지만, 평균적으로 미성숙한 인성이 확연한 일본에서는 한층 더 두드러진다. 일반적인 일본인이 서로에게 느끼는 단절이 적어도 부락민에게는 없었다. 성숙하고 편안했다. 공동체 구성원들 간의 인간관계는 친밀하고 단단하고 즐거움이 넘쳤다. 사생활 확보를 중시하며 남과 간신히 인위적인 친밀함을 맺어가는 다른 일본인들과는 달랐다. 이유는 간단하다. 부락민들은 자기가 '다르다'는 단순한 사실을 포용했기 때문이다.

부락민에 대한 편견이 아직도 일반적이라는 사실은 과거만이 설명해줄 수 있을 것이다. '우월한 가이진'이 두려워 쇄국을 단행한 도쿠가와 바쿠후의 통치 하에서 일본인은 자기 사회 내부에서 '타자'를 찾아 배척하며 우월감을 느꼈다. 이는 엄연한 역사적 사실이다. 그렇다면 부락민이란 일반 일본인이 거울에 투영된 모습이다. 부락민의 마음을 누르는 불안감은 곧 일본인이 '가이진' 앞에서 느끼는 불안감이다. 이런 가설을 온전히 증명할 길은 없지만 사실인 편이 좋지 않을까. 일본이 서구에 대한 열등감을 극복하게 되면 자기 사회 내부의 '타자'에 대한 우월감도 버릴 수 있을지 모르니까 말이다.

그러나 우리는 변화할 준비가 된 사람들과 이들을 통제하는 자들 사이에 놓인 간극을 또다시 마주한다. 부락민 문제는 속도는 느리지만 해결되는 중이고, 이제 부락민 젊은이 중 약 4분의 3이 부락민이 아닌 배우자와 결혼한다. 보조금도 넉넉했다. 이 모든 방편은 문제가 폭발적으로 심화되는 걸 막는 수단에 불과했다. 정부는 부락민 차별금지법 제정을 계속 거부해왔다. 의도적이었다. 부락민 문제는 단순히 돈 문제가 아닌 심리의 문제였다. 근대 이래로 일본의 지도자들은 도쿠가와 바쿠후 못지않게 단일성의 신화를 조장해왔고, 동질성의 환상이란 '같음'의 바다에서 '다름'이라는 군도에 마주치면 더욱 힘을 쓰게 마련이었다.

오사카에 있는 부락해방동맹 본부에 들러 부락민 문제에 변화의 조짐이 보이느냐고 직원 한 사람에게 물었다. 해방동맹 조사부에서 일하는 나카무라 세이지였다. 그는 아주 긍정적이라고 답했다. 그 이유는 국내정책 때문도 아니요, 일본인이 부락민을 포용했기 때문도 아니라고 했다. 부락민의 운명은 일본이 국제사회에서 어떤 위치를 점하느냐에 달렸다는 것이 그의 의견이었다. 무슨 말인지 한번에 이해할 수 없었다. 키 크고 체격 좋으며 학자풍으로 캐주얼한 옷을 입은 그가 말했다. "일본은 '국제적'이고 싶어하지요. 정부는 국제협력을, 기업은 해외 진출을 원합니다. 그러려면 결국은 기본인권이나 국가 행위가 문제가 됩니다. 일본이 '타자'들 속으로 받아들여지려면, 먼저 국내에서 우리를 받아들여야 하는 겁니다."

일본에 사는 이방인

미나모토노 요리토모源賴朝는 1192년에 초대 쇼군(정이대장군征夷大将軍, 즉 미개인을 정벌하는 대장군)이 되었다. 요리토모는 기원후 첫 몇 세기에 일본 중부에 진출한 농경 민족 '야마토'를 대표했다. 앞에서도 언급했지만 야마토 정신은 피냄새, 흙냄새 나는 소속감을 상징하고, 극우는 아직도 이를 부르짖는다. 요리토모가 정벌하는 미개인들도 원래는 일본 중부에 살고 있었으나 수세기에 걸쳐 북부로 내몰렸고, 요리토모 시대에는 혼슈 북부와 홋카이도에 정착한 상태였다. 그들이 바로 아이누족이다. 농사가 아닌 수렵으로 살았고, 몽골인종이 아니고 백인종이었다.

오늘날 아이누족의 인구는 약 2만 5,000명으로 홋카이도의 아이누 마을에 살지만 그중 일부는 남쪽으로 흘러들어 산업도시에서 일용노동자로 일하며 산야山谷 같은 '도쿄의 낙오자 동네'에서 생활을 꾸려간다. 빈곤과 알코올중독에 시달리고 정부 보조금이나 모피, 전통공예품 등의 판매로 살아가는 홋카이도 아이누 마을의 모습은 아메리카 원주민을 닮았다. 처량하고 쓸쓸한 분위기도 비슷했다. 어딜 가도 아이누족은 한쪽 구석에 유기된 듯한 느낌을 풍긴다.

아이누 마을은 자기들의 관습과 언어를 지키려고 무척 애쓴다. 풍부하던 구전문학의 전통이 부분적으로 잔존하지만 문헌은 없다. 이들의 노력이 성공을 거둘 수는 있겠지만, 종족과 전통이 민속학적인 호기심을 뛰어넘는 형태로 살아남을 가능성은 희박하다. 메이지 정부의 홋카이도 변경 개척사업 착수 이래 아이누족의 활기찬 정신은 치명적인 상처를 입었다. 정체성 수호운동을 주도하는 생각 깊은 지도자들이 있지만, 어떻게든 아이누로서 살아남으려는 힘찬 의지는 아이누인들 사이에 별로 보이지 않는다. 그들은 다수의 야마토 종족 속으로 섞여 들어가는 방법으로 살아남으려 할 뿐이다.

보통 일본인들은 아이누족이라고 하면 (그에 대해 별로 생각해볼 기회조차 없지만) 테마파크에서나 보는 구경거리 정도로 여긴다. 특히 털 많고 윤곽이 뚜렷하고 때로는 눈이 파란 아이누의 신체적 특징에 정신을 빼앗긴다. 일본 학자들이 아이누족의 무덤을 파서 사체의 머리 크기를 측정한 사실은 잘 알려져 있다. 일본 내부의 모든 '타자'들 중에서 아이누인만 가끔씩 '가이진'이라고 불린다. 아이누족의 리더 요사노 시게루萱野茂*는 자기 종족에 대한 부당한 취급에 분해했다. 요사노는 정부와 아이누족 간에 홋카이도가 원래 아이누 원주민의 땅이라는 사실을 공식 인정하는 협정문이 체결되기를 원했지만 달성 가능성이 없음을 이미 알고 있었다. 그는 자

---

* 요사노 시게루는 1994년 아이누로서 최초로 국회의원에 당선되었고, 정계은퇴 후에는 아이누 사전을 편찬하고 아이누어로 방송하는 라디오방송국을 설립하는 등 아이누 문화 보전에 힘쓰다가 2006년 5월에 타계했다.

기 마을 근처의 댐 공사를 중단시키는 일에 20년을 바쳤다. 댐 공사가 이루어지면 아이누족에게 신성한 강이 파괴되기 때문이다. 그러나 그가 이 문제로 정부에 소송을 걸자, 정부는 아이누족이라는 집단은 따로 존재하지 않는다고 주장했다.*

일본인이 오키나와 사람에 대해 갖는 선입관은 아이누족에 대한 선입관과 비슷하다. 농경과 상업으로 살아가는 오키나와 주민들은 사는 방식이나 본토 침략 가능성에 있어서 다수의 야마토족에게 별 위협이 되지 못했다. 그럼에도 불구하고 어떤 점에서 오키나와인은 위협적이었다. 필시 지금도 확실히 남아 있는 오키나와인의 점잖고도 흔들림 없는 자신감이 문제였을 것이다. 16세기에 중국황제가 조그만 오키나와 왕국에 정식으로 리우츄琉球**, 즉 '예를 다하는 나라'라는 명칭을 내렸다. 1960년대에 미국의 한 민권운동가가 일본 각지를 돌아본 뒤 '일본은 오키나와인과 비非 오키나와인으로 양분된 나라'라 표현해서 유명해졌다.

오키나와 사람들은 일본 본토사람과 마찬가지로 자기들의 기원에 대해 잘 모른다. 지금 이들이 사는 류큐 열도에 도착하기 전에는 일본열도에 살았을지도 모르고 류큐 열도로 오는 과정에서 아이누와 피가 섞였을 수도 있다. 그 또한 확실치 않다. 수세기 동안 중국, 한국 및 오늘날 태국에 해당하는 동남아시아 지역까지 진출해 교역하면서 오키나와는 갖가지 문화적 영향을 흡수했다. 일본인 남방기원설도 부분적으로는 그런 접촉에서

---

* 2008년 6월 6일 일본 국회는 아이누족을 독자적 언어, 종교, 문화를 보유한 일본의 원주민으로 인정할 것을 정부에 요구하는 결의문을 만장일치로 채택했다. 일본 정부가 구체적인 지원책을 마련할지는 미지수이나 아이누족을 원주민으로 공식 인정할 경우 이들의 권리는 어느 선까지 보장하고 과거의 침해 부분을 어떻게 배상할지 등을 검토할 방침이다. 이번 결의는 일본 정부가 2007년 9월 유엔의 원주민 권리 선언에 찬성한 것을 계기로 홋카이도 출신 의원을 중심으로 하는 '아이누 권리 확립을 생각하는 모임'의 주도로 이루어졌다.

** 일본어 발음으로 '류큐'이다.

유래하는 것인지 모른다. 오키나와는 오랫동안 중국에 공물을 바쳤다. 그러나 그들이 오키나와 해안에 도달하는 다양한 문화의 파도로부터 뭔가 배운 것이 있다면, 그것은 바로 무한에 가까운 유연성이었다. 그러한 유연성 덕택에 오키나와는 가장 위협적인 이웃으로부터 어느 정도 독립을 유지할 수 있었다.

1609년 도쿠가와 바쿠후의 첫 쇼군 이에야스는 규슈의 사쓰마 번을 시켜 류큐 왕국을 침략하게 했고, 그로 인해 '타자'와의 접촉이 편안했던 오키나와에 변화가 왔다. 오키나와를 침략한 사쓰마는 나중에 메이지유신을 주도하며 두각을 나타내는 바로 그 사쓰마다. 사쓰마는 오키나와 국왕을 몰래 규슈로 유괴해 일본의 우위를 강제로 인정시킨 후에야 돌려보냈다. 일본이 1639년에 쇄국하자, 사쓰마는 류큐를 에도와 중국 간 비공식 무역을 은밀히 지속하는 통로로 이용했다.

근대에 접어들면 오키나와에 대한 본토의 태도를 결정적으로 드러내는 중대 사건이 네 차례 일어난다. 1879년 유신정부는 오키나와 국왕을 폐하고 직접 지사를 내려보낸다. 1945년 오키나와는 일본이 연합국과 싸우는 유일한 국내 전장이 된다. 1952년 일본 정부는 미국의 오키나와 점령을 20년간 연장하는 데에 동의한다. 마지막 사건은 공식 발표된 사건은 아니지만 가장 인상적이다. 오키나와 반환이 예정된 1972년, 히로히토는 닉슨 대통령에게 점령을 지속해도 좋다고 아무렇지도 않게 제안한다.

오키나와 사람들은 이 네 개의 사건을 항상 기억하며 산다. 중앙정부가 내려보낸 지사가 도착하고 마지막 '리우추' 국왕이 도쿄로 추방되자(그는 신귀족계급으로 흡수되어 후작이 된다), 오키나와는 하루아침에 왕국에서 변방이 되었다. 모든 것이 일본화됐다. 2차대전이 일어날 무렵이 되자 오키나와 언어로 말하거나 지역 관습을 지키는 것은 전부 저항으로 간주되어 처벌받았다. 오늘날 오키나와인들은 아이누족과 마찬가지로 자기들의 언어와 관습이 사라지지 않도록 애쓰고 있다. 그러나 아이누족이 자신들의 과거를 박물관 유리 상자 속에 넣어두는 것으로 만족해야 하는 운명임에 반해 오키나와 사람들은 자기 문화를 계속 살려나가리라고 본다. "아이누족이 자기 정체성을 강조하듯 오키나와 사람들도 마찬가지입니다." 한 오키나와 출신 지식인이 내게 말했다. "우리가 정체성을 상실할 가능성은 없어요. 아직 우리 땅이 있으니까요."

시간이 아무리 지나도 오키나와 전투에 대한 기억은 무뎌지지 않을 것이다. 오키나와 전투는 오키나와와 '본토'(오키나와 사람들이 일본열도를 가리켜 부르는 말)와의 관계에 끔찍한 상흔을 남겼다. 그때 죽은 30만 명 중 절반이 민간인이었고 죽은 민간인 중 상당수가 일본군의 강요로 자살하든가 일본군 손에 죽었다.⁹ 이 3개월간의 참사는 도쿄 황궁을 노리는 적군으로부터 시간을 벌기 위해 황국 군대가 무고한 오키나와 사람들을 적군이 오는 길에 희생양으로 던져놓는 데에 전혀 거리낌이 없었다는 사실을 보여준다. 달리 설명할 길이 없다. 1993년, 즉위한 지 얼마 안 되는 아키히토가 덴노로서는 역사상 처음으로 오키나와를 방문했다. 오키나와가 미국으로부터 일본에 반환된 지 20년 후에 일어난 이 사건은 아키히토의 다른 어느 외국 방문보다도 기념비적이었다.

히로히토가 전후에 전국을 돌 때 오키나와만 빼놓은 이유는 간단하다. 수많은 오키나와 사람들이 히로히토를 위해 목숨을 잃었기 때문에, 덴노의 전쟁 책임 문제에 관한 한 오키나와 사람들의 시각은 본토 사람들처럼 애매모호하지 않았다. 지금도 오키나와는 외딴 쓰레기처리장 취급을 받는다. 일본 주둔 미군의 4분의 3이 도쿄에서 멀리 떨어진 오키나와에 배치되어 있고 오키나와 현의 수도 나하那覇의 상당 부분을 포함하여 면적이 얼마 되지도 않는 오키나와 섬의 5분의 1 가량을 차지하고 있다.

정부의 배신은 패전 후에도 계속되었다. 전후 일본인 대다수가 일본 땅에서 핵무기를 없애는 데 집착했는데 물론 그 이유는 명백하다. 그러나 오키나와인들은 미국이 오키나와에 은밀히 핵무기를 보관하도록 일본 정부가 허가했다고 의심한다. 내내 '근거 있는 의심'이었는데 이제는 거의 '확신'에 가깝다. 내가 1994년에 나하를 방문했을 때 오키나와 현 지사가 헨리 키신저를 만나러 워싱턴으로 막 떠난 참이었다. 오키나와 반환 이전에 이루어진 미·일 교섭 세부사항이 발표됐는데 당시 총리의 밀사였던 사람에 의해 새로운 사실이 드러났다. 1969년 닉슨이 키신저를 통해 3년 후 오키나와 반환이 이루어져도 유사시에는 미국이 오키나와로 핵무기를 반입할 수 있다는 내용으로 일본 정부와 비밀협약을 맺었다는 것이다. 양국 정부는 이를 부인했으나 만약 그런 협약이 있었다면 두 나라 정부가 오키나와를 취급해온 태도와 일관된다. 오키나와 주민들의 의견은 문서로 치면 '각주' 이상의 의미를 지녀본 적이 없다. 1995년 미군의 성폭행 사건도 마찬가지였다.* 오키나와 사람들은 또 한 번 배신당했고 그 일은 또다시 사람들의 기억 속에 가로새겨졌다.

오키나와 전역에 본토에 대한 적개심이 흐른다. 그러나 일본의 일부로서 얻는 특혜 때문에 한 풀 꺾인 적개심이다. 전후 본토가 경험한 경제 기적을 오키나와는 공유하지 못했다. 일본 기업 입장에서는 이곳 해발 3.3미터의 환상環狀 산호섬이 아니라도 투자할 만한 곳은 많았다. 오키나와의 경제는 중앙정부 보조금, 미군기지, 관광에 기대는 세 발 달린 부자연스런 창조물이었다. 오랫동안 미군기지는 오키나와 주민에게 일자리와 수입의 주요 원천으로서 가장 큰 비중을 차지했으나 '미국의 세기'가 쇠퇴함에 따라 본토 관광객의 비중이 더 커졌다. 현재 오키나와 수입의 반 이상이 공

---

* 1995년 9월, 오키나와에서 세 명의 미군이 12세의 소녀를 강간한 사건이다. 2008년 2월에도 또 한 차례 미군이 14세의 여중생을 성폭행하는 사건이 발생하여 오키나와 주민들을 분노케 했다.

식 보조금이고, 관광수입이 전체 수입의 25퍼센트에 조금 못 미치며, 미군 기지 관련 수입은 10퍼센트 정도이다.

오늘날 나하에는 열대해안 교두보, 야자나무, 아파트, 60년대식 5, 6층짜리 사무실 건물 등이 뒤섞여 있다. 나하를 떠받치는 후배지後背地, 즉 대규모 농원이나 광산이나 숲 등은 존재하지 않는다. 나하는 마르코스 시대의 마닐라를 닮았다. 역시 미군 기지를 중심으로 발전한 다른 특색 없는 동남아시아 도시들과도 비슷한 모습이다. 선샤인 가街를 따라 늘어서 있는 술집들에는 버펄로, 슈거보이, 문스톤, 피콕 같은 이름이 붙어 있다. 그 사이사이로 미군 물품 매점이나 산호, 수공예 자수품, 오키나와 술 등을 파는 기념품 상점이 보인다. 나하에 착륙할 때 내가 탄 비행기가 상공에서 30분이나 맴돌아야 했는데 오키나와 비행장에서는 미군 전투기가 어떤 민간 항공기보다도 우선한다는 것이 이유였다.

나하는 미일 양국이 전후의 아름답지 못한 역학관계를 숨겨놓는 장소이다. 이를 이해하려면 우선 1945년부터 미군에 지역경제를 의존해온 굴종의 자취를 직시해야 한다. 일본 정부는 이를 모호한 상태로 유지해왔다. 오키나와 사람들은 그곳에 주둔하는 미군의 존재를 싫어한다. 1992년에 선출된 지사는 기지 반대의 입장을 내걸고 당선되었다. 오키나와 주민들에게 미군 문제는 이제 존엄과 원칙의 문제인 동시에 실질적인 문제이기도 했다. 미군의 점유 공간이 지나치게 넓어서 이제는 지역경제 발전을 가로막을 정도가 된 것이다.

미국이 오키나와에 기여한 바도 있다. 이미 60여 년의 일본화 과정을 거친 오키나와 주민들에게 스스로에 대해 다시 한번 생각해보게끔 만든 것이다. 그런 부추김에 이타심이나 고상한 의도는 전혀 없었다. 그저 적국이던 나라의 국가주의의 한 측면을 파괴하려는 목적이 있었을 뿐이다. 그러나 결과적으로 오키나와는 덕을 보았다. 오키나와는 다시 자기 언어와 문화를 되살릴 수 있게 되었고 이곳 출신 젊은 지식인들은 미국 오하이오나 일리노이에 가서 박사학위를 받고 돌아와 오키나와의 지도자가 되었다. 본토 일본인들이 여전히 패전 때문에 동요하고 도시에서 정처 없이 방황하며 사는 동안 오키나와 사람들은 자기를 재발견했던 것이다.

저명한 민속학자 야나기타 구니오柳田國男가 1960년에 『해상의 길』海上の道이라는 책을 냈다. 야나기타는 남방기원설을 제창하여 일본의 초기문화, 즉 일본인이 중국화, 사무라이화, 서양화하느라 잃어버린 자신의 진정한 모습을 오키나와 사람들에게서 찾아볼 수 있다는 가설을 세웠다. 오키나와 언어 중에서도 가장 순수한 형태인 슈리어首里語는 본토에서 사용하는 말보다 역사가 길고 그래서 더 부드럽다. 본토 일본어처럼 딱딱한 '경어'로도 변하지 않았다. "슈리어로는 싸우기 힘들어요." 한 오키나와 주민이 내게 말했다. "너무 상냥한 말이거든요." 집안이나 사회전반에서 여성의 지위에 모계사회의 흔적이 뚜렷이 남아 있다. 오키나와 사람들은 본심을 드러내는 편을 선호해서 마음에 없는 행동을 덜 한다. 가면을 벗고 살고 싶어한다는 얘기다.

야나기타의 이론은 일본인에게 깊은 인상을 남겼다. 이후 많은 이들이 오키나와를 부러운 시선으로 쳐다보게 되었다. 본토 일본인들은 조리 있게 설명하지는 못하더라도 자신들에게는 없는 자신감을 남쪽 사람들에게서 보았다. 지극히 표면적이지만 오키나와인의 편안한 태도나 신체적 특징도 일본 젊은이들에게는 매력적이었다. 1990년대 초반에는 오키나와 민요가 대중적인 인기를 끌었다. 일본인 남방기원설은 가설일 뿐이다. 문제는 과거가 아니다. 과거를 되짚는 이유는 이를 통해 앞으로 나아갈 길을 모색하기 위함이다. 문예평론가 쓰르미 슌스케는 1980년대 초에 이렇게 말했다. "옛 일본의 재구성을 위한 실마리뿐 아니라 미래 설계에 대한 열쇠도 오키나와에서 찾아볼 수 있다. 여성이 종교의식 및 기본 사회가치 형성에 중심 역할을 하는 오키나와의 문화는 남성중심 문화로 패전이라는 실패를 초래한 본토의 재구성에 기여할지 모른다."10

슬픈 열도

이른바 '대동아공영권'이 실패로 돌아간 지 50년 만에 일본은 아시아의 중심지로 변모했다. 일본자본이 이웃국가들로 홍수처럼 흘러들어 일본을 중심으로 하는 하나의 경제복합체가 형성되었다. 일본기업들은 동아시아 전역에서 토지나 가족과의 전통적인 유대관계를 약화시켰고 뿌리 없이 떠도는 도시민이라는 새로운 계급을 탄생시켰다. 미숙련 노동자, 반숙련 노동자, 할 것 없이 모두들 부의 원천인 도시에서 생계를 꾸리려 했다. 프랑스인, 영국인도 오랜 세월 이 과정을 거쳤다. 유럽의 거의 모든 국가가 빈곤한 남부에서 부유한 북부로 이주하는 노동자들로 인해 문제를 겪었다. 일본은 서구보다 빠른 속도로 동일한 과정을 경험했을 뿐이다.

경제가 열을 내며 내달리던 1980년대 말, 20세기 초반에 조선인 노동자가 상당수 건너온 이래 처음으로 일본은 대규모 노동력 수입을 개시했다. 거품경제가 꺼져버린 1990년대에도 불법체류 외국인노동자는 30만 명 정도로 유지되었다. 공식 수치가 그랬다. 비공식적인 불법체류자의 수는 100만 명을 훨씬 넘어 수백만에 달하는 것으로 경제 전문가들은 추정했다. 이들은 일본인의 잣대로 보면 동화가 불가능한 노동자들이었다. 대도시 주변에는 판자촌이 등장하기 시작했고 시간이 흐르자 외국인 노동자의 모습을 도처에서 볼 수 있었다. 1990년대 중반의 믿을 만한 통계에 의하면 국가별 불법 체류는 그 수를 기준으로 타이 4만 4,000명, 이란 4만 명, 말레이시아 3만 8,000명, 필리핀 3만 1,000명 등이었고 순위의 맨 밑은 파키스탄 8,000명, 타이완 7,000명이었다. 그러나 이 역시 추정치일 뿐 실제 숫자

는 그 몇 배에 달하지만 상대적 구성 비율은 대략 비슷할 것이다.[11]

외국인 노동자들은 도착해서 곧바로 무슨 일을 했을까? 여성들은 대체로 유흥업소 '접대부'나 가정부로 일했다. 남성은 주로 공사장이나 수많은 중소기업에서 노동했다. '수입노동자'들은 그러한 부문의 경제에 핵심 역할을 했으나 일본사회는 이들이 존재한다는 사실마저도 인정할 준비가 안 돼 있었다. 그들 대부분이 불법체류자였다. 85퍼센트는 관광비자로 입국해서 비자기간을 넘긴 상태로 일본에 머물렀다.

한 번은 도쿄 남쪽 해안을 따라 여행 중이었다. 나를 싣고 가던 기차가 어느 시골 정류장에 섰다. 승강장을 보니 일본인 인파 속에 두 명의 중동 사람이 서 있었다. 옷차림도 허름하고 며칠간 면도도 못한 듯 까칠한 얼굴이 일본인과는 확연히 달랐다. 일본 사람들은 그들 옆에 서려 하지 않았다. 멀찌감치 서 있는 사람들은 아예 그쪽으로 시선을 두지 않거나 그쪽을 보더라도 마치 그들이 보이지 않는다는 듯 멍하니 먼 데를 볼 뿐이었다. 기차 문이 열리자 승강장 인파는 그 두 사람을 스쳐지나 기차에 올랐다. 완전히 투명인간이었다. 같은 외국인인 내 눈에만 그들이 보이는 듯했다.

자국 경제를 지탱해주러 오는 외국인 노동자에 대한 일본의 태도를 상징하는 한 장면이다. 어떤 의미에서 외국인 노동자의 존재를 만들어낸 주역이 일본 경제임에도 말이다. 정부는 불법체류 외국인 노동자를 기소하겠다면서 실제로 기소한 적은 거의 없었다. 1990년 6월에는 불법체류 외국인 노동자와 관련해 최초의 법률을 공포되었다. 같은 해 6월 1일 이후 불법으로 입국하는 외국인 노동자를 고용하는 자는 200만 엔 이하의 벌금이나 3년 이하의 징역에 처한다는 것이다. 그러나 노동자들을 어떻게 할지에 대해 법률은 아무 말이 없었다. 정부는 고용주에 대한 처벌만 광고했고 해당 법률의 외국어 번역본은 아예 마련하지도 않았다. 겉보기에 그럴 듯하도록 적당한 두려움만 일으킬 심산이었다.

"기본법도 노동법도 이민법도 없어요. 외국인 노동자가 일본 땅에 와 있다는 사실만 간신히 인정했습니다." '아시안피플스 프렌드십 소사이어티'(이하 APFS)라는 단체의 허름한 사무실에서 요시나리 가쓰오吉成勝男 대표가 말했다. 요시나리는 외국인 노동자의 대거 유입이 시작되던 당시 노동조합 임원을 맡고 있었다. 도쿄 북쪽 외곽 오야마大山에 위치한 APFS 사무실이 상담을 원하는 필리핀인과 방글라데시인들로 들어차기 시작했다. 요시나리는 터놓고 평이한 말로 상담을 해주었다. 외국인 노동자 문제가 심각해질 무렵 요시나리는 APFS를 설립하여 새로 도착하는 외국인 노동자들의 지원을 전업으로 삼았다.

요시나리를 통해 만나본 노동자들은 임금 체불, 여권 압류, 작업 중 부상, 병원비 부담, 강제퇴거, 법정소환, 부부싸움 등등 별의별 문제를 다 겪으며 고민했다. 사무실에 방문한 한 이란 사람이 집요하게 되풀이해 주장했다. "일본인은 이해 못해요. 어딜 가나 일본인은 우리보고 '당신은 얼굴도 다르고 문화도 다른 이란 사람'이라고 하는데 일본도 아시아고 이란도 아시아 아닙니까? 그런데 일본사람들은 그걸 이해 못해요." 그러나 실제로 일본인이 그 점을 모르지 않는다는 게 요시노리의 견해였다. "외국인의 신분을 불안정하게 유지해서 경제 상황에 맞추어 그들의 숫자를 통제하려는 게 공식 입장이지요."

APFS에서 이런 대화를 나눈 지 얼마 안 되어 생각 깊은 한 일본 경제학자가 몇 가지 대안을 국민 앞에 제시했다. 그는 먼저 "일본은 어떤 나라가 되고 싶은가"[12]라는 질문을 던진 뒤 네 가지의 대안을 내놓았다. 첫째, 계속 외국인 노동자를 받되 차별을 지속한다. 둘째, 아예 외국인 노동자를 받지 않는다. 셋째, 외국인 노동자를 받되 이들을 일본사회로 통합시킨다. 넷째, '세련된 차별'을 시행한다. 즉 적법한 외국인 노동자를 받되 사회적으로 격리한다. 그 경제학자 자신은 두 번째와 세 번째 대안의 병용을 선호했다. 다시 말해 외국인 노동자의 유입을 부분적으로 제한하여 임금의 저하를 막아 빈곤을 해소하고, 제한 요건을 충족시켜 적법하게 들어와 일하는 외국인 노동자들은 통합시킨다는 것이다.

경제학자가 제기한 질문은 좋은 질문이다. 새로운 외국인 인구를 어떻게 다루느냐 하는 문제는 결국 일본의 미래상을 좌우할 것이다. 그러나 그 질문에 내포된 전제가 문제다. 일본은 자국에서 일어나는 상황을 완벽하게 제어할 수 있고 일본의 미래도 정확하게 조정이 가능하다고 전제한 것이다. 지적이고 전략적인 설명이지만 '필연'에 대한 적절한 인식이 결여되어 있다. 외국인 노동자가 일본의 문을 열어젖히며 몰려드는 것은 그에 대한 불가피한 경제적 수요가 존재하기 때문이다. 따라서 일본에 소속되는 일이 혈통이나 조상이 아닌 '권리'가 기준이 돼야만 하는 것이 당연한 귀결이다. 이와 관련하여 도쿄에서 만났던 한 노인의 말이 마음에 와닿는다. 도쿄 시내 한쪽에는 넓은 구역을 차지하는 우에노 공원이 있다. 그 노인은 우에노 공원에서 산책하던 경험을 통해 일본의 발전을 더듬어갔다. 전전에는 우에노 공원에 남자만 돌아다녔다. 전후에는 남자, 여자 모두 볼 수 있었다. 이제는 남자와 여자와 이란인을 마주친다.

니가타 현에서 엘라히 모하메드 누룰이라는 방글라데시 사람을 만났다. 다카Dhaka의 의사집안 출신인 누룰은 컴퓨터과학을 공부하려고 일본에 왔다가 그 꿈이 깨지자 어학교에 다니면서 밤에는 약간 구식 대중가요인 엔카*를 배웠다. 그러다 패스트푸드 식당에 취직하고, 체포당할 위기에 직면해 실직하고, 그러다 은도금공장에서 일하다 또 실직하고, 다시 체포되어 고생하고 이러면서 살았다. 나와 만나던 당시에는 미쓰카라는 별 특색 없는 공업도시에서 소규모 플라스틱 주형鑄型공장에 다니고 있었다. 근무시

* 우리의 트로트와 유사한 일본 대중가요의 한 장르.

간은 길었다. 하루 13시간이었다. 다행히 기술을 배울 수 있었다.

당시 26세이던 누룰은 피부색이 짙고 땅땅한 체격에 귀티 나는 잘 생긴 얼굴이었다. 불법체류였지만 별로 신경 쓰지 않는 것 같았다. 누룰은 행복했다. 5년 전 미사코라는 이름의 간호사와 결혼해 일본인의 적법한 배우자라는 인정을 받았음에도 불법체류자로서 여전히 단속의 대상이 되는 미묘한 위치에 있었다. 하지만 고용주가 누룰을 좋아해서 비자가 발급될 때까지 참을성 있게 기다려주기로 했고 일이 잘 해결되면 바로 아이도 가질 예정이라 했다.

누룰과 얘기하면서 '미쓰카'라는 동네를 생각해봤다. 빈사 상태의 상점가. 생기 없이 바쁘기만 한 도로변에 늘어선 주차장, 전자제품 직판점, 패밀리레스토랑. 우리가 커피 마시러 들어간 곳도 패밀리레스토랑이었다. 도시는 평평하고 나무도 별로 없었다. 누룰은 근처에 사는 스리랑카 사람 다섯 명과 알고 지내는데 부근에 외국인이라고는 자기들뿐이라 했다. 내가 말했다. "달나라에 사는 기분이겠어요."

누룰이 웃었다. "아주 이상해요. 밖에 나갈 때마다 전부 날 동물 보듯 해요. 애들이 '오카상! 가이진! 엄마! 외국인!' 이러죠. '당신은 아시아인처럼 생기지 않았네요.' 이러기도 하고요. 그게 다 무슨 뜻인지 저는 잘 모르겠어요. 제 처는 '당신은 무슬림이잖아요. 사람들한테 가르쳐줘요. 당신도 그저 인간일 뿐이라고. 그러면 사람들 생각이 바뀔 거예요.' 이러는데 저는 잘 모르겠어요. 그래도 미쓰카가 제 집이에요. 네. 제 고향이지요."

누룰의 얼굴에는 미소가 걸려 있었다. 억지로 짓는 미소가 아니었다. 그는 자리에서 일어나며 자기가 계산하겠다고 우겼다. "도쿄에서 여기까지 오셨잖아요. 여긴 제 도시예요." 그래서 나는 그러라고 했다. 대신 내가 그를 자동차로 집까지 태워주고 집에 가는 동안 엔카를 불러달라는 조건을 내붙였다.

차 안에서 누룰이 수줍어했다. 그는 지금도 일주일에 두세 번 정도 동네 가라오케에 가서 엔카를 불렀다. 보나마나 술을 몇 잔 하고난 다음일 것이다. 엔카는 불운한 사랑이나 고생스런 인생을 처절히 한탄하는 노래로 주로 중년 주부들이나 한물 간 샐러리맨들이 즐겨 부른다.

드디어 누룰이 긴장을 풀었다.

눈물에는 얼마간의 기억이 있다
마음에는 얼마간의 상처가 있다
혼자 마시는 술
홀로 술잔을 기울이며
엔카를 들으며

오 술이여 너는 알겠니
뒤집어쓰도록
마시고 싶다는 것을.

서글픈 가사. 음조에 맞지 않는 목소리…. 그러나 누룰의 일본어는 너무도 훌륭했다.

> 이 역설은 해결 불가능이다: 문화의 교류가 적으면 적을수록
> 각각의 문화가 순수성을 잃을 확률은 적어지는 반면,
> 문화의 다양성이 지니는 풍요로움과 의미심장함은
> 이해하기 힘들어진다.[1]
> _클로드 레비-스트로스Claude Lévi-Strauss 『슬픈 열대』 Tristes Tropiques, 1955

빛바랜 미덕

"북태평양 한구석에 틀어박혀 도무지 바깥세상이 어떻게 돌아가는지 아는 게 거의 없다." 1951년 5월 5일, 더글러스 맥아더가 일본 사람들을 일컬었던 발언이다. 미군 점령은 1년 이내에 끝날 예정이었고 트루먼 대통령은 이미 맥아더를 연합군 최고사령관 자리에서 해임한 상태였다. 귀국한 맥아더는 미·일 간 안전보장조약을 검토 중이던 상원에 소환되어 일본인에 관해 설명해줄 것을 요구받았다.

맥아더는 확고한 오리엔탈리스트였다. 맥아더 이전의 오리엔탈리스트들이 일본을 바라보던 시각처럼 맥아더가 그날 상원에서 진술한 내용은 맞는 대목이 가끔 있긴 했지만 역사 의식이 결여된 이해 부족의 소치였다. 특히 일본인들은 아래의 대목을 지금도 기억한다. 당시에는 아직 태어나지도 않았던 일본인들조차도 인용할 만큼 유명하다. "근대 문명이라는 척

도로 봤을 때 우리의 발달 정도가 45세라면 일본은 12세 소년이다."

미국이 일본에 끼친 영향은 복합적이다. 그러나 그중에서도 맥아더의 상원 연설은 일본인을 나머지 세상을 흉내내는 주변적인 존재로 치부했다는 점에서 후유증이 오래간 지극히 유감스러운 유산에 속했다. 맥아더가 묘사한 이미지는 일본인과 서구인의 머릿속에 깊숙이 박혀버렸다. 1958년 흐루시초프는 일본에 화산과 지진 말고 다른 게 있냐고 말하기도 했고, 이에 질세라 드골은 일본 총리의 파리 방문 후 일본은 '트랜지스터 세일즈맨의 나라'라는 유명한 말을 남겼다.

이에 대한 일본인들의 반응은 어땠을까? 오늘날처럼 흔한 외교적인 항의는 없었다. 전후에 일본인들에게는 두 가지의 선택이 있었다. 에드윈 라이샤워 같은 사람이 독려한 대로 '국제주의자'가 되든지 아니면 국가주의자로 남는 수밖에 없었다. 사실상 선택의 여지가 없는 것이나 마찬가지였다. 국가주의는 누가 봐도 위험했다. 국가주의로 가면 서구를 비난하고 전쟁 도발을 정당화하고 인종적 우월성을 선언하는 모양새가 될 우려가 있었다. 소수 과격분자들이나 우길 법한 창피스런 이데올로기였다. 그리하여 대다수의 일본인은 자명한 길을 선택한다. 국제주의자가 된다는 것은 미국이 일본에게 준 헌법, 즉 일본이 방어만 할 수 있을 뿐 전쟁은 일으킬 수 없도록 규정하는 '평화 헌법' 지지를 뜻했다. '일본인은 누구며 착한 일본인이 되려면 어찌해야 하는가?' 하는 문제에 대해서도 미국 및 기타 나라의 견해를 수용한다는 의미였다.

전후 일본에서 국가주의자와 어울리면 직업도 잃고 가족의 평판도 나빠질 위험이 있었다. 지금도 마찬가지다. 미국에 대해, 또는 아직 일본을 미국의 군사보호 아래 두는 안보조약 등에 대해 어떤 정치적 의견이나 우려를 품고 있느냐와 무관하게 다수의 일본인들은 극우 근처에서 맴도는 일을 삼간다. 그러나 조금 깊이 들어가면 문제가 복잡해진다. 대다수의 일본인과 미국인이 바라듯 문제가 단순하게 결론 났던 적은 한 번도 없었다.

일본식 국제주의

도쿄 내 세 지역이 맥아더가 빠뜨린 복잡한 이야기를 들려준다. 서로 무관한 이 세 이야기를 종합해보면 1952년 4월 미군 점령 공식 종료와 함께 미국이 일본에 남긴 유산을 보여주는 한 편의 그림이 완성된다. 세 지역 모두 내가 일본 체류 마지막 시기에 살던 목재가옥에서 걸어갈 만한 거리에 있었다.

가끔씩 이른 아침에 우리 동네 기와지붕들 위로 헬리콥터가 낮게 날아가곤 했다. 어떤 때는 밤 10시, 11시에도 지나다녔다. 미군 헬리콥터였다. 롯폰기 지역 언저리에 위치한 소규모 미군 시설*에 소속된 헬리콥터였다. 헬리콥터는 주택가, 사무실, 술집으로 뒤범벅된 블록 뒤편으로 착륙하며 자취를 감추었다. 나는 이 옛 미군기지를 자주 지나다녔다. 편편한 지붕의 회색빌딩 몇 채로 되어 있었는데, 출입문과 경비초소로 금방 미군시설임을 알아볼 수 있다. 밤 늦도록 불이 켜진 곳이 보였는데 미군 일간지 『성조』의 편집부였다.

집에서 나와 반대방향으로 걸으면 패션상점가를 지나 하라주쿠에 도착한다. 최첨단 유행을 선도하는 지역으로 유명세를 떨치는 하라주쿠에서 나에게 가장 흥미로웠던 장소는 1990년대에 생긴 '하라주쿠 후프타운'이었다. 이름이 의미하듯** 이곳은 아스팔트 농구장에 지저분한 벽 낙서에

---

* 하디 배럭스Hardy Barracks라 불리는 이곳은 3헥타르 정도의 넓이로 지금도 롯폰기에서 헬기 이착륙장 및 미군을 위한 숙박·오락시설로 등으로 기능한다. 지역 주민 간에 시설의 일부 내지 전부의 반환을 요구하거나 소음과 안전을 이유로 헬기 이착륙장으로서의 사용을 중단해줄 것을 요구하는 움직임이 있으나 현재까지 별다른 성과는 없는 것으로 보인다.

11장 빛바랜 미덕 443

(가게주인이 그랬다) 철사 울타리까지 갖추고 있었다. 한 팀에 세 명씩 여섯 명이 한 시간에 미화 60달러 정도를 내고 미국 도심지 슬럼에서 농구하는 흉내를 낸다.

하라주쿠는 주말에 성황을 이룬다. 일요일이면 중심가에 차량 진입이 금지되고 록그룹과 댄서들이 자리를 잡는다. 참가자들 중에서 가장 의아한 부류는 엘비스 프레슬리처럼 차려입은 자들인데 그런 사람이 정말 한 다스는 될 것이다. "그냥 과거를 기념하는 거예요. 엘비스 흉내에 사회적인 의미 같은 건 없습니다." 어느 방송계 중역의 말이었다. 부분적으로 그 말이 맞긴 맞았다. 미국 대중문화는 이제 전 세계적인 현상이었다. 그러나 하라주쿠에 서성대는 엘비스들은 엘비스 프레슬리를 기억하기에 너무 어리다. 이들의 행위는 "그냥 과거를 기념"하는 거라기보다는 과거와 옛 기억에 대한 '풍자'이면서 동시에 이를 '말소'하는 행위였다. "과거에 대한 향수가 아니에요." 한 젊은 친구가 나와 함께 하라주쿠를 걸으며 말했다. "진짜 엘비스보다 '가짜' 엘비스가 저희한테는 훨씬 더 진짜 같거든요."

세 번째 지역은 집에서 제일 멀었다. 황궁 근처에 위치하며 입구에 거대한 도리이鳥居가 우뚝 서 있는 야스쿠니 신사였다. 극우파에게 이곳은 지리적으로 일본 전역에서 가장 신성한 땅이다. 야스쿠니는 근대 일본이 치렀던 청일전쟁, 러일전쟁, 태평양전쟁 등에서 전사한 자들을 기리는 신사이다. 유죄판결을 받은 전범을 포함해서 총 400만 명의 영혼이 신토의 신이 되어 야스쿠니에 머물고 있다. 야스쿠니 신사는 간결한 직선으로 되어 있는데, 도리이를 지나면 벚나무와 소나무가 줄지어 있는 자갈길이 나온다. 나뭇가지에는 신에게 바치는 종잇조각이나 작은 나무명판들이 잔뜩 매달려 있다. 마치 크리스마스트리가 줄줄이 늘어서 있는 것 같다. 신사 자체는

** 후프타운hooptown에서 후프hoop는 농구의 림을 의미한다.

전통적 양식의 간소한 목조건물이다. 그러나 꽃장식과 향을 피워놓은 것 이외에는 한적하다. 사람들은 머리 숙여 기도하고 기도가 끝나면 박수를 두 번 친다. 걸을 때마다 자갈바닥이 달그락거리는 소리 말고는 낡은 나무 상자로 던지는 동전소리가 들릴 뿐이다.

우파는 야스쿠니가 미국의 알링턴 국립묘지나 플란더스필드Flanders Field*나 마찬가지라고 즐겨 말한다. 그러나 야스쿠니는 단순히 드러나는 겉모습보다 훨씬 더 복잡한 의미를 지니는 장소이다. 전후에 미국은 국교인 신토가 극단적 국가주의의 원천이라고 판단하고 야스쿠니 참배를 저지했다. 정교 분리를 규정한 전후헌법은 정부 관직에 있는 자가 공식적인 신분으로 신사에 참배하는 것을 금했다. 오늘날 많은 일본인들이 선조의 혼을 기리려는 목적으로 야스쿠니에 가지만 여전히 금지된 곳이라는 일말의 기색이 감돈다.

신사 뒤쪽으로 잘 조경된 부분에 박물관이 자리한다. 박물관에는 군복, 탄피, 가미카제 전투기 등 갖가지 전쟁 관련 물품이 전시되어 있다. 명판이나 표창장 등에 쓰여 있는 문구가 예상대로다. 죽은 자에게 감사를 표시하며 '우리'와 '국가'를 부르짖는다. 그러나 야스쿠니 신사와 박물관이 일본 극우들의 전유물이니 만큼, 여기서의 '우리'는 물론 '우리 극우들'이지 '우리 대다수의 국제주의자들'이 결코 아니다.

지금까지 살펴본 세 장소는 무엇을 시사하는가? 공통점은 '방기'放棄다. 롯폰기의 미군 시설에서 우리는 일본이 나머지 세계에 대한 책임을 방기하는 모습을 본다. 무역 문제만 아니라면 나머지는 미국이 해결해주리라는 심리이다. 하라주쿠에서는 정체성에 대한 방기를 본다. 패전으로 일본

---

* 벨기에의 플란더스(플랑드르) 지방 서부에 위치한 바레헴Waregem이라는 마을에 있는 미군 묘지로, 1차대전 중 벨기에에서 전투하다 전사한 368명의 미군이 묻혀 있고, 실종된 43명의 이름이 채플에 새겨져 있다.

의 전통적인 표상들은 빛을 잃었으니 사부님 미국의 표상에 열광하다 못해 아예 향수에까지 젖어보자는 것이다. 야스쿠니 신사에서는 과거에 대한 방기를 목격한다. 역사와 역사 감정을 극우들에게 전담해버린 것이다.

우리가 지금까지 한참 둘러본 도쿄 중심부를 좀 다른 방법으로 묘사하는 것도 가능하다. '국제주의'로 이야기의 실마리를 풀어가는 방법이다. 국제주의라는 단어에 작은따옴표를 친 이유가 있다. 전후 일본에서 특이하게 변형되어버린 일본식 변종이기 때문이다.

"어떤 식으로든 애국심이나 국가주의를 고양해서는 안 됩니다. 오히려 우리가 지향해야 할 목표는 국제시민이 되는 일입니다." 나가사키 시장 모토시마 히토시의 말이다. 나는 일본을 떠나기 1주일 전에 그를 방문했다. 모토시마가 그런 말을 하는 데에는 충분한 이유가 있었다. 앞서 언급했지만 그는 히로히토와 일본국민의 전쟁 책임을 묻다가 1990년에 극우 과격분자에게 저격당했다. 노쇠하여 쉬이 지치는 모토시마의 곁에 경호원이 24시간 붙어 있었다. 그러나 모토시마의 말을 '황야에서 외치는 자의 소리'*라고만 볼 일은 아니었다. 국가주의냐 국제주의냐 하는 문제에 있어서 그는 다수의 일본인(신문 여론조사가 믿을 만하다면)을 대변했고 그런 점에서 그가 말하는 '우리'는 진짜 '우리'였다.

모토시마 시장은 평화 헌법을 확고하게 지지했다. 적어도 일본인들이 보기에는 평화 헌법에서 국제주의의 이상이 우러나왔다. 평화 헌법은 신성하며 절대로 고쳐서는 안 된다고 보는 견해도 바로 여기에 근거한다. 일본인은 헌법에 담겨 있는 의무교육, 여성참정권, 시민권 등의 여러 조항을—실제로는 역코스를 통해 몇몇 원칙들이 왜곡·제한됐지만—소

---

* 기독교 신약성서 마태, 마가, 요한복음 등에 나오는 구절로, 세상이 알아주지 않는 도덕가나 개혁가의 외침을 의미하는 표현이다.

중하게 생각했다. 평화 헌법 내에서 가장 경건한 부분은 전력 보유와 전쟁 행위를 금지한 제9조였다. 그러나 이 조항 역시 유연하게 해석되어 일본은 '자위대'라는 이름으로 전력을 보유한다. 제9조는 미국이 일본을 보호하는 주요 장치로 기능한다. 미·일 안보조약이 일본을 제3국의 위협으로부터 보호한다면, 헌법 제9조는 일본을 일본 자신으로부터 보호한다.

일본헌법 103개조는 기묘하다. 마치 훈계하는 투로 십계명처럼 '…해서는 안 된다, …하지 못한다'라는 표현으로 가득하다. 아동을 혹사해서는 안 된다, 사상 및 양심의 자유를 침해해서는 안 된다, 화족과 기타 귀족 제도를 인정하지 못한다, 정치적·경제적·사회적 관계에서 차별하지 못한다…. 미군들이 일본에게 준 헌법이니만큼 평화 헌법은 새로운 국가 건설의 기초가 되는 문서라기보다는 일본이 전전으로 되돌아가는 것을 금지하는 것이 핵심이었다. 그리하여 일본국민은 수많은 '…해서는 안 된다'의 와중에 제9조 문구 그대로 "국권의 발동인 전쟁과 무력에 의한 위협 또는 무력의 행사는 … 영구히 포기"했다.

자위대의 활동을 제한하는 규정들이 얼마나 어리석은지 아무리 과장해도 지나치지 않을 정도다. 제9조는 법률로 명기된 사항만 자위대의 활동을 허락한다. 1960년대 초반에는 남극에 관측선을 파견하기 위해 해상자위대의 임무에 관한 법률부터 먼저 개정해야 했다. 몇 년 후 도쿄에서 하계 올림픽을 개최하게 되자 자위대 차량이 교통규제를 지원할 수 있도록 또 법률을 개정해야 했다. 1995년 고베지진 발생시 자위대는 피해자를 돕기 위해 이틀을 기다렸다. 그 사이 관료와 정치가들은 자위대 출동 명령의 정확한 표현을 어떻게 할지 토의했다. 게다가 잘 알려진 대로 걸프전 사태에 대한 일본의 수동적 반응은 전 세계에 분노를 일으켰다.

언어의 문제도 있다. 평화 헌법은 원래 초안이 영어로 작성된 까닭에 우파들이 항상 불평하듯 번역본처럼 읽힌다. 우파들은 일례로 제12조를 들먹인다.

이 헌법이 국민에게 보장하는 자유와 권리는 국민의 부단한 노력에 의해 이를 보장해야 한다.

제퍼슨의 독립선언서 같다고 국가주의자들은 불평한다.[2] 헌법 전문은 일본의 안전보장 합의에 관해 다음과 같이 서술하고 있다.

… 평화를 사랑하는 세계 여러 나라 국민의 공정과 신의를 신뢰하여 우리의 안전과 생존을 유지하기로 결의했다.

누구의 공정과 신의를 신뢰한다고? 꼭 과격한 국가주의자가 아니더라도 이 문구에 엿보이는 관념에서 어딘가 이상한 점을 발견할 수 있다. 이런 식으로 자국을 무방비 상태로 몰아넣는 나라를 상상하기란 어렵다. 그런 나라는 지금까지 없었다. 또한 이다지도 철저히 무엇을 '안 할 것인가'로 자국을 규정하는 나라도 상상하기 어렵다. 이게 바로 '일본식 국제주의'다.

오랫동안 일본식 국제주의에는 실질적인 알맹이가 없었다. 그러다가 1980년대 말에 엔화가 오르고 냉전이 끝나려 하자 이제야 '국제주의자'들은 자신들이 국제적 영향력을 발휘할 때라고 생각했다. 다가오는 신세기에는 경제력처럼 자본이나 기술 같은 일본이 세상에 부여할 용의가 있는 요소들이, 군사력이나 지배 영토 같은 옛날식 국력 관념을 대체할 것이라 판단한 것이다. 이런 사조가 유행할 즈음 생각 깊은 한 정치가가 내게 이렇게 말했다. "일본이 지금은 약간 비정상적으로 보일지 몰라도 우리가 국제사회를 성공적으로 구조조정하고 나면 일본 같은 나라가 정상적인 나라가 되고, 군사력을 유지하며 군을 해외에 파견하는 나라가 비정상이 될 겁니다." 프랑스에서는 바로 이런 종류의 생각을 안젤리즘angélisme*이라 부른다. 일본이 세상에서 무언가 새로운 것을 대표한다는 생각, 무기를 버리고 외교와 이성으로만 일하는 복음전도사가 된다는 생각에 많은 일본인들이 매력을 느낀다.

국제주의는 일본을 어디로 인도했을까? 국제주의는 일본인에게 무엇을 가르쳤을까? 일본이 얻은 교훈은 지난 반세기가 뚜렷이 입증한다. 평화 헌법 옹호자들은 '국제 문제에 있어서 일본의 올바른 역할은 국제 문제와의 연루를 피하는 것'이라고 가르쳤다. 즉 일본의 '국제주의'는 일본인은 누구이고 무엇을 대변하고 국제질서 속에서 일본의 목표는 무엇인가 하는 문제에 관해 일본인이 느끼는 혼란의 핵심이다. '일본적인 것'을 극우에게 빼앗긴 뒤 그 대체물로 등장한 것이 '국제주의'인 것이다. 오늘날 일본이 남에게도 스스로에게도 어색해하며 숨어들어가는 게 무리는 아니다. 일본의 국제주의란 잘 살펴보면 결국은 '우리도 우리 자신을 믿지 않으니 우리를 믿지 말라'는 단순한 메시지를 담은 수치스런 외교 정책이다.

모토시마 시장은 유머 감각이 뛰어난 신사였다. 기독교인이니 일본 전체에 100만 명 정도밖에 안 되는 종교적 소수에 속했다. 그는 다른 일본인 기독교신자들처럼 자기 사회를 이방인의 거리감을 두고 바라볼 수 있었다. 일본인이 곧잘 그러듯 스스로를 비하하면서도 일본의 약점이나 실패에 관해서는 거침없이 비판했다. 일본에서는 과잉보호로 자란 여학생을 '하코이리무스메'箱入り娘라 부른다. 글자그대로 '상자 안에 든 소녀'라는 뜻이다. 모토시마가 말했다. "일본이 딱 그 짝이에요. 바깥세상도 잘 모르고 이기적일 때도 많지요. 일본은 국제사회에 기여하고 싶어하지만 그러려면 어떻게 해야 하는지 잘 몰라요."

* 순진한 낙관주의.

모토시마의 말이 맞았다. 그는 이렇게도 말했다. "일본은 다른 나라와 상대하는 일을 아주 힘들어합니다." 이런 언급은 맥아더가 1951년에 상원에서 했던 말이나 마찬가지로 부분적으로만 맞다. 맥아더의 실수처럼 모토시마의 말에는 일본이 왜 그런 장애를 겪는지 그 원인에 대한 숙고가 빠져 있다. 자기가 옹호하는 '국제주의'가 일본의 고립에 기여한다는 점을 깨닫지 못했다. '국제주의자'도 일종의 국가주의자일 수밖에 없다는 점 또한 간과하고 있었다. 너무나 자명한 사실을 왜 다들 놓치는지 알 수 없다.

좌파의 함정, 우익의 모순
국가주의의 기치를 내걸고 대로를 휘젓고 다니는 확성기 달린 선전 차량을 도쿄에선 쉽게 마주칠 수 있다. 차량은 너무나도 시끄럽다. 길쭉하고 시커먼 상자처럼 생긴 소형트럭인데 창문이 철망으로 덮여 있어 언뜻 보면 경찰호송 차량처럼 생겼지만, 양 옆에 극우 구호가 적혀 있고 지붕에 확성기가 매달려 있다는 점이 다르다. 이들 선전 차량에는 대부분 방사형 햇살무늬가 그려진 일본 제국군 깃발 욱일기旭日旗가 걸려 있다. 이 햇살무늬는 반세기 전 맥아더가 일본 국기에서 없애버렸던 것이다.

극우 선전 차량은 이런저런 분야를 망라하며 확성기로 고함을 지른다. 1990년대 초에는 일본이 쇠고기와 오렌지 시장을 개방하자 일본농민 문제가 한참 동안 이들의 주요 테마였다. 일본 전통의 핵심인 농민이라는 신화적 존재를 미국이 파멸시킨다고 비난했다. 그외에도 지난 몇 년간 고등학교 역사교과서, 러시아와의 영토분쟁, 질 낮은 수입쌀 등 극우가 주목한 몇 가지 주제가 있었다. 특히 전후헌법에 관한 원망은 뿌리 깊었다. 극우에게 전후헌법은 외국인에 의한 몰락, 잃어버린 주권, 패배한 정신의 상징이었다. 일본이 다시 일본이 되려면 제거해야만 하는 쓸데없는 혹 같은 존재였다. 그러나 우익 내부를 제외하면 그 외부에서는 헌법에 대한 토론이나 혹은 전후헌법의 기원에 관한 광범위한 논의의 시도조차 이루어지지 않고 있다. 전후에 여러 가지 터부가 생겼지만, 덴노의 전쟁 책임을 논하는 것 다음으로 평화 헌법에 대한 논의가 가장 조심스러운 금기사항이다.

조금 지내다보면 극우 선전 차량에 무심해진다. 확성기 소리 때문에 옆 사람과 대화하기 어려울 때만 짜증이 날 뿐이다. 그럴 때는 둘 다 말을 멈추고 조용해지길 기다리는데, 일본인인 상대방은 몹시 창피해한다. 그러면 또 나는 그 사람이 그러는 게 미안하다. 바로 그 순간에 극우 선전 차량의 의미가 분명해진다. 가끔씩 터무니없이 태평양전쟁의 정당성을 주장하는 정치인들이나 똑같은 존재들이다. 선전 차량이 꽥꽥 소음을 내며 지나칠 때마다 일본인은 군국주의의 부활을 염려하고, 극우가 열을 올리며 헌법을 욕하면 할수록 '…해서는 안 된다'는 규정들이 더욱 절실하게 느껴지는 것이다.

서구인들은 군국주의의 부활 위험을 별 의문 없이 사실로 받아들인다. 지금도 가끔씩 이름 있는 신문에서 일본정신이라는 불가사의한 대해의 표면 바로 밑에 칼을 향한 어두운 열망이 간신히 길들여친 채 숨겨져 있다는 기사가 실리곤 한다. 몇 년 전에는 미국인 특파원이 오키나와 주둔 미군 고위 장교를 인터뷰했다. 특파원은 아직도 미군이 일본에 남아 있는 이유를 물었다. 명목상의 이유야 사실 널리 알려져 있었으므로 대답하기 쉬운 질문이었다. 미군이 일본에 주둔하는 목적은 북한, 러시아, 중국 등 호전적인 이웃나라로부터 일본을 지켜주기 위해서라는 것이 모범답안이었다. 그런데 미군 장교의 대답이 여느 대답과 달라서 일본 전체를 놀라게 했다. "아무도 재무장으로 부활한 일본을 원치 않습니다. 어떤 의미에서 우리는 병뚜껑인 셈이지요."[3]

비상식적인 주장이었다. 순전히 지적 게으름에서 비롯된 터무니없는 과장이다. 일본이 "부활"해서 침략하려는 상대가 누구인지, 그 이유는 무엇인지에 관한 해답을 먼저 검토하기 전에는 그런 주장을 받아들일 수 없다. 그 문제를 검토한다 해도 지난 반세기 동안 일본을 비롯한 전 세계가 변화해온 과정을 고려한다면 지각 있는 해답이 나오기 어렵다.

그렇다면 '겁나는 우익'이란 도대체 누굴 의미하는 걸까?

몇 년 전 호주의 정보기관이 일본 극우는 2만 3,000명 정도라고 추정했다는 이야기가 있었다. 내 눈으로 보고서를 본 것도 아니고 정말 그런 정보가 존재하는지는 확인하기 어려웠다. 그러나 저명한 학자이기도 한 내 정보원은 신뢰할 만할 사람이었고 제시한 숫자도 얼추 맞는 것 같았다. 여기서 '맞는 것 같다'는 말은, 여태 낡은 사상에서 못 벗어난 70~80대의 퇴역 군인, 무모한 정치가, 마구잡이로 확산되는 괴상한 이름의 소규모 우익 파벌, 선전 차량 운전기사, 말단 야쿠자, 시간당 보수를 받으며 확성기로 소리 지르는 사람까지 전부 포함했을 때 그렇다는 것이다. 결국에는 이런 개인적인 입장들이 하나둘 모여서 위협적인 집단을 이루게 마련이다.

광범위하지만 연결 관계는 느슨한 극우 논객집단도 존재한다. 미시마 유키오가 아직 살아 있다면 이런 부류에 속했을 것이다. 이들의 글이 일본인을 매료시키는 이유는 내용이 대담하기도 하고, 평범한 사람들, 즉 착한 국제주의자들이 금기로 여기는 사항을 주장하기 때문이다. 자위대 고위 관계자 중에는 국제관계에 능통한 학자도 있지만 상황에 따라서는 아직도 장검을 휘두를 용의가 있는 장교들도 더러 있다. 그러한 사실은 '일본은 민간이 군을 제대로 통제할 능력이 없다'는 항간의 우려를 굳히며 대중에게 경종을 울린다.

민간의 군 통제라? 일본에는 지원제로 운영되는 대략 15만 명 규모의 육군 자위대가 있다. 노동력을 수입해야 할 정도의 거대한 경제 규모의 국가에서 국내든 국외든 아무런 역할도 못하는 군대에 누가 지원하려 할까?

외국인은 법으로 자위대 기지 출입이 금지되어 있지만 한 국회의원이 나를 조용히 기지로 데리고 들어가 관병식을 구경시켜주었다. 눈이 번쩍 뜨이는 경험이었다. 눈앞에서 비틀 베일리Beetle Bailey*들의 행렬이 지나가는데, 제대로 줄맞춰 행진도 못하고 탱크 회전포탑조차 똑바로 유지하지 못했다. 일본인 장교든 미국인 장교든 방위 태세가 부족하다는 걸 인정할 의사가 있는 사람이라면 내가 받은 인상에 동의할 것이다.

극우를 약간 다른 각도로 조명해볼 수도 있다. 극우가 역사를 부정하고 역사적 책임을 부인하는 것은 사실이지만 그들의 말에 좀더 귀기울여볼 필요가 있다고 나는 느낀다. 백발이 된 노병들은 비록 꺼림칙한 방법으로 표현할지언정 여전히 자존심, 주권, 일본인다움 같은 관념을 지니고 있다. 오직 극우만 홀로 그런 관념들을 대변하면서 희화시키는 현 상황은, '국제주의자'들이 이 부분을 포기해버린 탓이기도 하다.

마치 뚜껑을 열면 튀어나오는 용수철 달린 인형처럼 상자에서 튀어나갈 날만 기다리는 일본의 이미지를 꾸준히 믿는 외국인과 일본인이 있다. 하지만 이는 여러 현실 가운데 하나의 버전일 뿐이다. 그러나 시대에 뒤떨어지는 그런 관념을 버리면 우리는 자명한 결론에 도달한다. 우익은 옳다. 일본은 미국이 준 헌법을 찢어버리고 자기 손으로 헌법을 만들어 새출발해야 한다. 더불어 제약 없이 무장할 것인가 아닌가 하는 점을 일본 스스로 결정해야 할 것이고, 그러기로 결정했으면 가능한 빠른 시기에 그렇게 해야 할 것이다.

그런데 이런 주장을 쉽게 수용하는 일본인을 거의 보지 못했다. 신성모독쯤으로 여기면서 '가이진의 무모한 제안'으로 치부하거나 내가 극우일

---

* 모트 워커Mort Walker라는 만화가가 1950년에 탄생시킨 미국 만화로, 게으르고 군기 빠진 군인 비틀 베일리가 군대에서 겪는 이야기를 그린다.

11장 빛바랜 미덕 453

거라고 지레짐작한다. 그러나 패전 이후 자신들이 겪어온 제약 때문에 어떤 식으로든 마음이 불편하지 않은 일본인 역시 거의 보지 못했다. 그리고 그런 불편한 마음을 어떻게든 표현해야 한다고 믿는 사람이 대부분이었다. 평화주의와 세계주의를 선언하면서도, 뒤틀린 방식으로 극우의 목소리를 내며 전 국민이 부정해온 욕망을 다시 표출하고 싶은 모순된 감정이었다.

열정적인 냉전의 전사

전후 정치·역사 논의에서 금기시되는 사항들은 이상한 방법으로 작동한다. 히로히토의 전쟁 책임은 적절한 비유를 찾자면 '벌거숭이 임금님' 이야기와 유사하다. 히로히토가 사망하고 모토시마 시장 같은 사람들이 목청을 높이기 전까지는 많은 사람들이 진실을 알고는 있으나 입 밖에 내지 않았다. 또 하나의 주요 금기사항인 헌법도 마찬가지다. 미국이 헌법을 만들어 일본한테 강제로 떠안기고 민주적 절차 따위는 조금도 개의치 않았다는 사실을 누구나 알고 있다. 그러나 그런 실상은 '헌법이 미국의 지휘 감독 하에 제정되었다'고 공손하게 표현된다. 그런 식으로 헌법이 미국 점령기의 유물이라는 본질적 사실을 피하려 했던 것이다.

1955년 두 개의 보수정당이 결합해 자유민주당이 탄생했다. 하나는 미국이 안보를 맡아주는 동안 경제적 번영에만 힘쓰려는 요시다 시게루의 추종자들이었고, 또 하나는 요시다 협정에 반대하면서 헌법 개정으로 제9조를 없애고 재무장을 주장하던 '드골주의자'들이었다. 자민당이 거의 40년간 연속적으로 여당의 자리에 있었고 지금도 막강한 영향력을 끼치고 있지만 언제나 약간 기우뚱한 선박처럼 불안정하던 까닭도 바로 그 때문이다. 유행이 한참이나 지났지만 너무나 진담 같은 진부한 농담이 하나 있다. '자유민주당은 자유주의적이지도 민주주의적이지도 않을 뿐더러, 정당도 아니다.' 자민당은 전후 일본 정치라는 특수한 상황에 내재하는 역설에 기대어 살아남았다. 헌법 개정은 애당초 자민당 강령의 한 항목으로서 공공연하고 명시적인 목표였다. 일본사람 누구나 그 사실을 알고 있었다. 그러나 이 이슈를 건드린 자민당 출신 총리는 없었다.

예외가 있긴 한데, 총리 나카소네 야스히로였다. 1982년부터 1987년까지 총리직을 수행한 나카소네는 전후 가장 중요한 두 명의 총리 중 한 사람이다. 나카소네를 총리로 만들어준 부정부패한 킹메이커 다나카 가쿠에이 전 총리조차도 나카소네의 적수가 되지 못한다. 나카소네의 비전에 견줄 만한 총리라야 요시다 시게루 정도일 것이다. 요시다는 전후 체제를 구상한 사람이다. 요시다 치하에서 일본은 경제에 총력을 기울였고 이를 감독하던 중앙정부는 권력을 회복했다. 그러나 요시다가 훗날 '주식회사 일본'이라는 이름으로 유명세를 타는 기계의 설계사였다면, 나카소네는 이 기계가 생성된 제반 환경을 제거하기로 작정한 최초의 총리였다.

나카소네의 계획에는 여러 측면이 있었다. 그는 정치적으로 최고지도자 다운 태도를 보여주었다. 이전의 어떤 총리보다도 진지하게 무역문제에 관해 목소리를 높였고, '국제화'를 국가의 새로운 목표로 삼았으며, '플라자 합의'*에 조인하여 엔화를 세계통화의 지위로 끌어올리는 데에 기여했다. 나카소네는 또한 열성적인 냉전의 전사였다. 일본이 미국 안전보장 체제 하에 들어가는 것 자체는 정력적으로 옹호했지만, 전후 미국에 의해 매겨진 일본의 자리에 반대하며 양국이 대등한 파트너 자격으로 태평양의

---

* 1985년 9월 22일 미국 뉴욕 플라자 호텔에서 선진 5개국(G5)의 재무장관, 중앙은행 총재들이 모여 환율에 관해 합의를 맺었다. 이 합의를 통해 미국은 달러화의 가치를 내려 대외무역수지 불균형을 해소하고 일본은 엔화의 가치를 높이는 정책을 채택했다. 이로 인해 급속한 엔고 현상이 나타나 거품경제 가열의 한 원인이 되었다.

안보를 담당해야 한다고 주장했다. 일본은 이제 세계로 문을 열고나가 국제무대에 참가해야 한다는 그의 연설을 자주 들을 수 있었다. 일본은 오랜 야망을 이루어 경제적으로 다른 나라를 따라잡았으니 이제 새로운 목표가 필요하다고 역설했다.

일본인들은 듬직한 나카소네를 좋아했다. 큰 키에 잘 생기고 옷도 흠잡을 데 없이 잘 입을 뿐 아니라 전 세계의 막강한 정치지도자들과 영어로 편안하게 대화를 나누었다. 대내외적으로 멋진 제스처를 사용할 줄 알았다. 1983년 미국 버지니아 주 윌리엄스버그에서 열린 주요선진국 정상회담에서는 나카소네식 이미지 만들기의 정수를 보여주었다. 그때까지 일본국민은 정상회담 기념사진에서 왜소한 자국 총리가 산만한 표정으로 가장자리에 엉거주춤 서 있는 모습에 익숙해 있었다. 그런데 나카소네가 윌리엄스버그에서 로널드 레이건, 마거릿 대처와 함께 나란히 중앙에 자리했다. 다음 날 이 사진이 전국 일간지에 실리자 일본인들은 감전되는 듯한 충격을 느꼈다. '전후 일본 사진첩'이란 게 있다면, 이 윌리엄스버그 사진은 맥아더 옆에서 찍은 히로히토의 사진과 맞먹을 정도로 중요한 사진일 것이다. 각기 당대를 말해주는 사진이었다.

일본인들은 나카소네가 새로운 아이디어를 잔뜩 꺼내놓으며 총리의 지위에 오를 때 그가 국민을 어느 방향으로 이끌어갈지 알고 있었을까? 외국인들은 나카소네를 국제주의자로 생각했지만 이는 큰 그림의 일부분에 불과했다. 그는 확실히 전후 일본에서 배양된 '국제주의자'는 아니어서 평화헌법을 옹호하는 평화주의자들을 전혀 동정하지 않았다. 그는 일종의 '국가주의자 출신 국제주의자'였다. 국가주의자 중에서도 골수 국가주의자라고 주저 없이 얘기할 수 있다.

1945년 8월 27세의 나카소네는 해군 장교로서 세토내해의 다카마쓰高松에서 복무하고 있었다. 거기서 그는 히로시마 위로 떠오르는 버섯구름을 목격했다. 훗날 그는 항복 후에 자신이 겪었던 사연들, 즉 폐허가 된 도쿄를 정처 없이 떠돈 이야기, 칼을 미 점령군에게 압수당한 이야기, 군복 계급장을 뜯긴 이야기 등을 거의 영화 같은 이미지로 치장하여 사람들에게 들려주었다. 그는 회고록에 "패전은 일본 역사에 오점을 남겼다"4고 썼다. 앞으로 일본을 가능한 옛 그대로 재건하는 것만이 유일한 길이었다. 일본정신, 자긍심, 가족국가, 순수성, 전통 등을 되찾고 덴노 밑에서 단결해야 했다.

정치가로서 나카소네는 항상 일반적인 흐름을 거슬렀다. 1947년 국회의원에 첫 출마해 당시 별로 인기도 없던 국가주의를 기반으로 수월하게 승리했고, 선출되자마자 일본의 자주성을 점령군에게 팔아넘겼다는 근거를 들며 요시다를 공격하기 시작했다. 일리가 있었다. 나카소네는 맥아더의 퉁명스런 계획을 이행하는 하청업자라고 일본 정부를 비난했다. 이 또한 일리가 있었다. 1951년 트루먼 대통령이 맥아더를 해임하기 직전, 나카소네는 맥아더를 만나 양국이 대등한 파트너로서 안전보장조약을 맺을 것과 미군의 조기 철수를 요구하는 청원서를 제출했다. 나카소네에 따르면 맥아더는 서류를 보지도 않고 휴지통에 넣었다고 한다. 그러나 그는 이 같은 시도를 통해 동료들의 존경을 얻었다.

전후의 모든 금기사항을 혐오하던 나카소네는 일본이 무방비 상태로 미국 뒤에 숨어서 몸을 움츠려야 할 이유가 없다고 보았다. 자기 정치적 지위 때문에 애국심 표현을 포기할 의사는 전혀 없었다. 1947년 선거유세 당시에는 자기가 타고 다니던 자전거에 욱일기를 매달았다. 그로부터 35년 후 총리로 선출되자마자 자위대 예산을 예년보다 증가시켰다. 1985년 8월 15일 패전기념일에는 야스쿠니 신사를 참배하면서 자신의 참배가 공식적임을 명시했다. 이는 정교 분리의 원칙을 둘러싼 논쟁을 촉발했으며 이후 같은 논쟁이 되풀이되었다.

나카소네의 정책이나 정치적 행보와 맞아떨어지지만 그의 최대의 야망은 전후헌법을 개정하는 일이었다. 총리가 된 지 몇 달 지나지 않아 그는 자민당원들과의 모임에서 이 문제를 거론했다. 예상대로 국민과 정치가들은 반대했다. 그는 이런 상황에 직면하자 일단 손을 들었지만 자기 말마따나 "쓸데없는 사회적 격변"을 피하기 위해서였지 기본 입장이 변한 것은 아니었다. 나카소네는 골수 보수 매파에 국가주의자였다. 이런 평가가 칭찬이냐 욕이냐는 중요하지 않다. 나카소네는 일본에서 수적으로 우위였던 국제주의자들에게 결과적으로 심각한 우려를 안겨주었다. 총리직을 물러날 무렵 그의 인기는 바닥으로 떨어졌다. 일본은 결코 과거로 되돌아가서는 안 된다고 국제주의자들은 역설했다.

그러나 나카소네가 원한 것은 과거로 돌아가는 게 아니었다. 나카소네 비판자들이 놓친 큰 그림이 있었다. 나카소네의 헌법 개정 제안은 전후에 이뤄놓은 평형 상태를 뛰어넘어 일본인은 누구인가 하는 문제를 다시 새롭게 규정할 기회를 제공했다. 그러나 평화주의자들은 이 부분에 관해 나카소네와 의견을 달리했다. 논쟁을 했더라면 치열한 논쟁이 되었을 것이다. 그러나 논쟁거리조차 되지 못한 채 끝이 났다. 일본인들이 나카소네가 제기했던 문제를 다시 논의하려면 아마 10년은 더 지나야 할 것이다. 좋은 기회를 놓쳐버리던 그 당시, 나카소네와 '국제주의자'들 중에서 누가 과거에 갇혀 있고 누가 미래지향적이었을까? 시대에 역행하는 사람은 누구고 일본의 미래상을 지향했던 사람은 과연 누구였을까?

NO라고 말할 수 있는 일본을 향해

1987년 나카소네 퇴임 후 일본은 그의 비전으로부터 멀어져갔다. 메이지 유신이 부과한 숙제도 마쳤겠다, 전후 확립된 체제를 다시 한번 논리적으로 평가해야 할 순간에, 일본은 옛날 버릇에 젖어 뒤로 물러났다. 정부 관료들이 만사를 좌지우지했다. 총리들은 여전히——1993년 자민당의 독주를 꺾고 잠시 총리직에 올랐던 사회민주당 호소카와 모리히로 정도를 제외하면——무능력한 정치모리배들 집단 내에서 뽑혔다. 정치인들 사이에 부정부패가 만연했고(그건 나카소네도 마찬가지였다), 무역 문제는 여전히 골칫거리였다. 요컨대 일본은 전후 성립된 평형관계가 조장한 '무책임의 문화'를 다시금 끌어안은 셈이었다.

  해결된 게 아무것도 없으니 변한 것도 없었다. 나카소네가 남긴 빈자리를 채운 것은 과격한 신세대 국가주의자들이었다. 그중 가장 유명한 인물이 '1950년대 세대'를 대표하던 소설『태양의 계절』의 작가 이시하라 신타로石原慎太郎*였다. 그는 자민당 의원시절 국회에서 직설적인 발언으로 유명했고, 성질 급한 아이처럼 미국적인 거라면 뭐든지 가차 없이 원색적으로 비난했다. 1989년에는 세련된 신사인 소니 회장 모리타 아키오盛田昭夫와 함께『No라고 말할 수 있는 일본』을 출간했다. 이 책은 일본 국내에서 당장 대단한 인기를 끌었지만 곧 미국 정계에 충격을 주었다. 해적판 번역본이 등장했고 미 국방부는 이를 요약해서 한정 배포했으며 미국의회는 이를 읽고 의사록에 수록했다. 다들 이런 책이 나왔다는 사실을 믿지 못하겠다는 양 행동했다. 미국이『No라고 말할 수 있는 일본』을 읽고 있다는 소식은 들은 일본인들은 당황했다. 모리타 회장이 자기는 그 책과 무관하다고 말할 지경이었다.

  고래고래 지르는 고함을 싹 제거하고 나면 이시하라가 주장하는 기본적인 논지는 이렇다. 일본 정부는 미국 정부와 대등한 자격으로 마주할 권리가 있으며 일본은 자국이 세계 열강이라는 운명을 인정해야 한다는

---

* 현 도쿄 시장.

것——요컨대 전후 포기한 주권을 다시 되찾아야 한다는 것이다. "우리 일본인은 이제 대담하게 앞으로 나아갈지 아니면 뒤로 조용히 물러나 있을지 선택해야 한다"고 이시하라는 강조하면서 "전후의 앙금이 끈질기게 남아 일본인들의 의식을 지배하고 있다"고 덧붙였다. 신흥 '나카소네주의'에 불과했다. 그러나 이번에도 별 성과가 없어 보였다. 이시하라의 책을 읽은 일본과 미국의 독자들은 책의 논점에 전혀 주의를 기울이지 않는 것 같았다. 아무런 제약 없이 완전한 주권을 누리는 일본을 아직 상상하기 어려웠던 것이다.

그러던 와중에 걸프전이 상황을 바꾸어놓았다. 사담 후세인의 쿠웨이트 침략은 일본에게 중대한 계기를 마련해주었다. 걸프전 사태는 일본헌법에 관해서 기존 담론에 변화를 가져온 게 아니라 아예 부재하던 담론을 새로 생산했다고 봐야 한다. 걸프전 사태 이후 일본은 맥아더가 만들어준 헌법의 개정가능성에 대해 처음으로 논의해볼 수 있었다. 처음에는 무척 신중한 언어가 오고갔다. 몇몇 국회의원들은 일본이 국제안보 문제에 최소한의 역할을 하기 위해서는 제9조에 변화를 가할 수도 있지 않겠는가 하는 얘기를 꺼냈다. 혹시 제9조를 유연하게 재해석하면 어떨까 하는 이야기도 나왔다. 전례도 있고 하니 규정을 확대해석하자는 것이다. 일본 정부는 1993년에 실제로 제9조를 확대해석해 캄보디아에 비무장 자원봉사자 100여 명을 보냈다. 그러나 그런 조치가 실행되는 과정에서도 드러난 것처럼 재해석이라는 해소 방안도 결코 쉽지 않아서, 권총이 전장에서 쓰는 병기인지 아닌지, 비행기나 선박은 보안구역 안팎에서 이런 저런 기능을 수행할 수 있는지 없는지 같은 온갖 까다로운 문제에 끊임없이 봉착했다.

걸프전이 끝나고 몇 년 후 나는 저술가 겸 평론가 오카모토 유키오岡本行夫를 인터뷰했다. 22년간 외교관 생활을 한 오카모토는 미국에 관한 한 의견이 확실했다. 양국이 어떻게 서로를 보완하는가에 관해 길게 설명을 늘어놓다 못해 심지어는 문화적, 경제적 차이점조차 두 나라를 묶어주는 역할을 한다고 주장했다. 대화가 이런 방향으로 흐르는 이유가 혹시 내가 미국인이라서가 아닌가 하는 생각이 자꾸만 들었다. 그래서 양국 관계를 가동시키는 장치인 평화 헌법과 안보조약을 전혀 재고할 필요 없다고 생각하는지 오카모토에게 단도직입적으로 물었다.

오카모토가 불편한 듯 자세를 몇 번 고치더니 내 얼굴을 한참동안 쳐다보았다. 그가 다시 입을 열자 마치 그와 나 사이에 드리워져 있던 커튼이 갑자기 휙 걷힌 것만 같았다. "맥아더 말이 맞을지도 몰라요. '일본인은 열두 살짜리 어린애니까 총은 압수하고 우리가 보호해준다'고 했죠. 당시의 역사적 상황 속에서는 아마 그게 불가피했을 거예요. 하지만 그런 관념이 지금도 바뀌질 않았어요. 그걸 지적했다가는 바로 '우익'이 돼버리지요. 온건한 지식인이나 주류사회에게 존중받지 못하게 돼요. 이 말은 해야겠는데…."

오카모토가 갑자기 말을 중단했다가 좀더 차분한 어조로 이야기를 계속했다. "이런 유연하지 못한 사고 때문에 일본이 국제사회의 현실에서 점점 멀어지는 겁니다. 걸프전이 발발했을 때 일본 언론과 지식인들이 뭐라고 했냐 하면 '싸우지들 말라, 조화가 중요하다'고 했습니다. '대화를 해야된다, 부시와 후세인은 대화를 하라'고 목청을 높였지요. 우리 자신의 가치관이 뭔지도 모르면서 이런 알맹이 없는 평화주의를 아무 때나 내세웁니다. 전후 일본에서는 그저 들입다 대화해야 하지요. 대화를 위한 대화를요. 일본의 대외관계가 좀 더 정상적이면 좋겠습니다."

오카모토와 만나며 느낀 거지만 '정상'이라는 단어에 격한 감정이 담겨있었다. 당시 오자와 이치로가 써낸 『일본개조계획』도 '정상'이라는 단어를 널리 통용시킨 바 있다. 오자와는 책에서 "정상적인 국가란 무엇이냐"고 질문하면서 이는 국제사회에서 책임을 이행하고 다른 나라와 협력하는 국가를 말한다고 주장했다. 그리고 이렇게 말했다.

> 일본 내에서만 통용되는 사정을 핑계 삼거나 하지 않으며, 국제사회의 압력을 이유로 내키지 않는 행동을 취하지도 않는다. … 그러나 국제사회에서의 비용 부담이라는 측면에서 볼 때 일본이 진정한 의미에서 '국가'라고 불릴 만한 기능을 하고 있는지 의문이다.5

일본인들이 드디어 이런 종류의 사고를 받아들일 준비가 된 걸까? 걸프전으로 인해 상황이 바뀌고 사람들의 생각이 변하기 시작했다는 사실은 시간이 갈수록 명백해졌다. 작은 예를 들면, 걸프전 후 얼마 지나지 않아 『침묵의 함대』라는 만화가 출간됐다. 만화는 일본에서 어디서나 접할 수 있는데 온갖 폭력, 섹스, 모험 이야기로 그득하다. 사회규범이 엄격하고 까다로운 일본에서 만화는 현실도피의 출구 역할을 해주므로 많은 이들이 만화에 중독되어 있다. 따라서 만화에는 말하자면 일본인의 역상逆像이 투영되어 있으며 일본인이 집단적 소망을 이루는 방편이기도 하다. 『침묵의 함대』도 그런 목적에 부합하는 만화였다.

줄거리는 단순하다. 일본과 미국이 공동 개발한 잠수함을 어떤 일본인 승무원이 탈취해서 그 잠수함을 하나의 독립국으로 선언하고 고대 일본의 명칭이자 아직도 일본인을 감상에 젖게 하는 '야마토'라 명명한다. 잠수함 국가 야마토는 고급기술력을 자랑하는 일본과 손잡고 미국을 상대로 전쟁에 돌입한다. 이 만화는 700만 부 이상 팔렸는데 권수를 거듭할수록 이야기가 복잡해진다.*

공상적이지만 보기 좋게 가려운 데를 긁는 『침묵의 함대』를 일본인들은

---

* 전 32권으로 완결되었다.

변화의 조짐으로 널리 받아들였다. 뒤이어 비슷한 주제의 만화들이 등장해서 인기를 끌었다. 그러나 이 이야기가 만화에만 국한된 것이 아님을 알아둘 필요가 있다.『침묵의 함대』가 출간되는 사이 문화, 체육, 정치, 외교 등의 분야에서도 유사한 경향이 고개를 들었다. 1993년 당시 총리였던 호소카와 모리히로는 워싱턴을 방문하여 클린턴 대통령이 제시한 '결과를 중시하는' 무역협정안을 가차 없이 거부했다. 이에 대해 국내에서는 심지어 호소카와의 정적들까지도 일본 최초의 'No'에 환호성을 올렸다. 이시하라 같은 신흥 국가주의자나 옹호할 법한 'No'를 호소카와가 실행한 것이다. 몇 달 후 일본팀이 월드컵 축구경기에서 탈락하자 이에 깊이 실망하던 일본은 스스로 깜짝 놀랐다.

　4대 일간지 중 가장 큰 규모의『요미우리신문』이 1994년 말에 놀라운 일을 벌였다. 헤드라인에 나온 것처럼 "국민적 논의를 일으키기 위해"[6] 신문은 헌법 개정안을 발표했다. 이 사건은 해외에서는 주목받지 못했으나 일본인들에게는 중대한 이탈이었다. 금기가 깨졌던 것이다. 국가주의자 집단이나 그들의 하수인이 아닌, 법학자들과 기타『요미우리신문』이 의뢰한 전문가들이 터부를 깬 것이다. "현대의 삶은 너무나 다면적이어서 이제 새롭고 다면적인 사회에 충분히 대응할 만한 새로운 헌법 모델을 찾아야 할 때다"라고 신문은 설명했다. 이는 "새로운 관점으로부터 새로운 헌법이 도출된다"는 의미였다.

　발표된 108개조의 항목을 살펴보면 군대는 합헌으로 명기하고 있고 국제 안보상 책무를 다하는 데 제약이 없도록 규정하고 있으며 헌법 개정의 절차는 단순화시켰다. 이 특별한 시도에는 의미심장한 측면이 하나 있었는데 너무나 당연한 나머지 신문에는 따로 언급조차 되지 않았다. 일본인이 일본어로 작성한 헌법 개정안이라는 점이다. "사상 및 양심의 자유를 침해해서는 안 된다"*는 "사상 및 양심의 자유를 추구할 권리는 불가침하다"로 바뀌었고, "국민은 모든 기본적 인권의 향유를 방해받아서는 안 된다"**는 "국민은 모든 기본적 인권을 향유한다"가 되었다.

어투만 바뀐 게 아니냐고 할 수도 있겠지만 그보다 훨씬 더 큰 의미가 있다. 일본인들이 제9조만이 아니라 헌법 전체에 근본적인 문제가 있다는 사실과 일본판 '국제주의'의 결점을 깨닫고, 만화에 나오는 국가주의나 외국인을 혐오하는 극우의 전유물로서의 국가주의가 아닌 건설적인 국가주의를 모색하기 시작하는 시점이었다. '…해서는 안 된다'를 전부 지워버리고 일본이 어떤 존재인지 앞으로 무엇을 '할' 것인지 마침내 자기 목소리를 냈던 것이다. 오랜 세월 헌법 개정은 어떤 식으로 언급하든 엄청난 실례거나 불순한 의도가 있는 것으로 여겨졌다. 이것이 바로 일본에서 금기사항이 작동되는 방식이다. 놀라운 점은 외국인들도 이를 금방 따라한다는 것이다. 하루는 외무성 고위관료와 유명 신문사 특파원과 함께 점심을 먹었다. 내가 외무성 관료에게 일본이 전후헌법을 얼마나 더 유지할 것으로 예상하는지 물었더니 관료는 화제를 돌렸고 그가 잠시 자리를 비운 동안 동료기자가 내게 속삭였다. "그런 이야기는 하지 않는 것이 상례예요." 그로부터 한참 후에 미국대사에게 같은 질문을 했더니 짧고 퉁명스런 대답이 되돌아왔다. "가까운 미래에."

나는 이 문제를 금기시하는 데에 동의하지 않는다. 전쟁 포기를 규정하는 제9조의 삭제를 포함한 헌법 개정에 관한 논의는 일본의 '역사 노이로제'를 치유할 유일한 방법이다. 일본이 세상에서 자신의 경제적 위치에 걸맞은 책임을 맡으려면 헌법 개정이 필요하다. 일본은 앞으로 현 헌법을 유지할 수도, 완전 재무장을 선택할 수도 있고 개정을 하되 재무장을 하지 않을 수도 있다. 그러나 결과도 중요하겠지만 전 국민이 열린 토론을 거쳐 어

* 일본헌법 제19조. ** 일본헌법 제11조.

떤 선택을 내린다는 사실 자체가 훨씬 중요하다. 격론이 벌어지면 벌어질수록 좋다. 스스로 문제의 해답을 찾고 자기 결정에 책임지는 과정을 통해 일본은 무역, 환경 등의 이슈에 훨씬 적절히 대응함은 물론 아시아 각국과의 고민스런 관계도 일변하여 과거보다는 미래를 지향하게 될 것이다.

침략 행위에 대한 사과 문제는 일본의 노이로제를 여실히 드러낸다. 히로히토 사망 후 모토시마 시장이 보여줬듯 대다수 일본국민은 '별로 대단히 어렵지도 않은 조처'를 취할 마음의 준비가 되어 있는 편이다. 전전 정치가들의 계보가 지금까지 이어져 그 후계자들이 끈질기게 권력을 쥐는 현실만이 사과를 불가능하게 하고 있다. 사과를 하느냐 마느냐? 바로 여기에서 평화주의자와 국가주의자를 가르는 완벽한 도식이 나온다. 그리고 한국과 중국은 또 그들대로 일본 정부가 사과 같지 않은 사과를 할 때마다 즉각 마치 졸작시라도 평론하듯 문구 한마디 한마디를 분석하며 어김없이 일본을 힐난한다.

일본이 얼마나 깊이 뉘우치느냐 하는 것이 뭐 그리 대수겠는가? '악어의 눈물'이 그렇게도 중요한가? 폭거를 당한 자들의 입장에서는 얼버무리는 말에 분노할 수 있다. 그러나 정말 중요한 관건은 신뢰, 성숙, 판단력이다. 시급한 것은 일본인에게 기회를 주는 것이다. 자신들이 믿을 만한 국민이고 성숙한 시각으로 명석하게 과거와 미래를 바라볼 줄 아는 국민임을 증명해보일 여유를 주는 것이다. 350년 전에 밀턴이 말하지 않았던가. "나는 실행도 안 되고 숨도 안 쉬는 빛바랜 덕목을 칭송할 수 없다."[7] 이 구절은 일본의 딜레마를 정확히 묘사한다. 누가 '예스'밖에 못하는 나라를 칭송하겠는가? 자기 자신도 믿지 못하는 나라의 국민을 어느 누가 신뢰하겠는가?

보이지 않는 역설

"여기에는 약간 위험요소가 있어요." 오카모토 유키오의 말이다.

우리는 일본이 자신감을 되찾고 나면 이후 나아가야 할 방향에 관해 이야기를 나누었다. 그러나 시기적으로 보아 '새로 태어난 에너지 충만한 일본'을 논할 형국이 아니었다. 지난 가을에는 자위대의 고위급 장교가 끝없이 이어지는 정치가들의 스캔들을 제대로 해결하는 방법은 군사 쿠데타가 아니냐는 발언을 해서 화제를 일으켰다. 그런가 하면 한 늙은 우익분자가 평화 헌법을 지지하는 『아사히신문』의 편집자들과 만난 자리에서 권총 자살했다. 그러더니 이번에는 새로 임명된 법무대신이 난징학살은 과장됐다고 주장했다.

어쩌다 이런 사건들이 일어나 일본인들을 꼼짝달싹 못하게 하는 만드는 걸까? 내가 일본에서 사귀어 정기적으로 연락하는 사람들 명부에는 극우가 여럿 되고 그중 몇 명은 친구라고 불러도 좋을 사이이다. 내가 그들의 관점을 수용해서가 아니다. 그들이야말로 주권, 자존심, 헌법 같은 의미 있는 이슈를 나하고 기꺼이 논의할 용의가 있었던 유일한 사람들이었기 때문이다. 그러나 짧게 깎은 백발에 반들반들하게 닳고 닳은 양복을 입은 이 신사들이 국가를 위협하는 공공의 적이라고 생각해본 적은 없다. 그들을 알면 알수록 그런 선입견은 터무니없다는 생각이 들었다.

위험해 보이는 외견에는 나름대로 유용한 목적이 존재한다. 거의 신비스러울 지경인 '우익의 위험성'은 미·일 정부 간에 확립된 전후 체제에서 중요한 소도구 역할을 해왔다. 극우와 정치 엘리트들 간의 긴밀한 관계는 잘 알려져 있다. 사실 자민당은 극우 선전 차량의 확성기를 수도꼭지 돌리듯 껐다켰다 할 수 있는 위치에 있다. 이런 관계는 일본 정부에 편리했다. 미군주둔 문제나 미국 정부의 일본 외교정책 등에 관해 극우의 입을 막을 수 있었기 때문이다. 미국은 미국대로 특권을 포기하려 하지 않는 상황에서 일본 정치가들은 자기들의 전문인 부정부패와 이익 나눠먹기에 전념하는 수밖에 없다.

그런 전후의 주류적 관행은 국내외로 불쾌한 '집단적 기억'을 꾸준히 촉발시키는 늙은 군국주의자들을 지켜주는 유일한 방패다. 겉으로 잘 드러나지 않는 슬픈 아이러니이다. 극우의 생각을 아예 활짝 터놓고 전국적인 논의에 붙이면 헝겊을 벗겨낸 미라처럼 분해돼버릴 것이다. 일본인들은 '새로운 국제주의'——즉 '새로운 국가주의'——를 향해 다가가는 과정에서 이 사실을 서서히 깨닫고 있다.

일본 정부는 패전 50주년이 되는 1995년을 기리기 위해 몇 년을 준비했다. 새로운 도서관과 전쟁 연구를 전문으로 하는 역사자료관을 세우는 일도 그런 계획의 일환이었다. 10여 년에 걸쳐 기획한 이 1억 2,000만 달러짜리 사업은 야스쿠니 신사에서 100미터도 되지 않는 곳에 착공될 예정이었다. 그런데 1994년 착공 직전 정부가 갑자기 계획을 변경했다. 역사자료관을 짓는 계획은 취소되고 대신 야스쿠니 신사의 전쟁박물관과 비슷한 전쟁기념관과 추모관을 함께 세우기로 했다. 1990년대답게 전시품은 복제품이 될 예정이었다. 말하자면 '가상현실 전쟁유품'이었다.

곧 논쟁이 불처럼 일었다. 근처 주민들은 제안된 건물 디자인이 독일 나치 시대의 건물 같다고 항의했다. 야스쿠니 신사의 우익들은 자기들의 특권이 위협받을까봐 항의했다. 학자들의 항의는 귀기울일 만했다. 이들은 명확하고 냉철한 역사의식을 고양시켜줄 곳을 바랐다. "추모관이 딸린 객관적인 자료관이란 불가능합니다. 그렇게 되면 항상 정치적 이념을 강조하게 될 거예요." 항의하던 학자 한 명이 내게 말했다. "전쟁에 관한 모든 것을 망라하는 도서관을 세우고 싶었어요. 좌익, 우익, 진보, 자유주의, 보수주의 할 것 없이 전부 다요. 그런데 정부가 갑자기 긴장했어요."[8]

결국 패전 50주년 기념식이 열릴 때까지 아무런 기념관도 건립되지 못했다. 정부 또한 기념관의 성격에 관해 주민, 우익, 역사가 등 모든 이의 합의를 얻어낼 때까지 아무런 계획도 진전시키려 하지 않았다. 내가 보기에는 대단한 종결이었다. 한 시대를 이보다도 더 적확하게 표현할 수 있을까. 항복 50주년 기념관이 없다는 사실은 그 자체로 일종의 기념관이라 볼 수 있었다. '역逆기념관'이랄까. 야스쿠니 신사가 용인하는 역사의 버전을 거부하고 일본의 과거를 되찾으려는 시도의 시작이었다.

일본을 떠나기 전 마지막으로 본 우익 선전 차량에는―하필이면 하라주쿠에서였다―양 옆에 두툼한 글씨로 "우리의 문화, 전통, 역사를 파괴하는 외국인 노동자를 쫓아내자"고 쓰여 있었다. 이주노동자들이 새로운 불만거리였다. 외국인 노동자가 일본에 상당수 들어오게 된 것은 불과 몇 년 되지 않았다. 이에 대한 선전 차량 테마는 야스쿠니 논쟁과 거의 동시에 등장했다. 자동차에 붙은 구호를 받아 적고 있으니 재미있게도 야스쿠니와의 내재적 연관을 깨달을 수 있었다. 극우는 항상 그렇듯 뭘 잘못 알고 있었다. 외국인이 파괴한다는 "문화"와 "전통"과 "역사"는 극우 버전의 "문화"와 "전통"과 "역사"다. 일본인들은 그런 조잡한 구호에 대항하는 법을 배워서 결국은 상황을 시정해갈 것이다. 자신의 과거를 포용하는 것이 중요하듯 '타자성'의 포용이야말로 진정한 국제주의의 본질이라는 점을 깨닫게 될 것이기 때문이다. 또한 일본인들은 서서히 자기 내면에서 개인적·집단적 자긍심을 발견하여 주로 극우들이 갖는 자기혐오를 마침내 깨끗이 털어내게 될 것이다.

일본식 민주주의

일본인들은 어떤 새로운 방법으로 자기 실현을 이룰 것인가? 오만한 국가주의자? 관대한 국제주의자? 스위스식 중립주의자? 아니면 지금까지 생각지 못했던 다른 어떤 방법을 찾을 것인가? 이 문제는 교육, 일터, 남녀평등, 도시와 시골, 문화와 정체성 등 지금까지 이 책에서 다룬 기타 여러 이슈와도 무관하지 않다. 이런 모든 이슈를 한데 묶는 본질적인 문제는 여태까지 우리가 여러 각도에서 고려해본 '변화' 즉 사람들의 '심리적 변화'이다.

그런 '변화'를 정치적인 관점에서 조망하는 것도 필요하다. 일본이 각종 문제를 이미 오래 전에 해결할 수 있었음에도 불구하고 그러지 못한 것은 "문화"나 "정신"이나 "전통" 탓이 아니라 바로 정치 때문이다. 하지만 문제 해결에 힘이 되어줄 수 있는 것도 정치이다. 이제 일본인들은 지나치게 오래 자기들을 지배하던 의존 심리를 제거할 각오가 되어 있다. 지난 몇 세기 동안 지도층이 일본 역사를 조금 다른 방향으로 이끌었더라면 대중은 의존심리를 그렇게 오래 겪지 않았으리라고 본다.

일본에는 아직도 외국 점령자의 흔적이 남아 있다. 그 흔적이 끼치는 영향은 아직도 막대하여 일본 정치를 논하려면 미국을 빼놓고는 얘기할 수 없다. 이 책은 미국이 이제 옆으로 물러나 일본을 있는 그대로 바라봐야 한다는 주장으로 시작했다. 확실히 미국인은 옆으로 물러서는 것도, 다른 사람을 정확히 꿰뚫어보는 것도 서투르다. 그러나 이제는 그런 습성을 길러야 한다. 그러려면 어찌 해야 할지 생각해보며 결론을 맺도록 하자.

미국은 정말 너무하다 싶을 정도로 일본을 잘못 알고 있다. 구색만 갖춘 민주 절차나 일본의 영화, 음식, 음악, 의복 등의 인기에 정신을 빼앗겨 일본은 그저 미국을 닮고 싶어할 뿐 그 이상은 원치 않으며 영원히 무언가를 염원하는 나라라는 선입견을 받아들였다. 평소의 버릇처럼 역사는 간과했다. '배우는 문화'가 세계적 수준에 이르는 일본이 닥치는 대로 외국 것을 수용하고 난 후에도 여전히 일본적일 수 있다는 사실을 알아차리지 못했다. 젓가락이든 헌법이든 일본에 수입된 문물은 전부 원래와는 다른 성질의 것이 된다. 미국이 일본에 도달하기 천 년 전에도 일본에 중국문물의 파도가 넘실거렸지만 그렇다고 일본이 중국이 된 것은 아니다.

일본을 점령한 미국에 대한 일본인의 솔직한 감정은 어땠을까? 예를 들어 맥아더와 히로히토가 함께한 사진을 보며 일본인은 어떻게 느꼈을까? "우리 모두에게 굉장한 충격이었습니다." 평화 헌법의 열렬한 지지자이자 저명한 지식 사카모토 요시카즈坂本義和의 말이다. "편한 옷을 입은 덩치 좋은 미국인 옆에 왜소한 덴노가 모닝코트를 입고 서 있는 겁니다. 우리는 그 모습에서 양국의 권력과 문화와 체격에 얼마나 엄청난 차이가 있는지 깨달았던 거지요." 반세기 동안 그런 이미지가 굳어졌다. 일본인이 느끼는 감정은 미국인이 생각하는 것보다 훨씬 복잡했다. 사카모토의 말을 빌리면 이렇다. "민주주의, 큰 자동차, 냉장고 같은 미국 것에 감탄했어요. 하지만 그 감탄에 열등감과 부러움이 뒤섞여 미움이 초래됐습니다."

또 하나 중요한 사실은 지금도 그렇지만 미국이 자만하며 스스로를 기만했다는 점이다. 50년 전 일본의 전전 정치지도자들을 복위시키고 덴노의 전쟁 범죄를 면제해준 미국은 일본의 고질적인 정치 체제 마비 현상에 상당한 책임이 있다. 제대로 기능하는 민주주의 체제가 일본에 정착하도록 도와주기는커녕 민주적 관행의 부재를 악용했다. 그 예가 오키나와이다. 미국은 일본 정치지도층이 국민을 조장하는 의존 심리를 좋게 본다. 그 결과 탄생한 것이 알맹이는 없고 허울만 좋은 '일본식 민주주의'다.

오키나와는 미국과 일본의 관계를 적나라하게 드러낸다. 1995년 미군의 12세 소녀 강간 사건이 발생하자 대규모 시위가 일었는데 그후 심지 굳은 오키나와 지사 오타 마사히데大田昌秀가 사용기한이 마감된 미군용지 사용 갱신에 서명을 거부했다. 그래서 어떻게 됐을까? 중앙정부의 총리가 오타 지사를 대신하여 대리서명했다. 항의를 진정시키기 위해 중앙정부는 몇몇 기지를 이전한다고 발표했다. 기지가 이전해 들어오는 지역의 시장들은 이 소식을 신문에서 읽고서야 알았다. 이들 시장들은 자기 지역에 미군 기지를 맞아들이는 영광을 거부했다. 결국 일본 최고재판소는 미국 기지에 관해서는 일본 시민에게 재산권이 없다는 취지의 판결을 내렸다.

19세기 말 과두정치 세력이 근대화 사업을 서두른 까닭은 페리의 내항 후 조인된 불평등조약에 한이 맺혔기 때문이다. 과두지배 세력이 보기에는 불평등조약을 거부하려면 우선 일본이 서구와 대등함을 증명해보여야 했다. 그리하여 끈질긴 노력이 시작되었고 그러다보니 산업경제, 제국주의적 야욕 그리고 하라주쿠에 죽치고 있는 엘비스 프레슬리까지 낳게 되었다. 미국이 일본을 이해하려면 이제 등식이 뒤바뀌었다는 사실을 먼저 깨달아야 한다. 일본은 서구를 따라잡았다. 이제 일본은 솔직한 모습을 보여줌으로써 자기를 입증해야 한다. 서구는 더 이상 거울을 들고 있지 않다. 거울은 이제 방향을 틀었고 일본은 그 거울 속에서 자기 자신을 본다.

미국은 바로 이 점을 파악해야 한다. "감탄"이 "미움"으로 둔갑하지 않도록 하려면 일본이 거울에 비친 자기를 필요한 만큼 충분히 바라볼 수 있도록 내버려두어야 한다. 의존성의 악순환은 형태를 불문하고 끊어버려야 한다. 일본인은 비민주적인 권위에 의존하면 안 되고 미국인은 일본인의 '의존심리에 의존'하지 말아야 한다. 내가 아는 한, 미국과의 긴밀한 연결 관계를 단절해야 한다고 주장하는 일본인은 거의 없지만 대다수가 현실적으로 논리적인 결론을 내린다. 일본이 미국과 건강한 국가관계를 유지하려면 좀더 거리를 두는 것이 불가피하다는 것이다.

이런 종류의 변화를 두려워하는 분위기가 양국에 팽배하다. 너무나 오래 아무 변화가 없었던 관계이니 변화가 두려운 것은 당연하다. 그러나 일본인 스스로 원하지 않는 한 아무런 속박도 있을 수 없다. 미국이 원하는 종류의 국가가 된다는 조건 하에서만 일본을 자유롭게 해주겠다는 식으로 엄포를 놓아서도 안 된다. 미국은 뭐가 그리 걱정스러워서 아직도 5만 명이나 되는 미군을 일본에 주둔시킬까? 일본에 군국주의가 램프의 요정처럼 숨어 있는 것도 아니다. 이제 그런 구실은 통하지 않는다. 미국의 우려는 사실 예나 지금이나 일본의 반항(그리고 경쟁심)이다. 태평양 지역에 나름대로 구상이 있고 미국의 계획에는 아랑곳하지 않는 일본이 두려운 것이다. 이 사실을 확실히 지적해두자. 냉전을 맞은 미국 정부에게 일본의 중립이란 악몽에 해당했다. 이제는 막강하고 경제적으로 경쟁력 있는 일본이 악몽이다. 오늘날 일본의 막대한 대외적 이해관계를 고려할 때 '미국에 아랑곳하지 않는 일본'이란 '새롭게 군국주의로 무장한 일본'만큼이나 비현실적이다. 그러나 어느 쪽이든 간에 미군이 상관할 일은 전혀 아니다. 어느 경우에도 미국은 이 문제를 자기가 결정한다고 나설 권한이 더 이상 없다.

현재 미국의 대일 정책에는 이 문제가 전혀 반영되어 있지 않다. 냉전이 끝나자 미국은 갖은 새로운 이유를 대며 기존질서를 유지하려 한다. 일본의 주변 정세가 불안하다는 것도 이유 중 하나다. 맞는 말이긴 하다. 이 지역이 안고 있는 문제는 하룻밤 새에 해결될 성질이 아니다. 그러나 이 문제와 일본에 미군 5만 명을 유지하는 게 무슨 상관이란 말인가? 미국이 중국과 지상전을 벌일 확률은 없다. 지상군이 필요한 전투에는 정황상 당연히 수십 내지 수백만 명의 중국군이 참여할 터였다. 게다가 남한에는 65만 명의 강력한 육군이 있을 뿐 아니라 북한의 16배에 달하는 경제규모가 버티고 있다.

미군의 일본 주둔을 정당화할 구실은 (당분간은) 하나뿐이다. 영국이 식민지를 떠났던 방식 그대로, 미국도 양국의 역사적 관계를 부드럽게 해소하고 적절히 종료하기 위해 일본에 주둔한다는 구실을 붙일 수 있다. 평화헌법이나 안보조약과 같은 양국관계의 기둥이 사라지는 것은 이제 시간문제다. 그리고 나면 일본은 재무장할지도 모르고 아니면 아예 완전히 다른 방향을 택할 가능성도 있다. 재활의 과정은 정치적·외교적으로 대변동을 일으킬 것이고 즉각 이루어지지 않을 수도 있다. 그러나 아무리 일본의 이웃들이 항의를 하더라도—국가마다 반응은 다르겠지만—그 과정을 영원히 피할 수는 없을 것이다. 그리고 처음에는 불안해하던 이웃국가들이 종국에는 재무장한 일본을 환영하게 될 가능성도 확실히 존재한다. 유럽에서 독일의 경우처럼 말이다. 동아시아 각국이 서로를 균형 잡힌 관계 속에서 상대하지 않는 한, 지역이 안정을 찾기는 어려울 것이다.

미국은 미국대로 일본에 대해 표면적 방침이 있지만 이제는 그것을 극복하고 본심, 즉 양국관계의 실상에 다가서야 한다. 그러려면 모든 일본 국민이 알지만 미국 정부는 공식적으로 말하지 않는 사실, 다시 말해 평화헌법을 미국이 써줬다는 사실부터 깨끗이 인정해야 한다. 역사의 한 시점에서 일어난 일일 뿐이라 한다면 그건 그렇다. 그러나 일본에서 이 문제가 얼마나 자주 이슈화되는지 보면 미국의 선선한 인정은 일본의 재활 노력을 수월하게 할 것이 확실하다.

그 다음은 안보조약 문제다. 오늘날까지 안보조약에 의존한다는 것은 일본에게 최대의 악몽이다. 생각 있는 일본인이라면 누구나 아는 것처럼 조약 내용은 위기 상황이 아닌 경우에 한해서만 쓸모 있다. 만약 위기 상황이 발생해서 미군은 일본 수호를 위해 태평양 어디에선가 전사하고 있는데 일본은 전자제품이나 자동차만 계속 만들어서 수출하고 있다면 안보조약은 아마도 미·일 관계에 돌이킬 수 없는 타격을 입힐 것이다. 미·일 안보조약은 위험할 정도로 시대착오적이다.

모든 드러나는 이슈 밑에는 또 다른 문제가 하나 깔려 있다. 본서의 도입 부분에서 지적한 문제이기도 하고 거론하기 무척 까다로운 문제다. 바로 오리엔탈리즘의 문제다. 물론 더 직설적인 표현도 있지만 말이다. 미국이 일본을 대하는 것처럼 영국, 프랑스, 독일을 대할까? 생각조차 할 수 없다. 미국은 유럽과 외교문제나 안보문제를 '협상'하는가 아니면 일본한테 하듯 '명령을 전달'하는가? 전후 미국의 대일 정책이나 일본을 대하는 태도가 인종주의의 색안경을 꼈는지 안 꼈는지에 대해 모호하게 생각하는 일본사람은 하나도 없다. 태평양 서편에서 바라보면 너무나 자명하기 때문이다.

　미국이 지난 두 세기 동안 아시아에 보여준 태도로 볼 때 오늘날 미국의 자세는 그다지 놀라울 것이 못된다. 1784년 최초로 중국까지 항해한 이래 미국인은 중국 시장을 열성적으로 착취하고(아편 판매를 포함해서), 일본을 개항시키고 필리핀을 식민지로 삼고 일본을 항복시켜서 점령하고 베트남전에 참가했다가 지고 돌아왔다. 이런 일련의 사건 중 미국인의 뿌리 깊은 우월감이 드러나지 않은 사건이 있는가? 유럽 식민주의자들의 오리엔탈리즘과 다를 것이 없었다. 오늘날 오리엔탈리즘과의 결별은 미국이 '미국의 세기'를 겪었듯 일본이나 다른 아시아 국가들이 자신들의 세기를 맞았다는 사실을 인정할 능력과 용의가 있느냐 하는 문제와 상통한다. 워싱턴의 정책입안자들은 동아시아의 힘과 중요성이 증가하는 시점에서 왜 이 지역의 상황이 약간 악화되는지 몰라 머리만 긁고 있다. 미국도 일본이 '사과' 문제를 놓고 겪는 장애와 동일한 장애를 겪고 있다. 사태에 대한 유효한 대응을 위해서는 말뿐 아니라 새로운 행동이 요구된다.

　일본은 이런 문제를 매우 관용적인 태도로 바라본다. "우리가 보여준 최악의 모습을 기억하는 미국인이 아직도 많잖아요." 미국 정부를 상대한 경험이 많은 어느 너그러운 국회의원의 말이다. 일본인은 콤플렉스가 있어서 드골 같은 사람이 자기들에 대해 이러쿵저러쿵 언급하면 쉽게 받아들이는 경향이 있다. 이제 미국은 일본이 어떤 면에서 미성숙한지 깨달을 필요가 있다. 맥아더의 직설적인 '12세 발언'이 거북했던 이유는 거기에 일종의 진실이 들어 있었기 때문이다. 그럼에도 불구하고 그런 낡은 진실로부터 헤어나려는 일본의 노력을 미국이 막아서는 안 된다.

그런데 여기서 논의를 저 멀리 추상적인 주권이나 민주주의 원리 등에 한정시키지는 말자. 궁극적으로는 미국과 아시아가 미래에 얼마나 양질의 관계를 형성하느냐가 쟁점이다. 이미 일본에서는 반미, 혐미嫌米, 모미侮米* 등 미국을 대하는 일본인의 태도 변화를 시사하는 용어가 존재한다. 특히 '혐미'와 '모미'는 걸프전 이후 미국 정부가 일본 정부를 거칠게 대접한 데에 대한 반발로 유행하기 시작했다. 물론 이런 용어가 일본 관료들의 입장을 묘사하는 것은 아니다. 관료적 형태로 '혐미,' '모미'에 상당하는 시각은 '아시아주의'라 일컫는다. 미국과 서구전체로부터 확실하게 멀어질 것을 촉구하는 정책이다. 대부분의 일본인은 아직도 미국과의 긴밀한 관계 유지를 선호하지만 아시아주의 추종자도 없지 않다. 외무성 내에도 추종자가 있을 정도다. 아시아주의는 예로부터 일본 사상의 흐름 속에 반복 등장하는 주제다. 아시아주의의 최신판은 부분적으로 아시아 지역 경제의 상호의존이 커지는 현상을 반영하기도 하지만 원래는 민족과 문화의 역사적 배경에 뿌리를 둔다. 또한 혐미, 모미 같은 용어처럼 아시아주의도 부분적으로는 미국이 일본을 하대한다는 사실이나 미국이 쇠퇴하고 있다는 인식 때문에 대두했다.

나는 일본을 방문할 때마다 여러 해 친구로 지낸 우타가와 레이조를 만나려 애쓴다. 은퇴를 목전에 둔 명랑하고 편안한 60대 우타가와는 나카소네 야스히로 전 총리가 통솔하는 보수적 싱크탱크의 연구원이다. 4대 일간지 중 하나인 『마이니치신문』 특파원으로 워싱턴에서 장기간 근무하기도 했다. 나와 우타가와는 (다른 극우 지인들도 그렇지만) 제기하는 문제만 같을 뿐 다른 부분에서는 의견의 일치를 보는 경우가 없다.

마지막으로 우타가와를 만난 때는 1994년 늦여름이었다. 그가 여느 때

* 미국을 모멸한다는 뜻.

처럼 웃는 얼굴로 나를 맞이하며 거의 쓰임새가 없는 나카소네의 빈 사무실로 안내했다. 우리는 나카소네의 총리시절 기념품에 둘러싸여 일본의 표면 밑에서 끓어오르는 격변 현상에 대해 이야기를 나눴다. 이런 현상은 결국 일본을 변화시킬 것이고 일본이 미국 및 나머지 세상과 맺는 관계의 성격에도 변화를 가져올 거라고 우타가와는 확신했다.

그런 순간이 오면 일본은 미국에 무엇을 기대할까? 나는 그게 궁금했다. 우타가와가 서슴없이 대답했다. "침묵과 존중입니다."

> 진보가 자동적으로 이루어진다는 주장은 터무니없다.
> 진보는 그 사회가 어떤 실험을 시도하기로 마음을 먹은 순간에
> 본격적으로 일어나는 약진이다. 그러한 약진이
> 창의적인 노력을 함축하지 않는다고 주장하는 것 또한 헛된 일이다.
> 이는 가장 위대한 개혁도 처음에는 실현 불가능해보이고
> 또 실제로도 실현 불가능했다는 사실을 망각하는 행위다.[1]
> _앙리 베르그송Henri Bergson
> 『도덕과 종교의 두 원천』Les deux sources de la morale et de la religion, 1932

나오며
역사 찾기

쌀이 풍부한 니가타에는 일본 최대의 지주가 살았던 집이 있다. 높은 담장에 둘러싸이고 비바람에 풍화된 나무대문 뒤로 숨어 잘 보이지 않는 집이다. 이 저택은 현재 일가의 가산을 소장품으로 하는 박물관으로, 소장품 중에는 1600년대까지 거슬러 올라가는 두 개의 병풍이 있다. 흔히 남만병풍南蠻屛風이라 부르는 것인데, 글자 그대로 '남쪽 오랑캐의 병풍'이라는 뜻이다. 왜냐하면 병풍에 선원, 상인, 성직자 등 남방 해양을 거쳐 일본 땅에 처음 발을 디딘 서구인들의 모습이 묘사돼 있기 때문이다.

그중 한 병풍을 펼치면 병풍 전체가 한 그림이 되면서 유럽인들이 흑선에서 상륙하는 장면이 눈에 들어온다. 여러 명이 예수회의 검은 수도복을 입고 있다. 코는 길고 얼굴은 분필처럼 하얗다. 건너편 육지는 확실한 형태나 특징이 없이 마치 구름처럼 칠해져 있고, 유럽인이 도착하는 쪽 육지

에는 분재처럼 잘 정돈된 소나무 한 그루가 상징적으로 놓여 있다. 두 번째 병풍에서는 예수회 선교사들이 아치형 나무다리를 건너오는데 목적지가 좀더 자세히 묘사되어 있다. 혼란스러워하며 현지인과 마음이 통하지 않은 듯 보인다. 구경나온 사람들은 반쯤 몸을 숨긴 채 두렵다기보다는 신기하고 재미있다는 표정을 드러낸다. 한 남자는 커튼 뒤에서 몰래 내다보고 어떤 여자는 부채 위로 눈만 내놓고 미소짓고 있다.

나는 이 병풍그림이 담긴 엽서를 수첩 사이에 끼워 다닌다. 그 옛날에 이뤄진 일본과 서구의 첫 만남을 이보다 더 잘 묘사한 작품은 찾아보기 어렵다. 게다가 '내부자'냐 '외부자'냐 하는 것이 뭘 의미하는지 이토록 확실하고 직설적으로 묘사한 작품도 드물다. 나무대문을 통과해서 저택을 빠져나오며 안내원에게 저 옛 병풍이 뭘 의미한다고 생각하는지 의견을 물어봤다.

"일본을 이해하려면 다리를 건너와야 한다는 거지요."

모방자의 새로운 길

서구인이 최초로 일본에 다다른 이래 450년 동안 우리는 다리를 건넜다. (일본인은 또 그들대로 우리 쪽으로 건너와야 했다.) 앞으로도 그런 절차가 필요할까? 물론 이 다리 가운데 일부는 서구가, 일부는 일본이 세운 상상의 다리이다. 그러나 이런 다리는 우리에게 별 도움이 안 된다. 일본은 한자로 日本을 국명으로 채택한 이래 줄곧 '환상의 나라'였다. 외국인도 일본인도 다 같이 환상을 품었다. 나라가 상상력의 산물이면 안 된다거나 흐르는 강물 위로 물보라 일듯 끊임없이 변하지만 금방 사라져버리는 그런 장소면 안 된다는 법은 없다.

그러나 일본은 다리도, 서구에 퍼뜨린 자기들의 비현실적인 이미지도,

이제 버릴 준비를 하는 듯하다. 스스로를 재해석할 준비가 된 것 같다. 이는 어떤 외부인이 행하는 재해석보다도 훨씬 중대한 행위일 것이다.

건축가 구로카와 기쇼의 스튜디오 벽에 걸린 지도에는 기쇼 자신이 새로 디자인한 도쿄의 모습이 담겨 있다. 지도에는 아직 존재하지 않는 인공섬들이 도쿄 만灣에 떠 있고 근대를 거치며 사라진 옛 대규모 운하망도 있었다. 따라서 과거의 지도면서 미래의 지도였다. 무엇보다도 빈, 런던, 파리, 베를린, 뉴욕에 차례로 사람들이 몰려들던 것처럼 지도 속 도쿄 역시 온 세상 사람들이 오고픈 장소라고 구로카와는 말했다. "도시는 사회입니다. 사회가 변하면 도시도 변하게 마련입니다. 별로 특이한 생각도 아니지요."

또 하나의 미래상은 일본이 세상을 건강한 생태적 평형 상태로 이끌어 인류와 자연이 진정한 관계를 되찾도록 하리라는 것이다. 환경 분야에 관한 일본의 전력으로 보아 약간 터무니없게 들리지만 공해는 근대화 (결과적으로 서구화) 과정에서 일본이 서구의 자연정복 야망을 배우다 초래한 결과다. 그 누구도 이제 그런 야망을 채울 처지가 아니다. 오자와 이치로는 『일본개조계획』에서 이렇게 말했다. "일본이야말로 지구환경 복구를 이끌어갈 최고의 적임자라 할 수 있다. 우리는 환경 문제 해결의 선두에 서야 한다."[2]

두 가지의 미래상을 예로 들었지만 다른 종류의 꿈도 물론 존재한다. 이 모든 희망에 내재된 공통분모는 '되찾는' 행위다. 역사를 일부라도 되찾는 행위, 대안적 삶과 사고를 되찾는 행위이다. 동시에 이 각각의 미래상은 '새로운 일본, 허상이 아닌 일본'이 세상에 뭔가 기여하는 나라가 되리라는 희망 그리고 '근대는 곧 서양'이라는 옛 전제를 넘어설 준비가 되어 있음을 강하게 암시한다.

예견이란 소용도 없고 믿을 것도 못된다. 특히 요즘처럼 '세계화' 하는 세상에서는 더욱 그렇다. 그런 세상에선 개인도 국가도 자치권을 상실하게 된다고 흔히들 말한다. 일본 역시 그런 압력을 받는다. 내가 지금까지 설명한 새로 태어나려는 일본의 모든 열띤 노력도 힘 좋게 밀려오는 세계화의 파도에 휩쓸려버릴지 모른다. 그런가 하면 또 일본이 살며시 들어선 길이 이제는 엄연한 사실로 느껴지기도 한다.

일본은 내적으로 다양성을 인정하되 대외적으로는 자신과 외국이 다르지 않음을 인정해야 한다. 역설인 것 같지만 그렇지 않다. 일본이 이런 사고에 능숙해지면 지금까지 보지 못했던 국가적 목표를 발견할 것이다. 그러나 그런 사고의 전환이 얼마나 오래 걸릴지는 아무도 예견할 수 없다. 다양성과 동질성 포용의 반대편에는 '일본은 (또는 중국은, 말레이시아는, 싱가포르는) 다르다'는 아시아주의적 가치관이 놓인다. 그런 시각에서 개인의 권리 같은 최고의 원리 원칙은 아시아인에게 중요하지 않다는 관념이 나온다. 물론 그런 종류의 주장을 하는 사람들은 아시아 각국의 지배층뿐이다. 피지배자들은 절대 그런 이야기를 하지 않는다. 이런 관념은 일본인이 절대로 거부해야만 하는 본질적 허위이다. 근대는 더 이상 서구의 전유물이 아니지만 그렇다고 해서 '동양윤리'나 '일본정신'이 따로 있다는 얘기는 전혀 아니다. 세상에 '보편윤리'가 존재하듯 오로지 '인간정신'이 있을 뿐이다.

이런 진실을 일본에 강조하고 싶다. 인간적이고 보편적인 것이 일본에서 승리하면 우리에게 중요한 영향을 미친다. 우리는 (일본인은, 중국인은, 말레이시아인은, 싱가포르인은) 비민주적인 소수 엘리트가 '우리는 다르다'는 것을 무기삼아 엄청난 권력을 쥐는 그런 세상에 살고 싶은가? 서구는 아직도 새로운 일본을 맞을 준비가 덜 되어 있다. 일본한테 다리를 포기하고 커튼과 부채 뒤에서 나와 '세계 속에서 한 역할' 하도록 '좀더 매진'하라고 촉구하면서 한편으론 그들을 저지한다. 일본을 모방자로만 보고 힘이 세지면 지난 번처럼 전쟁이나 일으킬 나라로 본다. 일본의 영향력은 우려하면서 돈만 받는다. 돈은 받되 책임을 돈으로 때우려 한다고 비난한다.

우리의 모순된 감정은 일본인들 자신의 모순된 감정과 거의 막상막하다. 일본은 결국 오랜 고립을 벗어나 서서히 세상에 참여하게 될 것이다. 어떤 사건은 우리를 확 정신 들게 할지도 모른다. 예를 들어 일본이 유엔 안전보장이사회 상임이사국이 된다든지, 위기 상황에서 이런 저런 주도권을 쥔다든지, 신헌법을 채택한다든지 아니면 일본에 새로운 정치질서가 출현한다든지 하는 전적으로 현실적인 진전도 있을 법하다. 그렇게 되면 우리는 상상 속 일본이 현실의 일본으로, 표상이 실물로, 모방자가 진정한 자신으로 변하기 시작했음을 비로소 깨닫게 될 것이다.

감사의 말

가족, 친구, 동료, 그리고 여러 지인들이 이 책을 위해 도움을 주셨다. 이름을 일일이 거명할 수는 없으나 각자가 해주셨던 역할을 스스로 익히 알고 계시리라 짐작하며 내가 얼마나 감사히 생각하는지 알아주시리라 믿는다.

본서의 탄생에 확고하게 핵심역할을 한 사람들이 있다. 20년 지기 친구 치로 스코티는 중요한 순간에 이 책을 읽고 날카롭게 비평해주었다. 꾸준히 본서에 믿음을 가져준 캐롤라인 매튜스에게 이 책을 바친다. 쉐일라 존슨과 찰머스 존슨 부부는 길잡이, 비평가, 조력자, 친구로서 상상할 수 없을 만큼 커다란 도움을 주었다. 와일리 에이전시의 새라 챌펀트와 그녀의 동료 제프리 포스터나크는 전문 분야 안팎을 넘나들며 다양한 측면에서 조언자 역할을 해주는 동시에 내편이 되어주었다. 판테온 사의 댄 프랭크는 때로 형태가 없는 것에 형태를 부여하며 놀라운 참을성을 과시했다. 니시아자부 지역에 살던 이웃 테리 맥카시는 따스한 친구이자 비평가였다. 그리고 내 가족 같은 이탈리아인 친구들이 있다. 로마에 있는 마르코 파나라, 프란체스카 파나라. 뉴욕에 있는 미리엄 베리니와 파트리치오 디 마르코. 도쿄 체류기간 동안 그들이 보여준 우정과 원조는 많은 것을 가능하게 했다.

옮긴이의 글
미국 그리고 한국과 일본

2008년 1월, 도쿄지방재판소는 일본 맥도날드 사이타마 현 직영점 점장 다카노 히로시가 회사를 상대로 제기한 소송에서 원고승소판결을 내렸다. '점장을 관리직으로 간주하여 초과근무 수당을 지불하지 않는 일본 맥도날드의 처사는 부당하다'는 다카노의 주장을 재판소가 받아들인 것이다. 1987년에 일본 맥도날드에 입사한 다카노는 1999년에 점장으로 승격했는데, 회사가 인건비 삭감과 각 점포의 24시간 영업을 추진함에 따라 초과근무가 한 달에 80~100시간에 달했고 2개월 연속 하루도 쉬지 못하는 경우도 있었다. 실질적으로 경영방침에 관한 결정권한이 거의 없음에도 불구하고 '점장은 관리직'이라는 이유로 초과근무에 대한 적정한 대가는 전혀 받지 못했다. 고민하던 다카노는 회사를 그만두는 대신, 패소와 따돌림의 위험을 무릅쓰고 소송을 제기해서 초과근무 수당을 받아내고야 말았다.

다카노의 행위가 내 머리 속에 끈질기게 자리 잡고 있는 '일본인의 전형'에서 벗어나는 점이 있어서 일본인 지인 몇 명에게 이 사건을 언급했다. 어떻게 생각하는지, 혹 너무 튀는 행동이라든가 싫으면 그만두고 다른 데 가서 일하지 왜 위험을 감수해가며 분란을 일으키느냐는 말이 나오는 건 아닌지 궁금했다. 실제로 텔레비전 인터뷰에 응한 다카노의 아내도, 패소의 대가가 너무 혹독할 것이기 때문에 남편이 소송에 임하도록 해야 할지 아니면 그만 두고 다른 직장을 찾으라고 설득해야 좋을지 몰라 고민했다 한다. 그러나 지인들의 반응은 한결같았다. 누군가 언젠가는 해줘야 할 일을 마침내 그 사람이 해주어 용하고 감사하다는 것이다. 용기 있는 사람이라는 칭찬도 나왔고, 이번 판결의 영향은 일본 맥도날드에만 미치겠지만 다른 기업들도 긴장할 테니 좋은 일이 아니냐는 말도 나왔다.

일본인은 안정과 현상유지를 원하고 권위에 순종하고 자기가 손해를 보더라도 회사에 폐를 끼치는 일을 피하는 국민이라는 이미지의 한 귀퉁이가 살짝 깨져나가는 순간이었다. 물론 집단의 이익을 개인의 안녕에 앞세우는 사람들이 아직도 분명히 남아 있다. 그러나 다카노 히로시처럼 자신의 정당한 권리를 주장하기 위해 목소리를 높이는 사람들 또한 분명히 늘고 있다. 그리고 그렇게 자기 목소리를 높이는 사람에 대한 주변 사람들의 시각도 차츰 변해가는 중이다. 일본 사회 내부에 슬슬 생기는 이런 변화의 징조를 간과한 채, 일본인은 이렇다, 일본인은 저렇다, 일본은 있다, 일본은 없다, 이런 식으로 단정하는 것은 다름 아닌 오리엔탈리즘의 발로다. 그리고 바로 이것이 이 책의 저자 패트릭 스미스가 말하고 싶어하는 부분이다.

순종적이다. 일벌레다. 일사분란하다. 신비롭다. 불가사의하다. 뭔가 다르다. 역시 사무라이 같다. 일본을 바라보는 외국인들의 시각이다. 에드윈 라이샤워를 비롯한 '국화회'라 불리는 일련의 학자들이 2차 대전 이후 전 세계에 광범위하게 퍼뜨려놓은 이미지이기도 하다. 저자는 일본에 대한 그런 허튼 환상은 교내 폭력, 농촌 빈곤, 여성 비하, 직장인의 과로, 소수자의 열악한 인권 등 현 일본사회가 안고 있는 고민을 직시하는 데에 방해가 될 뿐만 아니라, 스스로의 힘으로 사회를 진보시키고 성숙한 민주주의를 이루어보려 애쓰는 일본인들에게 누가 되는 일이라는 점을 강조하면서 도쿄에서 『헤럴드트리뷴』 지국장으로 근무한 경험을 바탕으로 에드워드 사이드의 오리엔탈리즘 이론을 도구삼아 일본 다시보기를 시도한다.

할복하는 무사라든지 요염한 게이샤라든지 일본인은 도저히 속을 알 수 없다든지 하는 것처럼, 서구에 광범위하게 퍼져 있는 일본에 관한 극히 제한된 몇 가지 전형적 이미지는 우리 머릿속에도 여지없이 떠오른다. 이웃 나라 일본이라면 서구보다는 우리가 더 잘 안다고 생각하기 쉽지만 사실 우리가 '안다'고 생각하는 부분은 실상과 상당히 다르거나 그 장단점이 과장된 경우가 많다. 두 나라의 불운한 역사적 인연은 부정적 선입관이나 통념적 이미지에 구애받지 않고 일본을 직시하는 일을 더욱 어렵게 만든다. 그러나 애써 마음을 비우고 바라보면 일본이라는 나라는 생각보다 한층 복잡하고 다면적이다. 일본 서민이 원하는 것은 우리 서민이 원하는 것과 그다지 다르지 않다. 자아를 성취하고, 자기 가족들과 더 많은 시간을 보내고, 자율성 있게 자기 일을 하고, 다양성을 존중하는 사회에서 자신의 고유함을 인정받으며 살고 싶어 한다. 관제 역사에서는 잘 언급되지 않지만 실제로 그렇게 살기 위해 투쟁해온 저항의 역사도 일본에 엄연히 존재한다. 가끔 우리는 그런 사실을 망각하고 단순하고 불변적인 일본의 이미지를 비판의 여과 없이 그대로 수용한다. 이미지만 받아들이는 게 아니라 어떤 때는 따라하기까지 한다. 합숙 훈련을 받고 사가를 부르고 과로사하는 '샐러리맨 기업전사'라는 게 어디 일본만의 이야기던가. 지난 수십 년 동안 우리의 자율적 사고를 억압한 군대식 획일적 교육의 진원지도 부분적으로는 일본이 아니었던가.

　사람 사는 곳이라면 다양한 인간이 다양한 욕망을 갖고 살아가게 마련이다. 외국인들이 '일본은 있다'고 외치며 그토록 칭찬해온 일본의 일사불란한 기동력은, 실은 개인의 자유와 욕망을 억압하고 비판과 토론과 자주적 사고를 저해하며 일본사회의 진전을 가로막는 큰 걸림돌이다. 저자는 일본은 변해야 한다고 역설한다. 개인은 남과 다른 점을 드러내는 일에 주저하지 말아야 하고 사회 구성원은 서로 다양성을 존중하는 연습을 해야 하며, 개개인이 자기만의 개성을 한껏 발휘할 사회적 분위기를 조성해야 한다는 것이다. 그리고 이런 요소는 일본에 원래 전혀 '없었던' 것이 아니라 다만 역사 속에서 그늘에 가려져 있었고 근대로 오면서 더욱 억압되었을 뿐이라고 말한다. 즉 일본에 원래부터 '있었던' 것을 되살려내자는 것이다.

　일본특파원을 지낸 전여옥이 93년에 『일본은 없다』라는 책을 내며 제목대로 일본은 없다는 발칙한 선언으로 크게 주목 받은 이후, 연이어 『일본은 있다』가 등장하는 등, 한동안 일본학을 가장한 경박한 담론이 유행하며 청중을 오도했다. 패트릭 스미스는 섣불리 '일본은 없다'거나 '일본은 있다'고 말하지 않는다. 저자에게 그런 이분법은 아무 의미가 없다. 한 국가와 국민을 두고 '있다'거나 '없다'라는 한 마디로 무참하게 단순화·일반화하는 것처럼 폭력적인 일이 있을까. 일본은 있기도 하고 없기도 하다. 당연한 이야기다. 옮긴이가 지난 3년간 일본에 살며 느낀 부분이기도 하다. 일본은 권위적이고 일률적이기도 하지만, 개성적이고 개방적이기도 하다. 거리를 두며 차가운 사람이 있는가 하면, 어려운 주변사람을 따스하게 돌보며 예고 없이 차 한 잔 하러 대문을 두드리는 이웃도 있다. 일본인은 서로 몸이 닿지 않도록 주의한다고 하지만 도쿄 시내를 다니다보면 어깨를 쾅쾅 부딪치며 지나다니는 아저씨나 지하철을 탈 때 등을 떠미는 아주머니도 종종 만난다. '잔정이 없다', '깔끔하고 받은 건 반드시 갚는다', '폐 끼치지 않는다' 등등 우리가 자주 이야기하는 일본 국민성에 딱 들어맞는 사람도 물론 눈에 띄지만, 거죽을 한꺼풀 벗겨 사회를 좀 더 깊이 들여다보면 우리의 선입견과 어긋나는 의외의 구석이 심심찮게 드러난다.

　독자로서 그리고 옮긴이로서, 내게 한 가지 당혹스러웠던 점은 저자가 묘사하는 일본에서 한국의 모습이 너무나 많이 보였다는 점이다. 냉전을 맞은 미국이 반공을 위해 일본에서 전범들을 제자리로 복귀시키는 과정은, 해방 후 한국에서 일본식 관료체제를 유지하며 친일파들을 득세시켜 식민주의의 청산과 민주화를 저해한 그 모습 그대로다. 50~60년대에 갑작스런 외래 문화의 범람 속에서 전통을 부정하며 서구문화 콤플렉스를 느끼던 경험 또한 두 나라는 공유한다. 타자에 의해 주어진 민주주의의 이식에 실패하고 많은 시행착오를 겪었다는 점 역시 닮았다. 집단의 이익을 중시하는 경향은 우리 사회 여기저기에 여전히 그 잔재가 남아 있다. 윗사람이 시키는 대로 줄줄 따라간다고 일본인을 욕하면서도 정작 우리들은 아무 생각 없이 지난 수십 년간 일본 흉내를 내며 '개성을 너무 내세워 집단을 곤란하게 하지 말라' '튀는 사람은 재수 없다' '모난 돌이 정 맞는다' 같은 말을 되뇌고 있었던 것은 아닐까. 저자가 일본의 집단주의, 수직적 위계질서, 정경유착과 비리, 교육문제, 양성불평등, 독창성이 결여된 예술·문화, 약소국 경시, 외국인 노동자 및 각종 소수자 차별 등을 지적하고 비평하는 동안 나는 내내 마음이 불편했다. 저자의 지적은 일본의 발전 양태를 뒤밟아온 우리 사회에 그대로 적용된다. 그런 의미에서 우리는 앞으로 일본이 사회 문제를 어떻게 해소해갈 것인지 그 과정을 면밀히 관찰할 필요가 있다. 물론 거꾸로 일본이 우리에게서 문제 해결의 힌트를 찾는 경우도 있을 것이다.

　공통점이 많은 두 나라지만 현대 한국사회의 경험 중에서 일본과 크게 차별되는 부분이 있다면 우리 손으로 권위주의를 직접 붕괴시킨 경험일 것이다. 한국이 국민의 힘으로 독재정권에 종지부를 찍고 민주화를 이루어냈다면, 일본은 패전 후 미국이 손에 쥐어준 헌법과 권위주의로 점철된 미지근한 민주주의 제도를 오늘날까지 별 변화 없이 고스란히 유지해왔다. 이 부분과 관련하여 우리는 저자의 마지막 논점, 즉 일본 헌법 개정에 관한 논의에 귀기울여볼 필요가 있다. 저자는 제11장에서 전쟁 행위를 금지한 헌법 제9조를 없애는 방향으로 헌법을 개정하는 일을 긍정적으로 조명한다. 일본국민의 총의에 의해 민주주의 절차에 따라 헌법을 개정한다면 일본은 비로소 '미국이 만들어 떠안긴 헌법'을 극복하고 새출발 할 수 있을 것이며, 헌법개정과 재무장을 무조건 군사대국화를 통한 일본의 팽창주의 야욕이라고 보는 것은 현대 일본인들에게 합리적으로 사고하고 민주적인 결정을 내릴 판단력이 없다고 가정하는 지극히 오리엔탈리즘에 근거한 시각이라고 주장한다. 책 전체를 관통하는 관점과 논리적으로 일관된 결론이었으나 나는 이 대목을 읽으며 편치 않은 기분이었다. 과거의 식민 역사도 분명한 하나의 요인일 것이고, 헌법개정 주장이 주로 일본 극우의 입에서 흘러나오는 것도 원인이겠지만, 우리로서는 일본에서 헌법개정이 거론될 때마다 '도대체 무슨 속셈으로…' 하는 생각이 먼저 드는 것이 사실이다. 그러나 저자의 논점은 친일우익과는 전혀 관계가 없다. 오히려 일본을 유아적인 국가로 만든 미국의 책임을 묻는 것이 핵심이다. 이 부분에서 오리엔탈리즘을 거론하는 것도 그 때문이다.

한국인이 평화주의에 입각하여 이념상 일본 평화헌법의 유지를 지지해 줄 수는 있을 것이다. 그러나 일본 국민이 민주적인 절차에 따라 다수 의지로 헌법을 개정하는 일을 막을 수는 없는 일이다. 우리는 우리 손으로 헌법을 고칠 권리를 당연하게 누리면서 옆 나라에게는 맥아더가 반세기 전에 써준 헌법을 앞으로도 군말 없이 유지하라고 주장하는 것은, 일본이라는 나라가 태평양전쟁 시기로부터 근본적으로 바뀐 것 없이 여전히 위험한 나라라고 보는 결정론적인 시각의 반영일 수 있다. 한때 서방에서 민주주의란 동양인에게는 맞지 않으므로 그들에게 맞게 고쳐 사용해야 하며 주로 독재나 권위주의적 정치형태가 바람직하다고 보던 시절이 있었다. 한국의 독재정권은 그런 시각을 십분 활용하여 체제를 정당화하는 데 이용했고, 우리는 그런 오만한 오류를 보란 듯 극복하고 열린 민주주의 정치 체제의 기반을 마련하여 시행착오 중이다. 한국 국민에게 민주주의의 정착을 위해 시행착오할 권리가 있다면 일본국민에게도 동일한 권리가 있다.

이 책은 일본에 관한 새로운 정보를 담은 책이라기보다는, 일본을 새로운 관점으로 재조명하는 책이다. 주류 역사보다는 민중사에 초점을 두는 방식으로 일본에 대한 통념을 깨는 책이다. 또한 저자는 기자 출신답게 각종 인물들과 직접 대면하여 생생한 인터뷰를 전할 뿐 아니라, 다양한 분야를 섭렵하되 풍부한 자료에 기초하여 자기 논거를 일관되게 차근차근 기술한다. 시중에 나와 있는 일본에 관한 서적은 많지만, 가벼운 수필이나 딱딱하고 방대한 주류 역사서, 또는 상업성을 노린 원색적인 비난조의 책 등이 범람하는 가운데 기존 서적들과 차별화되는 균형 잡힌 시각을 제공한다. 쉽게 일본 입문서로 읽을 수 있는 대중성을 갖춘 한편, 구심점이 되는 철학 없이 사실만 나열하는 것을 피하고 관련 학술이론을 기초로 일본 현대사 기술에 시종일관 탈오리엔탈리즘을 시도하는 학구적 노력이 담겨 있다. 이런 노력은 원서 출간으로부터 10년이 되는 이 시점에도 여전히 빛을 발한다. 저자가 집필당시 주목하여 여러 차례 인용하는 오자와 이치로가 오늘날 제1야당 민주당 대표가 되어 자민당에 맞서고 있는 사실도 재미있는 부분이다.

낯선 사람이 무작정 보낸 번역출간 기획서를 검토해 흔쾌히 출간을 결정해준 마티 출판사가 고마워 찾아가 굳은 악수를 나눈 지 얼추 10개월이다.

산달이 꽉 차 나온 책이다. 산고도 심했다. '저자 찾아 삼만리'라는 예기치 못한 상황이 발생한 것이다. 저작권이 출판사가 아닌 저자 본인에게 있었던 까닭에 저자와 연락을 취하지 않으면 한국어판 출간이 성사될 수 없는 상황에서, 원서에 있는 대로라면 미국 코네티컷 주에 살고 있어야 할 저자의 행방이 통 묘연했다. 궁여지책으로 원서에 언급되는 등장인물들 가운데 저자의 소재를 알 만한 사람들을 수소문했고, 수 통의 전화와 이메일을 거쳐 간신히 저자와 연락이 닿았을 때 그가 보내준 이메일 답장에는 '인도 캘커타에서'로, 자택주소는 홍콩으로 적혀 있었다. 답장을 보는 순간 한국어판 출간이 가능하겠다는 생각에 긴 안도의 한숨을 쉬었다.

새로운 책 집필로 바쁜 와중에도 특별히 한국 독자를 위한 서문 작성과 함께 본문의 일부를 개정해준 저자에게 고마운 마음을 전한다. 저자와 연락이 닿도록 도와준 일본정책연구소 찰머스 존슨 선생께도 이 자리를 빌려 감사드린다.

노시내

일본사 연표

BC 5만~3만 년   구석기 시대
주로 아시아 대륙 본토에서 건너온 사람들이 일본열도에 정착하던 기간으로 추정됨.

BC 1만~300년   조몬 시대
수렵과 채집을 중심으로 하는 문화. 모계중심의 부족생활을 한 증거가 있음.

BC300~AD300년   야요이 시대
벼농사가 시작되고 천을 짜고 각종 청동 도구와 무기를 사용. 혼슈 중부지역에 있던 야마토 부족이 세력을 확대. 중국과 외교관계 개시.

297년경   일본을 방문한 중국인들이 일본에 대해 최초로 남긴 문서에 의하면 30개의 나라가 히미코 여왕 치하에 놓여있었다고 함.

300~600년경   고분 시대
높은 언덕을 가진 고분으로 미루어 선사시대의 마지막 단계. 야마토 군주들이 지속적으로 세력을 확장.

405   한반도를 통해 중국 한자 도입.
552   대륙에서 불교가 전래됨.
592~622   쇼토쿠 대자의 지배하에 중국문물 차용이 대규모로 시작됨.
604   일본 최초의 헌법 17개조가 탄생.
645~701   다이카 개신으로 덴노 중심의 중앙집권체제 확립.

710~794   나라 시대
중국 수도를 본뜬 헤이조쿄(오늘날의 나라)에 최초로 수도를 확정.

712   일본 최초의 역사책 『고사기』 편찬. 이어 720년에는 『일본서기』

	편찬.
794~1185	**헤이안 시대**
	대륙문화의 영향에 대한 반동으로 전형적인 일본문화가 절정을 이룸.
794	수도를 헤이안쿄(오늘날의 교토)로 천도.
858	후지와라 가문이 대대로 섭정이 되어 덴노대신 실권을 쥐는 체제를 확립.
1020	헤이안 궁정의 궁녀였던 무라사키 시키부가 『겐지모노가타리』를 완성.
1185~1333	**가마쿠라 시대**
	무사가 집권. 봉건영주 다이묘를 중심으로 하는 문화가 새로운 '대전통'으로 등장.
1185	미나모토 가문이 타이라 가문을 타도하고 황권의 수행자로 군림.
1191	선불교 출현.
1192	미나모토 요리토모가 최초로 정이대장군의 지위에 올라 오늘날 도쿄 남쪽에 위치한 가마쿠라의 실권자가 됨.
1232	가마쿠라 정부가 최초로 무가의 성문법을 제정.
1274, 1281	몽골 제국이 두 차례에 걸쳐 침략.
1333~1336	무사정권이 무너지고 덴노가 직접 통치하던 시기. 황가가 남조와 북조로 갈리어 서로 정통성을 주장.
1338~1568	**무로마치 시대**
	아시카가 집안의 정이대장군들이 지배하던 시대. 교토로 바쿠후의 근거지를 옮김.
1363~1443	일본 전통가무악극 노(能)를 완성시킨 대가, 제아미가 살던 시기.
1392	아시카가 요시미쓰 쇼군이 남조와 북조를 통일.
1476~1477	다이묘들 간에 분쟁인 오닌의 난 발생. 이 분쟁이 전국으로 확산되면서 100년 이상 지속되는 전국시대 개시.
1542	최초의 유럽인이 규슈 해안에 도착.
1549	프란시스코 자비에르 신부가 도착.
1568~1600	**모모야마 시대**
	일본이 유럽 선교사와 상인의 영향을 받음. 전국이 세 파로 갈라

	져 세력다툼이 일어남.
1568	오다 노부나가가 교토를 함락시킴으로써 아시카가 가문을 쇼군의 자리에서 추방하고 천하통일을 이룩함.
1571	나가사키가 무역항의 역할을 시작.
1582	오다 노부나가가 암살당함. 부하 도요토미 히데요시가 뒤를 이음.
1587	기독교 박해 시작. 무사와 농민 신분의 구별을 확립. 평민의 칼 소지를 금지.
1592	조선침략 실패.
1598	히데요시 사망.
1600	히데요시의 아들의 보위승계를 책임진 도쿠가와 이에야스가 마음을 바꾸고 정적을 물리친 후 집권.
1603~1867	도쿠가와 시대
	일본 최후의 봉건적 시대. 상업경제가 싹틈. 상업지역을 중심으로 도시 대중문화가 등장. 농민봉기가 잦아짐.
1603	이에야스가 에도(오늘날의 도쿄)로 수도 천도.
1616	이에야스 사망. 그의 후계자들이 기독교 박해방침을 부활시킴.
1639	쇄국령 발표.
1644~1694	하이쿠 시의 대가 마쓰오 바쇼(松尾芭蕉)가 살던 시기.
1645(?)	사쿠라 소고로(佐倉宗五郞)라는 전설적인 인물이 농민봉기를 주도하다 처형됨. 관리의 폭정에 대항하는 대중적인 표상이 됨.
1649	정부는 유명한 게이안 촉서(慶安御触書)를 공포하여 관료들이 농민에게 정당한 대접을 해 줄 것을 권고.
1653~1724	에도 시대 최고의 극작가 치카마쓰 몬자에몬(近松門左衛門)이 살던 시기.
1656	유학자이며 군사지도자인 야마가 소코(山鹿素行)가 무사도를 성문화하기 시작.
1672	유학자 가이바라 엣켄(貝原益軒) 『온나다이가쿠』(女大学)를 발표.
1701~1703	야마가 소코의 제자가 이끄는 47명의 로닌(浪人)이 죽은 다이묘에 대한 복수를 이행하는 사건 발생. 일본에 '충성스런 사무라이'에 관한 불후의 전설을 공식적으로 확립.
1721	각 지역에서 5인이 한 조를 이루어 서로를 감시하는 체제 확립.
1753~1806	우키요 목판화의 거장 기타가와 우타마로(喜多川歌麿).
1760~1849	우키요 목판화의 거장 호쿠사이(北齋).
1767~1858	우키요 목판화의 거장 히로시게(広重).
1853	미국의 페리 제독이 도쿄 남쪽 우라가(浦賀)에 도착. 바쿠후는

	몰락의 징후를 보임.
1858	바쿠후는 미국, 영국, 네덜란드, 러시아, 프랑스와 불평등조약을 맺음.
1868~1912	**메이지 시대**
	일본이 근대를 맞음. 중앙집권, 군의 현대화, 산업경제를 이룩함.
1867~1868	메이지 유신. 사쓰마와 조슈가 도쿠가와 바쿠후의 마지막 쇼군을 굴복시켜 다이묘의 영지를 덴노에게 반환하는 판적봉환(版籍奉還) 조치를 취함. 새 덴노가 「5개조 서약문」 발표. 도쿄로 천도.
1870	평민이 성을 갖게 됨.
1871	서양을 답사하는 임무를 띤 이와쿠라 사절단이 미국과 유럽으로 출발. 폐번치현 단행. 존 스튜어트 밀의 『자유론』이 일어 번역됨.
1873	메이로쿠샤(明六社)가 서구의 문물을 배우고 정치·사회적 실험을 할 것을 촉구. 지조(地租)개정으로 조세를 쌀 대신 돈으로 납부하게 함. 징병령 공포.
1874	근대 정당의 기원이 되는 입지사(立志社) 설립.
1875	자유민권운동이 일어나 삿초의 독재적 세력에 대항.
1877	세이난(西南)전쟁 발발. 보수파가 삿초의 서양제도 수용에 반발.
1880	집회조례를 발령하여 모든 정치적 집회는 경찰의 사전인가를 받을 강제.
1881	자유당 결성에 이어 여러 정당이 등장. 자유당과 입헌개진당은 전후 자민당의 시초. 덴노가 국회개설을 약속하는 칙어 공포.
1882	삿초 지도자 중 일인인 이토 히로부미가 베를린과 비엔나를 여행하면서 헌법을 공부. 덴노가 군인의 참된 자세를 훈계하는 군인칙유(軍人勅諭)를 공포.
1884	독일식 귀족제를 확립.
1885	내각 구성. 이토 히로부미가 초대 총리로 취임.
1889	「대일본제국헌법」 공포.
1890	제1회 제국의회 개회. 덴노가 교육칙어 공포.
1894~1895	청일전쟁. 일본이 타이완 합병.
1899	불평등조약 해소.
1904~1905	러일전쟁. 제국해군의 승리로 세계적 군사력을 보여줌.
1906	남만주철도 주식회사 설립.
1910	한국 병합. 러일협약으로 아시아대륙에서 양국의 세력범위 합의.
1912	메이지 덴노 사망.

1912~1926	다이쇼 시대	

서구에 대해 유래 없이 개방적인 자세를 견지. 유럽 근대주의가 예술·문화에 영향을 끼치고, 정치·사회 분야에는 사회주의, 민주주의적 동향이 나타남. 도시중산층이 형성됨. 최초의 페미니즘 운동 등장. 경제발전과 함께 산업분쟁이 발생.

- 1912 최초의 전국적 노동조합 우애회 결성.
- 1918 쌀 가격 급등으로 전국에서 '쌀소동'이라 불린 민중봉기 발발. 내각총사퇴. 최초의 평민출신 총리 하라 다카시가 짧은 기간이나마 정당내각 조직. 이를 두고 오늘날 '다이쇼 데모크라시'라 부름.
- 1921 하라 총리 암살. 메이지 시대 원로정치가들이 사망함에 따라 선거로 선출된 정치가와 선출되지 않은 엘리트 관료 간에 긴장관계 발생. 중국문제를 놓고 정부와 군부의 갈등도 커짐.
- 1923 관동 대지진.
- 1924 신정부에 산업·상업 이익집단의 영향이 증대됨.
- 1925 보통선거법 채택으로 선거권자가 3백만에서 1천3백만 명으로 증가. 치안유지법 제정으로 정치적 활동을 규제.

1926~1989 쇼와 시대

히로히토의 치세가 62년간 지속되는 동안 일본은 군국주의, 태평양전쟁, 패전, 재기, 부유함을 차례로 경험.

- 1927 일본제국군을 중국내전에 파병(산동출병).
- 1928 제1회 보통선거 실시 후, 사회주의·공산주의자 대거 검거(3.15 사건). 관동군이 만주 군벌 장작림을 폭살.
- 1929 대공황과 함께 군부 내에 불만이 고조됨.
- 1931 만주사변 발발. 관동군이 중국 북부를 점령하여 이른바 '15년 전쟁'이 개시됨.
- 1932 만주국 원수로 취임한 푸이(溥儀)가 중국으로부터의 독립을 선언. 도쿄에서는 청년장교들이 총리를 암살(5.15 사건).
- 1936 2.26사건 발발. 급진적인 육군 청년장교들이 몇몇 대신들을 암살하고 군사 쿠데타를 도모하나 미수에 그침.
- 1937 노구교 충돌사건. 베이징 부근에서 중일전쟁이 전면화 됨. 난징이 함락되고 아시아 지역 전쟁 중 최악의 학살이 벌어짐.
- 1938 정부가 산업보국회(약칭 '산보')를 결성하고, 모든 노동조합을 해산시켜 산보로 흡수.
- 1939 9월 1일. 제2차 세계대전 유럽에서 발발.
- 1940 모든 정당이 해산되어 대정익찬회로 흡수. 일본이 프랑스령 인

1941	도차이나 침략. 미국 내 일본자산 동결. 도조 히데키가 현역 군인의 신분으로 총리에 취임. 12월 7일 진주만 공습.
1941~1945	태평양전쟁 발발.
1945	히로시마와 나가사키에 원자폭탄 투하. 일본 항복. 더글라스 맥아더 연합군 총사령관이 일본에 도착. 미군 점령기 시작.
1946	덴노가 스스로의 신격을 부인. 전후 최초의 총선이 열리고 여성이 처음으로 선거권을 행사. 전후개혁 시작. 군부·관료·정치 엘리트 숙청 개시.
1947	신헌법 제정. 맥아더가 총파업을 금지시키는 등, 애초의 개혁방침을 번복하는 역코스의 조짐이 보이기 시작.
1948	역코스 정책 정식으로 채택. 요시다 시게루가 총리로 재선출됨.
1949	중국혁명.
1950~1953	한국전쟁. 일본은 한국전쟁에 군수물자를 공급하여 경기부양을 이룸.
1951	샌프란시스코에서 평화조약과 미·일 안전보장조약 조인.
1952	미군점령 종료.
1955	사회주의자들이 재단결하고, 이에 자극받은 보수파는 자민당으로 통합. 이로써 이른바 '55년 체제' 확립.
1956	정부가 전후시대의 종료를 선언하는 백서를 발표.
1959~1960	일본 최대의 미이케 탄광에서 광부들의 노동쟁의 발발. 쟁의 해결과정에서 이루어진 타협은 이후 조합 가입 노동자들에게 영구적인 타격을 입힘.
1960	미·일 안보조약 개정을 반대하는 '안보투쟁'이 전국에 촉발. 이케다 하야토 총리가 소득증대계획 발표.
1964	도쿄 하계올림픽 개최. 경제협력개발기구 가입.
1968	가와바타 야스나리 노벨문학상 수상.
1973	전후 일본정치의 킹메이커, 다나카 가쿠에이가 총리로 취임.
1982~1987	나카소네 야스히로의 총리재임기간. 미국과의 대등한 지위의 획득을 꾀함.
1985	뉴욕에서 '플라자 합의'에 조인하고 엔화를 세계통화로 재평가 받음.
1986~1990	거품경제기. 인류역사상 최대의 총자본투자를 기록.
1989	히로히토 사망.
1989-현재	헤이세이 시대 시작부터 일본사회의 근본적인 재정리가 일어났다는 점이 특징.

1989	다케시타 노보루가 리크루트 스캔들로 총리직 사임. 베를린 장벽이 무너짐. '55년 체제'가 붕괴하기 시작.
1990	사담 후세인의 쿠웨이트 침략. 자민당이 참의원선거에서 참패. 여성이 1946년 이후 가장 대규모로 국회에 진출. 경제는 전후 최악의 불황으로 들어가기 시작.
1991	아키히토 덴노에 즉위.
1993	자민당의 중의원선거 참패. 야당연립정부 호소카와 모리히로 정권 탄생으로 자민당의 38년 연속집권에 종지부를 찍음.
1994	오에 겐자부로 노벨문학상 수상.
1995	고베 대지진.
1996	자민당 총선승리로 재집권.
1998	자민당 당수 오부치 게이조 총리로 취임. 나가노 동계올림픽 개최.
2001	개혁을 내건 자민당 고이즈미 준이치로 총리로 취임.
2003	이라크전쟁 발발. 자위대 이라크 파병.
2005	아이치 현 만국박람회 개최. 고이즈미 총리 주도로 우정사업민영화 법안 가결.
2006	라이브도어 주가조작사건. 아베 신조 총리 취임
2007	자민당이 참의원선거에서 참패. 아베 총리 사퇴. 후쿠다 야스오 총리 취임.

주(註)

　세심한 특파원이 된다는 것은 어떤 의미에서 수많은 스승을 섬기는 학생이란 직업을 얻는다는 것을 뜻한다. 나 또한 그러한 스승이 있으며 그들로부터 배운 교훈이 이 책에 잘 반영되었길 바랄 뿐이다. 지면을 빌려 그들에게 감사를 표하며 이 책에서 사실관계나 해석상 내가 저지른 오류는 그들의 책임이 아님을 확실히 해두고자 한다. 본서는 학술서적이 아니므로 아래의 주(註)는 형식이나 내용상 학술서의 방식을 따르지 않았다. NSC문서 제13-2호(미 국가안전보장회의 대일정책에 관한 권고)나 고등학교 중퇴자 통계나 시마네 현의 1949년 인구 등에는 주를 달지 않았다. 쉽게 구할 수 있는 자료이기 때문이다. 대신 특정 구절에 초점을 두어 문제의 소지가 될 만한 사실에 대해 출처를 명기했다. 그러나 일본에 대한 나의 시각, 특히 일본의 과거에 관한 시각 형성에 도움을 준 학자나 문인들의 저서를 알리고자 하는 것이 여기에 주를 싣는 일차적인 목적이다.
　전후 일본 연구 전문 서구학자들은 크게 두 진영으로 갈려 대립한다. 그런 학계 그 자체에도 일종의 '유신'이 필요할 지경이다. 비극이다. 상아탑 꼭대기에서 벌이는 학자들의 승강이는 학계의 불행일 뿐 아니라 우리 모두에게 영향을 미친다는 점에서 비극이다. 일본에 대한 우리의 오해는 우리 자신에 대한 오해이기도 하다. 제1장에서 설명한대로 우리는 일본인에 대해 현실과 동떨어진 환상을 품지만 그 때문에 우리 자신에 대해서도 똑같은 오류를 범한다. 도쿄에서『헤럴드트리뷴』과『뉴요커』특파원으로 일하던 당시 그 점을 서서히 깨닫기 시작했고 본서의 완성을 위해 수 년에 걸쳐 자료를 모으고 집필하는 과정에서 나의 우려는 더욱 증폭되었다. 내가 목격한 일본의 현실은 로버트 제이 리프턴이 "속으로 펄펄 끓고 있다"고 표현한 대로 펄펄 끓고 있었고, 밤에 집에서 읽는 일본 관련 서적에 나오는 일본과는 전혀 달랐다.

이런 유감스런 상황에 대한 나의 견해는 본서에 충분히 드러나 있다. 일본을 바라보는 서구의 시각에는 여전히 냉전시대의 사고방식이 들어 있다. 워싱턴에서 탁상공론하는 자들은 태평양 반대편을 비롯한 전 세계에서 미국이 '선의의 헤게모니'를 장악할 필요성에 대해 논의한다. 그런 사고를 하기에 이보다 더 부적절한 시기가 있을까 하는 것이 내 의견이다.

'선의의 헤게모니'란 지난 반세기에 고안된 모든 모순어법 중에 최고라 하겠다. 편견이 없어야 하는 학문을 정치와 이념과 애국심의 문제로 흐려버리는 '안개 제조기'는 그렇게 작동된다. 공평성과 객관성을 다 던져버린 자들에 대항하여 스스로를 엄격히 다그치며 계속 그런 자세를 견지하고자 하는 학문적 흐름이 다행히도 일본연구 내에 존재한다. 이 흐름은 전전戰前 조지 샌섬George B. Sansom, 휴 보튼Hugh Borton, 허버트 노먼E. Herbert Norman 에서 비롯해 전후 여러 저명한 학자로 이어졌다. 전후까지 업적을 쌓은 허버트 노먼에 뒤이어 마루야마 마사오, 찰머스 존슨, 데쓰오 나지타, 존 다우어John Dower, 허버트 빅스Herbert Bix, 아이반 홀Ivan P. Hall, 조지 윌슨, 빅터 코쉬먼Victor Koschmann, 그리고 케건폴인터내셔널Kegan Paul International 출판사를 위해 스기모토 요시오 편집장 주도 아래 저서를 펴낸 쓰르미 슌스케 등도 이 흐름에 포함된다.

다른 이들은 참고문헌에 이름을 올려놓았다. 여기 언급된 이들은 한 흐름으로 분류되어 다른 이름과 함께 헤엄치고 있는 자기 이름을 보고 놀랄지도 모르겠다. 그러나 나는 강기슭에 서서 그들 모두에게 갈채를 보낸다.

들어가며

1) 본초의 시는 여러 시인들이 돌아가면서 시를 한 구절씩 지으며 즐기던 연구(連句)의 형태를 띤다. 본초는 17세기 방랑시인으로 하이쿠의 대가였던 마쓰오 바쇼의 제자이다. 본초와 또 다른 제자 교라이와 함께 바쇼는 교토에서「여름의 달」을 완성했는데, 바로 교토에서 바쇼는 그 유명한 방랑을 멈추고 기행문『오쿠의 오솔길』(奧の細道)을 집필한다. 우에다,『마쓰오 바쇼』, 102~3쪽.
2) 로봇 꼭두각시 인형에 관한 기사가 1992년 11월 17일『재팬타임스』에, 그 전날에는 교도통신에 실렸다.
3) 레벤슨의『유교중국과 그 근대의 운명』에서 인용된 부분은 3부작 중에서 제1권『지적 연속성의 문제』에서 찾아볼 수 있다.
4) 1868년 이후 두드러지기 시작하는 전통과 근대의 부조화 문제는 마루야마 마사오가 1964년 4월 학술지『강좌현대사상』에 실린 논문「일본의 사상」(日本の思想)에서 잠깐 다루고 있다. 마루야마는 역사 전체를 일관하는 묘한 병렬관계를 발견했다: "특정 사상가의 특정 관념과 그 사상가가 사는 시대의 다른 여러 관념이 유기적 관계를 갖느냐 하는 문제를 파악하기란 대단히 어렵고, 역사상 한 시대의 구체적 관념이 다음 시대의 관념과 어떤 식으로 통합될 것인가 규정하는 것 또한 어렵다." 이는 일본 전통의 미묘한 특징이라고 마루야마는 여러 방법으로 설명한다. 나는 이것이 과거 여러 시점에 일본이 외부로부터 환상의 대상이 되면서 만들어진 특질이라고 본다. 그런 습관 속에서 일본은 서구 못지않게 많은 오리엔탈리스트들을 배출하게 되는 것이다(제1장, 제2장 참고).
5) 비타이 관념은 철학자 구키 슈조(九鬼周造)가 1930년대에『'멋'의 구조』('いき'の構造)에서 연구했다. 구키의 사상은 다음의 두 책에 잘 나타나 있다: Pincus, *Authenticating Culture in Imperial Japan*; "In a Labyrinth of Western Dance" in Miyoshi and Harootunian's *Japan in the World*, 222-36.
6) 부서지는 파도의 이미지는 일본의 전통 목판화 우키요에의 소재로 많이 쓰이는데 너무 자주 등장하는 까닭에 섬나라 일본에 파도 경치가 흔하다는 점 외에도 다른 의미가 있는지 분석할 정도다. 내가 시도한 해석 말고도 더 일반적인 해석들이 존재한다는 점을 밝힌다. 심지어 19세기 유럽인은 막 개국한 일본에 대해 열광하며(자포니즘 현상이라 부른다) 파도 모티프를 차용하기까지 했다. 파도를 주제로 한 우키요에 중에서 호쿠사이의 그림이 가장 유명하다.

1장

1) 엔치 후미코,『온나멘』30쪽.
2) 오스카 와일드의 에세이『비평가로서의 예술가』315쪽. 이 에세이는 제국의 심리학이 아니라 예술의 양식에 관한 글이다.

3) 자포니즘에 관해서는 1988년 5월부터 12월까지 파리와 도쿄에서 개최된 '자포니즘전'에서 여러 자료를 찾을 수 있었다.
4) 와일드, 『비평가로서의 예술가』 315쪽.
5) 에드워드 사이드, 『오리엔탈리즘』; 'Orientalism Revisited', *Times Literary Supplement*, February 3, 1995. 본서는 이 두 문서를 다 참고했다.
6) 언급된 예수회 선교사는 프란시스코 자비에르의 후임으로 일본에 온 알레산드로 발리냐노(Alessandro Valignano)이다: Cooper, *They Came to Japan*, vii; Wilkinson, Japan Versus Europe.
7) "사람들이 믿을 수 없을 정도로 고난과 역경에 순응하며 살고 있다": 발리냐노의 말. Cooper, *They Came to Japan*, 180.
8) 프란체스코 자비에르의 말. Cooper, They Came to Japan, 180.
9) 일본이 수직사회라는 관념에 대해 나카네(中根)는 『일본사회』(*Japanese Society*)에서 정치사에 구속되지 않고 일본의 계층구조 전모를 설명하려 시도한다. 일본 같은 수직사회에서 민주주의는 '전전 체제에 대한 부정적 반동'이라고 서술한다(148쪽).
10) Nicholas Kristof, "A People Tremble in Harmony with the Land," *The New York Times*, January 22, 1995.
11) Kristof, *New York Times*, January 22, 1995.
12) 와일드, 『비평가로서의 예술가』 315쪽.
13) 헨리 루스(Henry Luce)의 유명한 구절. 미국 1941년 참전 직전에 『라이프』에 등장했다.
14) 오에의 스톡홀름 인터뷰는 1995년 2월 6일자 『뉴요커』에 실렸다. David Remnick, "Reading Japan."
15) Cohen, Remaking Japan, 9. 빅밴드재즈는 도쿄 재즈계를 취재해서 작성했던 본인의 기사를 참고했다. 도쿄 헤럴드트리뷴 지국장을 지낼 때, 미 해군기지가 있는 도쿄 남부 요코스카에 있던 댄스홀이 철거되었다. 미군 점령기에 일본인이 재즈를 접한 곳이 바로 그 댄스홀이었다. 건물이 해체되자 그날 저녁 뉴스에서 이 일을 감상적인 어조로 길게 다루었다.
16) Cohen, 6.
17) 일본 민주주의가 허구라는 마루야마의 견해: Koschmann, "Intellectuals and Politics in Postwar Japanese History," in Gordon, *Postwar Japan As History*, 403. 공산주의가 과연 일본을 위협하는가를 주제로 한 토론에서 일본 민주주의의 허구성이 언급되었다고 한다. "마루야마는 일본 민주주의가 아직 달성되지 못한 '허구'이며, 현 정치 상황을 고수하자고 외치는 것은 전근대적이고 비민주주의적인 요소를 강화하는 결과를 초래한다고 주장했다." 이후 수 년간 바로 이 현상이 일반화되었다는 점에서, 마루야마의 견해에 선견지명이 있었다고 할 수 있다.
18) Ellen L. Frost, *For Richer, For Poorer*, 3.
19) 『파이스턴 이코노믹 리뷰』의 외교 분야 전문특파원 리처드 네이션스(Richard Nations)

가 요시다 협정이라는 용어를 사용했다. 그는 이 용어를 대화 중에 많이 사용했지만 글에서는 다음의 기사에서 단 한번 사용했을 뿐이다: "Japan: Practice Democracy Instead of Imitating It?" *International Herald Tribune*, December 10, 1988.

20) 마스미 준노스케(升味準之輔)가 붙인 이름. Masumi, *Contemporary Politics in Japan*.
21) 일본이 전후 처음으로 미국의 의도에서 벗어나는 대외 정책을 결정하는 사건이 아랍산 유국 원유수출 금지조치 기간인 1973년 11월 발생했다. 다나카 가쿠에이 내각이 아랍 석유수출국기구를 지지함으로써 헨리 키신저가 보좌하는 제2차 닉슨 정권에 예상치 못한 충격을 주었다.
22) Tim Weiner, Stephen Engelberg, and James Sterngold, "CIA Spent Millions to Support Japanese Right in 50's and 60's", *The New York Times*, October 9; Jim Mann, "CIA Keeping Historians in the Dark About Its Cold War Role in Japan," *Los Angeles Times*, March 20, 1995. 이들 기사는 미 국무부와 중앙정보국 기밀문서 목록에서 해제된 자료를 근거로 하나, 기사가 보도된 후 정부는 함구불언했으며, 국무부가 국가보안상 기밀사항이라고 분류하지 않은 자료마저도 중앙정보국은 공개를 거부했다. 수 백만 달러라는 정보는 확실치 않지만 무시할 수도 없다. 점령기에 암시장, 몰수자금, 군수품 매각 등으로 축적된 여러 비밀자금이 점령 말기에 소위 M자금이라는 이름으로 통합되어 굳어진 사실이 있다. 미국과 일본은 이 비밀자금을 공동으로 운용했고, 나중에는 부정부패한 자민당 핵심인사들에게 정치비자금으로 넘겨졌다. 그 규모가 현재가치로 미화 5,000억 달러에 달한다. 이 비자금의 존재는 다음의 문헌에 설명되어 있다. Chalmers Johnson, "The 1955 System and the American Connection"; Norbert A. Schlei의 "Japan's M-Fund" (Japan Policy Research Institute, Working Paper No.11, July 1995).
23) '실현될 가망이 없는 희망'이라는 해석은 『헤럴드트리뷴』 도쿄지국의 동료 이토이 케이 덕분에 가능했다. 이토이는 어느 날 저녁 그게 얼마나 일본사회의 장기적 특색을 적확하게 묘사하는 말인지 깨닫지 못한 채 무심코 그 표현을 사용했다.
24) 나카소네 야스히로가 총리직에 있으면서 자주 사용하던 유명한 표현으로, 안보 동맹관계에서 일본의 역할을 가리키는 말이다.
25) "승리 문화"라는 용어로 미국의 본질을 논할 만한 사람은 문제를 객관적으로 볼 수 있을 만큼 젊거나 승리 속에 패배가 내재되어 있다는 사실을 꿰뚫어볼 수 있어야 했다. 바로 톰 엥겔하트가 1995년 『승리문화의 종말』에서 이 주제를 다룬다. 승리문화 개념은 우리가 일본을 바라보는 시각에 잘 적용되는데, 나중에 엥겔하트는 논란이 되었던 1995년 스미스소니언 제2차 세계대전 전시회를 분석하면서 그러한 점을 명료하게 지적했다. ("Fifty Years Under a Cloud" *Harper's*, January 1991)
26) 라이샤워, 『미국과 일본』(*The United States and Japan*), 283쪽.
27) Dower's introduction to E. H. Norman, *Origins of the Modern Japanese State: Selected Writings* 44-49. "선전 작업" 언급과 관련해서 라이샤워는 1949년 10월 국무부 회의에서 다음과 같이 말했다. "그 지역(아시아 사회)의 학자, 지식인 집단의 특별하고

명망 있는 지위를 이용하려면, 그들을 표적으로 선전 작업을 하는 것이 가장 효과적인 정보활동이 아닐까 합니다." 후자는 라이샤워가 1958년 학술회의에서 발언한 내용으로, 마르크시즘의 대안적 역사관에 대항하는 것은 "대단히 실리적인 결과를 초래할 수 있을 것"이라고 말했다.

28) 라이샤워, 『일본의 과거와 현재』(Japan: Past and Present) 212쪽.
29) 라이샤워, 『일본의 과거와 현재』 212쪽.
30) 라이샤워, 『일본의 오늘』 174쪽.
31) 라이샤워, 『일본의 오늘』 309쪽. 중판에서는 "일본은 다른 나라보다 덜 부정부패하며, 아마도 미국 지방정부보다 덜 부패할 것이다"라고 고쳐져 있으나, 고쳤다고 해서 말이 되지도 않으며, 미국 지방정부와의 비교도 뜬금없다.
32) 라이샤워, 『일본의 오늘』(The Japanese Today) 283쪽.
33) 라이샤워, 『일본의 오늘』 282쪽.
34) 스즈키의 "자기혁명": Andrew Gordon, The Evolution of Labor Relations in Japan, 71; Stephen Large, The Rise of Labor in Japan: The Yuaikai, 1912-1919.
35) Ayusawa Iwao, A History of Labor in Modern Japan (Honolulu, 1966), 99, cited in John Crump, The Origins of Socialist, 172.
36) 1949~1950년에 해고된 노동자의 수: Halliday, A Political History of Japanese Capitalism, 218; 공산주의자 및 공산주의 동조자로 분류된 자의 숫자: Gordon, The Evolution of Labor Relations in Japan, 333.
37) 노먼 사건: Dower's introduction to E. H. Norman, Origins of the Modern Japanese State: Selected Writings. 다우어(Dower)는 노먼의 사상은 "마르크스주의적 분석방법에 동정적"이었으나(20세기 학자 중에 마르크스주의의 영향을 어떤 식으로든 받지 않은 사람이 있던가), 결론적으로는 "'자율'에 깊이 뿌리박은 전통 자유주의에 가까웠다"고 밝히고 있다. 노먼을 1951년 상원 청문회에서 공산주의자로 몰아붙인 사람은 『동양적 전제주의』(Oriental Despotism)의 저자 칼 비트포겔이었다. 비트포겔은 비슷한 논리로 중국학 학자이자 외교관 오웬 라티모어(Owen Lattimore)를 매도했다.
38) 기시의 배경: Michael Schaller, "America's Favorite War Criminal: Kishi Nobusuke and the Transformation of US-Japan Relations" (Japan Policy Research Institute, Working Paper No.11, July 1995).
39) 존슨이 안보분쟁과 1956년 헝가리 혁명을 비교한 것은 나와의 개인적인 대화 중에서였다.
40) 라이샤워, 『일본과 미국 사이에서의 나의 인생』(My Life Between Japan and America) 155쪽.
41) 라이샤워, 『일본과 미국 사이에서의 나의 인생』 164-65쪽.
42) 라이샤워, 『일본과 미국 사이에서의 나의 인생』 165쪽.
43) 라이샤워는 1965년 여름 오키나와 선거 결과에 영향력을 끼치기 위해 자민당에 비밀 선거자금을 보내는 계획에 조력했다. 이 계획을 자세히 밝히는 문서의 날짜가 1965년

7월 16일로 되어 있는데, 이 문서는 국가안보기록보관소 소속 로버트 웸플러(Robert Wampler)가 정보공개법에 의거하여 국무부로부터 입수했다.

44) 라이샤워, 『일본의 과거와 현재』 225쪽.
45) Tag Murphy, "Power Without Purpose: The Crisis of Japan's Global Financial Dominance", *Harvard Business Review*, March-April 1989, 71-83.
46) 오자와 이치로, 『일본개조계획』 225쪽.
47) "수정주의"라는 용어가 미·일 관계에 최초로 적용된 기사. Bob Neff, "Rethinking Japan: The New, Harder Line Toward Tokyo," *Business Week*, August 7, 1989.
48) 찰머스 존슨은 "일본을 욕하는 무리"(Japan bashing)라는 표현의 기원을 일본경제연구소와 이 연구소의 전 소장 로버트 엔젤(Robert Angel)로 지목했다. 엔젤이 그러한 표현을 사용한 것은 1980년대 초의 일이었다. 일본경제연구소는 원래 1957년 미일 무역협회로 설립된 기관이다. 1992년 존슨은 동료들에게 이런 편지를 쓴다. "수년 동안 일본경제연구소는 회원들의 회비로 운영되는 독립적인 무역협회인 척했지만 사실 연구소를 재정적으로 완전히 뒷받침하는 것은 일본정부였다." 로버트 엔젤은 이렇게 말했다. "일본 비판자들의 평판을 떨어뜨릴 표현을 생각했다. 일본을 효과적으로 비판하는 사람들과 일본을 무식하게 욕하는 사람들을 뭉뚱그릴 만한 표현을 만들어 전자가 수치심을 느끼도록 했다." (John Judis, "Trade", *Columbia Journalism Review*, November-December 1992, 38-39)
49) "황색공포"라는 주제는 20세기 초반으로 거슬러 올라가며 1905년 러일전쟁에서 일본이 승리했을 때 최고조에 달했다. 제1차 세계대전 이후에는 언론재벌 윌리엄 랜돌프 허스트와 그 밑에서 일하던 신랄한 편집인들이 즐겨 사용했다.
50) 트루먼은 1945년 8월 11일 편지에서 다음과 같이 말했다. "짐승을 상대할 때에는 짐승처럼 대해줘야 한다." Barton J. Bernstein, *The Atomic Bomb: The Critical Issues*(Boston: Little, Brown, 1976), cited in Dower, *Japan in War and Peace*, 155.
51) 통상산업성(현 경제산업성)의 전후 부흥: 찰머스 존슨의 『통상산업성과 일본의 기적』(*MITI and the Japanese Miracle*) 172쪽에 설명되어 있다. "경사생산"이란 표현을 미국인들이 싫어했다는 이야기는 182쪽에 있다.
52) 중심부와 주변부의 구별은 오에 겐자부로의 작품이나 대화에서 핵심 주제이다. 오에는 야마구치 마사오의 『중심과 주변』을 예로 들어 이 주제의 유래를 짚어낸다. Oe, "Japan's Dual Identity," in Miyoshi and Harootunian의 *Postmodernism in Japan*.
53) Herbert Bix, *Peasant Protest in Japan, 1590-1884*; 소전통과 대전통의 간극: James W. White, "Dynamics of Political Opposition" in Gordon, *Postwar Japan As History*. 일본 민속학을 확립한 야나기타 쿠니오가 '죠닌'(常人), 즉 보통사람, 평범한 사람이라는 용어를 만들어냈다. 내가 평범한 일본인이라는 말을 본서에서 사용할 때에는 바로 그런 의미로 사용하는 것이다.

2장

1) 후타바테 시메, 『뜬 구름』 199쪽.
2) 로드리게스의 말. Cooper, *They Came to Japan*, 45.
3) De Bary, *Sources of Japanese Tradition* vol.1, 30; Singer, *Mirror, Sword and Jewel*, 44.
4) Doi, *The Anatomy of Self*, Ch. 1, 7, 8, 9.
5) *On the Art of the No Drama: The Major Treatises of Ze-ami* (Princeton, 1983), cited in Doi, *The Anatomy of Self*, 110.
6) Doi, *The Anatomy of Self*, 114.
7) 주체성에 관한 설명: Koschmann, Kersten, Kazuko, Tsurumi, in Takayanagi and Miwa, *Postwar Trends in Japan*; Lifton, "Youth and History: Individual Change in Postwar Japan," in Erikson, *The Challenge of Youth*.
8) 일본적 덕목에 관한 설명: Michio Morishima, *Why Has Japan Succeeded?*, 3.
9) 에도 시대 농민봉기의 빈도수: Borton, *Peasant Uprisings in Japan of the Tokugawa Period*; Bix, *Peasant Protest in Japan, 1590-1884*, xx-xxi. 빅스(Bix)는 연구주제와 관련하여 아오키 고지, 요코야마 도시오, 야마나카 미타의 『근대일본의 사회심리』(*Social Psychology of Modern Japan*)를 인용한다. 이 책 148쪽에 1848년부터 1877년 사이의 농민봉기 숫자가 기록되어 있다.
   에도 시대의 농민봉기 실상이 실제로 어떠했는가에 대한 나의 판단은 다음의 문헌에 근거한다. Borton, *Peasant Uprisings*; Norman, *Japan's Emergence As a Modern State and Feudal Background of Japanese Politics*.
10) 도쿠가와 시대에 대한 라이샤워의 시각은 『일본의 과거와 현재』 제8장 96쪽에 나와 있다.
11) 후쿠자와의 말. Maruyama, *Studies in the Intellectual History of Tokugawa Japan*, 334.
12) 베네딕트, 『국화와 칼』 223쪽.
13) 이 표현은 구네 구니타케가 메이지 초기 유럽에 다녀왔던 이와쿠라 사절단에 대해 설명하는 부분에 등장한다. Eugene Soviak, "On the Nature of Western Progress: The Journal of Iwakura Embassy," in Shively, *Tradition and Modernization in Japanese Culture*, 15; The Diary of Kido Takayoshi, vol II, 1871-74. 이와쿠라 사절단의 일원 기도 다카요시가 19개월간 서양을 돌아보며 남긴 일기는 해외에 나선 일본인의 순진성을 잘 표현하고 있다. 다른 일본인과 마찬가지로 기도 또한 에어컨, 증기세탁, 심해용 잠수장비, 군함, 철로, 탈곡기 등 모든 서양 물건을 신기해했다.
14) 메이지 유신 직전의 정황: Wilson, *Patriots and Redeemers*.
15) "좋지 않은가!"를 둘러싼 해설: Wilson, *Patriots and Redeemers*; Norman, *Feudal Background of Japanese Politics*; Bix, *Peasant Protest*; Mita, *Social Psychology*. 이마무라 쇼헤이 감독의 영화 「좋지 않은가」도 참고했다.
16) Wilson, *Patriots and Redeemers*, 98.

17) 「5개조 서약문」의 영어번역본은 여러 가지가 있으나 전부 원문에 충실하다. Mita, *Social Psychology*, 196; Scalapino, *Democracy and the Party Movement in Prewar Japan*, 52.
18) 후쿠자와의 『학문의 권장』 번역본 16-17쪽.
19) 일본과 독일의 비교: Hobsbawm and Ranger, The Invention of Tradition.
20) Horio, Educational Thought and Ideology in *Modern Japan*, 44.
21) 재무성 고위관료 소에다 주이치의 말. Andrew Gordon, *The Evolution of Labor Relations in Japan*, 68.
22) Maruyama, "Theory and Psychology of Ultra-Nationalism," in *Thought and Behavior in Modern Japanese Politics*.
23) 이로카와 다이키치의 말. Gluck, *Modern Myths*, 6. 글룩(Gluck)은 주에서 이로카와가 마르크스의 카메라 옵스쿠라 은유를 암시하고 있다고 설명한다. 즉 카메라 옵스쿠라가 사람들이 들어갈 수 있을 만큼 확장되어 그 안에 들어 있는 사람들이 이데올로기의 현실왜곡을 깨닫지 못한다는 의미였다.
24) 나쓰메 소세키, 「나의 개인주의」 37쪽. 소세키의 심정에 대해서는 영문판 번역자가 머리말에서 설명한 것을 참조했다. 21-25쪽.
25) 나쓰메 소세키, 36쪽.
26) 나쓰메 소세키, 41쪽.
27) 나쓰메 소세키, 42쪽.
28) 게인, 『저팬 다이어리』 13쪽.
29) 오사라기, 『여로』 76쪽.
30) 오사라기, 77쪽.
31) 오사라기, 139쪽.
32) Lifton, "Youth and History," in Erikson, *The Challenge of Youth*, 264-67.
33) 네모토 다카시의 『신인류 대 관리자』. 이 부분은 혼마 노부나가가 번역해주었다. 자료수집이 끝나갈 무렵 혼마가 해준 안내, 번역, 통역은 본서에 크게 기여했다.

3장

1) Horio, *Educational Thought and Ideology in Modern Japan*, 100. 이 책의 번역자 스티븐 플래처(Steven Platzer)는 큰 도움을 주었다. 학자나 번역자로서뿐 아니라 히로히토 사망으로 일본이 역사적 전환점에 섰던 중대한 시기인 1988년 가을과 1989년 초에 그가 내게 많은 정보를 주고 통역도 해주었다.
2) 베네트, 「오늘의 일본교육」. Horio, *Educational Thought*, xvi.
3) Horio, xvi.
4) White, *The Japanese Educational Challenge*, 11.

5) 미야모토 마사오는 인터뷰 당시 내게 자기 연설문 시리즈를 주었는데, 나중에 그 연설문 모음이 책으로 출간되었다. 후생성에서 일어난 이야기는 이 연설문에 담겨 있다.
6) 1993년 9월 22일 회사소사이어티(Kaisha Society)와 캐나다 상공회의소에서 발표한 미야모토의 논문 중에서. Miyamoto, "Structural Corruption: The Result of Envy and Masochism."
7) 1994년 3월 14일, 도쿄 케이오플라자호텔에서 열린 하버드 비즈니스스쿨 모임에서 발표한 미야모토의 논문 중에서. Miyamoto, "Self-Sacrifice and Conformity."
8) 오타쿠에 관한 설명은, 뉴스나 인터뷰를 참조하기도 했지만, 특히 치바 대학 사회학과 부교수 오사와 마사치와의 대화가 큰 도움이 되었다.
9) 모리의 영문 평전을 저술한 아이반 홀(Ivan Hall)은 이전에 일본의 학자들이 집필한 모리 전기들을 참고했다. 본서에서 모리의 삶을 서술할 수 있었던 것은 이 모든 전기작가들 덕분이다. 그 외에도 많은 서적을 참고했다 (Horio, Lehmann, Mita, Gluck). 1872년에 촬영된 모리의 사진은 아이반 홀의 책표지에 나온다.
10) 모리의 『일본의 교육』 서문 중에서(Ivan Hall, Mori Arinori).
11) 많은 학자들이 밝혀낸 대로, 스펜서는 메이지 시대에 일본인들에게 자문역이 되어준 가장 영향력 있던 서양인 가운데 한 사람이었다. 그의 자문에는 두 가지 측면이 있었다. 일본의 초기 자유주의자들은 이 영국인 사회학자의 자유주의를 마음에 들어 했고, 엘리트들은 그가 신봉하는 사회적 다윈주의를 좋아했다. 스펜서는 일본에 관한한 후자를 선호했다. 그는 연이어 런던을 방문한 일본인들에게 일본의 과거가 그들에게 큰 선물이라고 조언했다. 스펜서는 개인주의는 서구에서처럼 사회적 병폐를 낳을 뿐이니 서열 중심의 옛 가치체계에 지나친 수정을 가하지 말라고 설득했다. "일본에는 아직도 오래된 가족 중심의 체제가 남아 있지 않습니까. 그런 체제를 일본의 새로운 정치 형태로 이용할 수 있습니다." 1892년에 이 문서를 작성할 때, '자유주의자 스펜서'는 창피한 것은 알았는지 일본인 통신담당자에게 자신의 조언을 남한테는 소문내지 말라고 부탁했다.
12) Hall, Mori Arinori, 64.
13) 오무라 가키치의 말. Hall, Mori Arinori, 15.
14) William Braisted, Meiroku Zasshi, *Journal of the Japanese Enlightenment*, 367.
15) Horio, *Educational Thought*, 77.
16) Horio, 47.
17) 1882년에 발표된 「군인칙유」(軍人勅諭) 또한 「교육칙어」와 함께 전전문서 중 가장 중요한 위치를 점한다. 「교육칙어」는 운율이나 목적상 「군인칙유」와 유사하다.
"교육에 관한 칙어:
저는 우리 일본이 선조들의 '도의국가실현'이라는 원대한 이상을 기초로 생겨난 나라라고 믿습니다. 그리고 우리 국민들은 충효라는 양대 기본을 주축으로 전 국민이 합심하여 노력한 결과, 오늘날에 이르는 훌륭한 성과를 이루게 되었습니다. 이는 원래 타고난 일본의 국체가 훌륭하기 때문이라고 말하지 않을 수 없습니다. 더불어 저는 교육의 근본 또한 '도의입국'을 달성하는 데 있다고 믿습니다. 국민은 모두, 자식은 부모에 효를 다하고, 형제자매는 서로 힘을 합치고, 부부는 사이좋게 지내고, 친구는 서로를 믿으며, 언동을 신중히 하고, 모든 이에게 사랑의 손길을 보내고, 학문에 힘쓰고, 직업에 전념하고, 지식을 쌓고, 인격을 닦고, 더욱 나아가 사회공공을 위해서 공헌하고, 또한 법률이나 질서를 지키는 것은 물론이며, 비상사태가 발생했을 경우에는 신명을 다해서 나라의 평화와 안전을 위해 봉사하지 않으면 안 됩니다. 그리고 이것은 선량한 국민으로서 당연한 일일 뿐만 아니라, 우리들의 선조가 지금까지 물려준 전통적 미풍을 한층 밝히는 길이기도 합니다.

국민이 걸어가야 할 이 길은 선조의 교훈으로서 반드시 지켜야 합니다. 이것은 시대와 장소를 불문하고 변하지 않는 바른 가르침이기 때문에, 나도 국민 여러분과 같이 조상의 가르침을 가슴에 안고 훌륭한 일본인이 되도록 가슴깊이 염원합니다.

메이지 23년 10월 30일."

18) 출세지향주의: Mita, *Social Psychology in Modern Japan*, ch.15, 268; Gluck, *Japan's Modern Myths*, 204-12.
19) 「기대되는 인간상」은 일본 국회도서관에서 원서를 찾을 수 있으며, 이를 헤럴드트리뷴 도쿄지국의 혼마 노부나가가 비공식적으로 번역해주었다. 이 문서에 대한 정보를 준 스티븐 플래처에게 감사한다.
20) Horio, *Educational Thought*, 151.
21) 워싱턴발 교토 통신 1992년 8월 7일.

4장

1) 나쓰메 소세키, 『고코로』 189-90쪽.
2) '하이카라'라는 용어의 의미: Seidensticker, *Low City, High City*, 93.
3) Nigel Holloway, "Time to Tame the Monster of the Capital," *Far Eastern Economic Review*, June 15, 1988, 53.
4) 커트 싱어(Kurt Singer), 『거울, 검, 보석: 일본생활의 기하학』 70쪽.
5) 1994년 3월 14일, 도쿄 케이오플라자호텔에서 열린 하버드 비즈니스스쿨 모임에서 발표한 미야모토의 논문 중에서. Miyamoto, "Self-Sacrifice and Conformity."
6) '창문족'이나 '산업폐기물' 등의 표현들은 『일본의 '샐러리맨'』에는 나오지 않는다.
7) Japan Travel Bureau Inc., 『일본의 '샐러리맨'』 105쪽.
8) Roberts, *Mitsui*, 12.
9) 과로사변호단, 『과로사: 기업전사가 숨을 거둘 때』 4쪽.
10) 근대와를 수단에서 목적으로 전환했던 일은 자주 고찰되었으며, 이에 관한 해석도 여러 가지이다. 내가 참고한 책에는 이렇게 쓰여 있다. "전전에는 궁극적 가치는 전통이었고, 근대화는 전통을 지키는 수단으로서 정당화되었다. 그러나 전후에는 근대화 그 자체에 가치가 부여되고 목적이 되었다. …… 일본의 전통적인 가치는 의식으로부터 무의식의

세계로 추방당하여, 목적달성을 위한 수단으로서 전통적인 집단주의 속에 숨어 살아남았다." (Kosai Yutaka, *The Era of High-Speed Growth*, ch. 12, 199)
11) 전기 가재도구와 소비열풍에 관해서는 내가 직접 취재한 내용뿐만 아니라 다음의 문헌을 참고했다. Michitaro Tada, "The Glory and Misery of My Home," in Koschmann, *Authority and the Individual in Japan*; David W. Plath, "My-Charisma; Motorizing the Showa Self," in Gluck and Graubard, *Showa: The Japan of Hirohito*.
12) 오자와 이치로, 『일본개조계획』 173쪽.
13) Gavan McCormack, "Afterbubble; Fizz and Concrete in Japan's Political Economy," Working Paper No.21, Japan Policy Research Institute.
14) 오자와, 『일본개조계획』 12쪽.
15) 고이소 아키오, 『후지은행 행원의 기록』 47-50쪽.
16) 고이소, 『후지은행 행원의 기록』 4-5쪽.

5장

1) 다니자키 준이치로, 『음예예찬』 33쪽.
2) 나카야마 치나쓰, 『아역의 시간』 4쪽.
3) Sheryl WuDunn, "In Japan, Still Getting Tea and No Sympathy," *The New York Times*, August 27, 1995.
4) 사절단에 참여한 소녀들 중 가장 유명한 소녀는 쓰다 우메코였다. Rose, *Tsuda Umeko and Women's Education in Japan*.
5) 『인형의 집』에 대한 반응은 다음 문헌에 잘 묘사되어 있다. Laura Rodd, "Yosano Akiko and the Taisho Debate over the 'New Woman,'" in Gail Lee Bernstein, *Recreating Japanese Women, 1600-1945*.
6) '남성상위, 여성우위'에 대한 본격적인 비평은 Sumiko Iwao, *The Japanese Woman: Traditional Image and Changing Reality*. 에서 찾아볼 수 있다.
7) Yoko Akiyama, "The Hidden Sun: Women in Japan," *The International Socialist Review*, March 1974.
8) '안심'에 대한 설명은 1993년 5월 13일 도쿄 외국인특파원 클럽에서 발표된 미야모토의 논문에 나온다. Miyamoto, "Narcissism and Illusion in Japanese Society."
9) Akiyama, "The Hidden Sun."
10) Akiyama, "The Hidden Sun."
11) '쓰루노히토코에'는 원래 덴노와 관계가 있으나, 일본여성을 취재할 때 여러 번 등장했다.
12) 1887년에 발간된 문부성, 『메이지 온나다이가쿠』. Nolte and Hastings, "The Meiji State Policy Toward Women," in *Bernstein, Recreating*, 156.

13) 모가와 그 짝을 이루는 모던보이('모보'), 그리고 마르크스의 자본론에 심취하던 '마르크스 보이', 이 세 가지는 다이쇼 데모크라시 시대의 표상이었다. Miriam Silverberg, "The Modern Girl As Militant," in Bernstein, *Recreating*.
14) Kazuko Tsurumi, *Social Change and the Individual*, ch. 8, "The Family: The Changing Roles of Women as Mothers and Wives," 277.
15) Rodd, "Yosano Akiko" in Bernstein, *Recreating*, 180.
16) 『아사히신문』 1993년 1월 20일.
17) 소세키, 『고코로』 188쪽.
18) 보겔, 『일본의 신흥 중산층』 37쪽.
19) 『국체의 본의』 87쪽.
20) 『국체의 본의』 87쪽.

6장

1) 노마 필드(Norma Field)가 영문으로 번역한 『그리고』의 72쪽에서 발췌.
2) 도카이도 사진은 펠릭스 베아토(Felix Beato)가 1867년과 1868년에 촬영한 것이다. 이 탈리아 출신의 저명한 사진작가 펠릭스 베아토는 에도 시대 말기와 메이지 시대 초기의 모습을 담은 사진을 다수 남겼다. 그의 스튜디오는 요코하마에 있었다. 베아토 작품의 복사본은 1991년 1월『재팬 다이제스트』(*Japan Digest*)에 실렸다.
3) 가와바타 야스나리, 『설국』 3쪽.
4) 무라카미 하루키, 『양을 쫓는 모험』 208쪽.
5) 사람들의 이목을 끄는 대응방안: 도시를 보이콧하자는 주장은 도쿄 농업대학 교수였던 요코이 도키요시가 내세웠다. Gluck, *Japan's Modern Myths*, 180.
6) 홋카이도 시골을 묘사한 이 그림의 제목은「홋카이도 가야베 지역도」(北海道茅部嶺之図) 라 하는데, 1867년 8월 초대총리대신 이토 히로부미와 근대 일본군부의 견인차 역할을 했던 야마가타 아리토모(山県有朋) 등을 수행하며 홋카이도를 순찰했던 가와카미 도가이(川上冬崖)의 작품이다. 이 작품의 복사본이 다음 문헌에 실려 논의되고 있다. John M. Rosenfeld, "Western-style Painting in the Early Meiji Period and Its Critics" in Shively, *Tradition and Modernization in Japanese Culture*.
7) 철제침대와 전신주에 관한 오해: Mita, *Social Psychology of Modern Japan*, 176-77쪽.
8) "Report of the 1964 Mission on Urbanization and Regional Planning," *UN Commissioner for Technical Assistance*, Department of Economic and Social Affairs, 13. 이 보고서의 번호는 TAO/JAP/2로, 1965년 8월 15일에 발행되었다.
9) 다나카가 국제통화기금 총회 중에 노래를 부른 사실은 다음 문헌에 기록되어 있다. Johnson, *Japan: Who Governs?* ch.9, "Tanaka Kakuei, Structural Corruption, and the Advent of Machine Politics in Japan," 186.

10) 다나카, 『일본열도 개조론』 iii쪽.
11) 다나카, 218쪽.
12) 토건국가에 관한 분석은 다수의 신문·잡지기사와 정치경제 관련 학술지를 참고했다. 특히 McCormack, *The Emptiness of Japanese Affluence*가 크게 도움이 되었다. 공공사업비에 관한 통계: McCormack, 33.
13) 다나카 내각의 공공사업 예산: Curtis, *The Japanese Way of Politics*, 64.
14) 다니자키, 『음예예찬』 8-9쪽.
15) 일본인과 자연에 대한 이에나가의 논의: Robert Bellah, "Ienaga Saburo and the Search for Meaning in Modern Japan," ch.11 of *Jansen, Changing Japanese Attitudes Toward Modernization*. 이에나가 자신도 이 주제로 책을 냈다. Ienaga, *Japanese Art: A Cultural Appreciation*.
16) "속 좁은 정치", "통 큰 정치", "변방으로부터의 반란", "폐현치번" 등은 호소카와가 자주 입에 올린 표현으로, 나중에 자신의 신당결당 선언문 『'자유사회연합' 결당선언』(문예춘추 1992년 6월)에 포함되어 정식으로 발표된다.
17) "일본연방"은 일본의 중앙집권적 구조에 대한 대안으로 자주 언급된다. 이 구상안에 대해서는 호소카와 본인과 오이타 현 지사 히라마쓰 모리히코로부터 설명을 들었다. 오이타 현에 갈 때마다 히라마쓰의 관대함에 큰 신세를 졌으며 그의 식견이 지극히 유용했다.

7장

1) 미시마 유키오 『금각사』 257쪽.
2) 본장의 제목은 『국체의 본의』에서 따온 것이다.
3) 1968년에 미시마 유키오를 취재한 이 특파원은 미셸 랜덤(Michel Random)이었다. 그는 당시의 일화를 자신의 저서(*Japan; Strategy of the Unseen*)에서 회고한다. 미시마가 살던 집에 관한 묘사는 랜덤의 저서, 각종 사진자료, 헨리 스콧-스톡스(Henry Scott-Stokes)의 『미시마 유키오의 삶과 죽음』(*The Life and Death of Yukio Mishima*) 등을 참고했다. 스콧-스톡스는 1968년 5월에 미시마 자택 방문 당시 정원에 아폴로 상이 있었다고 언급하는데 랜덤이 7개월 후 목격한 조각상이 바로 이 조각상으로 추정된다.
4) 『47인의 사무라이』: 베네딕트, 『국화와 칼』 199쪽; Eiko Ikegamai, *The Taming of the Samurai*, ch.11, "The Vendetta of the Forty-Seven Samurai." 『47인의 사무라이』 이야기가 역사 속에서 어떤 운명을 맞았는지에 대한 자세한 사항은 후자의 문헌을 많이 참고했다.
5) 이 인용문과 뒤로 이어지는 두 인용문은 1866년부터 메이지 유신 시기까지 영국대사관에서 근무한 알제논 버트럼 미트포드(Algernon Bertram Mitford)의 저서에서 발췌했다. 미트포드는 메이지 초기 입법기관에서 벌어진 논쟁을 기록해두었다가 1871년에 책으로

출간했다(*Tales of Old Japan*).

6) Hearn, *Glimpses of Unfamiliar Japan*, ch. 26, 656-85.
7) 니노미야 긴지로 이야기: Mita, *Social Psychology of Modern Japan*, 271-72; Gluck, *Japan's Modern Myths*, 158-59.
8) 국체에 관한 설명: Gluck, *Japan's Modern Myths*. 이 책 144쪽에서 후쿠자와 인용.
9) 『국체의 본의』 59쪽.
10) Kurosawa, *Something Like an Autobiography*, 145.
11) Kurosawa, 145.
12) Robert Guillain, *I Saw Tokyo Burning* (London: John Murray, 1981), cited in Behr, 318.
13) Lifton, "Youth and History" in Erikson, *The Challenge of Youth*, 270.
14) Lifton, 270.
15) 소고로 이야기는 아마도 농민들 사이에 전해 내려오는 전설 중에 가장 유명할 것이다. 본서에 소개된 줄거리: Anne Walthall, Peasant Uprisings in Japan: A Critical Anthology of Peasant Histories, ch.1, "The Sakura Sogoro Story."
16) Tsunoda, *The Japanese Brain: Uniqueness and Universality*, xx.

8장

1) 아키히토와 미치코의 단카집 『등불』(ともしび) 중에서 136번째 단카.
2) 바르트의 『기호의 제국』 중에서 「도심, 텅 빈 중심」("Center-City, Empty Center"), 30-31쪽.
3) Adachi Kinnosuke, "Hirohito, Who Has Shown Himself Ready to Break with Traditions of the Past, Comes to the Throne at the Moment When His Country Appears to Be Entering an Era of Change," *New York Times Magazine*, January 9, 1927.
4) 아키히토의 가정교사 엘리자베스 그레이 바이닝(Elizabeth Gray Vining)은 아키히토황태자를 가르쳤던 경험을 저서 『황태자의 창문』(*Windows for the Crown Prince*)에서 자세히 기록하고 있다.
5) 아키히토와 미치코의 단카집 『등불』 중에서 59번째 단카.
6) 『등불』 중 156번째 단카.
7) 1946년 1월 연설 원고 작성 과정: Nakamuka, *The Japanese Monarchy*, 109-12; Bix, "Inventing the Symbol Monarchy," 328-32.
8) 대상제에 관한 설명은 공식문서나 학술서적 등 여러 자료를 근거로 했다. 특히 역사적 배경에 관해서는 다음 문헌을 참고했다. Emiko Ohnuki-Tierney, *Rice As Self: Japanese Identities Through Time*, 45-51.
9) 5개의 질문은 1990년 11월 7일 고모리 다쓰토시 의원에 의해 중의원 의장에게 제출되

었다.
10) 도이, 『아마에의 구조』 60-61쪽.
11) 도이, 59-60쪽.
12) 다큐멘터리 「히로히토: 신화의 뒤편」에 대한 설명은 신문기사와 인터뷰를 기초로 한다.
13) William H. Honan, "Hirohito's War Guilt Debated in Docudrama," *The New York Times*, February 6, 1989; Judith Michaelson, "Public-TV's 'Hirohito' Under the Gun," *Los Angeles Times*, February 24, 1989.
14) 저자는 세번스(Severns). 1988년 뉴욕 첼시하우스 출판사.
15) 『히로히토』 8쪽.
16) 『히로히토』 70쪽.
17) 『히로히토』 83쪽.
18) 『히로히토』 89쪽.
19) 아리스티더스 라자러스의 이야기는 1989년 2월 21일, 『마이니치신문』과 영자신문 『마이니치 데일리뉴스』에 실렸다. 영문판 기사 제목은 "트루먼 대통령 도조를 희생시켜 덴노를 구했다"(Truman Saved Emperor, Made Tojo Scapegoat)였다.
20) 『스기야마 메모』는 1967년에 출간되었으나 거의 완전히 무시되었다. 베르가미니(Bergamini)는 『일본의 제국적 음모』(*Japan's Imperial Conspiracy*)에서 다음과 같이 회고한다. "능숙한 신화 만들기가 허상을 만들어냈다. 그러나 진상을 그렇게도 속편하게 지워버릴 수 있다는 사실이 당황스러웠다. 전 국민과 외국인 관찰자들이 그런 식으로 시종일관 집단적 무감각에 빠질 수 있다는 사실을 믿기 어려웠다. 덴노가 벌거벗고 점잖게 거니는 동안 외국인 사절을 포함한 다른 사람들은 전부 그가 입은 옷에 탄복한단 말인가?"
베르가미니의 책에는 심각한 오류가 많지만 위의 질문 하나는 날카롭다.
21) 1990년 12월호 『문예춘추』지에 실린 데라사키의 『독백록』은 덴노의 전쟁책임 관련문서로서 국내외 언론으로부터 전례 없이 커다란 주목을 받았다. 문예춘추는 그 다음호에서 『독백록』에 대한 학자들의 논평을 집중적으로 다루었다. 허버트 빅스(Herbert Bix) 교수는 히로히토의 전쟁 중 역할에 관한 기타 문헌과 함께 『독백록』을 종합적으로 분석하여 다음과 같은 논리적 결론을 도출한다.
"『독백록』에서 덴노는 (측근의 도움을 받아) 평화를 사랑하는 입헌군주의 이미지를 보여준다. 육해군 대장들이 전쟁을 결의했을 때 덴노는 선택의 여지 없이 그 결정을 따랐다는 것이다. 이런 수동적인 이미지는 『독백록』의 행간에 숨어있는 덴노의 이미지와 대조적이어서 믿기 어렵다. 행간에서 읽어내는 덴노의 이미지는 호전적이고 승전에 집착하는 모습이다. …… 항복하지 않은 채 전쟁을 끝까지 질질 끈 것도 다름 아닌 덴노였다."
빅스는 그 결론을 이하의 논문으로 발표했다. Bix, "The Showa Emperor's 'Monologue' and the Problem of War Responsibility," *Journal of Japanese Studies* 18, no.2 (Summer 1992). 후에 그는 『독백록』을 기초로 덴노가 전쟁 종결에 어떤 역할을 했

는지에 대한 통설을 재분석했다. 이에 대해서는 Bix, "Japan's Delayed Surrender: A Reinterpretation" 참고. 이 자리를 빌려 빅스 교수로부터 받은 여러 가지 도움에 감사를 표한다.
22) 나가사키 시의회 의사록. Norma Field, *In the Realm of a Dying Emperor: A portrait of Japan at Century's End*, 178. 모토시마 사장과 문제의 발언 이후 그가 시민들로부터 받은 편지에 관해서는 출간된 편지모음, 신문기사, 나의 취재자료 등도 참고했다.
23) 기도의 일기는 도쿄재판에서 부분적으로 증거자료로 사용되었으며 빅스 교수에 따르면 1966년 처음 출간되었을 때에 학문적으로 난제의 열쇠가 되어준 귀중한 자료였다고 한다. Bix, "The Showa Emperor's 'Monologue'."
24) 1946년 1월 25일 합동참모본부에 보낸 맥아더의 편지 중에서. Behr, *Hirohito*, 346.

9장

1) 아사이 추가 전하는 폰타네지의 훈계에 관한 일화: Janine Beichman, *Masaoka Shiki* (Boston: Twayne Publishers, 1982); Brett de Bary's introduction to Kojin Karatani, *Origins of Modern Japanese Literature*, 5-6. 본서 제9장에서 일본의 예술적 관점 진화를 설명하는 부분은 주로 후자의 문헌을 참고했다. 영향력 있는 작가 겸 평론가 마사오카 시키는 일상생활을 시적으로 '스케치'할 것을 주장했다. 폰타네지와 마사오카 시키가 일본미술에 미친 영향은 다음의 문헌에서 다루어진다. Toru Haga, "The Formation of Realism in Meiji Painting: The Artistic Career of Takahashi Yuichi," ch.6 of Shively, *Tradition and Modernization in Japanese Culture*.
2) Karatani, Origins, 164.
3) 페놀로사가 1882년 5월 도쿄에서 행한 유명한 연설 「진정한 예술」 중에 나오는 구절. Toru Haga and John M. Rosenfeld, in *Shively, Tradition and Modernization*.
4) 페놀로사가 칭찬하는 화가는 가노 호가이(狩野芳崖)다. Rosenfeld, in *Shively, Tradition and Modernization*, 206.
5) 후다바테 시메, 『뜬구름』 199쪽.
6) 나쓰메 소세키, 『도련님』 103쪽.
7) 나쓰메 소세키, 『마음』 2쪽.
8) 『마음』 6쪽.
9) 『마음』 218쪽.
10) 『마음』 128쪽.
11) 『마음』 61쪽.
12) "근대의 극복"이라함은 여러 문맥에서 살펴볼 수 있다. 1994년에 열린 전시회 「1945년 이후 일본 미술」의 카탈로그 서문을 보면 주요 논점이 잘 요약되어 있다. Alexandra Munroe, *Japanese Art Since 1945: Seven Against the Sky*, 23-24.

13) 다니자키 선집 XXI권 12-13쪽. Keen, *Dawn to the West*, 750-51.
14) 다니자키, 『음예예찬』 31쪽.
15) 다니자키, 31쪽.
16) 다니자키, 39쪽.
17) Karatani, *Origins*, 163쪽.
18) 나지타의 관찰: "On Culture and Technology in Postmodern Japan," in Miyoshi and Harootunian, *Postmodernism and Japan*, 3-20.
19) 1934년 가와바타가 자신의 삶을 자전적으로 묘사한 글의 일부. Keene, Dawn to the West, 795.
20) 미시마 유키오가 가와바타의 『잠자는 미녀』를 소개하는 글 「잠자는 미녀론」 8쪽.
21) 미시마, 『태양과 철』(太陽と鉄). Scott-Stokes, *The Life and Death of Yukio Mishima* 222.
22) Scott-Stokes, 218.
23) 1970년 12월 『스포츠일러스트레이티드』(*Sports Illustrated*) 지에 게재된 기사 중에서. Scott-Stokes, *Life and Death*, 230.
24) Scott-Stokes, 247.
25) 1970년 가을, 소설가 이시카와 준과의 대화 중에서. Scott-Stokes, 312.
26) 가와바타, 『잠자는 미녀』 39쪽.
27) 사진 속 미술가는 각각 시마모토 쇼조와 시라가 가즈오이다. 이 두 장의 사진은 1994년 전시회 「1945년 이후 일본 미술」의 카탈로그에 나온다. Munroe, *Japanese Art Since 1945*, 120.
28) 나쓰메 소세키의 「나의 개인주의」 33쪽에 나오는 표현. "나는 마침내 내 자신이 정처 없이 떠돌며 남에게 의지하는 뿌리 없는 부평초에 불과함을 깨달았다. 여기서 '남에게 의지'한다 함은, 자기 앞에 놓인 술을 남에게 맛보게 하여 그의 의견을 그대로 내 의견으로 삼는 흉내쟁이라는 의미에서 하는 말이다."
29) 쓰루미, 『전후일본 대중문화사』 11쪽.
30) 「1945년 이후 일본 미술」이 바로 그 1994년 전람회였다. 1994년 2월에 시작하여 1995년 8월까지 순회 전시했다.
31) 오카모토의 「전통이란 무엇인가」는 『나의 현대예술』(신초샤)에 담겨 있다. Monroe, 381-82.
32) Monroe, 381.
33) 이 지극히 일본적이지 않은 표현은 문맥상 적절하다. Randall Jarrell's "Well Water," in *The Collected Poems* (New York: Farrar, Straus & Giroux, fifth printing, 1981), 300.
34) 오에, 『사육』 112쪽. 이후 별다른 표시가 없으면 오에나 아베의 말은 나와의 직접 대화하는 중에 나온 것이라 보면 된다.
35) Oe, "Japan's Dual Identity," in Miyoshi and Harootunian, *Postmodernism and Japan*, 189-213.

36) Oe, "Japan's Dual Identity."
37) 구로사와. Derek Elley, "Kurosawa at the NFT," *Films and Filming*, May 1986; Stephen Prince, *The Warrior's Camera: The Cinema of Akira Kurosawa*, 8.
38) 표현의 자유를 옹호하는 작가단체 P.E.N.의 주최로 열린 무라카미 하루키와 제이 맥키너니(Jay McInerney)와의 대담 중에서. *New York Times Book Review*, September 27, 1992.
39) 리치와의 대화 중에 언급되었다. 리치의 『일본영화 입문』(*Japanese Cinema: An Introduction*) 5-6쪽에서도 같은 논지가 펼쳐진다.
40) *New York Times Book Review*, September 27, 1992.
41) *New York Times Book Review*, September 27, 1992.
42) 무라카미, 『노르웨이의 숲』 48쪽.
43) 요시모토, 『키친』 4-5쪽.
44) 구로카와. 대화중에서.
45) 안도, 1993년 파리 조르주 퐁피두센터에서 열린 안도 타다오 전시회 카탈로그.

10장

1) 스미이 스에, 『다리 없는 강』 354쪽.
2) 크리스테바, 『우리 내면의 이방인』 192쪽.
3) *Meiji Japan Through Contemporary Sources*, vol.2 (Tokyo: Center for East Asian Cultural Studies), 69-70, cited in Weiner, *The Origins of the Korean Community in Japan*, 1910-1923, 8.
4) 관동대지진 때 살해당한 조선인의 숫자: Weiner, Origins, 18. Shunsuke Tsurumi, An *Intellectual History*는 사망자의 수를 명백하게 6000명으로 기록하고 있다.
5) '위안부' 문제: George Hicks, *The Comfort Women*(1995).
6) George Hicks, *Japan's Hidden Apartheid*.
7) 1986년 10월 17일, 후쿠오카 지방법원에서 최선애가 진술한 내용. 이 내용은 재일한국인·조선인 인권획득투쟁 전국연합회에 의해 「소수민족으로서의 재일한국·조선인의 해방」이라는 보고서로 출간되어 1990년 6월 23일 국제연합 세계인권 위원회에 제출되었다.
8) Yumi Lee, *Who Has Heard Japanese-Born Koreans' Voice?: The Myth of Japan's Minority Issue*.
9) Norma Field's *In the Realm of a Dying Emperor*, 62.
10) Shunsuke Tsurumi, *An Intellectual History*, 108-9; Kenzaburo Oe, "Japan's Dual Identity" in Miyoshi and Harootunian, Postmodernism and Japan; Karatani, *Origins of Modern Japanese Literature*.

11) 불법체류 노동자에 관한 통계: 법무성 입국관리국 통계(1992년 11월); Haruo Shimada, *Japan's "Guest Workers": Issues and Public Policies*; Hicks, *Japan's Hidden Apartheid*.
12) Shimada, Japan's "Guest Workers," 201-13.

11장

1) 레비-스트로스, 『슬픈 열대』 45쪽.
2) 헌법 제12조를 제퍼슨의 독립선언서 같다고 불평하는 이야기는 『No라고 말할 수 있는 일본』의 속편인 이시하라 신타로의 『그래도 No라고 말할 수 있는 일본』에 나온다. 인용된 부분은 이토이 케이가 번역하여 1990년 8월 30일자 『헤럴드트리뷴』에 실린 바 있다.
3) "Marine General: U.S. Troops Must Remain in Japan," *The Washington Post*, March 27, 1990.
4) 나카소네 『정치와 인생』 88쪽. 나카소네의 전시 경험과 전후의 삶도 이 책에서 참고했다.
5) 오자와, 『일본개조계획』 94-95쪽.
6) 요미우리신문은 1994년 11월 3일에 『요미우리신문사의 헌법개정안』을 책자로 펴냈다.
7) 밀턴, 『언론출판의 자유 선언』(*Areopagitica*), 33-34쪽.
8) 나와 이 문제로 이야기를 나눠주신 치바 대학 하타 이쿠히코 교수께 감사드린다.

에필로그

1) 베르그송, 『도덕과 종교의 두 원천』 74쪽. 아놀드 토인비의 『역사의 연구』 제3권 231쪽에 나오는 번역문도 참고했다.
2) 오자와, 『일본개조계획』 148쪽.

참고문헌

Abe, kobo. *Friends*. Tokyo and Rutland: Charles E. Tuttle, 1969,1986.
──. *Secret Rendezvous*. Tokyo and Rutland: Charles E. Tuttle, 1969, 1986.
──. *The Ark Sakura*. New York: Vintage International, 1988, 1989.
──. *The Box Man*. Tokyo and Rutland: Charles E. Tuttle, 1974,1986.
──. *The Face of Another*. Tokyo and Rutland: Charles E. Tuttle, 1966, 1986.
──. *The Ruined Map*. Tokyo and Rutland: Charles E. Tuttle, 1969, 1988.
──. *The Woman in the Dunes*. Tokyo and Rutland: Charles E. Tuttle, 1964, 1988.
Adachi, Kenji, et al. *Modern Japanese Art: Selected Works From the National Museum of Modern Art*. Tokyo: National Museum, 1984.
Akihito and Michiko, the emperor and empress of Japan. *Light (Tomoshibi): Collected Poetry by Emperor Akihito and Empress Michiko*. Edited by Marie Philomène and Masako Saito. New York and Tokyo: Weatherhill, 1991.
Akiyama, Yoko. *Ribu Shishi Noto (Personal Notes on Women's Lib)*. Tokyo: Impakto Shuppan-sha, 1993.
Amano, Ikuo. *Education and Examination in Modern Japan*. Tokyo: Unibersity of Tokyo Press, 1990.
Asahi Shimbun, Sezon Museum of Art, et al. *Tadao Ando Beyond Horizons in Architecture*. Tokyo: Executive Committee for the Exhibition, 1992.
Asano, Toru, Atsushi Tanaka, et al. *An eye for Minute Details: Realistic Painting in the Taisho Period*. Tokyo: National Museum od Modern Art, 1986.
──. *Development of Western Realism in Japan*. Tokyo: National Museum of Modern Art, 1985.
──. *Realistic Representation III: Painting in Japan, 1984-1907*. Tokyo: National Museum of Modern Art, 1988.
Ashihara, Yoshinobu. *The hidden Order: Tokyo Through the Twenties Century*. Tokyo and New York: Kodansha International, 1986, 1989.
Aston, W. G., trans. *Nihongi: Chronicle of japan from the Earliest Times to A.D. 697*. 2 vols. London: The Japan Society, 1986.

Bando, Mariko. *Nihon no Josei Databanku (Japanese Women's Databank)*. Tokyo: Okurasho Insatsukyoku, 1992.

Barshay, Andrew E. "Imagining Democracy in Modern Japan: Reflections on Maruyama Masao and Modernism." *Journal of Japanese Studies* 18, no. 2 (1992).

———. State and Intellectual in Imperial Japan: The Public Man in Crisis. Berkeley, Los Angeles, and London: University of California Press, 1988.

Barthes, Roland. Empire of signs. New York: Hill & Wang, 1982.

Bascou, Marc, Conservateur au Musée d'Orsay, et al. *Le Jaonisme*. Paris: Editions de la Réunion des musées nationaux, 1988.

Basho, Matsuo. *Narrow Road to the Interior*. Boston and London: Shambhala, 1991.

Beasley, W. G. *The Modern History of Japan*. 3d rev. ed. London: Weidenfeld and Nicholson, 1985.

Behr, Edward. *Hirohito: Behind the Myth*. New York: Villard Books, 1989.

Benedict, Ruth. *The Chrysanthemun and the Sword*. Rutland and Tokyo: Charles E. Tuttle, 1946, 1992.

Bergamini, David. *Japan's Imperial Conspiracy*. New York: William Morrow and Co., 1971.

Bergson, Henri. *The Two Sources of Morality and Religion*. Notre Dame: University of Notre Dame Press, 1932, 1986.

Bernstein, Gail, ed. *Recreating Japanese Women, 1600-1945*. Berkeley, Los Angeles, and Oxford: University of California Press, 1991.

Bestor, Theodore C. *Neighborhood Tokyo*. Stanford: Stanford University Press, 1989.

Bix, Herbert P. "Inventing the 'Symbol Monarchy' in Japan, 1945-1952." Journal of Japanese Studies 21, no. 2 (1995).

———. "Japan's Delayed Surrender: A Reinterpretation." *Diplomatic History* 19, no. 2 (Spring 1995).

———. *Peasant Protest in Japan, 1590-1884*. New Haven and London: Yale University Press, 1986.

———. "The Showa Emperor's 'Monologue' and the Problem of War Responsibility." *Journal of Japanese Studies* 18, no. 2(1992).

Blomberg, Catharina. *The Heart of the Warrior: Origins and Religious Background of the Samurai System in Feudal Japan*. Sandgate, Folkstone: Japan Library, 1994.

Borton, Hugh. *Japan's Modern Century*. New York: The Ronald Press, 1955.

———. *Peasant Uprisings in Japan of the Tokugawa Period*. Transactions of the Asiatic Society of Japan, vol. 16, 2d series. Tokyo: 1938.

Boscaro, Adriana, et al. eds. *Rethinking Japan*. 2 vols. Sandgate, Folkstone: Japan Library, 1991.

Braisted, William Reynolds, trans. Meiroku Zasshi, *Journal of the Japanese Enlightenment*. Cambridge, Mass.: Harvard University Press, 1976.

Broadbridge, Seymour. *Industrial Dualism in Japan: A Problem of Economic Growth and Structural Change*. Chicago: Aldine Publishing Co., 1966.

Buraku Kaiho Kenkyusho (Buraku Liberation Research Institute), ed. *Long-Suffering Brothers and Sisters, Unite!: The Buraku Problem, Universal Human Rights, and Minority Problems in Various Countries*. Osaka: Buraku Liberation Research Institute, 1981.

———. *The Road to a Discrimination-Free Future: The World Struggle and the Buraku Liberation Movement*. Osaka: Buraku Liberation Research Institute, 1983.

———. *The United nations, Japan and Human Rights*. Osaka: Buraku Liberation Research Institute, 1984.

Buruma, Ian. *A Japanese Mirror: Heroes and Villains of Japanese Culture*. London: Jonathan Cape, 1984.

———.*The Wages of Guilt: Memories. of War in Germany and Japan*. New York: Farrar, Straus and Giroux, 1994.

Centre Georges Pompidou and Marina Lewisch, *chargee d'edition*. Tadao Ando. Paris: Editions du Centre Pompidou, 1993.

Chamberlain, Basil Hall, trans. KoJi-Ki: *Record of Ancient Matters*. London: The Japan Society, 1882.

Chapman, William. *Inventing Japan: The Making of a Postwar Civilization*. New York: Prentice Hall Press, 1991.

Chatterjee, Partha. *Nationalist Thought and the Colonial World*. Minneapolis: University of Minnesota Press, 1986, 1993.

———. *The Nation and Its Fragments: Colonial and Postcolonial Histories*. Princeton: Princeton University Press, 1993.

Chosakyoku, Keizai Kikakucho. *Chiiki Keizai Reporuto* (Local Economy Report). Tokyo: Okurasho Insatsukyoku, 1992.

Christopher, Robert C. *The Japanese Mind: The Goliath Explained*. New York: Linden Press, Simon and Schuster, 1983.

Coaldrake, William H. *Architecture and Authority in Japan*. London and New York: Routledge, 1996.

Cohen, Theodore. *Remaking Japan: The American Occupation as New Deal*. Edited by Herbert Passin. New York: The Free Press, 1987.

Collcutt, Martin, Marius Jansen, and Isao Kumakura, eds. *Cultural Atlas of Japan*. Oxford: Equinox New York: Facts on File, 1988.

Collingwood, R. G. *The Idea of History*. Rev. ed. Edited by Jan van der Dussen. Oxford

and New York: Oxford University Press, 1946,1993.
Cooper, Michael, S. J., ed. *They Came to Japan: An Anthology of European Reports on Japan, 1543-1640*. Berkeley, Los Angeles, and London: University of California Press, 1965, 1981.
Craig, Albert M., and Donald H. Shively, eds. *Personality in Japanese History*. Ann Arbor: Center for Japanese Studies, University of Michigan, 1995.
Crowley, James B., ed. *Modern East Asia: Essays in Interpretation*. New York: Harcourt, Brace & World, 1970.
Crump, John. *The Origins of Socialist Thought in Japan*. London and Canberra: Croom Helm; New York: St. Martin's Press, 1983.
Curtis, Gerald L. *The Japanese Way of Politics*. New York: Columbia University Press, 1988.
Dallmayr, Fred R. *Twilight of Subjectivity: Contributions to a Post-Individualist Theory of Politics*. Amherst: University of Massachusetts Press, 1981.
Dazai, Osamu. *Blue Bamboo*. Tokyo and London: Kodansha, 1933.
―――. *Return to Tsucaru Travels of a Purple Tramp*. Tokyo and New York: Kodansha International, 1944, 1987.
―――. *Self Portraits* Tokyo and New York: Kodansha International, 1991.
de Rougement, Denis. *Love in the Western World*. New York: Harcourt, Brace and Company, 1940.
Deacon, Richard. *A History of the Japanese Secret Service*. London: Frederick Muller Limited, 1982.
Doi, Takeo. *The Anatomy of Dependence*. Tokyo and New York: Kodansha International, 1971, 1988.
―――. *The Anatomy of Self: The Individual Versus Society*. Tokyo and New York: Kodansha International, 1986, 1989.
―――. "The Japanese Psyche: Myth and Reality." *Remarks to the Japan Society*, New York, May 2, 1989.
Dower, John W. *Japan in War and Peace: Selected Essays*. New York: New Press, 1993.
―――. "The Bombed: Hiroshimas and Nagasakis in Japanese Memory." *Diplomatic History* 19, no. 2 (Spring 1995).
―――. *War Without Mercy: Race and Power in the Pacific War*. New York: Pantheon Books, 1986.
Duke, Benjamin C. *Japan's Militant Teachers: A History of the Left-Wing Teachers' Movement*. Honolulu: University Press of Hawaii, 1973.
Embree, John F. *A Japanese Village: Suye Mura*. London: Kegan Paul, Trench, Trubner & Co., 1946.

Emmott, Bill. *Japanophobia: The Myth of the Invincible Japanese*. New York: Times Books, 1992.

———. *The Sun Also Sets: The Limits to Japan's Economic Power*. New York: Times Books, 1989.

Enchi, Fumiko. *Masks*. Tokyo and Rutland: Charles E. Tuttle, 1958, 1984.

Endo, Shusaku. *Deep River*. New York: New Directions, 1994 ·

———. *Silence*. Tokyo and New York: Kodansha International, 1966, 1989 ·

———. *Stained Glass Elegies*. London and Washington: Peter Owen, 1984.

———. *The Girl I Left Behind*. London: Peter Owen, 1994 ·

Engelhardt, Tom. "Fifty Years Under a Cloud: The Uneasy Search for Our Atomic History." *Harper's*, January 1996.

———. *The End of Victory Culture: Cold War America and the Disillusioning of a Generation*. New York: Basic Books, 1995.

Fairbank, John K., Edwin O. Reischauer, and Albert M. Craig, eds. *East Asia: The Modern Transformation. Modern Asia Edition*. Boston: Houghton Mifflin; Tokyo: Charles E. Tuttle, 1965.

Fallows, James. *Looking at the Sun: The Rise of the New East Asian Economic and Political System*. New York: Pantheon Books, 1994.

Feinberg, Walter. *Japan and the Pursuit of a New American Identity: Work and Education in a Multi-cultural Age*. New York and London: Routledge, 1993.

Field, Norma. *In the Realm of a Dying Emperor: A Portrait of Japan at Century's End*. New York: Pantheon Books, 1991.

Frost, Ellen L. *For Richer, For Poorer: The New U.S.-Japan Relationship*. New York: Council on Foreign Relations, 1987.

Fujii, James A. *Complicit Fictions: The Subject in the Modern Japanese Prose Narrative*. Berkeley, Los Angeles, and London: University of California Press, 1993.

Fujita, Juniko, and Richard Child Hill, eds. *Japanese Cities in the World Economy*. Philadelphia: Temple University Press, 1993.

Fukutake, Tadashi. *The Japanese Social Structure: Its Evolution in the Modern Century*. 2d ed. Tokyo: University of Tokyo Press, 1989.

Fukuyama, Francis. *The End of History and the Lost Man*. New York: Free Press, 1992.

Fukuzawa, Yukichi. *An Encouragement of Learning*. Tokyo: Sophia University, 1969.

———. *The Autobiography of Yukichi Fukuzawa*. Tokyo: Hokuseido Press, 1981.

Futabatei, Shimei. *Japan's First Modern Novel: Ukigumo of Futabatei Shimei*. Ann Arbor: Center for Japanese Studies, University of Michigan, 1990.

Gayn, Mark. *Japan Diary*. Rutland and Tokyo: Charles E. Tuttle, 1981, 1984.

Gessel, Van C. *Three Modern Novelists: Soseki, Tanizaki, Kawabata*. Tokyo and New

York: Kodansha International, 1993.

Gibney, Frank. *Five Gentlemen of Japan: The Portrait of a Nation's Character.* Rutland and Tokyo: Charles E. Tuttle, 1953, 1984.

———. *Japan: The Fragile Superpower.* Rev. ed. New York: New American Library, 1979, 1980.

———. ed. *Senso: The Japanese Remember the Pacific War, Letters to the Editor of Asahi Shimbun.* Armonk and London: M. E. Sharpe, 1995.

Gluck, Carol. *Japan's Modern Myths: Ideology in the Late-Meiji Period.* Princeton: Princeton University Press, 1985.

Gluck, Carol, and Stephen R. Graubard, eds. *Showa: The Japan of Hirohito.* New York: W. W Norton, 1992.

Gong, Gerrit W., ed. *Remembering and Forgetting: The Legacy of War and Peace in East Asia.* Washington, D.C,.: Center for Strategic & International Studies, 1996.

Gordon, Andrew. *The Evolution of Labor Relations in Japan: Heavy Industry, 1853-1955.* Cambridge, Mass., and London: Council on East Asian Studies, Harvard University, 1988

———, ed. *Postwar Japan As History.* Berkeley, Los Angeles, and Oxford: University of California Press, 1993.

Goto, Takanori. *Japan's Dark Side to Progress: The Struggle for Justice for the Pharmaceutical Victims of japan's Postwar Economic Boom.* Chiba: Manbousha Publications, 1991.

Gray, John. *Enlightenment's wake: Politics and Culture at the Close of the Modern Age.* London and New York: Routledge, 1995.

Greenbie, Sydney. *Japan Real and Imaginary, with Many Illustrations and Photographs.* New York and London: Harper & Brothers Publishers, 1920.

Hall, Ivan Parker. *Mori Arinori.* Cambridge, Mass.: Harvard University Press, 1973.

Hall, John Whitney. *Japan from Prehistory to Modern Times.* New York: Delacorte Press, 1970.

Hall, Robert King, ed. *Kokutai no Hongi: Cardinal Principles of the National Entity of Japan.* Newton, Mass.: Crofton Publishing, 1974.

Halliday, Jon. *A Political History of Japanese Capitalism.* New York: Pantheon Books, 1976.

Halloran, Richard. *Japan: Images and Realities.* Rutland and Tokyo: Charles E. Tuttle, 1970, 1989.

Harvey, David. *The Condition of Postmodernity: An Enquiry into the Origins of Cultural Change.* Cambridge, Mass., and Oxford: Blackwell, 1990,1995.

Hearn, Lafcadio. *Glimpses of Unfamiliar Japan.* Rutland and Tokyo: Charles E. Tuttle,

1894, 1991.

———. *Japan: An Attempt at Interpretation*. New York and London: MacMillan Company, 1907.

———. *Kokoro: Hints and Echoes of Japanese Inner Life*. Tokyo and Rutland: Charles E. Tuttle, 1896, 1991.

———. Writings from Japan. Edited by Francis King. Hammondsworth: Penguin Books, 1984.

Heilbroner, Robert. *2st Century Capitalism*. New York and London: W. W. Norton, 1993.

Hendry, Joy. *Wrapping Culture: Politeness, Presentation, and Power in Japan and Other Societies*. Oxford: Clarendon Press, 1993.

Hersey, John. *Hiroshima*. New York: Alfred A. Knopf, 1946.

Hicks, George. *Japan's Hidden Apartheid: The Korean Minority and the Japanese*. Aldershot and Brookfield, Vt.: Ashgate, 1997.

———. *Japan's War Memories: Amnesia or Concealment?* Aldershot and Brookfield, Vt.: Ash1997.

———. *The Comfort Women: Sex Slaves of the Japanese Imperial Forces*. London: Souvenir Press, 1995.

Hiramatsu, Morihiko. *Chiho kara no Haso (Ideas from the Provinces)*. Tokyo: Iwanami Shoten, 1990.

———. *Globaru ni Kangei, Lokaru ni Kodoseiyo (Thinking Internationally, Acting Locally)*. Tokyo: Toyokeizai Shimposha, 1990.

Hirschmeier, Johannes, and Hyoe Murakami, eds. *Politics and Economics in Contemporary Japan*. Tokyo: Kodansha International, 1979, 1987.

Hobsbawm, Eric. *The Age of Extremes: A History of the World, 1914-1991*. New York: Pantheon Books, 1994.

Hobsbawm, Eric, and Terence Ranger, eds. *The Invention of Tradition*. Cambridge: Cambridge University Press, 1983, 1992.

Hofheinz, Roy, Jr., and Kent E. Calder. The Eastasia Edge. New York: Basic Books, Inc., 1982.

Holstein, William]. *The Japanese Power Game: What It Means for America*. New York: Charles Scribner's Sons, 1990.

Honda, H. H., trans. *The Manyoshu: A New and Complete Translation*. Tokyo: The Hokuseido Press, 1967.

Honda, Katsuichi. *The Impoverished Spirit: Selected Essays*. New York: Monthly Review Press, 1993.

Horio, Teruhisa. *Educational Thought and Ideology in Modern Japan: State Authority and Intellectual Freedom*. Tokyo: University of Tokyo Press, 1988.

Hosokawa, Morihiro. *The Time to Act Is Now: Thoughts for a New Japan.* Tokyo: NTT Mediascope, 1993.

Hunt, Morton. *The Natural History of Love*, Rev. ed. New York: Doubleday, 1959, 1994.

Huntington, Samuel P, et al. *The Clash of Civilizations?: The Debate.* New York: Council on Foreign Relations, 1993.

Ibuse, Masuji. *Black Rain*, Tokyo and New York: Kodansha International, 1969,1988.

Ienaga, Saburo. *Japanese Art: A Cultural Appreciation.* New York: Weatherhill; Tokyo: Heibonsha, 1979.

———. *The Pacific War, 1931-1945: A Critical Perspective on Japan's Role in World War II.* New York: Pantheon Books, 1978.

Iijima, Takehisa, and James M. Vardaman, Jr., eds. *The World of Natsume Soseki.* Tokyo: Kinseido, 1987.

Ikegamai, Eiko. *The Taming of the Samurai: Honorific Individualism and the Making of Modern Japan.* Cambridge, Mass., and London: Harvard University Press, 1995.

Ikku, Jippensha. *Shank's Mare, Being a Translation of the Tokaido Volumes of Hizakurige.* Tokyo and Rutland: Charles E. Tuttle Co., 1960, 1988.

Imamura, Anne E. *Urban Japanese Housewives: At Home and in the Community.* Honolulu: University of Hawaii Press, 1987.

Irokawa, Daikichi. *The Age of Hirohito: In Search of Modern Japan.* New York: Free Press, 1995.

Ishihara, Shintaro. *The Japan That Can Say No: Why Japan Will Be First Among Equals.* New York: Simon and Schuster, 1989, 1991.

Isozaki, Arata. *The Island Nation Aesthetic.* London: Academy Editions, 1996.

Ivy, Marilyn. *Discourses of the Vanishing: Modernity, Phantasm, Japan.* Chicago and London: University of Chicago Press, 1995.

Iwakuni, Tetsundo. *Izumakara no Chosen (Challenge from Izumo).* Tokyo: Nihon Hosso Shuppan Kyokai, 1991.

———, and Morihiro Hosokawa. *Hina no Ronri (The Logic of the Countryside).* Tokyo: Kobunsha, 1991.

Iwao, Sumiko. *The Japanese Woman: Traditional Image and Changing Reality.* New York: Free Press, 1993.

Jameson, Frederic. *Postmodernism: or, The Cultural Logic of Late Capitalism.* Durham: Duke University Press, 1991.

Jansen, Marius B., ed. *Changing Japanese Attitudes Toward Modernization.* Rutland and Tokyo: Charles E. Tuttle, 1982, 1985.

Japan Architect, ed. *A Guide to Japanese Architecture.* Tokyo: Shinkenchiku-sha Co., 1984.

Japan Travel Bureau Inc. "Salaryman" in *Japan*. Tokyo: J.T.B., 1986, 1991.

Japanese Folk Craft Museum, ed. *Mingei: The Living Tradition In Japanese Arts*. Tokyo: Kodansha International, 1991.

Johnson, Chalmers. *Conspiracy at Matsukawa*. Berkeley, Los Angeles, and London: University of California Press, 1972.

———. *Japan: Who Governs? The Rise of the Developmental State*. New York and London: W. W. Norton, 1995.

———. *MITI and the Japanese Miracle: The Growth of Industrial Policy, 1925-1975*. Stanford : Stanford University Press, 1982.

Johnson, Sheila. *The Japanese Through American Eyes*. Stanford: Stanford University Press, 1988, 1991.

Jung, C G. *The Basic Writings of C. G. Jung*. New York: Modern Library, 1993.

Kaiko, Takeshi. *Darkness In Summer*. Tokyo and Rutland: Charles E. Tuttle, 1973, 1984.

Kamata, Satoshi. *Japan's Underground Empire: The Triangle of the L.D.P., Corporations, and Crime Syndicates*. Tokyo: Daisan Shokan, 1993.

Kampani, Masako, *Mitsui Mariko no Shiiten 1. (The Perspective of Marico)*. 2 vols. Tokyo: Josei to Seijikenkyo Senta, 1989, 1991.

Kano, Yoshikazu, Yukio Noguchi, Seichiro saito, an Haruo Shimada. *The Japanese Economy in the 1990s: Problems and Prognoses*. Tokyo: Foreign Press Center, 1993.

Kaplan, David E., and Alec Dubro. *Yakuza: The Explosive Account of Japan's Criminal Underworld*. London: Futura, 1987.

Karatani, Kojin. *Origins of Modern Japanese Literature*. Durham and London: Duke University Press, 1993.

Kataoka, Tetsuya, ed. *Creating Single-Party Democracy: Japan's Postwar Political System*. Stanford: Hoover Institution Press, 1992.

———. *The Price of a Constitution: The Origin of Japan's Postwar Politics*. New York, Philadelphia, Washington, D.C, and London: Crane Russak, 1991.

Kaufman-Osborn, Timothy. "Emile Durkheim and the Science of Corporatism." *Political Theory* 14, no. 4 (November 1986).

Kawabata, Yasunori. *Dancing Girl of Izu and Other Stories*. Washington, D.C: Counterpoint, 1997 ·

———. *House of the Sleeping Beauties and Other Stories*. Tokyo and New York: Kodansha International, 1969, 1980.

———. *Palm-of-the-Hand Stories*. New York: North Point Press, Farrar, Straus and Giroux, 1988, 1996.

———. *Snow Country*. Tokyo and Rutland: Charles E. Tuttle, 1956, 1985.

Kawabe, Nobuo, and Eisuke Daito, eds. *Education and Training in the Development of*

Modern Corporations. Tokyo: University of Tokyo Press, 1993.

Kawamura, Nozomu. *Sociology and Society of Japan*. London and New York: Kegan Paul International, 1994.

Kayano, Shigeru. *Our Land Was a Forest: An Ainu Memoir*. Boulder, San Francisco, and Oxford: Westview Press, 1980, 1994.

Keene, Donald. *Dawn to the West: Japanese Literature in the Modern Era*. 2 vols. New York: Henry Holt and Co,. 1984

———. *Japanese Literature: An Introduction for Western Readers*. Tokyo and Rutland: Charles E. Tuttle, 1955, 1987.

———. *Seeds in the Heart: Japanese Literature from Earliest Times to the Late Sixteenth Century*. New York: Henry Holt & Co., 1993.

———. *Some Japanese Portraits*. Tokyo and New York: Kodansha International, 1978, 1983.

———. *The Pleasures of Japanese Literature*. New York: Columbia University Press, 1988.

Keenedy, Paul. *The Rise and Fall of the Great Powers: Economic Change and Military Conflict from 1500 to 2000*. New York: Vintage Books, 1987.

Kersten, Rikki. *Democracy in Postwar Japan: Maruyama Masao and the Search for Autonomy*. London and New York: Routledge, 1996.

Kido, Takayoshi. *The Diary of Kido Takayoshi*. 3 vols. Tokyo: University of Tokyo Press, 1983.

King, Winston L. *Zen and the Way of the Sword: Arming the Samurai Psyche*. New York and Oxford University Press, 1993.

Kishimoto, Koich. *Politics in Modern Japan: Development and Organization*. 3d ed. Tokyo: Japan Echo, 1988.

Kitamura, Hiroshi. *Choices for the Japanese Economy*. London: Royal Institute for International Affairs, 1976.

Koiso, Akio. *Fujiginko Koin no Kiroku (Record of a Fuji Bank Man)*. Tokyo: Banseisha, 1991.

———. *Ginko wa do natte iru no ka (What Happened to the Banks?)*. Tokyo: Banseisha, 1991.

Komiya, Ryutaro, Masahiro Okuno, and Kotaro Suzumura, eds. *Industrial Policy of Japan*. Tokyo, San Diego, and New York: Academic Press, 1988.

Koschmann, J. Victor, ed. *Authority and the Individual in Japan: Citizen Protest in Historical Perspective*. Tokyo: University of Tokyo Press, 1978.

———. *Revolution and Subjectivity in Postwar Japan*. Chicago: University of Chicago Press, 1996.

———. "The Debate on Subjectivity in Postwar Japan: Foundations of Modernism as a Political Critique." *Pacific Affairs* 54, no. 4 (Winter 1981).

Koschmann, J. Victor, Tetsuo Najita, eds. *Conflict in Modern Japanese History: The Neglected Tradition.* Princeton: Princeton University Press, 1982.

Kristeva, Julia. *Nations Without Nationalism.* New York: Columbia University Press, 1993.

———. *Strangers to Ourselves.* New York: Columbia University Press, 1991.

Kurokawa, Kisho. *From Metabolism to Symbiosis.* London: Academy Editions; New York: St. Martin's Press, 1992.

———. *Intercultural Architecture: The Philosophy of Symbiosis.* London: Academy Editions, 1991.

———. *New Wave Japanese Architecture.* London: Academy Editions; Berlin: Ernst & Sohn, 1993.

———. *Recent Works: 1987-1992.* Tokyo: 1993.

———. *Rediscovering Japanese Space.* New York and Tokyo: Weatherhill, 1988.

———. *The Architecture of Symbiosis.* New York: Rizzoli Publications, 1988.

———. *The Philosophy of Symbiosis.* London: Academy Editions; Berlin: Ernst & Sohn, 1994.

Kurosawa, Akira. *Something Like an Autobiography.* New York: Alfred A. Knopf. 1982.

Kuttner, Robert. *The End of Laissez-Faire: National Purpose and the Global Economy After the Cold War.* Philadelphia: University of Pennsylvania Press, 1991.

Kyogoku, Jun-ichi. *The Polictical Dynamics of Japan.* Tokyo: University of Tokyo Press, 1983, 1987.

Large, Stephen. *The Rise of Labor in Japan: The Yinakai, 1912~1919.* Tokyo: Sophia University press, 1972.

Lasch, Christopher. *The Culture of Narsissism: American Life in ac Age of Diminishing Expectations.* New York and London: Norton, 1979.

Lebra, Takie Sugiyama. *Japanese Paterns of Behavior.* Hononulu: University of Hawaii Press, 1979.

———, ed, *Japanese Social Organization.* Honolulu: University of Hawaii Press, 1992.

Lehmann, Jean-Pierrs. *The Roots of Modern Japan.* London and Basingstoke: MacMillan Press, 1982.

Levenson, Joseph R. *Confucian China and Its Modern Fate: A Trilogy.* Berkeley and Los-Angeles: University of California Press, 1958,1965.

Lévi-Strauss, Claude. *Tristes Tropiques.* New York: Atheneum, 1955,1970.

Lifton, Robert Jay. "Youth and History: Individual Change in Postwar Japan." *In The Challenge of Youth*, edited by Erik H. Erikson. New York: Doubleday, 1961,1965.

Lincoln, Edward J. *Japan: Facing Economics Maturity.* Washington, D.C: Brookins Institution, 1988.

Lippit, Noriko Mizauta, and Kyoko Iriye Selden,eds. *Japanese Women Writers: Twentieth*

Century Short Fiction. Armok and New York: M. E. Sharpe, 1991.
Livingston, Jon, Joe Moore, and Felicia Oldfather. *Imperial Japan: 1800-1945(The Japan Reader,* no. 1). New York: Pantheon Books, 1973.
──. *Postwar Japan: 1945 to the Present (The Japan Reader,* no. 2). New York: Pantheon Books, 1973.
Locke, John. *An Essay Concerning Human Understanding.* 2 vols. London: Dent: New york: Dutton, 1961,1972.
Luke, Steven. *Power: A Radical Vie.* London and Basingstoke: MacMillan Press, 1974, 1978.
Mariani Fosco. *Meeting with Japan.* New York: Viking, 1959.
Maruyama, Masao. "Japanese Thought" *Journal of Social and Political Ideas in Japan* (April 1964).
──. *Studies in the Intellectual History of Tokugawa Japan.* Tokyo: University of Tokyo Press, 1974.
──. *Thought and Behavior in Modern Japanese Politics.* Expanded ed. London, Oxford, and New York: Oxford University Press. 1963, 1969.
Masumi, Junnosuke. *Contemporary Politics in Japan.* Berkeley. Los Angeles, and London: University of California Press, 1995.
Matthews, Masayuki Hamabata. *Crested Kimono: Power and Love in the Japanese Family.* Ithaca and London: Cornell University Press, 1990.
McCormack, Gavan, and Yoshio Suigimoto, eds. *Dempcracy in Contemporary Japan.* Armonk and London: M. E. Sharpe, 1986.
──. *The Emptiness of Japanese Affluence.* Armonk and London: M. E. Sharpe, 1996.
McCune, Shannon. *The Ryukyu Islands.* Newton Abbott: David & Charles: Harrisburg: Stackpole Books, 1975.
McKinstry, John A., and Asako Nakajima Mckinstry. *Jinsei Annai, "Life's Guide": Glimpses of Japan Though a Popular Advice Column.* Armonk and London: M. E. Sharpe, 1991.
McNeil, Frank. *Democracy in Japan: The Emerging Global Concern.* New York: Crown Publishers, 1994.
Mill, J. S. *On Liberty.* Indianpolis and New York: Bobbs-Merrill, 1859, 1956.
Miller, Henry. *Reflections on the Death of Mishima.* Santa Barbara: Capra Press, 1972.
Mills, C. Wright. *The Power Elite.* Oxford and New York: Oxford University Press, 1956.
──. *The Sociological Imagination.* Oxford and New york: Oxford University Press, 1959, 1967.
Milton, John. *English Prose Works.* 2vols. Boston: Bowles and Dearborn, 1826.
Mishima, Yukio. *Confessions of a Mask.* New York: New Directions, 1958.

———. *Death on Midsummer and Other Stories*. New York: New Directions, 1966.
———. *The Sailor Who Fell from Grace to the Sea*. Tokyo ad Rutland: Charles E. Tuttle, 1965, 1986.
———. *The Sound of Waves*. Tokyo and Rutland: Charles E. Tuttle, 1956, 1988.
———. *The Temple of the Golden Pavilion*. Tokyo and Rutland: Charles E. Tuttle, 1959, 1989.
Mita, Munesuke. *Social Psychology of Modern Japan*. London and New York: Kegan Paul International, 1992.
Mitsui, Mariko. *Majonna Majoriti Sengen(Witchers' Majority Statement)*. Tokyo: Metamoru Shuppan, 1989.
———. *Mitwataseba Arra Otoko Bakari(If You Look Around There Are So Many Guys)*. Tokyo: Nihonjistugyo Shuppansha, 1988.
———. *Momoiro no Kenryoku(Pink Power)*. Tokyo: Sanseido, 1992.
———. *Ochakumi no Seijigaku Jiko Inkai Ochakumi no Seijigaku(The Political Study of Tea Serving)*. Tokyo: Peace-Neto Kikaku, 1992.
Miyoshi, Masao. *Accomplices of Silence: The Modern Japanese Novel*. Ann Arbor: Center for Japanese Studies, University of Michigan, 1974, 1994.
Miyoshi, Masao, and H. D. Harootunian, eds. *Japan in the World*. Durcham and London: Duke University Press, 1993.
———, eds. *Postmodernism in Japan*. Durcham and London: Duke University Press, 1989.
Mori, Ogai. *The Wild Goose*. Ann Arbor: Center for Japanese Studies, University of Michigan, 1995.
Morishima, Michio. *Why Has Japan 'Succeeded'?: Western Technology and the Japanese Ethos*. Cambridge: Cambridge University Press, 1982, 1986.
Moriyama, Alan Takeo. *Imingaisha: Japanese Emigration Companies and Hawaii*. Honolulu: University of Hawaii Press, 1985.
Morris, Ivan. *The Nobility of Failure: Tragic Heroes in the History of Japan*. Rutland and Tokyo: Charles E. Tuttle, 1975, 1982.
Morrison, Andrew P., ed. *Essential Papers on Narcissism*. New York and London: New York University Press, 1986.
Morse, Edward S. *Japenese Homes and Their Surroundings*. Tokyo and Rutland: Charles E. Tuttle, 1886, 1992.
Mouer, Ross, and Yoshio Sugimoto. *Images of Japanese Society: A Study in the Social Construction of Reality*. London and New York: Kegan Paul International, 1986, 1990.
Munroe, Alexandra, ed. *Japanese Art After 1945: Scream Against the Sky*. New York: Harry N. Abrams, 1994
Murakami, Haruki. *A Wild Sheep Chase*. Tokyo and New York: Kodansha International,

1989.
———. *Dance, Dance, Dance.* Tokyo and New york: Kodansha International, 1992.
———. *Norwegian Wood.* 2 vols. Tokyo: Kodansha International, 1989.
Nagata, Seiji, et al. *Katsuhika Hokusai.* 2 vols. Tokyo: Asahi Shimbun, 1993.
Nakamura, Masanori. *The Japanese Monarchy: Ambassador Joseph Grew and the Making of he "Symbol Emperor System," 1931-1991.* Armonk and London: M. E. Sharpe, 1992.
Nakamura, Takafusa. *The Postwar Japanese Economy: Its Development and Structure.* Tokyo: University of Tokyo Press, 1981.
Nakane, Chie. *Japanese Society.* Tokyo and Rutland: Charles E. Tuttle, 1970, 1990.
Nakane, Chie and Shinzaburo Oishi, eds. *Tokagawa Japan: The Social and Economic Antecedents of Modern Japan.* Tokyo: University of Tokyo Press, 1990.
Naksone, Yasuhiro. *Seiji to Jinsei (Politics and Life).* Tokyo: Kodansha, 1992.
Nakayama, Chinatsu. *Behind the Waterfall: Three Novellas.* New York: Atheneum, 1990.
Naoichi, Masaoka, ed. *Japan to America: A Symposium of Papers by Political Leaders and Representative Citizens of Japan on Conditions in Japan and on Relations Between Japan and the United States.* New York: Japan Society of America/G. P. Putnam's Sons, 1915.
National Defense Council for Victims of Karoshi. *Karoshi: When the Corporate Warrior Dies.* Tokyo: Mado-Sha, 1990.
National Museum of Modern Art, ed. *Art of the Showa Period-From the Museum Collection.* Tokyo: National Museum, 1989.
Natsume, Soseki. *And Then.* Baton Rouge: University of Louisiana Press, 1978.
———. *Botchan.* Rutland and Tokyo: Charles E. Tuttle, 1904, 1992.
———. *Kokoro.* Rutland and Tokyo: Charles E. Tuttle, 1914, 1993.
———. "My Individualism." In "Soseki on Individualism," by Jay Rubin. *Monumenta Nipponica,* vol. 34, no. 1.
Nemoto, Takashi. *Shinjinrui vs. Kanrisha.* Tokyo: Chouokeizaisha, 1987.
Ninomiya, Shigeaki. *An Inquiry Concerning the Origin, Development, and Present Situation of the Eta in Relation to the History of Social Classes in Japan.* Tokyo: Asiatic Society of Japan, 1933.
Nishiyama, Takesuke. *Za Ligu: Shimbun Hodo no Uramote (The League: Newspaper Journalism).* Tokyo: Kodansha, 1992.
Nomi, Masahiko. *Ketsuekigata Ningengaku (Bloodtype as Human Study).* Tokyo: Sankei Shimbunsha Shuppankyoku, 1974.
Nomi, Toshinori. *Ketsuekigata Watchingu (Watching Bloodtypes).* Tokyo: Kosaido Shuppan, 1992.

Norman, E. H. *Japan's Emergence as a Modern State: Political and Economic Problems of the Meiji Period*. New york: Institute of Pacific Relations, 1940.
———. *Origins of the Modern Japanese State: Selected Writings of E. H. Norman*. Edited by John W. Dower. New York: Pantheon Books, 1975.
Oe, Kenzaburo. *A Personal Matter*. Tokyo and Rutland: Charles E. Tuttle, 1968, 1988.
———. *Hiroshima Notes*. Tokyo: YMCA Press, 1981.
———. *Teach Us to Outgrow Our Madness: Four Short Novels*. London: Serpent's Tail, 1977, 1989.
———. *The Silent Cry*. Tokyo and New York: Kodansha International, 1967, 1986.
Ohiwa, Satsuki. *Kono Hanashigata ga Donna Aitemo Mikatami Kaeru (This Way of Speaking Makes Anyone Your Ally)*. Tokyo: Gendai Shorin, 1989.
Ohnuki-Tierney, Emiko. *Rice as Self: Japanese Identities Through Time*. Princeton: Princeton University Press, 1993.
Okimoto, Daniel I., and Thomas P. Rohlen, eds. *Inside the Japanese System: Readings on Contemporary Society and Political Economy*. Stanford: Stanford University Press, 1988.
Okita, Saburo. *Steps to the 21st Century*. Tokyo: Japan Times, 1993.
Okuma, Count Shigenobu. *Fifty Years of New Japan*. 2 vols. London: Smith, Elder & Co., 1909.
Osaka Women's Association, ed. *Women Who Open Up "Tomorrow": Over the Discrimination Wall*. Osaka: Buraku Liberation Research Institute, n. d.
Osargi, Jiro. *The Journey*. Tokyo and Rutland: Charles E. Tuttle, 1960, 1987.
Ozawa, Ichiro. *Blueprint for a New Japan: The Rethinking of a Nation*. Tokyo, New York, and London: Kodansha International, 1994.
Papinot, E. *Historical and Geographical Dictionary of Japan*. 2 vols. New York: Fredrick Ungar Publishing Co., 1910, 1964.
Parkes, Graham. *Nietzsche and Asian Thought*. Chicago: University of Chicago Press, 1991, 1996.
Patrick, Hugh, ed. *Japanese Industrialization and Its Social Consequences*. Berkeley, Los Angeles, and London: University of California Press, 1976.
Patrick, Hugh, and Henry Rosovsky, eds. *Asia's New Giant: How the Japanese Economy Works*. Washington, D.C.: Brookings Institution, 1976.
Pedler, Neil. *The Imported Pioneers: Westerners Who Helped Build Modern Japan*. Sandgate, Folk-stone: Japan Library, 1990.
Pincus, Leslie. *Authenticating Culture in Imperial Japan: Kuki Shuzo and the Rise of National Aesthetics*. Berkeley, Los Angeles, and London: University of California Press, 1996.

Pons, Philippe. *D'Edo à Tokyo, mémories et modernités*. Paris: NRF, Editions Gallimard, 1988.

Prange, Gordon W. *At Dawn We Slept: The Untold Story of Pearl Harbor*. New York: McGrow Hill Book Company, 1981.

Prince, Stephen. *The Warrior's Camera: The Cinema of Akira Kurosawa*. Princeton: Princeton University Press, 1991.

Pye, Lucien W. *Asian Power and Politics: The Cultual Dimensions of Authority*. Cambridge, Mass., and London: Belknap Press, Havard University, 1985.

Random, Michel. *Japan: Strategy of the Unseen*. Wellingborough: Thorsens Publishing, 1987.

Reischauer, Edwin O. *Japan: Past and Present*. Rev. ed. New York: Alfred A. Knopf, 1946, 1958.

─────. *My Life Between Japan and America*. Tokyo: John Weatherhill, 1986.

─────. *The Japanese*. Cambridge, Mass., and London: Belknap Press, Havard University, 1977.

─────. *The Japanese Today: Change and Continuity*. Cambridge, Mass., and London: Belknap Press, Havard University, 1988.

─────. *The United States and Japan*. Cambridge, Mass.: Havard University Press, 1965.

Richie, Donald. *A Lateral View, Essays on Contemporary Japan*. Rev. ed. Tokyo: Japan Times, 1987, 1991.

─────. *Different People: Pictures of Some Japanese*. Tokyo and New York: Kodansha International, 1987.

─────. *The Inland Sea*. London and Melbourne: Century, 1971, 1978.

─────. *Japanses Cinema: An Introduction*. Hong Kong, Oxford, and New York: Oxford University Press, 1990.

Reisman, David. *The Lonely Crowd*. New Haven: Yale University Press, 1950.

Rimmer, J. Thomas. *A Reader's Guide to Japanese Literature, from the Eighth Century to the Present*. Tokyo and New York: Kodansha International, 1988.

Roberts, John G. *Mitsui: Three Centuries of Japanese Business*. New York and Tokyo: Weather-hill, 1973, 1989.

Rose, Barbara. *Tsuda Umeko and Women's Education in Japan*. New Haven and London: Yale University Press, 1992.

Rosenstone, Robert A. *Mirror in the Shrine: American Encounters with Meiji Japan*. Cambridge, Mass.: Havard University Press, 1988.

Rozaman, Gilbert. *Japan's Response to the Gorbachev Era, 1985-1991: A Rising Superpower Views a Declining One*. Princeton: Princeton University Press, 1992.

Sadler, A. L., trans. *The Ten Foot Square Hut and Tales of the Heike, Being Two Thir-*

teenth Century Japanese Classics, the "Hojoki" and Selections from the "Heike Monogatari." Tokyo and Rutland: Charles E. Tuttle, 1972, 1990.

Saga, Junichi. *Memories of Silk and Straw: A Self-Portrait of Small-Town Japan.* Tokyo and New York: Kodansha International, 1987.

Said, Edward. *Culture and Imperialism.* New York: Vintage Books, 1993, 1994.

———. *Orientalism.* New York: Pantheon Books, 1978.

Sakakibara, Eisuke. *Beyond Capitalism: The Japanese Model of Market Economics.* Lanham, New York, and London: University Press of America, 1993.

Samuels, Richard J. *The Politics of Regional Policy in Japan: Localities Incorporated?* Princeton: Princeton University Press, 1983.

Sansom, George B. *A History of Japan.* 3 vols. Tokyo and Rutland: Charles E. Tuttle, 1963, 1990.

———. *Japan: A Short Cultural History.* London: Cresset Library, Century Hutchinson, 1931, 1987.

Sasaki, Kuniichi. *Kokuhatsu Sumitomo Seimei (The Case Against Sumitomo Life).* Tokyo: Yell Books, 1992.

Saso, Mary. *Women in the Japanese Workplace.* London: Hilary Shipman, 1990.

Sato, Ikuya. *Kamikaze Biker: Parody and Anomy in Affluent Japan.* Chicago and London: University of Chicago Press, 1991.

Sato, Seizaburo, Ken'ichi Koyama, and Shunpei Kumon. *Postwar Politician: The Life of Former Prime Minister Masayoshi Ohina.* Tokyo and New York: Kodansha International, 1990.

Sato, Tadao. *Currents in Japanese Cinema.* Tokyo and New York: Kodansha International, 1982, 1987.

Saul, John Ralston. *The Unconscious Civilization.* New York: Free Press, 1995, 1997.

Sawada, Yoshihiro. *Sagawa Kybin o Naibu Kokuhatsu Sun. (Inside the Prosecution of Sagawa Kyu-bin).* Tokyo: Appuru Shuppansha, 1989.

Scalapino, Robert A. *Democracy and the Party Movement in Prewar Japan: The Failure of the First Attempt.* Berkeley and Los Angeles: University of California Press, 1953.

Schmitter, Philippe C. "Still the Century of Corporatism?" *Review of Politics* 36, no. 1 (1974).

Schonberger, Howard B. *Aftermath of War: Americans and the Remaking of Japan, 1943-1952.* Kent, Ohio, and London: Kent State University Press, 1989.

Scott-Stokes, Henry. *The Life and Death of Yukio Mishima.* New York: Farrar, Stratts and Giroux, 1974.

Seidensticker, Edward. *Low City, High City: Tokyo from Edo to the Earthquake, 1867-1923.* Hammondsworth: Penguin Books, 1983.

———. *Tokyo Rising: The City Since the Great Earthquake*. New York: Alfred A. Knopf, 1990.
Sennett, Richard. *The Fall of Public Man*. New York: Alfred A. Knopf, 1977.
Severns, Karen. *Hirohito*. New York: Chelsea House Publishers, 1988.
Shields, James J., Jr., ed. *Japanese Schooling: Patterns of Socialization, Equality and Political Control*. University Park and London: Pennsylvania State University Press, 1989.
Shimada, Haruo. *Japan's "Guest Workers": Issues and Public Policies*. Tokyo: University of Tokyo Press, 1994.
Shimizu, Yoshiaki. *Japan: The Shaping of Daimyo Culture, 1185-1868*. Washington, D.C.: National Gallery of Art, 1988.
Shivery, Donald H., ed. *Tradition and Modernization in Japanese Culture*. Princeton: Princeton University Press, 1971, 1976.
Singer, Kurt. *Mirror, Sword and Jewel: The Grometry of Japanese Life*. Tokyo and New York: Kodansha International, 1973, 1990.
Singleton, John. *Nichu: A Japanese School*. New York: Irvington Publishers, 1967, 1982.
Smith, Thomas C. *Native Sources of Industrialization, 1750-1920*. Berkeley, Los Angeles, and London: University of California Press, 1988.
Stephens, Michael D. *Education and the Future of Japan*. Sandgate, Folkstone: Japan Library, 1991.
Stevens, David B., ed. *Aiata Isozaki: Architecture, 1960/1990*. Tokyo: Executive Committee for the Exhibition, 1991.
———. *The Making of a Modern Japanese Architecture: 1868 to the Present*. Tokyo and New York: Kodansha International, 1987.
Storry, Richard. *A History of Modern Japan*. Hammondsworth: Penguin Books, 1960, 1985.
Street, Julian. *Mysterious Japan*. Garden and Toronto: Doubleday, Page & Co., 1921.
Sumii, Sue. *The River with No Bridge*. Tokyo and Rutland: Charles E. Tuttle, 1990.
Takaoka, Akio. *Kekuhatsu Jidosha Gyokai (The Cse Against Automobile Compamies)*. Tokyo: Yell Books, 1991.
Takashima, Shuji, and J. Thomas Rimer, with Gerald D. Bolas. *Paris in Japan: The Japanese Encounter with European Painting*. Tokyo: Japan Foundation: St. Louis: Washington University, 1987.
Takayanagi, Shunichi, and Kimitada Miwa, eds. *Postwar Trends in Japan: Studies in Commemoration of Rev. Aloysius Miller*. S. J. Tokyo: University of Tokyo Press, 1975.
Takeuchi, Hiroshi. *Flexible Structure of the Japanese Economy*. Tokyo: Long-Term Credit Bank of Japan, 1986.
Tanaka, Kakuei, *Building a New Japan: A Plan for Remodeling the Japanese Archipelago*.

Tokyo: Simul Press, 1973.

Tanaka, Yukiko, ed. *Unmapped Territories: New Women's Fiction from Japan*. Seattle: Women in Translation, 1991.

Tanizaki, Junichiro. *In praise of Shadows*. Tokyo and Rutland: Charles E. Tuttle, 1977, 1990.

———. *Naomi*. New York: Alfred A. Knopf, 1985. (Also translated as A Fool's Love.) New York: Alfred A. Knopf, 1985.

———. *Quicksand*. New York: Alfred A. Knopf, 1993.

———. *Some Prefer Nettles*. New York: Alfred A. Knopf, 1955.

———. *The Makioka Sisters*. New York: Alfred A. Knopf, 1955.

———. *Reed Cutter: Two Novellas*. New York: Alfred A. Knopf, 1994.

Thomason, James C., Jr., Peter W. Stanley, and John Curtis Perry. *Sentimental Imperialists: The American Experience in East Asia*. New York: Harper & Row, 1981.

Thurow, Lester. *Head to Head: The Coming Economic Battle Among Japan, Europe, and America*. New York: William Morrow and Company, 1992.

Toland, John. *The Rising Sun: The Decline and Fall of the Japanese Empire, 1936-1945*. 2 vols. New York: Random Hous, 1970.

Totman, Conrad. *Early Modern Japan*. Berkeley, Los Angeles, and London: University of California Press, 1993.

Toynbee, Anold J. *A Study of History*. 12 vols. Oxford and New york: Oxford University-Press, Royal Institute of International Affairs, 1934-1961.

Tsunoda, Ryusaku, William Theodore de Bary, and Donald Keene, eds. *Sources of Japanese Tradition*. 2 vols. New York: Columbia University Press, 1964.

Tsunoda, Tadanobu, *The Japanese Brain: Uniqueness and Universality*. Tokyo: Taishukan Publishing, 1985.

Tsuru, Shigeto. *Japan's Capitalism: Creative Defeat and Beyond*. Cambridge: Cambridge University Press, 1993, 1996.

Tsurumi, Kazuko. "Animism and Science." Tokyo: Institute of International Relations, Sophia University, 1992.

———. "Japan and Holy War." Tokyo: Institute of International Relations, Sophia University, 1993.

———. *Social Change and the Individual: Japan Before and After Defeat in World War II*. Princeton: Princeton University Press, 1970.

———. "Women in Japan: A Paradox of Modernization." Tokyo: Institute of International Relations, Sophia University, 1977, 1989.

Tsurumi, Shunsuke. *A Cultural History of Postwar Japan, 1945-1980*. London and New York: Kegan Paul International, 1987.

———. *An Intellectual History of Wartime Japan, 1931-1945.* London: Kegan Paul International, 1982, 1986.

Tsushima, Yuko. *Woman Running in the Mountains.* New York: Patheon Books, 1991.

Ueda, Makoto. *Matsuo Basho: The Master Haiku Poet.* Tokyo and New York: Kodansha International, 1970, 1982.

Ullmann, Walter. *The Individual and Society in the Middle Ages.* Baltimore: The Johns Hopkins Press, 1966.

Ushida, Shigeru, and Ikuyo Mitsuhashi. Interiors of kihada, *Mitsuhashi and Studio 80.* Tokyo: Rikuyo-sha, 1987.

van Wolferen, Karel. "Japan in the Age of Uncertainty." *New Left Review,* no. 200 (July~Angust 1993).

———. "Japan's Non-Revolution." *Foreign Affairs,* September/October 1993.

———. *The Enigma of Japanese Power: People and Politics in a Stateless Nation.* London: MacMillan, 1989.

———. "The Japan Problem." *Foreign Affairs,* Winter 1986/87.

Ventura, Rey. *Underground in Japan.* London: Jonathan Cape, 1992.

Vining. Elizabeth Gray. *Windows for the Crown Prince: Akihito of Japan.* Tokyo and Rutland: Charles E. Tuttle, 1952, 1989.

Vogel, Ezra F. *Japan as Number One: Lessons for America.* Cambridge, Mass., and London: Harvard University Press, 1979.

———. *Japan's New Middle Class: The Salary Man and His Family in a Tokyo Suburb.* 2d ed. Berkeley, Los Angeles, and London: University of California Press, 1963.

von Laue, Theodore H. *The World Revolution of Westernization: The Twentieth Century in Global Perspective.* New York and Oxford: Oxford University Press, 1987.

Walker, Janet A. *The Japanese Novel of the Meiji Period and the Ideal of Individualism.* Princeton: Princeton University Press, 1979.

Walthall, Anne, ed. *Peasant Uprisings in Japan: A Critical Anthology of Peasant Histories.* Chicago and London: University of Chicago Press, 1991.

Washburn, Dennis C. *The Dilemma of the Modern in Japanese Fiction.* New Haven and London: Yale University press, 1995.

Watanabe, Shoichi. *The Peasant Soul of Japan.* London and Baisngstoke: MacMillan Press, 1989.

Weber, Max. *The Religion of China.* New York: Free Press: London: Colher-MacMillan, 1951.

———. *Sociological Writings.* Edited by Wolf Heydebrand. New York: Continuum Publishing, 1994.

Weiner, Michael. *The Orgins of the Korean Community in Japan, 1910-1923.* Atlantic

Highlands, N. J.: Humanities Press International, 1989.
White, Merry. *The Japanese Educational Challenge: A Commitment to Children.* Tokyo and New York: Kodansha International, 1987.
Wigen, Karen. *The Making of Japanese Periphery, 1730-1920.* Berkeley, Los Angeles, and London: University of California Press, 1995.
Wilde, Oscar. *The Artist As Critic: Critical Writings of Oscar Wilde.* Edited by Richard Ellmann. New york: Random House, 1969.
Wilkinson, Endymion. *Japan Versus Europe: A History of Misunderstanding.* Hammondsworth: Penguin Books, 1983.
Williams, David. *Japan: Beyond the End of History.* London and New York: Routledge, 1994.
Wilson, George M. *Patriots and Redcemen: Motives in the Meiji Restoration.* Chicago and London: University of Chicago Press, 1992.
Wood, Christopher. *The Bubble Economy: The Japanese Economic Collapse.* Tokyo: Charles E. Tuttle, 1993.
Yokota, Hamao. *Hamidashi Ginkoman no Kinbanniki (The Unusual Banker's Diary).* Tokyo: O. S. SShuppansha, 1992.
Yoshimoto, Banana. *Kitchen.* New York: Grove Press, 1993.
Yoshino, Kosaku. *Cultural Nationalism in Contemporary Japan.* London: Routledge, 1992.
Yukata, Kosai. *The Era of High Speed Growth: Notes on the Postwar Japanese Economy.* Tokyo: University of Tokyo Press, 1986.
Ze-ami. Kodensho, *The Secret of No Drama.* Tokyo: Sumiya-Shinobe Publishing Institute, 1968.

찾아보기

ㄱ

가라타니 고진 368, 380
가면 31, 74, 75, 79, 80, 115, 116,
　120~122, 124, 125, 127, 202, 243
가부키 96, 221, 232, 238, 307, 377
가세 히데아키 335, 344,
가와바타 데루타카 179, 182,
가와바타 야스나리 256, 257, 381
가와카미 도가이 270
가이바라 엣켄 228, 229
가이진 81, 86, 87, 130, 408, 426, 428,
　439, 453
가족 임대 246, 247
가족국가 82, 110, 121, 221, 230, 319, 457
가케야 257~264, 278, 279, 285
가토 요시로 363, 393, 403
『개인적인 체험』(오에) 392
『거울, 검, 보석: 일본생활의 기하학』 176
『거짓말의 쇠퇴』(와일드) 26
거품경제 64, 192, 201, 220, 223, 266,
　407, 435, 455
건축 10, 13, 174, 178, 264, 266, 282, 291,
　292, 367, 386, 399~403, 479
걸프전 65, 66, 460~462, 475
게이단렌(경제단체연합회) 160
게이오 대학 149

게인, 마크 116
『겐지 이야기』 368
고갱, 폴 25,
고대 일본 90, 225, 235, 262
고바야시 기미오 267, 424, 425
『고사기』 296, 491
고이소 아키오 205, 210
공적 개성 88, 105, 112, 119, 121, 122,
　138
과로사 190~197, 202, 209, 485
『기업전사가 숨을 거둘 때』 191
　과로사변호단 전국연락회의 190, 191,
　197
관동대지진 378, 400, 412
　조선인 학살 412
관리자양성학교 181
교사 훈련 163
교육기본법 159, 160
'교육엄마' 150, 152, 154, 155, 233
교육제도 130, 132, 140, 141, 144, 148,
　149, 156, 163~166, 233
교육칙어 148, 159, 325, 372, 494
교토 84, 93, 96, 106, 175, 185, 210, 253,
　322, 336, 343, 361, 377~380
구로사와 아키라 303, 395
구로카와 기쇼 391, 400, 401, 479

국가주의 35, 37, 38, 58, 61~63, 115, 143, 144, 158, 272, 292, 293, 297, 331, 335, 370, 385, 410, 433, 442, 445, 446, 448, 456~459, 463, 465, 467, 468
「국민실천요강」(아마노) 159
국민총생산주의 198, 202, 282, 395, 396
국제주의 60~62, 65, 327, 442, 443, 445, 446, 448~450, 452, 453, 456, 458, 464, 468
국제화 62, 63, 455
국체 110, 147, 302, 306
『국체의 본의』 248, 303, 305
『국화와 칼』(베네딕트) 98
국회 47, 50, 52, 61, 66~68, 71, 101, 305, 313, 350, 484
군국주의 19, 35, 37, 43, 54, 60, 61, 69, 158, 216, 222, 305, 311, 348, 451, 467, 471, 472, 495
「군인칙유」 494, 507
궁내청 243, 321~323, 327~329, 331, 338~341, 360
규슈 93, 255, 265, 274, 283, 296, 309, 403, 430
그루, 조지프 53
『그리고』(소세키) 253
근대화 9, 10, 13, 14, 31, 43, 48, 58, 62, 74, 78, 100~102, 108, 124, 144, 145, 175, 176, 178, 189, 198, 204, 229, 254, 259, 271~274, 280, 300, 326, 365, 382, 407, 709, 410, 471
근대화론 58, 101
『금각사』(미시마) 289, 382, 383
「기대되는 인간상」 157, 158, 160, 162
기도 고이치 357

기도 다카요시 505
기독교 48, 69, 93, 120, 143, 271, 406, 421, 446, 449, 493
기시 노부스케 53~56, 59
기업전사 48, 49, 96, 122, 127, 179, 181, 182~186, 189, 191, 202, 204, 205, 208, 233, 305, 334, 485
『기호의 제국』(바르트) 318

ㄴ

나가이 가푸 372
나가코 공주 326
나루히토 황태자 242, 243, 329
나리타 공항 308
나쓰메 소세키 113~115, 144, 171, 179, 180, 182, 244, 253, 373, 374, 376, 377, 399
「나의 개인주의」(소세키 강연) 114
나지타 데쓰오 380
나카무라 세이지 427
나카소네 야스히로 163, 278, 455, 475, 496
나하 431~433, 466
난징학살 10, 11, 352, 466
난학 93
남녀고용기회균등법 220
남만병풍 477
남방기원설 309, 429, 434
남북조 정통성 문제 146
냉전 (시대) 13, 19, 32, 34, 38~42, 50~52, 54, 55, 58, 66, 68, 89, 122, 162, 291, 312, 448, 454, 472, 487, 499
『No라고 말할 수 있는 일본』(이시하라, 모

리타) 458, 459
노구치 이사무 390
노동운동 49
『노르웨이의 숲』(무라카미) 397, 399
노먼, 허버트 52, 142
노부코 223, 224, 250, 425
농업 260, 268
누룰, 엘라히 모하메드 438
뉴질랜드 341
니가타 255, 275, 278, 438, 477
니노미야 긴지로 301, 302
닛산 자동차 187, 194, 422
닛켄 126

ㄷ

다나카 가쿠에이 275, 455, 496
다니자키 준이치로 215, 228, 232, 250, 280, 377
『다리 없는 강』(스미이) 405, 424
다이쇼 데모크라시 115, 326, 355, 421, 295
다이쇼 덴노 324, 325, 326, 341
다케시타 노보루 257, 260, 262, 278, 279, 497
다케우치 가메자부로 322
다키바야시 야스히코 212
단게 겐조 401
대상제 336~339, 343
대안학교 168
대외정책 39, 59
대일본 노동총동맹 우애회 48, 49
대전통과 소전통 72, 306, 308
'대중화' 205, 206

대처, 마거릿 456
『댄스 댄스 댄스』(무라카미) 397, 400
덜레스, 존 포스터 38, 42
데라사키 히데나리 354
데시가하라 소후 389
데시가하라 히로시 389, 390
덴노 숭배 110, 132, 313, 357, 383
  아키히토 덴노 340, 341, 343, 344, 346, 348, 353, 358, 360, 361, 394, 431, 497
  히로히토 덴노 356~360, 430, 431, 446, 454, 456, 465, 470, 495, 496
덴노이데올로기 334
덴노제 332, 334, 335, 337, 343~346, 360
『도덕과 종교의 두 원천』(베르그송) 477
도레 210, 212~214
『도련님』(소세키) 374
도이, 다카코 235, 241
도이, 다케오 85, 345
도조 히데키 53, 352, 353, 496
도카이도 253~258, 262~264, 268, 269, 272, 274, 276, 279, 280
『도카이도추 히자쿠리게』(풍자문학) 253
도쿄 269~271, 273, 278, 282~285, 291, 292, 303, 305, 308, 309, 318, 319, 322, 324, 325, 333, 342, 343, 348, 350, **352**, 364, 366, 399, 411, 412, 415, 416, 427, 430, 431, 436~439, 443, 446, 447, 450, 457, 479, 482, 485, 486, 492
도쿄 대학 140, 146, 216, 189, 190, 373
됴쿄 올림픽 312
도쿄 재판 352
도쿄 방위청 352, 384
도쿄 디즈니랜드 395

찾아보기 541

도쿄 지방재판소 483
도쿠가와 시대 95, 213, 493
도쿠가와 이에야스 93, 253
도쿠가와 바쿠후 96, 338, 347, 426, 430, 494
"도쿠가와 태평성대" 95, 185, 308
도쿠가와 쇼군 94, 199
『독백록』 354, 355
동질성 83, 201, 202, 419, 426, 480
『뜬 구름』(후타바테) 77

ㄹ
라이샤워, 에드윈 44~48, 52, 58~61, 95, 349, 350, 355, 442, 484
라이트, 프랭크 로이드 401
라자러스, 아리스티데스 조지 352, 353
레벤슨, 조지프 17
레비-스트로스, 클로드 441
레이건, 로널드 132, 456
로드리게스, 주앙 79, 84, 86
로봇 17, 60, 188
류큐 섬 429, 430
리치, 도널드 397
리크루트 사 208, 210, 497
리프턴, 로버트 제이 120, 122, 124, 305, 306, 499

ㅁ
마돈나 239, 240
마루야마 마사오 30, 89, 99, 112, 121, 137, 182, 227, 499
마쓰모토 지이치로 421

마쓰시타 고노스케 162
마쓰우라 아케미 405, 406, 411, 414
마쓰자와 쓰토무 153, 154
마에카와 구니오 400, 401
마유즈미 도시로 319
『마음』(소세키) 171, 179, 244, 374
'마이홈' 200
『만엔원년의 풋볼』(오에) 392
만요슈 226, 317
만화 97, 134, 139, 232, 395, 453, 462~464
맥아더, 더글러스 496
맥코맥, 개빈 277
메보소 가문 77~79
메이로쿠샤 144, 145, 494
메이지 덴노 319, 323, 326, 331, 334, 372, 494
메이지 시대 237, 238, 262, 272, 292, 300~302, 326, 344, 365~373, 386, 387, 494, 495
『메이지 온나다이가쿠』 228, 230, 493
폐번치현 271, 494
메이지유신 18, 19, 43, 78, 103, 112, 116, 121, 142, 146, 174, 175, 229, 236, 253, 254, 258, 271, 282, 283, 294, 298, 300, 302, 319, 322, 337, 338, 367, 371, 408, 409, 430, 458
명함 125, 126, 205, 211, 212, 283
모가(모던 걸) 232
『모래의 여자』(아베) 393
모리 아리노리 129, 141~149, 160, 164, 283
모리 하나에 359, 360
모리타 아키오 459

모리 오가이 372
모의시험 153, 161
모토시마 히토시 356, 446
모토하시 야스오 181
무네이시 210, 211
무라카미 하루키 257, 397, 399
무사
　무사도 91, 92, 186, 297, 298
　여성과 무사 227~229
　일본정신과 무사 90~93, 110, 297
　집단 정체성과 무사 111, 271
　최초의 샐러리맨이 된 무사 96, 126, 185~189
　피차별부락민과 무사 311, 355, 420
　미쓰이 186
무쓰히토 덴노 106, 107
『문명론의 개략』(후쿠자와) 97
문부성 131, 135, 137, 144, 147, 157~162, 164, 229, 230
미국 중앙정보국 40, 53, 54
미나모토노 요리토모 427
미시마 유키오 289, 292, 293, 381~384, 394, 395, 397, 452
미쓰이 마리코 237~251
미쓰카 438, 439
미야모토 마사오 137, 182, 227
미에가쿠레 85
미치코 황후 317, 318, 320, 327, 329, 339, 361, 362
믹서기 열풍 199~202, 399
민주주의 12, 13, 18, 31~33, 36, 39~45, 56~58, 64, 67, 69, 89, 109~111, 115, 116, 159, 305, 314, 331, 340, 371, 455, 468
　'다이쇼 데모크라시' 326, 355, 421
　일본식 민주주의 468~476
밀턴, 존 465

ㅂ

바르트, 롤랑 318
바이다, 안제이 216
반 고흐, 빈센트 25, 396
『방주 사쿠라호』(아베) 392, 393
베네딕트, 루스 98
베넷, 윌리엄 132
베르, 에드워드 349
베르그송, 앙리 477
보겔, 에즈라 46, 247
보편 의무교육 148, 149, 161, 446
보호주의 72, 162
봉건주의 32, 94, 95, 98, 111, 145, 297
부락해방동맹 422, 423, 427
부정부패 40, 44, 46, 47, 58, 260, 277, 281, 283, 291, 455, 459, 467
불교 71, 90, 92, 104, 264, 290, 292, 297, 320
브라질 270, 274, 324, 407, 414
브룬틀란트, 그로 할렘 242
비타이 21, 381, 382

ㅅ

사르네이, 호세 324
사소설 372
『47인의 사무라이』(전설) 298, 299, 307
사쓰마 104, 105, 107, 430
『사육』(오에) 392

사이드, 에드워드 28
사아비 과학 86
사카모토 요시카즈 470
사토 세자부로 340
사회민주당 235, 459
사회적 덤핑 189, 192, 195
산보(대일본 산업보국회) 49, 50
샐러리맨 48, 246, 248, 330, 332, 364, 395, 439
생산체제 100, 108
선거권 18, 325
선교사 327, 478
선불교 30, 297, 320
선전 차량 450~452, 466, 468
『설국』(가와바타) 256, 264
『세계 1등으로서의 일본』(보겔) 46
세균전 351
세금제도 236
샬러, 마이클 54
소게쓰 유파의 이케바나 389~391
소고로 전설 306~308
소득증대계획 56, 57, 198, 205, 394
쇄국정책 93
쇼군 79, 91, 93, 94, 96, 102, 103, 105, 107, 109, 116, 199, 201, 226, 270, 271, 283, 293, 298, 306, 307
쇼토쿠 태자 90, 91, 294~296, 302, 308
수치의 문화 98
수평사 421
슈리어 434
슐레진저, 아서, 2세 350, 351
『스기야마 메모』 353
스기야마 하지메 353
스모 82, 152, 323

스마이 스에 405, 424
스샤노오 225
스즈키 분지 48
스탈린 43, 333
스펜서, 허버트 142
『슬픈 열대』(레비-스트로스) 441
승리문화 42, 51, 56, 73, 74
시골 78, 94, 97, 103, 175~179, 187, 188, 206, 229, 240, 254~257, 259, 260~262, 264, 266, 269~272, 274, 278~281, 301, 302, 317, 376, 436, 469
시이노 부자 171, 172
시험제도 136
『신 온나다이가쿠』(후쿠자와) 229
신가카이(신아회) 151, 155
신인류 123~126, 204, 397
신인회 결성 115, 125
신토 104, 132, 146, 225, 264, 307, 324, 338, 339, 420, 444, 445
『심중천망도』(치카마쓰) 227
싱어, 커트 176
쓰노다 다다노부 310
쓰르미 슌스케 385, 434
쓰쿠바 대학 164, 165

ㅇ
아가타 히카리 177, 392
아다치 긴노스케 325
아마노 데이유 159
아마에 345, 347, 348
『'아마에'의 구조』(도이) 345, 347
아마테라스 (태양의 여신) 225, 336, 337
아베 고보 391, 392

아사이 추 366~368
아시아주의 475, 480
아시안피플스 프렌드쉽 소사이어티 436
『아역의 시간』(나카야마) 219
아오키 노부코 425
아와타 야스코 234
아이젠하워, 드와이트 42, 54, 55
아키히토 덴노 289, 317, 324, 325, 327~331, 335~348, 353, 358, 360, 361, 394, 431
　단카 329, 330
　변신술의 귀재 331
　시대의 명칭 289
　여성과 외국인에 대한 태도 358
　즉위 320, 336~343, 346
　황실 이미지 330
안도 다다오 174, 402
안보 문제(안보투쟁) 44, 47, 53~56, 58, 59, 64, 68, 73, 118, 157, 198, 206, 383, 394
안보조약(미일 간 상호안보조약) 54, 56, 57, 73, 442, 447, 461, 472, 473
야기 도시쓰그 191~193
야기 미쓰에 193
야나기타 구니오 434
야마가 소코 297, 298
야마다 집안 172, 173
야마토 다케루 295, 296
야마토다마시(일본정신) 10, 146, 293, 295, 297~299, 301, 302, 304~307, 311~313, 318, 367, 370, 451, 457, 480
야마토족 429
야스쿠니 신사 444~446, 457, 467, 468
『양을 쫓는 모험』(무라카미) 257, 397, 398

에도시대 94~99, 105, 151, 192, 201, 227, 228, 253, 258, 283, 298, 302, 306, 308, 367, 407, 421
에사키 레오 165, 166
「에디오피아를 방문하다」(아키히토 덴노 부처) 329
엔도 유타카 167
NSC문서 제13-2호 34, 42, 57
엔치 후미코 75
엔카 438~440
엘리슨, 랄프 30
엘비스 흉내 444, 471
엥겔하트, 톰 74
『여뀌 먹는 벌레』(다니자키) 378, 379
『여로』(오사라기) 117, 118
「여름의 달」(본초) 17
연호 144, 290
연호체계 289, 290, 292, 305, 359
「5개조 서약문」 106, 107, 331
오가와 씨 가족 196, 197
오가와라 아이 156, 157
오가이 모리 372
오구니 265
오리엔탈리즘 26, 28, 66, 70, 390, 397
　1990년대의 오리엔탈리즘 28
　미국이 바라보는 '일본' 29, 42, 44, 47, 473, 474
　오리엔탈리즘의 기원 26, 29
　오리엔탈리즘의 원리 26, 28
　일본인이 창조한 일본의 이미지 29~31, 66, 453
『오리엔탈리즘』(사이드) 28
오모테 니혼 182
오모테와 우라 83

찾아보기　545

오사라기 지로 117~119
55년 체제 39, 57, 277, 312, 454
오에 겐자부로 30, 31, 71, 391, 394, 399, 400
　『금수』(가와바타) 381
　오에의 작품 392, 393
　전후 문화 쇠퇴에 관해 394~398
오와다 마사코 242
오일쇼크 202, 203
오자와 이치로 203, 461, 479
오치아이 요시오 261
오카모토 유키오 460, 461, 466
오카모토 다로 387~389, 391, 396
오키나와 60, 73, 74, 333, 429~434, 451, 470
　오키나와 사람 73, 407, 429~434
　오키나와 전투 431
오타 마사히데 470
오타쿠 134, 138~141
오호리 히데오 152
오히와 사쓰키 245~247
『온나다이가쿠』(가이바라) 228, 229
『온나멘』(엔치) 25, 27
와일드, 오스카 25, 26, 28, 29
외국인 노동자 408, 435~438, 468
외국인혐오증 43, 112, 271, 272, 280, 311, 406
외압 70, 72, 102
『요미우리신문』 463
요바이 226
요사노 시게루 428
요사노 아키코 231, 232, 235, 241
요시나리 가쓰오 436, 437
요시다 시게루 37, 454

요시다 협정 37, 38, 57, 60, 65, 73, 454
요시모토 바나나 399
우라니혼(일본 시골) 254~256, 262, 264, 268, 272, 279, 281, 282
우라와 오모테 83
『우리 내면의 이방인』(크리스테바) 408, 409
우애회 48, 49
우에무라 나오미 121
우에야나기 도시로 194~196
우에하타 데쓰노조 193
우타가와 레이조 475, 476
워크디자인 연구소 208
위안부 236
유교 17, 90, 91, 94, 108, 136, 142, 146, 148, 200, 226, 229
『유교 중국과 그 근대의 운명』(레벤슨) 17
유약함 299
유엔 274, 423, 481
유턴 현상 265, 269
윤리교육 146
은행 업계 205~207
『음예예찬』(다니자키) 215, 379
이나카(시골) 254, 255, 265, 266, 269
이노구치 266, 268
이세진구 291, 292
이소자키 아라타 402
이시이 준 190, 192
이시하라 신타로 459, 460, 463
이아이도(거합도) 180, 181
이에나가 사부로 281
이에야스 쇼군 93, 253, 430
이와쿠니 데쓴노 269, 275, 282
이중이름 126

이즈모 80, 81, 282, 296
  이즈모 대신사 81
이지마 도시오 130
이지메 135
이케다 하야토 394
이케바나(꽃꽂이) 389~391
이탈리아 27, 278, 291, 342, 366
이토 히로부미 110, 142
이토이 케이 244, 250
이혼 143, 217, 229, 379, 392
『인형의 집』(입센) 221, 231, 232, 235, 237
일기 100, 116, 191, 192, 349, 353, 354, 357, 372
일본 것이 고유하다는 믿음 72, 90, 92, 295, 303, 305, 391
일본 교직원조합 159
『일본개조계획』(오자와) 203
『일본과 미국 사이에서의 나의 인생』(라이샤워) 58
『일본 교육의 과제』(화이트) 133
일본문화의 애정결핍 219
『일본서기』 296
일본신당 238, 284
일본에 관한 맥아더의 미 상원 연설 442
일본 연방 283
『일본열도 개조론』(다나카) 275, 276
일본의 '사무라이화' 110, 192, 229, 238, 244, 256, 298, 337, 434
『일본의 '샐러리맨'』(정부간행물) 183, 212
『일본의 과거와 현재』(라이샤워) 46, 48
일본의 획일화 272
일본의 변화 320
일본의 시골(우라니혼) 254~256, 262, 264, 268, 272, 279, 281, 282

『일본의 신흥 중산층』(보젤) 247
『일본의 오늘』(라이샤워) 46~48
일본인론 308~311
『일본인의 뇌』(쓰노다) 310
「일본인의 미소」(헌) 300, 305
일본인의 조상 225, 320, 336, 438
『일본 일기』(케인) 116
일본화 297, 370, 430, 433
입센, 헨리크 221, 237

ㅈ

자가용 소유 199
자본주의적 발전국가 67
자비에르, 프란체스코 27, 93
자숙 323
자연주의 351, 371, 372
자위대 447, 452, 453, 457, 466
자유민주당 40, 55~57, 71, 283, 284, 312, 356, 454, 455, 459, 466
자포니즘 25, 26, 29, 369, 386
『잠자는 미녀』(가와바타) 382, 384
「재와 다이아몬드」(영화) 216
재일한국인 405, 412
  1923년 관동대지진 조선인 학살 412
  교직제한 문제 418, 419
  재일한국인 차별 414, 419, 423
  지문날인 문제 415~417
전범재판 332
「전통이란 무엇인가」(오카모토) 387, 388, 391
『전후 일본 대중문화사』(쓰루미) 385, 434
정치적 논의의 금지 145
정치체제 195, 367

찾아보기 547

부정부패 40, 44, 46, 47, 58, 260, 277, 281, 283, 291, 455, 459, 467
여성의 정치 참여 229
합의 정치 57
현 체제의 기원 451
제2차 세계대전 29, 31, 98, 216, 303, 350, 396, 430
제1차 세계대전 412, 445
제3차 교육개혁 162, 164, 166
제아미 85
제행무상 290, 292
존슨, 찰머스 56, 66, 67
'좋지 아니한가' 104~106, 116
좌익 322, 325, 467
「주부의 자각과 작은 행복」(아와타) 234
'주식회사 일본' 30, 57, 63, 119, 140, 202, 205, 395, 455
주인식 418, 419
주체성 13, 88~90, 115~117, 119, 144, 345, 369, 385
주쿠 151, 153
중국 10, 12, 13, 17, 67, 90, 91, 100, 129, 136, 225, 226, 228, 236, 249, 254, 268, 281, 293~297, 302, 311, 314, 327, 335, 351, 358, 366, 367, 377, 407, 408, 410, 413, 414, 429, 430, 434, 451, 465, 469, 470, 472, 474, 480
중핵파 348, 361
지진 13, 28, 279, 292, 378, 400, 412, 442, 447

ㅊ
창세신화 296

책임과 의무의 그물 297
「천둥」(미치코 황후) 317, 318
초과근무 192~195, 206
최선애 415~417
춘투 50
출세지향주의 150
『치인의 사랑』(다니자키) 232
치카마쓰 몬자에몬 227
치쿠시 데쓰야 123
침략 행위에 대한 사과 문제 356, 358
『침묵의 함대』(만화) 462

ㅋ
케넌, 조지 34, 42, 57
케네디, 존 58
쿠닌, 매들린 242
크리스테바, 줄리아 408, 409, 411
키신저, 헨리 432
『키친』(요시모토) 399, 400

ㅌ
「탕기 영감의 초상」(반 고흐) 25
『태양의 계절』(이시하라) 459
태평양전쟁 44, 53, 61, 88, 148, 236, 334, 410, 419, 444, 451
  1995년 패전 50주년 기념 467, 468
  오키나와 전투 431
  일본의 항복 32, 33, 45, 49, 52, 55, 61, 116, 158, 303, 304, 317, 331, 332, 353, 360, 400, 422, 457, 468, 474
전범재판(도쿄재판) 332
침략행위에 대한 사과 356, 358

히로히토의 역할 320, 349, 352, 354
토건국가 273, 276, 277, 279, 292
토지개혁 259
통상산업성 70
『투명인간』(엘리슨) 30
트루먼, 해리 34, 69, 352, 441, 457

ㅍ

『파도소리』(미시마) 382
파도의 이미지 21
페놀로사, 어니스트 369, 370
페리, 매튜 102, 110, 117, 122, 409, 471
페미니즘 218, 221, 222, 235, 249, 251
평화헌법 37~39, 442, 449, 451, 456, 461, 466, 470, 472, 473
  국가주의자의 평화 헌법 비판 308
  문체의 문제 447
  전쟁행위 금지 447
  헌법 개정의 문제 454, 455, 458, 463, 464
폐번치현 271
포스트모더니즘 314
폰타네지, 안토니오 366~369
프랑스 25, 28, 100, 102, 147, 174, 176, 207, 274, 292, 303, 304, 349, 359, 368, 369, 405, 409, 411, 435, 449, 473
피차별부락민 406, 407, 414, 416, 419

ㅎ

하라주쿠 443~445, 470, 471
하시즈미 히로미치 322
하야시 유키코 213

하청업자 188, 189, 457
하토야마 구니오 161
『학문의 권장』(후쿠자와) 108
한국 34, 136, 236, 241, 268, 293, 294, 303, 405~407, 410~419, 423, 429, 465
할복 92, 293, 298, 299, 381
합의정치 57
『해상의 길』(야나기타) 434
핵무기 59, 431, 432
헌, 라프카디오 5, 99, 300, 305, 373
헤이세이 시대 289, 290, 328
헤이안 시대 226, 249, 250, 319
현실도피의 환상 120, 462
혈액형 87
호소노 유 130, 131
호소카와 모리히로 283~285
호주 341, 452
호쿠사이 29, 367
혼마루 씨 126, 127
『홈 파티』(아가타) 177
화이트, 메리 133, 134
화혼양재 62, 101, 189, 295, 302, 367, 375
황색공포 34, 69
후루사토 창건사업 262, 263, 280
후지모토 기겐 154, 155, 187
후지와라 가문 319
후지와라, 요시히사 348
후지은행 205~207
『후지은행 행원의 기록』(고이소) 205, 207
후쿠시마 미치코 215~218, 220~225, 241, 245, 250, 251
후쿠자와 유키치 97, 107~109, 112, 121, 130, 144~146, 148, 149, 229, 303
후키아게 궁 318, 351

후타바테 시메 77
후프타운 하라주쿠 443, 444
흐루시초프, 니키타 442
히라가나 249, 250
히로나카 와카코 236~240
「히로노미야 옥스퍼드 대학에서 돌아와」(아키히토 덴노부처) 329
히로시게 253, 367
히로히토 덴노
  '재포장'된 이미지에 대한 국민의 반응 332, 333, 470
  변신술의 귀재 330~333
  사망 19, 289, 321~325, 328
  생물학에 대한 흥미 330, 351
  연합군에 대한 항복 303, 304
  장례식 338, 341, 342, 356, 357, 359
  즉위 339, 343, 349
  태평양전쟁에서의 역할 319, 320, 351~356
「히로히토: 신화의 뒤편」 349, 350
『히로히토』 350
히로히토와 맥아더 359, 456